DIE DALAI LAMAS
TIBETS REINKARNATIONEN DES BODHISATTVA AVALOKITEŚVARA

Martin Brauen (Hrsg.)

DIE DALAI LAMAS

Tibets Reinkarnationen
des Bodhisattva Avalokiteśvara

Völkerkundemuseum
der Universität Zürich

ARNOLDSCHE

Solange der Raum besteht,
Und solange die Welt besteht,
Solange möge ich bestehen
Um die Leiden der Welt zu vernichten!

Śāntideva, ein bekannter buddhistischer Meister aus dem 8. Jahrhundert

Seiner Heiligkeit, dem 14. Dalai Lama, der im Jahr des Erscheinens dieses Buches
seinen 70. Geburtstag feiert, und dem tibetischen Volk gewidmet.

Martin Brauen

© 2005 Völkerkundemuseum der Universität Zürich,
ARNOLDSCHE Art Publishers, Stuttgart,
Autoren sowie Bildbesitzer

Alle Rechte vorbehalten. Vervielfältigung und Wiedergabe auf jegliche Weise (grafisch, elektronisch und fotomechanisch sowie der Gebrauch von Systemen zur Datenrückgewinnung) – auch in Auszügen – nur mit schriftlicher Genehmigung von:
ARNOLDSCHE Art Publishers,
Liststraße 9, D–70180 Stuttgart,
art@arnoldsche.com
und
Völkerkundemuseum der Universität Zürich,
Pelikanstraße 40, CH–8001 ZÜRICH

Herausgeber
Martin Brauen, Völkerkundemuseum der
Universität Zürich

Autoren
Martin Brauen
Georges Dreyfus
Amy Heller
Michael Henss
Fabienne Jagou
Matthew T. Kapstein
Karénina Kollmar-Paulenz
Leonard van der Kuijp
Erberto Lo Bue
Derek F. Maher
Alexander Norman
Kurtis R. Schaeffer
Hanna Schneider
Tsering Shakya
Shen Weirong
Per K. Sørensen

Layout
nalbach typografik, Silke Nalbach und
Karina Moschke, Stuttgart

Offset-Reproduktionen
Repromayer, Reutlingen

Druck
Druckhaus Beltz, Hemsbach

Dieses Buch wurde gedruckt auf 100% chlorfrei
gebleichtem Papier und entspricht damit dem
TCF-Standard.

Bibliografische Information der Deutschen Bibliothek
Die Deutsche Bibliothek verzeichnet diese
Publikation in der Deutschen Nationalbibliografie;
detaillierte bibliografische Daten sind im Internet über
http://dnb.ddb.de abrufbar.

ISBN 3-89790-219-2

Made in Europe, 2005

Umschlag-Vorderseite:
Der 14. Dalai Lama, Fotograf: Josef Vaniš,
siehe Abb. 244.
Umschlag-Rückseite:
Handabdrücke und Siegel des 13. Dalai Lama,
siehe Abb. 99.
Frontispiz:
Schreiben des neunjährigen 14. Dalai Lama an seinen
damaligen Regenten als Zeichen des Dankes für
geleistete Dienste und in Erinnerung an die Gründung
eines Klosters, das vom Lehrer des 10. Dalai Lama
gegründet worden war. Mit Siegel des 14. Dalai Lama,
ca. 22 x 0,9 m, datiert: 9. Mai 1944, © John Bigelow Taylor,
New York, Collection Jane Werner-Aye.

Am Ende des Buches finden Sie einen Beileger mit
großformatigen Abbildungen der Sieben Thangka Sukzessions-Serie des neunten Dalai Lama zum Beitrag von
Per K. Sørensen ab Seite 242 (Vorderseite) sowie einer
Chronologie der Dalai Lamas und Panchen Lamas im
zeithistorischen Kontext (Rückseite).

Die in englischer Sprache geschriebenen Kapitel
übersetzte Dieter Kuhn, New York, ins Deutsche.

INHALTSVERZEICHNIS

Martin Brauen	6	EINLEITUNG UND INTERVIEW MIT SEINER HEILIGKEIT DEM 14. DALAI LAMA
Leonard van der Kuijp	14	DIE DALAI LAMAS VON TIBET UND DIE URSPRÜNGE DER LAMA-WIEDERGEBURTEN
Shen Weirong	32	DER ERSTE DALAI LAMA GENDÜN DRUBPA
Amy Heller	42	DER ZWEITE DALAI LAMA GENDÜN GYATSO
Karénina Kollmar-Paulenz	52	DER DRITTE DALAI LAMA SONAM GYATSO UND DER VIERTE DALAI LAMA YÖNTEN GYATSO
Kurtis R. Schaeffer	64	DER FÜNFTE DALAI LAMA NGAWANG LOBSANG GYATSO
Erberto Lo Bue	92	DER SECHSTE DALAI LAMA TSHANGYANG GYATSO
Matthew T. Kapstein	102	DER SIEBTE DALAI LAMA KELSANG GYATSO
Derek F. Maher	116	DER ACHTE DALAI LAMA JAMPEL GYATSO
Derek F. Maher	128	NEUNTER BIS 12. DALAI LAMA
Tsering Shakya	136	DER 13. DALAI LAMA THUBTEN GYATSO
Alexander Norman	162	DER 14. DALAI LAMA TENZIN GYATSO
Georges Dreyfus	172	ZWISCHEN SCHUTZGÖTTERN UND INTERNATIONALEM STARRUHM: EINE ANALYSE DER HALTUNG DES 14. DALAI LAMA ZU MODERNITÄT UND BUDDHISMUS
Fabienne Jagou	202	PANCHEN LAMA UND DALAI LAMA: EINE UMSTRITTENE LEHRER-SCHÜLER-BEZIEHUNG
Amy Heller	212	DIE SCHUTZGOTTHEITEN DER DALAI LAMAS
Martin Brauen	230	DER WESTLICHE BLICK AUF DIE DALAI LAMAS
Per K. Sørensen	242	EINE SIEBEN THANGKA SUKZESSIONS-SERIE DES NEUNTEN DALAI LAMA
Hanna Schneider	258	DER TIBETISCHE BRIEFSTIL ZWISCHEN TRADITION UND MODERNE
Michael Henss	262	DIE IKONOGRAPHIE DER DALAI LAMAS
	278	ANHANG
	279	ANMERKUNGEN
	288	AUSFÜHRLICHE BILDLEGENDEN
	294	BIBLIOGRAFIE
	298	AUTOREN
	299	DANK DES HERAUSGEBERS
	300	LANDKARTE
	302	INDEX

EINLEITUNG UND INTERVIEW MIT SEINER HEILIGKEIT DEM 14. DALAI LAMA

Martin Brauen

WIE ES DAZU KAM

Der 14. Dalai Lama genießt weltweit hohes Ansehen. Als bei einer Umfrage im Jahr 2002 in Deutschland nach der Persönlichkeit auf Erden mit der größten Weisheit gefragt wurde, nannten 33 Prozent den Dalai Lama. Er lag damit mit weitem Abstand vor Papst Johannes Paul II. und dem früheren südafrikanischen Präsidenten Nelson Mandela.

Der Dalai Lama ist »in«. Doch was wissen wir eigentlich von den Dalai Lamas? Trotz der Popularität des 14. Dalai Lama ist das Wissen um die Institution der Dalai Lamas gering.

Wer weiß, dass erst der dritte in der Abstammungsreihe »Dalai Lama« genannt wurde? Wer weiß, dass dieser Titel von einem mongolischen Fürsten verliehen wurde? Wem sind die Ursprünge der Reinkarnationsidee bekannt?

Kaum jemandem ist bewusst, dass von den 14 Dalai Lamas nur wenige Tibet regierten und wenn, dann häufig nur für einige wenige Jahre. Unbekannt ist den meisten auch, dass vier Dalai Lamas kaum volljährig wurden, wobei über das frühe Lebensende nur spekuliert werden kann.

Weitgehend unbekannt ist auch das *yon mchod-* (Gabenherr-geistlicher Lehrer) System, das zwar nicht in der Zeit der Dalai Lamas erfunden, aber in jener Zeit zwischen mongolischen Stämmen und Tibet sowie dem chinesischen Kaiserhof und Tibet wieder neu belebt wurde. Auch dass einige mongolische Khane und chinesische Kaiser enge Beziehungen zu Dalai Lamas pflegten und sich teilweise sehr für den tibetischen Buddhismus interessierten und begeisterten, dürfte für viele neu sein wie auch die Tatsache, dass nicht nur der jetzige 14. Dalai Lama sein Land verlassen musste, sondern zwei weitere Dalai Lamas – der siebte und der 13. – zeitweilig im Exil lebten. Und dass es zwei sechste Dalai Lamas gab, wissen sogar die wenigsten Tibeter.

Als ich feststellte, dass Seine Heiligkeit der 14. Dalai Lama im Sommer 2005 70 Jahre alt wird, kam mir spontan die Idee, auf diesen Zeitpunkt hin dem Phänomen »Dalai Lama« und insbesondere dem 14. Dalai Lama ein Buch und eine Ausstellung zu widmen. So reiste ich im Sommer 2001 nach Trento, wo sich der Dalai Lama für kurze Zeit aufhielt, und legte ihm den Plan vor. Der Dalai Lama hatte nichts einzuwenden, ja im Gegenteil, er ermunterte mich, diesen Plan umzusetzen, indem er seine prinzipielle Zusicherung gab, im August 2005 für die Ausstellungseröffnung nach Zürich zu kommen.

So begann ich, in die letzten 600 Jahre tibetischer Geschichte zurückzureisen. Dass ich diese Reise nicht allein durchführen wollte, war mir von Anfang an bewusst. Ich fand in Dr. Amy Heller, Nyon, und Michael Henss, Zürich, zwei begeisterungsfähige »Mitreisende« bzw. Co-Kuratoren, die viele wertvolle Kontakte schufen, Ideen einbrachten und einige Bildlegenden schrieben. Im arbeitsintensiven letzten Jahr wurde ich noch von weiteren Personen begleitet, so insbesondere von Dario Donati, der unglaublich vielfältige Arbeiten übernahm und diese alle zu meiner vollsten Zufriedenheit erledigte. Er kümmerte sich speziell um das historische Fotomaterial, die Leihgaben und hielt den Kontakt zu den Leihgebern aufrecht. Begleitet wurde ich auch dieses Mal von Renate Koller, die vor allem wieder sehr wertvolle Archiv-, Recherche- und Bibliotheksarbeit leistete.

Zum »Reiseteam« gehören auch die vielen Autoren, die sich freundlicherweise für eine Zusammenarbeit bereit erklärten, auch wenn es der ein oder andere wegen zu starker sonstiger Inanspruchnahme nachträglich bedauert haben mag. Doch vergessen ist die ewige Nachfrage bei einigen Autoren, vergessen der zum Teil um viele Monate überschrittene Termin für die Abgabe der Artikel. Ich freue mich nun mit allen Autoren und sonstigen Beteiligten über das Erreichte: Das erste Buch über die Dalai Lamas, das sowohl Texte von 16 kompetenten Autoren als auch einmaliges Bildmaterial, das in dieser Art noch nie zur Darstellung gekommen ist, enthält. Nicht nur die Zusammenstellung von Text und Bild ist einzigartig, sondern auch viele der abgebildeten Objekte, die hier teilweise zum ersten Mal veröffentlicht werden. Dass diese Objekte gezeigt werden können, ist das Verdienst der Museumskuratorinnen und -kuratoren und der Privatsammler, die sich für eine Zusammenarbeit bereit erklärt haben. Allen diesen Leuten und den vielen weiteren, die namentlich auf Seite 299 aufgelistet sind, danke ich von Herzen für die gute Zusammenarbeit.

Danken möchte ich auch den Geldgebern (S. 299), die im Gegensatz zu anderen, die teilweise aus Angst vor chinesischen Repressionen nichts spenden wollten, großzügig das Unternehmen unterstützten. Ein spezieller Dank geht an Dieter Kuhn, der die in englischer Sprache verfassten Beiträge ins Deutsche übersetzte, und an den Verlag ARNOLDSCHE Art Publisher, insbesondere an Dirk Allgaier, mit dem ich nun bereits das zweite Buch habe herstellen dürfen in einer Atmosphäre von großem Vertrauen und Verständnis für meine Anliegen. Die Zusammenarbeit mit ihm, der Lektorin Julia Vogt und den Grafikerinnen Silke Nalbach und Karina Moschke hätte nicht besser sein können. Ich danke auch Per Sørensen, Leipzig, der den ganzen Text vor Drucklegung durchlas und mich auf letzte Fehler aufmerksam machte.

DER BLICK VON AUSSEN

Dieser Überblick in Text und Bild über die 14 Dalai Lamas ist eine Lektion in tibetischer Hagiographie, eine Einführung in die tibetische Religiosität und in die letzten 600 Jahre tibetischer Geschichte.

Die in diesem Band vereinten Beiträge basieren weitgehend auf tibetischen Originalschriften. Diese sind von Tibetern geschrieben, sind ein »Blick von Innen«, dazu ein ganz besonderer Blick, nämlich der eines Gläubigen auf Heilige, ja mehr noch: auf eine Gottheit – manifestiert in der Person des Dalai Lama. Die meisten Biografien sind demnach Hagiographien, mit allen für diese Erzählart typischen Merkmalen: Sie sind verehrend, bewundernd, anbetend, vergötternd, ehrfürchtig, pietätvoll, ergeben. Sie berichten von Wundern, von besonderen Träumen, von Vorhersagungen durch Orakel, von der Allwissenheit der Dalai Lamas und von ihrer Güte. Die Ehrfurcht der Quellen spürt man deutlich, wenn man die über die einzelnen Dalai Lamas verfassten Beiträge in dieser Publikation liest, obschon sie – mit einer Ausnahme – von Nicht-Tibetern geschrieben wurden, standen den Autoren doch fast ausschließlich lokale Hagiographien zur Verfügung. Eine objektive tibetische Geschichtsschreibung ist weitgehend unbekannt. Und eine kritische Würdigung der tibetischen Texte – im Sinne einer Textkritik – steckt erst in ihrer Anfangsphase.

Erst vom 13. Dalai Lama an kommt – wenn auch nur zögerlich und in Ansätzen – eine neue Betrachtungsweise auf. Dadurch, dass zum ersten Mal Menschen aus Europa für längere Zeit mit dem Dalai Lama zusammentreffen – erinnert sei hier insbesondere an Sir Charles Bell – ergibt sich so etwas wie ein Blick von außen. Infolgedessen erhält der Dalai Lama »normal-menschliche« Eigenschaften und Charakterzüge. Doch ist auch dieser Blick von außen weitgehend von gläubiger Pietät und Ehrfurcht geprägt. Ganz allgemein gilt, dass das Phänomen »Dalai Lama« kaum differenziert analysiert und beurteilt wurde oder wird. Das hängt sicherlich mit mehreren Faktoren zusammen, so mit der Fama, die der Institution der Dalai Lamas seit alters her anhaftet, mit dem Charisma des 13. Dalai Lama und vor allem des heute lebenden 14. Dalai Lama, aber auch mit der Tatsache, dass es für eine solche prüfende, differenzierende Betrachtungsweise jemanden braucht, der beides hat: die (einheimische) Innen- wie auch die (nicht-tibetische) Außensicht. Georges Dreyfus, der beides in sich vereinigt, hat dann auch einen Artikel geschrieben, der über die herkömmliche Beschreibung eines Dalai Lama hinausgeht. Er ist westlicher Mönch, der den tibetischen Geshe-Titel erlangt hat, aber er ist auch ein an einer amerikanischen Universität lehrender Religionswissenschaftler (siehe S. 172 ff.).

Dass die Geschichte der Dalai Lamas auch eine Geschichte Tibets der letzten 600 Jahre ist, kommt in den Schilderungen der einzelnen Dalai Lamas deutlich zum Ausdruck, spätestens im Kapitel über den fünften Dalai Lama. Da diese Geschichte sehr wechselvoll war und für einen Laien recht verwirrend sein kann, habe ich sie zusammen mit dem Grafiker Andreas Brodbeck für dieses Buch auch grafisch dargestellt (siehe Einlegeblatt am Ende des Buches). Aus den einzelnen Beiträgen, aber vor allem auch aus dieser bildlichen Umsetzung, wird deutlich, wie sehr die Institution der Dalai Lamas von fremden Mächten und Interessen beeinflusst wurde: von mongolischen Stämmen (Tümed, Qōshoten und Dsungaren), von chinesischen Qing-Kaisern und später von Russen und Briten. Deutlich wird auch, wie über die Jahrhunderte hinweg versucht wurde, die Schwächen des Systems der Abfolge von Dalai Lamas durch geeignete Maßnahmen zu beheben. So wurde beispielsweise einem Dalai Lama eine Art Regierungschef in der Gestalt eines Regenten zur Seite gestellt. Dies geschah zum ersten Mal in der Zeit des fünften Dalai Lama. Später, seit dem Tod des siebten Dalai Lama, wurden immer in der Zeit des Interregnums zwischen dem Tod eines Dalai Lama und der Mündigkeit des Nachfolgers Regenten eingesetzt. Zuvor, im Jahre 1720, hatten die Mandschu zur Eindämmung von Unruhen, die vor allem durch Intrigen verschiedener mongolischer Stämme und mit ihnen kollaborierender Tibeter aufgekommen waren, das Amt der Ambane (eine Art chinesische, in Lhasa stationierte Gesandte) eingeführt, worauf um 1750 der Kashag gebildet wurde, ein aus vier Ministern bestehender Ministerrat, eine Institution, die bis heute ihren Bestand in der tibetischen Exilregierung hat.

Die Geschichte der Dalai Lamas ist auch, was die innenpolitische Entwicklung anbelangt, sehr aufschlussreich. Sie zeigt, wie aus einer kleinen religiösen Gruppe um den Kadampa-Mönch Dromtön und seinen Lehrer Atiśa durch geschickte »Erdichtung«, aber auch durch politisches Kalkül, eine starke religiöse Bewegung wurde, die zur alles bestimmenden Kraft im 17. Jahrhundert wird, als der fünfte Dalai Lama zusammen mit seinem wichtigsten »Statthalter« (Regent) Sangye Gyatso auf ältere Geschichten zurückgreift und kraft seiner Autorität diesen eine neue und unumstößliche Legitimität gibt. Innenpolitisch ist die Geschichte der Dalai Lamas aber auch deshalb von Interesse, weil sie zeigt, wie religiöse und politische Fraktionen immer wieder versucht haben, zu Macht zu kommen, oft, indem sie sich opportunistisch verhielten, zweifelhafte Koalitionen bildeten, manchmal auch kämpften und mordeten.

Religionswissenschaftlich schließlich ist der Blick auf die Institution und Geschichte der Dalai Lamas interessant, weil dadurch exemplarisch mehrere für den tibetischen Buddhismus wesentliche Charakteristika aufgezeigt werden können: der Glaube an Reinkarnation, die Verehrung von Schutzgottheiten und die Bedeutung von Praktiken, die gemeinhin nicht unbedingt mit dem Buddhismus in Verbindung gebracht werden, so z.B. der Glaube an die Weissagung von Orakeln, an die Bedeutung von Träumen, der Glaube an Wunder und an die in Wundergeschichten vorkommenden Heiligen.

Die Beschäftigung mit den Dalai Lamas hat mir zudem verdeutlicht, wie wenig wir auch heute über diese für Tibet, aber auch für die Mongolei und China so wichtige Institution wissen. Dies wurde mir nochmals besonders bewusst, als ich kurz vor Fertigstellung dieses einführenden Textes einen Brief von Per Sørensen erhielt, in dem er darlegte, dass die übliche Übersetzung des Titels »Dalai« mit »Ozean« und dementsprechend der Begriffsfolge »Dalai Lama« mit »Ozean-Lama« eigentlich unzulänglich bzw. unvollständig sei. Nachdem er dies mit Beispielen belegt hat[1], schreibt er zusammenfassend: »Für die Mongolen bedeutete *dalai* im Zusammenhang mit ihren Herrschern etwas Ähnliches wie das buddhistische Beiwort *cakravartin* oder universeller König, ein Konzept idealer Herrschaft ... Während wir uns damit abgefunden haben, dass Dalai Lama der ›Ozean (ähnliche) Lama‹ bedeutet, sollten wir nicht vergessen, dass für die Mongolen, die Erfinder des Titels, es genauso gut bedeuten kann: ›der universelle Lama‹ oder der ›Welt-Lama‹.«

DIE SICHT DES »WELT-LAMAS«

Die Frage nach dem Ursprung des Reinkarnations-Systems und insbesondere nach der Institution der Dalai Lamas wird von westlichen Menschen immer wieder gestellt. Sie zu beantworten soll im einleitenden Kapitel versucht werden. Für die gläubigen Tibeterinnen und Tibeter stellt sich diese Frage nicht, da die Manifestation des Bodhisattva[2] Avalokiteśvara in der Gestalt eines Dalai Lama (oder anderer Lamas) eine unabänderliche, nicht zu hinterfragende Tatsache ist. Auch die Frage, ob das System bereits in Indien bekannt war, ist für tibetische Gläubige nicht relevant. In Anbetracht des Risikos, dass durch eine wissenschaftliche Sicht auf religiöse Systeme, wie sie hier in diesem Buch erfolgt, die eigentliche »Essenz« verloren gehen kann oder zumindest verzerrt zur Darstellung gelangt, möchte ich als Einstimmung in die Thematik einer heute unter uns lebenden Manifestation des Bodhisattva Avalokiteśvara, dem 14. Dalai Lama, das Wort geben. Sie ist gleichsam die Stimme des »Innersten«, die Stimme »Seiner ehrwürdigen Gegenwart« (Kundün; s*ku mdun*), des höchsten Beschützers (Kyamgön; *skyabs mgon*), des Siegreichen (Gyalwa; *rgyal ba*).

Der folgende Text ist Teil eines Interviews, das ich im Oktober 2004 für dieses Buchprojekt mit dem Dalai Lama führen durfte. Anfänglich stellte ich dem Dalai Lama die Frage nach den eben erwähnten Ursprüngen des Reinkarnations-Systems. Der Dalai Lama weist, ganz der Tradition verpflichtet, auf alte buddhistische Legenden hin, in denen die Antwort auf meine Frage enthalten ist: »Die Grundlage bildet die Theorie der Reinkarnation. Der Buddhismus ist nicht allein mit dieser Theorie, sie kommt auch in alten indischen Traditionen vor. Ich meine, in Indien existiert die Idee sogar bei den Hindus, aber ganz sicher gab es sie unter den frühen indischen Buddhisten wie Dharmakīrti ... und Vasubandhu. Als Letzterer einen Text rezitierte, der aus vielen 100 000 Versen bestand, hörte ihm eine Taube stets aufmerksam zu. Diese Taube wurde später als Lodö Tenpa geboren, der ein großer Schüler des Vasubandhu wurde und später einen Kommentar über das Abhidharma schrieb. Die Wiedergeburttheorie ist also ein fester Bestandteil der indischen und buddhistischen Traditionen. In Indien gibt es nicht nur die Idee der Reinkarnation, sondern auch einen systematischen Prozess zu deren Erkennung.«

Der Dalai Lama vertritt, was die erste bewusste Anwendung des Reinkarnations-Systems in Tibet anbelangt, die weit verbreitete Meinung, es sei ursprünglich von den Karmapas angewandt worden, eine Sichtweise, die aufgrund heutiger wissenschaftlicher Erkenntnisse (siehe S. 24 ff.) offenbar nicht mehr als völlig korrekt gelten dürfte: »Als Karmapa Düsum Khyenpa starb, erwähnte er, dass seine Wiedergeburt in einer bestimmten Gegend und bei einer bestimmten Familie erscheinen werde. Der Lama gab also offensichtlich klare Anweisungen: ›Meine Wiedergeburt wird erscheinen‹, und die betreffenden Schüler und Anhänger mussten sich vorsehen.

Später gründeten viele Lamas und ihre Anhänger Klöster. In Indien gab es keine Klöster, die sich ausschließlich auf einen Lama konzentrierten. Ein indischer Gelehrter wählte ein bestimmtes Kloster aus, blieb dort und wurde so zum Meister dieses Klosters, aber das Kloster wurde nicht sein persönlicher Besitz. In Tibet lagen die Dinge anders: Ein großer Lama begann mit dem Bau eines Klosters, und dieses Kloster wurde später sein persönlicher Besitz. Wenn nun eine authentische Wiedergeburt erschien, dann kümmerte sich das Kloster darum. So entstanden die Güter und Klöster der reinkarnierten Lamas.

Später dann, ob authentisch oder nicht, wenn da ein junger Mann war, den sie als Lama anerkennen wollten, dann war es durchaus möglich, dass dieser als Wiedergeburt erkannt und gewählt wurde. Das ist im Prinzip möglich. Am Anfang war dieser Auswahlprozess sicher echter. Ein Beispiel: Gendün Drubpa, der erste Dalai Lama, sagte nicht ausdrücklich, seine Wiedergeburt werde kommen, aber er deutete es an, indem er erwähnte, im Falle seiner Wiedergeburt solle man sich seiner würdig erweisen. Dann kam der zweite Dalai Lama. Der war schon in jungen Jahren sehr außergewöhnlich, und es gab zahlreiche überzeugende Hinweise, dass er die echte Wiedergeburt des ersten Dalai Lama war, aber er hatte einen ganz anderen Charakter als sein Vorgänger.

So begann also die Abstammungslinie der Dalai Lamas. Dann kam der dritte Dalai Lama. Inzwischen gab es schon Institutionen wie das Kloster Drepung. Drepung war sehr groß. Auch die Institution der Karmapas existierte bereits und vielleicht auch die von Dorje Phagmo, einer weiblichen Inkarnationslinie. Ihre Institution soll etwa zur gleichen Zeit entstanden sein wie die Institution des Karmapa Düsum Khyenpa, des zweiten Karmapa.«

Die Vorstellung einer Inkarnationsreihe von Dalai Lamas setzt eine Kontinuität zwischen zwei lebenden Wesen voraus: zwischen dem Vorgänger und seiner Inkarnation. Da diese Vorstellung im Westen oftmals zu Missverständnissen führt, bat ich den Dalai Lama, sich dazu zu äußern, was er mit folgenden Worten tat: »Natürlich akzeptiert der Buddhismus die Existenz der Kontinuität eines Wesens. Die buddhistische Theorie der ›Selbstlosigkeit‹ besagt, dass es kein vom Körper unabhängiges Selbst gibt, weil das ›Selbst‹ oder die Person aus der Kombination von Körper und Geist besteht. Es gibt ein Selbst, aber kein unabhängiges, absolutes Selbst. Das ist die Bedeutung der ›Selbstlosigkeit‹ im Rahmen der Theorie des ›Kein-Selbst‹. Was das Fortbestehen angeht, so akzeptiert der Buddhismus nicht nur die Kontinuität des Wesens, sondern hält sich auch an die Vorstellung des ›anfangslosen‹ Selbst, das heißt, ein Selbst ohne Anfang und Ende bis zum Erreichen der Buddhaschaft. Jedes ›anfangslose‹ Selbst wird wiedergeboren und zwar ›endlos‹.

Es gibt verschiedene Formen der Wiedergeburt. Ein hervorragender Buddha und Bodhisattva kann sich gleichzeitig mehrmals manifestieren, während niederere Bodhisattvas nur in einer Person, das heißt immer nur einmal, wiedergeboren werden. Aber

Archives of the Norbulingka Institute, Sidhpur, Indien.

Der 14. Dalai Lama und der Herausgeber dieses Buches, Martin Brauen, in der Ausstellung »Traumwelt Tibet« im Völkerkundemuseum der Universität Zürich, Mai 2001. Foto: Hansjörg Sahli, Solothurn.

jedermann, ganz gleich, ob er ein Bodhisattva oder eine ganz gewöhnliche Person ist, wird aus dem ›Anfangslosen‹ geboren und wird endlos wiedergeboren. Kontinuität besteht immer und wird immer bestehen wegen des Karma. Nun, in einem bestimmten Stadium, wenn jemand eine gewisse geistige Verwirklichung entwickelt hat, dann hört die Geburt durch Karma auf. Dann lässt sich die Wiedergeburt willentlich wählen. Diese Art von Wiedergeburt nennen wir Reinkarnation.

Heute ist Tülku – leider – fast so etwas wie eine Bezeichnung für einen gewissen Status geworden, einen sozialen Status. Einige dieser Tülkus haben allenfalls diese Qualität, die Möglichkeit, ihre Wiedergeburt zu wählen, andere dagegen nicht. Wie auch immer – ob eine Person nun als Tülku bezeichnet wird oder nicht –, die Individuen, welche bereits gewisse innere Qualitäten entwickelt haben, suchen ihre Wiedergeburt selbst aus. Das nennt man – wie bereits erwähnt – ›Reinkarnation‹. In diesem Fall gilt also auch: Es ist dasselbe Wesen, die Weiterführung desselben Wesens.

Manchmal stelle ich ein Missverständnis bezüglich des Konzepts der Kontinuität fest. Ich glaube, der Grund dafür ist folgender: Es gibt eine Kontinuität, doch sie kann sich in jedem Augenblick verändern. Eine Kontinuität, die sich nicht in jedem Augenblick verändern kann, eine solche Kontinuität haben wir hier nicht. Das Missverständnis besteht darin, dass einige die gewöhnliche – konventionelle und konditionierte – Kontinuität mit unabhängiger Kontinuität verwechseln.

Ein Beispiel: Dieses Papier hier wurde vor einigen Monaten hergestellt. Vom Beginn des Papiers bis jetzt gibt es eine Kontinuität, ein Kontinuum. Das Papier ist fortlaufend da, aber es kann sich jeden Augenblick verändern.

Schauen wir nochmals diesen Tisch an. Auf dem Tisch herrscht eine Abwesenheit von – sagen wir – Blumen. Auf dem Tisch hat es keine Blumen. Die Abwesenheit der Blumen existiert also hier. Gestern war da auch eine Abwesenheit von Blumen. Heute ist da eine Abwesenheit von Blumen. Diese Kontinuität also ändert sich nicht.

Es gibt somit zwei Arten von Kontinuität. Die eine, wie wir bei der Wiedergeburt gesehen haben, ist eine konditionierte, konventionelle – und unbeständige – Kontinuität. Aber auf einer anderen Ebene der Existenz gibt es etwas, das wir mit dem Wort Kontinuität bezeichnen können oder auch nicht, zum Beispiel die Absenz von Blumen. Weil da keine Blume ist, ist da die bloße Abwesenheit oder Negation einer Blume: heute, sie wird morgen da sein, wird immer da sein. Das ändert sich nicht.

Die Kontinuität der Nicht-Existenz ändert sich nicht. Aber die andere Kontinuität ändert sich vorübergehend. Also seit ›anfangsloser Zeit‹ ist Kontinuität da, aber sie verändert sich fortlaufend.

Zurück zur Reinkarnation: Wie eine Person, die ihre Kleider wechselt, immer noch dieselbe Person ist, so ist auch ein Wesen, das seinen Körper wechselt, noch immer dieses Wesen.

Bis jetzt haben wir nur eine Art von Wiedergeburt angeschaut, nämlich diejenige von Wesen, die sich auf einer hohen Ebene befinden und die den Körper nach eigenem Gutdünken wechseln können. Daneben gibt es auch eine andere Art der Wiedergeburt, die in den Geschichten früher Lamas beschrieben wird: Wenn ein Lama, ein spiritueller Meister, stirbt, dann kann einer seiner Schüler jemanden als ›Wiedergeburt‹ bestimmen, damit die Arbeit des Lehrers weitergeführt werden kann. Auch das ist eine Reinkarnation, aber in der Gestalt eines verschiedenen, getrennten Individuums. Der erste bis siebte Dalai Lama bildeten höchstwahrscheinlich eine einzige Inkarnationsreihe, die ihren

Anfang in einem Individuum nahm. Der zweite Dalai Lama sagte deutlich, aufgrund seines Karmas werde er fünf Mal zurückkommen, das heißt bis zum siebten Dalai Lama. Wir wissen auch, dass der erste Dalai Lama eine Erscheinung des Bodhisattva Avalokiteśvara war. Das ist sehr klar. Der fünfte Dalai Lama galt im Übrigen auch als Erscheinung des Bodhisattva Mañjuśrī.[3]
Es ist übrigens durchaus möglich, dass ein Bodhisattva sich gleichzeitig in mehreren Wesen manifestiert. Das war zum Beispiel so zu Lebzeiten des ersten Dalai Lama, als ein Karmapa und ein hoher Drigung-Lama auch als Erscheinungen von Avalokiteśvara galten.
Dies ist auch möglich in der zweiten Reinkarnationsart, derjenigen von einem Mönch. Auch dort kann eine Person in mehreren Körpern wiedergeboren werden. Ich habe von einem Fall gehört, wo ein Mönch sich in fünf verschiedenen Körpern reinkarnierte. Mit anderen Worten: fünf Reinkarnationen aus einer ›Quelle‹.
Sie sehen also, es gibt verschiedene Wiedergeburten. Manchmal kommt es zu mehreren Wiedergeburten, manchmal nur zu einer, manchmal ist die Reinkarnation die gleiche Person, und in anderen Fällen wird sie durch jemand anders vertreten.
Die Welt ist grenzenlos, unendlich. Die Reinkarnation ist also nicht an einen Ort gebunden, sondern ist manchmal hier, manchmal da. Nehmen sie zum Beispiel den Buddha. Zu gewissen Zeiten erschien er auf diesem Planeten, aber zu anderen Zeiten mögen seine Reinkarnationen auf anderen Planeten, in anderen Universen, sein. Möglicherweise ist er noch immer dort.
Was mich angeht: Wenn für mich die Zeit zum Sterben kommt und ich dann das Gefühl habe, hier, auf diesem Planeten, bin ich nicht mehr nützlich, dann werde ich beten, dass ich wiedergeboren werde – zum Nutzen anderer. Ich bete immer. Solange Raum da ist und solange empfindungsfähige Wesen leiden, möge ich bleiben, um ihr Leiden zu vertreiben. So bete ich, dass ich an einem Ort wiedergeboren werde, wo ich nützlich sein werde. Ein Bodhisattva wird immer wieder wiedergeboren, er macht nie Pause, verschwindet nie. Er hat gute Dienste zu leisten unter den Menschen, Tieren, Insekten, unter allen lebenden Wesen. Das hat er als Bodhisattva gelobt.«
Jeder der Dalai Lamas war eine ausgeprägte Persönlichkeit mit einem unverkennbaren Charakter und eigenen Verdiensten. Wenn man an die Tradition der Dalai Lamas glaubt, dann muss das Leben eines jeden eine tiefere Bedeutung oder einen tieferen Zweck gehabt haben. Ich fragte deshalb den Dalai Lama, wie er die Bedeutung oder den Lebenszweck seiner Vorgänger sieht. Oder anders gesagt, worin bestand der Beitrag der einzelnen Dalai Lamas, sowohl im politischen wie im spirituellen Bereich? »Meiner Ansicht nach waren die ersten vier Dalai Lamas die Wegbereiter des fünften Dalai Lama. Der erste Dalai Lama wurde, wenn auch nur für kurze Zeit, vom [Reformator] Tsongkhapa persönlich in die buddhistische Lehre eingeführt und erhielt auch Unterricht von vielen anderen Lamas. Auf Anweisung von Lama Tsongkhapa und insbesondere von Jetsün Sherap Senge gründete er das Kloster Tashilhünpo. Damit begründete er seinen Einfluss in der Region Tsang. Der zweite Dalai Lama [Gendün Gyatso] zog nach Lhasa in Zentraltibet, offenbar, weil er sich mit dem Abt des Klosters Tashilhünpo, Panchen Yeshe Tsemo, einem ehemaligen Schüler des ersten Dalai Lama, nicht gut verstand. Zu dieser Zeit erhielt der Abt von Drepung, der wichtigste Meister des Klosters Drepung, in seinen Träumen einige klare Hinweise, und auf Grund dieser Hinweise lud er die Wiedergeburt des Gendün Drubpa, nämlich Gendün Gyatso, nach Drepung ein. Dieser studierte dort und wurde zum führenden Lama. Später wurde er zum ›Thronhalter‹ des Klosters ernannt. Und er wurde auch der Thronhalter des Klosters Sera. Auf diese Weise schaffte er sich in der Gegend von Lhasa eine Art Machtbasis, aber nicht in einem negativen oder politischen Sinn. Später unternahm er persönlich einige Bauarbeiten in Südtibet. So gründete er das Kloster Chökhorgyel. Und er war es auch, der den berühmten See Lhamo Latso zu einem heiligen Ort erklärte. Schließlich bekleidete er auch das Amt des Abts im Kloster Dakpo Dratsang und gründete ein sehr gutes Kloster im südlichen Tibet, Ngari Dratsang. Aus der Überlieferung geht somit klar hervor, dass Gendün Gyatso, der später als zweiter Dalai Lama anerkannt wurde, seinen Einfluss in Süd- und Südosttibet festigte.
Dann kam der dritte Dalai Lama, der als erster den Titel ›Dalai Lama‹ trug. Er schaffte sich eine starke Position in der Gegend von Chamdo (Nordost-Tibet) und später in der Mongolei, wo er schließlich auch starb. Damit hatte der Buddhismus von Tsongkhapa seinen Einfluss von der Gegend von Tsang auf Zentral-, Süd- und Südosttibet sowie nach Kham und in die Mongolei ausgedehnt.
Der vierte Dalai Lama wurde als Sohn eines mongolischen Stammesfürsten geboren. Er war nicht ausgesprochen gelehrsam und starb schon in jungen Jahren. So wurde dann die Wiedergeburt des dritten Dalai Lama, der den Buddhismus des Lama Tsongkhapa in die Mongolei gebracht hatte, in einem mongolischen Stammesfürstentum geboren, und die Beziehungen zur Mongolei wurden dadurch natürlich noch sehr viel enger. Dann kam der fünfte Dalai Lama. Er wurde mit Hilfe der Mon-

Friedensnobel-Medaille, dem 14. Dalai Lama, »dem religiösen und politischen Führer des tibetischen Volkes«, am 10. Dezember 1989 in Oslo überreicht.

golen zum Oberhaupt der Tibeter und hielt vorübergehend die Macht in ganz Tibet inne.

Der sechste Dalai Lama war nicht erfolgreich und starb auch ziemlich jung. Mir scheint, der fünfte Dalai Lama hatte so etwas wie einen Vorsatz, eine klare Intention. Seine Reinkarnation, der sechste Dalai Lama, scheint ein ziemlich bemerkenswerter Mann gewesen zu sein. In den Biografien verschiedener Lamas werden dem sechsten Dalai Lama jedenfalls besondere Qualitäten zugeschrieben. Bei seiner Abkehr vom Mönchstum handelte es sich allem Anschein nach um einen sehr wohl überlegten Entschluss. Er wollte nämlich die Institution des Dalai Lama erblich machen – analog zur Institution der Sakyapa-Lamas. Doch er starb, ohne sein Ziel zu erreichen.

Dann kam der siebte Dalai Lama. Auf politischem Gebiet scheiterte er. Er konzentrierte sich voll und ganz auf die buddhistische Lehre (dharma), wie es die Gelugpa-Schule lehrt, und war damit ziemlich sektiererisch.

Der achte Dalai Lama war keine besondere Persönlichkeit. Er leistete keinen großen Beitrag. Die Biografie des neunten Dalai Lama ist hingegen bemerkenswert, obschon er bereits mit neun Jahren starb. Wenn er überlebt hätte, wäre er bestimmt wie der zweite Dalai Lama geworden. Der 10., 11. und 12. Dalai Lama – sie alle starben im Alter von weniger als 25 Jahren. Erst der 13. Dalai Lama lebte wieder länger und war erfolgreicher.

Im Rückblick scheint es, als sei bis zum fünften Dalai Lama alles nach einer Art Plan verlaufen, doch nachher – so dünkt es mir – kam der ursprüngliche Plan durcheinander. Erst der 13. Dalai Lama hatte wieder so etwas wie einen Gesamtplan, aber auch er scheiterte.«

Auch wenn der Dalai Lama die Vorstellung der Reinkarnation an sich nicht anzweifelt, hat er immer wieder durchblicken lassen, dass die Art, wie die Tibeter mit dem System umzugehen pflegen, ihm teilweise nicht behagt. Insbesondere kritisierte er die vielen Abstammungs- oder Reinkarnationslinien, die sich seit dem Leben im Exil gebildet haben. Wie steht er heute zu dieser Frage?

»In den frühen sechziger Jahren – ich glaube, es war anlässlich eines Treffens mit Leitern der verschiedenen Religionsschulen – habe ich einige historische Fakten dargelegt. Es ist wichtig, die Anerkennung und die Abstammungslinien jener Lamas zu bewahren, die authentisch und Teil der tibetischen Geschichte sind. Doch im Übrigen bringt es nichts, zu viele Wiedergeburten zu haben. Jede Wiedergeburt begründet irgendeine kleine Institution. Das ist nicht nötig. Das habe ich damals gesagt. Der verstorbene [frühere Premierminister] Lukhangwa sagte mir einmal, meine Überlegungen seien falsch, denn in Tibet, besonders in der Gegend von Kham, gebe es in jedem Kloster mindestens einen reinkarnierten Lama, die Institution des [reinkarnierten] Lama sei also sehr einflussreich und wichtig in der dortigen Gesellschaft. Deshalb, fuhr er fort, sei es nicht sinnvoll, dieses System aufzugeben.

Ich bin immer noch der Meinung, dass es zu viele Reinkarnationen gibt. Natürlich hat jede Gruppe von Schülern eines früheren Geshe oder Lama das Recht, eine Reinkarnation zu wählen, wenn es klare Hinweise gibt. Doch Klöster, als Institutionen, sollten keine Tülkus anerkennen, sondern alle Mönche wie gewöhnliche Mönche behandeln. ... Aber bis heute ist es oft so, wenn man Geld hat – genug Geld – dann wird man vom Kloster als Tülku anerkannt. Es ist fast so, als könnte man [die Tülku-Position] mit Geld kaufen.«

Und zum Abschluss die unvermeidliche Frage nach seiner Nachfolge: Kann Ihre Heiligkeit sich vorstellen, als Frau oder gar als westliche Person wiedergeboren zu werden?

»Ja, das ist möglich. Ich habe schon 1969 sehr klar gesagt, ob die Institution des Dalai Lama weiter besteht oder nicht, darüber

Überreichung des Friedensnobelpreises an den 14. Dalai Lama »für seine konsequente Ablehnung, beim Streben seines Volkes, die Freiheit wiederzuerlangen, Gewalt anzuwenden«, 10. Dezember 1989.

entscheidet das tibetische Volk. Falls eine Mehrheit der Tibeter diese Institution beibehalten will, dann stellt sich als Nächstes die Frage, wie die Nachfolge gesichert wird. Es gibt da verschiedene Möglichkeiten. Das Altersprinzip ist eine Möglichkeit. Oder mein Nachfolger könnte ein älterer, allgemein bekannter Lama sein, den ich berufe. Theoretisch ist das alles möglich. Eine andere Option: Nach meinem Tod wird ein hoher Lama bestimmt, ähnlich wie der Papst. Oder die Institution der Dalai Lamas wird beibehalten, aber der Nachfolger wird nicht wie bisher, sondern mit einer neuen Methode gefunden. Auch das ist denkbar.

Falls jedoch die Tibeter das bisherige System beibehalten wollen, dann habe ich schon früher ganz klar gesagt: Wenn ich heute sterbe, dann sterbe ich als Flüchtling in einem fremden Land mit einem bestimmten Zweck. Und dieser Zweck ist noch nicht erfüllt. Darum wird meine Reinkarnation begreiflicherweise außerhalb von Tibet erscheinen.

Nun zur nächsten Frage: Mann oder Frau. Wenn es nach den Tibetern ginge, dann würden wahrscheinlich die meisten von ihnen nach wie vor eine männliche Inkarnation vorziehen. Aber heute ist der Dalai Lama nicht mehr nur für die Tibeter da, sondern auch für Menschen, die sich neu für den Buddhismus interessieren. Und wenn nun angesichts dieser neuen Realität einer Mehrheit der Anhänger eine Frau nützlicher erscheinen sollte, dann ist eine weibliche Reinkarnation durchaus möglich. Da füge ich dann meistens und halb scherzend hinzu, nicht nur eine Frau, sondern eine sehr schöne Frau sollte es sein, die hätte dann umso mehr Einfluss ...«

Möge sie in einem freien Tibet wiedergeboren werden!

DIE DALAI LAMAS VON TIBET
UND DIE URSPRÜNGE DER LAMA-WIEDERGEBURTEN

Leonard W. J. van der Kuijp

Zwei zusammenhängende Bilder tauchen vor dem geistigen Auge auf, wenn von Tibet und tibetischem Buddhismus die Rede ist: der Dalai Lama und wiedergeborene Lamas oder Lehrer, Laien ebenso wie Mönche. Die vorliegende Abhandlung beschäftigt sich mit beiden aus einer historischen Perspektive. Dabei werden wir uns, das liegt in der Natur der Sache, viel in der tibetischen Geschichte und der biografischen, autobiografischen und historischen Literatur des Landes vor und zurück bewegen. Das meiste, was hier gesagt wird, gilt gemeinhin als historische Tatsache und vermittelt einen einigermaßen verlässlichen Überblick über die wichtigsten Stationen im Leben der Dalai Lamas, vom ersten Dalai Lama Gendün Drubpa (*dGe 'dun grub pa*, 1391–1474) bis zum gegenwärtigen 14. Dalai Lama Tenzin Gyatso (*bsTan 'dzin rgya mtsho*, geb. 1935). Die Ursprünge der Institution des Dalai Lama sind eng an das geknüpft, was man als Erfindungen verschiedener Traditionen bezeichnen könnte. Meine Bemerkungen über die Entstehung der Institution der Dalai Lamas und insbesondere über den Ursprung der Idee, dass es sich bei den Männern an der Spitze dieser Institution um Wiedergeburten des Bodhisattva Avalokiteśvara, jener Verkörperung des erleuchteten Mitgefühls, handelt, sind zugegebenermaßen spekulativ. In den letzten Jahren sind aus dem außerordentlich reichen literarischen Fundus von Tibet zahlreiche Schätze gehoben worden. Ans Licht kamen dabei viele bisher unbekannte Texte, einige davon mit hölzernen Druckstöcken gedruckt, andere in Form von sehr alten, handgeschriebenen Manuskripten. Nur weitere Untersuchungen dieser Abhandlungen werden letztlich zeigen, ob die folgenden Bemerkungen einen Kern von Wahrheit enthalten und somit mehr sind als bloße Hypothesen mit einem gewissen Wahrscheinlichkeitsgehalt. Solche Nachforschungen könnten sehr wohl zu unvorhergesehenen Erkenntnissen führen. Bei der Lektüre dieser Texte müssen wir uns deshalb in kritischen Augenblicken die historischen Umstände ihrer Niederschrift und die in ihnen reflektierten politischen und religiösen Zusammenhänge vergegenwärtigen.

DIE HINTERLASSENSCHAFT DES ALTAN KHAN

Wie allgemein bekannt sein dürfte, leitet sich der Titel »Dalai Lama« von einem bedeutend längeren Ausdruck her, der 1578 erstmals auftaucht. Altan Khan (1507–1582), der Herrscher der Tümed Mongolen (*sog po*), verlieh Sonam Gyatso (*bSod nams rgya mtsho*, 1543–1588, siehe Kapitel zum dritten Dalai Lama, S. 52 ff.) anlässlich mehrerer Treffen, deren erstes am 19. Juni 1578 in Cabciyal, in der heutigen chinesischen Provinz Qinghai, stattfand, den Titel »ta la'i bla ma vajradhara«. »Dalai«, ein mongolisches Wort, bezeichnet etwas Riesiges, weit Reichendes, Universelles und wird daher im Sinn von »Ozean« verwendet, obwohl für die überwiegende Mehrheit der Mongolen eine Wassermasse derartigen Ausmaßes kaum zum direkten Erfahrungsschatz gehört haben dürfte. »Dalai« entspricht dem tibetischen »rgya mtsho«, das wiederum üblicherweise dem »sāgara« auf Sanskrit entspricht.

Uns wird zunehmend bewusst, dass ein Großteil der tibetischen Literatur in den Händen ihrer Herausgeber sehr gelitten hat. Während manche Änderungen ganz einfach der Nachlässigkeit späterer Herausgeber anzulasten sind, gibt es in tibetischen Schriftstücken auch zahlreiche Verfälschungen, die einer bestimmten Absicht entsprechen und also bewusst vorgenommen wurden. Angenommen, es handle sich hier um einen unverfälschten Text – und nichts garantiert uns, dass das wirklich der Fall ist –, dann handelt es sich bei der in Mipham Chökyi Gyatsos[1] Biografie des Maitri Dondrub Gyaltsen[2] von Bökharum enthaltenen Schilderung (1596) um den bisher frühesten tibetischen Bericht über das historische Treffen zwischen Altan Khan und Sonam Gyatso. Das Treffen wird selbstverständlich auch in der Biografie von Sonam Gyatso erwähnt, welche der fünfte Dalai Lama Ngawang Lobsang Gyatso (*Ngag dbang blo bzang rgya mtsho*, 1617–1682) 1646 niederschrieb. Dieses Werk und dessen einige Jahre später entstandener Begleitband, die 1652 verfasste Biografie des vierten Dalai Lama Yönten Gyatso (*Yon tan rgya mtsho*, 1589–1616), übten schon bald einen beträchtlichen Einfluss aus, war doch ihr Autor kein geringerer als eben der fünfte Dalai Lama. Dazu kommt, dass der Autor die beiden Bände schon bald nach ihrer Vollendung in Druck gab, womit er ihnen eine weit größere Verbreitung ermöglichte, als wenn sie nur als handgeschriebene Kopien zirkuliert wären. Seiner umfangreichen Autobiografie entnehmen wir, dass er die Redaktion und Korrektur des ersten sowie die Niederschrift des zweiten Bandes während seiner Reise nach Peking an den Qing-Hof des jungen Shunzhi Kaisers (reg. 1644–1661) bewerkstelligte. Diese Reise führte ihn über weite Strecken durch mongolisches Gebiet. Auch das war kein Zufall. Schließlich war der vierte Dalai Lama selbst kein ethnischer Tibeter, sondern vielmehr ein Tümed-Mongole, genauer gesagt der Enkel von Altan Khan. Zweifellos handelt es sich bei den beiden Texten nicht nur um Biografien, sondern um Teile eines ganzen Komplexes von politischen und soziologischen Argumenten und Darstellungen, mit deren Hilfe der fünfte Dalai Lama sowohl die teleologische Unvermeidbarkeit wie auch die

»theologische« Legitimität seines Amtes, seiner Selbst und seiner Institution als rechtmäßiger Herrscher über Tibet zu stärken und zu verankern suchte. Bei der Lektüre dieser Werke fällt einem auf, wie sehr er sich der legitimierenden Kraft der »richtigen« Sprache bewusst war. Was die Manipulation der öffentlichen Meinung angeht, so war er einer der ganz großen Meister. Es war unter ihm, dass die de facto Herrschaft der Dalai Lamas für kurze Zeit ihre größte Bedeutung erlangte, bis sie – abgesehen von einem kurzen Zwischenspiel unter dem siebten Dalai Lama Kelsang Gyatso (bsKal bzang rgya mtsho, 1708–1757) – vom 13. Dalai Lama Thubten Gyatso (Thub bstan rgya mtsho, 1876–1933) wiederhergestellt wurde. Seiner politischen Intelligenz und seinen organisatorischen Fähigkeiten sowie seinen nächsten Beratern hat es der fünfte Dalai Lama zu verdanken, dass er oft der »Große Fünfte« genannt wird. Die Anfänge der so genannten »Bodhisattva-kratischen« Regierungsform in Tibet gehen zurück auf seine Regierungszeit.

Auf mongolischer Seite wird das Treffen zwischen Altan Khan und Sonam Gyatso in der in Versen abgefassten, anonymen Biografie von Altan Khan erwähnt, die nicht vor 1607 niedergeschrieben worden sein kann. Dieses Werk sollte schon allein deshalb als besonders glaubwürdig gelten, weil sein Autor ausdrücklich schreibt, er stütze sich bei seiner Erzählung auf eine frühere Studie, verfasst von einem Mitglied der Delegation[3], die von Altan Khan 1547 ausgesandt wurde, um Sonam Gyatso an seinen Hof einzuladen. Der fünfte Dalai Lama erwähnt, der Khan habe Sonam Gyatso den Titel »ta'ai bla ma vajradhara« verliehen, doch der volle mongolische Titel in der anonymen Biografie ist länger.[4]

Kurz nach seiner Geburt wurde Sonam Gyatso als Wiedergeburt des Gendün Gyatso (dGe 'dun rgya mtsho, 1475–1542) erkannt. Letzterer war der zweite wiedergeborene »Unter-Haus (gzims khang 'og ma) Lama« des Klosters Drepung und wurde deshalb später auch als zweiter Dalai Lama bekannt. Der Aufstieg Drepungs zur einflussreichsten und wahrscheinlich auch größten Institution der Gelugpa-Schule, die ihre Entstehung auf Tsongkhapa Lobsang Dragpa (1357–1419) und seine unmittelbaren Jünger zurückführt, scheint sich zu seinen Lebzeiten vollzogen zu haben. Gendün Gyatsos Residenz in Drepung war der Ganden Phodrang, das ursprünglich den Phagmodru- (Phag mo gru) Herrschern bei ihren Besuchen im Kloster als Wohnsitz diente. Das Gebäude hatte »Blaues Steinhaus« geheißen, bis der Phagmodru-Herrscher[5] es Gendün Gyatso anbot. Gendün Gyatso selbst war damals schon als Reinkarnation von Gendün Drubpa, einem der letzten Schüler des Tsongkhapa und Gründer von Tashilhünpo (1447)[6], erkannt worden. Und Gendün Drubpa wurde postum als erster wiedergeborener »Unter-Haus Lama« und als erster Dalai Lama anerkannt.

Obwohl er nur einer von vielen wiedergeborenen Lamas war, welche die religiöse Landschaft Tibets bevölkerten, erwiesen Hierarchen anderer Traditionen Sonam Gyatso seiner Stellung entsprechend besonderen Respekt. So wird er in zeitgenössischen Quellen wie den Biografien der Hierarchen der Karma-Sekte – des fünften Shamar Konchog Yenlag[7] und des 10. Karmapa or Shanag Wangchuk Dorje[8] – und auch vom Biografen Maitri Dondrubs oft einfach »die Inkarnation [oder: höchste Inkarnation] von Drepung« oder »der religiöse Herr (chos rje) von Drepung« genannt. In der Biografie von Maitri Dondrub wird er einmal ausdrücklich als Wiedergeburt von Avalokiteśvara und von Dromtön Gyalwe Jungne (1005–1064) bezeichnet. Wir werden später noch auf dieses Motiv zurückkommen.

EINE ALTE BEZIEHUNG WIRD NEU INSZENIERT

Die frühesten tibetischen Erzählungen und der früheste verfügbare mongolische Bericht zum Treffen zwischen Altan Khan und Sonam Gyatso enthalten einige Ähnlichkeiten. Eine solche ist auch das Fehlen einer ausdrücklichen Anerkennung der Tatsache, dass diese beiden Männer ganz bewusst eine weit zurückliegende Beziehung neu inszenierten, nämlich diejenige zwischen dem mongolischen Herrscher Kublai Khan (reg. 1260–1294), der 1271 bzw. 1279 die Yuan-Dynastie begründet hatte, und dem tibetischen Hierarchen der Sakyapa-Schule, Phagpa Lodrö Gyaltsen[9]. Das bleibt späteren Schriften vorbehalten, welche ausdrücklich festhalten, dass sich die beiden gegenseitig als Wiedergeburten ihrer weit entfernten Vorgänger erkannten. So schreibt der fünfte Dalai Lama in seiner Biografie von Sonam Gyatso, Altan Khan habe, als Sonam Gyatso ihm und seinem Geleit die Übertragung des sechssilbigen Mantras an den Bodhisattva Avalokiteśvara überreichte, folgendes gesagt: »In früheren Zeiten, als das Kloster ›Phags pa Shing kun‹[10] gebaut wurde, war ich Sechen Gyalpo [=Kublai Khan]; Du warst Lama Phagpa. Du hast das Kloster geweiht…«

Altan Khan war also in einem früheren Leben Kublai Khan und Sonam Gyatso war Phagpa gewesen. Es ist wohl kaum ein Zufall, dass Phagpa und sein persönlicher Besitz in der Autobiografie des fünften Dalai Lama auffällig oft auftauchen. Der fünfte Dalai Lama erwähnt mehrere Quellen, die er für sein Studium des Sonam Gyatso verwendet habe, darunter auch eine kom-

1 Der dritte Dalai Lama Sonam Gyatso. Ganz oben Dromtön (1005–1064), Schüler des Atiśa. In den Szenen unten und rechts könnte Altan Khan gezeigt werden, der Tümed Mongol, der den Titel »Dalai Lama« sozusagen »erfand« und zum ersten Mal der Person verlieh, die später unter dem Namen Sonam Gyatso bekannt wurde. Thangka, Tibet, Mitte 18. Jh., 86 cm × 54 cm, Sammlung Schleiper, Brüssel. **2** Phagpa, eine Präexistenz der Dalai Lamas. Thangka, Tibet, 70 × 45 cm, Sammlung Herr und Frau Solomon, Paris.

Anmerkung Die Datierung der abgebildeten Werke basiert auf den Angaben der Besitzer. Wenn keine Datierung vorlag, wurde auf eine solche verzichtet. Zu den am Ende mit >>> bezeichneten Objekten finden sich im Anhang ab Seite 288 detaillierte Beschreibungen.

plette, von Kharnag Lotsawa Jampel[11] verfasste Biografie. Während diese Abhandlung uns bis heute nicht vorliegt, so verfügen wir doch zumindest über ein großes Manuskript-Fragment seiner Studie über die Entwicklung der Gelugpa-Schule. Darin handelt Kharnag Lotsawa Sonam Gyatso und dessen Reise nach Qinghai auf überraschend beiläufige Weise ab. So schreibt er, Sonam Gyatso sei, nachdem er die Einladung von Khan erhalten habe, »nordwärts [gegangen] im Jahr des Tigers [1578]. Zu dieser Zeit erwies ihm der tibetisierte Mongolen-Häuptling Karma dpal mit Respekt und Verehrung [einschließlich Geschenken] große Ehre. Dann, im Jahr des Erdhasen [1579], im Alter von 36 Jahren, begegnete er dem *A than rgyal po* [Altan Khan] in Mtsho kha. Er stellte all die Mongolen zufrieden, indem er [ihnen] den Buddhismus lehrte, um sie der Tugend zuzuführen. [Dann] ging er ins Kloster Palden Chökhorling *(Dpal ldan chos 'khor gling)* [das er zusammen mit Altan Khan gründete] und reiste dann weiter nach Chamdo in Kham …«

Einmal abgesehen davon, ob und inwiefern Altan Khans Identifikation mit Kublai Khan berechtigt war, scheint die Idee, Phagpa in die offene Reinkarnationsreihe der Dalai Lamas einzugliedern, von der Tradition in keinem Moment hinterfragt worden zu sein. Wie wir sehen werden, hat das sehr viel mit der spezifischen Rolle, die diese Tradition dem Bodhisattva Avalokiteśvara zuweist, zu tun. Hier sei nur noch erwähnt, dass die Mitglieder der Sakyapa-Schule, insbesondere deren herrschende Familie im Kloster Sakya, die mit Phagpa entfernt verwandt waren, aus politischen und religiösen Gründen verständlicherweise überhaupt nicht geneigt waren, Sonam Gyatso als Wiedergeburt ihres Vor-

3 Sachen Künga Nyingpo, eine Präexistenz der Dalai Lamas, umgeben von Hevajra (oben links), Birvapa (?, oben rechts) und Gur Gönpo (*Gur mgon po*, unten rechts). Thangka, Tibet, Mitte 18. Jh., Folkens Museum Etnografiska, Stockholm, Inv. Nr.: 1935.50.965.

fahren anzuerkennen. Dazu kommt, dass nach der Lehrmeinung dieser Schule Phagpa eine Emanation und keine Wiedergeburt des Bodhisattva Mañjuśrī, dem Symbol der erleuchteten Weisheit, war. Die Schule drückte damit ihre Anerkennung für seine Gelehrsamkeit aus. In der Tat vertritt die Sakya-Schule schon recht früh die Position, dass Sachen Künga Nyingpo[12], Phagpas Urgroßvater und erster Patriarch der Schule, eine Wiedergeburt des Avalokiteśvara sei. Und in den Schriften dieser Schule lesen wir nicht ein einziges Mal, dass Phagpa eine Wiedergeburt von Sachen gewesen sei!

Jetzt, da wir bessere, wenn auch nicht immer volle Einsicht in die damaligen Geschehnisse haben, sollten wir nicht vergessen, dass Altan Khans Titelverleihung an Sonam Gyatso ein damals relativ unwichtiges und keineswegs einmaliges Ereignis war, auch wenn diese ab dem 17. Jahrhundert mit dem fünften Dalai Lama plötzlich eine einmalig bedeutende Rolle in der tibetischen politischen und religiösen Geschichte spielte. Es gibt Belege dafür, dass mindestens ein tibetischer Hierarch der Taglung- *(sTag lung)* Sekte der Kagyüpa-Schule, Gyalwa Künga Tashi[13], der 16. Abt des Klosters Taglung, ebenfalls Patronatsbeziehungen mit dem Khan unterhielt, wenn auch möglicherweise nicht im gleichen Ausmaß wie Sonam Gyatso. So entnehmen wir Gyalwa Künga Tashis Biografie, dass er insgesamt zwei Reisen in das Land der *sog po*-Mongolen unternahm. Eine begann 1578 und endete 1581 und die andere dauerte von 1589 bis 1593. Als sie zum ersten Mal zusammentrafen, verlieh ihm der Khan den Titel »de bzhin gshegs pa« und überreichte ihm ein aus 85 Teilen *(srang)* geschmiedetes Siegel *(tham ka)*, einen Erlass *('ja' sa)* und viele Tausend Silberlinge. Gyalwa Künga Tashi und der Khan trafen sich danach noch einmal im Herbst desselben Jahres. Bei dieser Gelegenheit überreichte ihm der Khan einen großen Behälter aus 1500 Silberstücken. Dieses Geschenk war zweifellos eine Gegenleistung des Khans für die verschiedenen buddhistischen Unterweisungen, die er von seinem Gast erhalten hatte.

EINE ZWEISCHNEIDIGE ENTSCHEIDUNG

Es muss erst noch erforscht werden, warum die Gelugpa in ihrer missionarischen Arbeit unter den Mongolen so unglaublich erfolgreich waren. Die Tatsache, dass Sonam Gyatso, im Gegensatz zu Gyalwa Künga Tashi, ein wiedergeborener Lama war, hatte wahrscheinlich viel damit zu tun. Jeder ernsthafte Erklärungsversuch müsste zudem die Taten von Palden Gyatso, dem Finanzminister von Sonam Gyatso, berücksichtigen, der den Auftrag hatte, die Wiedergeburt seines verstorbenen Meisters zu finden und dabei mit Konchog Rinchen[14] den ersten und anscheinend einzigen tibetischen Kandidaten für die nächste Reinkarnation von Sonam Gyatso ablehnte. Diesem wurde, nach einigem Hin und Her, Yönten Gyatso vorgezogen, eine untaugliche und eher tragische Person, die sich einzig dadurch auszeichnete, dass sie der Urenkel des Khan war. Skepsis über den Entscheid Palden Gyatsos ist durchaus angebracht und es ist nicht schwer, seine Beweggründe zu hinterfragen. Sein Entscheid sollte sich allerdings als zweischneidiges Schwert erweisen. Einerseits war es zweifellos ein Geniestreich. Er sicherte der Institution des Dalai Lama und der dazugehörigen klösterlichen Korporation *(bla brang)* die Loyalität vieler, wenn auch lange nicht aller mongolischen Stammesverbände. Wie bei anderen wiedergeborenen tibetischen Lamas hatte die klösterliche Korporation die Aufgabe, die ökonomischen Ressourcen der Institution zu verwalten. Im Interesse einer gesicherten wirtschaftlichen Zukunft der Dalai Lama-Institution trug sie außerdem Sorge, die mongolischen Gönner bei der Stange zu halten. Andererseits, und das war der große Nachteil von Palden Gyatsos Entscheid, öffnete er den anhaltenden, stammesinternen Konflikten, welche unter den mongolischen Gruppen weit verbreitet waren, auch in Tibet Tür und Tor. Das sollte sich auf die Zukunft Tibets als einer souveränen Einheit letztlich verheerend auswirken. Die Situation spitzte sich 1720 zu, als der Qing-Kaiser Kangxi (reg. 1662–1723) seine Truppen in Tibet stationierte, um das Land vor den politischen und militärischen Ambitionen der Dsungar-Mongolen zu schützen.

Der Nachfolger von Yönten Gyatso, der fünfte Dalai Lama, war eine überragende Figur. Mit ihm nimmt die Ganden Phodrang-Regierung in Tibet ihren Anfang. Vieles von dem, was wir seither als selbstverständliche Eigenschaften der Dalai Lama-Institution ansehen, verdanken wir seinen Fähigkeiten und insbesondere denen seiner engsten Mitarbeiter, der Regenten *(sde srid)*, unter denen Sonam Chöphel *(bSod nams chos 'phel,* gest. 1658) und Sangye Gyatso *(Sangs rgyas rgya mtsho,* 1652–1705) die weitaus ehrgeizigsten und einflussreichsten waren. Verglichen mit dem fünften schneiden die Dalai Lamas sechs bis 12 fast in jeder Beziehung unvorteilhaft ab. Doch was den überaus gelehrsamen und politisch scharfsinnigen fünften Dalai Lama vor allem von seinen Nachfolgern unterschied, war der offensichtliche Genuss, mit dem er die Macht seines Amtes ausübte.

Der sechste Dalai Lama Tshangyang Gyatso *(Tshangs dbyangs rgya mtsho,* 1683–1706?) war nicht bereit, die seiner Stellung entsprechende Rolle zu spielen. Er neigte vielmehr dazu, dem ersten Teil seines Namens – wörtlich: »reiner Wohlklang« oder »göttliche Stimme« – alle Ehre zu erweisen. Obschon er ein geweihter Mönch war, trug er sein Haar meist lang und führte das Leben eines Poeten und Künstlers. Es existieren mehrere Gedichtsammlungen, die ihm zugeschrieben werden. 1705 trat er von seinem Amt zurück und starb vermutlich 1706. Zwar gibt es eine lange Erzählung über seine späteren Jahre und sein Leben als herumziehender Yogi, doch handelt es sich dabei um eine nicht anerkannte Schrift.

Der siebte Dalai Lama Kelsang Gyatso *(sKal bzang rgya mtsho,* 1708–1757) wurde erst 1720 formell in sein Amt eingeführt, doch seine Herrschaft wurde letztlich vom mächtigen Landadel hintertrieben. Aus seiner Regierungszeit stammt die Einrichtung eines regierenden Kabinetts mit dem Dalai Lama an der Spitze, welches bis 1959 Bestand hatte.

Die Dalai Lamas acht bis 12 spielten kaum eine Rolle in der eigentlichen Herrschaftsausübung in Tibet, und der Grund dafür ist in allen Fällen mehr oder weniger der gleiche. So waren der neunte bis 12. Dalai Lama auf Gedeih und Verderb einer Reihe einflussreicher Regenten und den politischen Ambitionen und Interessen ihrer eigenen Familien ausgeliefert. Keiner von ihnen lebte länger als 21 Jahre und es ist recht wahrscheinlich, dass es bei ihrem frühzeitigen Ableben nicht mit rechten Dingen zugegangen ist.

Der 13. Dalai Lama Thubten Gyatso *(Thub bstan rgya mtsho,* 1876–1933) stellt eine radikale Wende in dieser Abfolge dar. Nicht zuletzt aufgrund seiner Kontakte zur Welt jenseits der Grenzen Tibets – er war einmal im Exil in der Mongolei und einmal in Britisch-Indien – versuchte er, verschiedene politische und soziale Neuerungen einzuführen. Ihm wird sogar zugeschrieben, Tibet unilateral zum unabhängigen Staat erklärt zu haben. Letztlich konnte er jedoch seine Ideen gegen den konservativen Klerus nicht durchsetzen. Er war aber zweifellos der wichtigste Nachfolger des fünften Dalai Lama. Kein Wunder also, dass die Stūpa mit seinen sterblichen Überresten im Potala-Palast an Größe, Verzierung und Pracht nur von der des »Großen Fünften« übertroffen wird.

Der gegenwärtige 14. Dalai Lama hat es seit der chinesischen Annektierung Tibets in den fünfziger Jahren ausgezeichnet verstanden, die Tibeter um sich zu scharen. Seit seinem Gang 1959 ins Exil im indischen Dharamsala, einer kleinen Stadt in den südlichen Ausläufern des Himalaja, ist seine internationale Präsenz spürbar gewachsen. Er ist ein weltweit gefragter Redner zu Themen, die oft weit über die Religion hinausgehen. Seine

4 Der fünfte Dalai Lama, der »Große Fünfte«, mit Buddha Amitābha oben in der Mitte und um ihn Szenen aus seinen visionären Erlebnissen. Die Malerei gehört zu einem Set von Thangkas und wurde wohl in der Zeit der Regentschaft von Sangye Gyatso in Auftrag gegeben. Thangka, Zentraltibet, spätes 17./frühes 18. Jh., 94 x 64 cm, Potala, Lhasa.   **5** Der 13. Dalai Lama. Miniaturmalerei (siehe Abb. 92).   **6** Der 14. Dalai Lama, umgeben von den drei Gesetzeskönigen und (links unten) Nyetri tsenpo (?), mit Inschrift. Thangka, Tibet, 20. Jh., 42 x 32 cm, Sammlung Harald Bechteler, Tutzing. >>>

Auszeichnung mit dem Friedensnobelpreis 1989 zeugt sowohl von der Beharrlichkeit, mit der er eine friedliche Lösung der Tibetfrage anstrebt, wie auch vom wachen Urteilsvermögen des Nobel-Komitees.

ATIŚAS BEDEUTUNG

Doch wie hat das alles angefangen? Woher nimmt die Institution des Dalai Lama und die Idee, dass dieser eine Wiedergeburt des Bodhisattva Avalokiteśvara sei, ihre ungewöhnliche Kraft? Und was bedeutet Avalokiteśvara für das tibetische Selbstverständnis? Ich denke, um diese Fragen zu beantworten, müssen wir in der tibetischen Geschichte bis ins 11. Jahrhundert und möglicherweise sogar noch weiter zurückgehen.

Es war im Sommer 1042, als der bengalische buddhistische Mönch Atiśa (ca. 982–1054) und seine Begleiter endlich die eindrucksvolle Höhe der tibetischen Hochebene erreicht hatten. Ihr langer und mühsamer Weg hatte sie durch die erdrückende Hitze der nordindischen Ebenen in die heutige Terai-Region im südlichen Nepal geführt. Das Terai geht sehr abrupt in die Ausläufer des Himalaja über, und von dort beginnt ein langer, stetiger Aufstieg. Sehr plötzlich dann, fast ohne Vorwarnung, öffnet sich vor den Augen der zu Fuß oder zu Pferd Reisenden das üppige und fruchtbare Tal von Kathmandu. So erging es auch der Gruppe entschlossener Männer unter der Führung von Atiśa. Sie verweilten etwa ein Jahr im Tal von Kathmandu und setzten dann ihre Reise zum tibetischen Hochland fort. Atiśa hatte die strapaziöse Reise auf Einladung und mit der finanziellen Unterstützung von Jangchub[15] angetreten, dem göttlichen Herrscher von Guge, einer abgelegenen Gegend in den westlichen Ausläufern der tibetischen Kulturregion. Doch er und seine Begleiter fühlten sich keineswegs bemüßigt, so schnell wie möglich auf direktem Wege nach Guge zu gelangen. Nachdem sie also vom Kathmandu-Tal über Nagarkot *(Bal po dzong)* kommend die tibetische Grenze überschritten hatten, blieben sie fast ein Jahr in Mangyul in Gundang am Aufenthaltsort des tibetischen Sanskrit-Gelehrten und Übersetzers Nagtso Lotsawa Tsültrim Gyelwa[16]. Atiśa verweilte in Tibet von 1042 bis zu seinem Tod. Seine dortigen Aktivitäten und die Anhänger, die er allmählich um sich scharte, führten schließlich zur Gründung der so genannten Kadampa- *(bka' gdams pa)* Schule des tibetischen Buddhismus. Der Ausdruck »Kadampa« taucht schon in der frühen zweiten Hälfte des 11. Jahrhunderts auf und leitet sich von der Tatsache her, dass die Jünger Atiśas die Worte des Buddha *(rgyal ba'i bka')* und die mündlichen Instruktionen *(gdams ngag)* ihres Meisters als funktionell gleichwertig ansahen

Mit ziemlicher Sicherheit lässt sich sagen, dass die Kadampa-Schule ihren Ursprung in einem intellektuellen und meditativ-spirituellen Gemeinschaftsgefühl hatte, das auf der absoluten Autorität beruhte, welche die Mitglieder der Gemeinschaft den Unterweisungen ihres bengalischen Meisters zuerkannten. Das heißt nicht, dass es sich dabei um eine einheitliche oder monolithische Doktrin handelte. Was einem vielmehr auffällt, ist die erfrischende Offenheit, mit der die frühesten Quellen dieser Tradition die Spannungen, Konflikte und Pingeligkeiten beschreiben, welche unter den Mitgliedern in dieser formativen Phase, sogar als Atiśa noch lebte, vorherrschten. Ohne böse Seitenhiebe schildern sie detailreich anhand zahlreicher Beispiele Neid und Missgunst sowie das Buhlen um die Anerkennung des Meisters. All dies gehörte offenbar zum Alltagsleben vieler Jünger. Doch die Ausstrahlung und Autorität Atiśas erwiesen sich als stark genug, um diese Männer zusammenzuhalten. Insbesondere die Autorität seiner schriftlich zusammengefassten Lehren schuf letztlich die Grundlage, auf der die Ideologie der Dalai Lamas wachsen und sich konzeptuell entwickeln konnte, bis sie schließlich in der Institution des Dalai Lama und deren konkreten, körperlichen Manifestationen ab Sonam Gyatso ihren Kristallisationspunkt erreichte.

Der Beginn dieses Prozesses war eine sehr lokale Angelegenheit, die ihren Ursprung höchstwahrscheinlich in einem Zweig der Drom *('brom)*-Sippe hatte, zu dessen Mitgliedern unter anderen auch Dromtön Gyalwe Jungne zählte. Die Vitalität der Sippen-Mitgliedschaft sowie die Selbstidentifizierung über die Sippe im ganzen Kulturbereich Tibets waren bemerkenswert stark geblieben, wie sich an der Bedeutung ablesen lässt, welche die große Mehrheit der biografischen und autobiografischen Literatur von Tibet der Zugehörigkeit des Individuums zu patrilinearen und matrilinearen Sippen- und Untersippen beimisst. Doch lässt sich feststellen, dass sie allmählich von indisch-buddhistischen Religions- und Sozialkonzepten verdrängt wurden.

Nagtso Lotsawa schrieb eine autobiografische Skizze über seine Reise nach Nordindien, die er auf Geheiß seines Königs und mit dem Auftrag, Atiśa nach Tibet einzuladen, unternommen hatte. Sie ist uns nicht in ihrem ganzen Umfang überliefert, doch findet sich ein wesentlicher Teil davon in der so genannten *Biografie mit Reisebeschreibung des Herrn (Atiśa): Eine Quelle der Religion verfasst von Dromtön Gyalwe Jungne*. Die Tatsache, dass viele wichtige Teile dieses Werkes in der ersten Person Singular geschrieben sind und dass Nagtsos Reisen auf dem Subkontinent im Detail beschrieben werden, scheint jenen Recht zu geben, welche das vorhandene Textmaterial als weitgehend autobiografisch ansehen. Dass es stattdessen Dromtön zugeschrieben wird, ist daher von einigem Interesse. In diesem Werk erscheint Dromtön tatsächlich in immer neuer Gestalt als Vermittler von Nagtsos Aufgabe. Jedenfalls wird deutlich, dass er und seine verschiedenen Erscheinungen ganz einfach Manifestationen Avalokiteśvaras sind. Mit anderen Worten, Avalokiteśvara fungiert in diesem Werk als eine Art Bodhisattva ex machina. Er übernimmt diese Rolle von Anfang an und steuert die Erzählung auf Schritt und Tritt. So tritt er zum Beispiel als »weißer Mann« auf, als Nagtso und seine Begleiter auf dem Weg nach Indien Nagarkot erreichen. Dort legen sie sich in einer gemieteten Bambushütte zur Ruhe, um sich vor der mörderischen Hitze zu schützen. Da erscheint Nagtso, der »unter der Hitze leidet und vor Erschöpfung wahnsinnig ist«, in einer Vision dieser weiße Mann, der Folgendes zu ihm spricht: »Schlafe nicht! Schlafe nicht! Steh sofort auf! Schlafe nicht ein! Steh auf und mache Dich auf den Weg! Wenn Du jetzt einschläfst, wirst du Dein wertvolles Leben verlieren. Ich bin der Schutzgott von ganz Tibet.«

Der weiße Mann sieht nämlich, dass der Vermieter die Hütte in Brand stecken will, um Nagtso das Gold abzunehmen, das dieser bei sich trägt. Ferner finden wir in dieser Abhandlung die Vorstellung, dass Tibet die spezifische Domäne des Bodhisattva Avalokiteśvara ist. Tibet bezeichnet hier die Gegend, in die man kommt, wenn man von Nagarkot nach Norden zieht.

In diesem Zusammenhang sollte man nicht vergessen, dass religiöse Praktiken, bei denen Avalokiteśvara im Zentrum stand, von Atiśa und seinen Jüngern überall in Tibet gelehrt wurden. Das ergab sich aus ihrer Mission, die ja zum Teil darauf angelegt war, ihre Version des Buddhismus unter den vielen Nicht-Buddhisten, die damals die Kulturregion Tibet bevölkerten, zu ver-

7 Dromtön, mit Hand- und Fußabdrücken, umgeben von Atiśa (Mitte oben) und sechs Heiligen, u.a. Vasubandhu (5. Jh.) unter dem rechten Handabdruck des Dromtön. Die Schutzgottheiten unten sind links Acala *(Mi gyo ba)* und rechts der rote Südwest-Mahākāla mit Messer *(Lho nub mgon po gri gug dmar po)*, siehe auch Abb. 8. Thangka, Tibet, Ende 17. Jh., 77,5 × 50 cm, Musée national des Arts asiatiques Guimet, Paris (Geschenk R. Pfister, 1939), Inv. Nr.: 19106.

8 Dromtön, umgeben von seinem Lehrer Atiśa (links oben), dem blauen Schutzgott Acala in der Kadampa-Tradition (Migyöpa, *Mi gyo ba sngon po bka' gdams lugs*) oben rechts und dem roten Südwest-Mahākāla mit Messer *(Lho nub mGon po gri gug dmar po)* unten rechts, einer besonderen Form des Mahākāla, die als Atiśas spezieller Beschützer der Lehre gilt. Am linken Bildrand ist das Kloster Reting zu erkennen, das Dromtön 1057 gründete, sowie die daneben liegenden pittoresken und üppigen Wachholder-Haine. Thangka, Tibet, 71 x 45 cm, Völkerkundemuseum der Universität Zürich, Inv. Nr.: 14370.

breiten. Besonders wichtig dürfte zu dieser Zeit die Einführung und Verbreitung der besonderen Praxis der Nonne Lakshmi aus Kashmir gewesen sein. Während die meisten anderen Praktiken von Mönchen hinter Klostermauern oder von tantrischen Einsiedlern in der Wildnis des tibetischen Hochlandes zelebriert wurden, zeichnete sich das Wirken von Lakshmi gerade dadurch aus, dass sie ihre religiösen Verrichtungen nicht im Kloster oder in der Wildnis, sondern im Beisein der Laienbevölkerung praktizierte. So ließ sie Männer und Frauen an einer quasi-tantrischen, kurzzeitigen und um den Bodhisattva strukturierten Fastenübung teilhaben. Ich meine, man darf den Einfluss dieser Art von Basis-Buddhismus nicht unterschätzen.

AVALOKITEŚVARA UND SEINE WIEDERGEBURTEN

Wie bereits erwähnt, wird die Institution der Dalai Lamas als eine nicht begrenzte Folge von Reinkarnationen des Avalokiteśvara verstanden. In der indisch-buddhistischen Überlieferung war der Potala[ka]-Berg in Südindien der Sitz des Avalokiteśvara. Er wurde später nach Zentraltibet verlegt. Es scheint nun, dass die frühen Exponenten der Kadampa-Schule Avalokiteśvara kurzerhand zum Schutz-Bodhisattva der ganzen Kulturregion Tibet machten.

Die Quellen deuten darauf hin, dass dies einerseits in den von den Nachkommen der tibetischen Herrscherfamilien regierten Gemeinschaften in Westtibet geschah, deren politische und ideologische Bestrebungen und Bekenntnisse dies zwar nicht unbedingt in Gang gebracht hatten, die aber mit Sicherheit davon profitierten. Die andere Gemeinschaft, in der diese Vorstellung eine bedeutende Rolle spielte, stand mit Dromtön in Beziehung. Wie einem sehr wichtigen, aber ursprünglich ziemlich lokalen Korpus der Kadampa-Literatur zu entnehmen ist, war es angeblich Atiśa selbst, der die Prämisse anerkannt und damit legitimiert hatte, dass Dromtön in Wahrheit kein anderer als Avalokiteśvara selbst sei und dass er deshalb den Geist »verständnisvollen Mitgefühls« konkret verkörpere und dies schon in verschiedenen, früheren Inkarnationen getan habe. In seiner letzten Fassung, der einzigen, die uns heute vorliegt, lautet der Titel dieses hochinteressanten literarischen Korpus *Wiedergeburtberichte von Drom Gyalwe Jungey*[17]. Die Verwendung des Begriffs »Wiedergeburtberichte« legt nahe, dass diesem Werk genauso viel Gewicht beigemessen werden sollte wie den *jātaka*-Erzählungen über die früheren Leben des historischen Buddha. Das 19. und mit Abstand längste Kapitel gibt einen Überblick von beträchtlicher Länge über die Ideologien, die sich um die Geschichte und die Herrscher-Familien von Tibet herum gebildet hatten, und postuliert in der Annahme, dass es sich bei beiden um konkrete Wiedergeburten von Avalokiteśvara handle, eine spirituelle Verbindung zwischen Dromtön und u.a. Songtsen Gampo, dem ersten König von Tibet als Nationalstaat mit einer zentralen Regierung.

Die Datierung dieses Werks ist schwierig, wurde es doch erst im 15. Jahrhundert erstmals ausführlich zitiert. Es ist tatsächlich auffällig, dass die frühesten verfügbaren biografischen Skizzen von Dromtön – darunter auch deren längste, die Mitte des 13. Jahrhunderts entstanden und in einem handgeschriebenen Manuskript über die so genannte *Goldene Gebetsschnur der Kadampa* enthalten ist – keinerlei Verbindung zu Avalokiteśvara andeuten, geschweige denn ihn als dessen Reinkarnation bezeichnen. Hinsichtlich seiner expliziten Ideologie ist dieses 19. Kapitel allerdings eng verwandt mit dem so genannten *Ka khol ma-Vermächtnis*. Dieses wurde angeblich vom König selbst verfasst, doch aus sprachlichen und anderen Gründen besteht kein Zweifel, dass diese Zuschreibung bloß eine fromme Erfindung ist. Gemäß einer Tradition, die spätestens Ende des 12. Jahrhunderts eine gewisse Popularität genoss, hatte Atiśa Ende der 1040er Jahre in Lhasa ein altes Manuskript dieses Werks aufgespürt. Und es könnte sehr gut sein, dass auch dies mit zur Geschichte gehört. Eines der zentralen Argumente des *Ka khol ma-Vermächtnis* ist nichts Geringeres als die ontologische Gleichsetzung von Songtsen Gampo und Avalokiteśvara. Für frühere Vorkommen dieser Zuordnung gibt es allerdings keine hieb- und stichfesten Beweise.

Die verfügbare tibetische Literatur aus dem 11. Jahrhundert und danach enthält zahlreiche Hinweise auf das Motiv der so genannten »drei Beschützer von Tibet«. Die folgenden Zuordnungen gelten für drei Bodhisattvas und drei tibetische Herrscher, die traditionsgemäß bei der Entwicklung des Buddhismus in Tibet eine wichtige Rolle spielten:

1. Avalokiteśvara / Songtsen Gampo
2. Mañjuśrī / Trisong Detsen
3. Vajrapāṇi / Ralpacan

Wir finden Beispiele für dieses Motiv in der Kadampa-, Sakyapa- und Kagyüpa-Literatur, wo es gebraucht wird, um wichtige Meister zu bezeichnen, die zu diesen Schulen gehören. In der frühen Kadampa-Literatur kommt es in mindestens zwei verschiedenen Formen vor. Einerseits wird eine Entsprechung zwischen den drei Bodhisattvas und drei Jüngern des Atiśa postuliert.[18] An der anderen Triade sind die drei »Bruder«-Jünger von Atiśa und Dromtön beteiligt.

9 Vierarmiger Avalokiteśvara. Bronze, vergoldet, Tibet, 12./13. Jh., H: 43 cm, B: 32 cm, T: 17 cm, Privatsammlung.
10 1000-armiger Avalokiteśvara, auf seiner rechten Seite steht der blaue Vajrapāṇi, links Mañjuśri, zu seinen Füßen sitzen bhutanische Mönche. Thangka, Bhutan, 72 x 55 cm, Völkerkundemuseum der Universität Zürich, Inv. Nr.: 17649.   **11** Achtarmiger Avalokiteśvara. Bronze, vergoldet, Tibet, H: 218 cm, Collection Wereldmuseum Rotterdam, Niederlande, Inv. Nr.: 29130.

DIE DALAI LAMAS VON TIBET   25

12 Mañjuśrī, unten zwei indische Mönchsgelehrte. Thangka, Tibet, 28 x 21 cm, Völkerkundemuseum der Universität Zürich, Inv. Nr.: 14421.

13 Zweiarmiger (Khasarpaṇa) Avalokiteśvara, unten zwei Mönchsgelehrte: links eventuell Rinchen Sangpo, rechts Atiśa. Thangka, Tibet, 28,5 x 21 cm, Völkerkundemuseum der Universität Zürich, Inv. Nr.: 14422.

Doch wir wissen erneut nicht, wie weit zurück diese Zuschreibung geht und welche Motive dahinter gestanden haben mögen. Interessant ist in diesem Zusammenhang die Tatsache, dass die Tradition, der die Meister des Hauptkorpus der Kālacakra-Lehren angehören, diese drei »Bodhisattva Beschützer« ebenfalls kennt. Das ergibt, wenn auch in umgekehrter chronologischer Reihenfolge:

1. Avalokiteśvara / Puṇḍarīka
2. Mañjuśrī / Yaśas
3. Vajrapāṇi / Sucandra

Diese drei Männer gelten als Herrscher des mythopoetischen Königreichs von Shambhala. Der Kālacakra-Text, in dem diese Triade zu finden ist, gelangte kurz vor der Mitte des 11. Jahrhunderts nach Tibet, und man kann nur spekulieren, was für eine Wirkung er auf die lokalen Empfindlichkeiten hatte. Die Vorstellung von sich entsprechenden Bodhisattvas und Herrschenden ist nichts Neues, weder auf dem indischen Subkontinent noch im frühen Tibet. Ein Werk aus dem tibeto-buddhistischen Kanon, das Vairocana zugeschrieben wird und um 800 verfasst wurde, bezeichnet Trisong Detsen als einen Bodhisattva. Der tibetische Kanon enthält auch die angebliche Übersetzung eines Briefes, der einem Mann namens Buddhaguhya zugeschrieben wird. Zu Beginn dieses apokryphen Briefes behauptet der Autor, dass Songtsen Gampo die Wiedergeburt des Avalokiteśvara sei.

ANSTRENGUNGEN, DAS ERBE DER DROM-SIPPE NACHZUAHMEN

Dromtön wird im *Ka khol ma*-Vermächtnis nicht erwähnt, und aus diesem Grund neige ich zu der Annahme, dass dieses Werk in einer Umgebung entstand, auf die Dromtön und dessen Mitarbeiter sowie die Traditionen, die ihr Werk hervorbrachte, ursprünglich keinen Einfluss hatten. Sollte dies zutreffen, und ich denke, es gibt genügend Belege für diese Annahme, dann müssen wir uns mit mindestens zwei anfänglich getrennten Argumentationsketten befassen, einer früheren (*Ka khol ma*-Vermächtnis), in der Songtsen Gampo mit Avalokiteśvara gleichgesetzt wird, und den späteren *Wiedergeburtberichten*, in denen sich ein ähnliches Szenario abspielt, bei dem jedoch Dromtön im Zentrum steht. Das *Ka khol ma*-Vermächtnis liegt uns in drei revidierten Textvarianten vor, deren längste eindeutig mit dem Herrscherhaus von Westtibet in Beziehung steht. Ich würde deshalb behaupten, dass die zweckbestimmte Verwendung des *Ka khol ma*-Vermächtnis im 19. Kapitel der *Wiedergeburtberichte* ein Umfeld schuf, das es erlaubte, Songtsen Gampo tatsächlich als eine frühere Wiedergeburt Dromtöns darzustellen. Leider gibt es keine Möglichkeit, dieses Kompendium mit einiger Sicherheit zu datieren.

Der Korpus der frühen Kadampa-Texte, der sich auf Dromtön bezieht, war mehrere Jahrhunderte lang kaum bekannt. Die vier Männer, die bei der Erhaltung und späteren Verbreitung eines großen Teils dieses Korpus eine wesentliche Rolle spielten, waren Namkha Rinchen[19], Zhönu Lodrö[20], Nyima Gyaltsen[21] und der postum als erster Dalai Lama anerkannte Gendün Drub. Es ist kaum ein historischer Zufall, dass alle vier der gleichen *Drom*-Sippe angehörten wie Dromtön. Und so liegt es nahe, ihre Aktivitäten als Bemühungen zum Erhalt und zur Nachahmung der Hinterlassenschaft ihrer Sippe zu sehen. Dass diese Bemühungen so breite Auswirkungen haben sollten, hätte sich wohl keiner dieser Männer vorstellen können. So wussten der fünfte Dalai Lama und sein letzter Regent Sangye Gyatso offenbar sehr wohl, wie diese frühe Kadampa-Literatur zu Zwecken der religiösen Propaganda verwendet werden konnte. Der fünfte Dalai Lama hatte also mehr als genug Gründe, einen großen Teil seines literarischen Werkes mit Hilfe von Druckstöcken zu verewigen.

14 a–c Die drei Könige: Trisong Detsen, Songsten Gampo und Ralpacan. Bronze, getrieben, vergoldet, Tibet, um 1800, H: zw. 47 und 50 cm, B: ca. 35 cm, T: ca. 28 cm, Sammlung Veena und Peter Schnell, Zürich.

DIE IDEE DES TÜLKU

All diese Systeme von Wiedergeburt, Gleichwertigkeit und Übereinstimmung setzten natürlich eine Metaphysik und Phänomenologie der Wiedergeburt und die damit verbundene, äußerst komplexe Idee des Tülku *(sprul [ba'i] sku)* voraus. Etwas vereinfacht gesagt, bezeichnet »Tülku« die »irdische« Manifestation des reinen Buddha-Seins. Der Tülku, so sagt man, entsteht aus dem grenzenlosen Mitgefühl und der Gnosis der Buddhaschaft und bietet die Möglichkeit, die verschiedenen Qualitäten, die mit der Heiligkeit des Bodhisattva assoziiert sind, zu entfalten.[22]

Die Frage, wann die Vorstellung aufkam, ein Tibeter sei die Wiedergeburt eines anderen, früher lebenden Tibeters, ist nicht leicht zu beantworten. Spätere tibetische Traditionen behaupten, das Tülku-Phänomen habe mit Karma Pakṣi (1206–1283) begonnen, dem zweiten Karmapa-Hierarchen der Karma-Sekte der Kagyüpa-Schule, der sich anscheinend selber als Wiedergeburt erkannte und dann auch von seinen Jüngern als Wiedergeburt des Düsum Khyenpa[23] und letztlich von Avalokiteśvara anerkannt wurde. Auch viele andere tibetische Meister wurden von ihren Schülern als Wiedergeburten dieses Bodhisattva betrachtet. Von Sachen Künga Nyingpo von der Sakyapa-Schule wissen wir das bereits; weitere Beispiele wären Yabsang Chökyi Mönlam[24], welcher im *Tho Dingma*[25] *Vermächtnis* (übrigens ein Werk mit einer ähnlichen Stoßrichtung wie das *Ka khol ma-Vermächtnis*) als Wiedergeburt von Songtsen Gampo angekündigt wird, und Dolpopa Sherab Gyaltsen[26]. Mit ihrer Behauptung, für die Karmapa-Wiedergeburten gebe es keine Präzedenzen, liegen diese späteren Traditionen allerdings falsch. Es gibt zahlreiche Belege dafür, dass eine ganze Reihe von Persönlichkeiten bereits im 13. Jahrhundert als Tülkus bezeichnet wurden.

Obwohl es nach der Metaphysik des Tülku durchaus möglich war, jemanden als Wiedergeburt eines früheren menschlichen Meisters anzuerkennen, sofern dessen reale, angenommene oder selbstverkündete spirituelle Errungenschaften überzeugend genug waren, um ihn als erleuchtet zu bezeichnen, finden sich im indisch-buddhistischen Kontext nur sehr wenige Zeugnisse dafür. Eines der seltenen Beispiele enthält möglicherweise der Kommentar Advayavajras (11. Jh.) über die Lieder Sarahas,

15 Der zweite Karmapa (Karma Pakṣi), dem der mongolische Herrscher Möngke zusammen mit seiner Frau und einem Minister Geschenke und ein großes goldenes Siegel darreichen. Diese Szene erinnert an ein Treffen zwischen Karma Pakṣi und dem mongolischen Herrscher im Jahre 1255 oder etwas später in China. Thangka, Osttibet, frühes 18. Jh., 97 x 59 cm, Museum der Kulturen Basel, Inv. Nr.: IId 13810. >>>

16 Der zweite Karmapa (Karma Pakṣi). Kupferlegierung, vergoldet, polychrom bemalt, Tibet, 16. Jh., H: 19 cm, B: 14 cm, T: 11 cm, Oliver Hoare Collection, London, Inv. Nr.: 30. **17** Der erste Karmapa Düsum Khyenpa *(Dus sgum mkhyen pa)*. Bronze, eingelegt mit Kupfer und Silber, Tibet, 14./15. Jh., H: 33 cm, B: 33,5 cm, T: 26,5 cm, Sammlung A. & J. Speelman Ltd., London.

wo wir der Wendung »die Reinkarnation des heiligen Herrn«[27] begegnen. Im indo-tibetischen Umfeld finden wir eine ausdrückliche Anspielung auf dieses Phänomen in der Autobiografie von Trophu Lotsawa Jampepel[28] in einem Verweis auf Tülku Mitrayogin und Tülku Vikhyatadeva, zwei indische buddhistische Meister. Wie dem auch sei, der früheste bezeugte Fall eines Tibeters, der als Reinkarnation eines anderen tibetischen Meisters erkannt wurde oder sich als solcher ausgab, scheint sich bei den Kadampa in der zweiten Hälfte des 12. Jahrhunderts zugetragen zu haben. So berichtet die einschlägige Literatur, der tantrische Meister Chökyi Gyalpo (1069–1144)[29] von Konpu habe sich als Wiedergeburt des Nagtso betrachtet. Ferner wurde der Kadampa-Meister Gyer Zhönu Jungne[30] als Reinkarnation eines Bodhisattva und auch des Zhayülpa Chenpo[31], d. h. Zhönu Ö[32], erkannt. Er war zweifellos einer der wichtigsten Kadampa-Meister seiner Zeit und sein Einfluss war in ganz Zentraltibet sowie natürlich in den südlichen Grenzgebieten spürbar. Seiner Einäscherung sollen rund 2000 Mönche beigewohnt haben.

Im 13. Jahrhundert fand auch der erste Versuch statt, eine weibliche Reinkarnationsreihe zu schaffen. Bei der betreffenden Frau handelte es sich um Drowa Sangmo *('Gro ba bzang mo)*, eine Begleiterin von Götsangpa Gönpo Dorje[33], der seinerseits als Wiedergeburt des tibetischen Heiligen Milarepa galt. Drowa Sangmo starb ungefähr 1259 und eine gewisse Künden Rema[34] wurde bald darauf als ihre nächste Inkarnation erkannt. Doch die Serie war nur von kurzer Dauer und endete bereits mit Künden Rema.

Zusammenfassend lässt sich sagen, dass die Idee des Avalokiteśvara als Schutzheiliger Tibets erstmals im 11. Jahrhundert auftauchte. Seine Identifikation oder Verbindung mit Songtsen Gampo, dem ersten großen Herrscher von Tibet, geht möglicherweise noch ein bisschen weiter zurück. In ihrer spirituellen Treue zu ihrem Meister Dromtön bemühte sich eine kleine Gruppe von Kadampa-Anhängern in einer Reihe von Schriften, zwischen Dromtön und dem Bodhisattva Avalokiteśvara eine Gleichwertigkeit zu schaffen. Der Ort, wo Dromtöns Kloster Reting stand, wurde mit dem Berg Potalaka in Südindien, der Residenz von Avalokiteśvara, gleichgesetzt.

Der spätere Bau des Potala-Palasts durch den fünften Dalai Lama war ein Zeichen dafür, dass der Bodhisattva erneut umgezogen war, diesmal von Reting nach Lhasa. Der Rest ist Geschichte.[35]

»Im Allgemeinen gedenkt bitte voller Güte aller Lebewesen und zeigt
insbesondere reine Haltung gegenüber allen, die den Dharma ausüben!
Zähmt [ihre] Ichbezogenheit, die der sich im Inneren befindende Feind ist!«
(Gendün Drub)[1]

1391–1474

DER ERSTE DALAI LAMA GENDÜN DRUBPA
»Verwirklichte Gläubigengemeinde«

Shen Weirong

Seit dem 19. Jahrhundert galt der erste Dalai Lama Gendün Drubpa Pelsangpo *(dGe 'dun grub pa dpal bzang po)*, kurz Gendün Drub, als ein Neffe des Tsongkhapa, wurde jedoch, was seine persönlichen Qualitäten, Fähigkeiten sowie sein Wirken anbelangt, vom Glanz dieses großen Reformators überstrahlt. Gendün Drub war einer der wichtigsten Schüler des Tsongkhapa und der Gründer des Klosters Tashilhünpo, des ersten und wichtigsten Gelugpa-Klosters in Tsang. Er erwarb sich unvergängliche Verdienste um die junge und aufstrebende Gelugpa-Schule und galt aufgrund seiner Qualitäten und seinem Wirken als ein ausgezeichneter Gelehrter[2], Tugendhafter[3] und Wohltäter[4]. Es ist allgemein bekannt, dass Gendün Drub den Titel Dalai Lama erst posthum als eine der zwei vorausgehenden Inkarnationen des dritten Dalai Lama Sonam Gyatso (1543–1588) erhielt, dem der Titel Dalai Lama im Jahre 1578 vom mongolischen Fürsten Altan Khan (1507–1582) verliehen wurde. In Wirklichkeit steht er jedoch am Anfang der bekanntesten Reinkarnationslinie innerhalb des tibetischen Buddhismus. Wohl bereits zu seinen Lebzeiten wurde Gendün Drub als Wiedergeburt des Avalokiteśvara anerkannt und seine Reinkarnation wurde kurz nach seinem Tod gesucht und gefunden. Folglich war nicht Sonam Gyatso der »Begründer« dieser Reinkarnationslinie, sondern Gendün Drub selbst, der wie sein unmittelbarer Nachfolger Gendün Gyatso den Titel »Allwissender«[5] trug. Erst nachträglich wurde also den beiden ersten Gliedern einer schon bestehenden Reinkarnationsreihe der Titel Dalai Lama verliehen und diese so in eine neue Reinkarnationsreihe integriert.

Gendün Drub wurde im Jahr 1391 in einer Nomadenfamilie in der Nähe des Klosters Sakya in Tsang geboren. Sein Vater war Gönpo Dorje, die Mutter hieß Jomo Namkyi. Er war das dritte von fünf Geschwistern. Als Knabe wurde er zunächst Pema Dorje genannt. Angeblich stammte er aus demselben, ursprünglich aus Kham kommenden Geschlecht wie Dromtönpa, der Gründer der Kadampa-Schule, und wird als eine Wiedergeburt des Dromtönpa bzw. des Avalokiteśvara angesehen.

Am Abend nach seiner Geburt wurden die Nomaden von Räubern überfallen. In großer Eile verbarg die Mutter das Neugeborene in einer Felsspalte und lief davon. Ein Geier schützte den Säugling vor anderen Geiern und Raubtieren, Gendüb Drub blieb unversehrt. Dieser Geier war angeblich die Verkörperung des viergesichtigen Mahākāla, der die persönliche Yidam-Gottheit des Gendün Drub wurde. Da die Eltern recht arm waren, musste Gendün Drub sich schon als Knabe bei seinen Nachbarn als Viehhirte verdingen und von einem Dorf zum anderen wandern. Als er sieben Jahre alt war, starb sein Vater. Er begab sich nach Narthang, dem bekannten Kadampa-Kloster in Tsang, und suchte bei der Mönchsgemeinde dieses Klosters Zuflucht. Zunächst empfing er die *dge bsnyen*-Weihe[6] vom 14. Abt des Klosters Narthang[7] und lernte unter dessen Betreuung das Rezitieren und Schreiben. Er beherrschte u.a. die indische, die tibetische und die mongolische Schrift und war ein guter Kalligraf. Mit 15 Jahren empfing er im Jahre 1405 die *dge tshul*-Weihe und erhielt im Kloster Narthang den Mönchsnamen Gendün Drubpa Pelzango. 1410 empfing er ebenfalls im Kloster Narthang die Weihe zum Vollmönch *(dge slong)*.

Obwohl Gendün Drub seine Fähigkeiten in den Wissensgebieten, mit denen er sich bereits in früheren Leben mehrmals vertraut gemacht hatte, schon als Jüngling wieder vollkommen erweckt hatte, war sein ganzes Leben dem Studium gewidmet. Das behauptet zumindest sein tibetischer Biograf.

Gendün Drub wurde von seinen Zeitgenossen als ein großer Gelehrter von Narthang bzw. der Kadampa angesehen. Er lebte außergewöhnlich lange und war der Meinung, nie genug gelernt zu haben. Die seinem Namen vorangestellten Epitheta wie Allwissender[8], großer Paṇḍita (paṇchen) und *dka' bcu pa* (besonderer Geshe-Titel) zeugen von seiner großen Gelehrsamkeit.

Insgesamt empfing Gendün Drub von ungefähr 60 Lamas in ganz Tibet Unterweisungen, Anleitungen, Darlegungen, Evokationsritualtexte sowie Ritualanweisungen und Unterweisungen verschiedener Schulrichtungen. Aus der Liste seiner Lehrer ergibt sich, dass die meisten von ihnen Kadampa- bzw. Gelugpa-Lamas waren. Abgesehen von seiner langen Lehrzeit im Kloster Narthang studierte er in den Klöstern Ganden und anderen wichtigen Klöstern in Ü.[9] Mit Ausnahme von Ganden gehörten alle diese Klöster zur Kadampa-Schule. Die meisten bekannten Gelugpa-Lamas seiner Zeit, vor allem Tsongkhapa und seine engsten Schüler, waren Lehrer des Gendün Drub. Er selbst wird ebenfalls zu den sieben Hauptschülern des Tsongkhapa gerechnet. Auffällig ist, dass sich in der Liste der Lehrer auch die Namen bekannter Sakyapa-Lamas finden.[10] Dies zeigt einerseits, dass Gendün Drub gegenüber anderen Schulrichtungen keine Vorurteile besaß und sich mit allen Lehrtraditionen vertraut machte. Andererseits erleichterte die enge Verbindung zu den Sakyapa die Verbreitung der Lehre des Tsongkhapa in Tsang, einem Gebiet, das sehr stark von den Sakyapa geprägt war. Unter den zahlreichen Lehrern des Gendün Drub verdienen neben Tsongkhapa besonders Drubpa Sherab[11] und Sherab Senge[12] Erwähnung. Vom siebten bis zum 25. Lebensjahr studierte Gendün Drub

19 Tsongkhapa, umgeben von Bodhisattvas, Buddhas und Atiśa (im oberen Drittel), seinen beiden Hauptschülern (rechts und links) und wichtigen Schutzgottheiten (im unteren Drittel; siehe auch Abb. 226). Thangka, Tibet, 68 × 44 cm, Völkerkundemuseum der Universität Zürich, Inv. Nr.: 14372.

18 Tsongkhapa. Ungebrannter Ton, bemalt, mit Resten von Goldornamenten, Embleme fehlen, Tibet, wahrscheinlich zu Lebzeiten des Heiligen hergestellt, 14.(?) / 15. Jh., H: 29 cm, B: 23 cm, T: 16,5 cm, Sammlung Joachim Baader, München. >>>

im Kloster Narthang unter der Betreuung von Drubpa Sherab, der ihm die Mönchsweihe erteilte, ihn in den meisten Zweigen des Lehrsystems der Kadampa unterrichtete und ihn von seiner Jugend an fast 20 Jahre lang betreute. Schließlich ließ er ihn zu Tsongkhapa gehen. Von 1415 an studierte Gendün Drub bei Tsongkhapa oder seinen Meisterschülern 12 Jahre lang das gesamte Lehrsystem der Gelugpa.[13]

Sherab Senge und Gendün Drub werden zwar als Lehrer und Schüler bezeichnet, doch verstanden sie einander in Wirklichkeit so gut wie Freunde und Brüder. Beide stammten aus demselben Ort, empfingen die Mönchsweihe bei demselben Lehrer und beide gehörten zu den sieben Hauptschülern des Tsongkhapa. Von 1426 bis 1438 reiste Gendün Drub zusammen mit Sherab Senge in Tsang unermüdlich von einem Kloster zum anderen. Das Verdienst der schnellen Verbreitung der Lehre des Tsongkhapa in Tsang wird vor allem Gendün Drub und Sherab Senge zugeschrieben.

Während seiner langjährigen Studienzeit befasste sich Gendün Drub besonders eingehend mit der Lehre der Disziplin *(vinaya)* und der Logik-Lehre.[14]

Die von Tsongkhapa als besonders wichtig erachtete Logik-Lehre lernte Gendün Drub bereits im Kloster Narthang kennen, studierte sie aber später noch vielmals bei Tsongkhapa und seinem bekanntesten Schüler Gyaltsab Je[15] sowie Sherab Senge in Ü. Er wurde ein bekannter Lehrer der Logik und hinterließ eine Reihe von Schriften über die Logik-Lehre. Eine spezifische Lehrtradition der Kadampa bzw. Gelugpa ist das Lehrsystem des *lam rim*, des »Stufenwegs«, welches von Atiśa konstruiert und von Tsongkhapa weiterentwickelt und vervollkommnet wurde. Unter *lam rim* versteht man die vollständigsten mündlichen Belehrungen für die Praxis *(nyams len)*.[16]

Nach tibetischer Tradition wird das Wirken eines hohen Geistlichen hauptsächlich durch die Darstellung seiner Qualitäten als Gelehrter, als Tugendhafter und als Wohltäter verdeutlicht. Als Gelehrter kennt er alle Wissensobjekte und alle Wissensbereiche. Als Tugendhafter befolgt er die moralischen Vorschriften der drei Gelübde. Als Wohltäter besitzt er den reinen Eifer, zum Nutzen der anderen zu handeln. Um die Qualitäten und das Wirken eines hohen Geistlichen zu beurteilen, muss sein Leben zunächst unter diesen drei Aspekten betrachtet werden.

Zunächst war Gendün Drub ein vorzüglicher Gelehrter. Die Vorzüge eines Gelehrten sollen wiederum nach tibetischer Vorstellung durch seine Fähigkeiten zum Lehren, Debattieren und Schreiben demonstriert werden. Gendün Drub begann bereits zu unterrichten, als er sich im Kloster Narthang noch im Grundstudium befand. Nachdem er Mönch geworden war, kümmerte er sich um die das Rezitieren und Schreiben lernenden Schüler und wurde von ihnen »Meister der Schriften« genannt. Seine offizielle Lehrtätigkeit begann im Kloster Sangphu[17], nachdem er dort zum Abt eines Kollegs[18] gewählt worden war. Von da an bis zum Ende seines Lebens, also 50 Jahre lang, widmete er seine Zeit vor allem dem Unterricht. Welche Bedeutung Gendün Drub der Lehrtätigkeit beimaß, illustriert eine Prophezeiung eines Lama.[19] In dieser heißt es, dass Gendün Drub etwa 70 Jahre leben könne, wenn er meditierte, jedoch könne er nicht einmal das 60. Lebensjahr erreichen, wenn er unterrichten würde. Gendün Drub achtete jedoch nicht auf diese Weissagung, denn er war fest

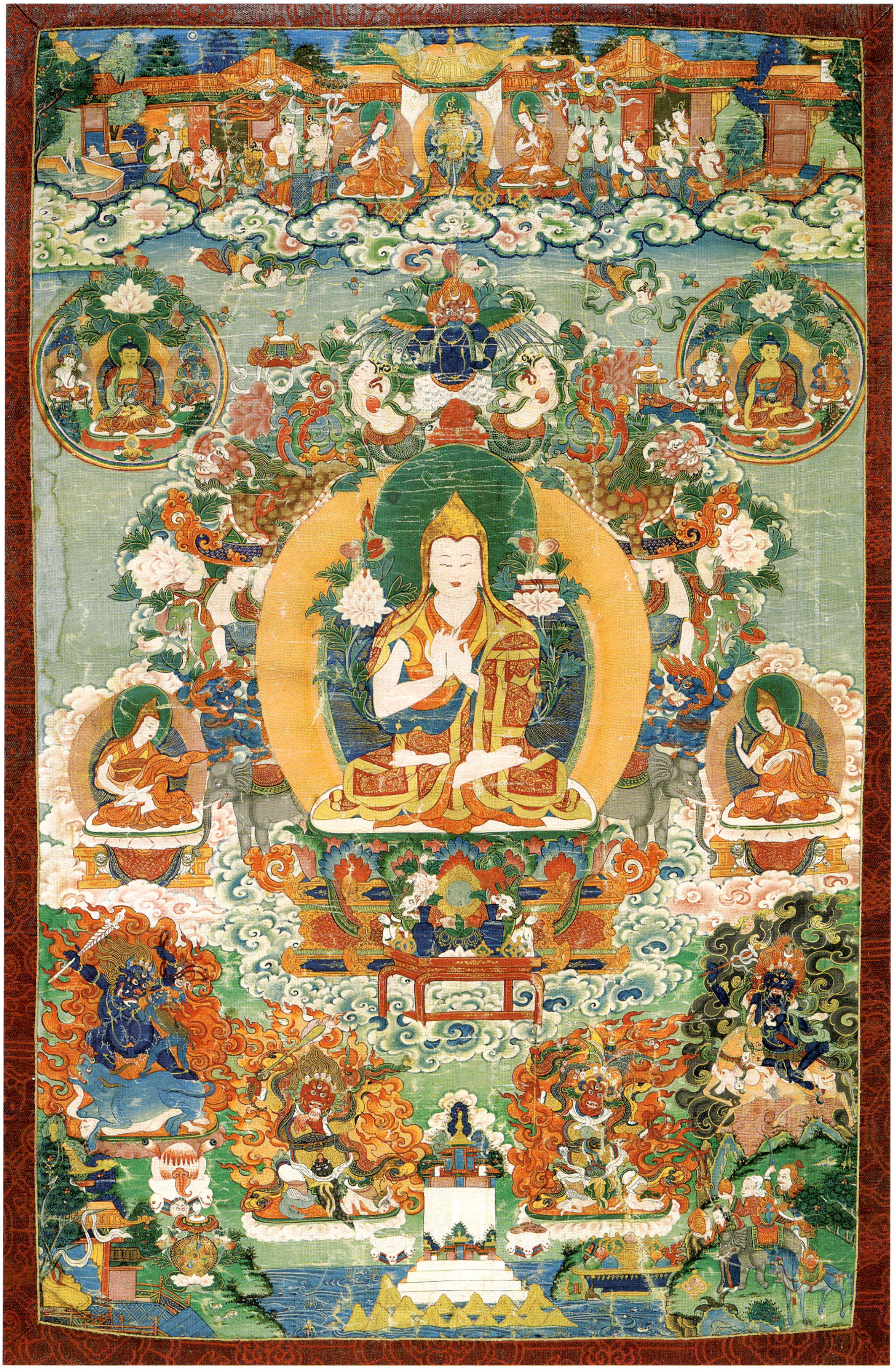

20 Der erste Dalai Lama, umgeben von Präexistenzen der Dalai Lamas, so von König Songtsen Gampo (unten rechts), dem mystischen König Lha tho tho ri (oben links) mit heiligen Schriften und einer Stūpa (neben ihm auf einer Wolke), die, wie die Legende erzählt, vom Himmel herunterkamen. Thangka, gestickt auf Leinen, Tibet, 149 x 87 cm (mit Rahmen), Collection Wereldmuseum Rotterdam, Niederlande, Inv. Nr.: 29171.

entschlossen, die Lehre des Tsongkhapa in Tsang zu verbreiten. Auch als er 1450 als Abt des Klosters Ganden nach Lhasa eingeladen wurde, lehnte er ab, die Position des Oberhauptes der Gelugpa-Schule anzunehmen. Und selbst im hohen Alter reiste er in Tsang ununterbrochen von Kloster zu Kloster, um die Lehre des Tsongkhapa zu unterrichten.

Gendün Drub war eigentlich ein Sūtra-Lehrer. Zu den von ihm unterrichteten Texten gehörten hauptsächlich die »Vier großen schwierigen Schriften«[20], die »Sechs Schriften des Madhyamaka«[21] des Nāgārjuna, die späteren Werke des Maitreya und die sechs Grundschriften der Kadampa. Besondere Verdienste erwarb sich Gendün Drub durch die Verbreitung der geheimen Lehren des Atiśa und seines Schülers.[22]

Die Debatte ist eines der charakteristischen Merkmale des tibetischen Buddhismus. Die Gewandtheit in der Disputation wird ausdrücklich als ein Kriterium für die Beurteilung der Qualitäten und Vorzüge einer hohen Persönlichkeit betont. Offensichtlich war Gendün Drub ein Meister der Debatte, der die gegenseitigen Argumente jeweils klar verdeutlicht und niemals eine chaotische Debatte oder ein konfuses Argument geführt habe.

Gendün Drub war auch ein sehr fruchtbarer Schriftsteller. Seine *Gesammelten Werke* umfassen sechs Bände und gelten neben den *Gesammelten Werken* des Tsongkhapa und seiner zwei bekanntesten Schüler Gyaltsab Je[23] und Khedup Je[24] als die wichtigen Lehrschriften der ersten Epoche der Gelugpa-Schule. In seinen *Gesammelten Werken* finden sich an erster Stelle zahlreiche Kommentare zu wichtigen buddhistischen Schriften (*Vinaya*, *Pramāṇa*, *Abhidharma*, *Prajñāpāramitā*- und *Madhyamaka*-Lehre). Außerdem enthalten sie Lehrschriften über die Geistesübung, Belehrungen zur Meditation über Gottheiten, Ritualtexte, Wunschgebete sowie zahlreiche Lobpreisungen von Gottheiten und Lamas. Gendün Drub begann seine Schreibtätigkeit mit 40 Jahren, als er im Jahre 1430 im Kloster Narthang einen Kommentar zum *Madhyamakāvatāra* des Candrakīrti verfasste. Im Jahre 1431 schrieb er im Kloster Shelkar seinen 200 Folios umfassenden Kommentar zum *Pramāṇavārttika*. Dieses Werk gilt als eine der bedeutendsten tibetischen Schriften zur Logik-Lehre und leistete einen großen Beitrag zur Entwicklung der Lehrtradition des Tsongkhapa über das *Pramāṇavārttika*. Unter Tsongkhapas Schülern beschäftigten sich Gendün Drub und Gyaltsab Je besonders intensiv mit der Logik-Lehre. Hierbei interessierte sich Gyaltsab Je mehr für Wortbedeutungen, während sich Gendün Drub auf Texterklärungen konzentrierte. Im Jahre 1437 schrieb Gendün Drub eine weitere große Lehrschrift der Logik-Lehre *(Tshad ma'i bstan bcos chen po rigs pa'i rgyan)*. Dieses Werk basiert auf der Nachschrift einer mündlichen Belehrung des Tsongkhapa und auf den Worten der Tsongkhapa-Schüler Künga Sangpo und Sherab Senge. Es ist eine repräsentative Lehrschrift, welche alle wichtigen Neuerungen der *Pramāṇavārttika*-Exegese der Gelugpa-Meister zusammenfasst. Über die Disziplin *(vinaya)*-Lehre hinterließ Gendün Drub zwei bedeutungsvolle Schriften.[25] Basierend auf diesen beiden eigenen Lehrschriften begründete Gendün Drub den Unterricht des *Vinaya* in Tsang. Besondere Beachtung verdienen auch die zwei Schriften des Gendün Drub über die Lehre der Geistesübung.[26]

Wie bereits erwähnt, besteht die Qualität des Tugendhaften darin, die moralischen Vorschriften der drei Gelübde nicht zu überschreiten. Das Einhalten der moralischen Vorschriften der drei Gelübde wird in der Tradition der Gelugpa als die Grundlage aller Qualitäten nachdrücklich betont. Gendün Drub trug die Epitetha »der Ältere« (sthavira; *gnas brtan*) und »Disziplin-Halter« (vinayadhara, *'dul 'dzin pa*), was zeigt, dass er als Tugendhafter galt. Gendün Drub wurde allgemein als Wiedergeburt des Dromtön (Abb. 7, 8) angesehen. Sein Leben und seine Tugendhaftigkeit wurden oft mit denjenigen des Dromtön verglichen und an der Art gemessen, wie er sich mit den »acht weltlichen Gegebenheiten« auseinandersetzte: mit Gewinn und Verlust, Lob und Tadel, Ruhm und Spott sowie Glück und Unglück. Gendün Drub war sein Leben lang als Wegbereiter der Disziplin *(vinaya)* ein Verfechter der Reform des Tsongkhapa. Sein Leben galt als zeitloses Vorbild für das eines hohen tibetischen Geistlichen. Um die Lehre seines Lehrers in Tsang zu etablieren, verzichtete er auf seine eigene meditative Vollendung und stellte das Unterrichten an erste Stelle. Er verzichtete sogar zweimal auf den Thron des Abtes des Klosters Ganden, d. h. auf das Amt des Oberhauptes der Gelugpa. Dagegen setzte er sich mit aller Kraft dafür ein, das Kloster Tashilhünpo in Tsang als ein dem Kloster Ganden in Ü gleichrangiges religiöses Zentrum zu errichten. Nach tibetischer Tradition wird derjenige, »dessen Gelehrsamkeit nicht seine Vollendung beeinträchtigt und dessen Vollendung nicht seine Gelehrsamkeit beeinträchtigt und der der Lehre Nutzen bringt, als ›großer heiliger Mensch‹ bezeichnet.« Das gilt zweifellos auch für Gendün Drub.

Nach der Lehre des Mahāyāna darf sich niemand nur mit seiner eigenen Erlösung vom Leiden zufrieden geben. Vielmehr gilt es, danach zu streben, auch der Lehre und allen anderen Lebewesen Nutzen zu bringen. In ganz besonderer Weise ist der »Nutzen der anderen« *(gzhan don)* Sinn und Hauptziel des Lebens eines hohen

21 Der erste Dalai Lama, mit Hand- und Fußabdrücken, umgeben u. a. von Tsongkhapa (Mitte oben), Atiśa (kleine Figur, Mitte rechts), lHa'i rgyal po (darunter), links unten die weiße Tārā und rechts davon Palden Magzorma. Thangka, Tibet, Ende 17. Jh., 76,5 x 50 cm, Musées Royaux d'Art et d'Histoire, Brüssel, Inv. Nr.: Ver. 337. >>>

Geistlichen bzw. eines reinkarnierten Lamas. Dementsprechend soll ein Lama Gelehrsamkeit, Tugendhaftigkeit und Wohltätigkeit in sich vereinen. Die Wohltätigkeit eines Geistlichen erweist sich durch sein Wirken, das er als Gelehrter und Tugendhafter sein ganzes Leben lang übt. Sie besteht beispielsweise in der Heranbildung des Schülers, im Errichten der Verehrungsgegenstände sowie im Darreichen von Opfergaben an die »Drei Kostbarkeiten«. Als Gendün Drub mit 15 Jahren die *dge tshul*-Weihe empfing und den Mönchsnamen Gendün Drubpa Pelzangpo erhielt, fügte er seinem neuen Namen ein *bzang po* (Wohltäter) hinzu, um anzudeuten, dass er von nun an ein Wohltäter für andere sein wolle. In der Tat war er nicht nur ein hervorragender Gelehrter und ruhmreicher Tugendhafter, sondern auch ein bedeutender Wohltäter. Sein Biograf[27] vergleicht seine Lebensgeschichte mit der der »Drei Brüder« der Kadampa[28]. Diese drei Brüder führten ganz unterschiedliche Leben. Der erste widmete sich hauptsächlich der Meditation und opferte mit großem Eifer den »Drei Kostbarkeiten«. Der zweite setzte seine ganze Kraft dafür ein, die Klöster und die Verehrungsgegenstände zu errichten. Und des dritten Bruders Augenmerk galt vor allem dem Unterrichten und den Dienstleistungen für die Mönchsgemeinde. Gendün Drub nahm sich diese drei unterschiedlichen Leben zum Vorbild und vereinte das Beispiel ihres Wirkens in seinem eigenen Handeln: Er bildete zahlreiche hervorragende Schüler aus, errichtete das Kloster Tashilhünpo, ließ eine Vielzahl von Verehrungsgegenständen herstellen, brachte den »Drei Kostbarkeiten« reichlich Opfer dar, veranstaltete das Fest des »Großen Wunschgebets« *(Mönlam Chenmo)*[29] und diente der Mönchsgemeinde. So machte er sich um die Gelugpa in gleicher Weise verdient wie die genannten drei Brüder um die Kadampa-Schule.

Eine der vornehmsten Aufgaben eines religiösen Lehrers ist die Ausbildung von Schülern. Gendün Drub nahm diese Pflicht auf sich und machte sie zum Schwerpunkt seines Wirkens. In der langen Zeit von seinem 35. bis zu seinem 84. Lebensjahr unterrichtete er den heiligen Dharma und hatte insgesamt über 60 namhafte Schüler. Die Äbte der meisten Kadampa- und Gelugpa-Klöster in Ü und Tsang, ja sogar die von einigen großen Sakyapa-Klöstern im westlichen Teil von Tsang ebenso wie die meisten damaligen Lehrer in Ngari, Ü, Tsang und Kham – also Hierarchen und Lehrer ganz Tibets – waren Ende des 15. Jahrhunderts Schüler des Gendün Drub. Dies lässt erkennen, wie groß sein Wirken für die Verbreitung der Lehre des Tsongkhapa war.

Das größte Werk des Gendün Drub war das Kloster Tashilhünpo. Dieses viertgrößte Kloster der Gelugpa in ganz Tibet war das erste große Kloster der Gelugpa in Tsang. Nachdem die drei großen Klöster in Ü, d.h. Ganden, Drepung und Sera, in den Jahren 1409, 1416 und 1419 von Tsongkhapa selbst und seinen Schülern gegründet worden waren, hatten sich die Gelugpa in Zentraltibet (Ü) eine solide Basis für ihre religiöse und weltliche Macht geschaffen. Im Gegensatz zu Ü blieb Tsang nach wie vor mehr von der Sakyapa-Schule geprägt und war ein noch unbeackertes Land für die Gelugpa. Schon immer hatte Gendün Drub den Wunsch gehabt, auch in Tsang ein Kloster vom Rang und der Bedeutung des Klosters Ganden zu gründen. Dafür setzte er ab dem Jahr 1446 seine volle Kraft ein. Von diesem Jahr an bis zu seinem Tod im Jahre 1474 war das Kloster Tashilhünpo der Mittelpunkt seines Lebens.

Seit Gendün Drub nach seinem ersten Studienaufenthalt in Ü zusammen mit Sherab Senge nach Tsang zurückgekehrt war, unterrichteten beide vor allem in den Klöstern Narthang, Jangchen *(Byang chen)* und Tanag Rikhüd *(rTa nag Ri khud)*. Seine Mönchsgemeinde bestand am Anfang aus etwa 70 Schülern und wurde »Großes Kolleg am südlicher Ufer«[30] genannt, weil Gendün Drub und seine Schüler sich hauptsächlich am südlichen Ufer des Tsangpo-Flusses im westlichen Teil von Tsang aufhielten und kein festes Domizil hatten. Bereits 1432 errichtete Gendün Drub eine erste Niederlassung für seine Mönchsgemeinde in der Nähe des Nyingmapa-Klosters *rGyang 'Bum mo che*. Im darauffolgenden Jahr wurde er zum Abt des Klosters Ri khud gewählt. Dort ließ er das Kloster um- und ausbauen und veranstaltete das Fest des Wunschgebetes. Hierdurch wurde aus diesem alten Kloster ein völlig neues Gelugpa-Kloster. Im Jahre 1436 ließ er im Kloster Jangchen seinen eigenen Palast Theg chen pho brang errichten. Da die Zahl seiner Schüler in den Klöstern Narthang und Jangchen beständig zugenommen hatte, war es immer notwendiger geworden, einen solchen Palast zu errichten, wo er unterrichten und sich gelegentlich zur Meditation zurückziehen konnte. Der Theg chen pho brang war eine »unvergleichliche Einsiedelei« und vor der Errichtung des Klosters Tashilhünpo sein Hauptwohnsitz für lange Zeit. Im Jahre 1438 zog Gendün Drub heimlich ins Gebiet von Ü und vermied somit, dass er zum Abt des Kloster Narthang eingeladen wurde. Im Jahre 1440 beendete er seinen zweiten Studienaufenthalt in Ü und kehrte nach Tsang zurück. Zu jener Zeit war er 50 Jahre alt und damit in seinen besten Jahren als Gelehrter und Tugendhafter. In den folgenden Jahren hielt er sich in den Klöstern Narthang und Jangchen auf. Gelegentlich reiste er in verschiedene Orte im westlichen Teil von Tsang, um dort die Lehre zu verkünden. Auch zu

DER ERSTE DALAI LAMA 39

22 Der erste Dalai Lama. Holzstatue mit Bemalung, Tibet, 17. Jh., mit rückseitiger Inschrift: »Verehrung dem Allwissenden Gendün Drubpa«, Peking.   **23** Der erste Dalai Lama. Bronze, vergoldet, Kupferlegierung, mit Resten von Bemalung, Tibet oder China, 18. Jh., H: 25 cm, B: 16 cm, T: 11,5 cm, Sammlung Maciej Góralski, Warschau.

jener Zeit hegte er den Wunsch, ein eigenes Kloster der Gelugpa in Tsang zu gründen.

Die Umsetzung dieses Wunsches verlief am Anfang nicht ohne Schwierigkeiten. Es gelang den Klöstern anderer Schulrichtungen, vor allem der Sakyapa- und der Shangpa-Kagyüdpa-Schule, Gendün Drubs Vorhaben zu vereiteln. Beispielsweise provozierte Thangtong Gyalpo, der legendäre Meister der Shangpa Kagyüpa, ihn ganz offen und versuchte mehr als einmal, den Bau des Tashilhünpo-Klosters zu verhindern. Doch setzte Gendün Drub sein Vorhaben trotz des heftigen Widerstands schließlich mit Entschlossenheit durch. Durch die Unterstützung seiner Gabenherrn[31] ließ Gendün Drub im Sommer 1447 eine 25 *zho* hohe Statue des Buddha Śākyamuni im Dagmar Labrang[32] von Samdrubtse[33], heute Shigatse, errichten. Damit hatte der Bau des Klosters Tashilhünpo begonnen. In Anschluss daran wurden nacheinander die einzelnen Gebäude errichtet.[34] Die Bauarbeiten und die Herstellung der Bilder, Statuen und der anderen Verehrungsgegenstände dauerten bis zum Lebensende des Gendün Drub an. Der größte Teil der Künstler waren Nepali. Einige namhafte tibetische Künstler[35] beteiligten sich ebenfalls an der Ausgestaltung des Klosters.

Gendün Drub gründete in Tashilhünpo drei *mtshan nyid*-Kollegien[36]. Unter diesen drei Kollegien befanden sich 26 lokale Sektionen *(mi tshan)*. Auch das Studium der Tantras war in Tashilhünpo möglich. Seinen Wunsch, ein eigenes Tantra-Kolleg zu errichten, konnte Gendün Drub allerdings nicht verwirklichen. Im Jahre 1449 zog er nach dem Sommerfasten zusammen mit seinen Schülern nach Tashilhünpo und ließ sich dort nieder. Das war die erste Mönchsgemeinde von Tashilhünpo. Sie umfasste etwa 110 Mönche. Bis zu seinem Tod wuchs die Zahl der Mönche auf 1500 an. Im Jahre 1464 versammelte Gendün Drub zahlreiche Schriftkundige aus der Umgebung, und eine Ausgabe der Kangyur-Schriften der Tantra-Abteilung wurde im Kloster aufgestellt. Im darauffolgenden Jahr stellte man die restlichen Kangyur-Schriften komplett auf. Damit war das Lebenswerk des Gendün Drub, das Kloster Tashilhünpo in Tsang, vollendet.

Ein besonderes Anliegen des Gendün Drub war das jährliche, große Wunschgebet-Fest, welches auf Initiative Tsongkhapas erstmals im Jahre 1409 in Lhasa gefeiert worden war. Er führte das Fest und die damit verbundene Verehrung der »Drei Kostbarkeiten« auch in Tsang ein. Als im Jahre 1463 die Statue des Maitreya im Kloster Tashilhünpo geweiht wurde, veranstaltete er dort das siebentägige Wunschgebet-Fest. Im ersten Monat des Jahres 1474 lud er im Alter von 84 Jahren 1600 Mönche nach Tashilhünpo ein und veranstaltete ein zwölftägiges Wunschgebet-Fest, das dem im Jahre 1409 von Tsongkhapa in Lhasa abgehaltenen, ersten großen Wunschgebet-Fest gleichkam. Die Zahl der Teilnehmer betrug 10 000. Ebenso wie beim Wunschgebet von 1409 in Lhasa stellten sich auch in Tsang die Gelugpa hier erstmals einer kritischen Öffentlichkeit. Der erfolgreiche Verlauf des Festes war ein Beweis dafür, dass die Gelugpa jetzt auch in Tsang festen Fuß gefasst hatten. Gendün Drub war nunmehr, kurz vor seinem Tod, auf dem Höhepunkt seines Wirkens angelangt.

Gendün Drub starb am achten Tag des 12. Monats des männlichen Holz-Pferd-Jahres (1474) im Alter von 84 Jahren im Kloster Tashilhünpo. Die *dgongs rdzogs*-Zeremonie für ihn wurde bei dem Wunschgebet-Fest im Jahre 1475 veranstaltet. An ihr nahmen mehr als 2000 Mönche teil. Sein Leichnam wurde vorübergehend in seinem Labrang[37] aufbewahrt. Erst im Jahre 1478 wurde sein Körper dem Feuer übergeben. Die Reliquien wurden in einen großen Stūpa gelegt, der aus reinem Silber gefertigt und mit Verzierungen aus Gold und Kupfer versehen war.

Aus der obigen Vorstellung des Lebens des Gendün Drub ist deutlich geworden, dass seine religiösen Qualitäten beispielhaft für einen Heiligen in der tibetischen hagiographischen Tradition sind. Aus tibetischer Sicht stellte Gendün Drub mit seinem vorbildlichen Charakter als Gelehrter, Tugendhafter und Wohltäter und durch sein hervorragendes Wirken den zeitlosen Idealtyp eines hohen buddhistischen Geistlichen dar. Die historische Bedeutung des Gendün Drub in der tibetischen buddhistischen Gesellschaft des 14. und 15. Jahrhunderts liegt jedoch vor allem darin, dass er die Lehre und die Reformen des Tsongkhapa im Westen Zentraltibets, also in Tsang, verbreitet hat. Das Wirken Tsongkhapas und der meisten seiner Schüler war hauptsächlich auf Ü beschränkt. Die Verbreitung der reformatorischen Lehre des Tsongkhapa war vor allem das Werk des Gendün Drub, der fast sein ganzes Leben in Tsang verbrachte. Er hielt sich lediglich einmal 10 und einmal zwei Jahre zu Studienzwecken in Ü auf. Um die Lehre der Disziplin *(vinaya)* in Tsang zu verbreiten und dort den missachteten moralischen Vorschriften der Mönchsgemeinschaft zu neuer Geltung zu verhelfen, tat er alles in seiner Kraft stehende. Er verzichtete auf das hohe Amt des Oberhaupts der Gelugpa und verfolgte beharrlich das für ihn höhere Ziel, die Lehre des Tsongkhapa auch in Tsang zu etablieren. Die Gründung des Klosters Tashilhünpo war schließlich der Beweis dafür, dass die Gelugpa 39 Jahre nach ihrem Erfolg in Ü endlich auch das Gebiet von Tsang erobert hatten. Das Kloster Tashilhünpo war das Siegeszeichen der Gelugpa in Tsang und zugleich das Denkmal seines Gründers Gendün Drub. Das mag der Grund dafür sein, warum gerade Gendün Drub nach seinem Tod – wenn nicht bereits zu Lebzeiten – neben Songtsen Gampo, dem ersten tibetischen König, und Dromtönpa als Reinkarnation des Bodhisattva Avalokiteśvara anerkannt wurde, und dass von ihm als erstem hohen Geistlichen in der Geschichte der Gelugpa unmittelbar nach seinem Tode eine Reinkarnation gefunden wurde. Dies war der Beginn der bekanntesten und wichtigsten Reinkarnationslinie in der tibetischen Geschichte.

»Kaum war ich geboren, sah ich mich ängstlich um, sah Schönheit vor mir und lächelte. Mein Mund richtete sich gegen Tashilhünpo und meine Hände vollführten eine Geste der Hingabe. Mein Körper war weiß wie Kristall und strömte ein sehr reines Licht aus. Mein Vater vollführte sofort ein spezielles Ritual für Cakrasaṃvara.« (Gendün Gyatso)

1475–1542

DER ZWEITE DALAI LAMA GENDÜN GYATSO
»Ozean des Sangha«

Amy Heller

Gendün Gyatso *(dGe 'dun rgya mtsho)* schrieb seine Autobiografie 1528 im Alter von 43 Jahren.[1] Zu diesem Zeitpunkt hatte er schon als Abt der drei wichtigsten Gelugpa-Klöster in Zentraltibet gedient. 1512 bestieg er den Thron von Tashilhünpo, 1517 den von Drepung und 1528 denjenigen von Sera. Er erweiterte den Einfluss der Gelugpa-Schule, welcher sich noch bei seiner Geburt im Wesentlichen auf die Regionen Tashilhünpo und Lhasa beschränkt hatte, weit über ihren ursprünglichen Bereich hinaus. Durch seine aktive Lehrtätigkeit und das Aussenden von Delegierten in weit entfernte Gegenden wie Guge im westlichen Tibet und verschiedene Fürstentümer südlich und östlich von Lhasa gelang es ihm, das Netz der Förderer und Anhänger der Gelugpa-Lehren erheblich zu vergrößern. In seinen frühen Jahren gab der wachsende religiöse Einfluss der Gelugpa den Anstoß zu Tempelgründungen und zur Wiederherstellung alter Heiligtümer in Guge. Gendün Gyatso war persönlich verantwortlich für die Gründung neuer Klöster in der Gegend östlich von Lhasa. Jenseits von Samye, am Nordufer des Tsangpo, gründete er 1509 das Kloster Chökhorgyel Metogtang[2], den »Sitz des siegreichen Dharma-Rads auf der Blumenwiese«. Dieses Kloster galt bald als das persönliche Kloster der Inkarnationslinie der Dalai Lamas; jeder Dalai Lama stattete diesem besonderen Ort mindestens einmal im Leben einen Besuch ab. Als Zeichen der Huldigung für die lange, intensive Unterstützung durch die Könige von Guge gründete er 1541 südöstlich von Lhasa das Kloster Ngari Dratsang[3], das viele Mönche von Guge beherbergte, die nach Zentraltibet kamen, um sich in den Lehren der Gelug-Schule unterweisen zu lassen.

Als Gendün Gyatso seine Autobiografie schrieb, befand er sich auf dem Höhepunkt seiner Karriere als religiöser Meister. Er hatte einen ausgesprochenen Hang zum Schreiben und verfasste neben seiner Tätigkeit als Lehrer und Zeremonienmeister viele Ritualtexte und Briefe an seine Schüler und Gönner zur spirituellen Ermahnung. Er schrieb auch Bücher zur Religionsgeschichte und eine Biografie seines Vaters, der während seiner Kindheit sein Hauptreligionslehrer gewesen war und bis zu seinem Tod 1506 einen großen Einfluss auf sein Leben hatte. Sowohl die Biografie des Vaters als auch die Autobiografie bezeugen den wachen Sinn für die politischen Realitäten seiner Zeit. Für Gendün Gyatso spielte sich Politik auf zwei getrennten Feldern ab: einerseits in der Erfüllung seiner Rolle als Glied einer hierarchischen und komplexen Inkarnationsreihe der wichtigsten buddhistischen Lehrer innerhalb seines religiösen Ordens; andererseits in seiner Lehrtätigkeit für eine Reihe von Prinzen in verschiedenen Teilen von Tibet, wofür er mit Landabtretungen und wirtschaftlicher Unterstützung entschädigt wurde. Das daraus resultierende Verhältnis gegenseitiger Abhängigkeit trug in verschiedenen Gegenden wesentlich zur politischen Legitimierung seiner Autorität bei. Das ist insofern von entscheidender Bedeutung, als zur Zeit des zweiten Dalai Lama große Unruhe in Lhasa und Shigatse herrschte. Die Karmapas hatten Shigatse schon zu Lebzeiten des Gendün Drub unter ihre Kontrolle gebracht, doch um 1480, als Gendün Gyatso sechsjährig war, stießen ihre Truppen auch in die Region Ü in Zentraltibet vor. Die folgenden Jahre waren von Vergeltungsschlägen der Gelugpa-Anhänger geprägt. 1492 drangen die Karmapas mit ihren Verbündeten in Distrikte ein, die von Lhasa verwaltet wurden, und 1498 besetzten sie schließlich auch die Region Lhasa selbst. Erst 1517 gelang es den Gelugpa, die Eindringlinge aus Lhasa zu vertreiben und die Stadt wieder unter ihre Kontrolle zu bringen. Im gleichen Jahr wurde Gendün Gyatso zum Abt von Drepung ernannt. Es ist in diesem Zusammenhang aufschlussreich zu sehen, wie die Gelugpa ihren Einfluss in Guge, wo ihre Autorität nicht bestritten wurde, fortlaufend verstärkten. Gendün Drub hatte gute Beziehungen zu den Mönchen von Guge und den lokalen Herrschern angebahnt, mit dem Resultat, dass Guge-König Lobsang Rabten[4] zu einem Förderer von Gendün Gyatso wurde und seine Frau, die Königin Dondub ma[5], den Roten Tempel in Tsaparang gründete. Ihr Sohn führte das Patronat seiner Eltern fort, was 1541 zur Gründung von Ngari Dratsang führte. Gleichzeitig erweiterte sich der Einfluss der Gelugpa östlich von Lhasa durch Gendün Gyatsos eigene Klostergründungen und die zahlreichen, an lokale Fürsten gerichteten Briefe und Anleitungen zur Anbetung.[6] Indem er seinen Gönnern Unterricht erteilte und diese im Gegenzug seine wirtschaftliche und politische Sicherheit gewährleisteten, trug Gendün Gyatso gezielt zur Stärkung seiner Patronatsbeziehungen bei und schuf sich so eine Kette von Schutzherrschaften, die sich von Westtibet und Mustang im westlichen Himalaja bis an die Schwelle von Kham in Osttibet erstreckte.[7]

Seine Gewandtheit in politischen Dingen ist augenfällig. Wie wir sehen werden, entwickelte er schon früh einen ausgesprochenen Sinn für Politik. Ein Grund dafür, dass er später Schutzherren und Legitimation in den östlichen Distrikten von Ü und Guge suchte, lag womöglich im Widerstand gewisser Kreise gegen seine Anerkennung als Reinkarnation und in der politisch unsicheren Situation in Tsang während seiner Jugend. Seine Autobiografie beginnt mit einer Grußformel an Atiśa, seinen tibetischen Schüler Dromtön[8] und Tsongkhapa, der als »Stellvertreter Buddhas«

verehrt wird. Bemerkenswert ist, dass Gendün Gyatso gleich zu Beginn erklärt, man habe ihn um die Niederschrift seiner Lebensgeschichte gebeten. Damit bringt er klar zum Ausdruck, dass er sich seiner besonderen Position innerhalb einer buddhistischen Inkarnationsreihe von Lehrern bewusst ist. Diese Haltung ist charakteristisch für die ganze Autobiografie und zeigt, dass er sich seine Rolle mit sicherem Instinkt aneignete.

Die eigentliche Biografie beginnt mit der Suche nach der Reinkarnation des Gendün Drub durch die Lamas von Tashilhünpo, kurz nach dessen Tod 1474. Zuerst brachten die Lamas einer großen goldenen Statue der Weißen Tārā gefällige Opfer dar und befragten anschließend das für seine hellseherischen Kräfte bekannte Orakel Lama Donyod von Tanag, unweit von Shigatse. Im Namen des Toten sprach das Orakel: »Meine nächste Geburt könnte sich in China ereignen, doch weil das Dharma dort nicht sehr entwickelt ist, will ich es nicht wissen. Möglicherweise ist es mein Wunsch, dass die Geburt ganz in der Nähe von hier empfangen wird, aber weil ich nicht genau weiß, wo sich meine Geburt ereignen wird, sage den Lamas, sie sollen keinen Schaden anrichten.« So sprach das Orakel und diese Botschaft wurde den versammelten Lamas von Tashilhünpo überbracht. Gendün Gyatso hatte dies persönlich von einem Lama vernommen, der an jener Versammlung teilgenommen hatte und selbst einer der führenden Lamas von Sera gewesen war.

Anschließend macht uns Gendün Gyatso mit seiner biologischen Familie und ihrem religiösen Hintergrund bekannt und verweist auf die spirituelle Verbindung zu Gendün Drub und Tashilhünpo, die sich für seine eigene Zukunft als so wichtig erweisen sollte. So erzählt Gendün Gyatso die Geschichte des Orakel-Lamas, der sich als sein eigener Großvater herausstellt. Der Stammbaum seiner Familie reicht mehrere 100 Jahre bis in die Mitte des achten Jahrhunderts zurück. Der damalige König Trisong Detsen hatte 779 das Kloster Samye gegründet und den Buddhismus zur offiziellen Religion von Tibet erklärt. Der früheste urkundlich verbriefte Verwandte von Gendün Gyatso war damals Geistlicher im Kloster Samye. Unter seinen Vorfahren finden sich noch weitere illustre Persönlichkeiten, die alle ihren Familienursprung auf den besagten Geistlichen in Samye zurückführen.[9]

Gendün Gyatsos Urgroßvater arbeitete zuerst als Sekretär des lokalen Herrschers, doch dann folgte er seinen spirituellen Neigungen und legte unter einem wichtigen Kagyüpa-Lehrer sein Mönchsgelübde ab. In Tanag ließ er sich in der Shangpa-Tradition unterweisen. Er studierte mit verschiedenen Meistern, u.a. mit einem Yogi, der als Spezialist für die Herstellung von *tsha-tshas* (rituelle Tonfigürchen) und für Weissagungen galt. Insbesondere übte er sich in Ritualen zu Ehren des sechsarmigen Mahākāla der Weisheit.

Sein Sohn, Lama Donyod Gyaltsen von Tanag, Gendün Gyatsos Großvater, war bekannt als der »große Einsiedler«. Donyod hatte außerordentliche hellseherische Kräfte und ein umfangreiches Wissen über Vergangenheit, Gegenwart und Zukunft. Er war es, den man über das Orakel zur nächsten Geburt von Gendün Drub befragte. Neben der Shangpa Kagyü-Tradition praktizierte er auch sehr esoterische Nyingma-Lehren. Außerdem studierte er mit dem Sakya-Lehrer Namka Naljor[10], der eine Reinkarnation von Padampa Sangye war, ein indischer Yogi, der in Tibet lehrte. Auf diese Weise waren Lama Donyod und sein Vater Meister aller religiösen Strömungen früherer, späterer und dazwischen liegender Traditionen. Lama Donyod gründete das Kloster Tanag auf der Nordseite des Tsangpo gegenüber von Shigatse.

Lama Donyods Sohn war Künga Gyaltsen[11], der Vater von Gendün Gyatso. Sein berühmtester Lehrer war der »allwissende Meister« Gendün Drub (siehe S. 33ff.). Künga Gyaltsen legte sein Mönchsgelübde in Tashilhünpo ab, wobei die Zeremonie von Gendün Drub geleitet wurde.[12] Dieser hatte Tanag während der Kindheit von Künga Gyaltsen mehrfach besucht. Zusätzlich zu den Gelugpa-Lehren studierte Künga Gyaltsen auch die Lehren der Shangpa-, Sakya- und Nyingma-Schulen, und lernte auch – der Familientradition gemäß – Regen zu machen.

Als sein Vater 45 Jahre alt war, im tibetischen Feueraffen-Jahr[13], kam Gendün Gyatso schließlich »schmerzlos« aus dem Mutterleib von Künga Palmo[14], die als sehr spirituelle Frau bekannt war. Sie galt als eine Reinkarnation der Ḍākinī und als Gefährtin von Gotsangpa[15], einem der berühmtesten Kagyü-Lehrer. Ihr Status als Reinkarnation wird als solcher nicht betont, weil die Kagyü-Tradition, der sie angehörte, das Prinzip der Wiedergeburt zu ihren Lebzeiten, d.h. seit dem Tod des ersten Karmapa 1193, ganz selbstverständlich anerkannte.

Gendün Gyatso beschreibt seine Geburt so: »Kaum war ich geboren, sah ich mich ängstlich um, sah Schönheit vor mir und lächelte. Mein Mund richtete sich gegen Tashilhünpo und meine Hände vollführten eine Geste der Hingabe. Mein Körper war weiß wie Kristall und strömte ein sehr reines Licht aus. Mein Vater vollführte sofort ein spezielles Ritual für Cakrasaṃvara.« Dieses Zitat aus der Autobiografie von Gendün Gyatso ist zentral und voller religiöser Bedeutung. Einerseits wird die ängstliche menschliche Seite angesprochen. Der weiße Kristall jedoch bezieht sich auf den Bodhisattva Avalokiteśvara in seiner

24 Der zweite Dalai Lama. Bronze, vergoldet, mit rückseitiger Inschrift: »Der wertvolle alles-wissende Besieger-Herr Gendün Gyatso«, Tibet, 16. Jh., H: 24,2 cm, Tibet House, New York.

Ṣaḍakṣarī-Form (mit seiner Gebetsschnur aus Kristallkügelchen) und wenn gesagt wird, sein Gesicht sei gegen Tashilhünpo gerichtet gewesen, dann ist dies eine Anspielung auf seine Herkunft, nämlich auf seinen Vorgänger Gendün Drub aus Tashilhünpo. Die Schilderung Gendün Gytasos geht folgendermaßen weiter: »Zudem, als ich in den Mutterleib kam, hatte meine Mutter einen Traum. Darin hatte sie zahlreiche Bücher mit den wertvollen Lehren in den Händen gehalten und dann ihren Mund berührt. Auf dem Papier war Gift [gegen Ungeziefer] und sie fürchtete ein altes Bauchleiden sei dadurch wieder belebt worden, aber sie träumte, dass nichts Schlechtes geschehen werde. Und so war es tatsächlich. Mein Vater hingegen träumte, als ich noch im Mutterleib war, Gendün Drub sei zum Meditationsplatz unseres Familienklosters gekommen und habe dort meditiert. Er rief ›du, komm her zu mir‹ und ein junger Mönch erschien und sie wurden Freunde. Als der junge Mönch sich anschickte wegzugehen und eben die Schwelle der Höhle erreicht hatte, sagte Gendün Drub, ›ich mache hier eine Klausur. Komm jetzt nicht zu mir.‹ Und nach drei Tagen, nachdem die befreiende Meditation eingetreten war, träumte er, Tārā habe ihn nach Tashilhünpo eingeladen, um seine persönliche Schale und seinen Mönchsumhang zu holen.

Im Moment der Geburt, gleich nachdem meine Mutter wieder geträumt hatte, sagte eine Stimme: ›Dir wird nur ein Sohn geboren werden. Gib ihm den Namen Sangyepel (Sangs rgyas 'phel). Das muss das Zeichen einer Verbindung zum Buddha der Vergangenheit, der Gegenwart und der Zukunft sein.‹ Und so hatte ich diesen Namen bis zu meiner Mönchsweihe.[16]

Ebenfalls zu dieser Zeit träumte meine Mutter von einem großen Heiligtum, wo mein Vater hervorragende Maler angestellt hatte, um das Kālacakra-Mandala zu malen, und in eben diesem Moment führten diese am perfekt gelungenen Mandala die letzten Pinselstriche aus.

Ich war etwa zwei Jahre alt, als mir die Worte *tu tā' re* [vom Mantra der Tārā] in den Sinn kamen. Wegen einer kleinen Unvollkommenheit und weil meine Aussprache nicht ganz korrekt war,

25 Der zweite Dalai Lama. Kupferblech, getrieben und vergoldet, mit rückseitiger Inschrift: »Ehrerbietung dem ehrwürdigen allwissenden Gendün Gyatso pelzangpo«, Tibet, 16. Jh., H: 29,5 cm, Berti Aschmann-Stiftung im Museum Rietberg, Zürich, Inv. Nr.: Aschmann 141.
26 Der zweite Dalai Lama, umgeben von Guhyasamāja (links oben), Vajradhara (Mitte oben) und Vaiśravaṇa (rechts unten). Bei einem der Klöster könnte es sich um Chökhorgyel handeln, beim anderen um Ngari Dratsang. Über den Klöstern zwei Seen, eventuell der Lhamo Latso-See und der dem Begtse geweihte »Torwächter-See« *(sgo srung gi mtsho)*. Thangka, Tibet (restauriert 2004/05), 57 x 28,5 cm, Völkerkundemuseum der Universität Zürich, Inv. Nr.: 14404.

DER ZWEITE DALAI LAMA

war das zuerst nicht Tārās Mantra: *Tā rā' tu tā re*. Doch gleich darauf kam mir das ganze Mantra in den Sinn.

Als ich drei Jahre alt war, schimpfte meine Mutter mit mir und ich sagte zu ihr: ›Werde nicht böse oder ich bleibe nicht hier und gehe nach Tashilhünpo. Mein Haus dort ist besser als das hier. Dort hat es sogar Melasse, die ich essen darf.‹ Das war für mich der erste Hinweis, dass ich mich an meine frühere Geburt erinnerte.

Ebenfalls in dieser Zeit machte ich einen Fehler bei meinen Aufgaben und sie wurde ein wenig ärgerlich. Da sagte ich, ›bitte sei mir nicht böse. Ich habe viele Lehrer, die mir die Schrift und das Schreiben beibringen, also sei mir nicht böse, denn das wäre eine Sünde [für dein Karma].‹ Und dann begann ich meinen ersten Text zu schreiben, um meiner Mutter Freude zu bereiten.

Meine Mutter hatte große Freude, denn sie merkte, dass ich damit begonnen hatte, andachtsvolle Verse zu schreiben. Und die Verse lauteten so: ›Mutter, mögest Du vor wilden Hunden sicher sein, und Mutter, mögest Du vor Tigern sicher sein, und Mutter, mögest Du vor Bären sicher sein, fürchte Dich nicht.‹ Das schrieb ich.

Damals war ich etwa fünf, und mein Vater erteilte in einiger Entfernung von unserem Hause Sommerunterricht. Er hatte die Zelte aufgestellt, und plötzlich gab es einen riesigen Donnerschlag. Er schaute ins Zelt hinein und fragte: ›Was ist geschehen?‹ Ich antwortete: ›Dieser Ton ist das Echo der Lehren von Vater Lobsang Dragpa [d.h. Tsongkhapa].‹ Und sofort stimmte ich ein Loblied auf Tsongkhapa an.

Dann sah ich einen Stein wie Tsongkhapa und einen anderen wie Tārā. Und ich spielte dieses Spiel weiter, schichtete Steine zu einem Thron, auf den ich den Stein von Tsongkhapa setzen konnte. Und ich nahm winzige Steine und sagte, das sind die Mönche, die um ihn herum versammelt sind. Mit Ausnahme solcher Spiele interessierte ich mich nicht für die gewöhnlichen Spiele der anderen Kinder.«[17]

In jener Zeit entwickelte Gendün Gyatso auch einen Sinn für Erinnerungen an Zeiten vor seinem jetzigen Leben. Als seine Mutter einst fragte: »Nun, bevor du hier warst, woher kamst du?«, antwortete der Knabe: »Nach meinem Tod band mich der Gesangsmeister mit einer Schnur, und der sechshändige Mahākāla der Weisheit kam, nachdem er einen eisernen Stiefel genommen hatte. Wir wurden Freunde, darum ging ich zum schwarzen Boot mit einem Zugseil und kam von dort hierher. Einmal in dieser Zeit ging ich in den Tuṣita-Himmel, dort waren Maitreya und Atiśa und Dromtön, auch Tsongkhapa. Ich hörte vielen mündlichen Unterweisungen zu. Dann, nachdem ich gefragt hatte, was für die empfindungsfähigen Wesen zu tun sei, waren da ein Lotus und zwei gelbe Blütenblätter, und diesen musste ich zum Wohl der empfindungsfähigen Wesen folgen. Die Blütenblätter stiegen gegen den Himmel und die Lotusblätter fielen bei unserer Familieneinsiedelei zu Boden. Ein Blatt zeigte Richtung Amdo, aber das hat der Lehrer gesagt, ich persönlich bin nicht sicher. Hingegen hörte ich in einer kalten Nacht, als ich mich beim Familien-Meditationsplatz aufhielt, einen schrecklichen Lärm, und mein Vater wurde in seinem Schlaf gestört. Er sagte: ›Was ist geschehen?‹ Ein Mönch in einem Baumwollumhang und einem Lederhut zog an meinem Fuß, und plötzlich war da die Göttin Palden Lhamo auf ihrem Maultier, fiel vom Maultier und schlug den Mönch mit ihrem Knüppel, dann schmerzte die Hand des Mönchs und sie rieb seine Hand und plötzlich waren sie beide verschwunden.«

Ohne dies ausdrücklich zu sagen, handelt es sich hierbei um die früheste Beschreibung einer persönlichen Vision. Und natürlich ist es kein Zufall, dass ihm Palden Lhamo (Abb. 213–215) erscheint, ist sie doch eine der wichtigsten Schutzgottheiten der Inkarnationsreihe. Auch die Art und Weise, wie ihm der Mahākāla der Weisheit hilft, diese Welt zu erreichen, ist bezeichnend. Laut der Biografie von Gendün Gyatsos Vater verehrte der Begründer der Shangpa Kagyü-Lehre, die auch von seiner Familie befolgt wurde, diesen sechshändigen Aspekt des Mahākāla ganz besonders (Abb. 209, 210). Gendün Gyatso nennt diesen Mahākāla sogar »den wichtigsten Beschützer der Lehre meiner Vorfahren« und beschreibt die Rituale für den Mahākāla der Weisheit, die bei den Begräbnisfeierlichkeiten für seinen Vater abgehalten wurden, um eine gute Reinkarnation zu sichern.[18] Dies ist gewissermaßen die Verbindung zwischen der biologischen Familie und der spirituellen Inkarnationsreihe. Als er sein erstes Buch anschaute, erschien ihm der lokale Schutzgott und sagte, es werde einige Hindernisse geben. Am nächsten Tag erschienen Abgesandte und stellten Fragen. Gendün Gyatso schreibt: »Ich sagte ihnen ziemlich klar, entsprechend den Erinnerungen aus einem früheren Leben, den Namen meiner Mutter und meinen eigenen Namen Pema Dorje. ... ich sagte das und noch mehr ...«

Er zählt andere Momente auf und meint schließlich: »Nun, es gab so viele Zeichen, die braucht man nicht alle aufzuschreiben. Etwa um diese Zeit hieß es in Tanag bereits, die Wiedergeburt des Gendün Drub sei in Tanag.«

Auf lokaler Ebene, fährt Gendün Gyatso weiter, sei seine Wiedergeburt schnell zur Kenntnis genommen und akzeptiert worden.

Die Gemeinschaft der Mönche hingegen habe die Anerkennung nicht sofort bestätigt. Er beschreibt dann verschiedene Episoden des Verfahrens, das letztlich zu seiner vollständigen Anerkennung durch die Gelugpa-Autoritäten geführt habe: »Der Mönch Chöje Chöjor[19] hatte einen Traum von der nächsten Wiedergeburt, in dem ihm versichert wurde, man werde sie finden. Er hatte auch einen anderen Traum, in dem er träumte, Maitreya komme in unsere Welt. Deshalb schrieb er [mir] einen Brief, begleitet von verschiedenen Geschenken wie Weihrauch und Tee. Mein Vater wollte den Brief beantworten, aber ich sagte, ich könne das selbst tun, was ich dann auch tat. Ich dankte ihnen für den Tee, den Weihrauch und huldigte ihnen. Dann erklärte der Ritualmeister, man müsse ihn treffen. In jener Nacht träumte ich von den Worten des Buddha, und als ich am nächsten Morgen aufwachte, kam mir der Sekretär von Gendün Drub in den Sinn, der Lama Dampa Sangye, und wir waren Freunde. Ich ging zur Tür hinaus und gerade in dem Moment ertönte von der Shigatse-Festung her die Schneckenmuscheltrompete. In der Sa-Festung bei Tanag ließ der lokale Herrscher eine spezielle Statue von Buddha in der Bodhgayā-Stellung [in Meditationsstellung sitzend mit der erdberührenden Geste] gießen. Und genau in dem Moment begannen die Gebetsfahnen auf dem Heiligtum des Familienklosters Dorjeden in Tanag zu flattern und alle sagten, das sei als verheißungsvolles Zeichen zu verstehen; und sagten dann auch, der Guss scheine günstig ausgefallen zu sein. Unmittelbar danach erschien der Ritualmeister. Er sagte: ›Die Lehrer, die kommen, werden nett sein mit Dir.‹ ›Ach so, wer kommt denn?‹, fragte ich. Er antwortete: ›Dampa Sangye, der Sekretär von Gendün Drub, kommt und er wird seine Beine in eine Position bringen wie der Yogi Dampa Sangye!‹[20] Dann sprach ich [ganz spontan] eine Initiationsformel für Jambhala *(Dzam bha la)*, für die Arbeiter und alle anderen. Als ich dann Tee aus der Tasse trank, war da ein Tuch in der Tasse, und ich sah einen Torma-Kuchen auf dem Teller, den ich Jambhala offerierte, denn Jambhala selbst war erschienen. Dann stimmte ich die Worte der Initiation für Jambhala an, und das freute den Ritualmeister und rührte ihn zu Tränen, da es seinen Glauben dermaßen stärkte. Tag und Nacht ereigneten sich solche Zeichen wie der perfekte Buddhaguss, diese spontan erinnerte Initiation und das Auftauchen solcher Visionen, auch wenn sie manchmal erschreckend waren.«[21]

Seine Rückkehr nach Tashilhünpo beschreibt Gendün Gyatso folgendermaßen: »Als ich acht Jahre alt war, lud ich zur großen Teezeremonie in Tashilhünpo als Vorbereitung zu meiner ersten Mönchsweihe. Als diese anfing, nach dem Abendtee, war das Feuer warm, und ich sah sie mit zwei Armen und einem Gesicht, eine furchterregende Haltung. Es wurde alternierend gesungen, und ich rezitierte alles übrige. Der Schüler meines Vaters sagte: ›Was die Große Schwarze betrifft, die aus der Wurzelsilbe HUM entstand‹, und ich fügte die nächste Strophe hinzu: ›Sie mit einem Kopf, zwei Armen, erschreckende Form.‹ Ich fuhr fort: ›Dies sind die Zeichen dieser Dharmapāla, sie ist die außergewöhnlichste Beschützerin von allen. Sie ist meine Dharma-Beschützerin und sie könnte auch die deine sein.‹ Deshalb komponierte ich ein Ritual für sie und fragte, ob sie Tinte und Papier verfügbar hätten.«

Nachfolgend erklärt Gendün Gyatso die Episode dieser Ritual-Komposition, indem er seine früheren Kompositionen beschreibt: »Schon seit ich fünf oder sechs war, hatte ich spontan solche Kompositionen gemacht. Zu dieser Zeit sah ich im Traum Lhamo, mit ihren zwei Armen einen Schirm und das Siegesbanner haltend. Und die Tücher des Banners und des Schirms wurden zu Flügeln für die Dharmapāla und trugen mich in den Himmel, wo wir zum Potala-Berg flogen. Als wir dort ankamen, war das ein ganz außergewöhnlicher Berg. Es war der perfekte Berg von Cakrasaṃvara, im Mittelpunkt war natürlich Cakrasaṃvara, und ich blieb auf einer der goldenen Speichen rund um das Zentrum. Die Götter hatten goldene und silberne Körper und entfernten sich ins himmlische Reich. Auf diesem wertvollen Berg von Edelsteinen befand sich unser Kontinent Jambudvīpa. Ich träumte, dass ich ein Gelöbnis zum Nutzen aller fühlenden Wesen dieses Kontinents abgab. Ich erklärte, Cakrasaṃvara werde meine Meditationsgottheit sein. Am nächsten Morgen erwachte ich ganz glücklich und erzählte alles meiner Mutter. Daraus erwuchs die Sicherheit dieser Vision, als Zeichen einer speziellen karmischen Beziehung zu Cakrasaṃvara als meiner Meditationsgottheit.

Dann wiederum gingen wir mit meinem Vater nach Tashilhünpo zur großen Teezeremonie. Und dort war die große Versammlung ... Doch obschon die versammelten Mönche durchaus an mich glaubten, erklärten die vorsitzenden Mönche erneut, die Zeit für mein Gelübde sei noch nicht gekommen. So kehrte ich einmal mehr nach Tanag Dorjeden zurück.

Als ich meinen Unterricht begann, konnte ich ohne große Anstrengung perfekt lesen und schreiben lernen. Mit meinem Vater als Lehrer meisterte ich damals auch die rituellen Zyklen für Cakrasaṃvara, das heißt Yamāntaka, und spezielle Formen von Mahākāla mit vier Armen, Yama, Vaiśravaṇa, Lhamo Magzorma

27 Der zweite Dalai Lama, der den Mönchen zu seinen Füßen Belehrungen erteilt, in deren Verlauf er in einer Vision eine dunkelhäutige Ḍākinī erblickt, die ihm ein Buch übergeben will. Links und rechts sind zwei Ereignisse dargestellt, die sich im Zentraltempel Lhasas, im Jokhang, zugetragen haben. Thangka, Tibet, 65,5 × 40 cm, Museum der Kulturen Basel (Sammlung Essen), Inv. Nr.: IId 13815. >>>

und auch Dharmapāla Begtse. Ich lernte auch die Shangpa- und Dagpö Kagyü-Lehren von Mahāmudrā, das Zhi byed-System von Padampa, und viele andere Initiationen und Rituale, auch aus den Lehren meines Urgroßvaters und Großvaters.
Als ich neun war, kam der Guge-Herrscher Lobsang Rabten[22] nach Tsang.[23] Er kam zu Besuch und lobte Gendün Drub, was ich in angemessener Weise erwiderte. Sein Dharmapāla war damals ein klein wenig unzufrieden und es gab Visionen, hervorgerufen durch die magische Verwandlung des Beschützers, der sagte, ich müsse eine besondere Darreichung von Torma-Kuchen machen. Mein Vater hatte die Initiation für diesen viergesichtigen Mahākāla vorher nicht gekannt, aber die Magie des Beschützers machte die Initiationsverse für uns hörbar und deshalb gab der Beschützer die Initiation.«
Es ist überaus interessant, dass die lokale Gemeinde sowie der Herrscher einer weit entfernten Region Gendün Gyatsos Status anerkannten, und zwar ganz gezielt als Mittel zur Fortsetzung der vormaligen Beziehung zu Gendün Drub, während er noch immer auf die endgültige Inthronisierung in Tashilhünpo wartete. Man darf vermuten, dass die lange Wartezeit, die der offiziellen Anerkennung vorausging, dazu beigetragen hat, dass er schon früh einen Sinn für die Komplexität der politischen Beziehungen innerhalb der religiösen Hierarchie und auch für die weltliche Politik entwickelte.
1486 beschreibt er in der Biografie seines Vaters, wie dieser träumte, Lhamo übergebe ihm eine Gebetsschnur aus Kristall. Eine solche Gebetsschnur ist ein bekanntes Symbol Avalokiteśvaras. Der Traum bestätigt somit, wie sehr Gendün Gyatso mit beiden Gottheiten – Palden Lhamo und Avalokiteśvara – verbunden ist.[24]
In seiner Autobiografie beschreibt Gendün Gyatso schließlich seine Anerkennung als *getsul* (Novize) in Tashilhünpo, als er zwischen 10 und 11 Jahre alt war.[25] Jetzt endlich wurde das erste Gelübde der Mönchsweihe gesprochen, sein Haar wurde geschnitten und der Name Gendün Gyatso wurde vor einer Versammlung verkündet, welche die berühmtesten Gelugpa-Mönche im damaligen Tibet umfasste, die von Lhasa und anderen Klöstern angereist waren. Seine Erziehung wurde dann in Tashilhünpo sowie im nahe gelegenen Kloster Nenying[26] und manchmal auch in Narthang fortgesetzt. Gelegentlich kehrte er auch nach Tanag Dorjeden zurück, um sich von seinem Vater unterweisen zu lassen. Im Alter von 17 Jahren reiste er in die Region Nyang in der Umgebung von Gyantse und weiter in den Süden, um Unterricht zu erteilen, und große Gläubigkeit erfüllte all die Wesen, die zum Buddhismus konvertiert werden sollten.

Um diese Zeit erfuhr er schließlich auch, dass er die Verzögerung seiner Anerkennung und seines Novizengelübdes der Feindseligkeit einiger Lamas, insbesondere des Abtes von Narthang, gegenüber seinem Vater zu verdanken hatte. Dieser hatte erklärt, zu einem Mann wie Künga Gyaltsen könne die Wiedergeburt des allwissenden Gendün Drub nicht kommen.[27] Doch all das lag jetzt in der Vergangenheit. Von Visionen geleitet begab sich der fast zwanzigjährige Gendün Gyatso 1495 nach Drepung, um sein volles Mönchsgelübde abzulegen. Aufgrund politischer Spannungen beschloss er, Einladungen von Gönnern außerhalb der Region Lhasa anzunehmen, insbesondere die aus Olkha, wo er 1509 Chökhorgyel gründete und während der Bauarbeiten durch Visionen von Lhamo geleitet wurde.[28] Er hatte dort den Vorsitz inne und 1512 wurde er auch zum Abt von Tashilhünpo ernannt und reiste in der Folge zwischen den beiden Klöstern in Ü und Tsang hin und her. 1517, als die Gelugpa die Herrschaft über Lhasa zurückgewannen, wurde er erneut berufen, diesmal zum Abt von Drepung. Er trat dieses Amt noch im selben Jahr an. Von da an bis zu seinem Tod im Jahr 1542 verbrachte er jeweils sechs Monate in Lhasa und die übrige Zeit in Chökhorgyel. Obschon er in seiner Autobiografie kaum auf die Kämpfe zwischen den Schulen des tibetischen Buddhismus Bezug nimmt, ist offensichtlich, dass Gendün Gyatso durch seine Reisetätigkeit und sein einflussreiches Netzwerk von Schutzherren viel zur Konsolidierung der Gelug-Klosterschule als politische Kraft in Tibet beitrug. Darüber hinaus schuf er mit seinen historischen Schriften, rituellen Kompositionen und Visionen ein solides Fundament von Liturgien und rituellen Praktiken, deren Wirkung bis in die Zeit des 14. Dalai Lama anhält.

DER ZWEITE DALAI LAMA

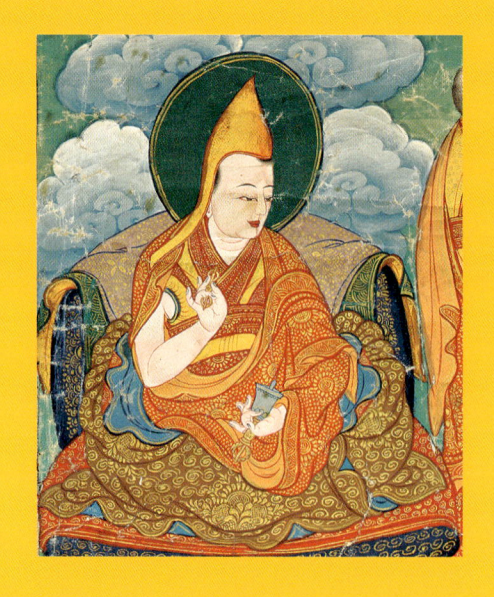

»Durch die Macht eines guten Wunschgebetes sind früher der [mongolische] Herrscher und ich, wir beide, einander begegnet. Im Osten bin ich der geistliche Lehrer für die Religion des Buddha gewesen. Der überaus große Herrscher ist der Gabenherr gewesen und hat mir Verehrung und Respekt bezeugt. Stets gab es ein Wunschgebet, in der östlichen Weltgegend, in dem finsteren Lande, die Religion zu verbreiten. Wenn ich [nun], ohne [davon] abzuraten, zustimme und helfe, so ist dies meine durch einen Eid gewährte Gunst.«
(Sonam Gyatso)[1]

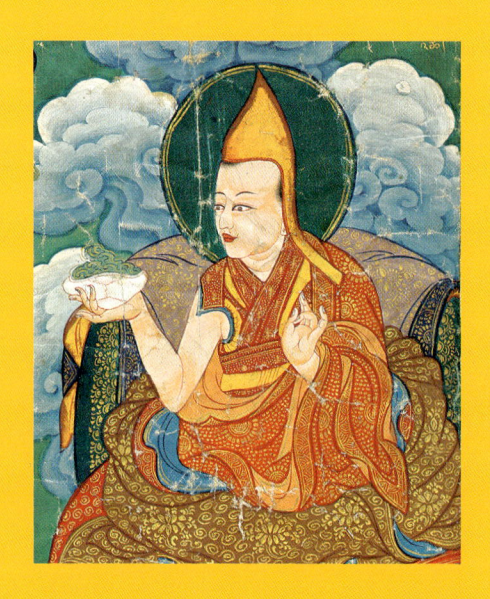

»Die Erscheinungsform des Dalai Lama, Yönten Gyatso, hat eine Geburt in der goldenen Familie des Dayun Khan angenommen. Nun hat er die Lehre des Tsongkhapa unter dem Volk der Mongolen wie die Sonne überaus verbreitet.«[35]

DER DRITTE DALAI LAMA SONAM GYATSO UND DER VIERTE DALAI LAMA YÖNTEN GYATSO

Karénina Kollmar-Paulenz

1543–1588
DER DRITTE DALAI LAMA SONAM GYATSO
»OZEAN DER VERDIENSTE«

Am 25. Tag des ersten Frühlingsmonats des weiblichen Wasser-Hasen-Jahres (1543)[2] wurde in dem Dorf Khangsargong *(Khang gsar gong)*[3] im Tal von Tölung *(sTod lung)*, in der Region von Kyishö *(sKyid shod)* in Zentraltibet, der Mann geboren[4], auf dessen politisches Kalkül und strategischen Weitblick die religionspolitische Wende in der Mongolei des ausgehenden 16. Jahrhunderts zurückzuführen ist. Sonam Gyatso *(bSod nams rgya mtsho)*, der spätere dritte Dalai Lama, entstammte einer Familie, die enge Verbindungen zu den Sakyapa und dem Herrscherhaus der Phagmo Drupa *(Phag mo gru pa)* unterhielt. Sein Vater Namgyal Dragpa[5] war Distriktbeamter und konnte auf eine lange Reihe illustrer Vorfahren bis in die Zeit des tibetischen Großreichs zurückblicken. Die Familie seiner Mutter Pelzom Buti[6] hatte ebenfalls enge Verbindungen zu den Phagmo Drupa. Ihr Vater[7] war ein bekannter Tantriker im Dienst dieses Fürstenhauses. Die politischen Verbindungen der Familie sollten sich später für Sonam Gyatsos Ambitionen als sehr nützlich erweisen.

Wenn im Folgenden versucht wird, das Leben dieses sowohl für die tibetische wie auch die mongolische politische und religiöse Geschichte so bedeutenden Mannes nachzuzeichnen, kann nicht der Anspruch erhoben werden, »Faktengeschichte« zu erzählen. Ohne hier näher auf die Brüchigkeit des geschichtswissenschaftlichen Konzepts der »Faktengeschichte« eingehen zu können, seien hier kurz die Quellenlage und das literarische Genre des Namthar *(rnam thar)*, der Biografie, skizziert. Minutiöse Auskunft über das Leben des dritten Dalai Lama gibt die Biografie, die sein wohl berühmtester Nachfolger, der »Große Fünfte«, fast hundert Jahre nach den hier geschilderten Geschehnissen geschrieben hat. Der fünfte Dalai Lama wiederum stützte sich auf eine Reihe von Biografien, von denen einige schon kurz nach dem Tod des dritten Dalai Lama im Jahr 1588 von Zeitgenossen verfasst worden waren. Keiner von diesen zeitgenössischen biografischen Berichten liegt uns heute vor. Unsere Hauptquelle stellt daher der biografische Bericht des fünften Dalai Lama dar. Um uns dem Leben des dritten Dalai Lama durch seine Biografie anzunähern, ist es wichtig, die Hauptmerkmale des namthar, der tibetischen Biografie, kurz zu betrachten. Das tibetische *rnam par thar pa* bedeutet wörtlich »vollständige Befreiung«. Der Begriff ist hier Programm: Tibetische biografische Berichte gehen von der Annahme aus, dass ihre Protagonisten die Buddhaschaft erlangt haben und der Bericht über ihr Leben beispielhaft davon Zeugnis ablegt und zur Nachahmung aufruft. Aufgrund ihrer literarischen Struktur und ihrer Rhetorik werden tibetische Biografien oft in ihrer Bedeutung als historische Quellen unterschätzt. Jenseits hagiographischer Topoi schildern sie jedoch häufig detailgenau wichtige Ereignisse im Leben ihrer Protagonisten und teilen eine Fülle von zeitgeschichtlich bedeutenden Einzelheiten mit, die es ermöglichen, nicht nur faktengeschichtliche, sondern auch mentalitätsgeschichtliche Aspekte einer historischen Epoche zu rekonstruieren.

Die Biografie des dritten Dalai Lama beginnt, dem literarischen Genre angemessen, mit einem Bericht über die Träume seiner Mutter während ihrer Schwangerschaft, die die Geburt eines Bodhisattva antizipieren. Die Geburt des Knaben war ebenfalls von glückverheißenden Träumen und anderen Zeichen begleitet. Trotzdem fürchteten sich die Eltern, dass ihrem Kind etwas zustoßen könnte, da ihre Kinder bisher alle früh verstorben waren. Sie versuchten daher, drohendes Unglück abzuwenden und gaben ihrem Sohn die Milch einer weißen Ziege zu trinken. Daher erhielt der Knabe, so berichtet es uns seine Biografie, den Namen, »der Glückliche, der durch das Trinken von Ziegen[milch] vor Schaden bewahrt wurde«.[8] Bereits das Kleinkind zeigte außergewöhnliche spirituelle Fähigkeiten, auch dies Topoi einer tibetischen Heiligenbiografie. Schon 1545, zwei Jahre nach seiner Geburt, kam es daher zu ersten Gerüchten, dass der Knabe die Wiedergeburt des verstorbenen Gyalwa Gendün Gyatso *(rGyal ba dGe 'dun rgya mtsho)* sei.[9] 1546 wurde er offiziell durch den Herrscher des Fürstenhauses von Nedong *(sNe'u gdong)* anerkannt und auf dem »furchtlosen Löwenthron von Ganden Phodrang«[10] in Drepung inthronisiert. Kurze Zeit später legte er vor Panchen Sonam Dragpa *(bSod nams grags pa)*[11], dem hervorragendsten Schüler seines Vorgängers Gendün Gyatso, die *upāsaka*-Gelübde ab und erhielt von ihm den Namen Sonam Gyatso.[12] Er begann nun seine Ausbildung bei verschiedenen geistlichen Lehrern, an erster Stelle bei Sonam Dragpa selbst. Neben einem intensiven Studium Mahāyāna-buddhistischer Schriften konzentrierte er sich schon zu Beginn seines Studiums auf Initiationen in tantrische Meditationszyklen wie die des sechsarmigen Mahākāla[13] oder der Palden Lhamo.[14] Zusätzlich begann er eine rege Reisetätigkeit zu Klöstern in der näheren und weiteren Umgebung. Allein im Jahr 1556 besuchte er u. a. Olkha, Chökhorgyel *(Chos 'khor rgyal)*, Chongye *('Phyong rgyas)*, Tsethang *(rTses thang)*, Nedong *(sNe'u gdong)*, Samye und Kyishö, alle in Zentraltibet gelegen. Eine besonders enge Beziehung pflegte er zu dem Kloster Chökhorgyel, das vom zweiten Dalai

29 Der dritte Dalai Lama, mit Szenen aus seiner Biografie. Thangka, Westtibet/Guge, 2. Hälfte 16. Jh., 123,2 x 93,3 cm, Privatsammlung. >>>

28 Abdruck des Siegels des dritten Dalai Lama.

Lama in der Nähe des berühmten »Sees der Visionen« gegründet worden war. Streckenweise lesen Sonam Gyatsos Jugendjahre sich als ein ständiges Hin- und Herpendeln zwischen Drepung und dem Chökhorgyel-Kloster.

Sonam Gyatso pflegte schon früh Beziehungen zu den Fürstenhäusern seiner Zeit. So erhielt er im Jahr 1554 eine Einladung des Königs von Guge[15] und seines geistlichen Lehrers, des Panchen Shānti-pa, »zum Nutzen der Lebewesen« die Buddhalehre in Ngari zu verbreiten.[16] Die Einladung scheint Sonam Gyatso nicht angenommen zu haben, im Gegensatz zu der im Jahr 1558 erfolgten Einladung des Phagmo Drupa-Herrschers, sich nach Nedong, seiner Residenz, zu begeben. Der junge Gyalwa Rinpoche avancierte 1559 zum persönlichen Lehrer des Herrschers, ein Amt, das er bis zu dessen Tod 1564 ausüben sollte und das erheblich zu seinem wachsenden Ansehen in politischen und religiösen Kreisen beitrug.

Im männlichen Wasser-Maus-Jahr (1552) wurde Sonam Gyatso Abt von Drepung, sechs Jahre später, 1558, auch Abt von Sera. Am Vollmondtag des vierten Monats im männlichen Holz-Ratten-Jahr (1564) legte Sonam Gyatso die Ordination zum Vollmönch ab. Der frühere Thronhalter von Ganden[17] fungierte bei der Zeremonie als Unterweiser *(upadhyāya)*, der amtierende Thronhalter[18] als Lehrer *(ācārya)* und zwei weitere Mönche als geheimer Lehrer *(gsang ston)* bzw. als Beobachter *(dus go ba)*.[19]

Sonam Gyatso erwies sich schon in seiner Jugend als unermüdlicher Förderer der Gelugpa-Tradition des tibetischen Buddhismus. Dazu gehörte nicht nur seine rastlose Lehrtätigkeit in Zentraltibet und dessen Randgebieten, sondern auch die Gründung einer Reihe von bedeutenden Klöstern. 1568 etablierte er seinen persönlichen »Haustempel«[20], der zur Zeit des fünften Dalai Lama in den Westflügel des Potala verlegt wurde und seither den Dalai Lamas als privates Kloster diente. Es ist heute unter dem Namen Namgyal *(rNam rgyal)*-Kloster besser bekannt.[21]

Neben den zweifellos außergewöhnlichen Leistungen, die Sonam Gyatso für die Konsolidierung der Gelugpa-Schule in Tibet vollbrachte, ist sein Name aber vor allem mit dem Beginn der tibetisch-buddhistischen Missionierung der mongolischen Völkerschaften verbunden. Seiner Initiative ist es zu verdanken, dass die Mongolen, mit Ausnahme der Buryat-Mongolen im Norden[22], seit der ersten Hälfte des 17. Jahrhunderts eifrige Anhänger der tibetisch-buddhistischen Gelugpa-Tradition wurden. Die Ausdehnung der tibetisch-buddhistischen Einflusssphäre seit dem späten 16. Jahrhundert bis in die Regionen der unteren Wolga hinein geht wesentlich auf diesen Dalai Lama zurück, desgleichen die Herausbildung einer gemeinsamen, buddhistisch konnotierten kulturellen Identität der tibetischen und mongolischen Gesellschaften in der frühen Neuzeit.

Wie kam es nun zu dem berühmten Treffen zwischen dem damals bedeutendsten mongolischen Fürsten, dem Altan Khan der südostmongolischen Tümed, und dem Hierarchen der Gelugpa-Schule? Schon im Jahr 1558 hatte sich der gerade fünfzehnjährige Sonam Gyatso auf Bitten eines Fürsten der Hor[23] in die nördlichen Randregionen Tibets begeben und veranlasst, wie seine Biografie vermerkt, dass die Hor »Übles aufgeben und Tugenden vollziehen.«[24] Das Interesse Sonam Gyatsos an den Randregionen Tibets, die als »unzivilisiert« angesehen wurden, u. a. deshalb, weil deren Bewohner nicht Buddhisten waren, zeigt sich auch an den Klostergründungen gerade in Grenzregionen wie z.B. Lithang oder Kumbum. Auf seinem Weg in die Mongolei im Jahr 1577 machte Sonam Gyatso in dem kleinen Kloster Rast, das ein Einsiedlermönch[25] 1560 in der Nähe des Kökenor in Amdo gegründet hatte, an der Stelle, wo nach der Geburt des Tsongkhapa auf wunderbare Weise ein weißer Sandelholzbaum gewachsen war, wie die Legende uns mitteilt. Der Gyalwa Rinpoche bat den Mönch, ein größeres Kloster an diesem Ort zu errichten. 1583 wurde das Kloster eingeweiht und erhielt den Namen Kumbum Champa Ling *(sKu 'bum Byams pa gling)*. Das

DER DRITTE UND VIERTE DALAI LAMA

30 Der dritte Dalai Lama, u.a. umgeben von Mañjuśrī (oben Mitte) und (unten links) Brāhmaṇarupa-Mahākāla. Thangka, Tibet (restauriert 2004/05), 57 x 39 cm, Völkerkundemuseum der Universität Zürich, Inv. Nr.: 14405. **Ausschnitt aus 30** Brāhmaṇarupa-Mahākāla (Bramzug; *mgon po bram gzugs*), hier nicht wie sonst üblich als hagerer, alter Mann dargestellt. Erkennbar sind jedoch die ihm zugeordneten Symbole wie Knochentrompete, Lanze, Schädelschale, goldene Vase, Messer, Schwert und Gebetskette, während der Dreizack fehlt.

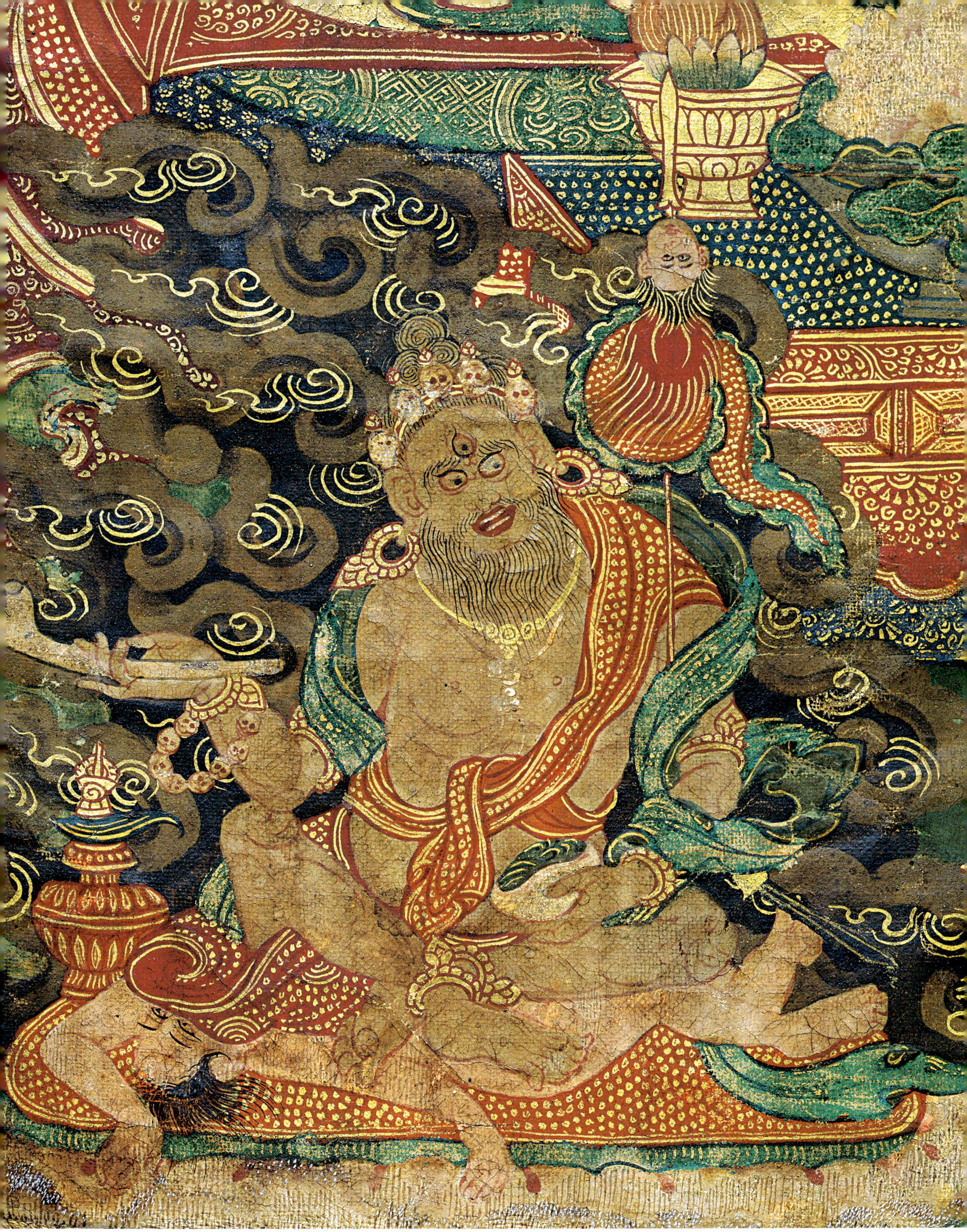

31 Der dritte Dalai Lama. Silberstatue, in schwarzem Lackschrein, Tibet, Schrein datiert 1779, Figur wohl älter, Peking, Verbotene Stadt, Tempel Yuhuage (1755), vom Qianlong Kaiser als esoterisch-buddhistischer Haupttempel des Kaiserpalastes gebaut.

Kloster Kumbum, dem der Forschungsreisende Wilhelm Filchner in den dreißiger Jahren des 20. Jahrhunderts eine Monografie gewidmet hat, wurde zu einem der bedeutendsten Gelugpa-Klöster und beherbergte über 3000 Mönche.

Zu Beginn der siebziger Jahre des 16. Jahrhunderts erreichte eine mongolische Delegation, von Altan Khan entsandt, Zentraltibet. Unsere tibetische Quelle gibt kein genaues Datum für die Ankunft der Delegation in Drepung an, eine mongolische Quelle nennt jedoch das Jahr 1574.[26] Sonam Gyatso machte zuerst keine Anstalten, die Gesandten von Altan Khan zu empfangen, woraufhin der mongolische Herrscher eine zweite Delegation aussandte, die 1577 in Drepung eintraf. Nun erst machte sich Sonam Gyatso auf die lange Reise in die Mongolei zu einem eigens für dieses Treffen errichteten Kloster namens Cabciyal[27], wo er am 15. Tag des fünften Hor-Monats 1578 eintraf. Altan Khan und Sonam Gyatso gingen anlässlich ihrer Begegnung eine so genannte *yon mchod*-Beziehung ein und bezogen sich dabei explizit auf das historische Vorbild[28] aus dem 13. Jahrhundert, die *yon mchod*[29]-Beziehung zwischen Kublai Khan, dem Begründer der mongolischen Yuan-Dynastie in China, und Phagpa-Lama *('Phags pa bla ma)*, dem damaligen Oberhaupt der tibetisch-buddhistischen Schule der Sakyapa. Die *yon mchod*-Beziehung ist eine sozio-religiöse Beziehung zwischen einem säkularen »Gabenherrn« und einem »geistlichen« Lehrer, die im religiösen Kontext konkretisiert wird in der rituellen »Bezahlung« *(dbang yon)* des geistlichen Lehrers durch den Gabenherrn als Entgelt für die Erteilung einer Initiation. Die Bezahlung kann in Naturalien, Geld und anderen Wertgegenständen erfolgen, aber auch in Form militärischen Schutzes oder Hilfe. Während ihres Treffens tauschten der mongolische Khan und der tibetische Geistliche Ehrentitel aus, wie es den kulturellen Gepflogenheiten entsprach. Altan Khan verlieh Sonam Gyatso den mongolischen Titel »wunderbarer Vajradhara, gutes, glanzvolles, verdienstvolles Meer«[30], kurz »dalai lama«, »Meeres-Lama«. Die Abkürzung »dalai lama«, unter dem diese Inkarnationslinie seither bekannt ist, wird oft als »Lama, [dessen Weisheit so groß wie] das Meer ist« interpretiert. Dieser Ehrentitel ist jedoch von dem mongolischen Titel »dalai-yin qan«, »Meeres-Khan«, abgeleitet, der schon in mongolischen Quellen des 13. Jahrhunderts belegt ist. Im Gegenzug verlieh Sonam Gyatso dem Altan Khan den Ehren-

32 Der dritte Dalai Lama. Bronze, Tibet, 17. Jh., mit vorderseitiger Inschrift, H: 16 cm, The State Hermitage Museum, St. Petersburg, Inv. Nr.: U-985. **33** Der dritte Dalai Lama. Bronze, vergoldet, mit rückseitiger Inschrift: »Dies ist ein Abbild von Sonam Gyatso, der allwissenden erhabenen Buddha-Inkarnation in ihrem 42. Lebensjahr«, Tibet, H: 17 cm, B: 14,4 cm, T: 12 cm, Musées Royaux d'Art et d'Histoire, Brüssel, Inv. Nr.: Ver. 41.

titel »Dharmarāja, großer Brahmā der Götter«.[31] Altan Khan zeichnete zu diesem Anlass auch eine Reihe weiterer Gelugpa-Geistlicher mit Ehrentiteln aus, während Sonam Gyatso seinerseits einigen weiteren mongolischen Fürsten Ehrentitel verlieh. Sonam Gyatso ging damit nicht nur mit Altan Khan eine *yon mchod*-Beziehung ein, sondern auch mit anderen mongolischen Fürsten.

Drei Monate nach diesen Ereignissen, als sich der Dalai Lama noch in der Mongolei aufhielt, schickte ihm der Ming-Kaiser Wan-li eine Einladung, sich nach Peking zu begeben, der Sonam Gyatso jedoch nicht Folge leistete. Er kehrte stattdessen nach Tibet zurück. Auf seinem Rückweg im Jahr 1580 gründete er in Lithang das Kloster Chökhorling.

1583, ein Jahr nach dem Tod Altan Khans, machte sich der Dalai Lama erneut auf den Weg in die Mongolei, diesmal einer Einladung von Altan Khans Sohn, Dügüreng Sengge, folgend. Er reiste über Kumbum und etablierte dort ein neues Kolleg.

Die Jahre bis zu seinem Tod verbrachte Sonam Gyatso fast ausschließlich in der Mongolei. Auf Einladung des Secen qung tayiji der Ordos hielt er sich zwischen 1583 und 1584[32] länger bei den Ordos-Mongolen auf, die er zur buddhistischen Lehre bekehrte. 1584 reiste er nach Kökeqota weiter, wo er bis 1587 blieb. Dort traf er 1585 mit dem Abadai Khan der Khalkha zusammen, der ein Jahr später das erste Kloster im Khalkha-Gebiet gründen sollte, das berühmte Erdeni juu-Kloster bei der alten mongolischen Hauptstadt Karakorum.

Im Jahr 1586 weihte Sonam Gyatso die Jobo-Statue im Yeke juu-Tempel in Kökeqota ein. Im folgenden Jahr erhielt er eine Einladung, zu den Qaracin zu reisen und dort die Lehre zu predigen. Dort ereilte ihn der Tod am Morgen des 26. Tages des schwarzen Monats des Erde-Maus-Jahres (1588). Die tibetische Biografie nennt weder die Todesursache noch den Ort, an dem er starb. Die mongolische Chronik *Erdeni tunumal* hingegen berichtet, dass der Dalai Lama am Ufer des Sees Jighasutai »die Erscheinung der Vergänglichkeit zeigte.«[33]

Obwohl zuerst Überlegungen bestanden, die sterblichen Überreste des dritten Dalai Lama nach Tibet zu überführen, wurde er schließlich in der Mongolei bestattet und zwar in einem eigens errichteten Stūpa nördlich des Yeke juu-Tempels in Kökeqota.[34] Sonam Gyatso, der erste Gelugpa-Hierarch, der den Ehrentitel

Dalai Lama trug, hat kein umfangreiches schriftliches Werk hinterlassen. Seine *Gesammelten Werke* umfassen lediglich einen Band mit insgesamt 42, meist kürzeren Titeln, viele von ihnen Lobpreisungen und kürzere Ritualtexte. Für eine literarische Tätigkeit, wie sie nach ihm viele Dalai Lamas pflegen sollten, fehlte ihm aufgrund seiner ausgeprägten Reisetätigkeit die Zeit. Er kann als der große Missionar und Reisende unter den historischen Dalai Lamas bezeichnet werden.

1589–1616
DER VIERTE DALAI LAMA YÖNTEN GYATSO »OZEAN DER VORTREFFLICHKEIT« – DER EINZIGE NICHT-TIBETISCHE DALAI LAMA

Als der dritte Dalai Lama 1588 unerwartet in der Mongolei verstarb, hinterließ er ein noch unsicheres Erbe für die Gelugpa-Schule. Obwohl die *yon mchod*-Beziehung, die er mit verschiedenen mongolischen Fürsten, zuallererst mit Altan Khan, eingegangen war, auf nachfolgende Generationen übertragen werden konnte, hatte er sich doch der mongolischen Loyalität noch nicht permanent versichert. Wollten die Gelugpa ihre dominierende Rolle unter den rivalisierenden tibetisch-buddhistischen Schulen in der Mongolei festigen, bedurfte es einer charismatischen Persönlichkeit als Nachfolger des dritten Dalai Lama, die die Loyalität der mongolischen Fürsten dauerhaft an die Gelugpa zu binden verstand. Vor dem Hintergrund der politischen und religiösen Situation im ausgehenden 16. Jahrhundert ist die Entdeckung der vierten Verkörperung des Gyalwa Rinpoche in einem mongolischen Fürstensohn aus dem Geschlecht des Altan Khan als genialer politischer Schachzug der Gelugpa zu sehen. Ein Mongole als vierter Dalai Lama bildete von nun an das Bindeglied zwischen Tibet und der Mongolei. Die Mongolen, von den Tibetern zwar als militärisch überlegen akzeptiert, jedoch als »unzivilisiert«, da nicht buddhistisch, empfunden, partizipierten nun an einer gemeinsamen buddhistischen Kultur, die unauflösbar mit den Gelugpa verbunden war, da deren höchster geistlicher Würdenträger in ihren Reihen wiedergeboren war.

Yönten Gyatso *(Yon tan rgya mtsho)*, der vierte Dalai Lama, wurde als Sohn des Tümed-Fürsten Sümbür secen cügükür und seiner Frau Bighcogh bikiji in einem Rinder-Jahr, im »weißen Monat«, geboren, was dem ersten Monat des Jahres 1589 entspricht.[36] Der Vater war der älteste Sohn des Sengge dügüreng Khan, des Sohns und Nachfolgers Altan Khans. Die Mutter führte ihre Abstammung in direkter Linie auf Qabutu qasar, dem Bruder des Cinggis Khan, zurück. Die ersten Jahre seines Lebens verbrachte Yönten Gyatso in seiner Heimat.[37] 1591 besuchte ihn Namudai secen Khan, der Enkelsohn des Altan Khan und damalige Herrscher der Tümed-Mongolen, und verbrachte das Mönlam-Fest zusammen mit ihm. Nur ein Jahr später besuchte ihn der Herrscher wieder und lud ihn anschließend nach Kökeqota ein, wo er in dem berühmten Tempel von Erdeni juu inthronisiert wurde.

Die offizielle Anerkennung des jungen Dalai Lama von Seiten des tibetisch-buddhistischen Klerus erfolgte jedoch erst fast ein Jahrzehnt später. Im Jahr 1600 schickten die Mongolen eine Gesandtschaft nach Lhasa mit der Bitte, den jungen Yönten Gyatso als Wiedergeburt des dritten Dalai Lama offiziell anzuerkennen. Die Gesandtschaft bestand sowohl aus hohen Geistlichen, u.a. dem berühmten Übersetzer Siregetü güsi corji, als auch aus mongolischen Adligen. Eine tibetische Delegation wurde in die Mongolei eingeladen, um die Legitimation des vierten Dalai Lama durch Prüfungen zu bestätigen und diesen nach Lhasa einzuladen, wo er seine geistliche Ausbildung erhalten sollte. Üblicherweise war es die Aufgabe des Thi (Khri)-Rinpoche von Ganden, den jungen Dalai Lama aus seinem Heimatort nach Lhasa zu geleiten, aber dieses Mal beauftragte der schon hochbetagte Thi Rinpoche[38] den Schatzmeister des verstorbenen dritten Dalai Lama[39], Yönten Gyatso nach Lhasa zu geleiten. Eine Gruppe hoher Geistlicher aus den Klöstern bei Lhasa reiste in die Mongolei, unterzog Yönten Gyatso den üblichen Tests, die dieser alle bestand, und nahm ihn schließlich im Jahr 1602 mit zurück nach Lhasa, wo er im Jokhang-Tempel vor dem Ganden Thi Rinpoche[40] seine Novizengelübde ablegte.[41] Der vierte Dalai Lama kehrte nicht mehr in sein Heimatland zurück. Wie sein Vorgänger begann er zu reisen, vor allem auch in Tsang, wo er einer Einladung des Klosters Tashilhünpo Folge leistete. Die politischen Verhältnisse hatten sich jedoch geändert: Durch die Allianz mit den Mongolen hatten die Gelugpa eine innenpolitische Stärke gewonnen, die auf den Widerstand des Fürsten von Tsang und anderer Fürsten, die eng mit anderen tibetisch-buddhistischen Schulen verbunden waren, stieß. Hier soll nicht auf die innenpolitischen Verhältnisse im Tibet des frühen 17. Jahrhunderts eingegangen werden[42], es sei lediglich bemerkt, dass der junge Dalai Lama, wenn man seiner tibetischen Biografie Glauben schenkt, sich aus den politischen Querelen seiner Zeit heraushielt und die politischen Geschäfte seinen Beamten und Würdenträgern überließ. Trotzdem beeinflussten die politischen Tagesereignisse Yönten Gyatsos Lebensumstände. Als der Fürst von Tsang sich nach Lhasa begab, um eine Gelugpa-Initiation zu erlangen, wurde ihm diese von den Gelugpa-Geistlichen mit der Begründung verweigert, er sei ein Feind der Gelugpa-Lehren. Es ist sicherlich kein Zufall, dass Yönten Gyatso sich gerade zu diesem Zeitpunkt nach Samye begab, in die relative Sicherheit außerhalb Lhasas.

Yönten Gyatso legte die Gelübde zum Vollmönch im Jahr 1614 ab, zwei Jahre vor seinem frühen Tod. Zu dieser Zeit studierte er bei den großen Gelehrten seiner Zeit, so u. a. bei dem Panchen Rinpoche, dem Thi Rinpoche[43] und dem Zimkhanggong *(gZims khang gong)*-Tülku. 1616, so berichtet uns die tibetische Biografie, erreichte Lhasa eine Delegation des chinesischen Kaisers, im Gepäck einen Ehrentitel für den jungen Dalai Lama und kostbare Geschenke. Diese Gesandtschaft wird allerdings in den Annalen der Ming-Dynastie nicht bestätigt. Zur gleichen Zeit befand sich Zentraltibet in einem fast bürgerkriegsähnlichen Zustand: Der Fürst von Tsang dehnte seinen Einflussbereich immer mehr auf Zentraltibet aus. 1616 hatte er Kyishö erobert, und das noch unter dem dritten Dalai Lama mächtige Nedong hatte sich ihm ergeben. Die mongolischen Verbündeten der Gelugpa erwiesen sich in dieser Situation als Retter. Sie zogen ihre Truppen zusammen und zeigten unter der Führung von zwei Söhnen des osttibetischen Fürsten Kho-lo-che ihre militärische Präsenz in Tibet, was die Fürsten von Tsang von ihren Plänen, sich Zentraltibet einzuverleiben, fürs Erste abhielt.

Inmitten dieser militärischen Kraftspiele, die sich die einzelnen Parteien lieferten, starb der Dalai Lama im 12. Monat des Feuer-Drachen-Jahres (1616) in seinem 27. Lebensjahr; die Todesursache ist nicht klar. In seiner tibetischen Biografie werden keine unnatürlichen Umstände seines Todes verzeichnet, aber dies entspräche auch nicht dem vorbildlichen Sterben eines tibetischen spirituellen Meisters, dessen Tod sogar eine Demonstration seiner Erleuchtung für die Gläubigen darstellt. Yönten Gyatsos Asche wurde in einem Stūpa in der Nähe von Drepung beigesetzt.

Wie der dritte Dalai Lama, so hinterließ auch sein Nachfolger lediglich ein schmales Œuvre, das in einem Band zusammengefasst ist. Yönten Gyatso sollte der einzige fremdnationale Dalai Lama auf dem Löwenthron von Ganden Phodrang *(dGa' ldan pho brang)* bleiben.

34 Der vierte Dalai Lama. Kupfer, vergoldet, mit langer Inschrift, Tibet, spätes 17. Jh., H: 25,7 cm, B: 20 cm, T: 15 cm, Sandor P. Fuss Collection, Denver. >>>

35 Der vierte Dalai Lama, umgeben von zweiarmigem Mahākāla (links oben), Sitātapatrā (Mitte oben) und Yamaraja yab yum (rechts unten). Links eventuell das Kloster Samye. Thangka, Tibet (restauriert 2004/05), 57 x 40 cm, Völkerkundemuseum der Universität Zürich, Inv. Nr.: 14406. **Ausschnitt aus 35** Porträt des vierten Dalai Lama.

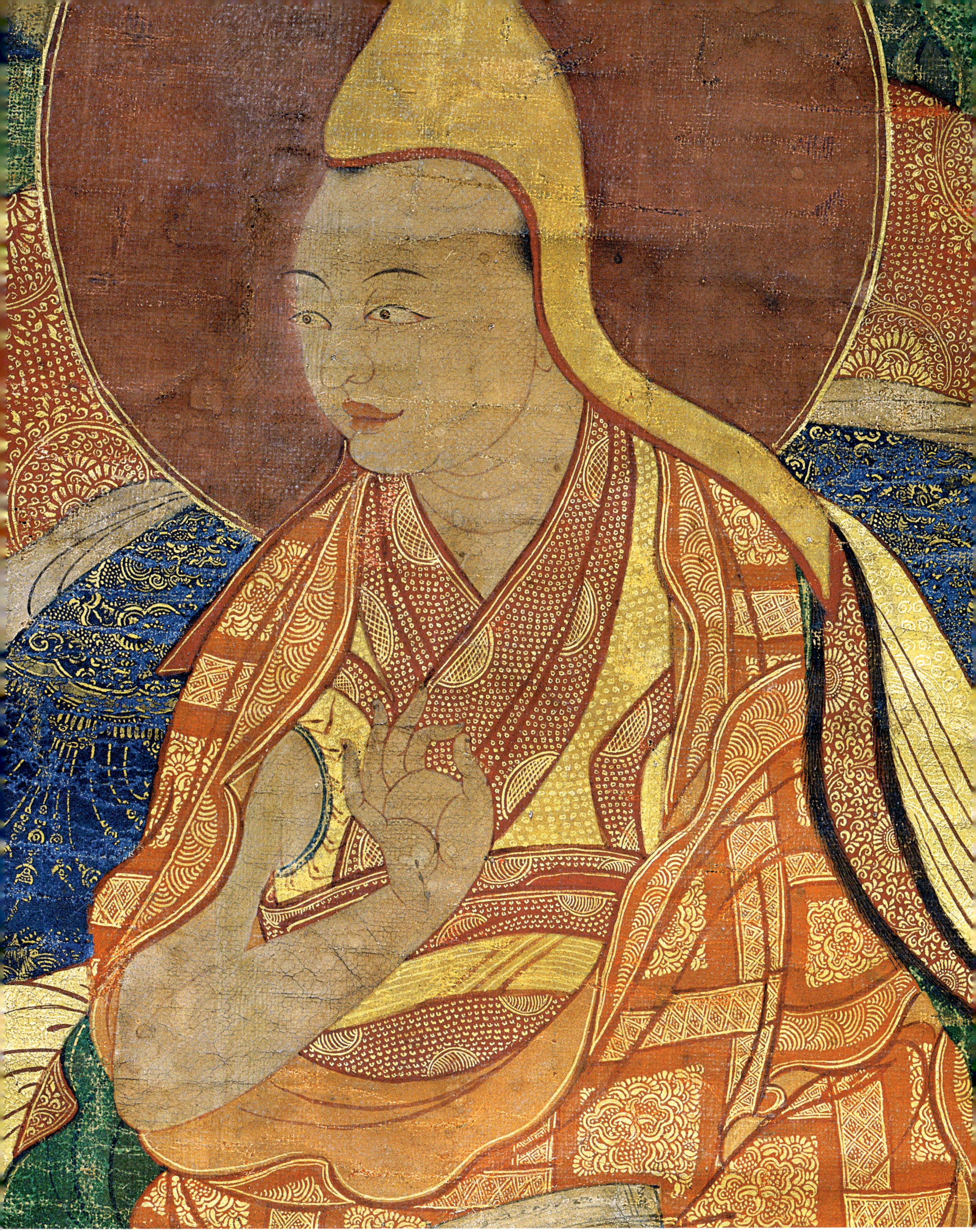

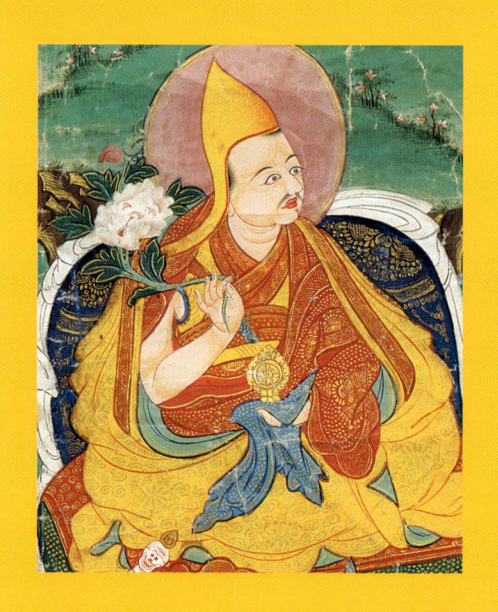

»Der anbetungswürdige Körper, funkelnd mit dem Glanz, der davon
herrührt, dass er das Dharma-Rad tagein, tagaus in Drehung hält,
ist völlig unbefleckt vom Bösen. Unaufhörlich [vollbringt er] gute Werke,
die 100 Türen öffnen zu Wohlfahrt und Glück. Sein Ruhm durchzieht
die drei Länder mit einem weißen Schirm aus Girlanden. ... Er hat das
Ende des Ozeans unserer und anderer philosophischen Systeme gesehen.«
(Mondrowa)

1617–1682

DER FÜNFTE DALAI LAMA NGAWANG LOBSANG GYATSO
»Ozean des noblen Verstandes und Herrn der Sprache«

Kurtis R. Schaeffer

Der fünfte Dalai Lama, der in der tibetischen Geschichte einfach »Der Große Fünfte« genannt wird, ist bekannt als der Führer, dem es 1642 gelang, Tibet nach einem grausamen Bürgerkrieg zu vereinigen. Die Ära des fünften Dalai Lama (in etwa von seiner Einsetzung als Herrscher von Tibet bis zum Beginn des 18. Jahrhunderts, als seiner Regierung die Kontrolle über das Land zu entgleiten begann) gilt als prägender Zeitabschnitt bei der Herausbildung einer nationalen tibetischen Identität – eine Identität, die sich im Wesentlichen auf den Dalai Lama, den Potala-Palast der Dalai Lamas und die heiligen Tempel von Lhasa stützt. In dieser Zeit wandelte sich der Dalai Lama von einer Reinkarnation unter vielen, wie sie mit den verschiedenen buddhistischen Schulen assoziiert waren, zum wichtigsten Beschützer seines Landes. So bemerkte 1646 ein Schriftsteller, dass dank der guten Werke des fünften Dalai Lama ganz Tibet jetzt »unter dem wohlwollenden Schutz eines weißen Sonnenschirms zentriert« sei; und 1698 konstatierte ein anderer Schriftsteller, die Regierung des Dalai Lama diene dem Wohl Tibets ganz so wie ein Bodhisattva – der heilige Held des Mahāyāna Buddhismus – dem Wohl der gesamten Menschheit diene.[1] Im folgendem Überblick über die Laufbahn dieses bemerkenswerten tibetischen Herrschers werde ich mich auf seine Jugend und Erziehung, seinen Aufstieg zur Macht, die Stadt Lhasa als kulturelles Zentrum unter seiner Herrschaft, die Machtkämpfe in Lhasa, sein literarisches Werk, die verblüffenden Umstände seines Todes und schließlich seinen Status als Bodhisattva Avalokiteśvara und Buddha konzentrieren.

JUGEND, ERZIEHUNG UND FRÜHE LEHREN

Der fünfte Dalai Lama wurde 1617 in eine adlige Familie im Yarlung-Tal geboren, nicht weit von den Gräbern der tibetischen Könige. Gemäß der Biografie des Mondrowa Jamyang Wangyal Dorje[2] wurde die Geburt des Dalai Lama seiner Mutter im Traum angedeutet. Mondrowas Bericht über seine ersten Lebensjahre (1617–1619) besteht im Wesentlichen aus einer Beschreibung der Geburt. Von 1620–21 war der junge Dalai Lama meist in »jugendliches Spiel« vertieft. Das einschneidende Ereignis dieser Jahre war die Anerkennung des jungen Bewohners von Chongye als Wiedergeburt des vierten Dalai Lama. 1622 wurde der junge Dalai Lama ins Kloster Drepung geholt. Diese wichtige tibetische Institution bildete während der nächsten Jahre sein Zuhause. Seine ersten Jahre in Drepung verbrachte er damit, lesen zu lernen. Anfang 1623 ließ der junge Dalai Lama ein großes Neujahrsfest durchführen, ein Fest, dem im Laufe seines Lebens noch viele weitere öffentliche Rituale folgen sollten. Im vierten Monat zelebrierte er Sagadawa (religiöses Fest im vierten Monat) und begab sich auf eine Reise durch Zentraltibet, die ihn von Rigo nach Chekar Dzong über Tsetang schließlich wieder zurück nach Drepung führte. Diese alljährlichen Reisen durch Zentraltibet sollten für den jungen Dalai Lama zu einer ständigen Verpflichtung werden.

1622 begann der Dalai Lama seine Studien unter Lingme Shapdrung Konchok Chopel (1573–1646) im Kloster Drepung. Dieser wurde zu einer zentralen Figur in seinen jungen Jahren und blieb sein Lehrer bis 1646. 1625 begegnete der Dalai Lama erstmals dem ersten Panchen Lama, Lobsang Chökyi Gyaltsen (1570–1662), der in seiner Unterweisung ebenfalls eine wichtige Rolle spielen sollte. Von diesem empfing er zahlreiche Lehren, und bei ihm und Lingme Shapdrung legte er schließlich auch sein Novizengelübde ab. Unter dem Panchen Lama begann er anschließend sein Studium der Mahāyāna-Literatur und anderer klassischer Texte des Buddhismus, eine Aufgabe, die ihn während der nächsten Jahre voll in Anspruch nahm. Besonders produktiv waren die Jahre 1630–32, als der jugendliche Dalai Lama unter Lingme Shapdrung die *Perfektion der Weisheit*, *Madhyamaka*, *Vinaya und Abhidharma* studierte. 1630 begann der Dalai Lama auch seine eigene Laufbahn als Lehrer, indem er vor einer großen Menschenmenge über das *Buch der Kadampa* sprach.

DER DALAI LAMA WIRD ZUM HERRSCHER ÜBER TIBET

1637 traf der fünfte Dalai Lama mit dem mongolischen Fürsten Gushri Khan zusammen, der sich auf einer Pilgerfahrt zu den großen Klöstern von Zentraltibet befand. Der mongolische Herrscher wurde in der Folge sein wichtigster Verbündeter. An ihrem ersten Treffen überreichte Gushri Khan dem Dalai Lama 4000 Maße Silber und ließ sich von dem jungen Dalai Lama unterrichten (Abb. 42). Dieses Treffen muss Gushri Khan tief beeindruckt haben, denn in der folgenden Nacht träumte er von einer Begegnung mit einem gigantischen Dalai Lama, der einen goldenen Gelehrtenhut trug und über Ganden Kangsar schwebte. Gegen Ende des gleichen Jahres erschienen sowohl den Begleitern des Dalai Lama wie dem Gushri Khan viel versprechende Zeichen, die Mondrowa rückblickend als frühe Hinweise auf den bevorstehenden Sieg der Allianz zwischen dem mongolischen Führer und der Gelugpa-Inkarnation deutet. So beobachtete der reisende Gushri Khan eines Nachts ein großes weißes Licht aus dem Norden, das alle Steine und Büsche am Weg hell erleuchtete. Als er sich nach der Bedeutung dieses Omens erkundigte, erhielt er zur Antwort, dass dies Gutes verheiße. »Die unbefleckte Lehre des Herrn Tsongkhapa wird sich in alle Gebiete verbreiten und wachsen. Dieses Zeichen besagt, dass Du als König

36 Der fünfte Dalai Lama, umgeben von Buddha Amitāyus (Mitte oben), der Ḍākinī Narokhachöma (*Na ro mkha spyod ma*; rechts oben) und Begtse (links unten). Rechts der Potala. Thangka, Tibet (restauriert 2004/05), 57 x 39 cm, Völkerkundemuseum der Universität Zürich, Inv. Nr.: 14403.   **Ausschnitt aus 36** Der Potala, mit dessen Bau in der Regierungszeit des fünften Dalai Lama begonnen wurde. Links das große Tor-Chörten *(bar sgo bka gling)*, die westliche Eingangspforte zum alten Lhasa, unten zwei Obeliske *(rdo ring)*. Siehe auch Abb. 41.

DER FÜNFTE DALAI LAMA

37 Der fünfte Dalai Lama gibt dem mongolischen Herrscher Thubeng (Bingtu ?) Wang eine Avalokiteśvara-Initiation. Im unteren Bildteil sind umfangreiche Geschenke des chinesischen Kaisers zu sehen. Wandmalerei, Ende 17. Jh. (1690–1694), Potala, Große Westliche Versammlungshalle *(tshoms chen nub)*, Westwand.   **38** Der fünfte Dalai Lama (links) trifft 1653 in Peking den noch jungen Kaiser Shunzhi. Wandmalerei, Ende 17. Jh. (1690–1694), Potala, Große Westliche Versammlungshalle *(tshoms chen nub)*, Westwand.

alles Nötige unternehmen wirst, um diese Entwicklung zu fördern.« Gushri Khan akzeptierte die Prophezeiung und kehrte erneut nach Lhasa zurück, wo er sich vom Dalai Lama in Lehren und Texte des Tsongkhapa einführen ließ. Erfüllt vom Glauben an diese Lehren widmete sich Gushri Khan fortan dem Schutz der Gelugpa-Schule. Mondrowa schreibt dazu: »… obwohl einige die goldene Brücke zwischen Zentraltibet und Indien blockiert hatten, und die 100 Flüsse der Spenden für die Mönche von Ü und Tsang blockiert hatten, dieser König stellte sie wieder her.« Zusammen begaben sich Gushri Khan und der Dalai Lama, deren Verhältnis nun als das von »Gabenherr« und »Geistlichem« *(yon mchod)* bezeichnet wurde, zum Rasa Trulnang-Tempel, »dem Vajrāsana von Tibet«, wo der Dalai Lama den Gushri Khan segnete und ihm den Titel verlieh, unter dem er bei Mondrowa fortan in Erscheinung tritt: Tenzin Chökyi Gyalpo, »Erhalter der Lehre, König des Dharma«. Mondrowa gibt eine lebhafte und bildreiche Schilderung der Segensworte des Dalai Lama: »Der Elefantenrüssel der Worte und der damit verbundene Segen für unseren weltbeschützenden Meister reckte sich in die Höhe. Mit einer goldenen Vase, bis zum Rand gefüllt mit 10 Millionen [Arten vom] Nektar des Verdienstes, ermächtigte der Dalai Lama alsdann den König, damit alle Leute zu ihrem Wohl und ihrer Beruhigung unter einem allumfassenden weißen Schirm geschützt würden.« Nachdem er diesen Segen empfangen hatte, legte Gushri Khan seine 10 Finger auf sein Herz und sagte, er müsse nun in die Mongolei zurückkehren. Gegen Ende des Jahres 1638 kam Gushri Khan mit 300 Leuten, die der Dalai Lama dann unterwies, erneut nach Tibet zurück. Im dritten Monat des gleichen Jahres hatte der Dalai Lama vor dem Panchen Lama und 10 Mönchen von Sera und Drepung in der Nähe der Statue des Jobo sein Mönchsgelübde abgelegt und den Ordensnamen Ngawang Lobsang Gyatso erhalten. In Ausübung seines neu gewonnenen Status als voller Mönch begann der Dalai Lama zu dieser Zeit, angehenden Mönchen ihr Ordensgelübde abzunehmen. 1642 bat Gushri Khan – Mondrowa nennt ihn jetzt »diesen König, der die drei Welten (der Götter, der Menschen und der Schlangen) ergriffen hat« – den Dalai Lama, nach Tsang zu kommen, das sich nun fest in mongolischer Hand befand. In Shigatse bot der König dem Dalai Lama die 13 »Reiche« Tibets, als handele es sich dabei um ein Mandala. Das »Gabenherr-Geistlicher«-Verhältnis zwischen den beiden war jetzt fest etabliert, »genauso wie früher [zur Zeit der Sakyapa-Herrschaft] zwischen Chögyal Phakpa und Sechen Gyalpo«. Infolge dieses bedeutsamen Ereignisses war »das ganze Schneeland jetzt unter einem einzigen weißen Schirm von Wohlstand und Glück vereinigt.« Gushri Khan hatte »mit einem goldenen Rad, das alle Regionen besiegt, die Herrschaft über die ganze Welt erlangt. [Er] band die Krone, die das Siegel des Königreichs darstellt, an [seinen] Kopf, öffnete die 100 Türen [solch] verheißungsvoller Taten und bemächtigte sich Tibets.« Mondrowa schreibt in seinem Bericht, die neue Ordnung sei allgemein begrüßt worden: »Alle Leute im ganzen Land gaben sich freudigen Tätigkeiten des Glücks hin, und um den Frieden auf ihren eigenen Gütern zu sichern, versammelten sich alle großen und kleinen Lamas und Herren wie ein Sommerregen vor dem Gabenherrn und dem Geistlichen, König [und Dalai Lama].«

Die Äbte aller religiösen Einrichtungen der Gelugpa, Kagyüpa und Drukpa wollten beim Dalai Lama persönlich vorsprechen,

39   Potala mit zwei großen Rollbildern, anlässlich der Vollendung des Bauwerks. Wandmalerei, Ende 17. Jh. (1690–1694), Potala, »Lhasa-Fresken-Galerie«.   40   Bau der Grab-Stūpa des fünften Dalai Lama. Wandmalerei, Ende 17. Jh. (1690–1694), Potala.

obwohl, wie Mondrowa prahlt, »alle anderen Gelehrten in der Gegenwart unseres Allwissenden Lamas eher wie Leuchtkäfer im Lichtschein der Sonne erschienen und es einem nicht leicht fiel, von ihren Qualitäten beeindruckt zu sein.« In Tashilhünpo gab der Dalai Lama vor zahlreichem Publikum eine Unterweisung über das *Buch der Kadampa*. »Indem er nicht nur zu den Ungläubigen predigte, sondern zu allen Laien und Geistlichen von Tsang, pflanzte [er] die Samen des guten Karma und wollte die Wünsche der Leute von Tsang verwirklichen.«

1645 begann der Dalai Lama nach einem festen Regierungssitz Ausschau zu halten. Beeinflusst von Prophezeiungen, »wie sie von denen mit den ungetrübt klaren Augen des Dharma erklärt wurden«, einigten sich Gushri Khan und der Dalai Lama »die Last der kostbaren Lehren zu tragen«, indem sie in Lhasa eine Festung bauen würden. Also verfügte der Dalai Lama, auf dem Berg Marpori einen neuen Palast zu bauen, der den Namen Potala tragen sollte. An dieser Stelle seines Berichts setzt Mondrowa Avalokiteśvara und Dalai Lama einander gleich, wenn er beteuert, dass »unser Beschützer des Schneelandes, dieser Avalokiteśvara, von Drepung zum Potala [kam], um das Land zu bändigen.«

Im Frühjahr 1645, nachdem der Dalai Lama entlang des Grundrisses des zukünftigen Gebäudes Reinigungsrituale durchgeführt hatte, wurden die Fundamente für den Bau des neuen Palasts gelegt. Gewöhnlich wehten in diesem Tal im Frühling starke Winde, doch in jenem Jahr herrschte absolute Windstille und der Himmel war völlig wolkenfrei. Ein Zelt aus Regenbogen umhüllte den Hügel ohne Unterbrechung und es fiel Blumenregen. Solche Wunder »konnten von allen, ungeachtet ihrer Stellung, wahrgenommen werden«. Gushri Khan erblickte einen göttlichen Palast im Himmel mit vielen unsterblichen Söhnen und Töchtern, die Opfer darbrachten. Der König und der Lama blieben einige Zeit auf dem Hügel, der Avalokiteśvaras Residenz in Tibet werden sollte, und tranken dort Tee. Der Bau des Palastes war auf dem bestem Weg und die Macht des Dalai Lama in Lhasa war gesichert.

LHASA ALS KULTURELLES ZENTRUM UNTER DEM FÜNFTEN DALAI LAMA

In den 1640er Jahren wuchs der Einfluss der neuen Regierung des Dalai Lama. Dies war zum großen Teil das Verdienst der engsten Berater des Dalai Lama, der Regenten der Regierung, die sich in der Praxis um die Geschäfte der Regierung kümmerten. Insbesondere war es Sonam Rabten (1595–1658, Amtsantritt 1643), der den Aufstieg des Dalai Lama zur Macht orchestrierte, obschon die traditionellen Biografien seinen Einfluss herunterspielen und stattdessen den Dalai Lama als den alleinigen Herrscher von Tibet darstellen. Mittlerweile hatte sich der Dalai Lama in Asien einen ansehnlichen Ruf erworben, so dass ihn der Mandschu-Kaiser von China 1651 nach Peking einlud. Doch China war durchaus nicht das einzige Land, mit dem die Regierung des Dalai Lama Beziehungen unterhielt, noch die einzige Kultur, mit der sich Tibet in der zweiten Hälfte des 17. Jahrhunderts austauschte. Lhasa empfing zu dieser Zeit einen steten Strom von ausländischen Besuchern. Armenier unterhielten einen festen Handelsaußenposten, Mongolen besuchten Lhasa

41 Der Potala und die wichtigsten Monumente Zentraltibets, so Drepung (links oben), Sera (rechts davon) und (etwas darunter) Ganden, das Tsongkhapa 1409 gründete, und der Tempel Ramoche (erkennbar an seinem besonderen mittleren Dach). Unten rechts der Haupttempel Lhasas, der Jokhang, links daneben das erste Kloster Tibets, Samye. Tibet, 19. Jh., 98,5 x 72 cm, Musée national des arts asiatiques Guimet, Paris, Inv. Nr.: MG 21248 (Geschenk Jacques Bacot, 1912). >>>

in diplomatischen Angelegenheiten und Newar-Handwerker wurden häufig als Maler, Bildhauer und Baumeister eingestellt. Auch Inder tauchten in dieser Zeit regelmäßig in Lhasa auf. Laut der Autobiografie des Dalai Lama verkehrten während der 37-jährigen Periode von 1654 bis 1681[3] fast 40 indische Gäste am Hof des Dalai Lama, wobei die indische Präsenz während der siebziger Jahre anscheinend ihren Höhepunkt erreichte. Bei den meisten der erwähnten Inder handelte es sich um Intellektuelle, die vor allem als Experten für Heilkunde und Philologie großes Ansehen genossen. Diese Periode erhöhter südasiatischer Präsenz am Hof des Dalai Lama fällt teilweise mit neuen intellektuellen Entwicklungen in gewissen Teilen Indiens während des 17. Jahrhunderts zusammen.

Es scheint, dass indische Intellektuelle unter dem Patronat des Dalai Lama zum Teil beträchtlich lange in Lhasa leben konnten. Gokula, ein brahmanischer Gelehrter aus Varanasi, hielt sich von 1654 an ein ganzes Jahrzehnt in Lhasa auf, sofern er nicht gerade zwischen Indien und Lhasa hin- und herreiste. Besonders eng scheinen die Verbindungen zwischen Varanasi und Lhasa gewesen zu sein, kamen doch nicht weniger als 10 der erwähnten indischen Gelehrten aus der Stadt am Ganges.

Für viele indische Gelehrte war ein Besuch beim Dalai Lama nicht zuletzt ein wirtschaftlich lukratives Vorhaben, denn der Dalai Lama machte seinen Besuchern regelmäßig Geschenke – meist Gold, aber auch Baumwolle, Tee, Kleider, Seide, roten China-Satin und Reiseproviant. Tatsächlich beschränken sich zahlreiche datierte Einträge in der Autobiografie des Dalai Lama auf die Mitteilung, dass der Dalai Lama einen gewissen Inder traf und diesem bestimmte Waren überließ. 1677, zum Beispiel, gab er zwei Bettelmönchen aus Mathurā – Kremagiri und Nilakantha – je drei Maße Gold und dem Brahmanen Sitadasa aus Varanasi zwei Maße Gold. Er verschaffte ihnen auch ein Reisedokument, das ihnen erlaubte, nach Belieben zwischen Indien und Tibet hin und her zu reisen. Reisedokumente, oder was wir heute Reisepässe nennen würden, wurden indischen Besuchern vom Dalai Lama regelmäßig ausgestellt.

Einige Passagen der Autobiografie des Dalai Lama beziehen sich auf Gespräche zwischen dem Dalai Lama und indischen Intellektuellen, die kulturelle Fragen zum Thema haben. Für das Jahr 1677 findet sich ein einziger Eintrag zu einem solchen zwischenkulturellen Dialog. Hier befragt der Dalai Lama seine Gäste, zwei Brahmanen aus Varanasi, zu ihren besonderen Fähigkeiten und ihrem religiösen Hintergrund. Jivanti und Ganera – so heißen die beiden – antworten ihm, dass sie in den mathematischen Wissenschaften bewandert und Anhänger von Vishnu seien. Wenn der Dalai Lama seine indischen Gäste beschreibt, äußert er sich ausschließlich in lobenden Worten über Indien und dessen Gelehrte. In einem Brief aus dem Jahr 1663 spricht der fünfte Dalai Lama den Grammatiker Gokula als »Sohn des Brahma« an, »durch seine Anstrengungen herausragend unter denen, die von den Vedas sprechen«. In einem Brief von 1670 preist er Varanasi als »diese große Stadt, wo sich viele Gelehrte aufhalten, die von umfassender Geisteskraft sind und sich in allen linguistischen und philosophischen Fragen bestens auskennen.« Bei der Verabschiedung der Gelehrten, die sich zur Heimreise Richtung Süden durch den Himalaja vorbereiten, bemerkt er schließlich, sie hätten das Dunkel Tibets mit dem Mondlicht der Grammatik Paninis erleuchtet. Wenn man auch solchen Passagen nicht allzu viel Bedeutung beimessen darf, so zeigen sie doch, dass das Varanasi des 17. Jahrhunderts am Hof des Dalai Lama für seine Gelehrten bekannt war.

MACHTKAMPF IN LHASA

Wenn der fünfte Dalai Lama und seine Regierung das politische und kulturelle Geschehen in Zentraltibet auch einigermaßen kontrollierten, so soll das nicht heißen, dass sie keine Konkurrenz hatten – auch und sogar von Mitgliedern der Gelugpa-Schule. Ein kurzes, vom Dalai Lama verfasstes Werk mit dem Titel *Richtlinien zur Sitzordnung am Großen Gebetsfest von Lhasa* (1675) illustriert diese Machtkämpfe in einem bestimmten Bereich des lokalen Kulturlebens – dem rituellen Kalender von Lhasa.[4] Die offizielle Absicht dieses Werkes ist die Schaffung einer hierarchischen Sitzordnung für Mönche, die am Großen Gebetsfest *(Mönlam Chenmo)* teilnehmen – eine alljährlich stattfindende Veranstaltung, die 1409 von Tsongkhapa ins Leben gerufen worden war. Wichtiger ist allerdings das Anliegen, die Mönche aus Drepung, dem Kloster des Dalai Lama, an die Spitze dieser Hierarchie zu setzen und den Mönchen aus dem Kloster Sera, der zweiten großen Gelugpa-Institution in der Region Lhasa, einen geringeren Rang zuzuweisen. Um das zu erreichen, konzentriert sich der Dalai Lama auf einen entscheidenden Punkt: Individuen und Sekten dürfen in der buddhistischen Gemeinschaft *(sangha)* keine Zwietracht säen, denn das schmälert in den Augen des Laienpublikums die Autorität der Gemeinschaft als einheitlicher, moralischer Körperschaft und beschert den Unruhestiftern ein negatives Karma.

Anschließend entwickelt der Dalai Lama eine Theorie über die Hierarchie innerhalb der Mönchsgemeinschaft, indem er im

DER FÜNFTE DALAI LAMA

42 Der fünfte Dalai Lama, mit Hand und Fußabdrücken, über ihm in der Mitte einer seiner Lehrer, Dorje Peljor Lhündrub, links oben Amitābha (klein) und Avalokiteśvara, rechts oben Amitāyus (klein) und einer der Könige des mystischen Reiches Shambhala. Links unten ein Heruka, rechts unten Brāhmaṇarupa-Mahākāla. Die goldenen Hand- und Fußabdrücke könnten diejenigen des fünften Dalai Lama sein. Tibet, Ende 17. Jh., 77,5 x 50 cm, Musée national des arts asiatiques Guimet, Paris, Inv. Nr.: MG 19107.   **Ausschnitt aus 42** Der mongolische Herrscher Gushri Khan (in Kleid mit Fellkragen) bringt bei seinem Besuch 1637 oder 1642 dem fünften Dalai Lama Geschenke wie Edelsteine, Stoffrollen etc.

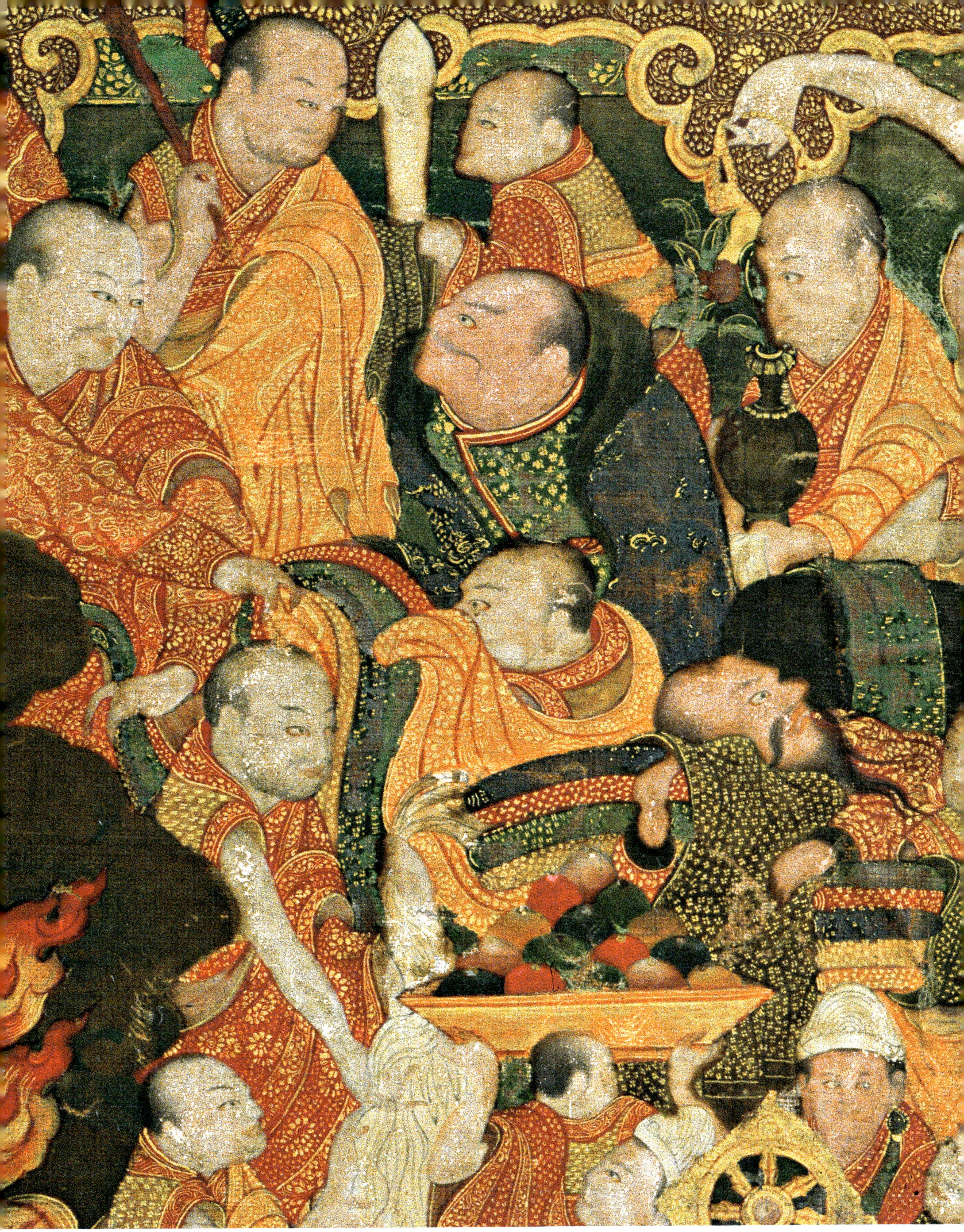

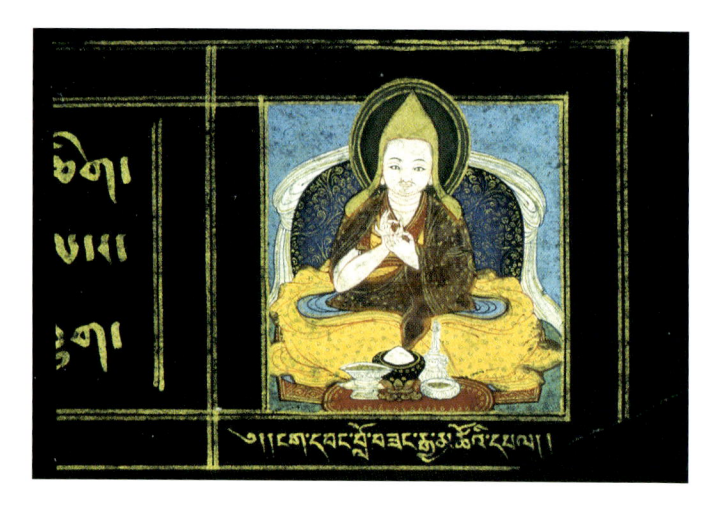

43/44 Der fünfte Dalai Lama und der Regent Sangye Gyatso. Miniaturmalereien aus den »Geheimen Visionen« des fünften Dalai Lama. Tibet, zw. 1674 und 1681, Musée national des arts asiatiques Guimet, Paris, Inv. Nr.: MA 5244.   **45** Zwei Seiten aus den »Geheimen Visionen« des fünften Dalai Lama; Ritualgegenstände, die für eine Einweihungszeremonie verwendet werden, in deren Zentrum Lokeśvara steht (ein anderer Name für Avalokiteśvara). Gold und Farben auf Papier, Tibet, nach 1674, eine Seite 29 x 6 cm, Musée national des arts asiatiques Guimet, Paris, Inv. Nr.: MA 5244. >>>

Wesentlichen kanonische Zitate aneinander reiht. Es sei eine Tatsache, schreibt er, dass sich in der großen Masse der Mönche, die sich zu diesem Anlass versammelten, sowohl Beispiele von Tugendhaftigkeit fänden, wie Mönche, denen Tugend ein Fremdwort geblieben sei. Letztere seien oft in unangebrachter Weise von dem Ehrgeiz getrieben, für sich oder ihre Fraktion einen Namen zu machen und ließen sich dazu verleiten, den Gang der Ereignisse zu stören. Solche Leute schädigten nicht nur den Ruf der Gemeinschaft, sondern brächten auch unaussprechliches Leid über sich selbst. Wenn der Dalai Lama dann die Wirren beschreibt, von denen das Große Gebetsfest in früheren Jahren heimgesucht wurde, wird klar, dass er keineswegs im Sinn hat, allgemeine Kritik an all jenen zu üben, die sich in der Vergangenheit zu unwürdigem Verhalten hinreißen ließen; seine Kritik gilt vielmehr ganz gezielt den Mönchen des Klosters Sera. Da gewisse Sera-Mönche bloß den eigenen Vorteil gesucht hätten, ohne einen Gedanken an die Gemeinschaft als Ganzes zu verschwenden, sei das Fest verzögert worden, hätten zusätzliche Barrikaden aufgestellt werden müssen und seien die für die vorschriftsmäßige Ausführung der Rituale benötigten Gänge verdeckt gewesen. Und was noch schwerer wöge: verschiedentlich sei es zu Kämpfen um die Sitzordnung gekommen, welche fast immer von den Mönchen von Sera provoziert worden seien. Ein mongolischer Mönch vom Je Kolleg in Sera habe sogar einen für die Disziplin der Anwesenden Zuständigen von Drepung geschlagen und sei dafür von seinem Abt noch gelobt worden!

Demgegenüber hätten die Mönche und Beamten von Drepung eine gemeinschaftsdienliche Perspektive propagiert und »versucht, mit den Unruhestiftern Freundschaft zu schließen, ungeachtet ihrer unreinen früheren Handlungen«. Solcher Harmonie zuliebe hatte der Dalai Lama beschlossen, für das Fest eine strikte Sitzordnung aufzustellen, die, wie zu erwarten war, die Mönche von Drepung auf der ganzen Linie begünstigte. Zuvor hatte er argumentiert, dass gemäß der Disziplinordnung den Ältesten jederzeit mit höchstem Respekt zu begegnen sei. Nun wird klar, dass mit den »Ältesten« die Mönche von Drepung gemeint sind. Unter dem Vorwand, die Mönchsgemeinschaft zu reformieren und die Ordnung am Großen Gebetsfest ein für allemal wieder herzustellen, hatte der Dalai Lama also alle moralische und administrative Autorität seinem eigenen Kloster zugeschanzt. Dies gelang ihm mit dem Argument, seine Institution habe den Geist der buddhistischen Schriften immer respektiert und erfüllt, die Mönche von Sera hingegen hätten in diesem Punkt versagt. Sein Kloster hatte demnach entsprechend der klassischen buddhistischen Ideale gelebt und war deshalb für das größte öffentliche Ritual in Zentraltibet zuständig.

DIE SCHRIFTEN DES FÜNFTEN DALAI LAMA

Der fünfte Dalai Lama ist nicht nur die wohl wichtigste Einzelfigur in der Geschichte der Dalai Lama-Institution, sondern zweifellos auch deren produktivster Autor. Die Schriften des fünften Dalai Lama füllen mehr als 25 Bände, die in ihrer Gesamtheit kaum einen Aspekt der buddhistischen Theorie und Praxis außer Acht lassen. In die Geschichte des Himalaja-Hochlandes ist er besonders als einer der großartigsten Verfasser autobiografischer Schriften eingegangen. Der autobiografische Korpus des fünften Dalai Lama besteht aus drei Hauptwerken und umfasst rund 2500 Folianten. Das erste dieser Hauptwerke ist eine vierbändige Aufzeichnung von Texten und Lehren, die ihm anvertraut wurden. Man ist versucht, das Werk mit dem suggestiven Titel *Das Fließen des Ganga-Flusses* eher für einen umfangreichen Überblick über die tibetische Literaturgeschichte zu halten, als für die Literaturliste einer einzigen Person. Das zweite Werk ist ein dreibändiger Bericht über sein Leben. Es trägt den Titel *Feines Seidenkleid* und behandelt die Jahre 1617–1681, also das ganze Leben des fünften Dalai Lama mit Ausnahme des letzten Lebens-

DER FÜNFTE DALAI LAMA

46 Der fünfte Dalai Lama und wichtige Szenen aus seinem Leben. Thangka, Tibet, 18. Jh., 180,3 x 101,6 cm, Rubin Museum of Art, NY, Inv. Nr.: HA 65275.   **Ausschnitt aus 46** Der fünfte Dalai Lama trifft den chinesischen Kaiser Shunzhi in der Verbotenen Stadt in Peking (Mitte Januar 1653), auf der linken Seite des Hofes tibetische Würdenträger, rechts chinesische.   **Ausschnitt aus 46 (Seite 78)** Geburt des fünften Dalai Lama, nachdem er auf einem in den Regenbogenfarben leuchtenden Strahl als Avalokiteśvara von himmlischen Gefilden in das Wohnhaus seiner Eltern gelangt ist.   **Ausschnitt aus 46 (Seite 79)** Tod des »Großen Fünften«, der etwa 12 Jahren geheim gehalten wurde, und des Dalai Lama Rückkehr in himmlische Gefilde. >>>

DER FÜNFTE DALAI LAMA

DER FÜNFTE DALAI LAMA

DER FÜNFTE DALAI LAMA

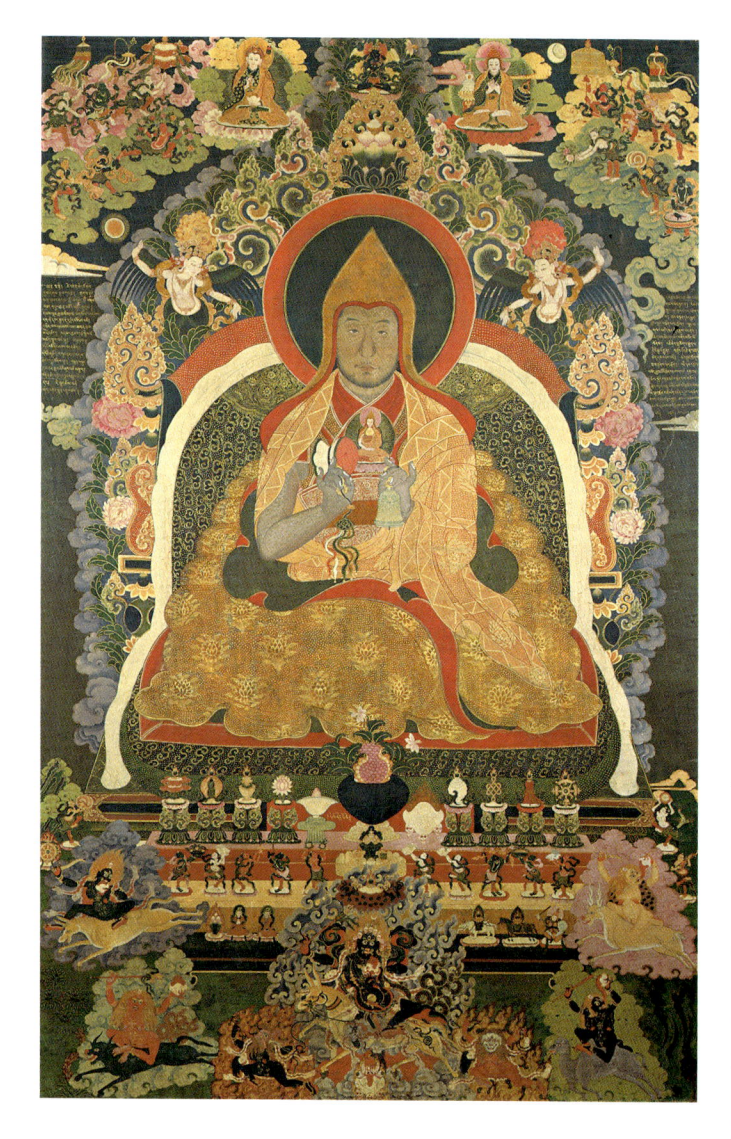

47 Demo Tülku, der den fünften Dalai Lama auf seiner Reise nach Peking 1653 begleitet hatte und später offenbar einer seiner Regenten war. Thangka, Tibet/China, datiert 1667, 251,5 x 157,5 cm, Rubin Museum of Art, NY, Inv. Nr.: F1997.45.2 (HA 578). >>>

jahres.[5] Unübertroffen in seiner Schilderung des Hoflebens im Potala-Palast, ist es zudem eine wahre Fundgrube an politischen, sozialen und kulturellen Details und Fakten aus den Jahren 1640 bis 1681. Das letzte Werk versammelt die zahlreichen Visionen von Göttern, Königen, Königinnen und Dämonen, die der Dalai Lama zwischen seinem sechsten und 56. Lebensjahr hatte. Zusammen genommen passen diese drei Werke gut in das traditionelle Dreier-Schema für Lebensbeschreibungen, welches zwischen externen, internen und geheimen Aspekten im Leben eines Menschen unterscheidet.

Der fünfte Dalai Lama ist auch bekannt als geschichtlicher Autor, obwohl sein diesbezüglicher Ruf auf einem einzigen frühen Werk beruht. Ein Jahr nach seiner Einsetzung als Herrscher über Zentraltibet schrieb er eine Geschichte der tibetischen Institutionen mit dem Titel *Gesang der Frühlingskönigin: Die Annalen Tibets*. Dieses einflussreiche historische Werk beginnt mit einer kurzen Biografie des Buddha und einer ebenso kurzen Diskussion des Kālacakra-Tantra und geht dann schnell zur Geschichte der tibetischen Herrscher über. Die zentralen Kapitel des Buches sind einer detaillierten Beschreibung der politischen Institutionen von Ü und Tsang in Zentraltibet vom 12. bis zum frühen 17. Jahrhundert gewidmet und enthalten gesonderte Abschnitte über die Sakyapa-, Phagmodrupa- und Rinpungpa-Hegemonien. Das Schlusskapitel ist ein Lobgesang auf Gushri Khan, den mongolischen Schutzherrn des fünften Dalai Lama, der dieses Werk in Auftrag gegeben hatte. Der fünfte Dalai Lama äußert sich gelegentlich kritisch über andere Geschichtsschreiber und schreibt im Schlusswort, mit dem vorliegenden Werk beabsichtige er, die »törichten und grundlosen Worte stolzer und hochmütiger, so genannter ›Gelehrter‹ zu korrigieren«. Im ganzen Buch verstreut finden sich immer wieder Beispiele kunstvoller Dichtung, die dem Werk einen Ton formaler Eloquenz und rhetorischer Autorität verleihen. Sowohl inhaltlich wie stilistisch ist der *Gesang der Frühlingskönigin* eines der wichtigsten geschichtlichen Werke über Zentraltibet.

Man kann nicht über die Schriften des fünften Dalai Lama sprechen, ohne diejenigen des fünften Regenten Sangye Gyatso zu erwähnen. Auch er war während seiner 24 Jahre währenden Regentschaft (1679–1703) ein überaus produktiver Schriftsteller, und vieles in seinem Werk liest sich wie eine Ergänzung zu den Schriften des Dalai Lama. Er war wohl der einflussreichste Schriftsteller, den Tibet auf dem Gebiet der weltlichen Künste und Wissenschaften bis zum 17. Jahrhundert – und höchstwahrscheinlich auch seither – hervorbrachte. Von seinem frühen Werk über die Kunst des Regierens (1681) bis zu seiner Geschichte der Medizin (1703) schrieb er über so verschiedene Themen wie die Sprachkünste, Bautechniken, die Politik des Rituals, Begräbniszeremonien, astrologische und kalendarische Theorien, Heilungsmethoden und Regeln für Hofdiener. Sangye Gyatso verbrachte einen Großteil der 1690er Jahre damit, das öffentliche Bild des fünften Dalai Lama zu formen. Für dieses in der tibetischen Literatur wohl einmalige biografische Projekt mobilisierte er sämtliche Ressourcen der ausgedehnten kanonischen Literatur. Von 1693 bis 1701 widmete er sich literarisch fast ausschließlich dem Leben, dem Tod und dem Erbe des fünften Dalai Lama, alles in allem eine Lobpreisung des Dalai Lama auf mehr als 7000 Seiten – eine phänomenale schriftstellerische Leistung und mit großer Wahrscheinlichkeit das größte biografische Projekt in der tibetischen Geschichte überhaupt, sowohl vor wie nach dem fünften Dalai Lama. Die schriftstellerischen Anstrengungen des Sangye

Gyatso in diesen Jahren waren keineswegs zufällig, sondern hingen höchstwahrscheinlich mit der Beisetzung der sterblichen Überreste des Dalai Lama in der großen Stūpa (1695), der Vollendung des Roten Palastes auf dem Potala, in dem die Stūpa untergebracht ist, und der Amtseinsetzung des sechsten Dalai Lama im Jahr 1697 zusammen.

Sowohl der fünfte Dalai Lama wie auch Sangye Gyatso folgten nicht blind den traditionellen Ordensregeln; sie diskutierten diese, erschufen sie neu (Abb. 63) und verwirklichten – dank ihrer Stellung als Herrscher über Tibet während insgesamt mehr als sechs Jahrzehnten – durch umfassende Reformen ihre Vision einer tibetischen Kultur. Ihre schriftstellerische Arbeit kann als ein Versuch gesehen werden, das kulturelle Leben und die kulturelle Praxis Tibets in gewissen spezifischen Bereichen zu systematisieren – in medizinischen Abhandlungen, Ritual-Handbüchern, astrologischen Schriften, in polemischen historischen und philosophischen Schriften und in Form von Regeln für Hofdiener. Obwohl dies im Einzelnen noch zu untersuchen wäre, lässt sich wohl ohne Übertreibung sagen, dass das schriftstellerische Werk des fünften Dalai Lama und seines Regenten Sangye Gyatso zusammen genommen den kühnsten Versuch in der ganzen tibetischen Geschichte darstellt, eine breite kulturelle Vorherrschaft zu begründen.

DER TOD DES FÜNFTEN DALAI LAMA

Nach 33 Jahren an der Spitze des Landes dankte der fünfte Dalai Lama 1679 zu Gunsten Sangye Gyatsos als Regierungschef von Tibet ab. Drei Jahre später, am 7. April 1682, starb der Dalai Lama. Doch abgesehen von einer ganz kleinen Zahl von Eingeweihten erfuhr 10 Jahre lang niemand etwas von seinem Tod.[6] Im April 1695 wurde die ausgetrocknete Leiche des fünften Dalai Lama aus dem hölzernen Sarg entfernt, in den sie 13 Jahre früher gelegt worden war. In Tücher aus Seide und Baumwolle gewickelt, die mit Zimt, Safran, Kampfer und Salzen gestopft waren, war die Leiche inzwischen zur Mumie geworden. Die Zeit war gekommen, sie im 20 Meter hohen, goldenen Schrein im kürzlich fertig gestellten Roten Palast auf dem Potala zur Ruhe zu legen. Bekannt als das »Einzige Ornament der Welt« sollte die Stūpa zu einem wesentlichen Bestandteil des rituellen und politischen Lebens im massiven Potala-Palast, in der nahe gelegenen Stadt Lhasa und deren Umgebung und letztlich in ganz Tibet werden. Das jedenfalls hoffte Sangye Gyatso, als er sich anschickte, den Schrein zu enthüllen und die Öffentlichkeit vom bisher geheim gehaltenen Tod des Dalai Lama zu unterrichten.

48 Der fünfte Dalai Lama, umgeben vom Bodhisattva Avalokiteśvara (Mitte oben), Songtsen Gampo (oben links), Dromtön (oben rechts), dem ersten Dalai Lama (links) und dem zweiten Dalai Lama (rechts), dem dritten Dalai Lama (unten links), dem vierten Dalai Lama (unten rechts) und der Gottheit Jambhala (unten Mitte). Goldmalerei auf rotem Grund, Tibet, 18. Jh., 66 x 42,5 cm, Rubin Museum of Art, NY, Inv. Nr.: HA 506.

Von 1682 bis 1695 wurde die Leiche des »Großen Fünften« in Baumwolltücher und zwei Arten von Salz eingewickelt in einem Sarg aus Sandelholz aufbewahrt. Diese Art der Konservierung, so Sangye Gyatso, hat zur Folge, dass die überaus wichtigen Überreste, die normalerweise nach der Einäscherung früherer Dalai Lamas eingesammelt wurden, wegfallen und dadurch die Gläubigen leer ausgehen. Doch das sollte kein Grund zur Aufregung sein. Es wurde ein Ersatzstoff gefunden: Balsamiersalz. Dieses Salz galt als wirksam, weil es mit der Leiche des Dalai Lama in Berührung gekommen war. Um die Öffentlichkeit von diesem Sachverhalt zu überzeugen, verfasste Sangye Gyatso im November 1697 eine durchdachte Schrift, in der er die Salzüberreste des Dalai Lama verteidigte, und veröffentlichte diese noch im gleichen Monat in Form einer Proklamation. Der Zeitpunkt der Veröffentlichung war alles andere als zufällig gewählt. Sie fiel zwischen zwei Ereignisse, die für den weiteren Erfolg der

49 Dreidimensionales Mandala, das der fünfte Dalai Lama dem Kaiser Shunzhi anlässlich seines Besuchs in Peking 1652/1653 als Geschenk überreichte. Anfänglich wurde es im westlichen Gelben Tempel aufbewahrt, später, auf Anraten von Rölpe Dorje, dem tibetisch-buddhistischen Lehrer des Kaisers Qianlong, im innersten Kaiserhof. Tibet, um 1650, Gold, Türkise und Korallen, Dm: 32 cm, Palast Museum Taipei.

Regierung des Dalai Lama von großer Wichtigkeit waren: die Bekanntgabe des Todes des fünften Dalai Lama sowie die Einsetzung des jungen sechsten Dalai Lama. Der »Große Fünfte« war seit 15 Jahren tot, sein Grab seit drei Jahren fertig gestellt, doch das Wissen um diese Ereignisse war, wie oben erwähnt, bis dahin nur einigen wenigen privilegierten Eingeweihten am Potala-Hof vorbehalten gewesen.

Erst im Juni 1697 begann der Regent das Geheimnis zu lüften. Als ersten Schritt auf dem Weg zur öffentlichen Ankündigung der Existenz eines neuen Dalai Lama überreichte er in jenem Monat einigen Auserwählten einen Bericht über die Übertragung des Bewusstseins vom fünften Dalai Lama auf den sechsten, ein Ereignis, das 15 Jahre zuvor stattgefunden hatte. Im November 1697 ließ er beide Texte großen Versammlungen in den wichtigsten Klöstern in der Umgebung von Lhasa (Drepung, Sera und Ganden sowie Tashilhünpo in Tsang) vorlesen. Als die Proklamationen verlesen wurden, war der Himmel klar und es ereigneten sich zahlreiche wundersame Zeichen. In Tashilhünpo fiel ein Blumenregen, zumindest laut dem offiziellen Bericht in Sangye Gyatsos Biografie des sechsten Dalai Lama. In einem Park in Lhasa lasen zwei Laien vor versammelten Bürgern den Bericht über die Übertragung des Bewusstseins. Während die Anwesenden die Nachricht des bereits Jahre zurückliegenden Todes des fünften Dalai Lama zu bewältigen versuchten, bemerkte eine alte Frau, »von jenem Jahr bis zum heutigen Tag hat der Regent die Verantwortung für das Dharma und die weltlichen Angelegenheiten übernommen. Ohne von der Abenddämmerung etwas gewusst zu haben, sehen wir jetzt die Morgenröte!«

Die Morgenröte war in diesem Fall natürlich die Ankunft des neuen Dalai Lama, denn der Zeitpunkt dieser Proklamationen war zweifellos sorgfältig gewählt, um die Bürger von Lhasa und die Tausende von Mönchen in den Klöstern auf die bevorstehende Thronbesteigung des sechsten Dalai Lama vorzubereiten. Dieses große und feierlich begangene Ereignis war für den 8. Dezember des gleichen Jahres geplant. Die meisten Leute reagierten auf die überraschenden Nachrichten mit einer Mischung aus Leid und Freude. Beim Verlesen der Proklamationen im Kloster Sera erhielten alle Anwesenden eine kleine Menge des Balsamierungssalzes, und unter den gewöhnlichen Leuten wurden kleine Figuren verteilt, die den Dalai Lama darstellen sollten und Spuren des Salzes enthielten – ein kleines Andenken an den verstorbenen Dalai Lama.

DER DALAI LAMA ALS BODHISATTVA AVALOKITEŚVARA UND ALS BUDDHA

Zu Beginn seiner Autobiografie bemüht sich der fünfte Dalai Lama sehr, seine Stellung als Autor, Autorität und einmaliges Wesen herunterzuspielen. In seinen autobiografischen Schriften tritt uns eine sehr menschliche Figur entgegen, die lediglich die banalen Ereignisse des Alltags festhält. Und doch ist der fünfte Dalai Lama nach tibetischer Tradition nicht nur die Wiedergeburt eines früheren buddhistischen Meisters, des vierten Dalai Lama, sondern auch die Reinkarnation jenes immergütigen, himmlischen Wesens, des Bodhisattva Avalokiteśvara. Wir könnten uns kurz diesem scheinbaren Widerspruch zuwenden, indem wir des Dalai Lamas eigene Aussagen über sein autobiografisches Werk dem Lob gegenüberstellen, mit dem ihn Mondrowa in seiner Biografie überhäuft. Noch auffälliger ist allerdings der Kontrast zwischen der Selbstdarstellung des Dalai Lama und den ihm gewidmeten Schriften seines Regenten und mit Abstand eifrigsten Biografen, Sangye Gyatso. Wir wollen unsere Betrachtungen deshalb mit einigen Bemerkungen über das Werk dieses Autors abschließen, einer Sammlung von biografischen Schriften, die wir als eine umfangreiche Ausschmückung von Mondrowas frühem Werk ansehen können.

50 Achtarmiger Avalokiteśvara. Bronze, vergoldet, mit Halbedelsteinen verziert, Tibet, H: 91 cm, B: 43 cm, T: 20 cm, Völkerkundemuseum der Universität Zürich, Inv. Nr.: 14497.   **51** Vierarmiger Avalokiteśvara. Bronze, vergoldet, Chahar, Innere Mongolei, ca. 1700, H: 180 cm, B: 115 cm, T: ca. 70 cm, Folkens Museum Etnografiska, Stockholm (Slg. Sven Hedin), Inv. Nr.: 1935.50.1712. >>>

Da er mit der Selbstdarstellung des Dalai Lama nicht zufrieden war, widmete Sangye Gyatso ihm in seinem biografischen Korpus weitere 5000 Seiten, die sich über weite Strecken ausschließlich mit der Lobpreisung des Dalai Lama als Avalokiteśvara befassen. Seine größte Leistung in dieser Hinsicht ist zweifellos die Einleitung zu seinem 1100-seitigen Folio-Anhang zur Biografie genannt *Feines Seidenkleid* des Dalai Lama. Hier versammelt er 58 Erzählungen, die den Inkarnationen des Avalokiteśvara gewidmet sind. Erwartungsgemäß handelt die letzte dieser Lebensgeschichten vom fünften Dalai Lama, der laut Sangye Gyatso nicht nur die Reinkarnation des Avalokiteśvara war, sondern gleichzeitig auch die Wiedergeburt von zahlreichen Meistern der Vergangenheit, die ihrerseits ebenfalls Wiedergeburten des Avalokiteśvara gewesen waren. Die Diskrepanz zwischen dem biografischen Projekt des Sangye Gyatso, das wohl eher als ein hagiographisches zu bezeichnen wäre, und der Zurückhaltung des beschriebenen Subjekts ist offensichtlich. Sangye Gyatso schreibt, es sei definitionsgemäß unmöglich, die Wahrheit der Aktivitäten des Dalai Lama als Avalokiteśvara in Worte zu fassen. »Welche Person« fragt er, »kann vom tiefen und unermesslichen Inneren und dem geheimnisvollen Leben dieses heiligen Allwissenden reden, ohne die Grenzen des Anstands zu überschreiten?« Der Dalai Lama hingegen bemerkt in seinem einführenden Kommentar zum *Feinen Seidenkleid,* es sei praktisch unmöglich, die Leistungen eines autobiografischen Subjekts *nicht* zu übertreiben. Doch ich möchte diese Diskrepanz nicht allzu sehr hochspielen, handelt es sich doch möglicherweise dabei vor allem um eine Frage der Rhetorik. Auf der einen Seite bekundet der Dalai Lama ein Maß an Bescheidenheit, das sowohl dem Genre der Autobiografie wie dem Ideal des einfühlsamen, mitleidigen Bodhisattva Avalokiteśvara entspricht. Andererseits wäre es ohne die beharrlichen Anstrengungen des Regenten, den Kult um ebendiesen Bodhisattva in der Person des Dalai Lama zu fördern, kaum möglich gewesen, die Legitimität der Regierung des Dalai Lama und seiner Herrschaft vom Potala-Palast aus – dem Zentrum der mildtätigen Herrschaft des Avalokiteśvara in Tibet – langfristig sicherzustellen.

Schon 1646 hatte Mondrowa die Identität des Bodhisattva Avalokiteśvara mit dem Dalai Lama ins Zentrum seines hagiographischen Unternehmens gerückt. Im ersten Kapitel seiner Biografie verteidigt er im Wesentlichen die Vorstellung von der Wesenseinheit des fünften Dalai Lama und dem Bodhisattva Ava-

52 Der fünfte Dalai Lama, auf dem Lotos eventuell sein Lehrer, der erste Panchen Lama. Silber, Tibet, ca. 1650, eigens für den Besuch beim chinesischen Kaiser Shunzhi (Ende Januar 1653) gefertigt, H: 50,5 cm, Peking, Museum Chinesischer Geschichte.

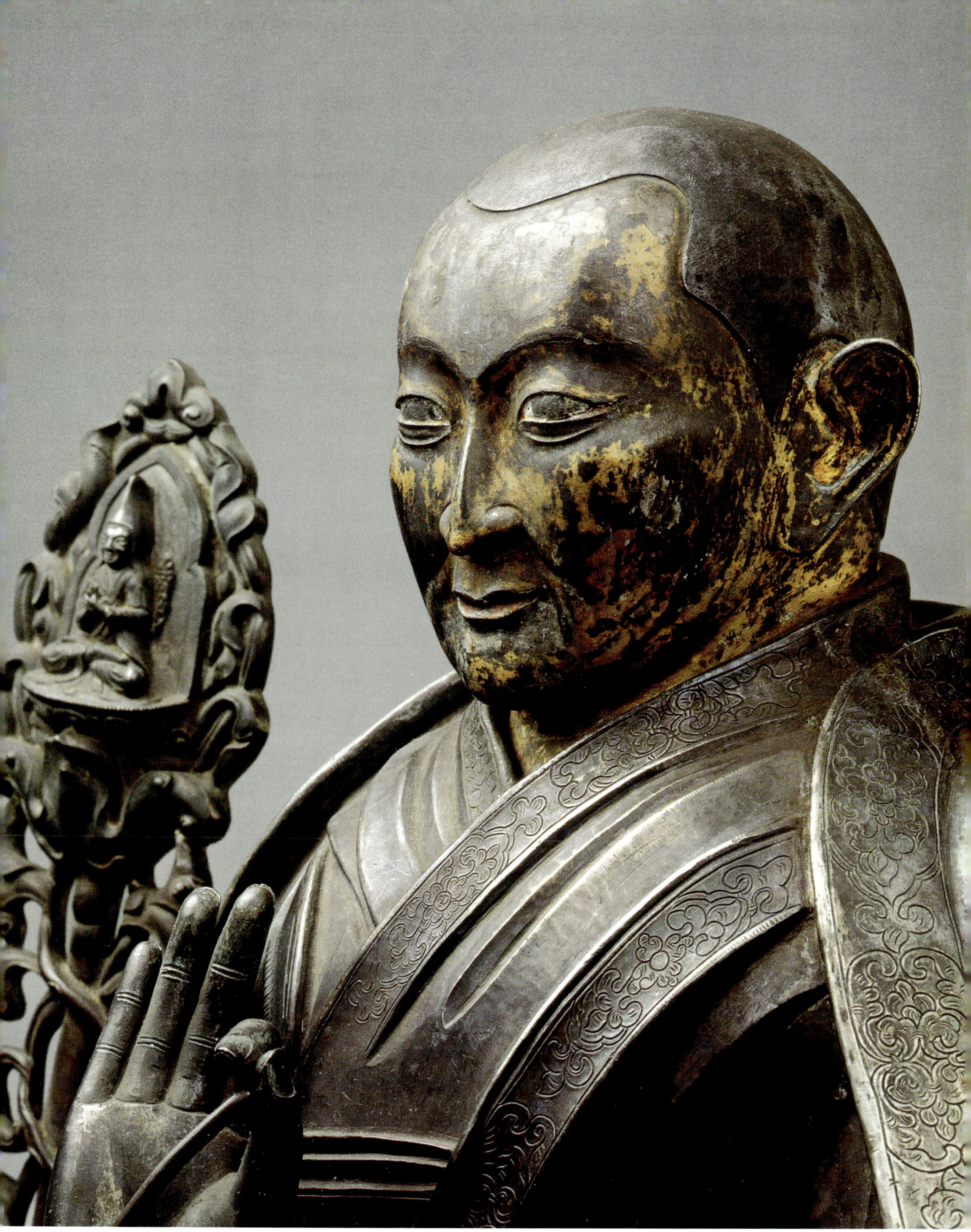

53 Der fünfte Dalai Lama. Bronze, vergoldet, auf nicht-originalem Holzsockel, Tibet, H: 23 cm, B: 24,5 cm, T: 20,5 cm, Sammlung Markus O. Speidel, Birmenstorf.   **54** Der fünfte Dalai Lama. Goldstatue, mit Inschrift: »Der siegreiche König, der alleswissende Ngawang gyi chuk Lobsang Gyatso, den Tugendhaften, [ihn] verehren wir.« Tibet, 17. Jh., H: 4 cm, Nyingjei Lam collection.   **55** Der fünfte Dalai Lama. Ton, bemalt, Tibet, 17./18. Jh., H: 21 cm, B: 23 cm, T: 18 cm, Sammlung Jean-Pierre und Helga Yvergnaux, Sint-Martens-Latem.   **56** Der fünfte Dalai Lama. Bronze, vergoldet, mit Gravierungen, Tibet, 18. Jh., H: 10,5 cm, The State Hermitage Museum, St. Petersburg (Slg. Prince Ukhtomsky), Inv. Nr.: U-1028. >>>

57 Der fünfte Dalai Lama. Holzstatue, bemalt, Tibet, 17. Jh., H: 26 cm, Sammlung Carl Sommer, John Dimond und Hans Zogg, Zürich. **58** Der fünfte Dalai Lama. Bronze, vergoldet, mit rückseitiger Inschrift in Lentsa-Schrift und in Tibetisch: »Der hochweise, mächtige, edle Ngawang Lobsang Gyatso«, Tibet, 18. Jh., H: 12 cm, The State Hermitage Museum, St. Petersburg (Slg. Kozlov), Inv. Nr.: U-1368. **59** Der fünfte Dalai Lama. Bronze, mit zwei langen Inschriften, verfasst vom fünften Dalai Lama und von demjenigen, der die Statue in Auftrag gab (Ngawang Sherab), einem sehr engen Vertrauten des fünften Dalai Lama, Tibet, ca. 1679, H: 13 cm, Museum of Fine Arts Boston, Inv. Nr.: 50-3606 (Geschenk von Lucy T. Aldrich). >>> **60** Der fünfte Dalai Lama. Bronze, vergoldet, ziseliert, Tibet, spätes 17. Jh., mit Inschrift, H: 20 cm, Rose Art Museum, Brandeis University, Waltham, MA; heute im Tibet House, New York, Inv. Nr.: 1971.267 (Geschenk von N.L. Horch an die Riverside Museum Collection). >>>

61 Dekret des fünften Dalai Lama zur Einsetzung des Regenten Sangye Gyatso. Ca. 1679, Wandkalligrafie im Potala, Eingangshalle *(sgo khang)* des »Weißen Palastes«, linke Wand. >>> **62** Der Regent Sangye Gyatso. Thangka, Ende 17. Jh. (1690–1694), Potala.

lokiteśvara. Doch Mondrowa argumentiert auch für eine Gleichsetzung des fünften Dalai Lama mit dem Buddha selbst. Zaghaft versichert Mondrowa seinen Lesern, die erleuchteten Handlungen seiner Hauptperson könne man nicht in Worte fassen. Der Dalai Lama »unterscheidet sich nicht vom Sieger der drei Zeiten und seinen Söhnen«, schreibt er. »Weil er [von ihnen] nicht getrennt ist, ist die Gesamtheit der Qualitäten seiner Lebensgeschichte unvorstellbar und unbeschreiblich. Sein Auftreten entzieht sich dem Verständnis von Arhats, Śrāvakas, Bodhisattvas oder Vajradharas, wie sollten es da normale, törichte Menschen verstehen können? Denn auch wenn man sich Ewigkeit um Ewigkeit anstrengen würde, so könnte man doch niemals mehr als nur einen Bruchteil seiner Lebensgeschichte erzählen.« Abschließend wendet sich Mondrowa von seiner weitgehend chronologischen Erzählung einer letzten Lobpreisung des Dalai Lama zu: »Der anbetungswürdige Körper, funkelnd mit dem Glanz, der davon herrührt, dass er das Dharma-Rad tagein, tagaus in Drehung hält, ist völlig unbefleckt vom Bösen. Unaufhörlich [vollbringt er] gute Werke, die 100 Türen öffnen zu Wohlfahrt und Glück. Sein Ruhm durchzieht die drei Länder mit einem weißen Schirm aus Girlanden, weil er die fünf großen Systeme des Wissens gemeistert hat (Sprache, Logik, die plastischen Künste, Medizin und inneres Wissen), dazu Weissagung, Poetik, Synonymie und Prosodie, [welche zusammen] die 10 Wissenssysteme [ausmachen]. Alle Dharmas – Wesen und Ausmaß des Wissbaren – sind in seinen Geist eingegangen. Er hat das Ende des Ozeans unserer und anderer philosophischer Systeme gesehen. Er ist ein Gebieter derer geworden, welche von der Schrift und vom logischen Denken sprechen. Die Melodien seiner Dharma-Erklärungen füllen die Ohren aller intelligenten Leute mit Nektar. Seine Debattierstimme verwirrt Rückwärts-Sprecher mit einem tosenden Wolkenbruch von Diamanten. Das Zartgefühl seiner eleganten Kompositionen vollendet ein bezauberndes Vergnügen, das die Herzen der Gelehrten mit Freude erfüllt. Zahllose solche Handlungen erfreuen den Geist aller glücklichen Wesen wie Nektar.« Eine Anekdote von Sir Charles Bell aus dem frühen 20. Jahrhundert gibt uns vielleicht eine Ahnung davon, was Mondrowa und der Regent Sangye Gyatso mit ihrer unermüdlichen Lobpreisung der erleuchteten Qualitäten des fünften Dalai Lama erreicht haben. Sir Charles Bell erkundigte sich bei den Bürgern von Lhasa, welchen Eindruck der Tod des fünften Dalai Lama – d.h. ein Ereignis, das sich mehr als 200 Jahre zuvor ereignet hatte – bei ihnen hinterlassen habe und stellt Folgendes fest: »Einfachere Leute werden ihnen sagen, dass erst seit diesem Unheil [die Trauerweiden in der Umgebung von Lhasa] ihre Äste nach unten hängen lassen. Sie nennen sie darum Bäume des Leids. Doch auch wer den herkömmlichen Baumnamen verwendet [chinesische Weide], betont nicht selten, dass seit jenen Tagen alle Bäume und Blumen etwas schlaffer und matter aussehen.« Vielleicht messe ich dieser Episode zu viel Gewicht bei, doch ich wage zu bezweifeln, dass ohne die rastlosen Bemühungen des Sangye Gyatso um die Unvergesslichkeit seines Meisters, des fünften Dalai Lama, die Weiden in Lhasa 200 Jahre später ihre Äste noch immer hängen lassen würden …

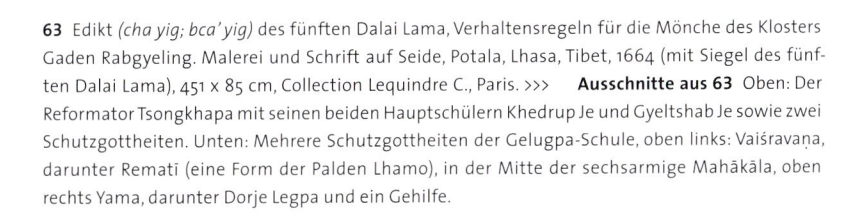

63 Edikt *(cha yig; bca' yig)* des fünften Dalai Lama, Verhaltensregeln für die Mönche des Klosters Gaden Rabgyeling. Malerei und Schrift auf Seide, Potala, Lhasa, Tibet, 1664 (mit Siegel des fünften Dalai Lama), 451 x 85 cm, Collection Lequindre C., Paris. >>>   **Ausschnitte aus 63** Oben: Der Reformator Tsongkhapa mit seinen beiden Hauptschülern Khedrup Je und Gyeltshab Je sowie zwei Schutzgottheiten. Unten: Mehrere Schutzgottheiten der Gelugpa-Schule, oben links: Vaiśravaṇa, darunter Rematī (eine Form der Palden Lhamo), in der Mitte der sechsarmige Mahākāla, oben rechts Yama, darunter Dorje Legpa und ein Gehilfe.

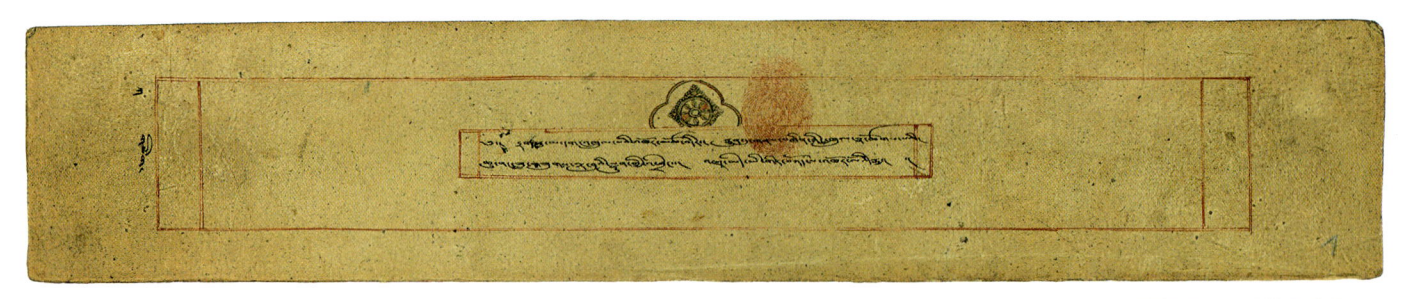

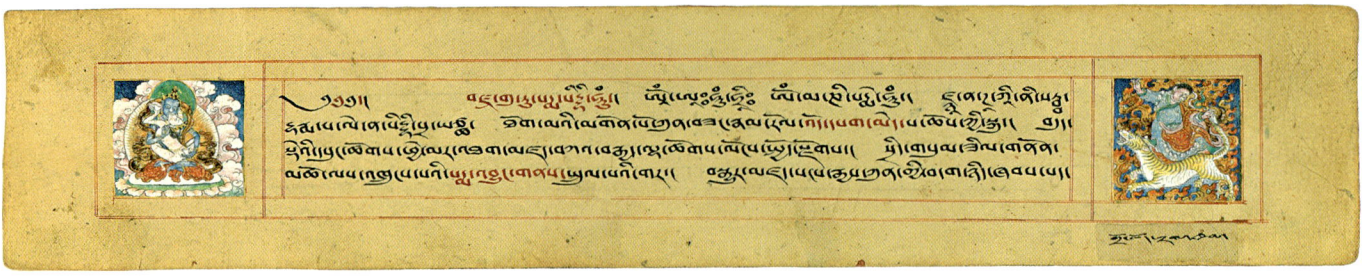

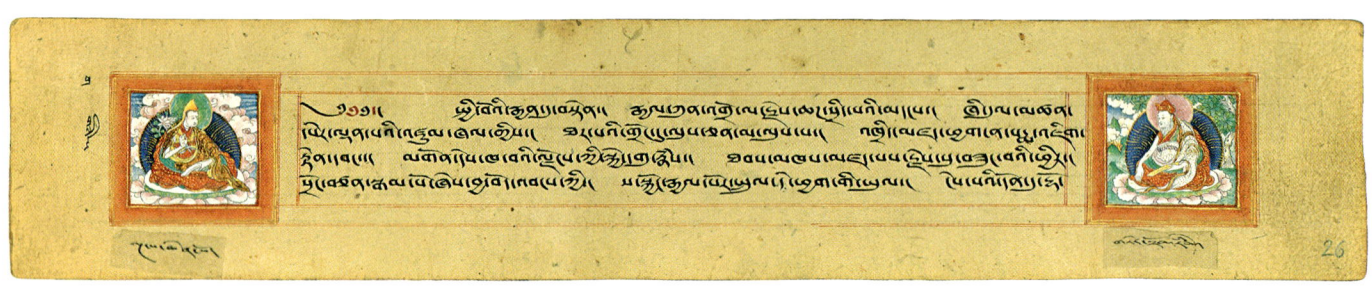

64 Drei Seiten aus der »Geheimen Autobiografie« des fünften Dalai Lama mit rotem Daumenabdruck des »Großen Fünften«, womit er den Text autorisierte, und Miniaturmalereien, die u.a. den fünften Dalai Lama zeigen (links unten). Kursivschrift auf Papier, Lhasa, ca. 1680, eine Seite: 6 x 32 cm, Bayerische Staatsbibliothek München, Cod. Tibet. 500. >>>   **65** Manuskript: Beschreibung des Tsog dag-Rituals, angefertigt im Auftrag des fünften Dalai Lama, 10 Seiten (von insgesamt fast 200 Seiten). Tinte und Pigmente auf Papier, Zentraltibet, um 1665, Maße eines Blatts: ca. 44 x 8 cm, Collection of Thomas Isenberg, NY. >>>

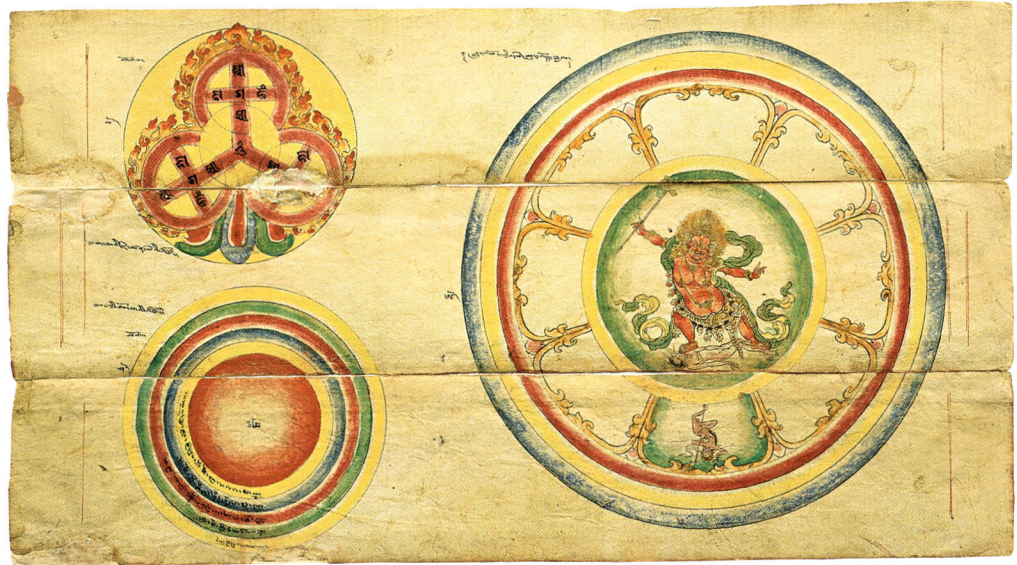

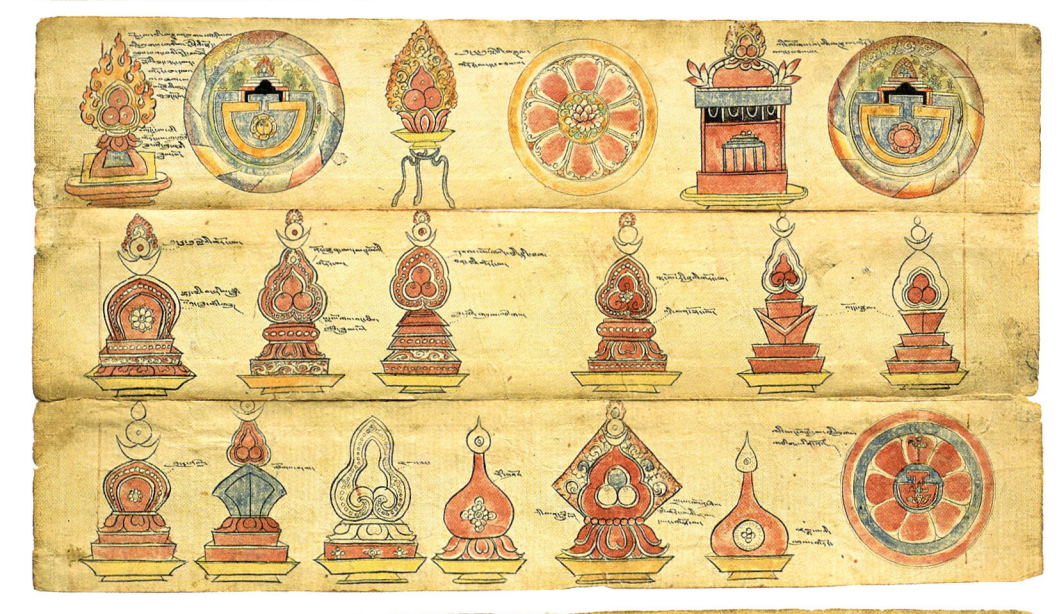

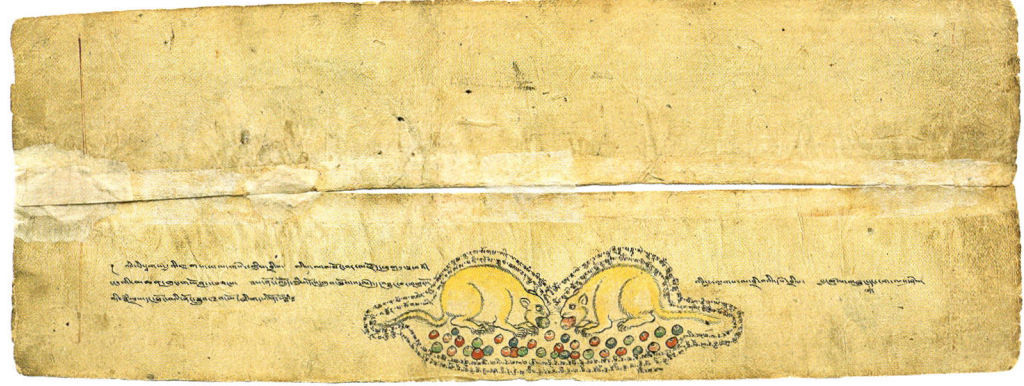

DER FÜNFTE DALAI LAMA

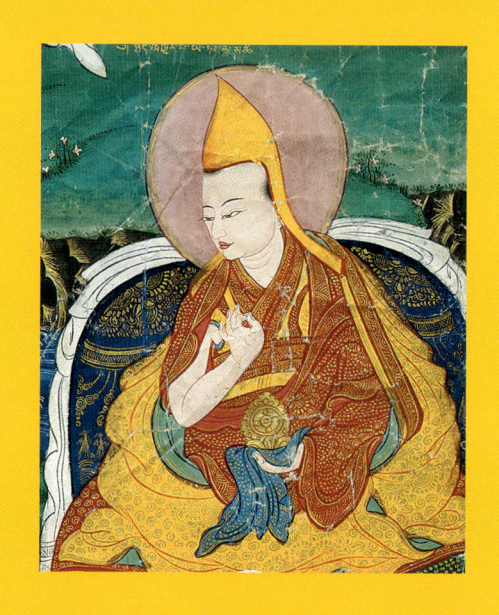

»Ostwärts, von den Berggipfeln
Weiß und klar der Mond erschien:
Das Antlitz einer schönen Jungfrau
Nahm wieder und wieder Form an in meinem Geist.«
(Tshangyang Gyatso)

1683–1706

DER SECHSTE DALAI LAMA **TSHANGYANG GYATSO**
»Ozean der göttlichen Stimme«

Erberto Lo Bue

LEBEN

Der sechste Dalai Lama, Tshangyang Gyatso (*Tshangs dbyangs rgya mtsho* oder »Ozean der göttlichen Stimme«), nimmt in der historischen und literarischen Tradition von Tibet, die ihn mit langen Haaren, reich geschmückt mit Ringen und Edelsteinen, in ein elegantes Brokatgewand gehüllt und mit Bogen und Köcher in der Hand darstellt, einen besonderen Platz ein.

Geboren wurde er in Mön, einer Region des Himalaja, die heute je zur Hälfte zur Autonomen Region Tibet in der chinesischen Volksrepublik und zum Bundesstaat Arunchal der Indischen Union gehört. Drei Jahre vor seiner Geburt war Mön dem riesigen theokratischen Staat einverleibt worden, den der fünfte Dalai Lama mit der militärischen Unterstützung seines mongolischen Verbündeten Gushri Khan auf Kosten der Laien-Königreiche Tsang, im Südwesten von Tibet, und Beri, in Osttibet, geschaffen hatte.

Auf väterlicher Seite folgte seine Familie der religiösen Tradition der »alten« Lehre (Nyingma; *rNying ma*), die auf Padmasambhava zurückgeht, einen tantrischen Yogi aus Swat, der während der ersten Phase der Ausbreitung des Buddhismus in Tibet aktiv war. Mütterlicherseits gehörte die Familie dem Milieu des »Tugendhaften Ordens« (Gelugpa; *dGe lugs*) an, der im frühen 15. Jahrhundert von den Anhängern des großen religiösen Reformers Tsongkhapa gegründet worden war.

Das Kind kam in einer bewegten Periode der tibetischen Geschichte, geprägt vom Tod des Gushri Khan und des fünften Dalai Lama, zur Welt. Obschon das Land offiziell zum Herrschaftsbereich der Nachfolger Gushri Khans gehörte, wurde es weitgehend vom Verwaltungsapparat der Gelugpa kontrolliert. Um ein Machtvakuum zu verhüten, hatte der Regent Sangye Gyatso (*Sangs rgyas rgya mtsho*) das Ableben des »Großen Fünften« verheimlicht und stattdessen bekannt gegeben, jener habe sich zu einer langen Klausur zurückgezogen. Um die Glaubwürdigkeit dieser Mitteilung zu erhöhen, hieß er einen Mönch, der dem Verstorbenen einigermaßen ähnlich sah, sich wie dieser zu kleiden und zu verhalten; so ertönten aus dem Raum, in dem der fünfte Dalai Lama angeblich meditierte, von Zeit zu Zeit rituelle Glocken und Gebete. Der Mönch erhielt regelmäßig seine Mahlzeiten und, bekleidet mit einem Hut, der die Hälfte seines Gesichts verdeckte, empfing er sogar mongolische Würdenträger in seinem abgedunkelten Zimmer.

In der Zwischenzeit sprach der Regent spezielle Gebete vor der einbalsamierten Leiche des »Großen Fünften« und flehte diesen an, möglichst schnell als Wiedergeburt zurückzukehren. Seine engsten Berater, die Kenntnis hatten vom Ableben des fünften Dalai Lama, wies er an, ihre Träume nach Anhaltspunkten für eine Wiedergeburt zu ergründen. Ermuntert durch Hinweise und die Verheißungen dreier Orakel sowie durch die Tatsache, dass zwischen dem Tod des Dalai Lama und der Entdeckung seiner Reinkarnation bereits ein oder zwei Jahre verstrichen waren, sandte er im Sommer 1685 zwei Mönche nach Südtibet, um im Geheimen nach dem Kind zu suchen. Um keinen Argwohn zu erregen, sollten sie vorgeben, die Reinkarnationen zweier anderer religiöser Meister, welche vor kurzem verstorben waren, zu suchen.

Den erwähnten Hinweisen und anderen Informationen folgend reisten die beiden Mönche nach Urgyenling im Zentrum von Mön. Dort trafen sie ein Kind, das ihnen als wahrscheinlicher Kandidat erschien, obschon die Eltern daran zweifelten, dass ihr Sohn die Wiedergeburt eines großen Meisters sei, und gar zu verhindern versuchten, dass die Abgesandten den Jungen zu Gesicht bekamen. Das Treffen erwies sich als Fehlschlag: das Kind schien verwirrt und war nicht in der Lage, den Rosenkranz des fünften Dalai Lama zu erkennen. Überzeugt, sich getäuscht zu haben, reisten die Mönche ab. Doch auf dem Rückweg wurde einer von ihnen krank und träumte, der Rosenkranz sei dem Kind nicht auf die korrekte Art und Weise präsentiert worden. Zudem wiesen auch die Weissagungen, die sie im Kloster Samye erhalten hatten, darauf hin, dass jener Junge der richtige sei. Der Regent sandte sie darum nach Mön zurück, um das Kind nochmals und mit mehr Sorgfalt zu prüfen, was sie dann auch taten. Schließlich kamen sie zu der Überzeugung, der Knabe sei tatsächlich die Wiedergeburt des »Großen Fünften«, und kehrten zur Berichterstattung nach Lhasa zurück.

Einige Leute hatten jedoch bereits vermutet, dass der »Große Fünfte« gestorben sei, und aller Geheimhaltung zum Trotz zirkulierten schon bald die wildesten Gerüchte. Darin war nicht nur von der bereits gefundenen Wiedergeburt die Rede, sondern auch davon, dass die Regierung von Bhutan, das zur Zeit des fünften Dalai Lama zweimal von Tibet militärisch überfallen worden war, das Kind zu entführen beabsichtige. Der Regent beschloss deshalb, die Anerkennung der Reinkarnation möglichst schnell voranzutreiben und ließ im Winter 1685 das Kind und dessen Eltern heimlich in das am Nordfuß des Himalaja gelegene Tsona bringen. In der Folge verbrachten die drei zusammen mit einem Diener 12 Jahre in der Festung von Tsona, bewacht von Soldaten und Wachhunden und zwei feindlich gesinnten Gouverneuren ausgeliefert, die nicht wussten, dass es sich bei dem Knaben um

66 Der sechste Dalai Lama, umgeben vom achtarmigen Avalokiteśvara (links oben), dem zweiten Panchen Lobsang Yeshe (rechts oben) und dem eingesichtigen Bhairava. Thangka, Tibet (restauriert 2004/05), 56 x 39,5 cm, Völkerkundemuseum der Universität Zürich, Inv. Nr.: 14407.   **Ausschnitt aus 66** Der achtarmige und 11-köpfige Avalokiteśvara.

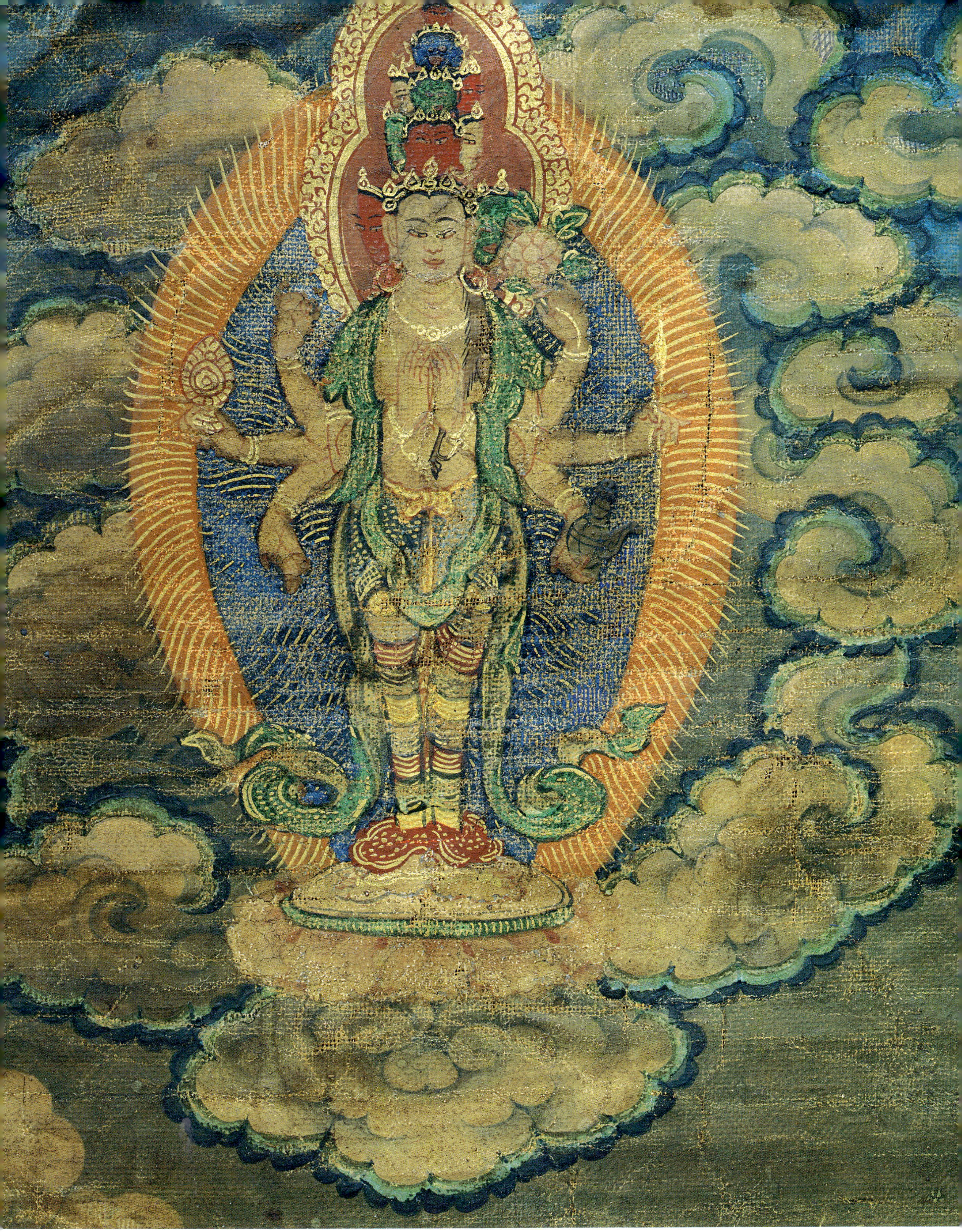

67 Der sechste Dalai Lama. Bronze, vergoldet, Tibet, 1. Hälfte 18. Jh., Lama Lhakhang, Potala. Foto: Guido Vogliotti, Turin.

Leben gemacht hatte. Erst 1696 ließ Sangye Gyatso die Eltern wissen, dass ihr Sohn als Wiedergeburt des fünften Dalai Lama identifiziert worden sei.

In der Zwischenzeit war das Gerücht vom Tod des »Großen Fünften« auch zu Kangxi, dem Mandschu-Kaiser von China, vorgedrungen. Der Regent brachte den Knaben deshalb nach Nangkartse an den Ufern des Palti Sees (auch Yamdrok-See genannt) und gab daraufhin den Tod des fünften Dalai Lama und die Entdeckung dessen Nachfolgers bekannt. Der Knabe wurde vom Panchen Lama zum Novizen geweiht und erhielt den Namen, unter dem er seither bekannt ist. Vor der Tonsur brach er in Tränen aus: die harten Jahre in Tsona und der plötzliche Verlust seines Vaters mögen zu dieser Reaktion beigetragen haben. Im Beisein verschiedener tibetischer und ausländischer Würdenträger, darunter auch der mongolische Herrscher Lhasang Khan, bestieg Tshangyang Gyatso am 8. Dezember 1697 den goldenen Thron im Palast auf dem Potala-Hügel in Lhasa.

Von da an musste Tshangyang Gyatso private und öffentliche Audienzen geben, protokollarische Auftritte und religiöse Aufgaben erfüllen, Rituale und Zeremonien absolvieren und sich daneben dem Studium widmen. Er empfing zahlreiche Anstandsbesuche, aber auch solche mit politischem Charakter. Die Söhne der Könige des Nepal-Tales, Ladakhs, Zangskars und Sikkims, ebenso wie die Gesandten mongolischer Prinzen und des Kaisers von China waren unter seinen Besuchern. Sangye Gyatso übernahm nun persönlich die Erziehung des jungen Dalai Lama. In religiösen Angelegenheiten unterwies ihn der Panchen Lama.

Auch Sport gehörte zur Erziehung des Tshangyang Gyatso. Der Junge entpuppte sich als talentierter Bogenschütze und widmete dem Bogenschießen mehr und mehr Zeit – mit Freunden im Park hinter dem Potala oder auf Exkursionen in die Täler nahe Lhasa. Der Regent zeigte sich von der Ruhelosigkeit des jungen Dalai Lama zunehmend beunruhigt und drängte schließlich den Panchen Lama, dem Jungen möglichst bald seine abschließende Mönchsweihe zu geben. Im anschließenden Briefwechsel zwischen dem Panchen Lama und dem Dalai Lama versuchte der junge Mann sein Verhalten zu rechtfertigen und erklärte, er habe keinerlei Interesse, während der Ordenssitzungen auf dem Thron seines Vorgängers zu sitzen. Er erklärte sich schließlich bereit, seinen Religionslehrer zu treffen, aber es ist aufschlussreich, dass sie nach einem ersten Zusammentreffen verschiedene Routen wählten, um zum Kloster Tashilhünpo, dem Sitz des Panchen Lama in Shigatse, zu gelangen. Tshangyang Gyatso erreichte das Kloster fünf Tage nach seinem Lehrer und zog es jedoch vor, in

den wahrscheinlichen Nachfolger des »Großen Fünften« handelte. Wie die Eltern glaubten auch sie, er sei die Wiedergeburt des Abtes von Shalu, einem Kloster im südwestlichen Tibet. 1686 übernahmen an Stelle der Eltern zwei Mönche die Erziehung des Knaben. Als Erstes lernte er lesen und rechnen, anschließend Religion und Astrologie; mit acht schrieb er seinen ersten Brief an den Regenten. 1694 musste er sich die Liste der Lehren anhören, die sein Vorgänger erhalten hatte, und im folgenden Jahr begann er, dessen geheime Autobiografie zu lesen. Der Regent hoffte, auf diese Weise die Erinnerung des Jungen an die religiösen Erfahrungen zu wecken, die er in seinem vorigen einem Wohnhaus außerhalb des Klosters Quartier zu beziehen. Während der folgenden Treffen gab der Dalai Lama zu, die Vorschriften des Panchen Lama verletzt zu haben, widersetzte sich jedoch erfolgreich seiner abschließenden Mönchsweihe und weigerte sich sogar, den Thron des Abtes zu besteigen, obwohl ihn sein Lehrer darum anflehte. Im Gegenteil, nachdem er vor dem Wohnsitz des Panchen Lama dreimal auf die Knie gefallen war, informierte er diesen, dass er auf seine Weihe verzichte und drohte sogar damit, sich umzubringen, falls sein Entschluss nicht respektiert werde. Er widerstand in der Folge auch dem Druck, den die religiösen Vorsteher der drei großen Gelugpa-Klöster in der Gegend von Lhasa sowie Lhasang Khan und andere Würdenträger auf ihn ausübten. Sie alle waren vom Regenten gesandt worden, eine Krise beizulegen, die sich nicht nur auf den Ruf des Gelugpa-Ordens, sondern auch auf die politische Situation in Tibet negativ auszuwirken drohte.

Nach 17 Tagen kehrte Tshangyang Gyatso nach Lhasa zurück. Von da an verweigerte er Tonsur und Mönchsrobe, trug aristokratische Kleider und Schmuck und fühlte sich berechtigt, seine Zeit so zu verbringen, wie es ihm passte: er frönte dem Bogenschießen, ritt tagsüber mit seinen Freunden in die Umgebung von Lhasa hinaus und verbrachte die Nächte in Tavernen oder Privathäusern, machte jungen Damen den Hof – so auch der Tochter des Regenten – und gab seiner Liebe zu den Frauen in selbst komponierten Liedern Ausdruck.

In der offiziellen Ikonographie trägt der sechste Dalai Lama meist den gelben, zeremoniellen Hut des Gelugpa-Ordens, deutet mit der Rechten die lehrende Handbewegung an und hält in der Linken, in Meditationshaltung, das Rad des Dharma oder die Vase mit dem Elixier der Unsterblichkeit (Abb. 70). Die populäre Überlieferung hingegen hält sich gewöhnlich an das von einem Zeitgenossen überlieferte Bild eines jungen Mannes mit wallendem, schwarzem Haar über einem blauen Seidengewand, der in einer mit Fingerringen reich geschmückten Hand einen Bogen hält.

Tshangyang Gyatsos Haltung verärgerte und beschämte das politische und religiöse Establishment der Gelugpa und belastete das ohnehin schwierige Verhältnis zwischen dem Regenten und Lhasang Khan, der eine wirkungsvollere Kontrolle über Tibet anstrebte als sein Vorgänger. Um die Situation zu entschärfen, sah sich Sangye Gyatso gezwungen, die Regentschaft an Ngawang Rinchen, einen seiner Söhne, abzutreten, doch hinter den Kulissen blieb er weiterhin politisch aktiv. Darüber hinaus schmiedete er ein Mordkomplott gegen den treuesten Gefährten des Dalai Lama, der jenen oft auf seinen Liebesabenteuern begleitete und

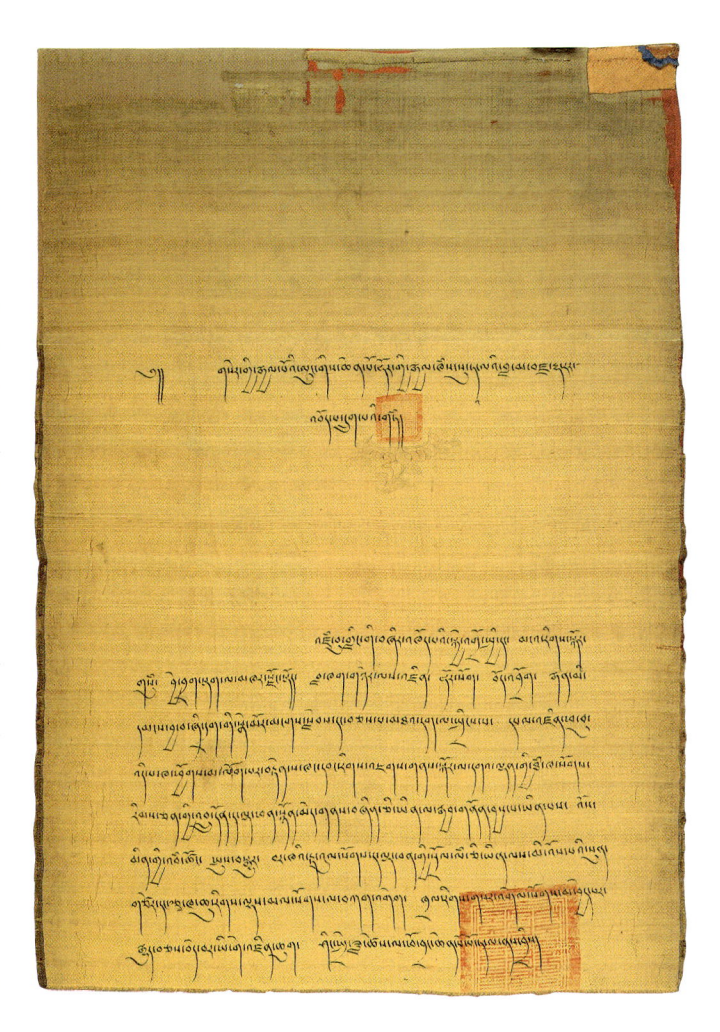

68 Herrscherurkunde [Konfirmationsurkunde] des sechsten Dalai Lama aus dem Holz-Affe-Jahr 1704/ 1705, Seide, 84 x 59 cm, Museum für Völkerkunde Wien, Inv. Nr.: MVK 176.992. >>>

dessen Affären sogar innerhalb des Potala-Palastes begünstigte. Allerdings hatten am Abend des Überfalls Tshangyang Gyatso, sein Freund und sein Diener vor ihrer Rückkehr in den Potala-Palast ihre Kleider ausgetauscht, wie das vergnügungsliebende Aristokraten oft taten, und so wurde beim anschließenden Handgemenge der Diener des Dalai Lama erstochen, da ihn die Angreifer fälschlicherweise für dessen Gefährten hielten. Damit war Tshangyang Gyatsos Beziehung zum früheren Regenten ein für alle Mal zerstört: Der Dalai Lama ließ die Verschwörer verhaften und verurteilen; einige von ihnen wurden öffentlich hingerichtet.

69 Der sechste Dalai Lama, mit Hand- und Fußabdrücken. Mit zwei Inschriften: »Dies ist Tshangyang Gyatso, der Sechste der Könige der Siegreichen« und »Das Heilsame, verursacht durch mein Einnehmen der Lebenshaltung eines Bodhisattva, möge es bewirken, dass alle Lebewesen eben eine solche Lebenshaltung einnehmen.« Tibet/Mongolei?, ca. 1710, 73,5 x 35,5 cm, Rubin Museum of Art, NY, Inv. Nr.: C2004.37.2 (HAR 65384).

Sangye Gyatso war nun völlig isoliert: er hatte Kangxi irritiert, indem er den Tod des »Großen Fünften« einige Jahre verschwiegen hatte, hatte Lhasang Khan mit einem Versuch, ihn zu vergiften, erzürnt, und nun hatte er auch noch den Dalai Lama gegen sich aufgebracht. Die Gelugpa-Diplomaten arbeiteten auf Hochtouren, um Schlimmeres zu verhindern. Sie erreichten schließlich, dass sich der frühere Regent auf ein weit von Lhasa entferntes Gut zurückzog und der mongolische Herrscher auf die Weiden seiner traditionellen Stammlande zurückkehrte. Doch damit hatten die beiden ihren Kampf um die politische Vorherrschaft über Tibet nicht aufgegeben. Während Sangye Gyatso hinter den Kulissen weiter Ränke schmiedete, stellte Lhasang Khan eine Armee auf und marschierte auf Lhasa. Sangye Gyatso fiel einer der Frauen des mongolischen Herrschers in die Hände, die ihn, eine alte Rechnung begleichend, kurzerhand köpfen ließ; das war am 8. Dezember 1705. Der Sohn wurde abgesetzt und Lhasang Khan konnte endlich seine Herrschaft über Tibet durchsetzen. Noch blieb jedoch das Problem des Dalai Lama, der sein religiöses Gelöbnis aufgegeben hatte, ein Leben führte, das sich weder moralisch noch politisch mit seinem Rang vereinbaren ließ, und der mittlerweile sowohl von Kangxi als auch von Lhasang Khan selbst als unrechtmäßiger und falscher Dalai Lama betrachtet wurde.

Die Versammlung, die einberufen worden war, um das Problem zu lösen, bestritt nicht, dass Tshangyang Gyatso die Reinkarnation des fünften Dalai Lama war, sondern stellte lediglich fest, dass ihn der Geist der buddhistischen Erleuchtung verlassen hatte. Nach Ansicht des mongolischen Herrschers rechtfertigte dieses Verdikt die Ausführung des Haft- und Deportationsbefehls des Kaisers, den die jüngsten Entwicklungen in Lhasa verständlicherweise mit einiger Sorge erfüllten. Doch dies sollte sich als schwierig erweisen. Als die Soldaten, die Tshangyang Gyatso nach China bringen sollten, das Kloster Drepung passierten, eilten die Mönche dem Dalai Lama zu Hilfe. Doch die Truppen Lhasang Khans nahmen das Kloster unter Beschuss und Tshangyang Gyatso beschloss, sich zu ergeben: Am 29. Juni 1706, nachdem er den Mönchen von Drepung versprochen hatte, er werde ihnen in seinem nächsten Leben wieder begegnen, verließ er das Kloster mit einigen wenigen Begleitern, die schließlich im Kampf mit den Mongolen getötet wurden, und ergab sich. Bevor er Tibet endgültig verließ, durfte er sich noch vom Abt des Phabongkha-Klosters unterweisen lassen.

Auf der Reise erkrankte Tshangyang Gyatso. Als der Konvoi an einem kleinen See südlich des Kokonor-Sees Halt machte, weigerte er sich, weiter zu ziehen. Im Angesicht seines nahen Todes gab er die Anweisung, seine Habseligkeiten zusammen mit seinen rituellen Utensilien seinem Nachfolger zu übergeben. Bevor er starb, wandte er sich an seine Begleiter und seinen Arzt und teilte ihnen mit, dass es im Moment des Todes nicht viel zu sagen gebe; sie möchten sich einfach an das erinnern, was er ihnen früher gesagt habe, und alles werde gut. Es war die Nacht vom 14. auf den 15. November 1706. Tibetische historische Quellen sind sich einig darüber, dass der sechste Dalai Lama an einer Krankheit starb. Orazio della Penna, der später in Tibet Informationen sammelte, kommt zu dem Schluss, der Dalai Lama sei an Wassersucht gestorben, doch ist nicht ganz auszuschließen, dass er vergiftet wurde. Seine Leiche wurde in Xining, in Gansu, eingeäschert. In den Tagen vor der Kremation erwiesen viele Menschen dem Dalai Lama die letzte Ehre und der Befehl des Kaisers, die Leiche durch das Verstreuen der Überreste zu entehren, kam zu spät.

Als die Nachricht vom Tod des Dalai Lama Lhasa erreichte, wurde die Bevölkerung von großer Trauer ergriffen und schnell machten zahlreiche Geschichten, die das romantische Leben des Verstorbenen widerspiegelten, die Runde. Das Versprechen, das der Dalai Lama den Mönchen von Drepung gegeben hatte, sowie eines seiner Lieder, in welchem er seine Wiedergeburt in Lithang angekündigt hatte, verursachten eine derartige Erwartung, dass in Lhasa schon bald Flugblätter zirkulierten, die das Ereignis ankündigten, obwohl Lhasang Khan einen unehelichen Sohn auf dem Thron im Potala-Palast installiert hatte und erklärte, dieser Yeshe Gyatso Genannte sei die echte Wiedergeburt des »Großen Fünften«. Laut Orazio della Penna kam es zu einem Aufstand, worauf Lhasang Khan nach Lhasa zurückkehrte, 14 Anführer der Unruhen hinrichten und deren Verwandte enteignen ließ. Die Mutter von Tshangyang Gyatso wurde angeblich geblendet und auch ihr Eigentum konfisziert, während den Autoren der Flugblätter vor ihrer Hinrichtung die Hände abgehackt wurden.

Leben und Tod des sechsten Dalai Lama nahmen eine weitere romantische Wendung, als fast ein halbes Jahrhundert nach seinem Tod ein mongolischer Mönch eine geheime Heiligenschrift herausgab, die angeblich auf den »Geständnissen« seines eigenen Lehrers beruhte, der behauptet haben soll, er sei der leibhaftige Tshangyang Gyatso; er habe überlebt und, nachdem er seinen Wächtern entkommen sei, ein abenteuerliches Leben geführt. Der Brauch, sich als berühmte verstorbene Persönlichkeit auszugeben, ist in Tibet seit dem 12. Jahrhundert dokumentiert. Die Geschichte des mongolischen Mönchs ist von einem literarischen,

DER SECHSTE DALAI LAMA

70 Der sechste Dalai Lama, interessanterweise mit einem Ritualdolch *(phurbu)* im Gürtel, was eher auf den fünften Dalai Lama verweist, würde nicht die rückseitige Inschrift eindeutig die Statue als solche des sechsten Dalai Lama identifizieren. Bronze, vergoldet, genauer Standort unbekannt.

sozialen und anthropologischen Gesichtspunkt aus insofern interessant, als sie zum Wachstum eines Mythos beigetragen hat, der den sechsten Dalai Lama nicht nur in Tibet, sondern auch in der westlichen Vorstellung umrankt. Fachleute wie die Historiker Luciano Petech, Michael Aris oder Per Sørensen hingegen halten die Geschichte nicht für glaubwürdig.

DIE GEDICHTE

Tshangyang Gyatso schrieb seine erste religiöse Komposition mit 11 Jahren. Sie war dem buddhistischen Gott Hayagrīva gewidmet, einem zornigen Beschützer der Doktrin. Doch der sechste Dalai Lama ist vor allem für seine Lieder bekannt, von denen mindestens zwei Sammlungen ihm zugeschrieben werden. Die erste und berühmtere ist in verschiedenen Ausgaben von ungefähr 60 Liedern bis in unsere Zeit weitergegeben worden. Die zweite, unvollständige Sammlung wurde erst kürzlich entdeckt und besteht aus 459 Gedichten, darunter auch die meisten Lieder der ersten Sammlung.[1] Beide Sammlungen bestehen aus ununterbrochenen Versen und können auch als lyrische Autobiografien verstanden werden. Die kürzere Sammlung wurde wahrscheinlich von Tshangyang Gyatso allein komponiert, während die längere deutliche Anzeichen einer editorischen Überarbeitung trägt.

In beiden Sammlungen erscheint die Liebe in allen ihren, mehrheitlich körperlichen, Spielarten – mal unwiderstehlich, dann wieder unerreichbar – und wird durch eine Vielzahl von Gefühlen ausgedrückt: Hoffnung, Mitschuld, Nostalgie, Zweifel, Misstrauen, Enttäuschung, Schmerz, Resignation und sogar Leichtfertigkeit. Der Autor beklagt sich gelegentlich über das Geschwätz der Leute und hadert einige Male mit einer religiösen Figur. Die Religion erscheint meist als ein schwer zu befolgendes Regelwerk oder aber bildet lediglich den Hintergrund der Gedichte und wird so zum Vorwand. Nur einmal, konfrontiert mit der Unmöglichkeit, seine Liebhaberin bei sich zu behalten, sieht der Autor in ihr einen Ort der Zuflucht. Diese Lieder spiegeln die besondere Situation, in der sich der sechste Dalai Lama befand. Einige sind offensichtlich autobiografisch angehaucht, dort zum Beispiel, wo es um die Eskapaden des Protagonisten im Palast oder beim Schlangentempel auf der kleinen Insel im Teich hinter dem Potala geht. Auch auf Mön, seine Geburtsregion, bezieht sich Tshangyang Gyatso häufig.

In den historischen Quellen Tibets gibt es nur sehr wenige Hinweise auf das Interesse des Dalai Lama an weltlicher Dichtung, und in der unvollendeten, offiziellen Biografie des Sangye Gyatso über seinen Schüler – er ließ das Projekt fallen, als sich die Situation in Lhasa zuspitzte – fehlen sie ganz. Ein religiöser Aristokrat schreibt in seinem Tagebuch, er habe Tshangyang Gyatso mit dessen Gefährten in einem Haus gesehen und während einige seiner Kameraden so betrunken gewesen seien, dass sie kaum mehr hätten stehen können, habe er Verse komponiert und Lieder gesungen und sei vom Alkohol nicht im Geringsten verändert gewesen. In zeitgenössischen tibetischen Quellen werden die Sammlungen nirgends erwähnt, außer allenfalls in der Bemerkung des sterbenden Dalai Lama an seinen Diener, er möge seine unvollendeten Schriften nicht verlieren und sie ihm doch später wieder zurückbringen – was bedeuten könnte, dass er die Liebeslieder seinem Nachfolger überlassen wollte.

Die Lieder des Tshangyang Gyatso sind ein historisches und literarisches Dokument von außerordentlichem Wert, nicht nur wegen der Person des Autors, sondern mehr noch wegen ihrer stilistischen Qualitäten. Ihre anhaltende Popularität bei Tibetern aller sozialen Klassen verdanken sie zweifellos beiden Faktoren. Sie gehören zu einer traditionellen Gattung säkularer Gedichte, von denen mehrere Sammlungen überliefert sind, und bilden literarische Adaptationen populärer, tibetischer Liebeslieder. Ihre Wirkung beruht auf dem Einfügen umgangssprachlicher Ausdrücke in einen formalen und eleganten Kontext, der sich aus einem unermesslichen Reichtum an Bildern und Metaphern nährt.

Der Charme dieser Dichtung liegt in der Einfachheit ihrer Bilder und in ihrer klaren Struktur. In der ersten Hälfte des Gedichts wird ein Referenzbild heraufbeschworen, in den meisten Fällen ein Bild aus der Natur (Mond, Sonne, Wasser, Vögel, Insekten, Blumen, Früchte, Bäume), das auf den zweiten Teil hinweist, der einen bestimmten Moment im Gefühlsleben des Dichters beschreibt. Eine zentrale Rolle spielt dabei oft die Anwesenheit oder das Fehlen der Geliebten, die mit einem Reichtum an Beiworten und Adjektiven überhäuft wird. Der Rhythmus, die Prägnanz und die Bilder, welche die Verse des sechsten Dalai Lama auszeichnen, seien hier anhand einer Übersetzung des ersten Gedichts in der Sammlung illustriert:

»Ostwärts, von den Berggipfeln
Weiß und klar der Mond erschien:
Das Antlitz einer schönen Jungfrau
Nahm wieder und wieder Form an in meinem Geist.«

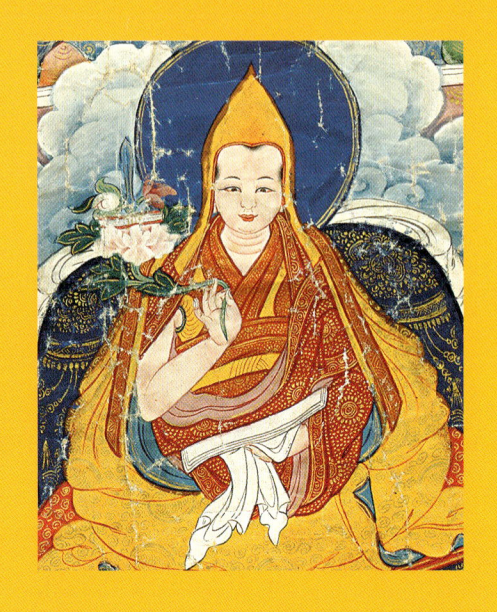

»Die Sonne der Weisheit des Lehrers muss weichen
Und senkt sich im Westen auf Rädern von Torheit;
Und jetzt, wo bös' Nebel sich sammelt,
Sind [wahre] Freunde die Rarste der Blumen.

Wenn Scharen selbstsücht'ger Eulen,
Verschmäht von den Edlen und Weisen,
Tibet erfüllen mit traurigem Schrei,
Wer erkühnt sich zu denken, das freu' ihn?«
(Kelsang Gyatso)

1708–1757

DER SIEBTE DALAI LAMA KELSANG GYATSO
»Ozean des guten Schicksals«

Matthew T. Kapstein

Das Leben des siebten Dalai Lama Kelsang Gyatso (*sKal bzang rgya mtsho*, 1708–1757) fiel in eine besonders bewegte Phase der tibetischen Geschichte, in deren Verlauf sich das Land des Schnees von einem Kampfplatz konkurrierender mongolischer Fraktionen in ein Protektorat der Mandschu Qing-Dynastie verwandelte. In gewisser Hinsicht erscheint dieser Übergang wie eine Vorwegnahme der vom heutigen China vertretenen Position, wonach die Kontrolle über Tibet für die Absicherung der Westgrenze Chinas von zentraler Bedeutung sei. Die wechselnden Geschicke des siebten Dalai Lama spiegeln sowohl die Verwundbarkeit seines Amtes wie dessen bemerkenswerte symbolische Macht unter den Völkern Zentralasiens wider. Man könnte auch sagen, dass die Institution des Dalai Lama, die unter der Führung des »Großen Fünften« ihre charakteristischen religiös-politischen Grundlagen erhielt, unter dem siebten Dalai Lama zu ihrer vollen Reife fand, und dass dessen Verhältnis zu den Mandschu die sino-tibetischen Beziehungen während der verbleibenden Dauer der Qing-Dynastie festlegten.

ERKENNUNG UND JUGEND

Kelsang Gyatso wurde in der Gegend von Lithang in der östlichen Provinz Kham im Erde-Ratten-Jahr des 12. tibetischen Kalenderzyklus (1708) geboren. Sein Vater hieß Sonam Dargye[1] und seine Mutter Sonam Chöntso[2]. Die Geburt des Kindes soll von Wundern begleitet gewesen sein – das Kleinkind habe u.a. fantastische Worte geäußert – und ein Onkel mütterlicherseits gab ihm den viel versprechenden Namen Kelsang Gyatso, »Ozean des Glücks«. Einige Zeit später drang die Schutzgottheit »Weißer Glanz« (*'Od ldan dkar po*) in einen Mönch ein und erklärte, der Knabe sei die Wiedergeburt des Lehrers »Erfüllend zu sehen«, eine Wendung, die sich angeblich auf den verstorbenen Dalai Lama bezog. Das Orakel erklärte zudem, der Junge dürfe nicht länger zu Hause bleiben, sondern müsse unverzüglich in ein Kloster gebracht werden.

Die Nachricht von der Wiedergeburt des Dalai Lama in Kham verbreitete sich allmählich in ganz Osttibet und wurde von den dortigen tibetischen und mongolischen Führern begrüßt. Bald gingen auch in Zentraltibet Gerüchte um. Dort allerdings war Lhasang Khan, der den Titel »König von Tibet« von seinem Vorfahren Gushri Khan, einem Schutzherrn des fünften Dalai Lama, geerbt hatte, über diese Wendung der Dinge gar nicht erfreut. Er hatte nämlich nach der Absetzung und dem Tod von Tshangyang Gyatso seinen eigenen Sohn Yeshe Gyatso zum Dalai Lama ernannt und wurde dafür von den Tibetern zutiefst verachtet.

Nachdem er also gehört hatte, in Kham sei ein Konkurrent zur Welt gekommen, entsandte er zwei seiner militärischen Kommandanten, einen Tibeter und einen Mongolen, um der Sache auf den Grund zu gehen.

Als der tibetische Kommandant, Norbu Ngödrub, hörte, das Kind gelte als Wiedergeburt des Tshangyang Gyatso, versuchte er, die Situation mit der folgenden Argumentation zu entschärfen: Da es sich bei Tshangyang Gyatso – zumindest nach dem Urteil der Mongolen und Mandschus – nicht um den wahren Dalai Lama gehandelt habe, stelle Kelsang Gyatso keine Gefahr dar; denn folglich könne er keine Emanation des Dalai Lama sein, sondern nur die eines falschen Thronbewerbers. Aber Norbu Ngödrub wusste sehr wohl, dass er mit dieser fadenscheinigen Begründung Kelsang Gyatso nicht lange würde schützen können, weshalb er dem Vater riet, seinen Sohn an einem sicheren Ort zu verstecken. Die Familie floh noch am selben Abend in die Wildnis und kehrte erst zurück, als die Gesandten des Lhasang Khan wieder nach Zentraltibet zurückgekehrt waren.

1714 vernahm der Vater, dass erneut einige von Lhasangs Leuten in der Gegend erwartet würden. Da beschloss er, dass es an der Zeit sei, für seinen Sohn einen sicheren Unterschlupf in Derge zu finden. Tenpa Tsering[3], der Prinz von Derge, empfing ihn wohlwollend. Ob Derge allerdings den erhofften sicheren Hafen darstellte, falls Lhasang beschließen sollte, Truppen zu schicken, konnte niemand mit Sicherheit sagen. Der mongolische Befehlshaber von Kokonor, Qingwang Ba thur tha'i ji, und andere sorgten deshalb dafür, dass der Knabe nach Amdo gebracht wurde, wo ihn die Vertreter der großen tibetischen Klöster endlich prüfen konnten. Kelsang Gyatso wurde bald offiziell, aber streng geheim, als neuer Dalai Lama anerkannt. Namgyal Dratsang, die vom »Großen Fünften« gegründete persönliche Mönchshochschule der Dalai Lamas, wurde damals wieder ins Leben gerufen; die bis heute bestehende Institution soll auf diese Zeit zurückgehen.

Als Kelsang Gyatso acht Jahre alt wurde, entsandte der Qing-Kaiser Kangxi – einem Brauch folgend, der auf der Beziehung seines Vaters zum fünften Dalai Lama beruhte – Vertreter des Hofes und ließ den Wiedergeborenen durch eine kombinierte chinesisch-mongolisch-tibetische Kavallerieeskorte in das berühmte, in der Nähe von Xining liegende Kloster Kumbum geleiten, das als Geburtsort Tsongkhapas verehrt wurde. Dort bestieg Kelsang Gyatso den Thron, und in einer öffentlich verlesenen Proklamation bestätigte der Kaiser, dass dieser »die wahre Wiedergeburt des früheren Dalai Lama [sei].« Und weiter: »Wenn

71 Der siebte Dalai Lama. Thangka, das der 13. Dalai Lama dem britischen König George V. 1913 überreichen ließ, Tibet, frühes 20. Jh., 183 x 61 cm, Victoria and Albert Museum (The Royal Collection © 2005 Her Majesty Queen Elizabeth II), London, Inv. Nr.: RL485.   **Ausschnitt aus 71**   Dazugehörige Inschrift: »Als [er] eine Vision des sehr edlen Buddha hat – entstanden aus 100 000 Lichtstrahlen –, wird er zum Bewahrer der Lehre Buddhas.« Szene darüber: Anlässlich der Übernahme der weltlichen Macht empfängt der siebte Dalai Lama Gäste, die ihm Geschenke darreichen. **Ausschnitt aus 71 (Seite 106)**   Dazugehörige Inschrift: »Im zarten Alter von vier Jahren [hat er] eine wunderbare Vision von Buddha und den Arhats.«   **Ausschnitt aus 71 (Seite 107)**   Als er sich zur Meditation zurückzieht, hat er eine Vision vom weißen Mañjuśrī und von Sarasvatī.

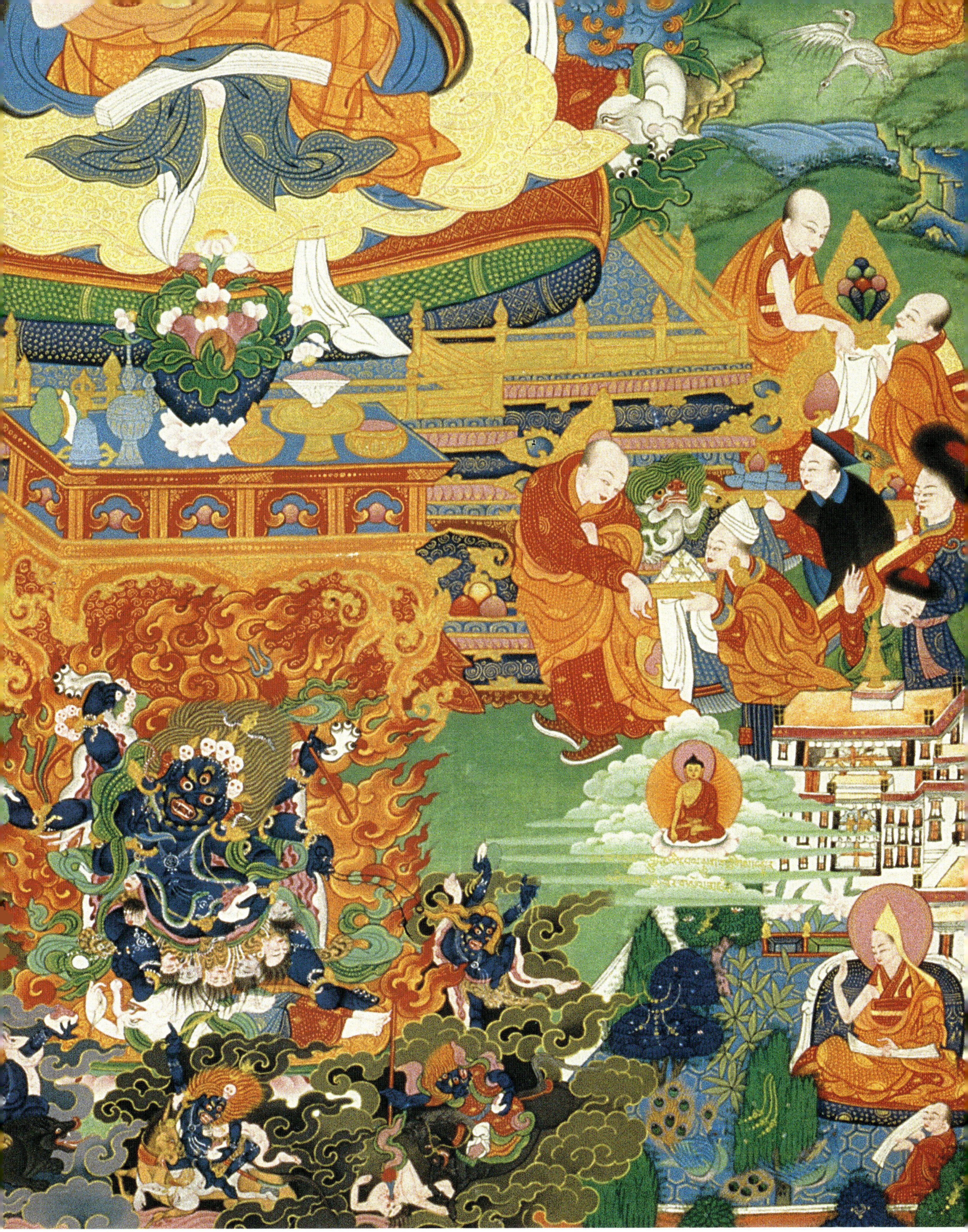

106　DER SIEBTE DALAI LAMA

DER SIEBTE DALAI LAMA

72 Der siebte Dalai Lama Lobsang Kelsang Gyatso mit dem Rad der Lehre und (auf einer Lotosblume) einem Buch und Schwert. Links und rechts vom Thron erkennt man Gläubige, die dem Dalai Lama huldigen und ihm Geschenke darreichen. Unter ihnen sind Mongolen, worauf ihre Kopfbedeckung hinweist. Die Szenen im unteren Bildfeld sind schwierig zu deuten, da die Schrift kaum mehr zu entziffern ist. Offensichtlich handelt es sich um höfische Szenen, worauf die Art der Kleidung und der Architektur hindeutet. Thangka, Tibet, Mitte 18. Jh., 86 cm x 54 cm, Sammlung Schleiper, Brüssel.

der Allwissende in die Welt kommt wie die Sonne, die nicht mit der Hand verdunkelt werden kann, umarmen die Lichtstrahlen seiner Barmherzigkeit und erleuchteten Taten die ganze Welt, damit die Lehre des Buddha sich ausbreite und wachse.« Doch gleichzeitig bekräftigte der Kaiser die Legitimität der Herrschaft Lhasang Khans, und so verblieb Zentraltibet einstweilen unter Lhasangs Kontrolle. Die Beschützer des jungen Dalai Lama hatten keine andere Wahl, als ihn in Kumbum zu erziehen, wo er bei einer Reihe angesehener Lehrer seine Studien absolvierte. 1717 drangen die Dsungaren in Zentraltibet und Kham ein und machten sich mit ihren religiösen Verfolgungen, insbesondere der Nyingma, zutiefst verhasst. Nachdem sie Lhasang Khan besiegt hatten, setzten sie seinen Sohn, den falschen Dalai Lama Yeshe Gyatso, ab. Als die Dsungaren 1720 dem Vormarsch der vereinigten mandschurisch-tibetischen Streitkräfte nicht standhielten, konnte der dreizehnjährige Kelsang Gyatso endlich seinen Thron in Lhasa beanspruchen. Kaiser Kangxi befürwortete diesen Schritt und entsandte seinen 14. Sohn, den Prinzen Yunit, um den Dalai Lama zu begleiten. Der Prinz tat dies zusammen mit einem Gefolge von führenden Vertretern des tibetischen Buddhismus am Hof der Qing sowie mit mandschurischen, chinesischen und mongolischen Offizieren. Zweifellos wollte der Kaiser den Tibetern zu verstehen geben, dass der Dalai Lama, bei aller Verehrung, die er selbst für ihn empfand, letztlich vom kaiserlichen Hof abhängig war. In der Zuwendung der Mandschu lag darum immer auch etwas Bedrohliches: Dass beides, die Verehrung aber auch die Vorherrschaft der Qing gleichermaßen real waren, machte die Aufgabe der tibetischen Gesandten, die für die Beziehungen zu den Mandschu zuständig waren, nicht einfacher. Ein Gleichgewicht zwischen diesen scheinbar widersprüchlichen Haltungen zu finden, erforderte jedenfalls viel diplomatisches Geschick. Die Laufbahn des Kelsang Gyatso – für die Tibeter der siebte, für die Mandschus aber erst der sechste Dalai Lama – spielte sich dann auch weitgehend im Spannungsfeld zwischen kaiserlichem Glauben und kaiserlicher Macht ab.

Kelsang Gyatso kam im Herbst 1720 im Potala an. Im Winter wurde er vom höchsten Gelugpa-Meister, dem zweiten Panchen Lama Lobsang Yeshe, ordiniert und erhielt den Ordensnamen Lobsang Kelsang Gyatso *(Blo bzang skal bzang rgya mtsho)*. Es war dann in Amdo, wo der Widerstand gegen die Mandschu-Herrschaft erstmals zum offenen Konflikt eskalierte. 1723 – Kaiser Kangxi war vor kurzem gestorben und sein Nachfolger Yongzhen war erst im Begriff, seine Autorität zu festigen – erhoben sich Angehörige der mongolischen Stämme, welche die Nachfolge des Gushri Khan für sich beanspruchten, gegen die Herrschaft der Qing in der Region Kokonor. Sie wurden unterstützt von ihren tibetischen Verbündeten in Amdo und einigen Parteigängern in den Klöstern. Der neue Kaiser bestand auf gewaltsame Vergeltungsmaßnahmen und die Mandschu-Armee überrollte Amdo mit einem verheerenden Feldzug, wobei sie Dörfer und Klöster zerstörte, die verdächtigt wurden, sich mit den Aufständischen verbündet zu haben, und deren Bewohner ohne Unterschied tötete. Sogar Chusang Nominhan[4], der Hauptlehrer des Dalai Lama während dessen Jugendzeit in Kumbum, wurde nicht verschont. Als sie von den Ereignissen in Amdo erfuhren, wandten sich sowohl die buddhistische Führung in Peking als auch Kelsang Gyatso an den Kaiser und baten ihn um Gnade. Dieser gab schließlich nach und ordnete den Wiederaufbau der beschädigten Klöster mit kaiserlichen Geldern an. Mit der Ausdehnung ihrer direkten Schutzherrschaft auf die tibetischen Buddhisten in Amdo versuchten die Qing, sich deren zukünftige Loyalität zu sichern, und hatten damit wenigstens teilweise Erfolg.

Vom Zorn der Mandschu besonders hart getroffen wurde das bedeutende Kloster Gönlung[5] im Monguor-Territorium östlich von Xining. Das Kloster wurde völlig zerstört und der sechsjährige Janggya Rölpe Dorje (*lCang skya rol pa'i rdo rje*, 1717–1786), die Wiedergeburt von Janggya Ngawang Chöden (*lCang skya ngag dbang chos ldan*, 1642–1714), wurde in der nahen Wildnis versteckt. Janggya Ngawang Chöden war ein besonders nahe stehender Schüler des fünften Dalai Lama und später ein Lehrer des Kaisers Kangxi gewesen. Demgemäß erging der Befehl, die junge Wiedergeburt des Janggya Ngawang Chöden müsse unter allen Umständen gefunden und unversehrt nach Peking gebracht werden. Rölpe Dorje wuchs in der Folge unter dem direkten Schutz des Hofes auf und wurde dort erzogen. So wurde er von Kind an darauf vorbereitet, als Mittler zwischen den Mandschu und den Buddhisten in Tibet und in der Mongolei zu fungieren.

EXIL UND RÜCKKEHR

Der junge Dalai Lama war mittlerweile schon einige Jahre im Potala-Palast installiert, doch war er immer noch minderjährig und die politische Lage in Tibet weiterhin unstabil. Seine Herrschaft war deshalb vorläufig kein Thema. Vielmehr war er vollauf mit seiner religiösen Ausbildung beschäftigt. Nach dem Krieg mit den Dsungaren (1720) hatten die Mandschu all jene Mitglieder der tibetischen Regierung, die mit dem Feind kollaboriert hatten, streng bestraft und gleichzeitig der Bevölkerung strikte Disziplin auferlegt – Maßnahmen, die nicht zu ihrer Popularität im tibetischen Volk beitrugen. Um Tibet zu regieren, schufen sie eine Oligarchie bestehend aus fünf tibetischen Adligen unter der Führung von Khangchen-ne *(Khang chen nas)*, welche sich mit den beiden Mandschu-Gouverneuren, den Ambanen, die Ausübung der Macht teilten. Dieses komplexe Herrschaftsgefüge wurde durch den neuen Status von Sonam Dargye, dem Vater des Dalai Lama, nicht einfacher. Sonam Dargye war nach der Einsetzung seines Sohnes als Dalai Lama in den Adelsstand erhoben worden und verstrickte sich schon bald in die Geschäfte der herrschenden Oligarchie.

Im Verlauf der zwanziger Jahre des 18. Jahrhunderts verschlechterten sich die Beziehungen unter den tibetischen Oligarchen zuse-

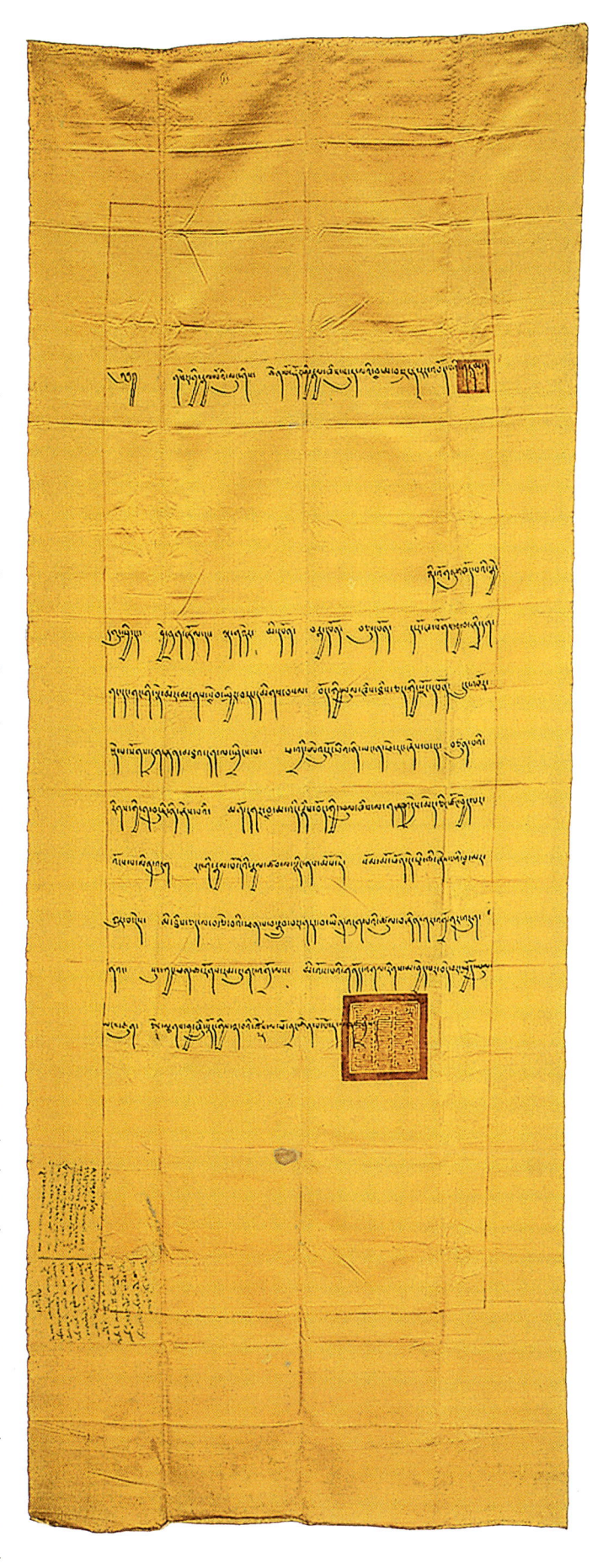

73 Dekret des siebten Dalai Lama vom 7. Oktober 1741, zu Händen der in Lhasa stationierten Kapuziner. Handschrift auf gelber Seide, Lhasa, 1741, 200 x 69 cm, Bayerische Staatsbibliothek München, Cod. tibet. 507. >>>

DER SIEBTE DALAI LAMA 109

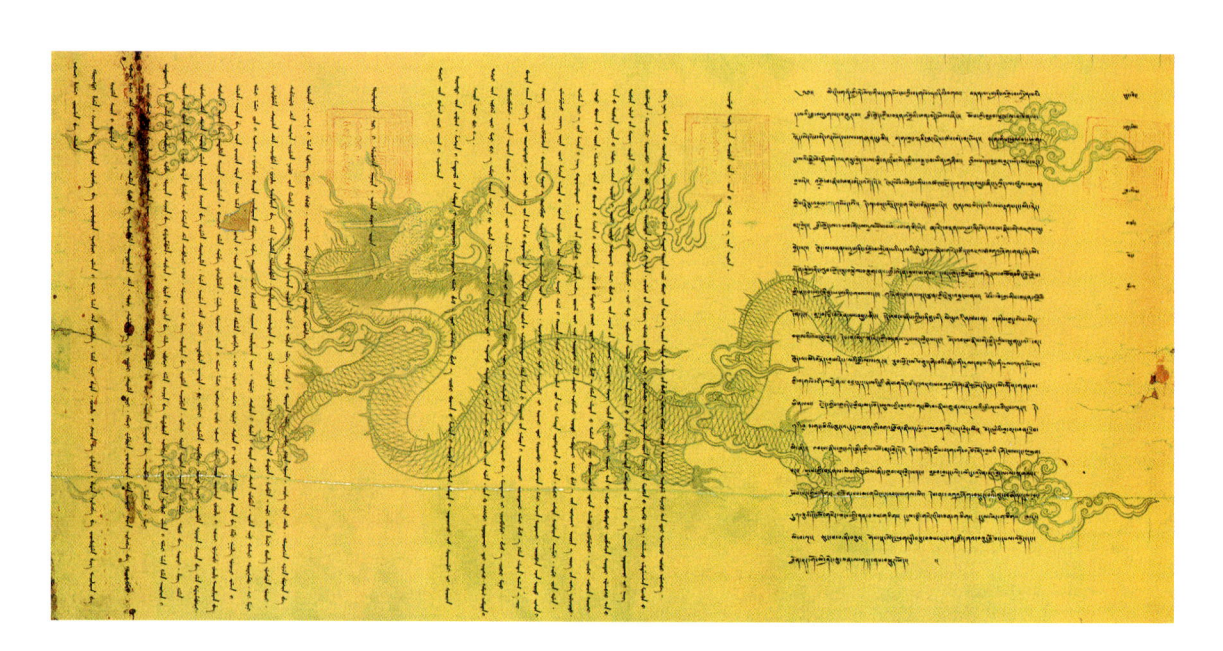

74 Edikt des Kaisers Yongzhen aus dem Jahr 1723, in dem er Kelsang Gyatso als »Sechsten« (!) Dalai Lama bestätigt und als legitimen Nachfolger des »Großen Fünften« bezeichnet. 166 x 100 cm, Archives of the Tibet Autonomous Region.

hends. Khangchen-ne, obwohl in mancher Hinsicht ein durchaus begabter Führer, war arrogant und unfähig zur Zusammenarbeit. Drei seiner Mitoligarchen – Ngaphö[6], Lumpawa[7], dessen Töchter Sonam Dargye geheiratet hatten, und Jarawa[8] – verschworen sich gegen ihn. Der vierte, Pholha-ne Sonam Topgyal[9], betrachtete Khangchen-ne trotz seines schwierigen Charakters als den rechtmäßigen Führer und versuchte sich eine Zeitlang aus dem Konflikt herauszuhalten. 1727 wurde Khangchen-ne samt Gefolgsleuten und Familie in einem Staatsstreich ermordet, worauf Pholha-ne im westlichen Tibet und in Tsang Truppen aufbot, um die Mörder und deren Anhänger zu stürzen. Obwohl zahlenmäßig klar unterlegen, gelang es ihm, dank einer überlegenen Strategie und der geschickten Konzentration seiner Kräfte, wichtige Stützpunkte im Westen, insbesondere Shigatse, unter seine Kontrolle zu bringen, während er die Ankunft der Mandschu-Truppen abwartete. Nach deren Eintreffen war der Aufstand schnell niedergeschlagen. Für die Qing war klar, dass die lokalen Regierungsstrukturen in Tibet neu gestaltet werden mussten. Anstelle der bisherigen Oligarchie wurde Pholha-ne alleiniger Vertreter der Qing-Macht in Tibet. Obwohl er die Führung des Landes im Prinzip immer noch mit den Ambanen teilte, betrachteten zeitgenössische ausländische Besucher wie der bekannte Kapuzinermissionar Cassiano Beligatti de Macerata Pholha-ne ganz klar als den wirklichen »König« von Tibet. Doch der Aufstieg des Pholha-ne hatte seinen Preis: der Auszug des Dalai Lama und seiner Familie ins Exil. Denn in den Augen von Pholha-ne war und blieb Sonam Dargye ein Unruhestifter, der in Zentraltibet immer Anhänger finden würde, solange sein Sohn dort bliebe. Also musste auch Kelsang Gyatso gehen.

Die Mandschu gerieten durch diese Entwicklung in eine heikle Lage. Zwar hatte Pholha-ne effektiv die Mandschu-Herrschaft über Tibet gerettet und deshalb Anspruch auf Unterstützung, doch umgekehrt hatten die Kaiser Kangxi und Yongzhen die Anerkennung Kelsang Gyatsos persönlich gutgeheißen, weshalb die Qing dem von ihnen mit eingesetzten Dalai Lama weiterhin zur Loyalität verpflichtet waren. Schließlich entschlossen sie sich für eine pragmatische, wenn auch nicht ideale Lösung, die es Pholha-ne erlauben sollte, in Tibet zum ersten Mal seit einem Vierteljahrhundert ein stabiles Regime zu konsolidieren, während der Dalai Lama – im Exil zwar, aber unter bestmöglichen

75 Lama Janggya Huthugtu Rölpe Dorje, es fehlen auf der linken und rechten Seite die Lotosblüten mit Buch bzw. Schwert darauf. Bronze, vergoldet, feine Malreste, Tibet/China, 18. Jh., H: 17 cm, B: 12,5 cm, T: 8,5 cm, Jacques Marchais Museum of Tibetan Art, NY, Inv. Nr.: 85.04.0162.   **76** Der siebte Dalai Lama, Lotosblüte auf seiner rechten Seite fehlt, ebenso das Buch in seiner linken Hand. Bronze, vergoldet, bemalt, Tibet/China, 18. Jh., H: 19 cm, B: 12 cm, T: 10 cm, Jacques Marchais Museum of Tibetan Art, NY, Inv. Nr.: 85.04.0772.

Bedingungen – seiner religiösen Berufung weiter nachkam: In Garthar *(mGar-thar)*, östlich von Kham in der Provinz Szechuan und weit weg von den Geschehnissen Zentraltibets, errichteten die Mandschu ein neues Kloster, das während der nächsten acht Jahre als Kelsang Gyatsos Residenz von Kaisers Gnaden dienen sollte. Hier widmete sich der Dalai Lama ganz dem Studium und der Meditation sowie der Belehrung der Pilger, die seinen Segen suchend ins Kloster kamen. Und hier erwarb er sich auch den Ruf, einer der ganz großen tantrischen Meister des Gelugpa-Ordens zu sein. In der tibetischen Kunst wird er deshalb manchmal als Tantriker bzw. Yogin abgebildet (Abb. 77). Sein umfassender Kommentar zum Mandala und zu den Initiationsriten des Guhyasamāja Tantra ist sein umfangreichstes Werk und gilt als eines der Meisterwerke der tantrischen Exegese der Gelugpa-Schule.

Die Entscheidung der Qing, den Dalai Lama zwar zu unterstützen, aber gleichzeitig sein Exil gutzuheißen, stellte einen Widerspruch dar, der sich auf die Dauer nicht aufrechterhalten ließ. 1735 wurde deshalb beschlossen, es sei an der Zeit, dass der Dalai Lama nach Zentraltibet zurückkehre. Pholha-ne war nicht besonders erfreut über die Aussicht, den Hierarchen wieder in Lhasa zu wissen. Aber er war sich seiner Autorität inzwischen sicher und sah ein, dass es sinnlos wäre, sich dem kaiserlichen Entschluss entgegen zu stellen, zumal dieser Kelsang Gyatso verpflichtete, ausschließlich religiöse und zeremonielle Funktionen zu übernehmen. Auf Befehl von Kaiser Yongzhen begab sich eine kaiserliche Gesandtschaft von 500 religiösen, zivilen und militärischen Vertretern nach Garthar, um den Dalai Lama nach Lhasa zu begleiten. Der religiöse Führer der Delegation war kein anderer als der damals 18 Jahre alte Janggya Rölpe Dorje.

Janggya Rölpe Dorje hatte schon lange auf diesen Moment gewartet, und er ließ sich nicht zweimal bitten, als sich ihm endlich die Chance bot, seine Studien unter dem Dalai Lama und dessen Lehrern weiter zu führen. In den folgenden Jahren wurde er ein enger Vertrauter und bevorzugter Schüler des Dalai Lama und viele Jahre später auch sein offizieller Biograf. 1737 reiste Janggya Rölpe Dorje nach Tashilhünpo in Shigatse, um, wie der Dalai Lama vor ihm, von Panchen Lobsang Yeshe die Mönchsweihe zu empfangen. Sein Aufenthalt bei diesem Meister nahm jedoch ein plötzliches Ende, als ihn die Nachricht vom Tod des

77 Der siebte Dalai Lama als Gelehrter und Tantriker. Dargestellt ist die Vision des siebten Dalai Lama anlässlich einer Heruka (Cakrasaṃvara)-Initiation, die durch den zweiten Panchen Lama Lobsang Yeshe verliehen wurde. Auf der linken Seite des Dalai Lama die Objekte, die für die genannte Initiation verwendet werden. Ferner sind acht der 24 heiligen Orte von Cakrasaṃvara zu erkennen. Thangka, Tibet, 64 x 42 cm, Völkerkundemuseum der Universität Zürich, Inv. Nr.: 13200. >>>   **Ausschnitt aus 77**   Vor dem Thron und den beiden Throntischen – einer mit dem alltäglichen Ritualgerät, der andere mit tantrischem – tanzen fünf Ḍākinīs mit Gegenständen, welche die fünf Sinne symbolisieren (Früchte, Laute, Spiegel, Sanduhrtrommel, Tuch).

DER SIEBTE DALAI LAMA

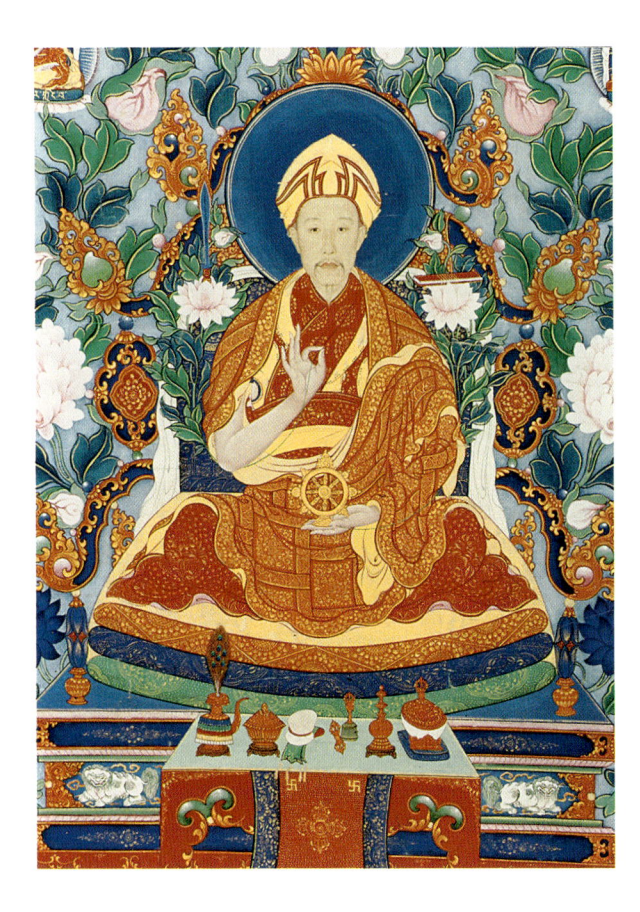

78 Der Kaiser Qianlong als tibetischer Lama dargestellt. Detail einer größeren, auf Seide aufgetragenen Malerei, China, ca. 1766, Gesamtmaß der Bildrolle: 113,5 x 64 cm, Freer Gallery of Art (Arthur M. Sackler Gallery), Washington D.C. >>>

Kaisers Yongzhen erreichte und er auf schnellstem Weg nach Peking zurückkehren musste. Dort stellte sich heraus, dass es sich bei dem neuen Monarchen, der unter dem kaiserlichen Titel Qianlong den Thron bestieg, um seinen besten Freund unter den Prinzen handelte. Dank seiner engen Beziehungen zum neuen Mandschu-Herrscher und zu Kelsang Gyatso spielte Rölpe Dorje von da an für Jahrzehnte eine herausragende Rolle in den sino-tibetischen Beziehungen.

POLITISCHE LEISTUNGEN UND VERMÄCHTNIS

Mit Pholha-nes Tod 1747 brach für Tibet erneut eine Periode der Unsicherheit an. Das Amt des Verstorbenen übernahm dessen zweiter Sohn Gyurme Namgyal[10]. Dieser versuchte, die Beziehungen zu den Dsungaren, die seit jeher die Widersacher der Mandschu-Hegemonie in Zentralasien waren, wiederherzustellen. Außerdem soll er dem Dalai Lama aus dem Weg gegangen sein. Die Lage war gespannt und spitzte sich zu, als 1750 Gyurme Namgyal im Auftrag der Ambane ermordet wurde. Zur Vergeltung griffen die Anhänger Gyurme Namgyals den Sitz der Ambane an und töteten die Ambane und viele der in Lhasa stationierten Chinesen. Der Kaiser sandte eine Delegation, die vor harten Strafmaßnahmen nicht zurückschreckte. Diejenigen aus Gyurme Namgyals Sippschaft, die in Gefangenschaft gerieten, wurden entweder hingerichtet oder eingekerkert. Da sie gleichzeitig gegen den Dalai Lama und gegen die Mandschu-Herrschaft rebelliert hatten, gab es für Kelsang Gyatso keine Möglichkeit, zu ihren Gunsten einzugreifen.

In Folge dieser Ereignisse kam Kaiser Qianlong zu dem Schluss, die Tibeter seien nicht länger vertrauenswürdig genug, um sich selbst zu regieren; in Zukunft sollten die beiden vom Hof eingesetzten Ambane als Gouverneure die Region allein verwalten. Tibet wäre damit effektiv von einem Protektorat zu einer Kolonie herabgestuft worden. Die Bedeutung von Janggya Rölpe Dorje als anerkannter Vermittler zwischen dem tibetischen Klerus und dem Kaiser wurde nun offensichtlich: Er versuchte, dem Monarchen klar zu machen, dass eine direkte Unterstellung der Tibeter unter die Herrschaft der Mandschu schlimme Folgen haben und unweigerlich zum bewaffneten Aufstand führen würde. Stattdessen schlug er vor, man möge dem Dalai Lama, seinem Freund und Lehrer, endlich seine rechtmäßige Rolle übertragen. Der Kaiser ließ sich von Janggya überzeugen. In einer langen Proklamation an die tibetischen Behörden rechtfertigte er das harte Vorgehen gegen die Fraktion von Gyurme Namgyal und kündigte gleichzeitig eine Regierungsreform an. Die Ambane und der Dalai Lama sollten sich fortan gemeinsam um die Regierungsgeschäfte Tibets kümmern und dabei von angesehenen Beamten wie Doring Paṇḍita[11] unterstützt werden. Zum ersten Mal in seinem Leben stand damit der Dalai Lama Kelsang Gyatso im Zentrum des politischen Geschehens.

Der politische Erfolg des siebten Dalai Lama kam einigermaßen überraschend. Nachdem er als Mönchsgelehrter ausgebildet und wegen der anhaltenden politischen Unruhen während seiner Jugend und in seinem frühen Erwachsenenalter von einer aktiven politischen Rolle ausgeschlossen worden war, kam er durch die Ereignisse von 1747–50 im Alter von 43 Jahren plötzlich an die Spitze der tibetischen Regierung. Seine persönlichen Qualitäten – außerordentliche Gelehrsamkeit und spirituelle Integrität – sowie das große Ansehen, das die Figur des Dalai Lama im tibetischen Volk seit jeher genoss, sicherten ihm die Unterstützung des gemeinen Volkes sowie wichtiger Teile von Klerus und Aristokratie und natürlich des kaiserlichen Hofes der Mandschu. Im Gegensatz zu seinen in Parteilichkeit verstrickten Vorgängern stieß er mit seiner Regierungstätigkeit auf breite Zustimmung.

Unter den wichtigsten vom siebten Dalai Lama geschaffenen politischen Institutionen verdient der Kashag *(bka'shag)* besondere Beachtung. Als eine Art Führungsrat oder Kabinett war der Kashag bis 1959 das höchste Organ der weltlichen Administration von Tibet und ist auch heute noch Bestandteil der tibetischen Exilregierung. Da prominente Mitglieder des ersten Kashag – insbesondere Doring Paṇḍita und Dokhar Shabdrung[12] – wichtige Verbündete von Pholha-ne gewesen waren, zeichnete sich seine Regierungsarbeit von Anfang an durch eine gewisse Kontinuität aus. Um die Erziehung der Laienbeamten zu verbessern, gründete der Dalai Lama 1754 eine neue Spezialschule für Kalligrafie, Literatur und Astrologie (die Hauptfächer des tibetischen Regierungsdienstes) sowie die berühmte Künstlerwerkstatt Döpal *('dod dpal)* im Zhol-Quartier unterhalb des Potala. Später wurde diesen Einrichtungen noch ein Archivierungsdienst *(yig tshang las khung)* angegliedert. Zusammen regelten diese Institutionen alle materiellen Aspekte der weltlichen und klösterlichen Administration Tibets. In den folgenden Jahren überwachte der Dalai Lama persönlich eine beträchtliche Produktion an religiöser Kunst und Publikationen.

1756 erkrankte Kelsang Gyatso plötzlich, und im Jahr darauf starb er im Alter von nur 50 Jahren. Die Regierungsgeschäfte übernahm ein Regent, der sechste Demo Huthugtu Jampel Delek Gyatso[13].

Zweifellos war Kelsang Gyatso sein ganzes Leben lang bestrebt gewesen, dem tibetischen Volk, das unter fremden Invasionen und Bürgerkrieg schwer gelitten hatte, den lange ersehnten Frieden und Wohlstand zu verschaffen. Seinem Aufstieg zur Macht 1751 ist es zu verdanken, dass eine typisch tibetische Form der Regierung, die weltliches Streben und Religion *(chos srid gnyis ldan)* in sich vereinte, für sein Land fortan zur Norm werden sollte. Seine persönliche Erfüllung scheint er allerdings vor allem in der Meditation, im Studium und in seiner Rolle als buddhistischer Lehrer und Autor gefunden zu haben. Die sieben Bände seiner *Gesammelten Werke* machen ihn, nach dem »Großen Fünften«, zum produktivsten Autor unter den Dalai Lamas. Sein Werk umfasst Kommentare, liturgische Texte sowie eine breite Auswahl an offiziellen Dokumenten und Weiheschriften. Von all seinen literarischen Leistungen werden allerdings seine religiösen Gedichte, in denen er schlichte Ratschläge zum gemeinsamen buddhistischen Leben mit tief schürfenden Anleitungen zur Kontemplation verbindet, am meisten bewundert. Es scheint deshalb angebracht, diese kurze Darstellung seines Lebens mit einem Auszug aus seinen Gedichten zu beschließen.

79 Lama Janggya Huthugtu Rölpe Dorje, der die Embleme des Bodhisattva Mañjuśrī auf je einer Lotosblüte links und rechts trägt. Ausschnitt aus Thangka, Tibet/China, Ende 18. Jh., 72,5 × 43 cm (gesamtes Thangka), Musée national des arts asiatiques Guimet, Paris, Inv. Nr.: MA 4939. >>>

»Erregt von dem Dämon ›halt-es-für-wahr‹
Glaubst du, Erscheinungen zu sehen.
Doch reiß' ihn weg, den eigenen Fehler,
Und suche, was der Verstand wissen kann;
Verscheuche das flackernde Trugbild
Und schau dir die Wirklichkeit an!

Im Angesicht eines leer-klaren Himmels
Gibt's kein für-sich-allein wahres Ding,
Nur vielfältig wirkende Kräfte,
Lassen den Regenbogen entstehen.
Schau hin! Kaum zu glauben,
Wie ziellos all' das zu entstehen scheint.

Obwohl du nichts ergreifen kannst
Durch Analyse gezielt auf ein ›dies‹,
Aus dem Klüngel der Bedingungen,
Durch Zuordnen von Namen allein,
Entsteht alles Tun und alle Taten.
Dieser Illusion öffne deine Augen!«

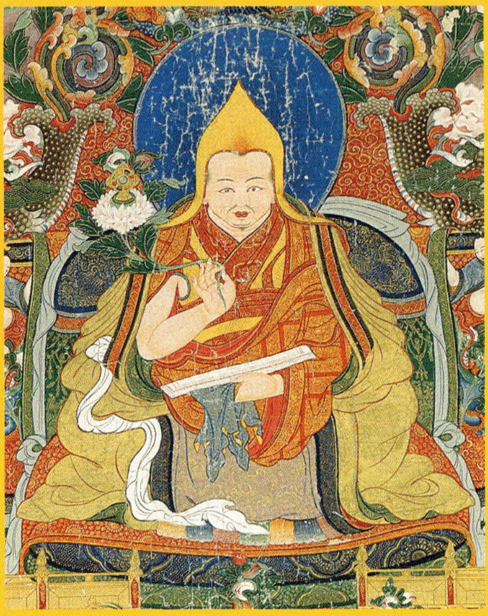

1758–1804

DER ACHTE DALAI LAMA JAMPEL GYATSO
»Ozean des glorreichen Sanftmutes«

Derek F. Maher

Die Amtszeit des achten Dalai Lama fiel in eine turbulente, von Kämpfen und Intrigen geprägte Periode in der Geschichte des Himalaja.[1] Doch der Dalai Lama war mehr Beobachter dieser weltlichen Angelegenheiten, als dass er an ihnen teilnahm. Zwischen verschiedenen Lagern brachen zu seinen Lebzeiten immer wieder kleinere Spannungen oder offene Kriege aus. Der Aufstieg des Gurkha-Königs Prithvinarayan in den sechziger Jahren des 18. Jahrhunderts führte 1769 zur Zerstörung der Newari-Koalition. 1774–75 und 1788 kam es dann zum Konflikt mit Sikkim und in den Jahren 1787 und 1791 zur Invasion von Westtibet. Sikkim wurde mehrere Jahre lang von Bhutan besetzt bis dessen führender Kopf, Deb Judhar, die Briten 1772–1773 zu Vergeltungsmaßnahmen veranlasste. In dieser Zeit kam es zum ersten Mal zu Kontakten zwischen Tibet und den Briten. Die mandschurische Qing-Dynastie ihrerseits nutzte eine Bitte um Beistand gegen die eindringenden Gurkhas dazu, ihre Vormachtstellung in Tibet auszubauen.

Die Qing befassten sich im 18. Jahrhundert in zunehmendem Maße mit Tibet, und die Vertreter des chinesischen Kaiserhofes versuchten mehrmals, das Land direkt zu regieren. Diese Anstrengungen rührten zum Teil von den Problemen Chinas mit den Mongolen an der Nordwestgrenze ihres Landes her. Viele der mongolischen Stämme, die China besonders beunruhigten, unterhielten enge Verbindungen zu Tibet, insbesondere zur Gelugpa-Schule der Dalai Lamas, und die Qing hatten im Lauf der Zeit gelernt, dass sich ein gewisser politischer Einfluss auf die kirchlichen Obrigkeiten in Tibet befriedend auf die mongolischen Nomaden im Grenzgebiet ausüben konnte. Und schließlich lag es im Interesse der Quing, durch eine Stärkung ihrer Vormachtstellung in Tibet ein Gegengewicht zum Einfluss der Mongolen, der Gurkhas und, ab dem späten 18. Jahrhundert, der Briten zu bilden.

Die Qing ersannen immer wieder neue administrative Strukturen, um ihren Einfluss auf die tibetischen Angelegenheiten zu maximieren. Während mehrerer Jahrzehnte vor 1751 wurde Tibet von verschiedenen »starken Männern«, Tibetern wie Mongolen, dominiert und die Qing machten in dieser Zeit ihr Gewicht spürbar, indem sie Allianzen bildeten oder verschiedene Fraktionen gegeneinander ausspielten. Das wichtigste Instrument ihrer Intrigen in Lhasa war der Amban oder kaiserliche Abgeordnete. Obwohl die tatsächliche Macht des Amban oft sehr begrenzt war, hat er offensichtlich die Ereignisse in Zentraltibet oftmals in gewissem Maße beeinflusst. Wie genau dieser chinesische Einfluss aussah, wird bis heute heftig, teils polemisch, unter Historikern diskutiert. So vertritt der tibetische Historiker Tsepön Shakabpa die Ansicht, die Ambane der Mandschus seien zwar zu Zeremonien, Aufführungen und Festen eingeladen worden, hätten sich jedoch im Übrigen aus der Politik herausgehalten.[2] Dem entgegengesetzt ist der chinesische Autor Ya Hanzhang der Meinung, die Ambane hätten den Alltag in Tibet bis in alle Einzelheiten streng kontrolliert. Den politischen Status des Dalai Lama fasst er folgendermaßen zusammen: »Der achte Dalai Lama war nur dem Namen nach der Führer von Tibet, denn jede seiner Amtshandlungen wurde von den Ambanen diktiert.«[3]

Nach dem Tod des siebten Dalai Lama Kelsang Gyatso im Jahre 1757 versammelten sich zahlreiche religiöse und politische Persönlichkeiten, um die Zukunft der Institution des Dalai Lama zu diskutieren. Anfangs debattierten sie, offenbar unter dem Einfluss von Prophezeiungen, die das Ende der gegenwärtigen Abstammungslinie nach sieben Inkarnationen voraussagten[4], ob sie überhaupt nach einer Wiedergeburt suchen sollten. Nachdem sie sich entschieden hatten, eine solche Suche durchzuführen, beschlossen sie, erstmals die Inkarnation eines Lama zum Regenten ad interim zu ernennen, bis der neue Dalai Lama die Volljährigkeit erreicht haben würde und in der Lage sei, seine offiziellen Pflichten zu erfüllen. Die siebte Demo-Inkarnation, Ngawang Jampel Delek Gyatso (gest. 1777), wurde anschließend einstimmig zum Regenten von Tibet gewählt.

1760 reiste der dritte Panchen Lama Lobsang Palden Yeshe (1737–1780) vom Kloster Tashilhünpo in Shigatse nach Lhasa, um sich mit dem Regenten über das Auswahlverfahren für die neue Wiedergeburt zu beraten. Traditionsgemäß wurden alle wichtigen Orakel befragt und alsbald trafen erste Berichte über bemerkenswerte Kinder in Lhasa ein. Man einigte sich schließlich auf einen am 25. Tag des sechsten Monats von 1758 geborenen Jungen in Tobgyel Hlari Gang in der Provinz Tsang, und dieser Entscheid wurde in gewohnter Weise überprüft, indem man dem Knaben verschiedene Gegenstände vorlegte, von denen einige aus dem persönlichen Besitz des siebten Dalai Lama stammten. Das Kind wählte ohne Zögern die richtigen Objekte aus.

Anfang 1761 wurde die junge Wiedergeburt aus dem Elternhaus gebracht und dem Panchen Lama vorgestellt. Dieser schnitt eine Locke aus dem Haar des Kindes und gab ihm den Namen Lobsang Tenpe Wangchuk Jampel Gyatso *(Blo bzang bstan pa'i dbang phug 'jam dpal rgya mtsho)*. Schon im zarten Alter von drei Jahren begann der Knabe seine Ausbildung bei herausragenden Gelehrten. 1762 wurde er in einer großen Prozession in den Potala-Palast nach Lhasa begleitet und dort im Rahmen einer

80 Der achte Dalai Lama anlässlich seiner Inthronisation als Dalai Lama, der hohe Würdenträger, Gäste und gar Götter beiwohnen. Um die zentrale Figur verschiedene Persönlichkeiten und Szenen, so seine von vielen Wundern begleitete Geburt in Thob rgyal (rechts), sein Lehrer Yeshe Gyaltsen (oben rechts) und der dritte Panchen Lama Lobsang Palden Yeshe (oben links). Thangka, Tibet, um 1780, 90 x 61,5 cm, Collection R.R.E.   **Ausschnitt aus 80** Teil der Thronverzierung und dahinter das Geburtshaus des achten Dalai Lama, in dessen Fenster man ihn mit seinen Eltern sieht.   **Ausschnitt aus 80 (Seite 120)** Verehrung und Geschenkdarreichung durch Götter (u.a. den vierköpfigen Brahma).   **Ausschnitt aus 80 (Seite 121)** Weltliche Leute – darunter auch Ausländer –, von denen einer eine Schale voll Juwelen dem auf dem Löwenthron sitzenden Dalai Lama darreicht.

DER ACHTE DALAI LAMA

120 DER ACHTE DALAI LAMA

DER ACHTE DALAI LAMA

vom Panchen Lama geleiteten Feier auf dem Schneelöwen-Thron des Dalai Lama installiert (Abb. 80). 1765 nahm der Panchen Lama dem Jungen das Novizengelöbnis ab. Während seiner Jugend sollen sich wunderbare Begebenheiten ereignet haben. So auch am Tag seines Gelöbnisses: Regenbogen legten sich um die Sonne, göttliche Formen erschienen in den Wolken, sphärische Lobgesänge erklangen am Himmel, die Erde bebte, von weit her ertönte ein dumpfer Ton wie von einer Dharma-Trommel und über allem lag der Duft von süßen Aromastoffen.[5]

Der junge Dalai Lama studierte mit vielen der großen Gelehrten des 18. Jahrhunderts. Der einflussreichste unter ihnen war sein Hauslehrer Yeshe Gyaltsen (1713–1793). Als wichtiger Schüler des zweiten Panchen Lama Lobsang Yeshe (1663–1737) wurde Yeshe Gyaltsen vom dritten Panchen Lama für die Stelle als Hauslehrer des Dalai Lama empfohlen. Er war, was selten vorkam, sowohl ein außergewöhnlicher Gelehrter wie ein vollendeter in die geheimen Lehren Eingeweihter. Bevor er zum Hauslehrer des Dalai Lama ernannt wurde, war Yeshe Gyaltsen im Kloster Tashilhünpo ausgebildet worden und hatte sich anschließend in einen entlegenen Winkel des Himalaja begeben. Dort blieb er 12 Jahre und zog sich oft zu ausgedehnten Klausuren zurück, in deren Verlauf ihm tiefe Einsichten zuteil wurden. Er übte auf den jungen Dalai Lama einen großen Einfluss aus. Mit seinem kontemplativen Wesen und seiner Vorliebe für praxisorientierte Literatur ähnelte dieser seinem Hauslehrer. Indem Yeshe Gyaltsen jegliche Vermischung von Nyingma-Praktiken mit dem strikten Regime der Gelugpa-Schule ablehnte, bewog er den achten Dalai Lama außerdem dazu, nicht den eklektischen oder »ökumenischen« Weg des fünften Dalai Lama zu beschreiten.

Anfang 1771 trat die Erziehung des jugendlichen Dalai Lama in eine fortgeschrittene Phase. Er hörte jetzt Überlieferungen und Erklärungen zu den *Gesammelten Werken* des siebten Dalai Lama, des zweiten Dalai Lama, des ersten Dalai Lama und von Kedrup Gelek Palsang, sowie zu einer großen Anzahl tantrischer Themen.

1774 kümmerte sich der Panchen Lama in Shigatse um einen britischen Besucher, den Gesandten George Bogle, während der Dalai Lama in Lhasa blieb. Offiziell war George Bogle vom Generalgouverneur von Bengalen, Warren Hastings, entsandt worden, um dem Panchen Lama für sein Frieden stiftendes Engagement in Bhutan zu danken, als dort Unruhen britische Handelsinteressen gefährdeten. Ganz offensichtlich sahen die Briten in diesem Besuch aber auch eine willkommene Gelegenheit, ihre Beziehungen zu Tibet auf zahlreichen anderen Gebieten zu fördern. Bogle und der Panchen Lama entwickelten eine enge persönliche Beziehung. Doch nach fünf Monaten wiesen die konservativen Behörden in Lhasa die britische Delegation an, Tibet zu verlassen, und so blieb die Freundschaft der beiden Männer folgenlos.

1777, nach zwei Jahrzehnten an der Spitze der tibetischen Administration, starb der Regent, der siebte Demo Tülku, Ngawang Jampel Delek Gyatso. Da der Dalai Lama inzwischen volljährig geworden war, drängten ihn seine persönlichen Gefolgsleute, das Kabinett, die Äbte der großen Klöster sowie zahlreiche Mönche und Laien im Staatsdienst, den Schritt in die Regierungsverantwortung zu tun. Er lehnte dies jedoch ab, weil er erst seine Studien abschließen wollte. Stattdessen wurde Ngawang Tsultrim (1721–1791) zum Regenten ernannt.

Der Kaiser Qianlong (1711–1799) versuchte schon seit längerer Zeit, den Panchen Lama zu einem Besuch in China zu bewegen, aber dieser schlug alle Einladungen aus, nicht zuletzt, weil er sich vor einer damals virulenten Pockenepidemie fürchtete. Doch schließlich erklärte er sich 1779 zu einem Besuch in China bereit. Nachdem er den Winter im Kloster Kumbum verbracht hatte, traf er im Frühjahr 1780 in Shayho ein. Ganz wie er befürchtet hatte, war die Pockenepidemie dort auf ihrem Höhepunkt. Rituale wurden abgehalten, um die Epidemie einzudämmen, und der Panchen Lama anerbot sich in Gebeten, die ganze Krankheit auf sich zu nehmen. Schließlich traf er mit dem Kaiser zusammen. Dieser war über den Besuch des hochgeschätzten Panchen Lama derart erfreut, dass er sogar ein wenig die tibetische Umgangssprache lernte. In Begleitung eines großen Gefolges machten sie sich zusammen auf den Weg nach Peking, wo der Panchen Lama die Feier zum 70. Geburtstag des Kaisers leitete. Die beiden verbrachten viele Stunden mit Diskussionen über den Buddhismus. Letztendlich jedoch steckte sich der Panchen Lama in Peking mit Pocken an und starb.

Die Beziehungen zwischen der Qing-Dynastie und Tibet wurden im Laufe des 17. und 18. Jahrhunderts zusehends enger und die China-Besuche wiedergeborener tibetischer Lamas wurden zur Routine. Der zweite Janggya Huthugtu Rölpe Dorje (1717–1786; Abb. 75, 79) wurde gar im Haus des Kaisers aufgezogen und diente verschiedentlich als kaiserlicher Gesandter. Die engen Beziehungen zwischen den Qing und den tibetischen Lamas, die sich zu Lebzeiten des achten Dalai Lama stark verbesserten, spiegeln die Tatsache wider, dass dieser Austausch für beide Seiten von beachtlichem Nutzen war. Wie das seit den Anfängen der *yon mchod*-Beziehung (Gabenherr-geistlicher Lehrer-Beziehung, siehe S. 58 f.) im 13. Jahrhundert üblich war, erhielten die beteiligten Lamas Unterstützung und Schutzleistungen verschiedenster Art zugunsten ihrer religiösen Projekte: materielle Unterstützung beim Bau von Tempeln, Klöstern, Stūpas und ähnlichem, Schutz vor einheimischen und auswärtigen Feinden sowie eine besondere Art der Legitimität, die aus der engen Beziehung zu einer großen Macht erwächst.

Auch für die Schutzherren ging die Rechnung auf. Das Patronatsverhältnis erlaubte ihnen, sich nach dem Vorbild der königlichen Schirmherren des großen Buddha als buddhistische Könige darzustellen. Indem sie die Rolle des Patrons einer bedeutenden religiösen Figur übernahmen, ging etwas von deren Autorität und Legitimität auf sie über. Die tibetischen Lamas bestärkten die Legitimität der Qing-Kaiser, indem sie diese in eine religiöse Erzählung einbetteten und sie als Bodhisattvas darstellten. Wie David M. Farquhar bemerkt, »überraschte es Mongolen und Tibeter des 18. und 19. Jahrhunderts nicht sonderlich, Kaiser Qianlong als Reinkarnation von Mañjuśrī, der Verkörperung der vollkommenen Weisheit des Buddha, dargestellt zu sehen.«[6] Diese gegenseitige Bestätigung war seit dem 13. Jahrhundert sozusagen institutionalisiert, und viele Tibeter hätten in diesem für beide Seiten vorteilhaften Austausch gerne das eigentliche Wesen der *yon mchod*-Beziehung gesehen. Doch schon zu Lebzeiten des achten Dalai Lamas hatten die Ambane begonnen, sich in die tibetischen Angelegenheiten einzumischen.

1781 forderte die Elite des Landes den Dalai Lama erneut auf, die volle Regierungsverantwortung zu übernehmen. Doch dieser war von seinen Studien und seiner spirituellen Praxis völlig absorbiert und lehnte dies vorerst erneut ab. Schließlich willigte er nur unter der Voraussetzung ein, dass der Regent Ngawang Tsultrim weiter an seiner Seite im Dienst der Regierung verbleibe. Dieses Arrangement wurde beibehalten, bis der Regent 1786 von seinem Posten zurücktrat. Im gleichen Jahr starb Rölpe Dorje in Peking und der Kaiser forderte Ngawang Tsultrim auf, dessen Stelle zu übernehmen. Vermutlich hatte der Kaiser dabei im Sinn, dem Amban freiere Hand zu geben, indem er eine starke Persönlichkeit aus Lhasa entfernte.

1783 reiste der Dalai Lama im Alter von 25 Jahren ins Kloster Tashilhünpo, dem ursprünglichen Sitz des ersten Dalai Lama. Dort vollzog er auf Wunsch zahlreicher hoher Lamas die »Blumenweihe« an der silbernen Stūpa des früheren Panchen Lama. Danach übernahm er den Vorsitz bei der Identifizierung des vierten Panchen Lama, schnitt dem Kind der üblichen Zeremonie entsprechend eine Locke aus dem Haar und gab ihm den Namen Lobsang Palden Tenpe Nyima (1782–1853). In der Hoffnung, die seit dem Tod George Bogles und des dritten Panchen Lama eingeschlafenen Beziehungen zwischen Großbritannien und Tibet wieder zu beleben, entsandte der Generalgouverneur von Bengalen, Warren Hastings, seinen Verwandten Samuel Turner anlässlich der Identifizierung des vierten Panchen Lama auf eine Glückwunschmission nach Tashilhünpo. Doch auch diese diplomatische Initiative hatte keine Auswirkungen, da Hastings kurz darauf nach England zurückberufen wurde.[7]

1784 begann der achte Dalai Lama mit dem Bau des Kelsang-Palastes im Norbulingka, einem Park wenige Kilometer westlich des Potala, wo frühere Dalai Lamas traditionsgemäß in heilbringenden Wassern gebadet hatten. Von da an wurde es zum Brauch, dass der Dalai Lama jeweils einen Teil des Sommers in diesem Palast verbrachte. Die sommerliche Übersiedlung des Dalai Lama vom Potala in den Norbulingka und zurück wurde jeweils von einer großen Prozession begleitet.

Von 1786 bis 1790 regierte der Dalai Lama Tibet allein. Dies war eine schwierige und gefahrvolle Periode in der Geschichte des Landes. Vom frühen Erwachsenenalter an hegte der Dalai Lama eine starke Abneigung gegen die Politik und das änderte sich auch nicht, als die nepalischen Gurkhas an der Südgrenze von Tibet aufmarschierten. Als die Ereignisse kurze Zeit später außer Kontrolle zu geraten drohten, versuchte der Dalai Lama, die maßgebliche politische Macht an andere zu übertragen.

1769 hatte der Gurkha-König Prithvinarayan Shah die Kontrolle über ganz Nepal an sich gerissen. Danach versuchten er und seine Nachfolger, ihren Machtbereich weiter auszudehnen. Der Einfall nepalischer Truppen in Tsang führte 1787 zum Ausbruch des ersten Krieges zwischen den Gurkhas und Tibet. Entscheidend verschlechtert hatte sich das Verhältnis zwischen Tibetern und Gurkhas 1775, als sie im Konflikt zwischen Bhutan und Sikkim gegnerische Positionen bezogen. Handel und Wechselkurse betreffende Konflikte heizten die Spannungen weiter an. Hinzu kam, dass einer der beiden Brüder des Panchen Lama, der 10. Shamar Chödrub Gyatso (1741/1742–1792), auf seiner Pilgerfahrt in Nepal die Gurkhas dazu ermunterte, die Schätze des Klosters Tashilhünpo in Shigatse an sich zu reißen.

In dieser angespannten Situation überfielen die Gurkhas 1787 mehrere Grenzstädte, woraufhin Tibet Truppen mobilisierte und der Amban beim Kaiser Verstärkung anforderte. Für die Tibeter war die Waffenhilfe der Qing ein zweischneidiges Schwert, da deren riesige Armee die vorhandenen Ressourcen übermäßig zu belasten drohte und die Vertreter des Kaisers eine Verhandlungslösung um jeden Preis anstrebten. Schließlich wurden die

81 Der achte Dalai Lama, umgeben von seinen Vorgängern (Dalai Lama 1 bis 7), dem neunten und 10. Dalai Lama sowie einigen Präexistenzen der Dalai Lamas, so z.B. den drei Gesetzeskönigen und Dromtön oberhalb der Aureole, Sachen Künga Nyingpo (mit Glatze) links; mit Inschriften auf der Vorderseite, die einzelne Figuren benennen, auf der Rückseite längere Inschrift. Thangka, Tibet, Mitte 19. Jh., 152 x 103 cm, Völkerkundemuseum der Universität Zürich, Inv. Nr.: 18593. >>> **Ausschnitt aus 81** Teil der Thronverzierung um den achten Dalai Lama: Garuda-Vogel und Schlangenwesen (Nāga, *klu*).

DER ACHTE DALAI LAMA

82 Goldene Vase und fünf Elfenbeinlose, in Auftrag gegeben von Kaiser Qianlong, zur Auswahl der Dalai Lamas und Panchen Lamas. Verziert mit Rankenmustern, Juwelen und auf der Vorderseite den 10 ineinander verflochtenen mystischen Buchstaben (»Namchu wangden«). China, Ende 18. Jh., H: 35,5 cm, Dm: 21 cm (Fuß 14,4 cm), Palast der Harmonie, Peking.

Tibeter vertraglich zur Bezahlung einer Entschädigung an Nepal verpflichtet. Angesichts der vielen Verluste, die Tibet in dieser Zeit hatte erfahren müssen, drängte sich die erneute Berufung des Regenten Ngawang Tsultrim förmlich auf. So kehrte dieser 1790 nach nur vier Jahren aus China zurück, starb jedoch bald darauf. In der Folge wurde der achte Tatsak Tenpe Gönpo (1760–1810), der ihn zuvor schon in China ersetzt hatte, just in dem Moment zum neuen Regenten nach Lhasa berufen, als 1791 erneute Spannungen mit den Gurkhas in einen offenen Krieg auszuarten drohten.

Es kam nochmals zu Verhandlungen zwischen Tibet und den Gurkhas. Dabei wurde die tibetische Delegation gefangen genommen und nach Nepal geschickt. Inzwischen waren die Gurkha-Armeen erneut in Tsang eingefallen. Tibet sah sich gezwungen, im ganzen Land Soldaten zu rekrutieren, und in vielen großen Klöstern wurden religiöse Zeremonien durchgeführt. In Lhasa brach Panik aus, als es hieß, die Gurkha-Truppen hätten das Kloster Tashilhünpo eingenommen, und der Qing-Amban Pao-tai sandte ein Hilfegesuch an den Kaiser. Der Amban und viele andere drängten den Dalai Lama, sich zusammen mit dem Panchen Lama nach Chamdo zurückzuziehen. Doch der Dalai Lama verweigerte die Flucht und veranstaltete stattdessen eine große Zeremonie im Jokhang-Tempel in Lhasa. Vor versammelter Menge bekräftigte der Dalai Lama seinen Willen zum Widerstand und es gelang ihm, die Öffentlichkeit hinter sich zu scharen und ihre Entschlossenheit zu stärken. Während er sprach, soll auf dem Gesicht der Statue der Palden Lhamo Schweiß ausgebrochen sein. Inzwischen ergriffen Klöster, Tempel und die Regierung Maßnahmen, ihre wertvollen Gegenstände in Verstecke zu schleppen.

Tibetische Truppen rückten nach Tsang vor und schnitten damit die Nachschublinien der Gurkhas ab. Inzwischen schickte der Kaiser Qianlong 20 000 Soldaten unter der Führung seines Bruders Fu K'ang-an an die Front. Ein separates Kontingent von 10 000 kaiserlichen Truppen traf am ersten Tag des Jahres 1792 ein. Tibetische Quellen berichten, die Hauptarmee der Gurkhas sei zu diesem Zeitpunkt bereits entscheidend geschwächt gewesen.[8] Mit vereinten Kräften trieben die kaiserlichen und tibetischen Truppen die Invasoren über die Grenze nach Nepal zurück. Die Gurkhas hatten zunächst auf die Unterstützung der Briten gehofft, doch Lord Cornwallis, der britische Vizekönig von Indien, ging nicht auf ihr Angebot ein. Um ihre Position nicht noch weiter zu kompromittieren, wiesen die Gurkhas schließlich dem Shamar-Lama die alleinige Verantwortung für das missglückte Abenteuer zu. Dieser starb kurze Zeit später unter mysteriösen Umständen.

Nach dieser turbulenten Periode waren alle Seiten bestrebt, weitere Konflikte zu vermeiden. Da minderwertige Münzen, die von Nepal in der Vor-Gurkha-Zeit in Umlauf gebracht worden waren, einer der Auslöser des ersten Krieges gewesen waren, begann Tibet 1792 mit der Prägung eigener Qualitätsmünzen. Der Dalai Lama zog sich ganz aus der Politik zurück. Die tibetische Regierung unter der Führung des Regenten Tatsak bestrafte verschiedene Regierungsbeamte für ihre Rolle bei den Ereignissen der jüngsten Vergangenheit und unternahm den Versuch einer Regierungsreform. Die Gurkhas ihrerseits mussten sich mit einer neuen politischen Realität abfinden, in der sie sich nun plötzlich gezwungen sahen, dem Qing-Kaiser gegenüber eine unterwürfige Haltung einzunehmen. Obschon die Gurkhas dem Friedensvertrag nach nun zum Reich der Qing gehörten, übten letztere nie irgendeine spürbare Kontrolle über Nepal aus. Gleichwohl bezahlten die Gurkhas den Qing bis zum Zusammenbruch des Reiches 1911 eine nominelle Abgabe.

Gleichzeitig beschloss der Kaiser, nachdem er innerhalb weniger Jahre gleich zweimal Armeen in entlegene Regionen des Himalaja hatte entsenden müssen, aktiver in die tibetischen Angelegenheiten einzugreifen. Er erließ die *29 Artikel umfassende kaiserliche*

83 Die 29 Artikel-Verordnung mit Anweisungen zum besseren Regieren Tibets, geschrieben im Auftrag des Kaisers Qianlong. China, 1793, L: 359 cm, B: 53 cm, Archiv der »Tibetischen Autonomen Region«. >>>

Verordnung, welche den Charakter der sino-tibetischen Beziehungen neu bestimmte (Abb. 83). Wie beim Verhältnis der Qing zu den Gurkhas kann man auch bei der Tibet-Verordnung einen Teil der Bestimmungen als imperiales Gehabe abtun, als eine Art Fortsetzung der uralten chinesischen Legende, wonach sich alles willfährig um das Reich der Mitte dreht. Darin wurde sogar der mächtige englische König als untertäniger Vasall dargestellt. Trotzdem ist nicht zu übersehen, dass diese Verordnung eine wesentliche Verstärkung der Qing-Herrschaft und der alltäglichen Kontrolle über Tibet darstellte.

Die Verordnung ließ keinen Zweifel daran, wer der neue Herr in Tibet war. So oblagen dem Amban nun sämtliche Regierungsgeschäfte bis ins kleinste Detail: Er konnte Befehle zur Organisation von Militär, Regierung und Adelsstand erlassen, Ernennungen in wichtige Klosterämter tätigen, Tibet-Besuche von Ausländern bewilligen und vieles andere mehr. Auch Befugnisse und Funktionsbereiche der Dalai Lamas und Panchen Lamas waren nun genau definiert. Ihren wohl stärksten symbolischen Ausdruck findet die neu bekräftigte kaiserliche Macht der Qing beim Verfahren für die Wahl von Dalai Lamas und Panchen Lamas. Laut Verordnung sollten die Namen der Kandidaten je auf ein Plättchen oder Papier geschrieben werden, von denen dann eines im Zufallsverfahren aus einer vom Kaiser zur Verfügung gestellten, Goldenen Urne gezogen würde (Abb. 82).[9] Obschon dieses Verfahren den Selektionsprozess auf gewiss nicht unwillkommene Weise zu entpolitisieren schien, fühlten sich die Tibeter von diesem Eingriff aufs Tiefste verletzt.

Als Autor war der achte Dalai Lama nicht so produktiv wie einige seiner mehr scholastisch orientierten Vorgänger. Er schrieb in erster Linie Gebete, rituelle Texte und andere eher praxisorientierte Literatur. Dabei spezialisierte er sich bis zu einem gewissen Grad auf Riten, die im Zusammenhang mit dem wenig bekannten Mahāmāya Tantra-Zyklus standen. Ansonsten verfasste er nur zwei größere Werke. Das eine war ein Katalog zum Reliquiarium des dritten Panchen Lama, der einer seiner wichtigsten Lehrer gewesen war. Das andere, sein umfangreichstes Werk, war eine ausführliche Biografie seines Hauslehrers Yeshe Gyaltsen, der später 21 Jahre als Regent amtierte.

1804 verschlechterte sich der Gesundheitszustand des Dalai Lama. Zeremonien wurden für ihn abgehalten, doch schließlich erkrankte er an einer Lungenentzündung. Als er nicht gesundete, verlangte der Dalai Lama ein Treffen mit Mitgliedern der Mönchsgemeinschaft, dem viele Mönche Folge leisteten. Im Alter von 47 Jahren verstarb er.

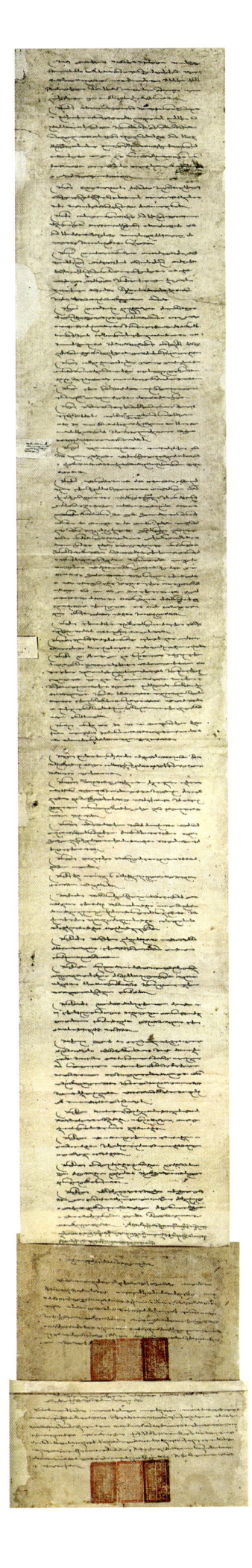

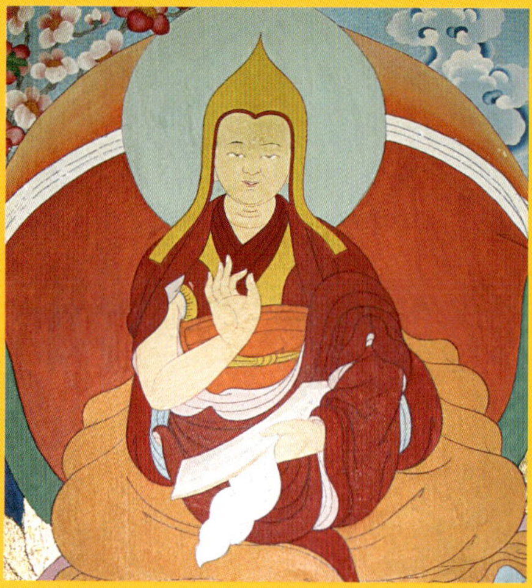

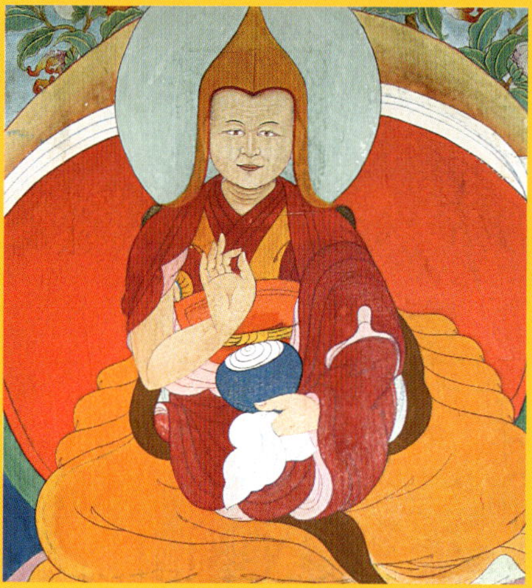

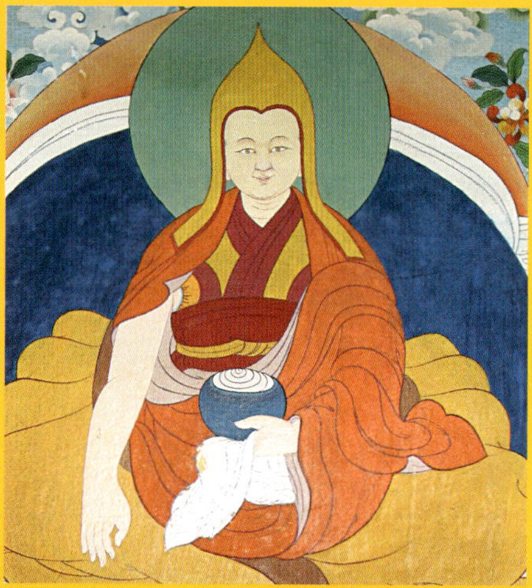

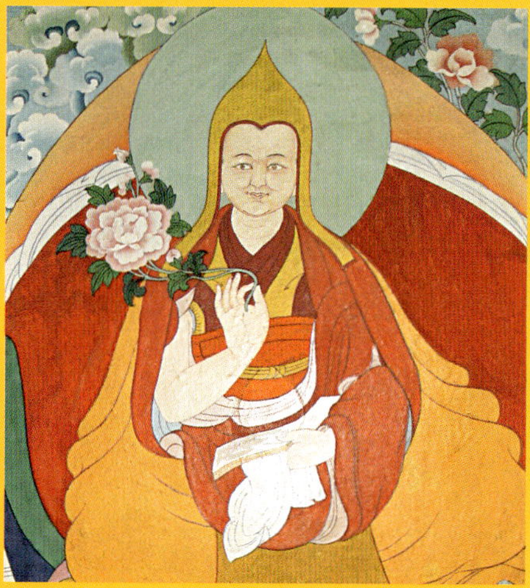

1805–1875

NEUNTER BIS 12. DALAI LAMA

Derek F. Maher

Zwischen Ende des Jahres 1805 und 1875 wurden vier Reinkarnationen des Dalai Lama geboren, in ihr Amt eingesetzt und früh zu Grabe getragen.[1] Der jüngste dieser unglücklichen Jugendlichen starb mit neun, der älteste mit 24 Jahren. Da keiner von ihnen lange genug lebte, um ein starker und erfahrener Führer zu werden, boten sie dem tibetischen Volk in einer Periode der anhaltenden und allseitigen territorialen Bedrohung keinen Rückhalt. Da auch die Regenten dieser Zeit ziemlich untauglich und die Panchen Lamas bestenfalls unauffällig waren, blieb es anderen Kräften überlassen, die Geschicke Tibets zu bestimmen, allen voran den Ambanen, welche als Vertreter der Qing-Dynastie die Interessen des Kaisers in Lhasa nach Kräften förderten. Der Einfluss und die Kontrolle über die tibetischen Angelegenheiten, welche die Qing zu Lebzeiten des siebten und achten Dalai Lama errungen hatten, konnten unter diesen Umständen nur zunehmen.

Tatsächlich vermuten verschiedene Beobachter, dass einige oder alle vier dieser Jünglinge von Vertretern der Qing-Dynastie ermordet worden waren, um ein Machtvakuum zu erhalten, in welchem sich der Mandschu-Einfluss ungehindert entfalten konnte. Andere wiederum glauben, aristokratische tibetische Beamte könnten die vier Dalai Lamas getötet haben, um zu verhindern, dass ein starker Führer die Klasseninteressen der Aristokratie gefährde. Wieder andere vermuten verräterische Regenten oder Klosterbeamte am Werk. Die heute noch erhaltenen Berichte zu diesem Thema, welche von mandschurischen Bürokraten, tibetischen Adligen und Klosterbeamten verfasst wurden, sind durchweg Selbstrechtfertigungen: Soweit sie eventuelle Verdachtsmomente nicht einfach souverän übergehen, zeigen sie meist mit selbstgerechtem Finger auf eine der Gruppen, der sie selbst nicht angehören. Es ist schwer vorstellbar, dass noch irgendwelche verlässlicheren Quellen dieser Zeit auftauchen werden. Wie dem auch sei, lässt sich ohne Zweifel sagen, dass die Qing ihre institutionelle Kontrolle Tibets in dieser Periode systematisch ausbauten.

1805–1815
DER NEUNTE DALAI LAMA LUNGTOK GYATSO
»OZEAN DER SCHRIFT UND REALISATION«

Wie wir im vorangegangenen Kapitel gesehen haben, ordnete Kaiser Qianlong (1711–1799) nach dem zweiten Gurkha-Krieg von 1792–93 eine Reihe von Reformen an, um seine Herrschaft über Tibet zu festigen und die Notwendigkeit weiterer teurer Expeditionen zu dessen Verteidigung von vornherein auszuschließen. Eine dieser Reformen, die *29 Artikel umfassende kaiserliche Verordnung* (Abb. 83), befasste sich mit der Erkennung der Reinkarnationen von Panchen Lamas und Dalai Lamas. Diese seien, so die Verfügung, künftig aus den Reihen der wahrscheinlichen Kandidaten durch Ziehung eines Loses aus einer goldenen Urne (Abb. 82) zu ermitteln, welche für diesen Zweck vom Kaiser zur Verfügung gestellt würde. Diese Vorschrift missfiel dem gewöhnlichen Volk ebenso wie der tibetischen Elite, stellte sie doch einen krassen Eingriff in eine einzigartige tibetische Institution dar. Im Bestreben, keinen Präzedenzfall für den Losentscheid per Urne zu schaffen, begann der Regent Tatsak Tenpe Gönpo[2] sofort nach den Begräbnisfeierlichkeiten für den achten Dalai Lama mit der Suche nach dessen Reinkarnation. Es gelang ihm und anderen dann auch, die Vorschriften für den Gebrauch der Urne zu umgehen. Damit bewiesen der Regent, die Gefolgsleute des verstorbenen Dalai Lama und andere schon bei der ersten sich bietenden Gelegenheit, dass die Qing nicht wirklich fähig waren, den Erkennungs- und Ernennungsprozess des neuen Dalai Lama zu kontrollieren. Kaiser Jiaqing, der nach der Abdankung von Kaiser Qianlong 1795 an die Macht gekommen war, zeigte weniger Interesse an Tibet als sein Vorgänger. Folglich wurden die meisten Angelegenheiten des Landes dem Gutdünken der Ambane in Lhasa überlassen, wodurch die Wirksamkeit der Qing-Politik weitgehend von den Fähigkeiten der jeweils amtierenden Ambane abhing.

Nach den ersten Nachforschungen waren zwei Knaben als wahrscheinliche Reinkarnationen des achten Dalai Lama übrig geblieben, doch in der Folge einigte man sich recht schnell auf einen vaterlosen Jungen, der 1805 in Kham zur Welt gekommen war. Als die Gefolgsleute des verstorbenen Dalai Lama das Kind aufsuchten und feststellten, dass sich der Knabe an Ereignisse seines früheren Lebens erinnerte, wurden ihre anfänglich vagen Vermutungen schnell zur Gewissheit. Ende 1807 wurde der Junge ins Kloster Gungtang bei Lhasa gebracht, wo er vom vierten Panchen Lama Tenpe Nyima, dem Regenten, dem Amban Wu und Mitgliedern des Kabinetts geprüft wurde. Er wurde nach traditioneller tibetischer Methode schnell als neunte Reinkarnation erkannt. Bereits Anfang 1808 führte der vierte Panchen Lama die Tonsur-Zeremonie durch und verlieh dem Knaben den Namen Lobsang Tenpe Wangchuk Lungtok Gyatso *(Blo bzang bstan pa'i dbang phug lung rtogs rgya mtsho).*

Da die tibetischen Autoritäten wussten, dass viele ihrer Landsleute den Eindruck hatten, die Qing hätten ihre Rechte weitgehend eingeschränkt, gaben sie sich alle erdenkliche Mühe,

84–87 Lebensszenen und Inthronisation des neunten Dalai Lama. Ausschnitte aus Bild/Schriftrolle, Mongolei, 1809, Gesamte Rolle: 637 × 44,5 cm, Bibliothèque de l'Institut des hautes études chinoises du Collège de France.   **84** Geburt des zukünftigen neunten Dalai Lama. Der Regenbogen über dem Haus kündigt das außergewöhnliche Ereignis an.   **85** Der zukünftige Dalai Lama und sein Gefolge reisen nach Lhasa. Die Biografie erzählt, dem neunten Dalai Lama sei auf der Reise Tsongkhapa, der Reformator und Begründer der Gelugpa-Schule, in einer Vision erschienen.

ihre Handlungen als autonom erscheinen zu lassen. Umgekehrt versuchten die chinesischen Beteiligten stets den Eindruck zu vermitteln, der Kaiser – vor Ort vertreten durch die Ambane – habe die Ereignisse in Tibet völlig im Griff. Durch die schnelle Anerkennung ausmanövriert, blieb dem Kaiser keine große Wahl; er musste der tibetischen Erklärung zustimmen, weil sonst bloß die Unwirksamkeit der Verordnung von 1793 offenbart worden wäre. Der erste Abgesandte, den er nach Tibet schickte, um sein kaiserliches Einverständnis mit der Erkennung zu signalisieren, betonte in privaten Gesprächen die Einmaligkeit der Umstände, die zur jüngsten Ernennung geführt hätten und mahnte, in Zukunft nun aber wirklich die Goldene Urne zu verwenden. In seinen öffentlichen Verlautbarungen erklärte sich der kaiserliche Hof jedoch völlig mit dem Regenten einverstanden: Die Verwendung der Goldenen Urne erübrige sich in diesem Fall, da die Erkennung so offensichtlich sei. Der apologetische chinesische Historiker Yu Hanzang bemerkt, da es sich bei dem Kind um »die echte Wiedergeburt des fünften Dalai Lama« gehandelt habe, hätten der Panchen Lama, der Regent und die Äbte der großen Gelugpa-Klöster »den Kaiser um Erlaubnis gebeten, auf die Losziehung aus der Goldenen Urne zu verzichten«.[3] Ein solches Bittgesuch ist jedoch in den tibetischen Quellen nirgends vermerkt.

Eine aufschlussreiche Demonstration zeitgenössischer Qing-Rhetorik im Dienste einer parteilichen Geschichtsschreibung findet sich in einem reich illustrierten Bericht über die Reise des mongolischen Prinzen und Sondergesandten des Kaisers, Manjubazar von Qaracin, der die Einsetzung des neunten Dalai Lama überwachen sollte.[4] (Abb. 84–87) Offiziell hatte dieser die Aufgabe, die Richtigkeit der Wiedergeburt zu bestätigen, obschon es für die Tibeter absolut unvorstellbar war, dass ein militärischer Vertreter der Mandschu-Armee im Erkennungsprozess eine wirkliche Rolle spielen könnte. Doch der mongolische Reisebericht repräsentiert die tibetischen Behörden in unterwürfiger Haltung und beschreibt, wie das Kabinett in Lhasa einen Antrag vorlegt, »in dem es den Wunsch zum Ausdruck bringt, ein am 22. Tag des neunten Monats desselben Jahres geborenes Kind als die Wiedergeburt des Dalai Lama anerkennen zu dürfen«. Die chinesischen Quellen sind voll solcher Berichte über unterwürfige Bittgesuche der tibetischen Behörden. Sogar die Vertreter der britischen Krone werden verschiedentlich als Untertanen der Qing dargestellt, die dem Kaiser demütig ihre Bitten unterbreiten.

86 Inthronisation des neunten Dalai Lama im Potala am 10. November 1808 in Gegenwart der beiden chinesischen Ambane und einer vierköpfigen chinesischen Delegation, angeführt vom mongolischen Prinzen Manjubazar, dem Auftraggeber für diese Bild/Schriftrolle (der Mann links, der einen Gegenstand in seiner Rechten hält). **87** Der Potala, über dem ein Regenbogen schwebt als Zeichen für das besondere Ereignis der Rückkehr des Dalai Lama (Lit. Charleux u. a. 2004a und b).

Umgekehrt betonen die tibetischen Quellen meist die relative Machtlosigkeit der Qing in Tibet. So schreibt der Biograf des neunten Dalai Lama, abgesehen von der »Gabenherr-Geistlicher-Beziehung« (siehe S. 58 f.) habe der Amban überhaupt keinen Einfluss auf die politischen Angelegenheiten der tibetischen Regierung. Der gleiche Autor erwähnt auch, der Amban habe vor seiner Rückkehr nach China anlässlich einer Audienz beim Dalai Lama religiöse Ratschläge erhalten. Nach Shakabpa sei der Amban so tiefgläubig gewesen, dass er sich vor dem Dalai Lama in voller Länge niedergeworfen und dabei Tränen in den Augen gehabt habe.[5] Die Sichtweisen der beiden Seiten auf ihre eng verflochtene Geschichte sind also weitgehend unvereinbar.

Der Regent Tatsak Tenpe Gönpo starb am letzten Tag des Jahres 1810 im Kloster Kundeling. Sein Nachfolger Demo Ngawang Lobsang Thubten Jigme Gyatso[6] wurde durch Akklamation bestätigt. Leider litt Demo unter Schüben von Geisteskrankheit, was seine Wirksamkeit als Regent zwangsläufig vermindert haben muss. Unter seiner unbeständigen Führung konnten jedenfalls wichtige politische Probleme kaum angegangen werden.

1811 kam Thomas Manning, ein britischer Handelsvertreter, nach Lhasa. Trotz der Opposition des Amban und konservativer Tibeter erhielt er eine Aufenthaltsbewilligung und eröffnete eine Klinik in der Stadt. Während seines Aufenthaltes traf er – übrigens als erster britischer Staatsbürger – mehrmals mit dem jungen Dalai Lama zusammen. Manning beschreibt den Dalai Lama als wunderschönen, eleganten, gebildeten, intelligenten und sehr selbstsicheren Jungen von sechs Jahren.[7] In verschiedenen chinesischen Quellen dieser Zeit werden Manning und andere Briten in der Himalaja-Region als Spione dargestellt, die Informationen für eine spätere Invasion Tibets sammelten.[8] Während es für solche Unterstellungen kaum Beweise gibt, war Großbritannien zweifellos daran interessiert, seine Handelsbeziehungen und diplomatischen Kontakte auf das tibetische Hochland auszudehnen. Die Ängste der Qing wurden 1814 durch den Ausbruch eines offenen Konflikts zwischen den Gurkhas und den Briten noch verstärkt. Die Tibeter wollten nicht in den Krieg hineingezogen werden, doch die Gurkhas baten den Regenten um Unterstützung. Letztlich konnten die tibetischen Behörden jedoch nicht viel mehr tun, als die Mönche in den großen Klöstern dazu aufzurufen, für Nepal zu beten.

An seinem siebten Geburtstag im Jahr 1812 legte der Dalai Lama vor dem Panchen Lama sein Mönchsgelübde ab. Der Junge setzte

88 Der neunte Dalai Lama. Ausschnitt aus Abb. 81.

seine Ausbildung unter der Anleitung von Jangchub Chöphel[9] fort, dem späteren 69. Thronhalter von Ganden. Während er am »Großen Gebet« *(Mönlam Chenmo)* sein offizielles Amt ausübte, erkältete sich der Dalai Lama. Allen Heilungsritualen und ärztlichen Anstrengungen zum Trotz starb er Anfang 1815 kurz nach seinem neunten Geburtstag.

1816–1837
DER 10. DALAI LAMA TSULTRIM GYATSO
»OZEAN DER ETHIK«

Der Tod des geliebten neunten Dalai Lama erschütterte die Öffentlichkeit zutiefst. Während das Land noch um den Verstorbenen trauerte, tauchten bereits Hinweise auf, die neue Inkarnation sei im östlichen Tibet zu suchen, woraufhin zwischen Lhasa und Dartsedo sechs Kandidaten entdeckt wurden. Schließlich einigte man sich auf einen Knaben, der Anfang 1816 in Lithang geboren worden war. Sein Vater erhielt einen Titel und das Gut Yutok. Damit begann der Aufstieg einer wichtigen Adelsfamilie, die bis weit ins 20. Jahrhundert hinein eine lange Reihe von hervorragenden Mönchen und Laienbeamten hervorbringen sollte. Als die wichtigsten Orakel einer Meinung waren, erließen der Regent, das Kabinett, die wichtigsten Lehrer der großen Gelugpa-Klöster sowie die kirchlichen und weltlichen Beamten ein Edikt, in dem das Kind als Reinkarnation anerkannt wurde. Doch noch bevor der Junge offiziell eingesetzt werden konnte, starb der Regent an Pocken. Sein Nachfolger, Ngawang Jampel Tsultrim Gyatso[10] vom Kloster Tsemönling, hatte allerdings kaum Regierungserfahrung, und so verlor das Amt des Regenten während dessen Amtszeit deutlich an Einfluss, was den Ambanen umgekehrt erlaubte, ihre Stellung zu festigen.

Die Qing waren eifrig darauf bedacht, sich nicht durch die Tibeter vom Auswahlprozess ausschließen zu lassen. So gelang es ihnen, die offizielle Einsetzung des Dalai Lama zu verzögern und ihre eigenen Kandidaten nach Lhasa zu bringen. Bei der Durchführung der traditionellen Tests konnte der Kandidat aus Lithang die Objekte des früheren Dalai Lama problemlos identifizieren. Verschiedene tibetische Quellen deuten an, dass die Qing-Behörden die Familien der anderen Kandidaten ermuntert haben, auf einen Losentscheid aus der Goldenen Urne zu bestehen. Infolge all dieser Verzögerungen wurde der Kandidat aus Lithang schließlich erst 1822 eingesetzt. Shakabpa meint gar, die Goldene Urne sei nicht wirklich verwendet worden, sondern der Regent habe den Ambanen nur etwas vorgespielt, um sie zufrieden zu stellen.[11]

Innerhalb einer Woche vollzog der Panchen Lama die Tonsurzeremonie und gab dem Jungen den Ordensnamen Ngawang Lobsang Jampel Tsultrim Gyatso *(Ngag dbang 'jam dpal tshul khrims rgya mtsho)*. Im folgenden Monat legte dieser sein Ordensgelübde ab. Lobsang Tinle Namgyal[12], ein angesehener Mönchsgelehrter vom Sera Me-Kloster, wurde zu einem seiner Hauptlehrer bestimmt, eine Position, die er später auch beim 11. Dalai Lama innehatte. Unterricht erteilten dem 10. Dalai Lama auch Ngawang Chöphel[13], der 70. Thronhalter von Ganden, und der Regent Ngawang Jampel Tsultrim Gyatso, der spätere 73. Thronhalter von Ganden. Sein Novizengelübde legte der 10. Dalai Lama beim Panchen Lama ab.

In den restlichen Jahren des Jahrzehnts führte das tibetische Kabinett eine Reihe von Regierungsreformen, die Steuern, regionale Volkszählungen und ähnliches betrafen, durch. Die Regierung in Lhasa musste auch in verschiedene lokale Streitfälle in Tibet und im benachbarten Bhutan eingreifen. Im gleichen Jahrzehnt absolvierte der 10. Dalai Lama seine religiöse und schulische Grundausbildung und unternahm eine Reise zu verschiedenen Klöstern, wobei er sich auch längere Zeit im Sera-Kloster aufhielt. Anfang der dreißiger Jahre begann er mit dem Studium der großen indischen Abhandlungen.

1834 und 1835 wütete in Lhasa eine Epidemie, weshalb der Dalai Lama den Potala-Palast nicht verlassen konnte. Als der Panchen Lama zur Ordinationszeremonie des Dalai Lama nach Lhasa eingeladen war, hielt er sich bis kurz vor der eigentlichen Zeremonie im Norbulingka auf. Um die Ansteckungsgefahr für

den Dalai Lama auf ein Minimum zu beschränken, wurde das eigentliche Ritual im nahe gelegenen Tungrab-Tempel durchgeführt. Da er von schwächlicher Konstitution war, erkrankte der Dalai Lama 1837 trotz dieser über mehrere Jahre aufrecht erhaltenen Vorkehrungen zum Schutz seiner Gesundheit plötzlich schwer. Er litt unter keinen besonderen Schmerzen, verlor jedoch gänzlich seinen Appetit und entwickelte Atembeschwerden. Trotz Medikamenten verbesserte sich sein Zustand nicht. Religiöse Zeremonien zum Schutz seines Lebens wurden durchgeführt und Ärzte untersuchten ihn. Als seine Gefolgsleute ihn anflehten, am Leben zu bleiben, antwortete er:[14] »Sowie ihr ausführliche Gebete sprecht, werden gute Resultate eintreten aufgrund des großen Verdienstes. Aber, wie das Sprichwort sagt, man kann ein Bildnis nur soweit bauen, wie Material dazu vorhanden ist.«
Als er so sprach, beteten der Regent, die Minister und die persönlichen Gefolgsleute des Dalai Lama für sein Wohlergehen. Dennoch starb er im Alter von 22 Jahren. Zu seinen Ehren wurden ausgedehnte Trauerfeiern abgehalten und man bat den Verstorbenen, möglichst schnell in einer nächsten Inkarnation zurückzukehren.

1838–1855
DER 11. DALAI LAMA KHEDUP GYATSO
»OZEAN DES LERNENS UND DER VOLLKOMMENHEIT«

Der Regent Ngawang Jampel Tsultrim Gyatso nahm 1840 die Suche nach der neuen Wiedergeburt des Dalai Lama auf. Suchexpeditionen wurden u. a. nach Kham in Osttibet entsandt. Die Würdenträger hörten schließlich von einem bemerkenswerten Kind, das gegen Ende 1838 im Kloster Gartar zur Welt gekommen war. Als die mit der Suche Beauftragten 1841 Zentraltibet erreichten, bestand der Junge die üblichen Tests vor dem Panchen Lama, dem Regenten, dem Kabinett sowie den Lamas und Inkarnationen der drei großen Klöster. Die Erkennung des Kindes wurde durch den Einsatz der Goldenen Urne bestätigt, wobei allerdings unklar ist, ob andere Kandidaten zur Auswahl standen. Im Potala wurde der Junge von einem großen Aufgebot an Qing-Funktionären und tibetischen Beamten und Lamas empfangen, darunter auch der vierte Janggya Yeshe Tenpe Gyaltsen[15], der die Glückwünsche von Kaiser Daoguang (1782–1850) überbrachte. 1842 vollzog der vierte Panchen Lama die Tonsurzeremonie und verlieh dem Kind den Ordensnamen Khedup Gyatso *(mKhas grub rgya mtsho)*.
Neben dem Panchen Lama und Lobsang Tinle Namgyal gehörten zu den Lehrern des 11. Dalai Lama auch der 72. Thronhal-

89 Der 10. Dalai Lama. Ausschnitt aus Abb. 81.

ter von Ganden, Jampel Tsultrim[16], Ngawang Lobsang Tenpe Gyaltsen[17], die Reinkarnation von Tatsak Tenpe Gönpo, dem Regenten des achten Dalai Lama, und Yeshe Gyatso[18]. Viele der einflussreichsten Figuren im Leben des 11. Dalai Lama hatten enge Beziehungen zum Kloster Sera Me.
1841 schwappten die Spannungen zwischen Ladakh und Kashmir über den Himalaya. Der Sikh-König Gulab Singh und sein General Zorowar Singh hatten Ladakh erobert und schließlich marschierten die Sikh- und Ladakhi-Truppen auch in Westtibet ein. Die Tibeter sahen sich plötzlich mitten in einem Konflikt, über den sie keine Kontrolle hatten; die Invasion wurde Teil einer größeren Auseinandersetzung um die kommerziellen, militärischen und territorialen Interessen Großbritanniens und Chinas. Die Tibeter konnten nur hoffen, nicht selbst in diese Machtkämpfe verwickelt zu werden.
Der Regent Ngawang Jampel Tsultrim Gyatso, der seit 1819 im Amt war, verlor zusehends das Vertrauen der tibetischen Elite, bis er schließlich Mitte 1844 wegen Amtsvergehen abgesetzt wurde. Er hatte sich in dieser Zeit zahlreiche mächtige Gegner geschaffen, darunter auch den Panchen Lama und den Amban. Shakabpa ist der Meinung, er habe die gewöhnlichen Leute mit seiner Lüge über den Einsatz der Goldenen Urne bei der Auswahl des 10. Dalai Lama vor den Kopf gestoßen. Er hatte damit einen Präzedenzfall geschaffen, der dazu führte, dass die verhasste Urne bei der Erkennung des 11. Dalai Lama effektiv zum Einsatz kam. Auch finanzielle Unregelmäßigkeiten wurden ihm

90 Der 11. Dalai Lama. Statue im Potala (Trungrab Lhakhang).

angelastet. Der Regent wurde inhaftiert und sein klösterlicher Besitz beschlagnahmt. Mönche von Sera Me kamen ihm schließlich zu Hilfe und brachten ihn in ihrem Kloster in Sicherheit. Für etwa acht Monate amtierte der Panchen Lama als Regent, bis schließlich Mitte 1845 Reting Ngawang Yeshe Tsultrim[19] vom Kabinett und der tibetischen Nationalversammlung zum neuen Regenten berufen wurde.

1848 wurde der Dalai Lama in einer vom Panchen Lama geleiteten Zeremonie im Jokhang-Tempel von Lhasa zum Mönch geweiht. Im gleichen Jahr zog der Jüngling in den kürzlich vergrößerten und renovierten Norbulingka. 1852 begann der Dalai Lama seine formelle Ausbildung in den großen Gelugpa-Klöstern.

Zwischen 1852 und 1854 besuchte der junge Dalai Lama viele der wichtigsten Klöster in Zentral- und Westtibet, darunter auch Samye, das älteste tibetische Kloster, das zu der Zeit renoviert wurde. Anfang 1855 übernahm er sein Amt als oberste religiöse und politische Autorität im Land. Letztmals hatte dies der achte Dalai Lama getan, der zwischen 1786 und 1790 kurze Zeit regierte. Noch bevor das Jahr zu Ende war, wurde der Dalai Lama krank. Orakel wurden konsultiert, Medikamente verabreicht und Gebete gesprochen, doch all diese Bemühungen konnten seinen Tod nicht verhindern. Er war erst 17 Jahre alt.

1856 – 1875
DER 12. DALAI LAMA TINLE GYATSO
»OZEAN DER BUDDHA-AKTIVITÄT«

Bald nach dem Tod des 11. Dalai Lama wurde Ngawang Yeshe Tsultrim aus dem Ruhestand zurückgerufen, um nochmals das Amt des Regenten zu übernehmen, das er bis zu seinem Tod im Jahr 1863 innehatte. Seine erste Aufgabe bestand darin, ein Abkommen mit den Gurkhas auszuhandeln. Die alten Spannungen waren erneut aufgeflammt, weil die Nepali, ermuntert durch ihre engeren Beziehungen zu den Briten in Indien, unter anderem versuchten, Opium durch Tibet zu schleusen. Als die Gurkhas das westliche Tibet besetzten, waren die Tibeter nicht in der Lage, sie zu vertreiben. Weder ihre Unterhändler noch jene der Qing konnten sich mit den widerspenstigen Angreifern einigen. Die Tibeter sahen sich schließlich gezwungen, einem ziemlich einseitigen Abkommen zuzustimmen, das ihnen eine jährliche Entschädigungszahlung von 10 000 Rupien auferlegte. Darüber hinaus nutzten Gurkhas und Tibeter jedoch gemeinsam die Gelegenheit, ihren Anspruch auf Unabhängigkeit vom Kaiserreich der Qing vertraglich festzuhalten.[20]

Als der Regent sich schließlich der Suche nach der Wiedergeburt des 11. Dalai Lama widmete, wurden drei mögliche Kandidaten gefunden. Diese wurden 1857 nach Lhasa gebracht, wo hohe Beamte sie im Norbulingka den traditionellen Prüfungen unterzogen. Ein 10 Monate alter Knabe aus Olkha erkannte die Gegenstände, die dem verstorbenen Dalai Lama gehört hatten, und stieg damit in der Gunst seiner Prüfer. Die Leute waren äußerst zuversichtlich, dass es sich bei dem Knaben um die Reinkarnation des früheren Dalai Lama handelte. Als trotzdem der Losentscheid mit der Goldenen Urne durchgeführt wurde, war die Öffentlichkeit sehr erleichtert, als der Name des Knaben aus Olkha gezogen wurde. Der Regent schnitt dem Kind eine Haarlocke ab und verlieh ihm den Namen Lobsang Tenpe Gyaltsen Tinle Gyatso *(Blo bzang bstan pa'i rgyal mtshan phrin las rgya mtsho)*. 1860 wurde er offiziell als Dalai Lama eingesetzt. Seinen ersten Unterricht erhielt er vom 76. Thronhalter von Ganden.[21]

Inzwischen verstrickte sich der Regent in einen ernsthaften Machtkampf mit dem Kabinett. Regierungsmitglieder fühlten sich durch die Anordnungen des Regenten in ihren Kompetenzen eingeschränkt. Das Kabinett forderte den Regenten auf, seine offiziellen Siegel zu hinterlegen, also seine Macht zurückzugeben, mit dem Hinweis, sogar der Dalai Lama halte sich an diese Regel. Ein Verbündeter ängstigte den Regenten mit der Nachricht, das Kabinett wolle ihn absetzen. Hierauf wurde Kabinettsminister Shedra Wangchuk Gyalpo der Verschwörung beschuldigt und ins innere Exil, in das Kloster Gyelje Tsel, verbannt. Die Mönche der Klöster Ganden und Drepung stellten sich auf die Seite des Ministers, während die Mönche von Sera, dem Kloster des Regenten, sich anschickten, das Anwesen des Regenten zu verteidigen. Die Stimmung unter den Mönchen war so gespannt, dass das »Große Gebet« bis 1862 nicht mehr durchgeführt werden konnte. Als sich die Lage weiter zuspitzte, griffen einige jüngere Mönche von Ganden und Drepung das Wohnquartier des Regenten an, so dass sich dieser schließlich gezwungen sah, nach China zu fliehen. An seiner Stelle wurde der Kabinettsminister zum Regenten bestimmt und war fortan als Desi Shedra bekannt. Später erhielt Reting die Erlaubnis, nach Tibet in den Ruhestand zurückzukehren, starb aber auf dem Rückweg von China.[22]

1864 legte der Dalai Lama bei seinem Lehrer im Jokhang-Tempel sein Gelübde ab. Später im selben Jahr starb Desi Shedra im Norbulingka. Das Kabinett, der Dalai Lama und die tibetische Nationalversammlung beriefen den Lehrer Lobsang Khenrab Wangchuk zum Regenten. Doch Palden Döndrup[23], der persönliche Diener des Dalai Lama und eine starke Persönlichkeit, machte dem Regenten die Macht streitig. Unterstützt von der Anti-Reting-Fraktion in den Klöstern Ganden und Drepung trachtete Palden schließlich sogar danach, nicht nur den Regenten, sondern auch den Dalai Lama und den Panchen Lama zu verdrängen. Die Kabinettsminister stellten sich ihm entgegen, doch als sie versuchten, den Regenten von Paldens Intrigen in Kenntnis zu setzen, wurde mindestens einer von ihnen ermordet. Der Regent und die verbleibenden Minister versuchten heimlich, Palden zu verhaften, doch dieser wurde gewarnt und floh nach Drepung. Beim Versuch, nach Kham zu entkommen, wurde er getötet.

Nach einer Amtszeit von fast 10 Jahren starb der Regent 1872. Anfang 1873 übernahm der siebzehnjährige Dalai Lama nominell die Regierungsmacht. In den praktischen Regierungsgeschäften stand ihm jedoch Purbujok Lobsang Jampa Gyatso[24], der zukünftige Lehrer des 13. Dalai Lama, zur Seite. 1875, fünf Tage nach einer vollständigen Sonnenfinsternis, wurde der Dalai Lama krank. Nur zwei Wochen später starb er im Alter von gerade 19 Jahren.

Wie bereits oben dargelegt, sollten ab Ende des 18. Jahrhunderts die Dalai und Panchen Lamas entsprechend der *29 Artikel umfassenden Verordnung* des Kaisers Qianlong mit Hilfe der Goldenen Urne bestimmt werden. Diese Vorschrift war sozusagen das Kernstück des chinesischen Versuchs, dieser typisch tibetischen, religiös-politischen Institution ihren Stempel aufzudrücken. Von den Qing vordergründig als Maßnahme zur Entpolitisierung des Verfahrens angepriesen, stellte die Einführung eines Losentscheids bei der Ernennung hochrangiger Inkarnationen ein mächtiges Symbol der Qing-Dominanz dar. Eine populäre Redensart bezeichnet die Goldene Urne als »Honig auf der Rasierklinge«. Wie wir gesehen haben, wussten die Tibeter sehr wohl, welche symbolische Bedeutung die Kontrolle über das Verfahren zur Erkennung der Reinkarnationen hatte. Folglich wehrten sie sich nach Kräften gegen die Einmischung der Qing, während die Ambane auf der Gegenseite alles unternahmen, um den Einfluss der Qing zu fördern. Letztendlich kam die Urne wohl nur bei der Wahl des 10., 11. und 12. Dalai Lama zum Zug, wobei ihr Einsatz auch bei diesen Wahlen nicht vollkommen sicher ist. Zwar wurde sie auch zur Erkennung verschiedener Panchen Lamas eingesetzt. Jedoch scheint in keinem dieser Fälle der Losentscheid mit Hilfe der Urne die traditionellen tibetischen Erkennungsmethoden überflüssig gemacht zu haben.

Die Qing-Behörden versuchten, die große symbolische Kraft, die der Person des Dalai Lama innewohnte, zur Legitimierung ihrer Kontrolle über die Ereignisse in Tibet zu nutzen. So wie der Qing-Kaiser als diejenige Kraft dargestellt wurde, welche die Erkennung des Dalai Lama authentifizierte, so wurde das Reich der Qing als Garantie für die Existenz Tibets dargestellt. Chinesische Bekanntmachungen, Dekrete und Geschichten aus dieser Periode behaupten durchweg, dass Tibet voll ins Reich assimiliert gewesen sei. Es ist zwar nicht ganz klar, wann und wie diese Angliederung vor sich gegangen sein soll, die Qing jedoch setzten diese Assimilationsrhetorik äußerst wirkungsvoll ein. Sowohl die Qing-Regierung wie auch die kommunistische Partei nach ihr versuchten, die Reinkarnationssymbolik zu ihrem Vorteil zu nutzen, und zwar bis zum heutigen Tag, wie die Erkennung des achten Panchen Lama in den neunziger Jahren des 20. Jahrhunderts zeigt (siehe dazu Artikel von Jagou, S. 209).

Die traurige Tatsache, dass zwischen 1806 und 1875 vier Dalai Lamas in jungen Jahren starben, versagte den Tibetern ausgerechnet in einer Zeit, als zentrifugale Kräfte das Land auseinander zu reißen drohten, das mächtigste Symbol ihrer tibetischen Identität. Während die Qing, die Gurkhas, die Briten und, etwas weiter entfernt, die Russen im großen Spiel der Diplomatie um die besten Positionen kämpften, musste die tibetische Öffentlichkeit ihre Loyalität – und damit ihre nationalen Bestrebungen – immer wieder aufheben und auf jemand anderen übertragen, weil die geliebten, als Dalai Lamas anerkannten Knaben einer nach dem anderen starben. Vitalität und symbolische Bedeutung der Institution zeigen sich nicht zuletzt darin, dass die Tibeter nicht aufhörten, ihre immerzu enttäuschten Hoffnungen an der nächsten Inkarnation festzumachen. Diese Hoffnungen fanden in der Person des großen 13. Dalai Lama schließlich ihre Erfüllung.

»Der Dalai Lama war etwa 1,67 m groß. Seine Haut hatte den dunklen Farbton eines niedrig Geborenen. Die Nase war leicht gebogen. Die großen, gut platzierten Ohren deuteten an, dass er eine Wiedergeburt von Chen-re-zi war. Hohe, geschwungene Augenbrauen und ein voller Schnurrbart mit gut gewachsten Enden betonten eher die Wachheit des Verwalters als den abseits meditierenden Priester. Seine dunkelbraunen Augen waren groß und sehr markant.
Wenn er sprach oder zuhörte, leuchteten sie auf, und seine ganze Miene erstrahlte in stillem Eifer. Er hatte kleine, gepflegte Hände und den glatt rasierten Kopf eines Priesters.« (Charles Bell)[1]

1876–1933

DER 13. DALAI LAMA THUBTEN GYATSO
»Ozean der Lehre des Fähigen«

Tsering Shakya

Der britische Kolonialoffizier Sir Charles Bell notierte nebenstehende Beschreibung des 13. Dalai Lama, nachdem er 1910 zum ersten Mal mit ihm zusammengetroffen war. Der Dalai Lama war damals 34 Jahre alt. Im Anschluss an die chinesische Invasion Tibets war er nach Darjeeling in Indien geflüchtet. Der 13. Dalai Lama ist einer der wenigen Dalai Lamas, über die wir viel wissen. Das liegt unter anderem daran, dass der 13. Dalai Lama ein reifes Alter erreichte. Außerdem lebte er zu einer Zeit, als Tibet verstärkt in Kontakt mit der Außenwelt kam und das Weltgeschehen den Lauf der Ereignisse in Tibet zu beeinflussen begann. Die Herrschaft des 13. Dalai Lama fiel in eine turbulente Phase der neueren tibetischen Geschichte. Als der 12. Dalai Lama 1875 im jugendlichen Alter von 19 Jahren starb, soll sich sein Gesicht gegen Südosten gewandt haben, wie es im tibetischen Namthar (*rnam thar*, Biografie) des 13. Dalai Lama heißt. Laut des Namthar war der Körper des verstorbenen Dalai Lama zur Vorbereitung auf die Mumifizierung in eine hölzerne Kiste gelegt worden. Als die Begleiter des Verstorbenen die Kiste einige Tage später wieder öffneten, war der Kopf des Dalai Lama gegen Südosten gewandt. Das galt als Hinweis, dass die neue Inkarnation im Südosten des Landes zur Welt kommen werde.[2]

AUFFINDUNG UND EINSETZUNG

Das Nechung-Orakel bestätigte die südöstliche Richtung des Geburtsorts der Reinkarnation. Dieser Hinweis wurde ferner durch eine Prophezeiung des fünften Panchen Tenpa Wangchuk gestützt. Als das Nechung-Orakel ein drittes Mal befragt wurde, präzisierte es seine Hinweise und sagte auch die Namen der Eltern voraus. Der Name des Vaters werde Künga, derjenige der Mutter Dolma lauten. Der Regent Kundeling Chökyi Gyaltsen und das Kabinett *(kashag)* beriefen den alten Abt des Klosters Gyutok, Khensur Lobsang Dhargye, an die Spitze eines Suchteams, das den neuen Dalai Lama finden sollte. Einem alten Brauch folgend begab sich Khensur Lobsang Dhargye zum heiligen See Lhamo Latso in der Hoffnung auf eine Vision, welche ihm den Geburtsort und andere Angaben zum Aufenthaltsort des Dalai Lama offenbaren würde. Es war ein bitterkalter Wintertag, als Lobsang Dhargye den See erreichte, aber die Oberfläche des Sees war glatt wie »ein hundertmal gereinigter Spiegel«. Auf der Seeoberfläche erblickte der Abt die Vision eines Weilers und eines Paars, das ein Kind aus einem Haus trug und sprach, dies sei der Dalai Lama. Der Knabe segnete Lobsang Dhargye, indem er dessen Stirn berührte. Als er später bei seiner Suche des neuen Dalai Lama in ein bestimmtes Dorf gelangte, erkannte Khensur Lobsang Dhargye diesen Ort als denjenigen wieder, der ihm in seiner Vision auf der Oberfläche des Lhamo Latso erschienen war.[3]

Der 13. Dalai Lama wurde am 27. Mai 1876 geboren. Seine Geburt war von vielen guten Vorzeichen begleitet. Im Jahr zuvor hatte ein Erdbeben die Gegend von Dakpo heimgesucht und sämtliche Häuser im Geburtsdorf des Dalai Lama zerstört oder schwer beschädigt. Nur das Haus des zukünftigen Dalai Lama war unversehrt geblieben. Zuerst wurde dies als ungünstiges Zeichen verstanden, doch ein Lama überzeugte die Familie, dass es tatsächlich ein verheißungsvolles Zeichen sei. Vor der Geburt hatte die Mutter viele Träume, in denen die Geburt des Dalai Lama vorausgesagt worden war. In einem Traum erhielt sie Besuch von einer in die feinsten Stoffe der Lhasaer Aristokratie gekleideten Frau, die ihr eine weiße Glücksschleife überreichte, und in einem anderen Traum entdeckte die Mutter eine weiße Schneckenmuschel in einem Teich beim Haus. Die Biografie des Dalai Lama berichtet, die Frau im Traum sei die Göttin Jetsün Dolma gewesen und die Schneckenmuschel repräsentiere die Ausbreitung der buddhistischen Lehre. In einem anderen Traum sah die Mutter eine Gebetsfahne, die vom Dach ihres Hauses bis zum Potala in Lhasa reichte. Kurz vor der Geburt des Kindes fing ein Baum vor dem Haus zu blühen an, obschon es dazu nicht die richtige Jahreszeit war. Am 25. Tag des dritten Monats im Feuer-Maus-Jahr erschien ein Regenbogen und ein geheimnisvolles helles Licht leuchtete über dem Haus des Dalai Lama. Eine Woche später, am fünften Tag des vierten Monats im Feuer-Maus-Jahr, wurde zu Sonnenaufgang ein Kind geboren. An jenem Tag fiel ein leichter Regen, was als gutes Vorzeichen angesehen wurde, da in der tibetischen Tradition leichter Regen stets ein Vorbote des Glücks ist. Nieselregen ist allen Wesen zuträglich, nährt er doch den Boden und das Flachland und schadet den Insekten nicht. Das Namthar berichtet, der Junge habe helle Haut und einen Kopf wie einen Sonnenschirm gehabt. Das Haar sei glänzend schwarz gewesen, abgesehen von einer einzigen weißen Strähne in der Mitte des Kopfes.[4]

Als das Kind zwei Jahre alt war, erreichten die mit der Suche Beauftragten unter der Leitung von Khensur Lobsang Darye das Dorf Langdün *(gLang mdun)*. Langdün befindet sich in der Region Dakpo bei einem Berg, der die Form eines Elefanten hat und darum »Stirn des Elefanten« heißt. Laut dem Namthar ist das Dorf mit 10 Vollkommenheiten gesegnet. Die Region wird auch mit vielen religiösen Figuren in Verbindung gebracht, insbesondere mit Gampo pa, dem wichtigsten Jünger von Jetsün Milarepa, der auch als Dakpo Lhaje bekannt war. Die Mutter

91 Der 13. Dalai Lama anlässlich seiner Inthronisation, umgeben von hohen Mönchen (links), Regierungsbeamten (rechts) und Gästen mit Geschenken. Wandmalerei im Potala, Audienzhalle.

des Dalai Lama soll der Familie des Gampo pa entstammen.[5] Khensur Lobsang Dargye erinnerte sich der Verkündigung des Nechung-Orakels und erkannte zudem die Landschaft und die Umgebung als diejenige wieder, die er in seiner Vision am Lhamo Latso gesehen hatte. Der Khensur untersuchte den Jungen und sah, dass das Kind der Vision des fünfmonatigen Knaben auf der Oberfläche des heiligen Sees ähnelte, auch wenn es ihm ein wenig dicker schien. Später besuchten auch andere Mitglieder der Suchmannschaft das Haus des Knaben. Als der Junge Jangchub Namdrol, den Sekretär des Regierungskabinetts sah, lächelte er und berührte instinktiv die Stirn eines jeden Mitglieds des Suchteams. Jedes Mal, wenn die Gesandten das Haus besuchten, erschien über diesem ein Regenbogen, der darauf hinwies, dass dies der Geburtsort des Dalai Lama war. Der zweijährige Knabe konnte bereits viele Mantras rezitieren, ohne dass jemand ihn unterrichtet hatte. Die Gesandten waren überzeugt, den richtigen Jungen gefunden zu haben und erstatteten dem Regenten in Lhasa Bericht. Dieser legte die Erkenntnisse des Suchteams dem Nechung-Orakel vor. Sobald das Orakel die Namen der Eltern hörte, erklärte es ohne zu zögern, der Junge aus Dakpo sei der Dalai Lama.

Da keine anderen Kandidaten zur Auswahl standen, unterbreitete der Regent den Namen des Jungen und die Einzelheiten der Entdeckung dem Mandschu-Kaiser und dieser bestätigte den Jungen als 13. Dalai Lama. Der junge Knabe und seine Eltern wurden von einer Eskorte von 100 tibetischen Soldaten und Mönchen nach Lhasa begleitet. 15 Kilometer vor Lhasa machten sie Halt und blieben drei Monate im Kloster Tshe Gungtang, während die Stadt den Empfang des neuen Dalai Lama vorbereitete. Während dieser Zeit machten der Regent, die Mitglieder des Kabinetts, die Äbte der drei großen Klöster, der Mandschu-Amban und Gorkha Vikal dem jungen Dalai Lama in Tshe Gungtang ihre Aufwartung.

Die bevorstehende Ankunft des Dalai Lama versetzte ganz Lhasa in große Aufregung. Sämtliche Häuser wurden geweißelt und auf den Dächern flatterten neue Gebetsfahnen. 1878, am vierten Tag des ersten tibetischen Monats im Jahr des Tigers, kam der Panchen Rinponche nach Lhasa. Wenige Tage danach zog der neue Dalai Lama mit feierlichem Zeremoniell in Lhasa ein und wurde in den Potala-Palast gebracht. Am 11. Tag des ersten tibetischen Monats im Jahr des Tigers führte der Panchen Lama in der *Nyed yod*-Kammer im Potala-Palast die Haarschneidezeremonie *(gtsug phud)* durch und gab dem Jungen den Namen Jetsün Ngawang Lobsang Thubten Gyatso Jigdral Wangchuk Chokle Namgyal Pelzangpo[6]. Der 13. Dalai Lama war später allgemein bekannt unter der Kurzform seines Namens, Thubten Gyatso. Die Familie des jungen Dalai Lama wurde geadelt und nahm den Namen Yabzhi Langdün an. Wie in diesem Fall üblich, erhielt der Vater des Dalai Lama vom Mandschu-Kaiser den Titel Gung. Während seiner Kindheitsjahre verbrachte der junge Dalai Lama den Winter im Potala-Palast und den Sommer im Norbulingka, umgeben von Mönchsbeamten, die schon unter dem 12. Dalai Lama gedient hatten. Die offizielle Einsetzung des Dalai Lama fand am 1. August 1879 statt. Im Alter von sechs Jahren begann der Junge seine formelle religiöse Ausbildung mit dem Ablegen des Novizen *(getsul)*-Gelübdes. Der Regent Kundeling wurde zum Hauptlehrer des Dalai Lama ernannt und der Gelehrte Lama Phurchog Jampa Gyatso[7] vom Kloster Sera wurde sein Zweitlehrer. Zusammen waren sie für die Erziehung und Ausbildung des jungen Dalai Lama verantwortlich. Dieser entwickelte vor allem zu seinem Zweitlehrer eine enge Beziehung und empfand große Zuneigung für ihn. Jahre später schrieb der Dalai Lama, »die Liebenswürdigkeit meines Lehrers lässt sich sogar mit Bergen von Edelsteinen, welche alle drei Welten füllen, nicht vergelten.«[8] Nach dessen Tod schrieb der Dalai Lama eine bewegende Biografie seines Lehrers.

Die frühen Jahre des Dalai Lama waren durch ein strenges Ausbildungsregime geregelt. Ältere Mönche lehrten ihn lesen und schreiben, und als er geübt genug war, begann er unter Phurchog sein formelles Studium der buddhistischen Schriften. Solange der Dalai Lama minderjährig war, lag die Verantwortung für die Tagesgeschäfte der Regierung beim Regenten Kundeling – ein Amt, das dieser bis zu seinem Tod im Jahr 1886 ausübte. Kundelings Nachfolger als Regent war Demo Ngawang Lobsang Trinle Rabgye[9]. Der Dalai Lama litt während seiner Kindheit an verschiedenen Krankheiten, wovon die schwerste ihn während der Pockenepidemie von 1882 in Lhasa heimsuchte.

POLITISCHE ANGELEGENHEITEN

Eines der dringendsten Probleme Tibets in den frühen Jahren der Herrschaft des 13. Dalai Lama war die Bedrohung durch die Präsenz der Briten in Indien. Den Tibetern wurde zunehmend bewusst, dass die Briten, nachdem sie ihre Herrschaft im Himalaja gefestigt hatten, sehr an ihrem Land interessiert waren. Großbritannien hatte Sikkim zum Protektorat erklärt und suchte 1885 die Zustimmung der chinesischen Regierung zur Entsendung einer Mission nach Lhasa. Eine britische Mission unter Colman Macauly erschien mit einer militärischen Eskorte an der Grenze

DER 13. DALAI LAMA

zwischen Sikkim und Tibet, doch Tibet verweigerte den Briten die Einreise. Weder Briten noch Chinesen konnten gegen die tibetische Einreiseverweigerung etwas unternehmen. Für Tibet waren Macauly und seine militärische Begleitung ein untrügliches Zeichen dafür, dass die Briten beabsichtigten, Tibet anzugreifen. Die Biografie des Dalai Lama vermittelt einen genauen Eindruck von der ängstlichen Stimmung, die damals in Lhasa herrschte. Die tibetische Regierung ordnete die Mobilisierung einer neuen Armee an. 1000 Soldaten wurden aus Dagyab in Kham nach Lhasa gebracht und 1880 wurden 900 tibetische Soldaten an die Grenze zu Sikkim entsandt. Der Dalai Lama gewährte den Soldaten vor ihrem Abmarsch eine Audienz und segnete sie. Die tibetische Armee drang nach Lungthar vor, einem hohen Passübergang zwischen Sikkim und Tibet, den sie als Teil ihres Landes betrachteten. Großbritannien erhob ebenfalls Anspruch auf diese Grenzgegend und forderte die Tibeter zum Rückzug auf. Als diese das verweigerten, griffen britische Truppen im März 1888 das tibetische Lager an und vertrieben die tibetische Armee. Es handelte sich dabei um den ersten bewaffneten Zusammenstoß zwischen Tibet und den bestens ausgebildeten und ausgerüsteten Truppen Großbritanniens. 1890 unterzeichnete die britische Regierung in Darjeeling einen Vertrag mit China, die so genannte »Anglo-Chinesische Konvention über Sikkim und Tibet«. Der Vertrag gab den Briten das Recht, Handel zu treiben und Missionen nach Tibet zu entsenden. Darüber hinaus legte er den genauen Grenzverlauf zwischen Sikkim und Tibet fest. Die tibetische Regierung weigerte sich jedoch standhaft, irgendwelche Tibet betreffenden Abmachungen zwischen China und Großbritannien anzuerkennen.

Als der Dalai Lama 13 Jahre alt war, schrieb er einen Traum auf, in dem »ein schwarzer Mann ihn besuchte und ihm sagte, er werde vielen Schwierigkeiten begegnen und gezwungen sein, in die Mongolei, nach China und nach Indien zu reisen.«[10] Die Gestalt im Traum prophezeite auch, dass er länger als je ein Dalai Lama vor ihm leben werde. Dies schien eine Unheil verkündende Prophezeiung zu sein, und im Rückblick wissen wir, dass der Dalai Lama später tatsächlich gezwungen war, sich ins Exil in die im Traum erwähnten Länder zu begeben. Der Dalai Lama widmete sich bis zu seinem 20. Lebensjahr seinen religiösen Studien und lehnte es in dieser Zeit mehrmals ab, die politische Verantwortung für das Land zu übernehmen. Üblicherweise übernimmt der Dalai Lama mit 18 Jahren die politische Macht, doch der 13. Dalai Lama hatte das Kabinett wissen lassen, er wolle damit bis zum Abschluss seiner religiösen Studien warten.

Traditionsgemäß nimmt der Panchen Lama das Mönchsgelübde des Dalai Lama ab, doch der damalige sechste Panchen Lama war noch zu jung und konnte der Initiation des Dalai Lama in die Mönchsgemeinschaft nicht vorstehen. 1895, am ersten Tag des achten tibetischen Monats im Holz-Schaf-Jahr, versammelten sich die Äbte und Mönche der drei großen Klöster im Jokhang-Tempel. Purchok Rinpoche fungierte als Vorsteher und der Dalai Lama legte sein Gelübde als vollordinierter Mönch *(dge slong)* ab. Damit hatte der Dalai Lama seine religiöse Ausbildung abgeschlossen. Bisher hatte er die Übernahme der politischen Macht mit dem Hinweis auf seine religiösen Studien und seine Unerfahrenheit abgelehnt. Doch allmählich konnte er sich seiner Verantwortung nicht mehr entziehen, insbesondere, da nun auch in der Öffentlichkeit, die schon zwei Jahre zuvor mit seinem Amtsantritt gerechnet hatte, Stimmen der Besorgnis laut wurden. Eine eigens zu diesem Zweck einberufene Generalversammlung der tibetischen Regierung forderte den Dalai Lama einstimmig auf, jetzt sein politisches Mandat anzutreten. In seiner Antwort verwies der Dalai Lama auf die anhaltende Bedrohung an der Grenze zum britisch kontrollierten Sikkim und schlug vor, dass erfahrenere Führer einstweilen die Geschicke des bedrohten Landes lenken sollten. Jedoch fügte er hinzu, man solle zuerst das Nechung-Orakel befragen, er werde sich dessen Anweisungen fügen. Das angerufene Medium verfiel in Trance, hielt den Anwesenden eine Glücksschleife entgegen und forderte die Mitglieder des Kabinetts auf, diese dem Dalai Lama zu bringen. Damit deutete das Orakel an, dass die Zeit für den Dalai Lama gekommen war, seine Herrschaft über das Land anzutreten. Am Spruch des Nechung-Orakels war nicht zu rütteln. Am achten Tag des achten Monats im Holz-Schaf-Jahr (1895) wurde zur Feier der Einsetzung des Dalai Lama als Herrscher über die spirituellen und politischen Geschicke Tibets eine Zeremonie im Potala-Palast abgehalten.

Die ersten zwei Jahre der Herrschaft des Dalai Lama verliefen friedlich. In seiner Biografie finden sich dazu vor allem Berichte über Besuche in Klöstern und über die Anerkennung von Lamas. 1896 griff die Armee des Gouverneurs von Szechuan die von Lhasa verwaltete Region Nyarong in Osttibet an. Doch nachdem der Dalai Lama eine geheime Mission von Kalkutta nach Peking entsandt hatte, veranlasste der Mandschu-Kaiser den Rückzug der Truppen aus Nyarong, und das Territorium wurde wieder der direkten Kontrolle Lhasas unterstellt.

Als der Dalai Lama 24 Jahre alt war, wurde er von wiederkehrenden, beunruhigenden Träumen gequält. Er schrieb sie auf

92 Der 13. Dalai Lama auf einem Thron, links und rechts auf Tischchen verschiedene Ritualgegenstände und Opfergaben, vorne links die Schutzgöttin Palden Lhamo, rechts eine Form des Reichtumsgottes Vaiśravaṇa, dazwischen ein goldenes Rad der Lehre. Frühes Beispiel für die kombinierte Verwendung von Foto und Malerei: Der Kopf des 13. Dalai Lama ist ein (stark verblichenes) Foto, während der Rest gemalt (übermalt ?) worden ist. Solche Darstellungen in einer hybriden foto-gemalten Technik wurden später auch vom 14. Dalai Lama gemacht (Abb. 126–128, 130). Miniaturmalerei und Fotografie (Gesicht), 10 x 7,7 cm, Sammlung Lambert Verhoeven, Gouda.

93 Rad der Lehre. Silber, teilweise vergoldet, mit Bergkristallen verziert, Tibet/Mongolei?, 19. Jh., Geschenk des 13. Dalai Lama an Zar Nikolaus II. von Russland, H: 51 cm, The State Hermitage Museum, St. Petersburg, Inv. Nr.: KO-884. >>> **94** In Stoff eingenähte Figur des historischen Buddha Śākyamuni, mit Siegel des 13. Dalai Lama und einem Text, der besagt, diese Statue sei ein Geschenk an Herrn Kho dzo lob (Koslov). Wahrscheinlich übergab der 13. Dalai Lama die Statue dem russischen Forscher Koslov, als dieser den Dalai Lama 1905 in Urga (Ulaan Baatar) traf. Bronze, vergoldet, Tibet, 15.–16. Jh. (?), H: 11,5 cm, The State Hermitage Museum, St. Petersburg, Inv. Nr.: KO-12.

und wandte sich damit an den Nyingma Lama Tertön Sonam Gyalpo, der für seine Fähigkeiten als Traumdeuter bekannt war. Tertön Sonam Gyalpo deutete diese Träume des Dalai Lama als bedrohliche Zeichen dafür, dass dessen Leben in Gefahr sei.[11] Die Weissagungen des Nechung-Orakels bestätigten dies. Dem Dalai Lama wurde deshalb geraten, verschiedene Rituale und gute Taten auszuführen, um die ihn bedrohenden Gefahren abzuwenden. 1899 empfahl ihm sein Lehrer Purchok Rinpoche, den Grad des Geshe Lharampa zu erwerben, den höchsten akademischen Grad, der während der Mönlam-Zeremonie verliehen wird. Am siebten Tage des ersten Monats im Erd-Schweine-Jahr (1899) musste sich der Dalai Lama vor den versammelten Äbten und Mönchen der großen Klöster von seinen Lehrern und anderen Geshes einer Prüfung unterziehen. Er bestand diese mit Erfolg und wurde damit der erste Dalai Lama mit einem Geshe Lharampa-Grad.

VERHEXTE STIEFEL UND FLUCHT IN DIE MONGOLEI

Nach dem tibetischen Kalender gilt jedes 13. Jahr als ein »verhextes« Jahr *(skeg, skeg lo)*. Das Jahr 1900, in dem er 25 wurde, galt als besonders gefährliches Jahr für den Dalai Lama. Am 13. des dritten tibetischen Monats im Erd-Hund-Jahr (1900) warnte das Nechung-Orakel erneut, das Leben des Dalai Lama sei in Gefahr. In diesem Jahr war der Dalai Lama oft krank, verlor seinen Appetit und wurde körperlich schwach. Er bemerkte, dass sich seine Gesundheit immer dann verschlechterte, wenn er die Stiefel trug, die ihm Tertön Sonam Gyalpo geschenkt hatte. Als seine Begleiter die Stiefel zur genaueren Untersuchung zerlegten, fanden sie zu ihrem großen Entsetzen in der Sohle des Stiefels ein Mantra versteckt, das dem Dalai Lama schaden sollte. Die Regierung stellte Tertön Sonam Gyalpo zur Rede, doch dieser beteuerte seine Unschuld und gestand, er selbst habe immer angefangen, aus der Nase zu bluten, wenn er die Stiefel getragen habe. Die Stiefel seien ein Geschenk von einem Lama in Nyarong. Dieser Lama war bekannt für seine magischen Kräfte. Er wurde ebenfalls verhört und gestand, er sei vom früheren Regenten Demo angeworben worden. Außer dem magischen Mantra in den besagten Stiefeln habe er weitere solcher Mantras in den vier Ecken des Potala-Palastes und in Samye versteckt, damit sie dem Dalai Lama Schaden zufügten. Daraufhin verhaftete die Regierung den früheren Regenten sowie Mitglieder seiner Familie. Im Verhör gab Demo zu, er habe versucht, den Dalai Lama zu beseitigen, um selbst wieder an die Macht zu kommen.[12] Die Güter des Demo wurden konfisziert, und er wurde in Lhasa inhaftiert. Nach diesem Zwischenfall begab sich der Dalai Lama auf eine Pilgerfahrt an heilige Orte in Lhasa und insbesondere nach Tsari in Südtibet. 1902 nahm der Dalai Lama dem sechsten Panchen Chökyi Nyima im Jokhang-Tempel das Mönchsgelübde ab.

Um 1900 wurden der britischen Regierung Berichte von in Tibet und an der Grenze zu Sikkim stationierten Missionaren zugetragen, dass es in Lhasa nur so von russischen Militärberatern wimmele und dass der Zar und der Dalai Lama ein geheimes Abkommen unterzeichnet hätten. Diese Berichte beunruhigten Lord Curzon, den Vizekönig von Indien. Das britische Misstrauen wurde durch russische Presseberichte über den Besuch eines gewissen Burjaten Lama Dorjiev in St. Petersburg im Jahr 1901 noch verstärkt. Dorjiev, der von Zar Nikolaus II. und Kaiserin Alexandra zu einer Audienz empfangen worden war, war ein Mönch aus Baikal, der 1880 erstmals nach Lhasa gekommen war, um in Drepung zu studieren. Mongolische Mönche waren damals in Tibet keine Seltenheit und absolvierten ihre Studien meist am Gomang-Kolleg.[13] Dorjiev war ein ausgezeichneter Student und wurde zum Debattierpartner *(tsenzhab)* des Dalai Lama bestimmt. In dieser Funktion hatte er fast unbeschränkten Zugang zum Herrscher, und anscheinend entwickelte sich zwischen den beiden schnell eine enge Freundschaft. Durch Dorjiev erfuhr der Dalai Lama vieles über Russland und dessen wachsenden Einfluss in Zentralasien. Dem Dalai Lama und der tibetischen Regierung schien der Moment günstig, engere Beziehungen zu Russland zu knüpfen. Die Tibeter hatten anlässlich des erst wenige Jahre zurückliegenden Konflikts mit Großbritannien an der Grenze zu Sikkim feststellen müssen, dass China nicht in der Lage war, Tibet wirkungsvoll zu unterstützen. Um die Briten auf Distanz zu halten, brauchten sie andere mächtige Verbündete. 1901 traf Dorjiev mit je einem Brief des Dalai Lama und des Kabinetts in St. Petersburg ein. Der Brief des Dalai Lama, in dem er dem Zaren für die wohlwollende Behandlung seiner buddhistischen Untertanen dankte, war sehr förmlich gehalten. Der Brief des Kabinetts hingegen war ein offener Appell an Russland, Tibet im Kampf gegen die Briten zu unterstützen.[14] Als die Briten den Zweck der Reise Dorjievs vernahmen, sahen sie darin sofort eine ernsthafte Bedrohung der Sicherheit von Britisch-Indien. Auch als Russland den Briten versicherte, es habe nicht die geringste Absicht, in Tibet zu intervenieren, blieb Großbritannien misstrauisch. Die britische Krone hatte ursprünglich gehofft, durch China Zugang zu Tibet zu erhalten. Doch als sich zeigte, dass China dazu allen Versprechungen zum Trotz nicht in der Lage war, realisierten die Briten, dass »die chinesische Oberhoheit über Tibet eine Fiktion« war, wie Lord Curzon es ausdrückte. Dieser beschloss, die Sache direkter anzugehen, indem er eine Truppe nach Lhasa entsandte. Er schlug vor, in Tibet eine dauerhafte britische Mission zur Wahrung der britischen Interessen einzurichten. Im Januar 1904 mobilisierte Großbritannien 8000 Soldaten, die unter der Führung von Colonel Francis Younghusband von Sikkim her nach Tibet eindrangen. Die schlecht ausgerüsteten tibetischen Soldaten hatten der gut ausgebildeten britischen Armee nichts entgegenzusetzen. Die Tibeter leisteten zwar entschlossenen Widerstand, doch ihr Gegenangriff wurde abgeschmettert. In den verschiedenen Schlachten verloren die Tibeter mehr als 1000 Mann.

Der Dalai Lama befand sich zu dieser Zeit in einer dreijährigen Klausur zur abgeschiedenen Meditation, was ihn daran hinderte, an den Tagesgeschäften der Regierung teilzunehmen. Am 12. Tage des sechsten tibetischen Monats unterbrach der Dalai Lama seine Meditation. Einige Tage zuvor war die tibetische Nationalversammlung zu einer Lagebesprechung zusammengetreten und hatte sich mehrheitlich dafür ausgesprochen, der britischen Invasion bis auf den letzten Mann Widerstand zu leisten. Shatra, der höchste anwesende Minister, befürwortete jedoch Verhandlungen mit Großbritannien. Als einer der wenigen tibetischen Beamten, die schon ins Ausland gereist waren, wusste Shatra um die Stärke der britischen Armee. Die hitzigeren Mitglieder der Nationalversammlung warfen Shatra Beschwichtigungspolitik vor und beschuldigten ihn einer pro-britischen Haltung. Die Versammlung beschloss eigenmächtig, vier Minister des Amtes zu entheben und zu verhaften. Als der Dalai Lama, der seine Meditation unterbrochen hatte, von der Verhaftung der Minister hörte, ordnete er sofort ihre Freilassung an.

Da erreichte den Herrscher die Nachricht, dass die Briten bereits bis nach Chakzham, nur einen Tagesritt von Lhasa entfernt, vorgedrungen seien. In der Nacht des 15. Tages des sechsten tibetischen Monats (30. Juli 1904) bestimmte der Dalai Lama in aller Eile den Ganden Tripa Lobsang Gyaltsen zum Regenten. Noch in der gleichen Nacht, um Mitternacht, verließ er Lhasa, begleitet von einigen wenigen treuen Dienern. Als die Gruppe im Kloster Reting ankam, verkleidete sich der Dalai Lama als reicher mongolischer Händler und zog dann weiter Richtung Nordtibet. Die Reise war mühsam und der Dalai Lama und seine Begleiter mussten viele Schwierigkeiten überwinden. Auf der Ebene von Changthang herrschte ein so starker Wind, dass an das Aufstellen von Zelten nicht zu denken war und der Dalai Lama unter offenem Himmel schlafen musste. Nach dreimonatiger Reise erreichte der Dalai Lama Urga, die mongolische Hauptstadt. Der Entschluss des Dalai Lama, sich in der Mongolei in Sicherheit zu bringen, beruhte nicht nur auf der kulturellen und religiösen Affinität zwischen Mongolen und Tibetern, sondern auch auf

95 Die Angst vor Russland, das hier als Polyp dargestellt ist, der versucht, Teile Europas und Asiens – so auch das als gelber Mönch dargestellte Tibet – für sich einzunehmen. Sammlung Roger Denis, Bagnéres de Bigorre.

politischen Überlegungen. Zum einen wusste der Dalai Lama, dass eine Flucht nach China Tibet einem noch stärkeren chinesischen Einfluss aussetzen würde. Die Tibeter waren jedoch sehr darauf bedacht, Distanz zu China zu wahren. Die zweite wichtige Überlegung betraf die Möglichkeit, von Urga aus den Zaren um Hilfe anzugehen. Dabei sollte Dorjiev, der den Dalai Lama begleitete, mit Rat und Tat zur Seite stehen. Und so entsandte der Dalai Lama kurz nach seiner Ankunft in Urga seinen Vertrauten Dorjiev nach St. Petersburg. Bei einem Treffen mit Shishmaryov, dem russischen Konsul in Urga, hatte der Dalai Lama diesen ohne Umschweife gefragt, ob »Russland bereit [sei], Tibet vor China und Großbritannien zu schützen«.[15] Da Russland sowohl innen- wie außenpolitisch unter großem Druck stand, konnte der Zar Tibet keinerlei Hilfe anbieten. Russland hatte 1905 im Pazifik eine vernichtende Niederlage gegen die modernisierte japanische Flotte erlitten, und diese demütigende Niederlage hatte noch im gleichen Jahr die erste russische Revolution ausgelöst. Der Zar konnte es sich unter diesen Umständen nicht leisten, die Briten und die Chinesen vor den Kopf zu stoßen, doch hatte er seinen Botschafter in Peking angewiesen, mit dem Dalai Lama in Urga zusammenzutreffen. Aus der Biografie des Dalai Lama geht hervor, dass sein Aufenthalt in Urga zu einem Bruch mit Jetsün Dampa, dem mongolischen Herrscher, geführt hatte. Hunderte von Mongolen kamen jeden Tag, um sich vom Dalai Lama segnen zu lassen, und es scheint, dass dieser bald populärer als Jetsün Dampa selbst war. Dieser weigerte sich bis zuletzt, den Dalai Lama persönlich willkommen zu heißen.[16] Die zunehmenden Spannungen zwischen den beiden hohen Lamas sowie der Misserfolg des tibetischen Bittgangs beim Zaren hatten zur Folge, dass der Dalai Lama nicht länger in Urga bleiben konnte. Fast zwei Jahre lang reiste der Dalai Lama durch Amdo in Nordost-Tibet und gab Belehrungen. Er besuchte Labrang Tashikyil, eines der größten Gelugpa-Klöster, und das Kloster Kumbum, das der dritte Dalai Lama Sonam Gyatso gegründet hatte. Der Dalai Lama besuchte auch den Geburtsort von Tsongkhapa, dem Gründer der Gelugpa-Schule des tibetischen Buddhismus. Während seines Aufenthalts in Kumbum empfing der Dalai Lama eine Delegation von Lhasa, die ihn zur Rückkehr drängte. Der Dalai Lama beschloss stattdessen, nach Peking zu reisen, um mit der chinesischen Kaiser-Witwe, der tatsächlichen Herrscherin über China, zusammenzutreffen (Abb. 97). Der Gelehrte William Rockhill, damaliger amerikanischer Botschafter in China, war Zeuge seiner Ankunft in Peking im September 1908 und schrieb darüber später: »Er [der Dalai Lama] wurde mit dem gleichen Zeremoniell empfangen wie jeder unabhängige Landesfürst, und in chinesischen Werken findet sich kein Hinweis darauf, dass man ihn in irgendeinem anderen Licht gesehen hätte«. Rockhill hatte den Dalai Lama einige Monate zuvor in Wu tai shan in der Provinz Shanxi besucht und damit den ersten offiziellen Kontakt zwischen Tibet und Amerika hergestellt. Der Dalai Lama überreichte Rockhill ein Rollbild von Tsongkhapa und einen Brief an Präsident Theodore Roosevelt. Unmittelbar nach dem Treffen schrieb Rockhill in einem Brief an Präsident Roosevelt, dass das Treffen mit dem Dalai Lama die herausragendste Erfahrung in seinem Leben gewesen sei.[17]

Während seines Aufenthalts in Peking versuchten die chinesischen Gastgeber zu verhindern, dass der Dalai Lama ausländischen Diplomaten begegnete. Die Tibeter waren jedoch äußerst interessiert an einer Kontaktaufnahme mit Japan, dessen Ansehen als aufsteigende Großmacht seit dem Sieg über die russische Flotte im Pazifik beträchtlich gestiegen war. So traf der Dalai Lama mit dem japanischen Botschafter Gonsuke Hayashe und dem

96 Der 13. Dalai Lama wird bei seiner Ankunft in Peking im Jahr 1908 von chinesischem Militär willkommen geheißen. Wandmalerei, Potala, 1934–35 (?).   **97** Der 13. Dalai Lama besucht die Kaiserinwitwe Cixi in Peking am 14. Oktober 1908. Wandmalerei, Potala, Fotograf: Michael Henss, Zürich.

japanischen Militärberater Fufushima zusammen. Infolge dieser Treffen schickte Japan nach der Rückkehr des Dalai Lama nach Lhasa Militärberater zur Ausbildung und Modernisierung der tibetischen Armee. Dagegen weigerte sich der Dalai Lama, mit chinesischen Beamten zusammenzutreffen, und bestand darauf, alle Tibet betreffenden Fragen direkt mit der Kaiser-Witwe Cixi zu besprechen. Das Treffen mit ihr fand am 14. Oktober 1908 statt. Am selben Tag machte der Dalai Lama auch die Bekanntschaft des jungen Kaisers. Laut Rockhill verweigerte der Dalai Lama dem jungen Kaiser den Kotau, die traditionelle chinesische Ehrbezeugung.[18] In der tibetischen Biografie findet dies keine Erwähnung. Dafür heißt es dort, der Kaiser habe sich von seinem Thron erhoben und sei dem Dalai Lama entgegen gegangen, als dieser das kaiserliche Gemach betrat; der kaiserliche Thron sei allerdings etwas höher gewesen als der Thron des Dalai Lama.[19] Der Dalai Lama traf sich in der Folge mehrmals mit der Kaiser-Witwe und dem Kaiser, und die Beschreibungen in der tibetischen Biografie lassen auf eine enge Beziehung zwischen der Kaiser-Witwe und dem Dalai Lama schließen. Als die Kaiser-Witwe im November 1908 starb, vollzog der Dalai Lama die Trauerrituale und schrieb eine lange Grabrede.

FLUCHT NACH INDIEN

Am neunten Tag des 11. tibetischen Monats im Erd-Vogel-Jahr (1908) kehrte der Dalai Lama nach fast fünf Jahren im Exil nach Lhasa zurück. Einige Tage nach seiner Rückkehr übernahm der Dalai Lama im Rahmen einer Feier im Potala-Palast offiziell wieder die Macht im Land. Man überreichte ihm bei dieser Gelegenheit ein neues Siegel aus Gold, auf dem seine Herrschaft über Tibet als »unzerstörbar wie ein Diamant« bezeichnet wurde. Laut Tsipon Shakabpa handelte es sich dabei um einen Versuch, die Autorität des Dalai Lama zu einem Zeitpunkt, als China seinen Einfluss in Tibet erneut zu vergrößern versuchte[20], zu stärken. Während seines Aufenthalts in China hatte der Dalai Lama zahlreiche Berichte erhalten und mit eigenen Augen die Versuche Chinas gesehen, seinen Einfluss über Kham hinaus nach Westen auszudehnen. Die britische Invasion in Tibet und die Kontakte, die der Dalai Lama in China mit ausländischen Regierungen geknüpft hatte, alarmierten die Chinesen. 1908 berief die chinesische Regierung einen skrupellosen Armeeoffizier namens Zhao Erfeng zum kaiserlichen Vertreter in Tibet. Sein Auftrag lautete unter anderem, Kham der direkten Herrschaft Chinas zu unterstellen. Die tibetische Revolte in Kham warf Zhao mit großer Brutalität nieder, wobei Hunderte von Tibetern getötet wurden. Nach der Niederschlagung des Widerstandes in Kham marschierte Zhao mit seiner Armee gegen Lhasa. Nachdem die Briten 1904 die tibetische Armee zerschlagen hatten, war diese nicht in der Lage, den chinesischen Invasoren ernsthaften Widerstand zu leisten, so dass China ohne Mühe den tibetischen Widerstand in Lhasa zerschmetterte. Yabzhi Phukang, der Vorsteher des neu geschaffenen tibetischen Außenministeriums, wurde gefangen gesetzt und zwei seiner Beamten wurden getötet. Der Dalai Lama, der ein Blutbad befürchtete, da er wusste, dass die Bevölkerung von Lhasa ihn gegen die chinesischen Soldaten verteidigen würde, beschloss, erneut aus Lhasa zu flüchten. In der Nacht des dritten Tages des ersten tibetischen Monats rief er deshalb Tri Rinpoche Ngawang Lobsang Tsomoling zu sich und ernannte ihn zum Regenten. Noch in derselben Nacht trat der Dalai Lama, begleitet von Mitgliedern des Kabinetts, die Flucht aus Lhasa an. Als die Chinesen am nächsten Tag von der Flucht erfuhren, sandten sie Truppen aus, um den Dalai Lama abzufangen, doch dieser konnte sich noch rechtzeitig über die Grenze nach Indien

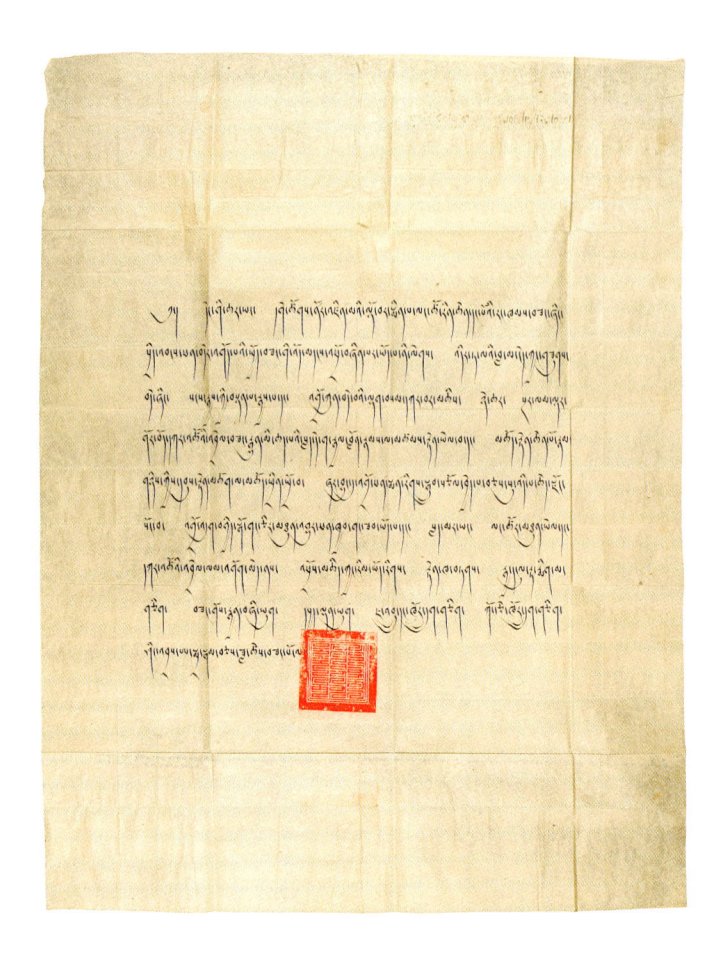

98 Schreiben des 13. Dalai Lama an das nepalische Herrscherhaus, in dem der Dalai Lama der Hoffnung Ausdruck verleiht, die Freundschaft zwischen Nepal und Tibet möge ewig währen. Lhasa, ohne Datierung, 120 x 93 cm, Sammlung Wolfgang Hellrigl, Bozen. >>>

in Sicherheit bringen. Der tibetischen Biografie ist zu entnehmen, dass der Dalai Lama plante, sich nach Peking zu begeben, um dort mit dem Kaiser persönlich zu verhandeln. Doch kurz nach seiner Ankunft in Indien erhielt er einen Brief vom Kaiser, der ihm mitteilte, er sei abgesetzt worden und deshalb nicht mehr in der Lage, etwas für Tibet zu tun.

Im Oktober 1910 war die Herrschaft der Qing in China praktisch vollständig zusammengebrochen und der Einfluss des Hofes war von der neuen Regierung auf ein Minimum beschränkt worden. Angesichts des Bürgerkrieges im eigenen Land stellte Tibet für die neue Regierung unter Yuan Shikai ein relativ unbedeutendes Problem dar.

Die Briten in Indien behandelten den Dalai Lama mit großem Respekt. Charles Bell, der leitende politische Beamte Großbritanniens in Sikkim, wurde damit beauftragt, sich um den Dalai Lama zu kümmern. Bell hatte sich seit 1904 mit Tibet beschäftigt und sprach fließend Tibetisch. Der Dalai Lama und seine Begleiter waren vom Empfang durch die Briten überrascht und stellten erstaunt fest, dass alle britischen Offiziere, die mit Tibet zu tun hatten, des Tibetischen mächtig waren. Darin unterschieden sie sich von den chinesischen Beamten, die die tibetische Kultur verachteten. Die Briten befanden sich allerdings in einer Zwickmühle, als die Tibeter sie um direkte militärische Hilfe baten, denn unter dem Anglo-Russischen Abkommen von 1907 hatte sich Großbritannien verpflichtet, von jeglicher Intervention in Tibet abzusehen. Charles Bell schreibt: «Von London wurden wir angewiesen, uns ihm [dem Dalai Lama] gegenüber neutral zu verhalten».[21] Weiter heißt es bei Bell, der Dalai Lama sei, als er ihm die Botschaft der britischen Regierung übermittelt habe, »so überrascht und erschüttert gewesen, dass es ihm für ein oder zwei Minuten die Sprache verschlug.«[22] Ohne die Unterstützung der Briten musste der Dalai Lama seine Strategie neu überdenken. In Indien erreichte den Dalai Lama die katastrophale Nachricht aus Tibet, die chinesischen Soldaten hätten Lhasa geplündert und seien im Begriff, Sera anzugreifen. Die vom Dalai Lama eingesetzten Minister waren verhaftet worden und die Chinesen drohten, einige der tibetischen Regierungsvertreter hinzurichten.

Angesichts der wohlwollenden Aufnahme des Dalai Lama in Indien realisierte die chinesische Regierung, dass ihre Strategie fehlgeschlagen war. Nicht nur hatte China seine Position in Tibet nicht stärken können, sondern das brutale Vorgehen der Truppen Zhao Erfengs hatte Tibet noch weiter ins britische Lager getrieben. Die chinesische Regierung rief Zhao von seinem Posten als Tibet-Kommissär zurück. Als der Dalai Lama und seine Minister begriffen, dass Großbritannien nicht bereit war, Tibet im Kampf gegen China aktiv zu unterstützen, fassten sie den Beschluss, einen nationalen Aufstand zu organisieren. Der kluge Dasang Damdul, der den Dalai Lama in die Mongolei begleitet hatte, wurde heimlich nach Lhasa geschickt, um die Organisation des Aufstandes in die Hand zu nehmen.

1911 führte die Revolution in China zu einem Chaos unter den in Tibet stationierten chinesischen Soldaten. Die Soldaten meuterten und die Tibeter nutzten die Gunst der Stunde, um das Land wieder unter ihre Kontrolle zu bringen. Am 10. Tage des fünften Monats im Wasser-Maus-Jahr (1912) verließ der Dalai Lama Indien in Richtung Tibet und eine Woche später traf er im Kloster Samding am Yamdok-See ein. Einen Monat lang verfolgte der Dalai Lama von Samding aus die Entwicklung der Lage in Lhasa. In Samding ordinierte der Dalai Lama Nonnen des Klosters und legte bei Dorje Phagmo, dem höchsten wiedergeborenen weiblichen Lama, sein Gelong-Gelübde ab. In Samding erreichte ihn auch das Kapitulationsschreiben des chinesischen Amban.

Der Panchen Lama kam nach Ralung, um den Dalai Lama zu treffen, und am 16. Tag des achten tibetischen Monats traf der Dalai Lama wieder in Lhasa ein, begrüßt von Tausenden seiner Landsleute, die in der Hauptstadt die Straßen säumten. Nach

99 Handabdrücke mit Siegel des 13. Dalai Lama, ein Geschenk des 13. Dalai Lama an den Japaner Tokan Tada, der zwischen 1913 und 1923 in Tibet den tibetischen Buddhismus studierte. Er stand unter dem Patronat des 13. Dalai Lama, den er während seines Exils in Indien kennen gelernt hatte und mit dem er auch nach seiner Abreise aus Tibet bis zum Tod des 13. Dalai Lama in brieflichem Kontakt stand. Tibet, Lhasa, 1923, 181 x 52,2 cm, Hanamaki City Museum.

seiner Rückkehr nach Lhasa gab er eine Proklamation ab, worin er alle Beziehungen zu China abbrach und Tibet zum unabhängigen Land erklärte. In der Proklamation hieß es, mit der Bildung der neuen Regierung in China sei die *yon mchod*-Beziehung (Gabenherr-geistlicher Lehrer-Beziehung) zwischen den beiden Ländern »wie ein Regenbogen am Himmel verblichen.«[23]

REFORM UND MODERNISIERUNG

Während seiner Reisen durch die Mongolei, China und Indien war der Dalai Lama Zeuge großer Veränderungen in der Welt geworden und hatte realisiert, dass Tibet in seiner Entwicklung gegenüber dem Rest der Welt weit zurückgeblieben war. Der Dalai Lama war darum fest entschlossen, in Tibet soziale und politische Reformen durchzuführen. Er gründete eine neue medizinische Fakultät (Mentsekhang, *sman rtsis khang*) in Lhasa, um die Ausbildung der tibetischen Ärzte zu verbessern, und erklärte, jede Ortschaft müsse Zugang zu medizinischen Fachleuten haben. Er sandte vier Jungen zum Studium nach England, die in den zwanziger Jahren nach Tibet zurückkehrten. Ringan, der Elektrotechnik studiert hatte, errichtete das erste Kraftwerk Tibets und bereits 1924 waren die Strassen von Lhasa elektrisch beleuchtet. Gongkar war Militäroffizier geworden und begann, die tibetische Armee auszubilden. Kyibu hatte Telegrafie studiert und errichtete eine Telegrafenlinie von Lhasa nach Gyantse, womit es zum ersten Mal möglich war, von Tibet aus mit der Außenwelt zu kommunizieren. 1924 lud der Dalai Lama ausländische Berater nach Tibet ein, um Schulen zu bauen und die Schlagkraft der Armee zu verbessern. Frank Ludlow, Schulinspektor in Indien, wurde beauftragt, in Gyantse eine Schule nach dem Vorbild der englischen Oberschulen aufzubauen. Yasujiro Yahigma, ein japanischer Militärexperte, erhielt den Auftrag, die tibetische Armee auszubilden. Von Großbritannien kaufte man neue militärische Ausrüstung. Ein Kommunikationssystem zwischen verschiedenen Teilen Tibets wurde aufgebaut, erstmals erhielt das Land nun auch ein öffentliches Postwesen, und es wurde neues Papiergeld eingeführt. Doch der Dalai Lama beschäftigte sich nach seiner Rückkehr aus Indien nicht nur mit Politik. Im Winter 1913 hielt er eine große Belehrung zum *Lamrim chenmo*, dem Stufenweg zur Erleuchtung, an der alle Lamas, Mönche und Hunderte von Laien teilnahmen. Er ordnete auch die Renovierung des Jokhang und anderer Tempel in Zentraltibet an. Darüber hinaus förderte er den Nachdruck wichtiger politischer Texte und gründete die Shöl-Druckerei in Lhasa. Diese Druckerei wurde später zum Druckzentrum der Regierung

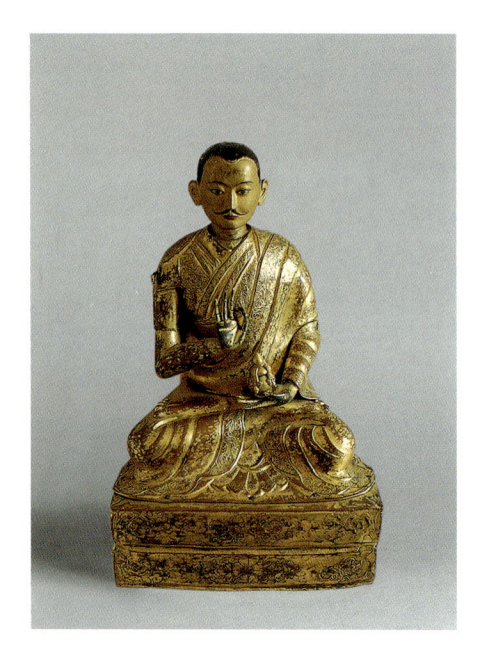

100 Der 13. Dalai Lama. Bronze, vergoldet und bemalt, H: 31 cm, B: 20 cm, T: 18 cm, Sammlung Claus-Peter Bach, Memmingen. **101** Der 13. Dalai Lama. Silber, teilweise vergoldet und bemalt, Tibet, 20. Jh., H: 19,5 cm, Museum für Ostasiatische Kunst Köln, Inv. Nr.: Cd 77,1. **102** Der 13. Dalai Lama. Stuck und Papiermaché, Tibet, um 1900, H: 23 cm, B: 17 cm, T: 13,5 cm, Sammlung Enrico Bonfanti, Locarno.

und druckte nicht nur religiöse Texte, sondern stellte auch aus dem Japanischen, Russischen und Englischen übersetzte Militärhandbücher her.

1913 entsandte der Dalai Lama Lochen Shatra zur Teilnahme an einer Konferenz mit Vertretern Chinas und Großbritanniens im indischen Simla, deren wichtigster Tagesordnungspunkt die Festlegung der Grenze zwischen China und Tibet war. Die Tibeter verlangten die Rückgabe aller von China besetzten Territorien in den Regionen Kham und Amdo. Großbritannien schlug die Schaffung eines inneren und äußeren Tibets[24] vor, ein Plan, der die Bereitschaft des Dalai Lama, seine territorialen Ansprüche östlich des Drichu-Flusses als Gegenleistung für die stillschweigende Anerkennung der tibetischen Unabhängigkeit durch China aufzugeben, vorauszusetzen schien. Die Vertreter der drei Länder unterzeichneten zwar den Vertrag, doch zu seiner Ratifizierung durch die betreffenden Regierungen kam es nie. Dafür brachen 1917 Kämpfe zwischen tibetischen und chinesischen Truppen in Chamdo aus. Die tibetische Armee unter dem Kommando von Kalön Jampa Tender blieb siegreich und brachte große Teile von Kham wieder unter tibetische Kontrolle. Der militärische Erfolg der Tibeter war wohl zu einem großen Teil den vom Dalai Lama in den vorangegangenen Jahren eingeleiteten Reformen und der Aufrüstung der Armee zu verdanken. Da jedoch Großbritannien nicht an einer Ausdehnung der tibetischen Herrschaft in Kham interessiert war, verweigerte es der tibetischen Armee die Lieferung von Waffen und brachte den Vormarsch der Tibeter unter Jampa Tender zum Stillstand.

Die Kosten der Reformen und des Kriegs in Kham waren enorm. Der Beschluss der Regierung, die Steuern zu erhöhen, kam bei Klöstern und reichen Gutsbesitzern schlecht an. Das führte zu neuen Spannungen zwischen den Kloster-Gütern und der Regierung. Um die zusätzlichen Ausgaben für die tibetische Armee zu finanzieren, schlug die Regierung vor, Tashilhünpo solle für ein Viertel der Armeekosten aufkommen. Tashilhünpo war prinzipiell bereit, wie bisher seinen Beitrag zu leisten, stellte jedoch seine Zahlungen ein, als klar wurde, dass diese die Ressourcen des Klosters allzu sehr belasteten. Die Beziehung zwischen Lhasa und Tashilhünpo wurde dadurch ernsthaft belastet, und der Panchen Lama schlug dem Dalai Lama in einem Brief ein persönliches Treffen vor. In seiner Antwort forderte der Dalai Lama den Panchen Lama auf, im Geheimen mit einer kleinen Eskorte nach Lhasa zu kommen.[25] Das beunruhigte wiederum die Beamten in Tashilhünpo, die fürchteten, der Panchen Lama könnte in Lhasa festgehalten werden. Im November 1923 floh der Panchen Lama, begleitet von einigen Beamten, von Tashilhünpo aus ins chinesische Exil. Die Biografie des 13. Dalai Lama vermittelt den Eindruck, die beiden Lamas hätten sich gegenseitig bewundert und respektiert. So vergleicht sie die Beziehung der beiden Lamas mit »Sandelholz und seinem Wohlgeruch«, beide untrennbar miteinander verbunden. Der Panchen Lama beklagte sich in einem Brief an den Dalai Lama, er habe nur Belehrungen von seinen Lehrern erhalten und seine religiöse Ausbildung bleibe ohne die Ermächtigung und Initiation in verschiedene Riten durch den Dalai Lama unvollständig. Der Dalai Lama antwortete mit der Lamas eigenen Bescheidenheit, er sei es nicht wert, Belehrungen zu geben. Er forderte den Panchen Lama auf, in Lhasa mit ihm zusammenzutreffen, doch das Treffen kam nie zustande. Die Beziehung zwischen dem Dalai Lama und dem Panchen Lama

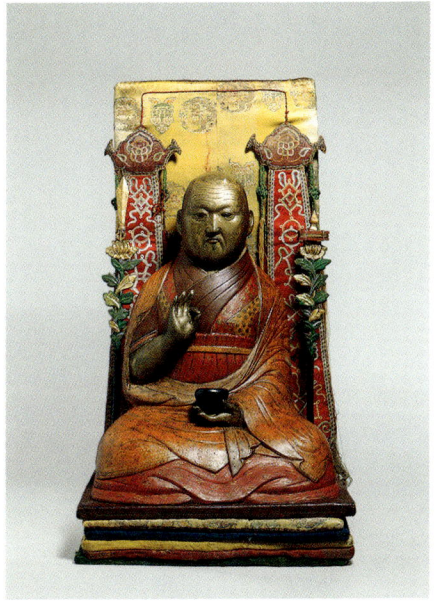

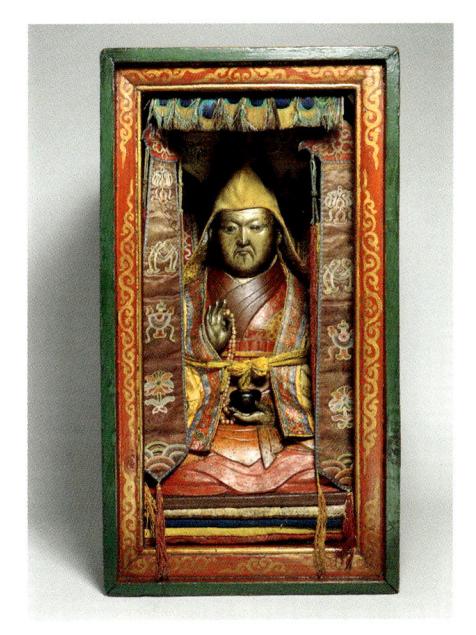

103 a–c Der 13. Dalai Lama (evt. Rölpe Dorje oder der junge sechste Panchen Lama). Papiermaché, polychrom bemalt, Kästchen aus Holz, Mongolei, Anfang des 20. Jh., H: 40 cm, B: 28 cm, Sammlung Joachim Baader, München. >>>

war komplex. Einerseits waren sie auf religiöser Ebene durch das Guru-Jünger-Prinzip aneinander gebunden, andererseits hatten sie in politischen und säkularen Angelegenheiten große Differenzen. In der Biografie des Dalai Lama heißt es, unterschiedliche Ansichten in Steuerfragen hätten zu Spannungen zwischen den beiden geführt. Welcher Art die persönliche Beziehung zwischen den beiden großen Lamas von Tibet auch immer gewesen sein mag, die Flucht des Panchen Lama nach China sollte für das Land Tibet verheerende Folgen haben. Der Panchen Lama geriet unter den Einfluss der chinesischen Regierung und kehrte nie mehr nach Tibet zurück.

Auch die Reformen des Dalai Lamas stießen auf Widerstand. Die Schule in Gyantse musste geschlossen werden, weil die Klöster das Eindringen fremder Werte und damit eine Gefährdung ihres Bildungsmonopols befürchteten. Außerdem fürchteten sie, dass der Erfolg der Schulen die Zahl der Mönche verkleinern würde. Ähnlich erging es Mundrö, der nach England in die Schule geschickt worden war und als Bergbau-Ingenieur zurückkehrte. Seine Pläne für den Goldabbau in Tibet wurden von den Mönchsbeamten in der Regierung mit dem Argument abgelehnt, der Bergbau würde die Erdgeister stören. Um 1920 begannen immer mehr Leute aus der höheren Gesellschaft, westliche Kleider zu tragen und Zigaretten zu rauchen. Der Dalai Lama verbot daraufhin den Import von Tabak und wies die Zollbehörden an, Zigaretten und Tabak zu beschlagnahmen – eine Maßnahme, die man ihm heute als weitsichtig auslegen könnte. Darüber hinaus verbot der Dalai Lama den Aristokraten das Tragen westlicher Kleidung, insbesondere in öffentlichen Funktionen. Die ostentative Zurschaustellung von Reichtum und das Tragen teuren Schmucks durch die Damen der Aristokratie verbot der Dalai Lama ebenfalls, da dies, wie er sagte, beim einfachen Volk unnötigen Neid und Begehrlichkeiten wecke. Überdies erließ er ein Schlachtverbot, das bei strikter Einhaltung den Tibetern den Genuss von Fleisch verboten hätte. Auch die religiösen Praktiken des Dalai Lama waren nicht unbestritten und brachten ihn mit den führenden Lamas der Gelugpa in Konflikt. Der 13. Dalai Lama hatte wie der fünfte Dalai Lama einen offenen Geist und ließ sich in den Lehren aller Schulen des tibetischen Buddhismus unterrichten. Er nahm Initiationen von Nyingma-Lamas und solchen anderer Schulen entgegen. Dies führte schließlich zu einem Konflikt mit einem der einflussreichsten Gelugpa-Lama, Pabongka Rinpoche, bei dem es letztendlich um die Frage der Verehrung des Schutzgottes Dorje Shugden ging.[26]

Letztlich waren die Reformen des Dalai Lama ein völliger Fehlschlag. Sein Versuch, eine starke und gut ausgebildete Armee aufzubauen, scheiterte nicht nur am inneren Widerstand, sondern auch an der Weigerung Großbritanniens, Tibet mit modernen Kriegsgeräten zu beliefern. Andere Reformen ließen sich nicht durchführen, weil ihre Kosten die beschränkten Möglichkeiten der Feudalwirtschaft Tibets überstiegen. Ein Jahr vor seinem Tod besuchte der Dalai Lama das Kloster Reting, wenige Kilometer von Lhasa entfernt. Dort schweifte er von seinen üblichen religiösen Unterweisungen ab und erklärte vor einem Publikum aus Mönchen und Laien mit trauriger Stimme: »Ich spreche zu euch wie ein Vater zu seinem Sohn.« Seine einführenden Bemerkungen verwirrten die Zuhörer und weckten ihre Aufmerksamkeit. Der väterliche Rat, den der 13. Dalai Lama bei dieser Gelegenheit seinem Publikum gab, sollte auch gleich sein berühmtes

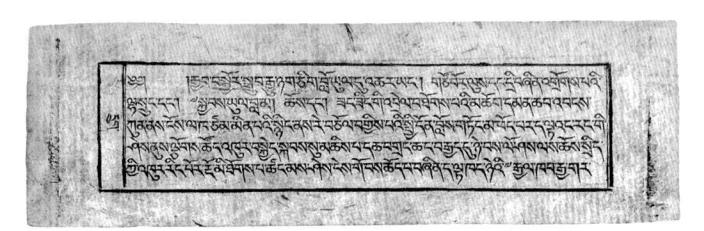

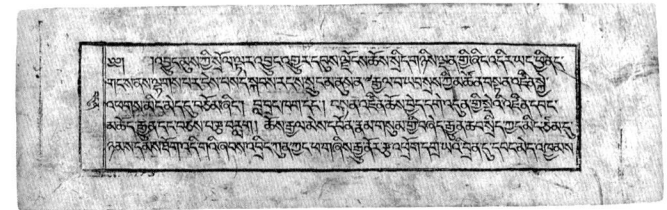

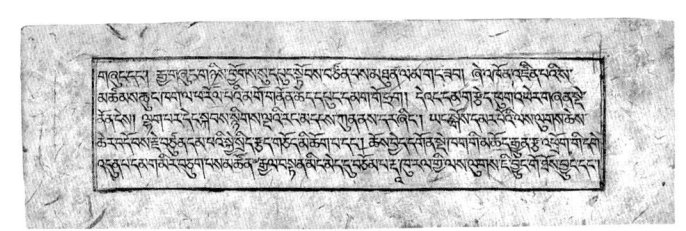

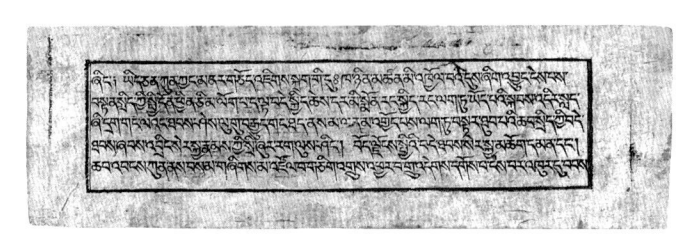

104 Vier Seiten aus dem politischen Testament des 13. Dalai Lama (Seiten 6 und 7, je Vorder- und Rückseite).   **105 (Seite 151)** Proklamation des 13. Dalai Lama »an alle Mönche und Laien tiefer, mittlerer und hoher Klassen, die in Tibet leben.« 1901, Library of Tibetan Works and Archives, Dharamsala. >>>

letztes Testament werden Er begann mit einer Aufzählung der Schwierigkeiten, denen er und Tibet im Laufe seiner Regierungszeit begegnet war, und fügte dann die folgenden Bemerkungen hinzu: »Ich stehe jetzt im 58. Jahr meines Lebens. Ihr alle wisst, dass ich vielleicht nur noch wenige Jahre Gelegenheit haben werde, meine weltliche und spirituelle Verantwortung wahrzunehmen. Ihr müsst gute diplomatische Beziehungen zu unseren zwei mächtigen Nachbarn, Indien und China, entwickeln. Leistungsfähige und gut ausgerüstete Truppen müssen auch an unwichtigen Grenzen zu feindlichen Mächten stationiert werden. Eine solche Armee muss kriegstauglich sein, damit sie jeglichen Feind wirksam abschrecken kann.

Fernerhin wuchern im gegenwärtigen Zeitalter die fünf Formen der Entartung, insbesondere die rote Ideologie. In der äußeren Mongolei wurde die Auffindung der Reinkarnation von Jetsün Dampa verboten; Güter und Reichtümer der Klöster wurden konfisziert; Lamas und Mönche in die Armee gezwungen und die buddhistische Religion zerstört, ihrer Identität beraubt. Solcherart ist das System, wie laufend eintreffende Berichte bestätigen, das heute in Ulan Bator herrscht.

In Zukunft werden Kräfte im In- oder Ausland zweifellos versuchen, dieses System auch dem Land aufzuzwingen, welches die lebendige Einheit von Geistigem und Weltlichem bis heute in Ehren gehalten hat. Wenn wir dann unser Land nicht verteidigen können, werden die heiligen Lamas einschließlich des ›triumphierenden Vaters und Sohnes‹ [der Dalai Lama und der Panchen Lama] verschwinden, ohne auch nur eine Spur ihrer Namen zu hinterlassen; die Güter der wiedergeborenen Lamas und der Klöster werden zusammen mit ihrem für religiöse Dienste zurückgelegten Vermögen beschlagnahmt werden. Und unser politisches System, das von den drei alten Königen herstammt, wird zu einem leeren Namen verkommen; meine Beamten, enterbt und besitzlos, werden als Sklaven vom Feind unterjocht werden; und mein Volk, Angst und Hunger leidend, wird weder Tag noch Nacht ertragen können. Ein solches Zeitalter kommt bestimmt.«[27]

Der Dalai Lama hatte die Ereignisse in der Mongolei nach der kommunistischen Revolution aufmerksam verfolgt, und die ankommenden Flüchtlinge erzählten ihm von den repressiven Maßnahmen Stalins. Der Dalai Lama sah auch die Revolution in China als Gefahr für den Buddhismus und damit für Tibet. Er erkannte, dass ein wiedererstarktes China seinen Einfluss über Tibet zurückgewinnen wollen würde. Diese Voraussage sollte sich bewahrheiten. Das kommunistische China unterjochte Tibet und zerstörte mit seiner barbarischen Politik einen Großteil des tibetischen Erbes.

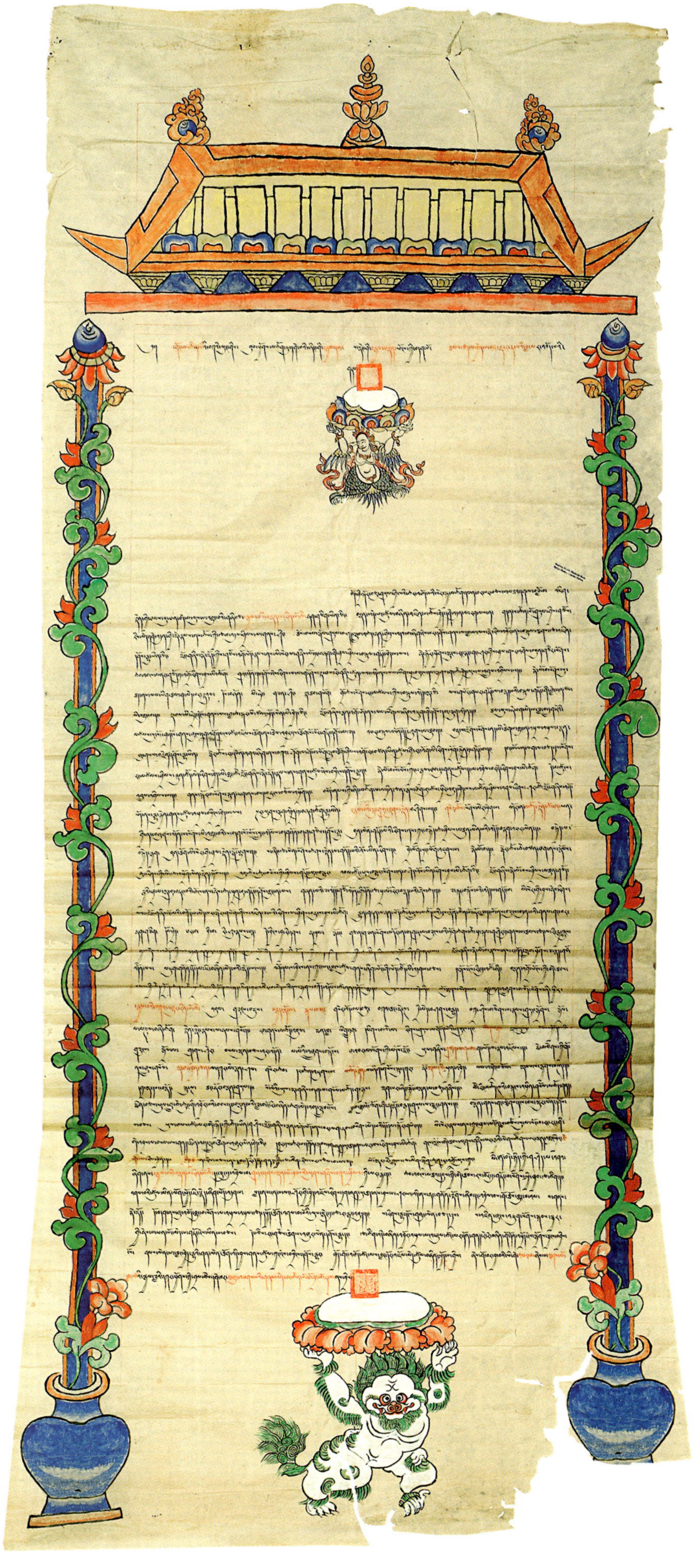

Am 13. Tag des 10. tibetischen Monats im Wasser-Vogel-Jahr (1933) wurde der Dalai Lama krank und begann zu husten. Einen Tag später verlor er seinen Appetit und bekundete Mühe beim Atmen. Trotz seiner Krankheit ging er noch einige Tage seiner Arbeit nach und traf sich mit Beamten und Mönchen. Verschiedene unheilverkündende Zeichen, die für alle sichtbar waren, wiesen darauf hin, dass der Dalai Lama nicht mehr lange leben würde. In Kongpo ereignete sich ein Erdbeben und das Kloster Tsari, das der Dalai Lama besucht hatte, wurde von einem Feuer zerstört. In den westlichen und östlichen Hallen des Potala-Palastes hörte man eine Frau weinen, wie das angeblich schon beim Tod des siebten Dalai Lama der Fall gewesen war. Auf dem Dach des Klosters Nechung ließ sich eine Eule nieder und heulte zwei Nächte lang ununterbrochen »ha ha ha«. Dann begann aus einer krokodilförmigen Dachrinne im Zentraltempel Wasser zu tropfen, doch die Quelle des Wassers konnte nicht lokalisiert werden. Die getreuen Diener des Dalai Lama waren besorgt und fragten ihn, was diese Ereignisse besagten. Er antwortete ihnen, das unheilvolle Heulen der Eule bedeute, die Zeit sei für ihn gekommen, seine irdische Existenz zu verlassen. Am Mittag des 30. Tags des 10. tibetischen Monats legte sich der Dalai Lama auf sein Bett, weil er sich schwach fühlte. Am Abend um halb acht richtete er sich auf, nahm eine Meditationshaltung ein, schloss seine Augen und verließ seine irdische Existenz.

Wie bereits zu Beginn bemerkt, war der 13. Dalai Lama einer der beiden Dalai Lamas, die ein reifes Alter erreichten und mit voller Autorität ihre Herrschaft ausüben konnten. Während seiner Regierungszeit wurde Tibet von Britisch-Indien und von China angegriffen. Zum ersten Mal überhaupt begann Tibet eine internationale Rolle zu spielen. Der Dalai Lama erkannte, dass Tibet sich verändern musste und eine starke Armee brauchte, um sich zu behaupten. Im Rückblick erscheint er als weitblickend und seine Vision eines unabhängigen Landes als durchaus realisierbar. Wer ihn kannte, sah in ihm eine intelligente und politisch bewusste Persönlichkeit. Alle Tibeter, die unter ihm arbeiteten, kannten sein hitziges Gemüt und fürchteten ständig, von ihm ausgeschimpft zu werden. Er war großzügig zu Leuten, die er mochte und die ihm treu dienten. Gegenüber seinen Feinden war er rücksichtslos. Tsarong Shape wurde nach seiner Rückkehr aus Indien der Kollaboration mit den chinesischen Besatzern beschuldigt und zusammen mit seinem Sohn am Fuße des Potala geköpft. Fünf Regierungsbeamte des Dalai Lama wurden in gleicher Weise hingerichtet. Der Dalai Lama unternahm nichts, um ihnen zu helfen. Man muss annehmen, dass er mit den Hinrichtungen einverstanden war. Tsarongs Gut ging in den Besitz von Dasang Damdül über, der dem Dalai Lama sein ganzes Leben lang treu ergeben war und die Revolte gegen die chinesischen Besatzer 1911 in Lhasa angeführt hatte. Der Dalai Lama verordnete auch Maßnahmen, die seine eigenen Reformen schwächten. Vor seiner Zeit konnten Mönche nicht ins Kabinett berufen werden und hatten darum keinen Einfluss auf Entscheidungen auf höchster Ebene. Der 13. Dalai Lama änderte diese Regel. Später waren es eben diese Mönchs-Mitglieder im Kabinett, die seine Reformen zu Fall brachten. Vor seiner Regierungszeit galt auch das ungeschriebene Gesetz, dass kein Familienmitglied des Dalai Lama in die Regierung berufen werden durfte. Doch 1926 ernannte der 13. Dalai Lama seinen Neffen Langdün Künga Wangchuk zum Ministerpräsidenten *(srid blon)*, obwohl dieser erst 19 Jahre alt und politisch völlig unerfahren war. Infolgedessen hatte Tibet keinen erfahrenen Führer, der das Land regieren und das Erbe des Dalai Lama weiterführen konnte.

Der 13. war der erste Dalai Lama, der fotografiert wurde. Er verteilte Hunderte seiner Fotos in der Öffentlichkeit. Das hatte zur Folge, dass sein Volk auf eine ganz neue Art sehr vertraut mit ihm war. Einzig der fünfte Dalai Lama wurde vom tibetischen Volk ähnlich verehrt wie der 13. Als das goldene Grab für die sterblichen Überreste des 13. Dalai Lama geplant wurde, beschloss man nach langer Diskussion, sein Grab ein klein wenig größer und ein bisschen höher als das des »Großen Fünften« zu bauen. Damit stand endgültig fest, dass er unter allen Dalai Lamas als der Größte angesehen wurde.

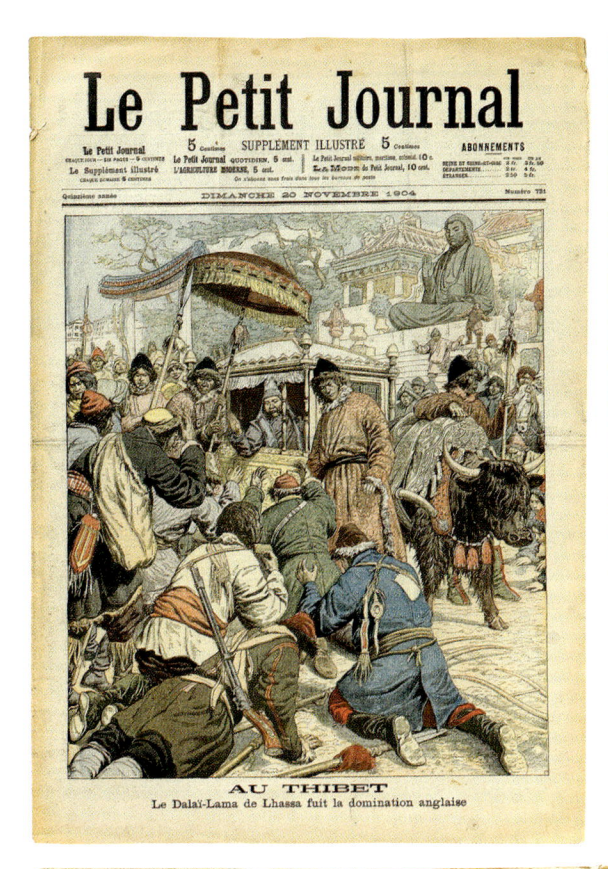

106 a–c Westliche Darstellungen des 13. Dalai Lama.   **a** Le Petit Journal, Supplément illustré, 20.11.1904, Nr. 731: »Au Thibet, Le Dalaï-Lama de Lhassa fuit la domination anglaise.«   **b** Le Petit Journal, Supplément illustré, 20.3.1910, Nr. 1 009 : »L'arrivée du Dalaï Lama aux Indes Anglaises.«   **c** Le Pèlerin 21.3.1926 : »Réception du Dalaï-Lama à Yhor, dans les Indes.« Völkerkundemuseum der Universität Zürich (vermittelt durch Jean Lassale, Paris, und Roger Denis, Bagnéres de Bigorre).

DER 13. DALAI LAMA   153

107 Der 13. Dalai Lama bei Ralung während seiner Rückkehr nach Tibet, Juli 1912, Fotograf: Sonam W. Laden-La, © Sammlung R.J. und E. Gould **108** Khunphela und Tashi Dhondup, die dem 13. Dalai Lama sehr nahe standen, mit einem seiner Baby Austin Autos. Im Dekyi Lingka, am 20.9.1933. Fotograf: Sir Frederick Williamson, Cambridge University Museum of Archaeology and Anthropology (P.97071. WIL). **109** Porträt des 13. Dalai Lama im indischen Exil. Kalkutta, um 1910, © The British Museum.

DER 13. DALAI LAMA

110 Porträt des 13. Dalai Lama. Von einem tibetischen Künstler kolorierte Fotografie. Kalkutta, 1910, Fotograf: Sir Charles Alfred Bell, in: Charles Bell, *Tibet – Einst und Jetzt*, Leipzig 1925, Frontispiz.

111 Druckgrafik. Der 13. Dalai Lama in einem Museum in Kalkutta umgeben von tibetischen Beamten empfängt eine Stūpa mit Reliquien als Geschenk. Kalkutta, März 1910, Sammlung Roger Denis, Bagnéres de Bigorre.   **112** Der 13. Dalai Lama auf seinem Thron sitzend. Gemälde aus den achtziger Jahren des 20. Jahrhunderts. Maler: Amdo Jampa.   **113** Der 13. Dalai Lama umgeben von hohen Beamten während seines Exils in Indien, um 1910. Sarah Central Archive.   **114** Diese Porträtaufnahme des 13. Dalai Lama diente dem obigen Gemälde (Abb. 112) als Vorlage. Lhasa, um 1932, Fotograf: Leslie Weir, Sammlung Maybe Jehu, London.

DER 13. DALAI LAMA 157

115 Der 13. Dalai Lama auf einem Thron sitzend. Im Norbulingka, um 1932, Fotograf: Leslie Weir, Sammlung Maybe Jehu, London.

DER 13. DALAI LAMA

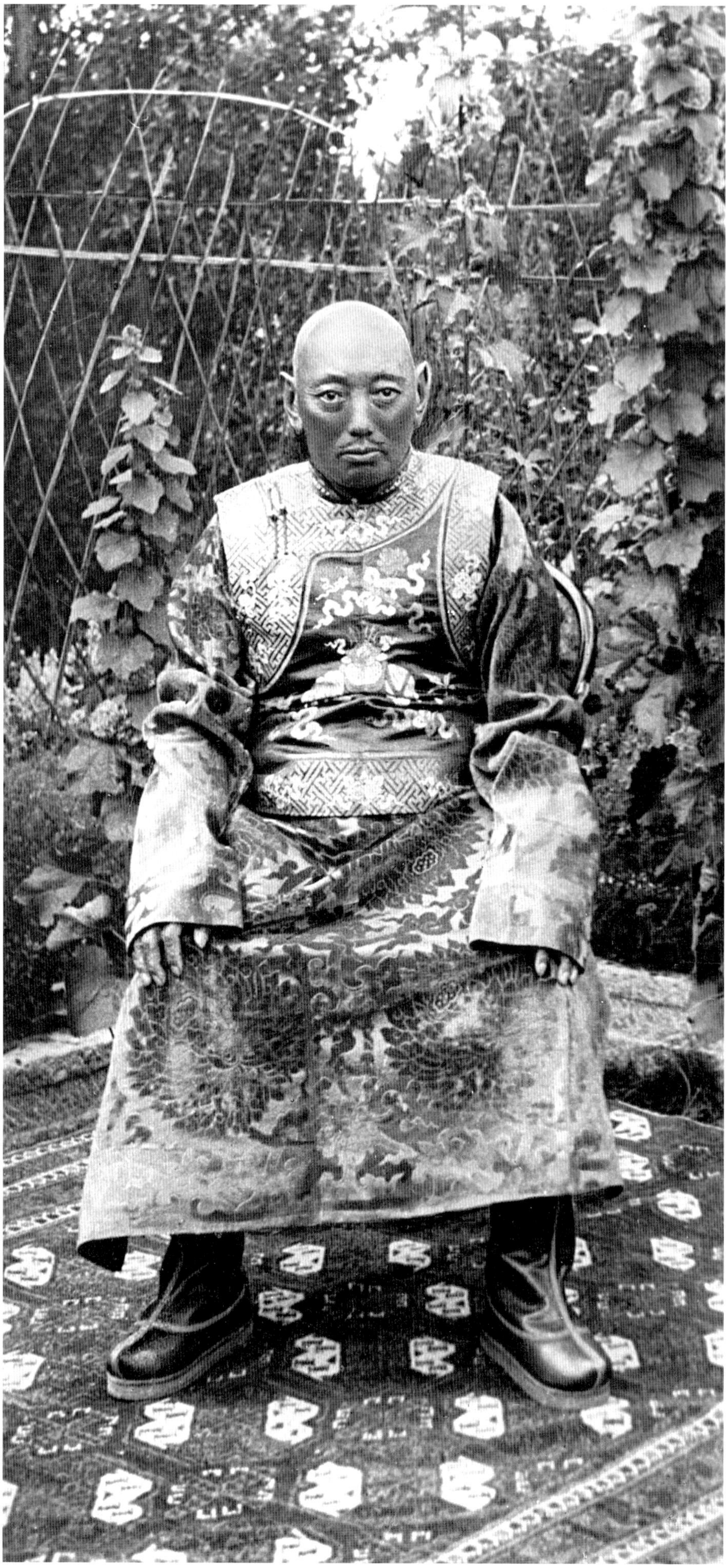

116 Der 13. Dalai Lama im Alter von 56 Jahren. 12. Sept. 1933, Fotograf: Sir Frederick Williamson, Sir Charles Alfred Bell Collection, © The British Library.   **117** Der Regent, Reting Rinpoche, und sein Diener im Garten seines Sommerpalastes. Lhasa, um 1936/37. Reting war auch eine Zeit lang Hauptlehrer des 14. Dalai Lama. Fotograf: Frederick Spencer Chapman, © Pitt Rivers Museum, University of Oxford, 2005. (1998.131.522)   **118** Der Regent, Reting Rinpoche, mit zwei Hunden in seinem Garten, um 1940. Fotograf: Hugh Richardson, © Pitt Rivers Museum, University of Oxford, 2005. (2001.59.18.14)   **119** Der Palast des Regenten nahe Sera, Lhasa. Fotograf: Frederick Spencer Chapman, © Pitt Rivers Museum, University of Oxford, 2005. (1998.131.512)   **120** Der Regent Tatrag Rinpoche auf seinem Thron, um 1942/43. Bevor er Regent wurde, war er der zweite Hauptlehrer des 14. Dalai Lama. Fotograf: Ilya Tolstoy, Sammlung R.J. und E. Gould.

»Ich bete immer: Solange Raum da ist und solange empfindungsfähige
Wesen leiden, möge ich bleiben, um ihr Leiden zu vertreiben. So bete ich,
dass ich an einem Ort wiedergeboren werde, wo ich nützlich sein werde.«
(Tenzin Gyatso)[1]

*1935

DER 14. DALAI LAMA TENZIN GYATSO
»Ozean des Wahrers der Lehre«

Alexander Norman

Der amtierende Dalai Lama wurde am fünften Tag des fünften Monats des Holz-Schwein-Jahres oder, nach dem julianischen Kalender, am 6. Juli 1935 geboren und erhielt den Namen Lhamo Thöndup. Da die traditionelle tibetische Kultur viel weniger zeitfixiert ist als die moderne Welt, ist das Datum möglicherweise nicht ganz korrekt. Hingegen steht fest, dass er gut vier Jahre später, am 23. August 1939, formell als die ersehnte Inkarnation des »Kostbaren Beschützers« erkannt wurde. Es bleibt den Lesern überlassen, welches Gewicht sie den übernatürlichen Ereignissen beimessen wollen, die angeblich zur Anerkennung geführt haben. Es sei jedoch gesagt, dass es viele solcher Ereignisse und Vorzeichen gegeben hat. So drehte die in sitzender Stellung aufgebahrte Leiche des 13. Dalai Lama ihr Gesicht von Süden nach Nordosten. Die staatlichen Orakel Nechung, Gadong und Samye warfen bei mehreren Gelegenheiten zeremonielle Glücksschleifen in Richtung Osten. Den überzeugendsten Hinweis lieferte jedoch der Regent Reting Rinpoche, der eine Vision am Ufer des heiligen Sees Lhamo Latso hatte. Dieser See steht in enger Beziehung zu Palden Lhamo, einer persönlichen Schutzgottheit der Dalai Lamas. Dem Regenten erschienen im See drei Buchstaben des Alphabets, dann ein Kloster mit einem dreiteiligen Dach, gekrönt von einer Pagode, und schließlich das Bild eines einstöckigen Hauses mit einem flachen, blauen Dach. Aufgrund dieser Hinweise entsandte die Regierung drei Delegationen, eine nach Süden – in die Region Kongpo –, eine gegen Osten – nach Kham – und eine dritte in den Nordosten – nach Amdo –, um nach der Wiedergeburt des 13. Dalai Lama zu suchen. Auf dem Weg nach Amdo erhielt das Suchteam einen äußerst positiven Bericht über ein kleines Kind, welchem der neunte Panchen Lama während eines Aufenthalts im Kloster Kumbum begegnet war. Wie sich später herausstellte, war dies wirklich der gesuchte Junge, der schließlich mit Erfolg die von Kewtsang Rinpoche durchgeführte Erkennungsprüfung bestand.

Im Leben des jungen Knaben trat von diesem Moment an die übernatürliche Welt zugunsten der natürlichen immer mehr in den Hintergrund. Kaum hatte der Regent in einem geheimen Telegramm bestätigt, dass es sich bei dem Jungen tatsächlich um den gesuchten Knaben handelte, wurde dieser auch schon in die politischen Ränkespiele der chinesischen Regierung verwickelt. Ma Bufeng, ein muslimischer Kriegsherr, der die politischen Wirren der damaligen Zeit geschickt zu seinen Gunsten genutzt und das sino-tibetische Grenzgebiet unter seine Herrschaft gebracht hatte, hinderte den 14. Dalai Lama fast zwei Jahre lang daran, nach Lhasa zu reisen. In dieser Situation bot sich die chinesische Kuomintang-Regierung an, den Tibetern bei ihren Bemühungen um die Reiseerlaubnis des Knaben behilflich zu sein, jedoch nur unter bestimmten Bedingungen. Unter anderem wollte China eine Eskorte entsenden, die den Dalai Lama auf seiner Reise nach Lhasa begleiten sollte. Lhasa ging nicht darauf ein und erwirkte schließlich gegen Bezahlung zweier ansehnlicher Bestechungssummen, eine in bar und die andere in Form einer Gutschrift, die Reiseerlaubnis für den Knaben.

Die Situation in der Hauptstadt war nicht weniger kompliziert. Reting Rinpoche war gerade 22 Jahre alt, als er nach dem Tod des 13. Dalai Lama 1933 zum Regenten ernannt wurde. Wegen seiner intellektuellen Leistungen genoss er ein hohes Ansehen, doch den politischen Anforderungen seines neuen Amtes war er in keiner Weise gewachsen. Unter dem 13. Dalai Lama galten Redlichkeit und selbstlose Pflichterfüllung als oberstes Gebot am Hof. Doch diese Beamtentugenden hatten sich nach knapp sechs Jahren Regentschaft durch Reting Rinpoche ebenso verflüchtigt wie der Inhalt der Staatskasse und die staatlichen Kornvorräte. 1942 trat Reting schließlich zurück. Anscheinend wollte er damit verhindern, dass das bevorstehende *getsul*-Gelübde des jungen 14. Dalai Lama durch seine unrühmliche Amtsführung kompromittiert würde. Es war ein offenes Geheimnis, dass er sein Keuschheitsgelübde gebrochen hatte, und er wollte sich nicht dem Vorwurf aussetzen, eine unter diesen Umständen eventuell als ungültig geltende Zeremonie durchzuführen.

Sein Nachfolger, der bereits im vorgerückten Alter stehende Tatrag Rinpoche, gelobte zwar, die Disziplin am Hof wiederherzustellen, doch auch ihm mangelte es an der für einen Führer erforderlichen Vorstellungskraft und Entscheidungsfreude. Tatrag Rinpoche fand sich hin- und hergerissen zwischen dem Widerstand des klösterlichen Establishments gegen jegliche Reformen und einer angesichts der äußeren Ereignisse dringend notwendigen Modernisierung. Zudem war er umgeben von einigen hohen Beamten, die sich vor allem durch ihre Bestechlichkeit auszeichneten. All dies führte dazu, dass sich Tatrag Rinpoche außerstande sah, die drohende Gefahr einer chinesischen Invasion abzuwenden, welche schließlich im Winter 1949 begann.

Der junge Jamphel Ngawang Lobsang Tenzin Gyatso *(Ngag dbang blo bzang bstan dsin rgya mtsho)* – diesen Namen hatte er anlässlich seiner Weihe zum Mönchsnovizen erhalten – erwies sich unterdessen als dynamischer, hochintelligenter, verspielter und ausgesprochen neugieriger Novize. Zusammen mit seinem älteren Bruder Lobsang Samten – auch er ein zukünftiger Mönch – hatte er seine Ausbildung unter der Aufsicht von zwei hoch ange-

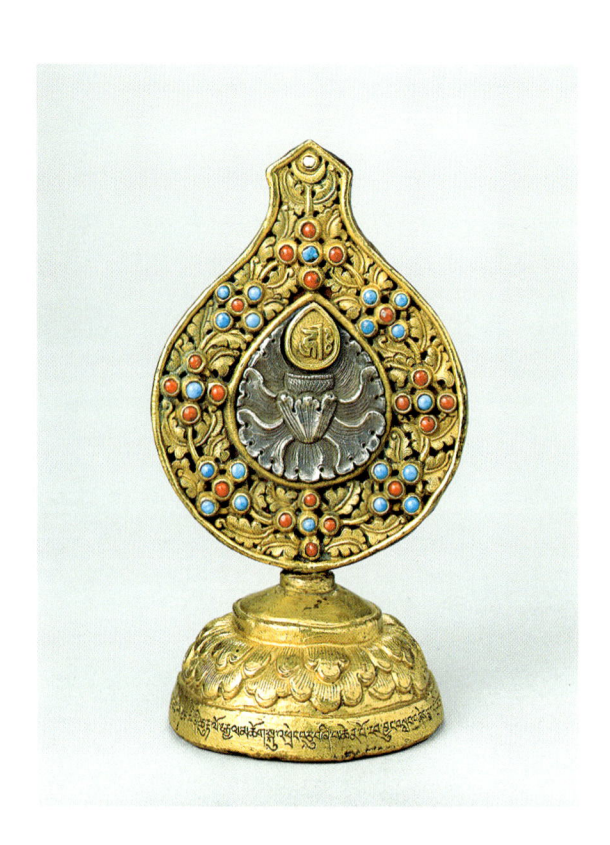

121 Ritualobjekt, das dem 14. Dalai Lama 1942 von der tibetischen Regierung überreicht wurde. Inschrift: »Diese ›Sieben Kostbarkeiten der Königsherrschaft‹ … aus gegossenem, vergoldetem Kupfer wurden von der Regierung [von Tibet] im Wasser-Pferd-Jahr [1942] seiner Heiligkeit, des höchsten Herrn 14. Inkarnation, überreicht, zum Dank für seine große Liebenswürdigkeit [Entgegenkommen] bei der Übernahme der Ausbildung für die Ordination [Priesterweihe].« 17,5 x 10,2 cm, Sammlung Lambert Verhoeven, Gouda.

sehenen Gelehrten der Gelugpa-Hierarchie, Ling Rinpoche und Trijang Rinpoche, begonnen. Die Unterweisung des 14. Dalai Lama folgte dabei der klassischen Gelugpa-Tradition mit ihrer Betonung auf formaler Logik, Debattierkunst und *madhyamaka* (der mittlere Weg der Philosophie von Nāgārjuna in der Auslegung des Tsongkhapa). Nur in einem, allerdings entscheidenden Punkt unterschied sich seine Ausbildung deutlich von der seiner Vorgänger. Der Anwesenheit einiger Europäer in Lhasa zu dieser Zeit ist es zu verdanken, dass Tenzin Gyatso schon in jungen Jahren die moderne Kosmologie kennen lernte. Dies geschah in Form einiger Kinofilme, alter Kopien des Wochenmagazins *Life* und insbesondere durch eine Reihe informeller Gespräche mit dem österreichischen Bergsteiger Heinrich Harrer. Infolgedessen konnte ihn die traditionelle indo-tibetische Kosmologie des Abhidharmakosha und verwandter Texte, denen er im Laufe seines weiteren Studiums begegnete, über weite Strecken nicht mehr befriedigen. Zweifellos bilden diese Erfahrungen den Hintergrund zum anhaltenden Dialog, den der 14. Dalai Lama in den letzten zwei Jahrzehnten mit Vertretern der westlichen Wissenschaft geführt hat.

Die Unterweisung des 14. Dalai Lama wurde abrupt unterbrochen, als Tatrag Rinpoche am 17. November 1950 die Regierungsführung dem damals knapp fünfzehnjährigen Tenzin Gyatso übergab. Es war eine schier aussichtslose Situation. Die chinesische Volksbefreiungsarmee war inzwischen bis Chamdo vorgedrungen, und es wurde zunehmend klar, dass nichts und niemand sie am weiteren Vordringen nach Lhasa würde hindern können. Der Dalai Lama beschloss deshalb, sich im südtibetischen Dromo nahe der indischen Grenze in Sicherheit zu bringen. Dort würde er entscheiden, ob er ins Exil gehen oder in Tibet bleiben würde.

Während sich der Dalai Lama in Dromo aufhielt, legte China im Mai 1951 das so genannte 17-Punkte-Abkommen zur »Befreiung« von Tibet vor. Da die tibetische Delegation, die das Abkommen unterzeichnete, ohne Mandat der Regierung in Lhasa gehandelt hatte, war das Dokument offensichtlich unrechtmäßig. Doch der Dalai Lama konnte nichts dagegen unternehmen. Er beschloss deshalb, nach Lhasa zurückzukehren, wo er versuchen wollte, in Zusammenarbeit mit den Chinesen das Beste für sein Volk zu erreichen. Und so amtierte der junge Dalai Lama während der nächsten acht Jahre als Statthalter Pekings in Tibet. Die Entschlossenheit, mit der er sich an diese Aufgabe machte, rührte nicht zuletzt von der Sympathie, die er für die Ziele des Sozialismus empfand.

Diese Sympathie nahm noch zu, als der Dalai Lama 1954 nach Peking reiste und dort vom Vorsitzenden Mao empfangen wurde (Abb. 156–158). Er war damals überzeugt, dass eine fruchtbare Beziehung zwischen dem Kommunismus und dem Weg des Buddha möglich sei: das eine zur Deckung der materiellen und das andere zur Erfüllung der spirituellen Bedürfnisse der Menschen. Diese Überzeugung hat er bis heute nicht völlig aufgegeben. Bei seinem abschließenden Zusammentreffen mit Mao musste er allerdings feststellen, dass der »große Steuermann« seine Vision nicht teilte und vielmehr eine völlig säkularisierte Gesellschaft anstrebte. Von diesem Augenblick an begann er, sich ernsthaft nach einer Möglichkeit umzusehen, die weitere Demontage

122 Der 14. Dalai Lama und wichtige tibetische und indische Heilige, so Atiśa (oben links), Tsongkhapa (oben rechts), vier (der sechs) »Juwelen Indiens«: Nāgārjuna (mit Schlangen über dem Kopf), auf der anderen Seite des Throns Asaṅga, darunter (mit Bart) Dharmakīrti, gegenüber von ihm Vasubandhu. Dann folgen der historische Buddha mit seinen beiden Hauptschülern und zuunterst die Schutzgottheiten Dharmarāja Yama (links), der sechsarmige Mahākāla und Vaiśravaṇa (rechts). Dazwischen die Opfer der sechs Sinne (links für zornvolle Gottheiten, rechts für friedvolle). Ebenfalls abgebildet sind die »Acht Glückssymbole« und die »Acht Glückbringenden Dinge« (links und rechts des Buddha-Throns). Wandmalerei im Sera-Kloster, Fotograf: Ian Cumming, ©Tibet Images.

123 Der 14. Dalai Lama. Bronze, vergoldet, Gesicht bemalt, hergestellt 2005 durch Rajesh Awale, Hangrib Handicrafts Nepal, Kathmandu, H: 41 cm, B: 38 cm, T: 27 cm, Völkerkundemuseum der Universität Zürich (Geschenk der Gesellschaft Schweizerisch-Tibetische Freundschaft), Inv. Nr.: 23856. >>>

Tibets mit ausländischer Hilfe zu stoppen, während er nach außen hin weiter so tat, als ob er mit Peking kooperierte.

Eine Einladung nach Indien im Jahr 1956 zur Teilnahme an den Feierlichkeiten zum 2500. Geburtstag des Buddha Śākyamuni schien in dieser Hinsicht vielversprechend. Doch das Zusammentreffen mit Pandit Nehru (Abb. 163, 165), dem damaligen Ministerpräsidenten der größten Demokratie, welche die Welt je gekannt hat, endete für den Dalai Lama mit einer Enttäuschung. Obwohl er persönlich durchaus Verständnis für die schwierige Lage Tibets hatte, war Nehru nicht gewillt, von seiner Beschwichtigungspolitik gegenüber China abzurücken. Ohne politische Alternative, dafür mit dem Rat Nehrus, sich so gut wie möglich mit China zu arrangieren, kehrte Tenzin Gyatso ernüchtert nach Tibet zurück.

Nicht nur hatte Nehru ihm keine Unterstützung in Aussicht gestellt, sondern er hatte dem Dalai Lama auch unmissverständlich klar gemacht, dass Tibet keine indische Intervention zu seinen Gunsten erwarten könne. Ab Mitte der fünfziger Jahre des 20. Jahrhunderts verschlechterte sich die Lage in Tibet dramatisch. China hatte offenbar nicht die Absicht, sich an das so genannte 17-Punkte-Abkommen zu halten. Jeglicher Widerstand gegen die Kollektivierung und andere Reformen wurde brutal niedergeschlagen. So hatte China Anfang 1956 das Kloster Lithang aus der Luft bombardiert, weil dessen Mönche sich den neuen Gegebenheiten nur widerstrebend fügten. Gleichzeitig jedoch erzielte eine gut organisierte Oppositionsbewegung, die später vom US-Geheimdienst CIA finanziert, bewaffnet und ausgebildet wurde und einen Teil der amerikanischen Anstrengungen zur Destabilisierung Chinas bildete, teilweise überraschende Erfolge gegen die Invasoren. Doch der Dalai Lama machte sich keine Illusionen über den Ausgang eines offenen Konflikts. Ohne entschlossene Unterstützung durch die internationale Staatengemeinschaft würde der tibetische Widerstand von der Volksbefreiungsarmee, die ja über ein praktisch unerschöpfliches Reservoir an Soldaten verfügte, über kurz oder lang vollständig zerschlagen werden. Zur großen Enttäuschung vieler Landsleute weigerte er sich deshalb, die Oppositionsbewegung zu unterstützen.

Seine besondere Stellung gestattete es Tenzin Gyatso nicht, seine Energien voll und ganz auf die Bewältigung der politischen Krise zu konzentrieren, stand er ja noch mitten in der religiösen Ausbildung. Während dieser ganzen traumatischen Periode hatte der junge Führer seine Studien fortgesetzt. Dank seinem Zugang zu den besten Gelehrten und Debattierpartnern hatte er gegenüber anderen Novizen in seinem Alter einen riesigen Vorteil. Trotzdem waren die Anforderungen, die an den Dalai Lama gestellt wurden, sicher ebenso hoch, wenn nicht noch höher als jene, welche seine Zeitgenossen zu erfüllen hatten. Angesichts all dieser Umstände ist es äußerst bemerkenswert, dass der Dalai Lama im Alter von nur 24 Jahren – und damit um einige Jahre jünger als allgemein erwartet – seine öffentliche Abschlussprüfung mit Auszeichnung bestand (Abb. 147). Fast ebenso bemerkenswert ist die Tatsache, dass von diesem Ereignis noch ein Filmdokument existiert. In diesem Film begegnet man einem Dalai Lama, der sich, ohne etwa bevorzugt behandelt zu werden, darum bemüht, sich des Titels eines Geshe Lharampa, oder Doktors der buddhistischen Philosophie, würdig zu erweisen. Der Film vermittelt auch etwas von der Dramatik der damaligen Zeit, denn er entstand genau in dem Moment, als die politische Krise ihren Höhepunkt erreichte. Seit Beginn des Jahres 1959 hatten sich in der Umgebung von Lhasa Tausende von Widerstandskämpfern, mehrheitlich Khampas, versammelt. Auf der anderen Seite hatte auch China in der Zwischenzeit seine Truppen in der Nähe der tibetischen Hauptstadt verstärkt.

Nach einer Serie von Massendemonstrationen und Protesten flüchtete der Dalai Lama am Vorabend eines allgemeinen Volksaufstandes aus dem Norbulingka-Palast, der Sommerresidenz der Dalai Lamas (Abb. 167–173). Unterwegs erklärte er das 17-Punkte-Abkommen in aller Form für ungültig. Kaum drei Wochen, nachdem er Lhasa verlassen hatte, erreichte er die indische Grenze. Beschämt und reumütig erkannte ihn Nehru sofort offiziell als Flüchtling an. Dem Dalai Lama folgten in den nächsten Tagen und Wochen noch weitere 80 000 Tibeter, die vor dem Blutbad in und um Lhasa flohen.

Nach seiner Ankunft in Indien stand der Dalai Lama für kurze Zeit im Rampenlicht der Weltöffentlichkeit. Seine offensichtliche Integrität und Bescheidenheit machten einen tiefen Eindruck auf seine Zuhörer, wenn auch einige Beobachter eine gewisse Schüchternheit in seinem Verhalten auszumachen glaubten. Doch kaum war die medienwirksame Geschichte seiner wundersamen Flucht erzählt, verschwanden Tibet und der Dalai Lama für mehr als 25 Jahre fast vollständig aus den Medien und dem Bewusstsein der Weltöffentlichkeit. In der Zwischenzeit erklärte der 14. Dalai Lama, dass neue Umstände ein neues Protokoll erforderten. Damit löste er bei vielen seiner nächsten Berater, darunter auch bei ausländischen Freunden wie Hugh Richardson, der letzte in Lhasa verbliebene politische Vertreter der britischen und später der indischen Regierung, großes Unbehagen aus. Mit sofortiger Wirkung ließ er die ganzen Formalitäten fallen, die seine Person bisher umgeben und bis zu einem gewissen Grad zu einem Gefangenen gemacht hatten. Ein äußerliches Zeichen dieses Wandels war beispielsweise, dass er von nun an auf einem Stuhl saß, der nicht höher war als die Stühle seiner Besucher. Lediglich bei religiösen Handlungen und Zeremonien wollte er seinen bisherigen Status beibehalten. Weitere Änderungen und Reformen folgten bald. Besonders unglücklich waren viele seiner Anhänger über den Verfassungsentwurf für ein freies Tibet, den er hatte ausarbeiten lassen. Dieser sah vor, dass der Dalai Lama unter gewissen Umständen angeklagt und seines Amtes als Regierungschef enthoben werden konnte. Der Dalai Lama erkannte sofort, dass er damit seiner Exilregierung die nötige Glaubwürdigkeit in den Augen der internationalen Öffentlichkeit verschaffte.

In seinem ersten Jahrzehnt als Flüchtling scheiterten alle Reisepläne des Dalai Lama am entschlossenen Widerstand der Volksrepublik China. Die Zeit des Reiseverbots war für ihn dennoch eine fruchtbare Periode, sowohl hinsichtlich seiner Führungsaufgaben in der tibetischen Exilgemeinschaft wie auch für seine

124 Der 14. Dalai Lama, umgeben von Uṣṇīṣavijaiā (links oben) und der weißen Tārā (rechts oben) und Palden Lhamo (unten rechts). Die fünf Mönche am Fuße des Throns reichen dem Dalai Lama Opfergaben dar, die die fünf Sinne darstellen. Thangka, Tibet/Nepal, 20. Jh., 88 x 63 cm, Museé d'Ethnographie, Genf, Inv. Nr.: 53946.

spirituelle Weiterentwicklung. Er kümmerte sich mit großem Eifer um den Aufbau der tibetischen Diaspora in stabilen, gut geleiteten Gemeinschaften, vor allem in Südindien, und wurde dabei von Nehru und dessen Regierung in jeder Hinsicht unterstützt. Gleichzeitig widmete er sich seiner Berufung als Mönch mit neuer Entschlossenheit und Energie. Dem Beispiel des fünften Dalai Lama folgend, den er sehr bewundert und mit dem er sich geistig eng verbunden fühlt, begann er, auch buddhistische Traditionen außerhalb seiner angestammten Gelugpa-Schule zu studieren und in einigen Fällen gar zu praktizieren. Dass er sich dabei auch mit einer Anzahl von Lehren der Nyingma-Tradition auseinandersetze, löste bei einigen Tibetern, vor allem unter den Anhängern des Schutzgottes Dorje Shugden, große Bestürzung aus. Umgekehrt hat Tenzin Gyatso dank seines ökumenischen Ansatzes auf der ganzen Welt zahlreiche Anhänger und Bewunderer aus anderen Glaubenstraditionen gewonnen.

Als der Dalai Lama in den siebziger Jahren erste Reisen außerhalb Indiens unternehmen konnte, erregten weder er noch die Sache Tibets große Aufmerksamkeit. Doch dann erhielt er 1987 die

125 Der 14. Dalai Lama wählt in seinem Elternhaus aus mehreren Gegenständen die richtigen Dinge aus, was ihn als Nachfolger des 13. Dalai Lama auszeichnet. Wandmalerei im Norbulingka, Südliche Versammlungshalle (Tshomchen Lhoma Sizhi Dogukyil), Foto und ©: Thomas Laird, New Orleans.

Gelegenheit, vor dem US-Kongress eine Rede zu halten. Da das China der Nach-Mao-Zeit zunehmend an einer Verhandlungslösung für Tibet interessiert schien – unter der Voraussetzung, dass die Frage der Unabhängigkeit dabei gar nicht erst auf den Tisch kam –, ergriff er diese Gelegenheit, um einen Fünf-Punkte-Friedensplan zu präsentieren. China sah darin jedoch einen Versuch, die Tibetfrage zu internationalisieren und fühlte sich brüskiert. Hatte die Regierung in Peking noch kurz vorher Vertretern des Dalai Lama erlaubt, ihre Heimat zu besuchen, nahm sie jetzt diesen Zwischenfall zum Anlass, ihre Haltung gegenüber Tibet erneut zu verhärten. Ebenso bedauerlich war die Reaktion vieler Tibeter auf den Fünf-Punkte-Friedensplan. Einige fühlten sich vom Dalai Lama verraten, weil dieser sich bereit erklärt hatte, unter Ausklammerung der Unabhängigkeitsfrage mit China zu verhandeln.

Obschon China seine Vorschläge auf der ganzen Linie abgelehnt hatte, gab der Dalai Lama 1989 in einer Rede vor dem Europaparlament erneut eine Stellungnahme zur Zukunft Tibets ab. Darin kam er China in der Frage der Unabhängigkeit noch mehr entgegen und artikulierte seine Vision eines »echt autonomen« Tibets im Rahmen einer »Assoziation« mit der Volksrepublik China.

Anfangs beschränkte sich das wachsende internationale Interesse an Tibet und dem Dalai Lama auf die politischen Aspekte der Tibetfrage. Das war nicht zuletzt den Demonstrationen für die Unabhängigkeit zu verdanken, die in den späten achtziger Jahren in Lhasa stattfanden und über die in den westlichen Medien berichtet wurde. In den folgenden Jahren, vor allem aber seit seiner Auszeichnung mit dem Friedens-Nobelpreis im Jahr 1989, wandte Tenzin Gyatso seine Aufmerksamkeit vermehrt anderen, universellen Fragestellungen zu. Dabei hat er sich nicht nur als redegewandter Befürworter eines Friedenskonzepts auf der Grundlage von Dialog und gegenseitigem Verständnis, sondern auch als Verfechter einer säkularen Ethik große Achtung verschafft. Er akzeptiert, dass nur eine Minderheit von Menschen in der heutigen Welt praktizierende Gläubige sind, und betont deshalb die Wichtigkeit grundlegender menschlicher Qualitäten wie Mitgefühl, Geduld, Toleranz, Vergebung und Großzügigkeit,

126 Porträt des jungen 14. Dalai Lama. Handkolorierte Fotografie, © Brian Beresford / Nomad Pictures. **127** Der 14. Dalai Lama anlässlich einer tantrischen Initiation. Handkolorierte Fotografie, © Brian Beresford / Nomad Pictures.

die es – ohne direkten Bezug zum Religiösen – zu entwickeln und zu stärken gelte. Denn schließlich, so der Dalai Lama, beruhen diese Qualitäten auf der einfachen Prämisse, dass jeder glücklich, aber niemand leiden wolle.

Aber während der Dalai Lama der Welt mittlerweile vor allem als Verfechter von Frieden, interreligiöser Harmonie und einer säkularen Ethik bekannt ist, liegt ihm die Erhaltung und Förderung der tibetischen Kultur nach wie vor sehr am Herzen. So setzt er sich besonders für die Wiederherstellung eines florierenden und zum Teil modernisierten Mönchstums im Exil ein. Wie schon der 13. Dalai Lama vor ihm, hat er viel zur Förderung eines hohen Bildungsstandards in den Klöstern beigetragen. Die Naturwissenschaften haben Eingang in den Lehrplan der Gelugpa-Schulen gefunden, und die Kunst des Schreibens, früher einigen Auserwählten vorbehalten, müssen heute alle Schüler beherrschen. Darüber hinaus hat er in einem harten Bruch mit der bisherigen Praxis die alte Tradition der vollen klösterlichen Ordensweihe für Nonnen wieder aufleben lassen. Seither stellt die Ordensgemeinschaft der Nonnen eine der vitalsten und vielversprechendsten Entwicklungen innerhalb der tibetischen Tradition der letzten fünfzig Jahre dar.

Gleichzeitig ist nicht zu übersehen, dass Tenzin Gyatso darauf bedacht ist, die spirituelle Gemeinschaft allmählich von den weltlichen Geschäften abzukoppeln. Sollte ihm dies noch zu Lebzeiten gelingen, könnte er sich endlich wieder von ganzem Herzen der spirituellen Praxis widmen, was, wie er schon mehrfach betont hat, sein sehnlichster Wunsch ist. Zudem wäre die Institution des Dalai Lama für den 15. Amtsinhaber wieder auf ihre ursprüngliche Bestimmung zurückgeführt, die sie vor dem fünften Dalai Lama innehatte, als politische und religiöse Führungsaufgaben noch nicht in einem einzigen Amt vereint waren. Doch die wichtigste Hinterlassenschaft des Tenzin Gyatso wird ohne Zweifel die Internationalisierung der Rolle der Dalai Lamas sein.

128 / 129 Fotovorlage aus den sechziger und Gemälde von Amdo Jampa aus den achtziger Jahren des 20. Jahrhunderts. Foto: Archives of the Norbulingka Institute, Sidhpur, Indien.   **130** Der 14. Dalai Lama anlässlich seiner Machtübernahme am 17. November 1950. Wandmalerei in der Empfangshalle des 14. Dalai Lama im »Traktrak (Tagdu) Mingyur Phodrang«, Norbulingka, 1955 / 56, gemalt vom Amdo Jampa (Amdo Byams pa). >>>

DER 14. DALAI LAMA

ZWISCHEN SCHUTZGÖTTERN UND INTERNATIONALEM STARRUHM:
EINE ANALYSE DER HALTUNG DES 14. DALAI LAMA ZU MODERNITÄT UND BUDDHISMUS

Georges Dreyfus

Nie zuvor war der Dalai Lama auf dem internationalen Parkett so präsent wie in den letzten Jahren. Ja, man kann ohne Übertreibung sagen, dass er so etwas wie ein internationaler Star geworden ist: Seine Besuche sind Medienereignisse, seine Lehrveranstaltungen sind ausverkauft und seine Bücher gelangen ohne Ausnahme in die Bestsellerlisten. Für viele ist er zum Kultsymbol geworden, zum Inbegriff einer authentischen und wertvollen buddhistischen Tradition – Inspirationsquelle und moralische Instanz zugleich. Er wird nicht nur von Tibetern bewundert, die in ihm die Verkörperung ihrer nationalen Sehnsüchte sehen, sondern ebenso von einem gebildeten Publikum in Industrieländern wie Frankreich, Taiwan oder den USA, wo er für viele zum Inbegriff von buddhistischem Mitgefühl geworden ist.

Der plötzliche Ruhm einer Person, die zuvor von der internationalen Öffentlichkeit lange Zeit kaum beachtet wurde, macht stutzig. Wie kommt es, dass der Dalai Lama heute so viele Menschen fasziniert, nachdem er lange gar nicht oder höchstens als Kuriosum aus einer fremden Welt zur Kenntnis genommen wurde? Diese Frage ist besonders interessant, wenn man die Reaktion seines Publikums im Westen betrachtet. Dort brilliert der Dalai Lama nämlich selten mit seiner enormen Gelehrsamkeit und seinem beträchtlichen intellektuellen Scharfsinn, sondern fordert seine Zuhörer meist in einfachen Worten zu Mitgefühl und Toleranz auf. Derartige Ermahnungen lassen die meisten Leute gewöhnlich kalt, doch aus dem Munde des Dalai Lama lösen sie Begeisterung aus. Da geschieht offensichtlich mehr, als sich auf den ersten Blick erkennen lässt. Doch was? Sicher, Kommunikation besteht nicht nur aus Worten. Auch die Gegenwart eines Menschen, der sich selbstlos dem Wohl seines Volkes verschrieben hat und in hohem Maße lebt, was er predigt, spielt hier eine entscheidende Rolle. Wenn also der Dalai Lama sein Publikum zum Mitgefühl mahnt, dann reagieren die Leute nicht nur auf den Inhalt seiner Worte, sondern auch auf seine persönlichen Qualitäten, sein tief empfundenes Mitgefühl, seine enorme Intelligenz, sein Charisma und seine Kommunikationsfähigkeit.

Im vorliegenden Artikel möchte ich zeigen, dass dies als Erklärung nicht ausreicht. Ich habe den gegenwärtigen Dalai Lama mehrmals getroffen und bewundere ihn sehr. Ich bin absolut überzeugt von seinen menschlichen Qualitäten, wie sie in seinen Worten und Taten zum Ausdruck kommen. Doch als Religionswissenschaftler weiß ich auch, dass seine Berühmtheit nicht bloß auf seinen persönlichen Qualitäten beruht, so bewundernswert diese auch sein mögen. Schließlich gibt es auf der Welt noch andere Menschen mit außergewöhnlichen Qualitäten, die sich nicht im entferntesten einer solchen Popularität erfreuen. Die Berühmtheit des Dalai Lama hat auch etwas mit der Art und Weise zu tun, wie er von der Öffentlichkeit wahrgenommen wird – mit dem, was seine Zuhörer auf ihn projizieren. Der Dalai Lama wird nicht nur bewundert, weil er außerordentliche persönliche Qualitäten hat, sondern weil er in den Augen seines Publikums gewisse Ideale verkörpert. Doch welche Ideale? Inwiefern ist die Bewunderung seiner Anhänger überhaupt gerechtfertigt? Handelt es sich dabei vielleicht bloß um typisch westliche Projektionen eines orientalistisch angehauchten Wunschdenkens?

Ich werde diese Fragen hier zu beantworten versuchen, indem ich einige der Vorstellungen untersuche, mit denen der Dalai Lama vor allem im Westen assoziiert wird, wo er vielen als Verkörperung der grundlegenden buddhistischen Prinzipien gilt. Ich möchte zeigen, dass diese Vorstellungen zu einem Gebilde gehören, das oft als buddhistischer Modernismus bezeichnet wird und bei dem es sich eher um eine moderne Umformung der Tradition als um einen Ausdruck ihrer unwandelbaren Essenz handelt. Außerdem werde ich zeigen, dass die Beschreibung »buddhistischer Modernist« auf die Ansichten und Praktiken des Dalai Lama nur teilweise zutrifft. Dabei beziehe ich mich in erster Linie auf eine Kontroverse jüngeren Datums um einen bis dahin relativ obskuren Gott namens Dorje Shugden *(rdo rje shugs ldan)*. Die Haltung des Dalai Lama in dieser Kontroverse lässt deutlich erkennen, dass er auch heute ein weitgehend traditionalistischer buddhistischer Meister ist, dessen Ideen und Praktiken von der friedfertigen Version des Buddhismus abweichen, mit der er im Westen gleichgesetzt wird. Zum Schluss komme ich dann noch kurz auf Komplexitäten und Spannungen zu sprechen, die sich aus dem Nebeneinander dieser beiden scheinbar unvereinbaren ideellen Bezugsrahmen, dem modernistischen und dem traditionalistischen, in ein und derselben Person ergeben.

DER DALAI LAMA ALS BUDDHISTISCHER MODERNIST

Die Bezeichnung »buddhistischer Modernismus« bezieht sich auf ein Buddhismusverständnis, das in der buddhistischen Welt – vor allem im Theravāda – zu Ende des 19. Jahrhunderts als Reaktion auf die wachsende westliche Vorherrschaft entstand.[1] Der buddhistische Modernismus wollte einen Gegenentwurf zur negativen kolonialen Darstellung des Buddhismus liefern, indem er die buddhistische Tradition in modernen und positiven Begriffen fasste. In dieser modernen Perspektive wurde der Buddhismus den übrigen Weltreligionen, insbesondere dem Christentum der Kolonialherren, als ebenbürtig, ja in verschiedener

Hinsicht sogar als überlegen dargestellt – schließlich verfügte er über einen eigenen Begründer, heilige Schriften und eine philosophische Tradition. Der Buddhismus beruht auf Vernunft und Erfahrung und setzt keinen blinden Glauben an eine höhere Autorität voraus. So gesehen ist er eine hochrationale Weltschau, die sich problemlos mit einer modernen wissenschaftlichen Sichtweise vereinbaren lässt, auf deren Autorität er sich dann auch beruft. Er wird zuweilen sogar als eine empirische »innere Wissenschaft« präsentiert, deren Erkenntniswert der moderne Westen bloß noch nicht entdeckt hat. Als Religion, sofern dieser Begriff überhaupt zutrifft, sei der Buddhismus nicht an Dogmen und Institutionen interessiert, heißt es, sondern beschränke sich darauf, seinen Anhängern einen Weg zur Überwindung des Leidens zu zeigen. Er erscheint in diesem Licht als eine äußerst ethische Lehre, die sich der Gewaltlosigkeit und der Bereitstellung wertvoller Mittel für soziales Handeln verschrieben hat. Seine bevorzugte Technik sei die Meditation, welche dem Ritual, das als populärer Aberglaube oder als Zugeständnis an die Bedürfnisse der Laien abgetan wird, in jeder Hinsicht überlegen sei.[2]

Wie man sieht, trifft diese Beschreibung recht gut auf das Glaubenssystem vieler zeitgenössischer Buddhisten zu, besonders im Westen. Hier ist der Buddhismus für viele eher Philosophie als Religion, mehr eine Form der Spiritualität, die mit der Wissenschaft im Einklang steht, als ein Glaube, der die Unterordnung unter eine Lehre voraussetzt. In folgender Aussage des Dalai Lamas kommt diese Sicht des Buddhismus zum Ausdruck: »Nehmen wir an, etwas sei durch wissenschaftliche Untersuchung eindeutig bewiesen. Eine gewisse Hypothese sei bestätigt und aus einer wissenschaftlichen Untersuchung resultiere eine Tatsache. Und nehmen wir weiter an, diese Tatsache lasse sich nicht mit der buddhistischen Theorie vereinbaren. Zweifellos müssen wir das Resultat der wissenschaftlichen Forschung akzeptieren. Sehen Sie, die allgemeine Haltung des Buddhismus gegenüber den Tatsachen ist, dass wir diese anerkennen müssen. Bloße Spekulation ohne empirische Grundlage … genügt nicht. Wir müssen den Tatsachen immer ins Auge sehen. Wenn also eine Hypothese getestet und für richtig befunden wird, dann stellt sie eine Tatsache dar, und wir müssen sie akzeptieren.«[3]

Ein Buddhismus, der auf empirischen Grundlagen beruht und den wissenschaftlichen Geist der Gegenwart begrüßt, findet bei vielen modernen Menschen Anklang. Sie folgen begeistert einem Buddhismusverständnis, das Forschungsfreiheit, Toleranz, Mitgefühl und durch persönliches Suchen erworbene Weisheit zu seinen Grundlagen erklärt. Dies ist, so denken sie, das wahre Wesen der buddhistischen Tradition, alles andere sind Verformungen, die auf historische Zufälle und die Einwirkung lokaler Kulturen zurückzuführen sind.

Nun gibt es allerdings nicht wenige, die ein solch modernistisches Buddhismusverständnis für eine äußerst selektive Neuinterpretation der buddhistischen Tradition halten, die in Wirklichkeit wesentlich mehr umfasst als nur die hier erwähnten Punkte. So unterschlägt die modernistische Perspektive zentrale Aspekte der Tradition wie Rituale, Mythologien und Metaphysik – Aspekte also, die im kanonischen Material tief verwurzelt sind und bei der Begründung aller historisch bekannten Buddhismus-Traditionen eine wichtige Rolle gespielt haben. Weit davon entfernt, das eigentliche Wesen dieser Traditionen zum Ausdruck zu bringen, ist die modernistische Auffassung der Tradition eine von modernen Ideen über Religion und Philosophie angeregte Innovation. Sie steht der protestantischen Auffassung von Religion als einer Angelegenheit individuellen Glaubens und persönlicher Hingabe oft näher als den kommunalen Praktiken des traditionellen Buddhismus.

Einige Forscher haben darauf hingewiesen, dass viele der Ideen des Dalai Lama diesem buddhistischen Modernismus entsprechen und dass sein Erfolg zu einem guten Teil auf seiner Fähigkeit beruht, die mit dieser Haltung assoziierten Tugenden zu verkörpern. So bezeichnet Donald Lopez den Dalai Lama als »den führenden Vertreter des buddhistischen Modernismus.«[4] Als solcher befürwortet der Dalai Lama die Gewaltlosigkeit Gandhis, partizipiert am ökumenischen Dialog und zeigt großes Interesse an Begegnungen mit Wissenschaftlern. Der Dalai Lama betont außerdem die Bedeutung bestimmter Haupttugenden und -praktiken wie Weisheit und Mitgefühl, die er als den wesentlichen Kern der Tradition den oberflächlicheren, kulturellen Äußerungen gegenüberstellt. Der Dalai Lama sagt zum Beispiel: »Wenn wir vom Wesen [einer religiösen Tradition] sprechen, stellt sich nicht die Frage der Angemessenheit, und es besteht kein Anlass, die grundlegenden Lehren zu verändern. Auf einer oberflächlichen Ebene ist Veränderung aber durchaus möglich. Ein burmesischer Mönch der Theravāda-Tradition, dem ich unlängst begegnete und den ich sehr respektiere, macht eine Unterscheidung zwischen dem kulturellen Erbe und der eigentlichen Religion. Ich nenne dies den Unterschied zwischen dem Wesen einer Religion und der oberflächlichen zeremoniellen und rituellen Ebene.«[5]

Für den Dalai Lama scheint es also einen grundlegenden Unterschied zwischen dem Wesen des Buddhismus und seinem kulturellen Ausdruck zu geben, ein Unterschied, der für den buddhistischen Modernismus absolut zentral ist. Er erlaubt dem Modernisten, seine Tradition scheinbar ohne Integritätsverlust an die Umstände der Modernität anzupassen. Diese Strategie hat sich der Dalai Lama enthusiastisch zu eigen gemacht und sie hat ihm ermöglicht, so erfolgreich mit einem modernen Publikum zu kommunizieren.

Einer der Hauptgründe für diesen Erfolg ist sicherlich, dass seine Ideen den Bedürfnissen seiner Zuhörer entsprechen und sich problemlos in deren Weltbild einfügen. Das mag überraschen, erwarten doch die meisten Leute, die eine Veranstaltung des Dalai Lama besuchen, eine Begegnung mit einer außergewöhnlichen Persönlichkeit, die sie mit Ideen und Ansichten aus einer fremden, ja exotischen Tradition konfrontieren wird. Doch was sie dann zu hören bekommen, klingt oft erstaunlich vertraut. Ich würde behaupten, dass es gerade diese seltsame Mischung aus Fremdem und Bekanntem ist, die beim Publikum letztlich einen bleibenden Eindruck hinterlässt. Das trifft ganz eindeutig auf die Unterscheidung zu, die der Dalai Lama zwischen der Essenz des Buddhismus und der oberflächlicheren rituellen Ebene macht. Für ein modernes Publikum ist dies ein reizvoller Gedanke, entspricht er doch genau der im modernen Westen geläufigen Vorstellung von Religion als individuellem Glaubensbekenntnis. Vorgetragen von einer Person mit der natürlichen Autorität und den offensichtlichen Qualitäten eines Dalai Lama, erhält diese Vorstellung für die Zuhörer eine ganz neue Legitimität. Statt lediglich Ausdruck des Zeitgeists zu sein, erscheint sie plötzlich als tiefgründige, ewige Wahrheit. Nur wenige sind sich dessen bewusst, wie weit das Gehörte von den traditionellen Ideen und Praktiken des Buddhismus entfernt ist. Über weite Strecken seiner Geschichte hat der Buddhismus nämlich eine ganz andere Haltung gefördert. Nach dieser ist die Meditation weitgehend den klösterlichen Eliten vorbehalten, während für alle anderen in einem Zeitalter des Zerfalls wie dem unseren das bloße Ausüben der Rituale und die Pflege buddhistischer Ansichten als sehr lobenswert gilt. Wenn daher der Dalai Lama klar zwischen dem Wesen der Tradition und Ritualen unterscheidet oder seine Anhänger auffordert, sich der persönlichen Meditation zu widmen, ohne sich allzu sehr um orthodoxe Ansichten zu kümmern, dann folgt er weniger einer altehrwürdigen Tradition als einem Drang zur Innovation.

Die Fähigkeit des Dalai Lama, seine Belehrungen so zu gestalten, dass ihm auch ein modernes westliches Publikum folgen kann, ist Ausdruck seiner Wertschätzung für gewisse Grundsätze des buddhistischen Modernismus. Doch wer nur diese Seite des Dalai Lama sieht, wird ihm und seiner Gedankenwelt nicht einmal halbwegs gerecht. Der Dalai Lama bedient sich der Sprache des Modernismus, um seinem Publikum den Zugang zum Buddhismus zu erleichtern. Er tut dies in Anlehnung an die klassische Doktrin der »passenden Mittel«, wonach dem Bodhisattva fast jedes Mittel recht sein soll, wenn er den Menschen damit nur helfen kann. Jedoch sollte klar sein, dass die Ideen und Praktiken des Dalai Lama viel mehr umfassen als den buddhistischen Modernismus. So hat der Dalai Lama auch eine traditionelle Seite, die in seiner Haltung gegenüber dem umstrittenen Schutzgott Dorje Shugden besonders gut zum Ausdruck kommt.

DIE SHUGDEN-AFFÄRE UND DER BUDDHISTISCHE MODERNISMUS

Es kann hier nicht darum gehen, die besagte Kontroverse in all ihren Einzelheiten darzustellen. Ich habe dies bereits an anderer Stelle getan.[6] Ich möchte aber trotzdem kurz auf diese Affäre eingehen, die ein ganz anderes Licht auf die Haltung des Dalai Lama zum buddhistischen Modernismus wirft. Es geht dabei um die Besänftigung einer Schutzgottheit namens Shugden, eine Praktik, die der Dalai Lama seit einiger Zeit immer entschiedener öffentlich verurteilt. Shugdens Anhänger führen diese Praktik auf eine ziemlich obskure und blutige Episode der tibetischen Geschichte zurück – den gewaltsamen Tod des Drakba Gyaltsen (1618–1655), eines wichtigen Gelugpa-Lama und Rivalen des fünften Dalai Lama (1617–1682). Als Folge seines vorzeitigen Todes soll sich Drakba Gyaltsen in einen zornigen Geist verwandelt haben, der über die Reinheit der Lehre der Gelugpa-Tradition wacht. Sein besonderer Ärger gilt verschiedenen Gelugpa-Lamas – u.a. dem erwähnten fünften Dalai Lama –, welche die Lehren anderer Traditionen studieren und praktizieren, und er soll persönlich zum Tod verschiedener Gelugpa-Lamas beigetragen haben.

Wie so oft bei derartigen Überlieferungen zeichnen die historischen Fakten ein etwas anderes Bild. Die gezielte Verbindung von Drakba Gyaltsen und Shugden scheint erst im frühen 20. Jahrhundert hergestellt worden zu sein. Vorher war Shugden offenbar ein weltlicher Gott mit einer relativ kleinen Gefolgschaft. Diese späte Verbindung scheint in erster Linie das Werk des Pabongka (1878–1941) gewesen zu sein, eines charismatischen Lehrers, der eine Erweckungs-Bewegung innerhalb der Gelugpa-Tradition anführte, teilweise offenbar als Reaktion auf eine nicht-sektiererische Erneuerungsbewegung unter den anderen Schulen.

131 Der 14. Dalai Lama bei einem Treffen mit Nelson Mandela. Südafrika, August 1997. Fotograf: Francisco Little, Archives of the Norbulingka Institute, Sidhpur, Indien.   **132** Der Dalai Lama zu Besuch bei Papst Johannes Paul II. Rom, 1982. Archives of the Norbulingka Institute, Sidhpur, Indien.   **133** Der Dalai Lama mit dem Schauspieler Richard Gere. Palermo, 1996. Aus einem Fotoalbum, das dem Dalai Lama geschenkt wurde. Sarah Central Archive.   **134** Der 14. Dalai Lama wird von der John Moores University als Ehrenmitglied aufgenommen. Liverpool, 2004. Archives of the Norbulingka Institute, Sidhpur, Indien.

Die Verschmelzung von Shugden und Drakba Gyaltsen scheint es Pabongka erlaubt zu haben, den ursprünglich nicht zur Gelugpa-Tradition gehörenden Shugden zum Hauptbeschützer seiner Bewegung zu machen. Auf diese Weise gelang es Pabongka, die Gelugpa-Tradition so umzudeuten, dass sie im Wesentlichen auf drei Elementen beruhte: auf Vajrayoginī als wichtigster Meditationsgottheit, Shugden als Schutzgottheit sowie auf Pabongka und seinen Nachfolgern als Gurus. Pabongkas Vision war von einem sehr starken Ausschließlichkeitsdenken geprägt: nicht nur galt ihm die Gelugpa-Tradition als ranghöchste unter allen Traditionen, er drohte seiner Anhängerschaft auch mit schrecklichen Konsequenzen, falls sie Interesse an anderen Traditionen zeigen sollten. Shugden würde sich ihrer annehmen, hieß es, und es würde ihnen ergehen wie verschiedenen eklektischen Gelugpa-Lamas, die er angeblich eigenhändig einem frühen Tod zugeführt habe.

Es sind diese Vorstellungen und Praktiken, die der Dalai Lama seit einiger Zeit immer vehementer bekämpft. Er ist inzwischen soweit gegangen, deren Anhänger von einigen seiner Belehrungen auszuschließen. Die Gründe für die ablehnende Haltung des Dalai Lama sind komplex und hängen teilweise mit dem sektiererischen Charakter der Shugden-Tradition zusammen. Es gibt jedoch noch andere Gründe, so etwa die enge Verbundenheit des Dalai Lama mit der Schutzgottheit Nechung *(gnas chung)* und mit dem komplizierten und umfassenden System von Ritualen, das der Institution der Dalai Lamas zugrunde liegt. Dieses Ritualsystem steht in enger Beziehung mit verschiedenen Schulen des tibetischen Buddhismus, insbesondere der Nyingma-Schule, welche am engsten mit dem frühen Reich, dessen Mythologien und Gottheiten verbunden ist. Die Verbindung zur Nyingma-Schule wird besonders offensichtlich in der Rolle, die Padmasambhava, eine der Gründerfiguren des tibetischen Buddhismus, und Nechung, eine der frühen tibetischen Gottheiten, die für den Schutz des Dalai Lama und seiner Regierung verantwortlich sind, in diesem rituellen System spielen. Die Besänftigung des Shugden läuft all dem zuwider. Indem er Shugden als alleinige Gottheit darstellt, deren Aufgabe es ist, diejenigen Gelugpas zu bestrafen, welche Praktiken aus anderen Traditionen übernommen haben, bedroht der Shugden-Kult das Vertrauensverhältnis zwischen dem Dalai Lama und Padmasambhava bzw. Nechung

DIE HALTUNG DES 14. DALAI LAMA ZU MODERNITÄT UND BUDDHISMUS   175

135/136 Der Dalai Lama spricht über den Frieden und das innere Glück auf einer Veranstaltung mit 60 000 Teilnehmern. Central Park, New York, am 21.9.2003. **137** Öffentliche Rede des 14. Dalai Lama im Fleet Center, Boston, am 14.9.2003 **138** Der Dalai Lama und sein Übersetzer Matthieu Ricard in der La Villette, Paris, bei einer Veranstaltung mit Frau Mitterand für France-Libertés, am 11.10.2003. Abb. 135–138: Fotograf: Manuel Bauer, © Manuel Bauer, AGENTUR FOCUS, Hamburg, 2005.

und somit das der Institution der Dalai Lamas zugrunde liegende rituelle System. Diese Bedrohung äußert sich sehr eindringlich in der Gegnerschaft zwischen Shugden und Nechung. Von Shugden heißt es, er untergrabe Nechungs Stellung, während jenem umgekehrt Shugdens Rolle und Tätigkeit ein Dorn im Auge sind. Nechung wird nachgesagt, er handle aus Missgunst gegen und Eifersucht auf Shugden und dränge den Dalai Lama dazu, gegen Shugden vorzugehen, die Besänftigung dieses Schutzgottes aufzugeben, die auf ihn bezogenen Praktiken zu verbieten und vieles mehr. Der Dalai Lama selbst hat schon oft die Enge seines Verhältnisses zu Nechung und den Einfluss Nechungs auf seine Entscheidungen in Sachen Shugden beschrieben.[7]

Ein weiteres interessantes Element der Shugden-Affäre ist die Selbstverständlichkeit, mit der sich der Dalai Lama in wichtigen Fragen auf Divination und andere traditionelle Techniken zur Entscheidungsfindung verlässt. So kam es beispielsweise folgendermaßen zum Entschluss des Dalai Lama, Shugden, zu dem er sich früher bekannte, fallen zu lassen:[8] Nach reiflicher Überlegung beschloss der Dalai Lama, den Fall Shugden seinem anderen wichtigen Schutzgottheit, der Großen Göttin Palden Lhamo – das tibetische Pendant zu Mahādevī –, zu unterbreiten. Sollte er die Verehrung Shugdens weiter öffentlich ausüben, sollte er dies nur im Versteckten tun oder sollte er ganz davon absehen? Jede dieser Möglichkeiten stand auf einem Stück Papier geschrieben, das in eine kleine Teigkugel eingerollt war. Die drei Kugeln wurden in einen Becher auf dem Altar der Großen Göttin gelegt. Nachdem er die Göttin im Beisein mehrerer Ritualspezialisten längere Zeit besänftigt hatte, nahm der Dalai Lama den Becher und rollte die Kugeln darin herum, bis eine heraussprang. Damit war die Frage entschieden: Der Dalai Lama würde sich endgültig von Shugden abwenden. Dieser Entschluss hatte weit reichende Konsequenzen für den Dalai Lama und das Ritualsystem seiner Institution. Er veränderte seine persönliche Praxis und veranlasste ihn, künftig entschiedener gegen Shugden aufzutreten.

Leute, die den Buddhismus gern als vernunftbetonte und allem Rituellen abgeneigte Philosophie sehen, mag der Griff zu solch rituellen Techniken überraschen. Doch wer den Buddhismus genauer kennt, weiß, dass seine modernistische Variante wenig mit der Realität der buddhistischen Traditionen zu tun hat, wie sie in Asien praktiziert werden. Rituale aller Art sind dort ein wesentlicher Bestandteil der Tradition und ihre Anhänger sehen keinen Grund, sich dafür zu entschuldigen. Der Dalai Lama ist da keine Ausnahme. Er bekennt sich ganz offen zu den traditionellen Formen der Weissagung und respektiert die Schutzgötter-Rituale. In einem unveröffentlichten Interview, das ich mit dem Dalai Lama geführt habe, erklärte dieser, er habe volles Vertrauen in die Praxis der Weissagung und habe sich in entscheidenden Momenten seines Lebens ganz darauf verlassen. Und er fügte dann ganz selbstverständlich hinzu: »Ich bin doch schließlich Buddhist, oder etwa nicht?«[9]

DER 14. DALAI LAMA: TRADITIONALIST ODER MODERNIST?

Die Distanz zwischen dem oben beschriebenen Traditionsverständnis und dem buddhistischen Modernismus ist beträchtlich. Während in letzterem alles Rituelle gemieden oder zumindest heruntergespielt und das Meditieren über Weisheit und Barmherzigkeit allen anderen Formen der Praxis vorgezogen wird, spielen in der persönlichen Praxis des Dalai Lama sowohl der Glaube an Schutzgötter als auch Rituale eine zentrale Rolle. Diese traditionalistische Sicht des Buddhismus scheint zweifellos weit entfernt von der modernistischen Unterscheidung, die der Dalai Lama selbst zwischen »dem Wesen der Religion und der oberflächlichen Ebene von Zeremonie und Ritual«[10] macht. Welches ist nun der echte Dalai Lama? Der Traditionalist oder der Modernist?

Die Antwort lautet, der Dalai Lama ist beides. Er ist der traditionalistische Teilnehmer an Ritualen, der seinen Schutzgöttern ergeben ist. So erfüllt er seine Verpflichtungen ihnen gegenüber gewissenhaft und konsultiert sie bei wichtigen Entscheidungen. Jeden Tag absolviert der Dalai Lama ein kleines Ritual für seine wichtigste Schutzgottheit, die Palden Lhamo, ohne deren Schutz er keine wichtige Aufgabe angehen würde. Jede seiner Reisen erfolgt unter ihrer Schirmherrschaft und wohin er auch geht, immer hat der Dalai Lama eine bemalte Schriftrolle seiner Göttin dabei. Mönche aus dem Kloster des Dalai Lama (Namgyal Dratsang, *rNam rgyal gwra tshang*) kommen regelmäßig – entweder einmal am Tag für kürzere Praktiken oder einmal im Monat für eine ausgedehnte Sitzung *(zla gsol)* – in seine Residenz, um die passenden Rituale für die verschiedenen Schutzgottheiten zu absolvieren. Doch gleichzeitig ist der Dalai Lama ein Modernist, der die Praxis der Meditation lobt und seine westlichen Zuhörer auffordert, sich auf das Wesentliche der Tradition zu beschränken und sich nicht von den kulturellen Ausschmückungen des tibetischen Buddhismus ablenken zu lassen. Er führt außerdem einen anhaltenden Dialog mit Wissenschaftlern, der in seinen besten Momenten auf der Diskussion empirischer Erkenntnisse beruht. Und schließlich ist er ein begnadeter Redner, der auf der internationalen Bühne für die Vernunft mitfühlender Handlungen und gegen die Unvernunft von bewaffneten Konflikten argumentiert.

Im Übrigen gilt es zu beachten, dass der Dalai Lama nicht ein buddhistischer Modernist im weitesten Sinne des Wortes ist, wie etwa Dharmapāla oder Buddhadasa, die sich einst aufmachten, die Tradition zu erneuern. Er ist über weite Strecken kein Reformer seiner Tradition, an der er im Allgemeinen entschlossen, aber unverkrampft festhält. Nur in ganz bestimmten Zusammenhängen handelt der Dalai Lama wie ein buddhistischer Modernist.[11]

Da von seinem Blickpunkt aus zwischen diesen beiden Denkweisen, der traditionalistischen und modernistischen, kein Widerspruch besteht, gibt es keinen Grund, die Aufrichtigkeit des Dalai Lama anzuzweifeln. Wenn er sich an ein westliches Publikum wendet, spricht der Dalai Lama eine moderne Sprache, um gewisse buddhistische Ideen zum Ausdruck zu bringen, die ihm besonders wichtig sind. Für ihn ist es einfach wahr, dass Weisheit und Mitgefühl das Wesen der Tradition ausmachen. Genauso wahr ist für ihn jedoch, dass im Umgang mit Schutzgöttern und anderen wichtigen Fragen des buddhistischen Alltags Weissagung, Besänftigung und andere rituelle Techniken angebracht sind. Beide Formen haben ihre Gültigkeit.

Doch auch wenn es zwischen den modernistischen und den traditionalistischen Aspekten im Denken des Dalai Lama keinen logischen Widerspruch gibt, so stehen diese doch in einem nicht ganz spannungsfreien Verhältnis. Der Dalai Lama ist sich sehr wohl der Tatsache bewusst, dass er seine an ein westliches Publikum gerichtete Reden dessen Bedürfnissen und Erwartungen anpassen muss. Infolgedessen spricht der Dalai Lama im Westen selten über traditionelle Aspekte des tibetischen Buddhismus, sondern vermittelt den Zuhörern die Vorstellung, es sei durchaus in Ordnung, einfach zu meditieren, ohne sich zu sehr mit den anderen Seiten der Tradition zu befassen. Doch wie wir gesehen haben, entspricht diese Haltung überhaupt nicht dem, was der Dalai Lama selbst tut oder glaubt. Wenn er also mit westlichen Zuhörern kommuniziert, erlaubt er sich oft ganz bewusst ein gewisses Maß an kreativer Mehrdeutigkeit.

Die Grenze zwischen dem, was der Dalai Lama seinem westlichen Publikum zumutet und was er ihm vorenthält, ist überdies nicht statisch, sondern hat sich mit den Jahren verschoben. Das trifft in ganz besonderem Maß auf die Shugden-Affäre zu. In den frühen Jahren der Kontroverse erwähnte er diese nur vor tibetischem Publikum. Ich erinnere mich, wie ich in den späten siebziger Jahren von meinen tibetischen Klosterfreunden auf die Affäre aufmerksam gemacht wurde und wie erstaunt sie waren, dass ich davon bisher gar nichts mitbekommen hatte. Damals wusste im Westen kaum jemand etwas von einer ernsthaften Spaltung innerhalb der Gelugpa-Tradition. Erst allmählich verbreiteten sich diese Informationen unter den Gelugpa-Anhängern im Westen. Doch selbst dann schilderte der Dalai Lama seinen westlichen Zuhörern nie das ganze Ausmaß seines Zerwürfnisses mit Shugden, obschon die umstrittene Praxis allmählich auch im Westen Fuß zu fassen begann. Erst nachdem der Dalai Lama begonnen hatte, Shugden-Anhänger von seinen Belehrungen auszuschließen, sowie nach dem brutalen Mord an drei Mönchen im Jahr 1997, der vermutlich eine Reaktion auf den erwähnten Ausschluss war, begann der Dalai Lama, seine Sicht der Dinge auch im Westen darzulegen. Ich erinnere mich an einen Auftritt des Dalai Lama vor wenigen Jahren in New York, während dessen er plötzlich begann, seine Haltung zu Shugden zu erklären. Die Leute im Publikum reagierten verwirrt und beunruhigt auf diese Konfrontation mit einem Aspekt des tibetischen Buddhismus, den sie nicht verstanden. »Was geht uns das an?«, schienen sie zu fragen.

Diese Episode zeigt, wie verschieden die beiden Aspekte im Denken des Dalai Lama sind und wie selektiv er sie je nach Publikum zum Ausdruck bringt. Für gewöhnlich vermeidet es der Dalai Lama, sein westliches Publikum mit der traditionalistischen Seite seiner Praktiken und Ideen zu konfrontieren, da er davon ausgeht, dass diese nicht verstanden würde. Doch diese Trennung wird nicht starr aufrechterhalten. In bestimmten Fällen gelangt der Dalai Lama zu der Einschätzung, es stehe zu viel auf dem Spiel oder die Zeit sei gekommen, in gewissen Dingen Klartext zu reden, ungeachtet der Reaktion, die er damit beim Publikum auslöst. An diesem Punkt wird die Trennung aufgehoben und den Zuhörern wird klar, dass der Dalai Lama keineswegs der reine Modernist ist, für den ihn viele von ihnen bis dahin gehalten haben. Diese Offenbarung wird vom Publikum oft mit großem Unbehagen aufgenommen.

Doch das komplexe Verhältnis zwischen der traditionalistischen und der modernistischen Seite des Dalai Lama betrifft nicht nur seine öffentliche Person. Sein Modernismus ist keineswegs nur eine Rolle, die er spielt, um die westliche Öffentlichkeit für die Sache Tibets einzunehmen. Zwar geht es dem Dalai Lama in der Hauptsache eher darum, die Sache des tibetischen Volkes zu vertreten und auf der ganzen Welt möglichst viele Sympathisanten zu gewinnen, als darum, den Westen zum Buddhismus zu bekehren. Doch sollte man nicht vergessen, dass der buddhistische Modernismus auch den Dalai Lama beeinflusst hat.

Der Dalai Lama erhielt eine sehr traditionelle buddhistische Erziehung, die weitgehend vom Lehrplan der großen Gelugpa-Mönchsuniversitäten bestimmt war. Er selbst hat verschiedentlich angemerkt, wie einseitig und wie wenig auf die Belange der modernen Welt abgestimmt seine Ausbildung gewesen sei, besonders für einen jungen Mann, der für eine spätere Führungsrolle vorgesehen war.[12] In Folge dieser Ausbildung war er in keiner Weise auf die moderne Welt vorbereitet, die 1950 mit der chinesischen Invasion in Tibet plötzlich auf ihn einstürzte. Der Dalai Lama sah sich gezwungen, mit dieser dramatischen Situation fertig zu werden und lernte auf diese Weise, mit der modernen Welt umzugehen, insbesondere in seinen Auseinandersetzungen mit China in den folgenden Jahren. Besonders wichtig war in diesem Zusammenhang seine Reise nach China 1954–55. Ein erstes Zusammentreffen mit dem Vorsitzenden Mao machte einen nachhaltigen Eindruck auf den jungen Dalai Lama, ebenso seine ersten Besuche in chinesischen Fabriken. Doch die vielleicht wichtigsten Begegnungen für seinen weiteren Werdegang fanden in Indien statt, dem der Dalai Lama 1956 einen längeren Besuch abstattete, bevor er 1959 dorthin ins Exil zog. In Indien begegnete der Dalai Lama Menschen, mit denen er sich identifizieren konnte (siehe S. 189). Nehru beeindruckte ihn sehr, aber auch weniger bekannte Persönlichkeiten wie z. B. der damalige indische Präsident Rajendra Prasad oder Jayaprakash Narayan, Acharya Tulsi etc. machten großen Eindruck auf ihn. Diese Persönlichkeiten demonstrierten ihm durch ihren eigenen Hindu- und Jain-Modernismus, wie man auch als traditionell religiöse Person voll an der modernen Welt teilhaben konnte. Ihr Modernismus beeinflusste ihn stark und erlaubte ihm, seine eigene buddhistische Variante zu entwickeln, eine Position, die der modernen Welt angepasst war, ohne seinen traditionellen Hintergrund zu verleugnen. Gerade dieser Modernismus bildet das Herzstück seiner Haltung gegenüber dem Westen und lässt ihn auch innerhalb der tibetischen Gemeinschaft ziemlich radikale Positionen vertreten. So bestand er beispielsweise gegen den Willen der Mehrheit der Exiltibeter darauf, dass die tibetische Exilgemeinde sich eine Verfassung gebe, welche die Rolle des Dalai Lama beschränkt und ihn demokratischer Kontrolle unterstellt. Dieser Modernismus hat ihm auch erlaubt, in der Welt der tibetischen Religion unkonventionelle Standpunkte einzunehmen. Ich denke dabei etwa an sein Misstrauen und seinen Sarkasmus gegenüber der Institution des wiedergeborenen

139 Das Tsangpa-Orakel, eines der Staatsorakel, umschreitet den Thron des 14. Dalai Lama während des alljährlichen »Losar Tsechu Sabsöl« im Hauptpalast. Dharamsala, 1999. Fotograf: Manuel Bauer, © Manuel Bauer, AGENTUR FOCUS, Hamburg, 2005.

Lama. So äußerte sich der Dalai Lama in den frühen siebziger Jahren folgendermaßen zu den wiedergeborenen Lamas, die in jungen Jahren so außergewöhnlich scheinen, mit zunehmendem Alter aber alle enttäuschen: »Sie sind wie Kinderzähne. Die sind anfangs so hübsch und doch verfaulen sie mit zunehmendem Alter.« Trotzdem hat der Dalai Lama seinen traditionellen Hintergrund bis heute nie verleugnet und das bei buddhistischen und hinduistischen Modernisten weit verbreitete Misstrauen gegenüber dem Ritual ist ihm völlig fremd.

Die Anziehungskraft des Modernismus auf den Dalai Lama hat sich mit den Jahren auch gewandelt, wobei diese Entwicklung von vielen Beobachtern oft zu wenig berücksichtigt wird. Während meines Aufenthaltes in Dharamsala in den siebziger und achtziger Jahren konnte ich einige dieser Veränderungen beobachten. Als ich Anfang der siebziger Jahre seine Bekanntschaft machte, war ich überrascht von seinen erfrischend unkonventionellen Ideen, seiner Bereitschaft, zu relativieren und gewisse Aspekte seiner Tradition beiseite zu schieben. Ich erinnere mich noch gut an ein Gespräch über die Stufen des Weges *(lam rim)*, in dessen Verlauf ich mich nach einer bestimmten Praktik erkundigte. »Weglassen« lautete sein Ratschlag, »das steht zwar in den Büchern, doch in der Praxis ist es unwichtig.« Dieser Radikalismus wich jedoch im Laufe der siebziger Jahre einer zunehmend traditionellen Haltung. Diese Änderung ist möglicherweise auf eine wichtige Meditation in Abgeschiedenheit, eine so genannte »Retraite«, im Winter 1975–76 zurückzuführen. Der Dalai Lama hat meines Wissens zwar nie ausführlich über die Ereignisse während dieser »Retraite« berichtet, doch ist auffällig, dass er unmittelbar danach begann, öffentlich Kritik an der Praxis des Shugden zu äußern. Allmählich nahm er eine traditionellere Haltung gegenüber der buddhistischen Praxis ein und legte sein Misstrauen gegenüber den wiedergeborenen Lamas fast gänzlich ab. Die bissigen Kommentare wichen konventionelleren Ermahnungen und der Dalai Lama war plötzlich wieder bereit, die wiedergeborenen Lamas anzuerkennen.

Mit dieser Rückbesinnung hat der Dalai Lama keineswegs dem buddhistischen Modernismus abgeschworen. In einem modernen Kontext ist dieser sein bevorzugter Interaktionsmodus geblieben, besonders natürlich im Westen, den er erst in den siebziger Jahren, als er schon über 40 war, ernsthaft zu bereisen begann. Dennoch hatte seine traditionalistische Rückbesinnung wichtige Folgen. Er richtete seine Aufmerksamkeit wieder vermehrt auf Praktiken wie die Besänftigung von Schutzgöttern, besonders derjenigen, welche die Institution des Dalai Lama beschützen. Dies wiederum führte zur Konfrontation mit den Anhängern von Shugden, welche seither die Gelugpa-Tradition zu spalten droht. Die Folgen seiner Wandlung sind auch in der Exilgemeinschaft der Tibeter spürbar. Dies betrifft hier besonders die tibetisch-buddhistischen Institutionen, wo einige der Versprechungen des buddhistischen Modernismus nach wie vor auf sich warten lassen. All das zeigt deutlich, dass der Modernismus des Dalai Lama seine Grenzen hat. Ihn als buddhistischen Modernisten zu bezeichnen, bedeutet, die traditionalistischen Praktiken und Ideen zu ignorieren, die in seinem Leben eine überaus wichtige Rolle spielen. Es bedeutet außerdem, die Ansichten eines komplexen Menschen allzu eindimensional zu sehen und die sehr realen Spannungen zu leugnen, die zwischen den zwei unterschiedlichen buddhistischen Haltungen bestehen, welche er zu verschiedenen Zeiten seines Lebens auf verschiedene Weise eingenommen hat.

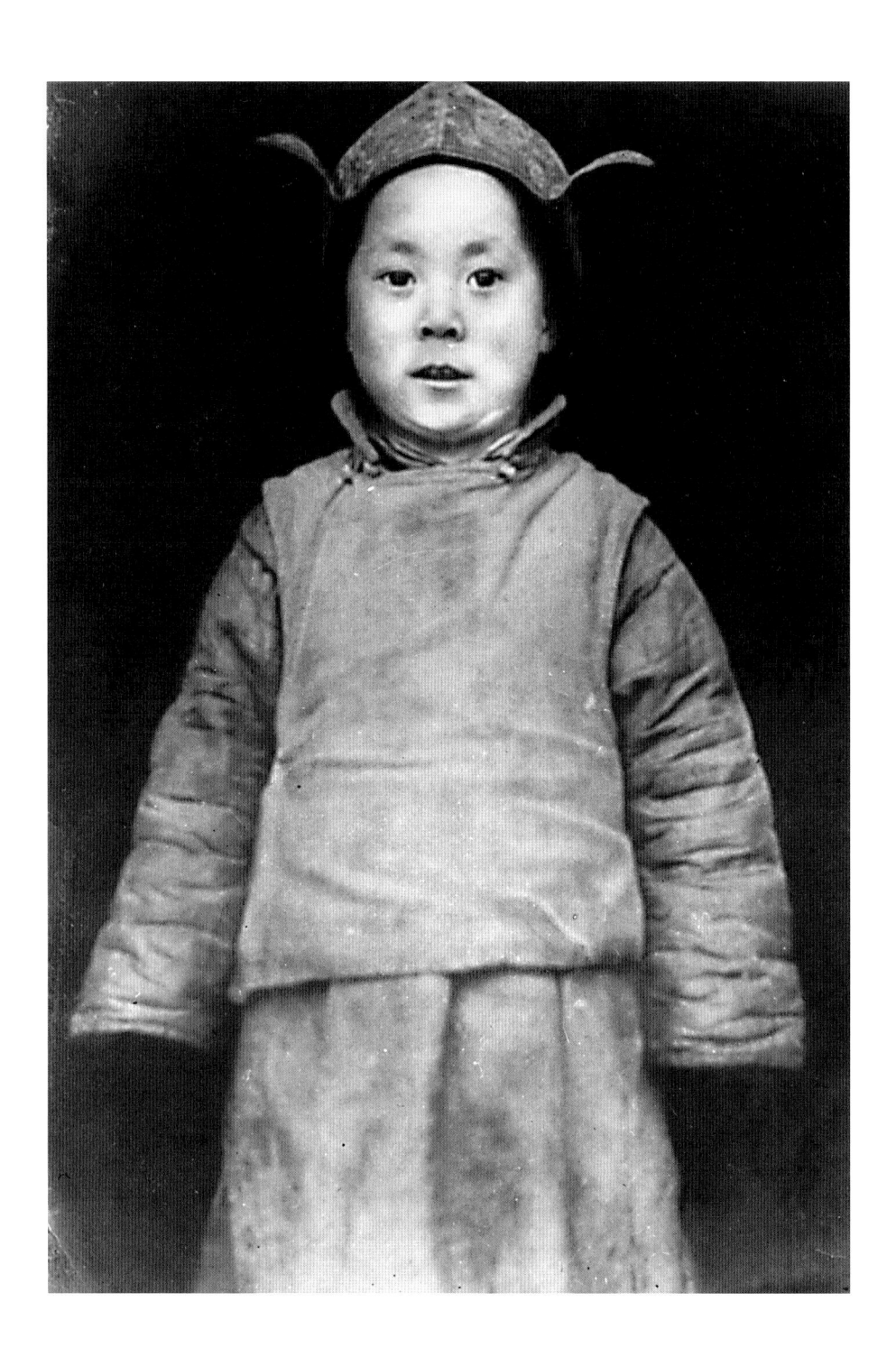

140 Porträt des 14. Dalai Lama, ungefähr vier Jahre alt, in Amdo, ca. 1939. Archives of the Norbulingka Institute, Sidhpur, Indien.   **141 a–c** Porträt des 14. Dalai Lama, ungefähr vier Jahre alt, in Amdo, ca. 1939. Fotograf: vermutlich Archibald Steele, © Pitt Rivers Museum, University of Oxford, 2005. (1998.131.630; SC-T-2-631; SC-T-2-629)   **142** Der 14. Dalai Lama vor der Abreise nach Lhasa, umgeben von lokalen Würdenträgern. Amdo, 1939. Übersetzung des chinesischen Textes: »Die 14. Inkarnation des (wiedergeborenen) Dalai Lama ist fünf Jahre alt« (gemäß tibetischer Altersberechnung). Archives of the Norbulingka Institute, Sidhpur, Indien.

轉並達賴喇嘛十四歲年方五歲

143 Der 14. Dalai Lama auf seinem Thron sitzend, ca. zehnjährig, um 1945. Archives of the Norbulingka Institute, Sidhpur, Indien.   **144** Der fünfzehnjährige Dalai Lama, rechts der Regent Tatrag Rinpoche, Lhasa, 1950. Fotograf: Lowell Thomas, James A. Cannavino Library, Archives and Special Collections, Marist College, Poughkeepsie, New York.   **145** In der Mitte der fünfzehnjährige Dalai Lama, ganz links Lowell Thomas, Sr., Lhasa, 1950. Fotograf: Lowell Thomas, Jr., James A. Cannavino Library, Archives and Special Collections, Marist College, Poughkeepsie, New York.   **146** Der 14. Dalai Lama im Alter von sieben Jahren im Lotussitz, 21. Januar 1943. Fotograf: Brooke Dolan, The Academy of Natural Sciences of Philadelphia, Ewell Sale Stewart Library.   **147** Der 14. Dalai Lama während der Prüfungen, die in Form ausgedehnter Disputationen mit berühmten Gelehrten stattfanden. Hier steht er vor den Äbten der Shar- und Jang-Hochschulen des Klosters Ganden, Lhasa, 1958/59. Archives of the Norbulingka Institute, Sidhpur, Indien.   **148** Der 14. Dalai Lama im Alter von ungefähr 10 Jahren, um 1945. Fotograf: vermutlich Archibald Steele, The Tibet Museum / DIIR, Dharamsala.

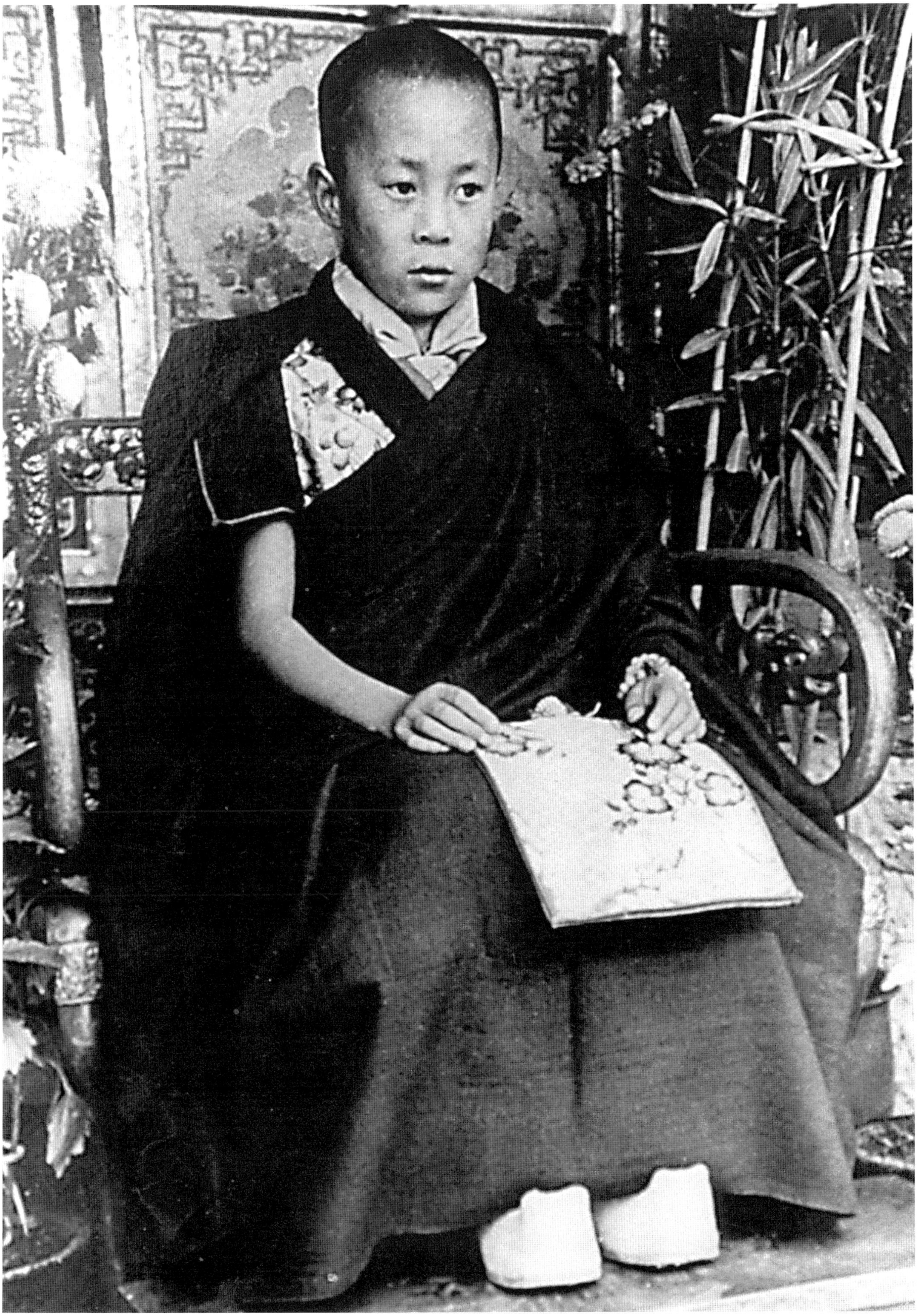

149–155 Der 14. Dalai Lama und sein Gefolge auf der Flucht nach Dromo, nahe der Grenze zu Sikkim, 1950/51. **149/150** Bewohner aus Phari grüßen die Fluchtkarawane mit dem in seiner Sänfte vorbeiziehenden Dalai Lama. Fotograf: Heinrich Harrer, Völkerkundemuseum der Universität Zürich (VMZ 400.07.12.029 / VMZ 400_07_GD_007). **151** »Das Kloster in Phari, in dem der Dalai Lama wohnte. Links stehen Soldaten und Mönche Spalier. Erste Flagge ist Banner des Dalai Lama, zweite Fahne die Nationalflagge.« (Zitat H. Harrer) Fotograf: Heinrich Harrer, Völkerkundemuseum der Universität Zürich (VMZ 400.07.13.017). **152** Aufbruch nach einer Rast. Der Dalai Lama hat sich wieder in die Sänfte gesetzt, welche während der Flucht von Mönchen getragen wird. Fotograf: Heinrich Harrer, Völkerkundemuseum der Universität Zürich (VMZ 400.07.12.024). **153** Weihrauch-Opfer beim Empfang des Dalai Lama im Hof des Klosters Dungkhar. The Tibet Museum / DIIR, Dharamsala. **154** Der Dalai Lama mit seiner engsten Entourage im Hof des Klosters Dungkhar. Fotograf: Heinrich Harrer, Völkerkundemuseum der Universität Zürich (VMZ 400.07.XY.066). **155** Umgeben von seinen höchsten Beamten empfängt der Dalai Lama eine Stupa mit einer wichtigen Reliquie. Kloster Dungkhar, Anfang 1951. Fotograf: Heinrich Harrer, Völkerkundemuseum der Universität Zürich (VMZ 400.07.GD.008).

FOTOGRAFIEN DES 14. DALAI LAMA

156 Treffen in Peking, v.l.n.r.: der Panchen Lama, Mao Tse-tung und der 14. Dalai Lama, 1954. Völkerkundemuseum der Universität Zürich.   **157** Mao Tse-tung, Chou En-lai, Liu Shaochi und der Panchen Lama bei einem vom Dalai Lama veranstalteten Bankett anlässlich des tibetischen Neujahrsfestes, Peking, 1955. Archives of the Norbulingka Institute, Sidhpur, Indien.   **158** Wandbild im Norbulingka, in der »Südlichen Versammlungshalle« (Tshomchen Lhoma Sizhi Dogukyil), Foto und ©: Thomas Laird, New Orleans.

FOTOGRAFIEN DES 14. DALAI LAMA

159 Der 14. Dalai Lama begrüßt Mao Tse-tung mit einer traditionellen tibetischen Glücksschleife, 1954. Archives of the Norbulingka Institute, Sidhpur, Indien.   **160** Der 14. Dalai Lama mit dem chinesischen Premierminister Chou En-lai 1956 in Indien. Archives of the Norbulingka Institute, Sidhpur, Indien.   **161** Der 14. Dalai Lama und der Panchen Lama werden im Bahnhof vom chinesischen Premier Chou En-lai und Marschall Chu-Teh empfangen, Peking, 1954. Archives of the Norbulingka Institute, Sidhpur, Indien.   **162** Der 14. Dalai Lama und der Panchen Lama bei einem Treffen mit Mao Tse-tung in Peking, 1954/55. Archiv des Völkerkundemuseums der Universität Zürich.

163–166 Der Dalai Lama und der Panchen Lama in Indien anlässlich der Buddha-Jayanti-Feierlichkeiten, 1956.   **163** Empfang durch den indischen Premierminister Pandit Nehru (zweiter von links) und den Vizepräsidenten Sarvepalli Radhakrishnan (in Weiß) am Flughafen von Neu Dehli. Archives of the Norbulingka Institute, Sidhpur, Indien.   **164** Der 14. Dalai Lama wird vom indischen Bevollmächtigten in Sikkim mit militärischen Ehren empfangen. Nathu-la, Grenze zu Indien. Archives of the Norbulingka Institute, Sidhpur, Indien.   **165** Ritt auf einem Elefanten mit dem Premierminister Pandit Nehru. Archives of the Norbulingka Institute, Sidhpur, Indien.   **166** Der 14. Dalai Lama und der Panchen Lama während des Besuchs in Indien. Archives of the Norbulingka Institute, Sidhpur, Indien.

167–172 Während der beschwerlichen Flucht von Lhasa nach Indien, 1959. Unten links (Abb. 171) der Dalai Lama mit seinem jüngeren Bruder, Tenzin Chögyal. Archives of the Norbulingka Institute, Sidhpur, Indien.   **173** Der Dalai Lama und seine Entourage sind an der indischen Grenze angelangt. Rechts im Bild Thubten W. Phala, der Oberkämmerer des Dalai Lama, 1959. The Tibet Museum / DIIR, Dharamsala.

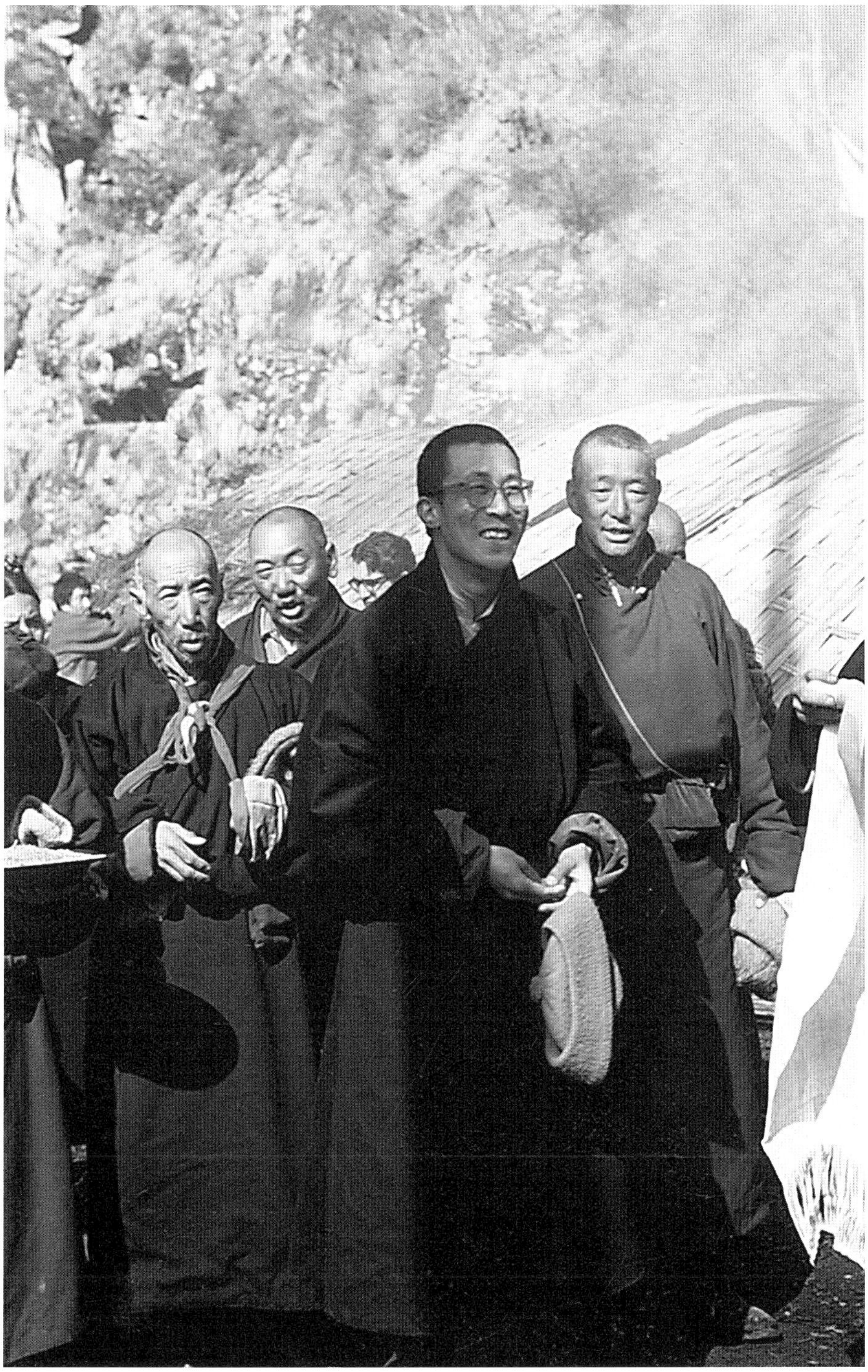

174 Die Großfamilie des 14. Dalai Lama. In der Mitte der Vater und die Mutter, auf deren Schoß Jetsün Pema, die jüngste Schwester, und rechts davon die älteste Schwester Tsering Dolma. Neben dem Vater der Bruder Gyalo Thondup. Hinten einige Bedienstete, 1940. The Tibet Museum / DIIR, Dharamsala.   **175** Die Eltern des 14. Dalai Lama, seine Schwester Jetsün Pema, sein Bruder Lobsang Samten und die Nichte Khando Tsering posieren im Dekyi Lingka (britische Mission) für die Kamera, um 1946, © Pitt Rivers Museum, University of Oxford, 2005. (1998.131.628)   **176** Zusammen mit den Eltern und zwei Brüdern. Archives of the Norbulingka Institute, Sidhpur, Indien.   **177** Der Dalai Lama und seine Mutter, die für ihn eine wichtige Bezugsperson war. Im indischen Exil, um 1960. Archives of the Norbulingka Institute, Sidhpur, Indien.

FOTOGRAFIEN DES 14. DALAI LAMA 193

178 Die Mutter des Dalai Lama auf dem Dach ihres Hauses. Im Hintergrund der Potala, vor 1950. Fotograf: Heinrich Harrer, Völkerkundemuseum der Universität Zürich (VMZ 400.07.61.001).   **179** Die Mutter des Dalai Lama (links) und seine ältere Schwester Tsering Dolma. Fotograf: Heinrich Harrer, Völkerkundemuseum der Universität Zürich.   **180** Die Mutter des 14. Dalai Lama. Lhasa, vor 1950. Hopkinson Archive, © The British Museum.

FOTOGRAFIEN DES 14. DALAI LAMA

181 Die beiden Hauptlehrer des 14. Dalai Lama, links Ling Rinpoche und rechts Trijang Rinpoche. Archives of the Norbulingka Institute, Sidhpur, Indien. **182** Gruppenbild mit dem 14. Dalai Lama zwischen seinen beiden Lehrern sitzend. Links Mitglieder der Regierung und Mönche und rechts Familienmitglieder. Archives of the Norbulingka Institute, Sidhpur, Indien. **183–188** Der 14. Dalai Lama bei der Durchführung verschiedener Zeremonien und Rituale. Die untersten beiden Bilder wurden noch in Tibet in den fünfziger Jahren (20. Jahrhundert) aufgenommen. Archives of the Norbulingka Institute, Sidhpur, Indien. **189** Der 14. Dalai Lama beim Gebet. Im Tempel neben seiner Residenz in Dharamsala, 1972. Fotograf: Martin Brauen, Bern.

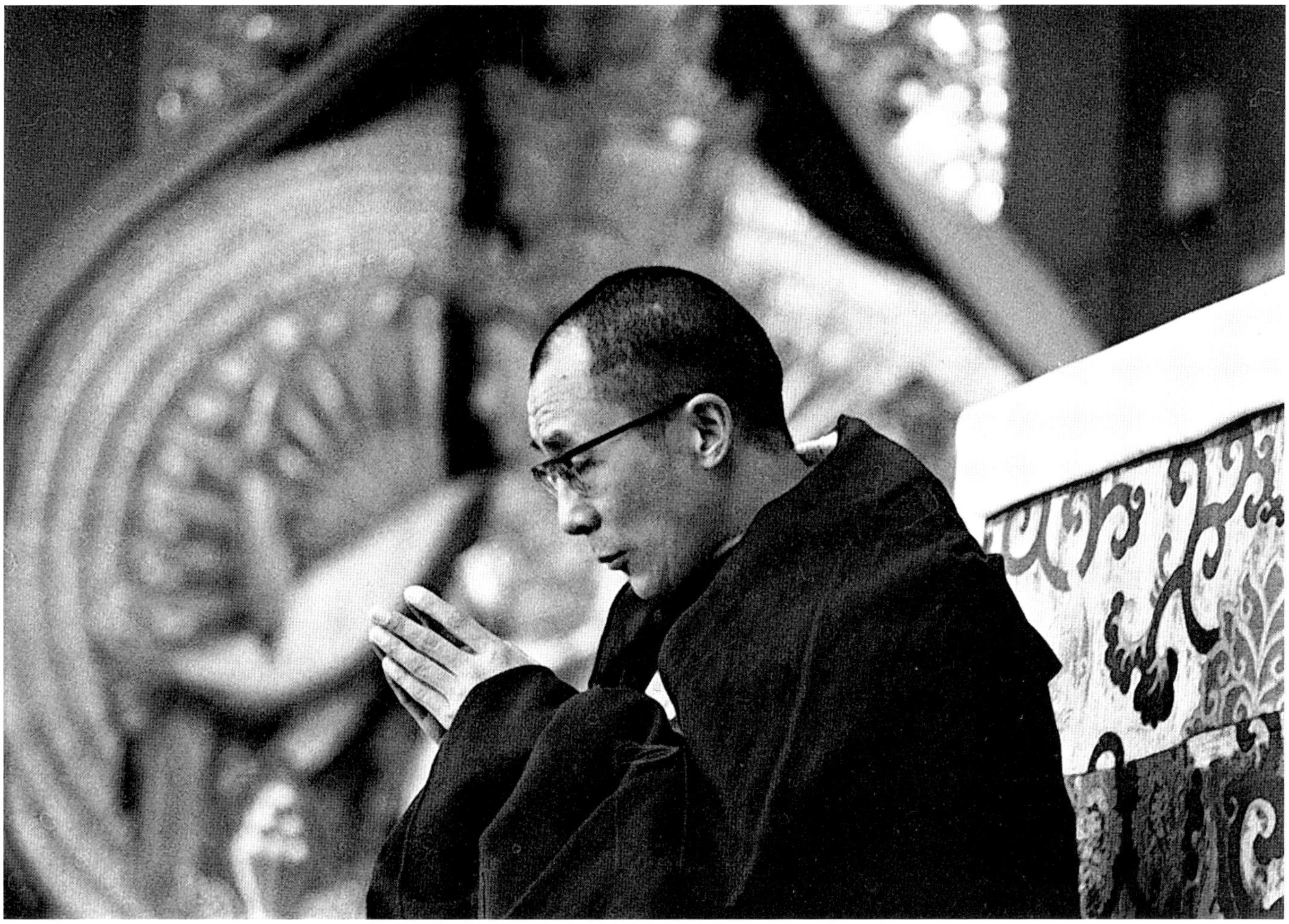

190/191 Der 14. Dalai Lama zu Hause beim Verfolgen der Nachrichten. Archives of the Norbulingka Institute, Sidhpur, Indien.   **192–197** Begegnungen mit verschiedenen Menschen. Archives of the Norbulingka Institute, Sidhpur, Indien.

FOTOGRAFIEN DES 14. DALAI LAMA

198 Kind mit einem Amulett, welches eine Miniatur-Fotografie des 14. Dalai Lama enthält. Lhadak, Hanle, 1999. Foto und ©: Michael Marchant, Zürich.

FOTOGRAFIEN DES 14. DALAI LAMA 201

PANCHEN LAMA UND DALAI LAMA:
EINE UMSTRITTENE LEHRER-SCHÜLER-BEZIEHUNG

Fabienne Jagou

Der Panchen Lama und der Dalai Lama werden von den Tibetern als »Mond und Sonne«, »Vater und Sohn« oder »Lehrer und Schüler« verehrt. Die Panchen Lamas sind die Verkörperung von Öpame (*'Od dpag med,* skr. Amithāba), dem Buddha des »unendlichen Lichts«, während die Dalai Lamas als Inkarnationen von Chenresi (*sPyan ras gzigs,* skr. Avalokiteśvara), dem Bodhisattva der Barmherzigkeit, gelten. Diese Tradition weist dem Panchen Lama eine Vorrangstellung auf geistlichem Gebiet zu, wodurch er im Prinzip von allen weltlichen Geschäften ausgeschlossen ist, während der Dalai Lama als alleiniger geistlicher und weltlicher Herrscher von Tibet eine handelnde Kraft in der Welt darstellt. In einer anderen Tradition gilt der Panchen Lama als religiöser Körper des Buddha (*chos sku*), während der Dalai Lama den Genuss-Körper (*long spyod sku*) darstellt, an dem sich der Leidende festhält und in die Höhe gezogen wird.

Der vierte Dalai Lama (1589–1617) verlieh den Titel »Panchen« seinem geistlichen Lehrer Lobsang Chökyi Gyaltsen (*Blo bzang chos kyi rgyal mtshan,* 1567/70–1662), Abt des Klosters Tashilhünpo. Seither wird das Lehrer-Schüler-Verhältnis zwischen den beiden Hierarchen bis zum heutigen Tag von einer Wiedergeburt zur nächsten übertragen.

Im Gegensatz zu den früheren Äbten von Tashilhünpo gehörte Panchen Lobsang Chökyi Gyaltsen bereits 1601, als er Abt des Klosters wurde, einer Tülku *(sprul sku)*-Abstammungslinie an. 1583 wurde er als Inkarnation von Ensapa Lobsang Dondrub[1], dem Abt des kleinen Klosters von Ensa *(dBen sa)* in Tsang und seinerseits Inkarnation von Sonam Chökyi Langpo[2], anerkannt. Dieser wiederum soll die Inkarnation des Kedrup Geleg Palzang[3] gewesen sein, eines Lieblingsschülers von Tsongkhapa, dem Begründer der Gelugpa-Schule. Als Lobsang Chökyi Gyaltsen den offiziellen Titel »Panchen Lama« zugesprochen erhielt, endete die Reinkarnationslinie von Ensa, und eine neue Linie begann. Lobsang Chökyi Gyaltsen gilt zwar als erster Panchen Lama, wird aber von einigen der vierte Panchen Lama genannt, weil er die dritte Inkarnation des Ensa-Tülku war. Wir übernehmen in diesem Artikel wie auch im ganzen Buch die erst genannte Zählung, setzen jedoch in Klammern auch die zweite Zählart hinzu (siehe auch die Übersichtstabelle am Ende des Artikels).

Mit der Verleihung des Titels Panchen an Lobsang Chökyi Gyaltsen zelebrierte der vierte Dalai Lama die Verbindung der Dalai Lamas mit dem Kloster Tashilhünpo. Schon Gendün Drub (1391–1475), der erste Dalai Lama und Schüler des Tsongkhapa, welcher das Kloster 1447 gegründet hatte, sowie alle nachfolgenden Äbte, darunter auch der zweite und dritte Dalai Lama, trugen in Anerkennung ihrer großen Gelehrsamkeit den Titel des Panchen.[4] *Pan* ist eine verkürzte Form des Sanskrit-Wortes *pandit* = Gelehrter, während *chen* auf tibetisch »groß« bedeutet. Der Titel Panchen bezeichnet demnach einen »großen Gelehrten«. Der vierte Dalai Lama äußerte sich jedoch kaum zu den mit dem Titel verbundenen Aufgaben und Rechten und öffnete damit allen möglichen Interpretationen der Rolle des Panchen Lama Tür und Tor.

DER BEGINN DES LEHRER-SCHÜLER-VERHÄLTNISSES

Nach dem Tod des vierten Dalai Lama beteiligte sich der erste Panchen Lama erstmals an der Suche nach dessen Wiedergeburt. 1625 nahm er dem fünften Dalai Lama (1617–1682) sein Novizen-Gelübde und 12 Jahre später sein Mönchs-Gelübde ab. Auf diese Weise festigte er die Praxis der gegenseitigen Unterweisung, die er mit dem vierten Dalai Lama eingeführt hatte, und machte sie zu einer Tradition, die bis heute Gültigkeit hat. Ein Panchen Lama konnte mehreren Dalai Lamas dienen. Der zweite (fünfte) Panchen Lama (1663–1737) legte sein Novizen-Gelübde beim fünften Dalai Lama ab und nahm seinerseits dem sechsten Dalai Lama (1683–1706) und siebten Dalai Lama (1708–1757) ihr Mönchs-Gelübde ab. Dieses Lehrer-Schüler-Verhältnis steht in engem Zusammenhang mit der Vermittlung der buddhistischen Lehre. Eine der höchsten Lehren, das Kālacakra, wurde den Dalai Lamas von den Panchen Lamas vermittelt, da die Panchen Lamas sowohl in dieser Unterweisungstradition wie auch für die Zukunft des Buddhismus als Hüter des Kālacakra galten. Tatsächlich erhielt Khedup Geleg Namgyal Pelzang[5], der nach einer Zählart als erster Panchen Lama gilt, seine Unterweisung von Tsongkhapa, dem Begründer der Gelugpa-Schule, und ein Panchen Lama soll auch 25. König von Shambhala werden.

Seine volle Bedeutung erlangte das Lehrer-Schüler-Verhältnis zwischen Panchen Lama und Dalai Lama erst, als der fünfte Dalai Lama 1642 im Fort von Shigatse in der Provinz Tsang den Thron bestieg und mit Unterstützung der Qōshot-Mongolen zum geistlichen und zeitlichen Führer von Tibet bestimmt wurde. Nach dem Tod des ersten (vierten) Panchen Lama (1662) verfasste der fünfte Dalai Lama ein Gebet, in dem er seinen Meister zur Wiedergeburt aufforderte. Er ordnete an, das Gebet in der Vollversammlung der Mönche aus den großen Klöstern zu rezitieren. Außerdem überwachte er die Wahl eines Jungen und erkannte ihn als Wiedergeburt des Panchen Lama.

Die zwei wichtigsten Abstammungslinien der Gelugpa-Schule waren somit etabliert: die Abstammungslinie der Dalai Lamas

199 Der erste (vierte) Panchen Lama Lobsang Chökyi Gyaltsen, der Lehrer des fünften Dalai Lama, umgeben von einer seltenen Form des weißen Samvara, unten Vaiśravaṇa (links) und Begtse (rechts). Auf Kopfhöhe ist eine Vision des ersten Panchen Lama zu sehen, in deren Verlauf er in den Tuṣita-Himmel gelangte, wo er von Maitreya (im Bild zu sehen) gesegnet wurde. Thangka, Tibet, 1. Drittel 18. Jh., 69 × 53 cm, Musée national des Arts asiatiques Guimet, Paris, MA 5241.

200 Der erste (vierte) Panchen Lama, umgeben von wichtigen Mönchen des Klosters Ganden (links oben), Gelugpa-Persönlichkeiten (rechts oben), links und rechts weiteren bedeutenden Heiligen, u. a. Abhayākaragupta (mit Schlange), und unten von drei Aspekten der Gelugpa-Schutzgottheit Dharmarāja Yama. Thangka, Tibet, um 1835, 123 × 87 cm, Sammlung Schleiper, Brüssel. >>>

und diejenige der Panchen Lamas. Von da an wurde die Großzügigkeit des Schülers gegenüber dem Lehrer zu einem bedeutenden Faktor. Der fünfte Dalai Lama erklärte seinen Lehrer für alle Zeiten zum Eigentümer des Klosters Tashilhünpo. In den folgenden Jahren machte er ihm immer großzügigere Schenkungen, bis die Ländereien des Klosters Tashilhünpo fast die gesamte Provinz Tsang und einen guten Teil der westlichen Nachbarprovinz Ngari umfassten.

Damit schuf sich der Dalai Lama selbst eine schwierige Ausgangslage. Im geistlichen Bereich bestätigte er die Panchen Lamas als hochstehende Reinkarnationslinie, während er ihm im weltlichen Bereich großen Einfluss über ein wichtiges Gelugpa-Kloster und über die Provinz Tsang verschaffte. Der Dalai Lama versuchte jedoch, die Angelegenheiten der Gelugpa-Schule weiter zu kontrollieren. So nutzte der fünfte Dalai Lama zum Beispiel eine Reise nach Tashilhünpo im Jahr 1654 dazu, seinem Wunsch, das Große Gebetsfest von Tashilhünpo wieder in das Kloster Drepung in der Nähe von Lhasa zu verlegen, Nachdruck zu verleihen. Tatsächlich hatte der König von Tsang dem Panchen Lama als Belohnung für seine Mittlerrolle zwischen der königlichen Armee und den von den Mongolen unterstützten Gelugpa (1621) das Recht zugesprochen, diesem Fest, das ursprünglich aus Lhasa stammte, vorzustehen.

Von da an waren Dalai Lama und Panchen Lama in vielerlei Hinsicht voneinander abhängig. So waren sie für die Suche der Wiedergeburt des anderen verantwortlich und der jeweils Ältere war zuständig für die religiöse Unterweisung des Jüngeren.

Da verschiedene Panchen Lamas für das Auffinden und die Erziehung von Dalai Lamas verantwortlich waren (siehe Liste am Ende des Beitrags), hatten die Panchen Lamas gegenüber den Dalai Lamas auf der geistlichen Ebene den Vorrang – zumindest bis in die Mitte des 19. Jahrhunderts. Danach konnten die Dalai Lamas ihr Mönchsgelübde nicht mehr bei den Panchen Lamas ablegen, weil sie beide der gleichen Generation angehörten.

Die Altersfrage spielt bei den tibetischen Hierarchen im Hinblick auf das Lehrer-Schüler-Verhältnis eine wichtige Rolle. Bis heute zählen wir 14 Dalai Lamas und acht Panchen Lamas (bzw. 11, wenn wir den Beginn der Abstammungslinie der Panchen Lamas in der Zeit des Tsongkhapa ansetzen). Die Panchen Lamas (Durchschnittsalter 59 Jahre[6]) lebten länger als die Dalai Lamas (Durchschnittsalter 40 Jahre[7]). Angesichts ihrer beträchtlich längeren Lebenserwartung überrascht es nicht, dass die Panchen Lamas lange Zeit die Vorherrschaft im geistlichen Bereich innehatten. Wie oben bereits bemerkt, änderte sich das um die Mitte des 19. Jahrhunderts, als Panchen Lamas und Dalai Lamas der gleichen Generation angehörten. Die Dalai Lamas konnten nun ihr Mönchsgelübde nicht mehr bei den Panchen Lamas ablegen, und die Panchen Lamas ihr Gelübde nicht mehr bei den Dalai Lamas.

Der geistliche Vorrang vieler Panchen Lamas, die anhaltende Unsicherheit hinsichtlich ihrer eigentlichen Funktion, die riesigen Ländereien, welche der fünfte Dalai Lama dem ersten (vierten) Panchen Lama vermachte sowie politische Faktoren – etwa die im Fehlen führungsstarker, erwachsener Dalai Lamas begründeten internen Machtkämpfe oder die Ankunft von Mandschu, Briten und Chinesen auf der politischen Bühne Tibets – führten bei Außenstehenden zu einer Fehleinschätzung der realen Macht des Panchen Lama und zwangen diesen, eine wichtige politische Rolle zu spielen, für die er in den Augen vieler Tibeter gar nicht zuständig war.

AUSSENSTEHENDE NÜTZEN DAS LEHRER-SCHÜLER-VERHÄLTNIS AUS

Die Verwirrung um den Tod des fünften Dalai Lama, der vom Regenten 15 Jahre lang verschwiegen worden war, die eigenwillige Persönlichkeit des sechsten Dalai Lama, die Ankunft eines zweiten sechsten Dalai Lama[8], die Machtergreifung in Tibet durch einen mongolischen Qōshot-Prinzen, dem schon bald niemand mehr vertraute und zuletzt ein schwacher siebter Dalai Lama zwangen Tibet schließlich in die Knie. Vor dem Hintergrund dieser Ereignisse wurde der zweite (fünfte) Panchen Lama von allen Parteien umworben. Er war sehr vorsichtig, wenn es darum ging, für eine Seite Partei zu ergreifen und hat anscheinend nur sehr widerwillig agiert. So beantwortete er z.B. keine Einladungen. Er erfüllte weiterhin seine geistlichen Aufgaben gegenüber dem Dalai Lama, konnte jedoch nicht verhindern, dass er zunehmend in eine politische Rolle gedrängt wurde. Tibeter und Mongolen wandten sich an ihn, auf dass er helfe, das durch das Fehlen eines starken Dalai Lama entstandene Vakuum zu füllen. Auch die Kaiser der Qing-Dynastie hatten begriffen, dass sie den Panchen Lama brauchten, um ihre wachsende Macht in Tibet zu konsolidieren.

Außerhalb Tibets waren die Mächte in Bewegung geraten. Die Qing versuchten, den zweiten Panchen Lama, der zugleich der erste Panchen Lama mit einem mandschurischen Titel war, ihrem Einfluss zu unterwerfen. Sie waren darauf angewiesen, dass er den siebten Dalai Lama anerkannte, den sie schließlich 1735 auf seinem tibetischen Thron installierten, nachdem sie ihn im Kloster Kumbum *(sKum 'bum)* festgehalten hatten. Der zweite Panchen Lama blieb vorsichtig: Er erkannte den siebten Dalai Lama erst sehr spät an und reagierte nicht auf die wiederholte Aufforderung des Qing-Kaisers, mit ihm in Peking zusammenzutreffen.

Der dritte (sechste) Panchen Lama (1738–1780) diente als Vermittler in einem Konflikt zwischen Bhutan und den Briten (1771–1772), als der achte Dalai Lama 13 Jahre alt war. Außerdem stellte er den Kontakt zwischen seinem Kloster und den Briten her. Von da an bis zu Beginn des 20. Jahrhunderts machten die Briten, die regelmäßig Tibet bereisten, immer Halt im Kloster Tashilhünpo, um den Panchen Lama zu treffen, befand sich sein Kloster doch auf dem Weg von Indien nach Lhasa. Da Lhasa für Ausländer gesperrt war, verließen sich die Briten im Allgemeinen eher auf den Panchen Lama als auf den Dalai Lama. Die zunehmend engeren Beziehungen zwischen dem Panchen Lama und den Briten ärgerte die Qing, und der dritte Panchen Lama

201 Der erste (vierte) Panchen Lama. Kupferlegierung, vergoldet, zweiteiliger Guss, Tibet, 17. Jh., H: 27,5 cm, B: 22,5 cm, T: 20 cm, Oliver Hoare Collection, London, Inv. Nr.: 89.

wurde an den kaiserlichen Hof in Peking zitiert. Er starb 1780 in Peking an Pocken. Auch die Nepali hatten es auf Tashilhünpo abgesehen. Sie machten zwei Überfälle auf das Kloster (1788 und 1791) und lösten damit eine Reform der tibetischen Administration durch die Qing aus.[9]

Die Mandschu versuchten, das Lehrer-Schüler-Verhältnis zwischen Panchen Lama und Dalai Lama auf zwei Arten zu verändern. Zunächst wollten sie ihnen die Macht entziehen, die Wiedergeburt des jeweils anderen zu erkennen bzw. zu bestimmen. Zu diesem Zweck verfügten sie eine Änderung des Auswahlverfahrens für die Wiedergeburt hoher buddhistischer Würdenträger. Sie ergänzten das traditionelle Ritual des Erkennens, das aus einer komplexen Reihe von Tests und Orakelvisionen bestand, durch einen Losentscheid: Elfenbeintäfelchen mit Namen und Geburtsdatum der Wiedergeburtskandidaten sollten in eine goldene Urne gelegt werden.[10] Danach sollte der zur

Wiedergeburt bestimmte Junge durch Losentscheid, d. h. durch Ziehung eines Elfenbeinplättchens aus der Goldenen Urne ermittelt werden. Die Qing hatten erkannt, dass die Familien der Panchen Lamas und der Dalai Lamas ein Machtmonopol in Tibet besaßen. So wählte z. B. der dritte Panchen Lama nach dem Tod des siebten Dalai Lama als dessen Nachfolger einen Jungen aus einer Familie in der Tsang-Provinz, welche der Panchen Lama de facto beherrschte, während der achte Dalai Lama seinerseits einen Neffen zum vierten (siebten) Panchen Lama (1782–1853) bestimmte. In einem zweiten Eingriff in das Lehrer-Schüler-Verhältnis von Panchen Lama und Dalai Lama stellten die Qing den Dalai Lama, den Panchen Lama und den kaiserlichen Bevollmächtigten der Mandschu in Tibet innerhalb der tibetischen Regierung auf die gleiche Stufe, obwohl eine politische Rolle für den Panchen Lama nie vorgesehen war.

Schließlich wurde der vierte Panchen Lama mit der Unterstützung des Qing-Kaisers in den Jahren 1844/45 für neun Monate zum geistlichen und weltlichen Oberhaupt Tibets, nachdem das Land zu einem Zentrum von Intrigen geworden war, welche den vorzeitigen Tod mehrerer Dalai Lamas zur Folge hatten. Auch nach der Rückkehr auf sein Besitztum im Mai 1845 blieb der Panchen Lama der de facto-Herrscher über die Provinz Tsang. Diese de facto-Situation sollte das Verhältnis zwischen dem Panchen Lama und dem Dalai Lama später ernsthaft belasten.

DER BRUCH IM LEHRER-SCHÜLER-VERHÄLTNIS

Ab der Mitte des 19. Jahrhunderts waren Dalai Lama und Panchen Lama jeweils ungefähr gleich alt. Der fünfte (achte) Panchen Lama (1855–1882) und der sechste (neunte) Panchen Lama (1883–1937) sowie der 12. Dalai Lama (1856–1875) und der 13. Dalai Lama (1876–1933) konnten nicht an der Suche nach der Wiedergeburt ihres Gegenübers teilnehmen. Dennoch standen sie sich als Lehrer und Schüler weiterhin sehr nahe, bis ein Vorfall die Beziehungen zwischen Lhasa und Tashilhünpo ernsthaft strapazierte und zu einem Bruch zwischen Dalai Lama und Panchen Lama führte: Das Verhältnis zwischen dem 13. Dalai Lama und dem sechsten Panchen Lama war von Widersprüchlichkeit gekennzeichnet.[11] Ging der Dalai Lama diesen Weg, so entschied sich der Panchen Lama für jenen. Bat der nur wenig jüngere Panchen Lama den Dalai Lama um buddhistische Unterweisung, weigerte sich dieser, ihn zu unterrichten. Bat der Panchen Lama um Erlaubnis, auf Pilgerfahrt zu gehen, wollte ihn der Dalai Lama nicht ziehen lassen. Zwar versöhnten sie sich immer umgehend, doch waren sie schon kurze Zeit später wiederum zerstritten. Dieses Beziehungsmuster fand erst ein Ende, als der sechste Panchen Lama im Dezember 1923 nach einer weiteren Auseinandersetzung Tibet verließ und in die äußere Mongolei und anschließend nach China zog.

Diese letzte Auseinandersetzung zwischen den Regierungsbeamten von Lhasa und Tashilhünpo entzündete sich an einer neuen Steuer, welche die tibetische Regierung den Ländereien des Panchen Lama auferlegte. Nach dem Sturz der Qing-Dynastie und der Ausrufung der chinesischen Republik 1912 erklärte der aus dem Exil zurückgekehrte 13. Dalai Lama sein Land 1913 für unabhängig. Aufgrund seiner im Ausland erworbenen politischen Erfahrungen beschloss er, Tibet durch Reformen zu modernisieren und mit einer gut ausgerüsteten und gründlich ausgebildeten Armee auszustatten. Das erforderte jedoch beträchtliche finanzielle Mittel, die der Dalai Lama durch Erhebung einer neuen Steuer aufbringen wollte. Die Ländereien der Aristokratie und der religiösen Institutionen, darunter auch Tashilhünpo, wurden neu vermessen und eingeschätzt. Aufgrund seines ausgedehnten Landbesitzes sah sich Tashilhünpo plötzlich mit einer großen Steuerrechnung konfrontiert. Der sechste Panchen Lama, der bisher gar keine Steuern bezahlt hatte, erklärte die Steuer von Anfang an als ungerecht und weigerte sich, diese zu zahlen. Die Verhandlungen zwischen Lhasa und Tashilhünpo kamen schon bald ins Stocken und der Panchen Lama glaubte, keine andere Wahl zu haben, als Tibet den Rücken zu kehren. Er verließ Tashilhünpo am 22. Dezember 1923 in Richtung äußere Mongolei, von wo er später nach China weiter zog. Bei seiner Abreise hinterließ der Panchen Lama einen Brief, worin er erklärte, er verlasse das Land, um das Geld für die von der tibetischen Regierung geforderte Steuer aufzutreiben und um weitere Schwierigkeiten zwischen sich und dem Dalai Lama bzw. dem Kabinett in Lhasa zu vermeiden. In seiner Antwort auf diesen Brief kritisierte der Dalai Lama den Panchen Lama für sein mangelndes Vertrauen und warf ihm sein heimliches Verschwinden vor.

Eine Anekdote deutet allerdings darauf hin, dass der heimliche Abgang des Panchen Lama aus Angst vor Repressalien seitens der Regierung in Lhasa durchaus im Einvernehmen mit dem 13. Dalai Lama hätte erfolgt sein können. Nach dieser Legende machte der Panchen Lama im Herbst 1923 eine Weihrauchspende zu Ehren des Dalai Lama. »Weihrauch« heißt auf Tibetisch *spos*, doch gibt es ein anderes Wort mit der gleichen Orthografie, das soviel wie »den Wohnort wechseln« bedeutet. Als Antwort soll ihm der Dalai Lama den Schimmel geschickt haben, auf dem der Panchen Lama kurz darauf das Land verließ und der heute aus-

202 Der sechste (neunte) Panchen Lama Lobsang Chökyi Nyima. Sarah Central Archive.   **203** Porträt des Panchen Lama. Handkolorierung und gemalter Hintergrund von einem tibetischen Künstler. Unten mit goldenen Buchstaben vom Panchen Rinpoche selbst geschrieben sein Name und seine Titel sowie sein Siegel. Library of Tibetan Works and Archives, Dharamsala.   **204/205** Der sechste Panchen Lama Lobsang Chökyi Nyima. Sarah Central Archive.

206 Der siebte Panchen Lama, der 14. Dalai Lama und der indische Premierminister Pandit Nehru. Neu Dehli, 1956.
Archives of the Norbulingka Institute, Sidhpur, Indien.

gestopft im Kloster Kumbum in Amdo besichtigt werden kann. Der Panchen Lama hätte demnach den Dalai Lama über seine Reisepläne informiert und von ihm in Form eines Schimmels den Segen erhalten. Dem widerspricht allerdings die im erwähnten Briefwechsel geäußerte Enttäuschung des Dalai Lama, und so haftet der Reise des Panchen Lama bis heute etwas Geheimnisvolles an.

Der 13. Dalai Lama bemühte sich in der Folge, den sechsten Panchen Lama zur Rückkehr nach Tibet zu bewegen. Leider war der Einfluss des Dalai Lama als Oberhaupt der tibetischen Regierung gering, nachdem ihn die Geistlichen zur Aufgabe seiner Reformpläne gezwungen hatten und es ihm nicht gelungen war, seine Minister von der Loyalität des Panchen Lama gegenüber Tibet zu überzeugen.[12] Der Panchen Lama machte sich erst nach dem Tod des Dalai Lama 1933 auf den Weg zurück nach Tibet. Es ist noch immer schwer verständlich, warum er so lange ausharrte und warum er bei seiner Rückkehr darauf bestand, von einer chinesischen Armee begleitet zu werden. Wenn er sich noch immer vor Vergeltungsmaßnahmen der Regierung in Lhasa fürchtete, so wäre es nahe liegender gewesen, nach Tibet zurückzukehren, als der Dalai Lama noch lebte.

Obwohl er auf dem Weg zurück nach Tibet starb, konnte der sechste Panchen Lama noch seine Pflicht erfüllen. So erkannte er die Wiedergeburt des 13. Dalai Lama in der tibetischen Provinz Amdo. Allerdings ließ das republikanische China den 1935 geborenen 14. Dalai Lama nicht ohne weiteres nach Tibet ziehen und verzögerte seine Ausreise nach Lhasa. In der Zwischenzeit starb der sechste Panchen Lama Ende 1937 an der sino-tibetischen Grenze. Auch seine Wiedergeburt wurde in Amdo gefunden. Der Dalai Lama war zu jung, um sich an der Suche zu beteiligen, und die Anerkennung des siebten (10.) Panchen Lama (1938–1989) gab zu zahlreichen Missverständnissen Anlass. Seit dieser Zeit wurde das Verhältnis zwischen dem 14. Dalai Lama und dem siebten Panchen Lama zunehmend von der chinesischen Politik vergiftet. Der Schwerpunkt der Beziehungen zwischen den beiden buddhistischen Hierarchen verschob sich von der Religion zur Politik. Die Vertreter der neuen chinesischen Republik versuchten, den siebten Panchen Lama in China festzuhalten. Sie hofften, er werde ihnen ermöglichen, was sein Vorgänger infolge seines plötzlichen Todes nicht geschafft hatte – im Rahmen der Suche nach einer Wiedergeburt wieder in Tibet Fuß zu fassen. Doch erst dem inzwischen kommunistisch gewordenen China gelang, was der Republik zuvor nicht gelungen war: 1952 geleiteten chinesische Truppen den damals vierzehnjährigen siebten (10.) Panchen Lama nach Tibet. In Anlehnung an die Regierungsstruktur aus der Zeit der Qing-Dynastie erklärten sie den

Dalai Lama und den Panchen Lama als gleichberechtigt.[13] Die Machtbefugnisse, welche der siebte Panchen Lama von der chinesischen Regierung erhielt, wurden nach der Flucht des Dalai Lama nach Indien und der Auflösung der tibetischen Regierung im Jahr 1959 noch beträchtlicher. Die Beziehung zwischen dem Dalai Lama und dem Panchen Lama während dieser ganzen Periode liegt weitgehend im Dunkeln. Machten sie sich Mitteilungen zur buddhistischen Lehre? Teilten sie einander ihre Vorstellungen über die Zukunft Tibets mit? Das Einzige, was sich mit Sicherheit sagen lässt, ist, dass sie sich in der Öffentlichkeit nicht gegenseitig kritisierten. Tatsächlich rebellierte der Panchen Lama in Folge der zunehmenden chinesischen Übergriffe auf das Kloster Tashilhünpo und dessen Mönche gegen die chinesischen Behörden und begann, den Dalai Lama und die tibetische Unabhängigkeit zu unterstützen. Er wurde deshalb inhaftiert. Nach 13 Jahren im Gefängnis tauchte er 1980 als Stimme der Tibeter innerhalb der chinesischen Regierung wieder auf, und der Dalai Lama lobte seinen Mut. 1989 starb der Panchen Lama ganz plötzlich und unter zweifelhaften Umständen. Der Dalai Lama war damals 54 Jahre alt. Er hätte in der Folge die traditionelle Beziehung zwischen den beiden wichtigsten Abstammungslinien der Gelugpa-Schule umkehren und Lehrerpflichten gegenüber dem achten (11.) Panchen Lama als seinem zukünftigen Schüler erfüllen können. Wenige Jahre später erkannte er einen tibetischen Jungen als Wiedergeburt des siebten Panchen Lama (Abb. 208). China bestritt die Gültigkeit der Wahl mit dem Argument, der Dalai Lama habe sich nicht an die von der mandschurischen Qing-Dynastie festgelegten Regeln gehalten. Der achte Panchen Lama wurde seither nicht mehr gesehen und die Chinesen haben inzwischen einen anderen Jungen auf den Thron in Tashilhünpo gesetzt. Dieser wurde durch Losentscheid aus der Goldenen Urne bestimmt – wobei der Name des vom Dalai Lama ausgewählten Jungen aus nahe liegenden Gründen nicht dabei war.

SCHLUSSFOLGERUNG

Obschon einige Lehrer in der Abstammungslinie der Panchen Lamas durchaus als Gelehrte bezeichnet werden können, boten die Panchen Lamas ab dem 18. Jahrhundert nicht nur Anlass zu Auseinandersetzungen unter den Gelugpa, sondern wurden zunehmend auch zum Spielball fremder Mächte, was es ihnen oft schwer machte, ihr früheres geistliches Verhältnis zu den Dalai Lamas aufrechtzuerhalten. Da der 12. Dalai Lama und der fünfte Panchen Lama beinahe zur gleichen Zeit geboren wur-

207 Porträt des siebten (10.) Panchen Lama Lobsang Tinle Lhudup Chökyi Gyaltsen. Archives of the Norbulingka Institute, Sidhpur, Indien.

den (1856 bzw. 1855), konnte der Panchen Lama nicht mehr sein traditionelles Lehreramt ausüben, und im Fall des 13. Dalai Lama und des sieben Jahre jüngeren 6. Panchen Lama hatte der 13. Dalai Lama sogar eine Art Lehrerposition gegenüber dem Panchen Lama inne.

Das lange Leben des 14. Dalai Lama schließlich erlaubte es, die Wiedergeburt des siebten (10.) Panchen Lama zu suchen und den achten (11.) Panchen Lama zu erkennen. Trotz des Verschwindens des jungen Panchen Lama hoffen fromme Tibeter noch immer, der 14. Dalai Lama würde ihn eines Tages in der buddhistischen Lehre unterweisen und so zum Weiterbestehen der Beziehung zwischen den beiden Wiedergeburtslinien beitragen.

LISTE DER PANCHEN LAMAS MIT NAMEN UND LEBENSDATEN

In dieser Liste der Panchen Lamas geht die Abstammungslinie der Panchen Lamas bis in die Zeit Buddhas zurück, wie dies bei allen Abstammungslinien großer tibetischer Meister der Fall ist. Diese Liste veranschaulicht die zwei verschiedenen Zählarten: einige betrachten *mKhas grub dge legs rnam rgyal dpal bzang* (1385–1438) als ersten Panchen Lama, obwohl er erst nach seinem Tode als solcher anerkannt worden ist. Andere halten *Blo bzang chos kyi rgyal mtshan* (1567/1570–1662) für den ersten Panchen Lama, da er der Erste war, der den Titel eines Panchen Lama offiziell trug. So ist *Blo bzang chos kyi rgyal mtshan* (1567/1570–1662) nach einer Zählung der erste Panchen Lama, nach einer anderen bereits der vierte (in der unten stehenden Liste in Klammern gesetzt, da wir hier der ersten Zählart – fett gedruckte Zahlen – folgen).

		Subhūti *(Rab 'byor)*, Schüler des Buddha
		Mañjuśrīkirti *('Jam dpal Grags pa)*, König von Shambhala
		Bhavaviveka *(Legs ldan 'bjed)*, Schüler in der Tradition des Nāgārjuna
		Abhayākara gupta *('Jigs med 'Byung gnas sbas pa)*
		Gos khug-pa lha btsas, der Übersetzer
		Sa skya Paṇḍita kun dga' rgyal mtshan
		g.Yung ston khro rgyal rdo rje dpal, der große Yogi
1		Khedup Geleg Namgyal Pelzang (*mKhas grub dge legs rnam rgyal dpal bzang*, 1385–1438), Schüler des Tsongkhapa
2		Sonam Chökyi Langpo (*bSod nams phyogs kyi glang po*, 1439–1504)
3		Bensa pa Lobsang Dondrup (*dBen sa pa blo bzang don grub*, 1505–1566)
4	**1**	Lobsang Chökyi Gyaltsen (*Blo bzang chos kyi rgyal mtshan*, 1567/1570–1662) (Abb. 199–201)
5	**2**	Lobsang Yeshe (*Blo bzang ye shes*, 1663–1737)
6	**3**	Lobsang Palden Yeshe (*Blo bzang dpal ldan ye shes*, 1738–1780)
7	**4**	Lobsang Tenpe Nyima (*Blo bzang bstan pa'i nyi ma*, 1782–1853)
8	**5**	Lobsang Palden Chökyi Dragpa Tenpe Wangchuk (*Blo bzang dpal ldan chos kyi grags pa bstan pa'i dbang phyug*, 1855–1882)
9	**6**	Lobsang Chökyi Nyima Geleg Namgyal (*Blo bzang chos kyi nyi ma dge legs rnam rgyal*, 1883–1937) (Abb. 202–205)
10	**7**	Lobsang Tinle Lhudup Chökyi Gyaltsen (*Blo bzang 'phrin las lhu grub chos kyi rgyal mtshan*, 1938–1989) (Abb. 206, 207)
11	**8**	Tenzin Gendün Yeshe Tinle Phuntshog (*bsTan 'dzin dge 'dun ye shes 'phrin las phun tshogs*), auch Gendün Chökyi Nyima genannt (*dGe 'dun chos kyi nyi ma*, 1989–) (Abb. 208)

WELCHER PANCHEN LAMA WAR FÜR SUCHE, ANERKENNUNG UND UNTERRICHT WELCHES DALAI LAMA VERANTWORTLICH?

1. (4.) Panchen Lama > 4. und 5. Dalai Lama
2. (5.) Panchen Lama > 6. und 7. Dalai Lama
3. (6.) Panchen Lama > 8. Dalai Lama
4. (7.) Panchen Lama > 9., 10. und 11. Dalai Lama

208 Der achte (11.) Panchen Lama Gendün Chökyi Nyima. Neuzeitliche Malerei aufgrund eines älteren Fotos, da der junge Panchen Lama seit Mai 1995 verschwunden ist und seine Lebensbedingungen und Aufenthaltsort unbekannt sind.

DIE SCHUTZGOTTHEITEN DER DALAI LAMAS

Amy Heller

Im tibetischen Buddhismus herrscht der Glaube vor, jede Person habe von Geburt an eine mit ihrem Körper und ihrem Geburtsort verbundene Schutzgottheit. Darüber hinaus legt der tibetische Buddhismus großes Vertrauen in die Kraft von Gottheiten, die als Wächter bezeichnet werden – Sungma (*srung ma*) oder Chökyong (*chos skyong*, skr. *dharmapāla*), Beschützer des Dharma. Diese Götter werden oft zum physischen Schutz gegen Krankheit oder Unfälle angerufen oder um die Gläubigen vor geistiger Verschmutzung und vor Störungen beim Meditieren zu bewahren. Es heißt, alle Menschen hätten die Möglichkeit, diese Gottheiten durch entsprechende Verehrung zu beeinflussen und damit das eigene irdische Leiden zu mildern. Sieht man vom persönlichen Schutz des Dalai Lama als Individuum einmal ab, so lässt sich feststellen, dass die politische Macht, die der Abstammungsreihe der Dalai Lamas als Institution zukommt, sich im Wesentlichen von einem überwältigenden Glauben an die Kräfte einer genau umschriebenen Gruppe von Schutzgottheiten herleitet, welche die Abstammungsreihe der Dalai Lamas seit jeher beschützt und dies noch heute tut. Diese Gottheiten waren folglich von größter Wichtigkeit, und es oblag dem jeweiligen Dalai Lama, durch Verehrung ihr Wohlwollen zu gewinnen. Dieser Verehrung kam umso mehr Bedeutung zu, als dem Dalai Lama ab einer gewissen Epoche auch die Rolle des politischen Herrschers übertragen wurde, der für das Wohlergehen seines Volkes und seiner Regierung sowie für den Schutz seines Territoriums verantwortlich war.[1]

So wurde zum Beispiel den heiligen Beschützern des fünften Dalai Lama die Verantwortung übertragen, die Stabilität der 1642 neu formierten Regierung zu erhalten. Als oberster politischer Beamter des Landes hatte der fünfte Dalai Lama Schritt für Schritt die Staatsverwaltung reorganisiert. Als geistiger Führer veränderte er zur gleichen Zeit durch Visionen sowie literarische Kompositionen sowohl biografischer wie liturgischer Natur die Modalitäten der Verehrung für gewisse Schutzgottheiten, um sie seinen Bedürfnissen in der politischen Sphäre dienstbar zu machen. Er benutzte die Gottheiten oder vielmehr die ihnen zugeschriebenen Kräfte, um seine Macht zu legitimieren, insofern als die Zelebrierung ihres Kultes gleichzeitig auch eine Zelebrierung des politischen Regimes darstellte. Er glorifizierte seine Abstammungsreihe, indem er die religiösen Vorlieben früherer Dalai Lamas und die von ihnen verfassten Rituale, besonders diejenigen des zweiten Dalai Lama und, in geringerem Maße, des dritten Dalai Lama, wiederaufleben ließ. Bei öffentlichen Feiern ließ er auch die Schutzgottheiten anderer Orden verehren, um deren Anhänger für seine Idee einer zentralen Regierung zu gewinnen und die positiven Beziehungen zwischen den verschiedenen Ordensschulen zu fördern. Der geografische Einflussbereich der Schutzgötter aus der Abstammungsreihe der Dalai Lamas wuchs in dem Maß, wie sich die politische Macht der Dalai Lamas weit über den ursprünglichen Wirkungskreis der Gelugpa-Klöster in der Region Lhasa ausdehnte und schließlich auch Teile der Mongolei sowie später – unter dem fünften Dalai Lama – ein Territorium umfasste, das sich von Ladakh bis in die östlichen Regionen von Szechuan und Yunnan erstreckte.

Wie der 14. Dalai Lama 2005 ausführte[2], besteht eine besondere Verbindung der Dalai Lamas mit den folgenden Schutzgottheiten: in erster Linie mit Palden Lhamo und Nechung Dorje Dragden, dann als Anhänger von Tsongkhapa auch mit Mahākāla im sechsarmigen Aspekt und Dharmarāja Yama (als Dharma-Beschützer, nicht als Yidam). Bei anderer Gelegenheit erwähnte er auch Namthose. Nechung, Palden Lhamo, Mahākāla und Dharmarāja Yama gelten als Dharmapāla, Namtose als Gott von Reichtum und Erfolg.

Bei der Lektüre von Biografien und Autobiografien früherer Dalai Lamas sowie von frühen Essays des 14. Dalai Lama fällt auf, dass die Bedeutung, die den verschiedenen Gottheiten beigemessen wird, im Lauf der Zeit großen Schwankungen unterworfen war. Das mag zum Teil mit den unterschiedlichen Geburtsgöttern der Dalai Lamas zu tun haben, die ja von Geburt an mit der jeweiligen Person verbunden sind. Der neunte und der 11. Dalai Lama zum Beispiel wurden beide in Kham geboren und ihr Beschützer bei der Geburt war der rote Kriegergott Setab[3]; der achte Dalai Lama hingegen kam in Tsang zur Welt und stand deshalb unter dem Schutz von Li jing hara.[4] Gelegentlich dürften auch die Vorlieben der Lehrer eine Rolle gespielt haben. Diese machten die Dalai Lamas vermutlich eher mit Gottheiten bekannt, denen sie sich selbst eng verbunden fühlten. Auch die Häufigkeit, mit der gewisse Götter den verschiedenen Dalai Lamas in Träumen und Visionen erschienen, dürfte das Ausmaß der ihnen entgegengebrachten Verehrung mitbestimmt haben. Und schließlich beeinflusste auch das Orakel-Medium und die Interpretation seiner Prophezeiungen die Vorliebe für gewisse Gottheiten.

GESCHICHTLICHER HINTERGRUND

Im Folgenden möchte ich einige der Praktiken und Präferenzen von früheren Dalai Lamas anhand der Beschreibungen in ihren Biografien in chronologischer Reihenfolge untersuchen. Der erste Dalai Lama (1391–1475) schreibt in seiner Autobiografie,

209 Mahākāla. Kupfer(?)blech, polychrom bemalt, Innere Mongolei, H: 41 cm, B: 35 cm, T: 14 cm, Folkens Museum Etnografiska, Stockholm, Inv. Nr.: 1935.50.2345.   **210** Mahākāla der Weisheit mit sechs Armen mit seinen vier »Ministern«. Thangka, Tibet, 61 x 41,5 cm, Musée national des Arts asiatiques Guimet, Paris (Geschenk von Frau Toussaint), Inv. Nr.: MG23126. >>>

unmittelbar nach seiner Geburt sei eine Krähe auf dem Dach seines Hauses erschienen und dort als Zeichen des Schutzes durch den »viergesichtigen Mahākāla« geblieben.⁵ Kurz nach seiner Mönchsweihe 1410 erschien ihm Lhamo in seinen Träumen und Visionen, meist in der Form von Lhamo Magzorma. Dies geschah danach noch mehrere Male. Als er einmal in Tang, dem Kloster der Vorfahren des zweiten Dalai Lama, unterrichtete, hatte er einen wichtigen Traum, in dem ihn Yama und der »viergesichtige Mahākāla« ihrer Freundschaft versicherten.⁶ Laut der Biografie des ersten Dalai Lama sind dies seine beiden wichtigsten Beschützer.

Im späten 15. Jahrhundert ist Lhamo besonders wichtig für den zweiten Dalai Lama. Die Durchsicht seiner *Gesammelten Werke (gsung 'bum)* zeigt, dass er eine bedeutende geschichtliche Abhandlung über ihren Kult und verschiedene Rituale für Lhamo geschrieben hat. Gendün Gyatso widmete Lhamo zeitlebens sehr viel Aufmerksamkeit. Er selbst sowie auch sein Vater hatten mehrere Visionen von Lhamo, besonders in der Zeit, als die Mönchsgemeinschaft zögerte, Gendün Gyatso als Wiedergeburt des Gendün Drubpa anzuerkennen. Lhamos Erscheinung spielte in späteren Jahren eine einflussreiche Rolle, als Gendün Gyatso mit dem Bau des Klosters Chökhorgyel begann. Ihre Erscheinung während seines Besuches am See unweit von Chökhorgyel beschreibt Gendün Gyatso als eines der wichtigsten Ereignisse seines Lebens – ein Ereignis, das in den Augen der nachfolgenden Generationen fast mythische Ausmaße angenommen hat: Als sich die Gelugpa-Schule dank Gendün Gyatso ausbreitete, wuchs auch der Kult der Lhamo und der Wächter, die zusammen mit ihr verehrt wurden. 1509 gründete Gendün Gyatso das Kloster Chökhorgyel, das er wie alle nachfolgenden Dalai Lamas als sein persönliches Kloster betrachtete. Kurz vor Beginn der Bauarbeiten war ihm Palden Lhamo in einer Vision erschienen und hatte ihm geholfen, den genauen Standort des zukünftigen Klosters festzulegen. Kurz danach begab er sich in Begleitung einiger Schüler zu einem See in der Nähe des Klosters und hatte erneut eine Vision. Genauso wie der fünfte Dalai Lama viele Jahre später sorgfältig den Inhalt seiner Visionen von Schutzgottheiten aufschrieb, hielt der zweite Dalai Lama schon 1528 seine Vision

DIE SCHUTZGOTTHEITEN DER DALAI LAMAS

211 Vaiśravaṇa, als »Großer Gelber Vaiśravaṇa« dargestellt, mit den »acht Meistern der Pferde«. Im oberen Bildteil mehrere Gelugpa-Geistliche, so in der zweitobersten Reihe der erste Panchen Lama (ganz links), daneben Je Sherab Senge, ein wichtiger Schüler Tsongkhapas, und auf der gleichen Höhe ganz rechts der vierte Dalai Lama. Ob die links von ihm zu sehende Figur der dritte Dalai Lama ist, ist fraglich, obschon der Name Je Sonam Gyatso lesbar ist. Es fehlt jedoch der Ehrentitel Gyalwa, wie er beim vierten Dalai Lama steht. Thangka, Tibet, 67 x 49 cm, Völkerkundemuseum der Universität Zürich, Inv. Nr.: 14415. >>> **Ausschnitt aus 211** Der Edelsteine speiende Mungo (Manguste) der Hauptgottheit.

DIE SCHUTZGOTTHEITEN DER DALAI LAMAS

von Lhamo fest und beschrieb diese später wie folgt in seiner Autobiografie: »Als ich das Ufer des Sees erreichte, glänzte seine Oberfläche in strahlendem Weiß und ich führte ein Ritual zu Ehren von Lhamo durch. Im Moment der Anrufung kam plötzlich von Osten her ein Schneesturm, doch als der Schnee auf den See fiel, veränderte sich dessen Farbe nicht. Sofort danach sahen wir alle die Lichtstrahlen, welche die Farben des Regenbogens bildeten, und klar erkennbar über den fünffarbigen Strahlen waren fünf Paläste mit Kuppeln. Dann nahm der See die Farbe des Himmels an! Dann geschah etwas Erschreckendes: der See teilte sich plötzlich in zwei Hälften, in einen flachen quadratischen Teil und in einen Teil, der wie ein Berg in den Himmel wuchs. Und ich verstand, … dass das der Zauber von Lhamo war. Wir alle sahen diese wunderbaren Erscheinungen. Es steht also fest, dass dieser Ort von Lhamo beschützt wird, denn die unendliche Vielfalt ihrer Handlungen kann nicht in Worten ausgedrückt werden. Was ich schreibe, ist bloß eine Annäherung. Seit ich 1512 Abt von Tashilhünpo wurde, habe ich auch für mich immer wieder besondere Rituale für Lhamo durchgeführt, dreimal täglich ihr Torma-Opfer und auch am Abend Bußrituale und Torma-Spenden. Nach der Torma-Spende an Neujahr 1514 ließ ich auch die Mönche ununterbrochen die Rituale für verschiedene Götter zusammen mit denjenigen für Lhamo durchführen: die Rituale für den sechsarmigen Weisheits-Mahākāla, Yama, und, als Wächter der Lehren, Dharmapāla ›viergesichtiger Mahākāla‹, und Dharmapāla Begtse. Als ich nach Kongpo weiterzog, ließ ich dort auch ständig die Rituale für die Mandala von Cakrasaṃvara durchführen.«[7]

Wer Gendün Gyatsos Bericht liest, versteht, dass ihn das Erlebte sehr bewegt hat und dass er sein Leben lang ein besonders treuer Anhänger von Lhamo blieb. Seit damals heißt der See, an dem er seine Vision hatte, Lhamo Latso – der Seelen-See von Lhamo. Er gilt als heiliger und für mystische Visionen besonders günstiger Ort. Heute gilt er zudem als der heilige Ort der Dalai Lama-Abstammungsreihe, denn seit dem Besuch Gendün Gyatsos pilgert jeder Dalai Lama mindestens einmal in seinem Leben dorthin. Der Auszug aus seiner Autobiografie zeigt uns auch, dass die Schutzgottheiten schon seit Beginn des 16. Jahrhunderts im Zuge der Neujahrsfeiern besonders geehrt wurden. Die Rituale für Lhamo und die Schutzgötter werden seither von allen Dalai Lamas durchgeführt.

Bei der Lektüre dieser Passage fällt außerdem auf, dass die Liste der Schutzgottheiten, die der zweite Dalai Lama aufzählt, derjenigen des 14. Dalai Lama recht ähnlich ist: Palden Lhamo (Abb. 213–215), der sechsarmige Mahākāla (Abb. 210) und Yama als ein Dharmapāla (Abb. 226 links) kommen bei beiden vor. In seiner Autobiografie erklärt der zweite Dalai Lama, dass der sechsarmige Weisheits-Mahākāla *(Ye shes mgon po phyag drug)* als Beschützer der Lehren der Shangspa-Abstammungsreihe auch der Beschützer der spirituellen Vorfahren seiner Familie ist. Obschon Vaiśravaṇa nicht ausdrücklich diskutiert wird, steht fest, dass der zweite Dalai Lama auch Rituale und Übungsrituale für verschiedene Erscheinungsformen von Jambala schrieb, eine Gottheit, die oft mit Vaiśravaṇa gleichgesetzt wird.

Die Rituale des Dharmapāla Begtse (siehe Abb. 217, 218) wurden in der Familie des Gendün Gyatso ebenfalls praktiziert. Gendün Gyatso wurde von seinem Vater in einige der Lehren über Begtse eingeführt, der diese seinerseits mit dem ersten Dalai Lama studiert hatte; durch seinen Großvater hatte er zudem einen Einblick in andere esoterische Lehren über Begtse erhalten. Begtse erschien in einigen Visionen als roter, zornerfüllter Krieger. Gendün Gyatso schrieb drei Opfer-Rituale für Begtse, den er als einen roten Krieger beschrieb.[8]

Was den dritten Dalai Lama Sonam Gyatso betrifft, müssen wir uns auf die 1646 vom fünften Dalai Lama verfasste Biografie verlassen. Bemerkenswert ist, dass es Lhamo war, die Sonam Gyatso vor seiner Geburt zum Haus seiner zukünftigen Mutter brachte und dort deren Mutterleib reinigte. Er hatte seine erste Vision mit acht Monaten. Dabei erschien ihm Lhamo mit einem Schwert und einem Schädel voller Juwelen.[9] Lhamo wird die besondere Begleiterin *(bka'-sdod)* von Padmasambhava genannt.[10] Ihre schützende Hand über Chökhorgyel ist beglaubigt.[11] Doch sie ist nur eine von vielen Schutzgottheiten. Als Einjähriger ging Sonam Gyatso 1544 nach Drepung. In der nahe gelegenen Nechung-Kapelle sagte ihm der große Beschützer Dorje Öden Karpo *(rDo rje 'od ldan dkar po)*: »Oh Freund, … wohin Du auch gehst, ich bin mit Dir.«[12] Der 14. Dalai Lama verwendet diesen Namen in einem Essay, in dem er die Geschichte von Nechung und Pehar als Beschützer nachzeichnet.[13] Schon der Name der Gottheit – Dorje Öden Karpo, »Vajra weißer Brillanz« – bedeutet, dass er die weiße Manifestation ist und als solche in Pehar selbst aufgeht. Als die Würdenträger kamen, um zu untersuchen, ob das Kind wirklich die Reinkarnation war, erkannte Sonam Gyatso insbesondere die rituellen Flaggen für den »viergesichtigen Mahākāla« und Begtse, denn er nannte den Mönchen deren Namen und sagte ihnen dann: »Ja, das sind ihre Namen, und manchmal heiße ich Mahākāla, aber sie nennen mich auch Gendün Gyatso, ich habe viele andere Namen.«[14] Als

212 Der neben dem Lhamo Latso liegende »Torwächter-See« *(sgo srung gi mtsho)*, der dem Begtse gewidmet ist und bei der Suche nach einem neuen Dalai Lama ebenfalls besucht wurde, um darin Visionen zu entdecken. Norbulingka, Südliche Versammlungshalle (Tshomchen Lhoma Sizhi Dogukyil), Foto und ©: Thomas Laird, New Orleans.

Sonam Gyatso 12 Jahre alt war, erschien ihm Begtse im Traum und sagte, er sei sein persönlicher Dharmapāla.[15] Und was vielleicht am bedeutsamsten ist: 1568, im Alter von 25 Jahren, besuchte der dritte Dalai Lama Tashilhünpo, wo er Visionen von Lhamo hatte; dann reiste er nach Tanag weiter, in das Familienkloster des zweiten Dalai Lama. Hier hatte er eine Vision von Begtse, bevor er nach Tashilhünpo zurückkehrte.[16]

Doch während seiner Kindheit und dann nochmals 1558 erscheint ihm das Nechung-Orakel und erklärt, es sei eine Form von Pehar und arbeite als Padmasambhavas Sonderassistent *(bka' sdod)*.[17] 1570 besuchte der dritte Dalai Lama Chökhorgyel, wo er wichtige Bilder von Lhamo und Begtse segnete.[18] Diese Bilder, so heißt es, spiegeln die Praktiken des zweiten Dalai Lama in Chökhorgyel wider. Als der dritte Dalai Lama 1577 Lhasa verließ, um Altan Khan zu besuchen, schützte ihn der »viergesichtige Mahākāla« in seiner Yogi-Form vor dem Angriff eines wilden Yak, während Begtse in einer Vision erschien, in welcher dieser alle lokalen Gottheiten mit sich brachte, um Sonam Gyatso Ehre zu erweisen. All dies zeigt, dass die Schutzgottheiten ihre Hierarchen auf ihren Reisen stets begleiten.

Aus der allgemeinen Autobiografie des fünften Dalai Lama geht hervor, dass in Chökhorgyel[19], das er immer wieder besuchte und verehrte, die Rituale für Lhamo und Begtse, manchmal in Verbindung mit dem »viergesichtigen Mahākāla«, nacheinander durchgeführt wurden. Die Verbindung mit Chökhorgyel und der Abstammungsreihe der Dalai Lamas hat Nachwirkungen. Nach dem Tod des fünften Dalai Lama organisierte der Regent die Begräbnis-Stūpa und betraute Lhamo und Begtse als wichtigste weibliche und männliche Schutzgottheiten mit der Verantwortung für das Denkmal. Doch die beiden handeln nicht allein, ganz im Gegenteil.[20] Der fünfte Dalai Lama befragte in Lhasa oft das Nechung-Orakel, das im Namen der Gottheit Pehar sprach. Der Auftritt des Mediums als Orakel Pehars – mit Helm, roter Rüstung und vielen Waffen – wird in einem Ritual beschrieben, das der fünfte Dalai Lama 1651 erfand.[21] In einem weiteren Pehar gewidmeten Ritual, wahrscheinlich ebenfalls aus dem Jahr 1651, legte der Dalai Lama fest, dass Pehar und seine Manifestationen als Emanationen *(sprul pa)* von Begtse gepriesen werden sollten.[22] Seine zahlreichen, den vielen Schutzgöttern gewidmeten Visionen und Texte waren so bedeutsam, dass er sie in einem eigenen Band zusammenfasste. Doch auch in der Anthologie seiner gesammelten Werke finden sich rund 200 Rituale für verschiedene Gottheiten.[23] Unter diesen habe ich drei Gottheiten ausgewählt, die in der Geschichte der Dalai Lamas eine besondere Rolle spielten: Lhamo, die wichtigste weibliche Beschützerin, der Krieger Begtse, der manchmal als Partner oder Mitarbeiter zusammen mit Lhamo auftritt, und das Nechung-Orakel als Personifizierung von Dorje Dragden.

213 »Opfer«-Bild an Palden Lhamo. Thangka, Tibet, 18./19. Jh., 169 × 103 cm, National Museum of Ethnology, Leiden, Niederlande, Inv. Nr.: RMV 3329-3. >>>

DIE GLORREICHE GÖTTIN: PALDEN LHAMO

Die wichtigste Schutzgottheit von allen ist zweifellos Lhamo, deren vereinfachter Name »Göttin« bedeutet. Sie wird oft Palden Lhamo – glorreiche Göttin – genannt. Sie gilt heute als die persönliche Schutzgöttin der Dalai Lamas, ist aber in verschiedenen Formen auch in anderen Schulen des tibetischen Buddhismus bekannt.

Die Ursprünge ihres Kults sind alt und komplex. Palden Lhamo ist die tibetische Übersetzung des Sanskritnamens Śrī Devī, die große indische Göttin, die als Frau des Viṣṇu Schönheit und Glück verkörpert. Doch nicht die Gestalt, sondern den Namen dieser Göttin übernahmen die Tibeter. Erscheinung und Mythologie von Lhamo haben nichts gemein mit Śrī Devī, die von L. Renou als »ideale Ehefrau, strahlendes Bild und hilfreich in allen Belangen« beschrieben wurde. Lhamo hingegen hat einen wilden Gesichtsausdruck. Ihr schwarzer, ausgemergelter und nur mit Girlanden aus Knochen und dem Fell eines Tigers oder der Haut eines Elefanten geschmückter Körper erinnert zudem an furchterregende Hindu-Gottheiten wie Durgā, die Begleiterin von Śiva, dem Herrn der Zerstörung, oder Kālī, die schwarze, nach Blutopfern verlangende Göttin. Konzeptionell machten die Tibeter auch Anleihen bei der indischen Göttin Revatī (tib. Rematī). Sie ist bekannt als menschenfressendes Ungeheuer, das der indischen Mythologie zufolge kleine Kinder tötet. Lhamo vereinigt überdies Eigenschaften und Legenden verschiedener vortibetischer Gottheiten in sich, die im tibetischen Buddhismus gewöhnlich mit der Kunst der Weissagung assoziiert werden. Da Lhamo so viele verschiedene Formen annimmt, dürfte eine bildliche Beschreibung die vielfältige Mythologie und Ikonographie dieser Göttin am besten erklären. Die nachfolgende Beschreibung ist einem Gelugpa-Ritual der Lobpreisung entnommen und ist der Palden Lhamo Magzorma *(dPal ldan lha mo dmag zor ma)* genannten Form gewidmet, was wörtlich soviel heißt wie »die wilde Göttin, die die magische Opfergabe hat«: »Inmitten eines riesigen, wilden Meeres von Blut und Fett, im Zentrum eines schwarzen Sturms, befestigt an einem Kyang [Wildesel] mit einem weißen Fleck auf der Stirn, einem Gürtel aus Dämonenköpfen und zugedeckt von einer Dämonenhaut, mit Schweifriemen, Zaumzeug und Zügeln aus giftigen Schlangen, taucht Palden Lhamo Magzorma Gyelmo Rematī aus der Silbe *BHYO* auf. Von dunkelblauer Färbung, hat sie ein Gesicht und zwei Hände. In ihrer Rechten hält sie einen Knüppel, verziert mit einem Blitzstrahl, den sie über die Köpfe der Eidbrecher hebt; in der Linken hält sie vor ihrer Brust den Schädel eines Kindes aus einer

214 Palden Lhamo (Śrīmatī Devī). Thangka, Tibet, 2. Hälfte 17. Jh., 84 × 58,5 cm, Museum der Kulturen Basel, Inv. Nr.: IId 13693. >>>

inzestuösen Vereinigung, gefüllt mit magische Tugenden besitzenden Stoffen und Blut. Ihr Mund ist weit aufgerissen, und sie entblößt ihre vier scharfen Zähne; sie kaut an einer Leiche und lacht donnergleich. Ihre drei Augen, rot und kugelrund, bewegen sich blitzschnell und ihre Stirne ist zerfurcht von großem Zorn. Ihr gelblich-braunes Haar steht ihr zu Berg, und die Haare auf ihrem Gesicht brennen wild wie das Feuer, das ein Kalpa [Zeitalter] beendet. Ihr rechtes Ohr ist mit fünf Menschenschädeln geschmückt, und sie trägt eine Kette aus 50 frisch abgetrennten, bluttriefenden Köpfen. Ihr Körper ist von Blutspritzern und Fettflecken übersät und mit der Asche kremierter Körper verschmiert. Zuoberst auf ihrem Kopf leuchtet die Scheibe des Mondes und in ihrem Nabel diejenige der Sonne. Sie trägt einen Schal aus schwarzer Seide und eine Menschenhaut als Überwurf; als Lendentuch dient ihr die frisch abgezogene Haut eines Tigers, festgemacht an einem Gürtel aus zwei ineinander verschlungenen Schlangen. Vom vorderen Sattelriemen hängt ein Sack voller Krankheiten, von den hinteren Riemen ein magisches Fadenknäuel. In ihrem Gürtel steckt eine Prophetenrute. Eine Ladung roter Tafeln und ein Paar Würfel, weiß und schwarz, sind mit Riemen festgemacht. Auf dem Kopf trägt sie einen Schirm von Pfauenfedern.«[24] (Abb. 226, ganz rechts)

215 Palden Lhamo und ihre beiden Hauptbegleiterinnen Siṃhavaktra (»die mit dem Löwenkopf«) und Makaravaktra (»die mit dem Kopf des Makara-Seeungeheurs«). Bronze, vergoldet, Tibet, H: 18 cm, B: 17,5 cm, T: 8 cm, Völkerkundemuseum der Universität Zürich, Inv. Nr.: 14113.

Die meisten ihrer Attribute haben einen Bezug zu ihrer Mythologie. So ist das Auge auf der Seite des Maultiers das Resultat eines Unfalls, der sich in einem früheren Leben Lhamos in Indien ereignete. Lhamo war damals die Frau des Königs der Dämonen, der auf der Insel Sri Lanka lebte. Sie beschloss, die Bewohner der Insel mit Gewalt zum Buddhismus zu bekehren, und schwor, sie werde ihren eigenen Sohn töten, falls ihr dies nicht gelinge. Sie scheiterte und musste ihren Sohn opfern. Nachdem sie dies getan hatte, hängte sie seine frisch abgezogene Haut an ihren Sattel. Der König verfolgte sie und verletzte das Maultier mit einem Pfeilschuss in die Flanke. Das Auge ist die Umrandung der Wunde, verwandelt durch die Zauberkraft von Lhamo.

Lhamo wird manchmal allein dargestellt. Manchmal begleitet sie aber auch eine Form des Mahākāla als dessen Gefährtin oder Dienerin. Verschiedene Formen der Lhamo haben verschiedene Attribute, immer jedoch ist sie die zornige, dunkel gefärbte Frau. Der Zauberstab wird manchmal ersetzt durch ein Schwert, dessen Griff die Form eines Skorpions hat. Manchmal hat Lhamo vier Arme – drei, die Waffen halten, und ein vierter, der einen Schädelbecher hält. Sie hat sehr unterschiedliche Begleiter. Oft wird sie von einer Göttin mit dem Kopf eines Makara, einer mythologischen Kreatur, die einer Kreuzung aus Krokodil und Katze gleicht, begleitet. Als »Göttin der vier Jahreszeiten« hat sie vier Begleitgöttinnen in verschiedenen Farben. Manchmal ist sie auch die »Meisterin der zwölf Tenma-Göttinnen« und wird umringt von zwölf weiblichen Göttinnen mit den Köpfen verschiedener Tiere.

Der Kult der Lhamo hat im tibetischen Buddhismus eine sehr lange Geschichte. Laut dem zweiten Dalai Lama, der eine kurze Geschichte der Lhamo-Verehrung geschrieben hat, wurde ihr Kult von Lehrern aus Oḍḍiyana im 11. Jahrhundert in Tibet eingeführt. Das Land Oḍḍiyana wird von manchen als Bengalen, von anderen als die Provinz Swat in Pakistan identifiziert. Der erste, der diese Lehren in Tibet weitergab, war ein umherziehender religiöser Meister, der Ācārya Marpo, der rote Meister, oder Paṇḍita Sangwa Sherab *(Paṇḍita gSang ba shes rab)*, der Pandit der geheimen Weisheit, genannt wurde. Später verbreiteten Lamas der Nyingmapa und Kagyüpa-Schulen ihre Lehren. Die ältesten bekannten Darstellungen von Lhamo befinden sich in den Heiligtümern von Alchi (Ladakh). Sie stammen wahrscheinlich aus der Gründerzeit dieses Klosters, also aus dem späten 11. Jahrhundert.

Ungefähr zur gleichen Zeit wurden Lehrer der Sakya-Schule in die Lehren, die Lhamo gewidmet waren, eingeweiht und wählten sie zur Großen Beschützerin des Dharma *(dharmapāla)*. Hier hatte Lhamo die Rolle der ersten Gefährtin von Mahākāla, dem wichtigsten Schutzgott der Sakya-Klosterschule, inne. Ein Sakyapa-Lehrer übermittelte dem ersten Dalai Lama (1391–1474) die mit Lhamo in Beziehung stehenden Lehren. Der erste Dalai Lama war damals Abt von Tashilhünpo, wo er die Rituale gewissenhaft praktizierte und seinen Schülern lehrte. Unter diesen befand sich auch der Vater des zweiten Dalai Lama, der später seinen Sohn, den späteren Dalai Lama, mit den Lehren der Lhamo bekannt machte.

DER GROSSE, WILDE MEISTER DER VITALITÄT: BEGTSE

Als Gendün Gyatso den See von Lhamo besuchte, begab er sich zuerst zu einem kleineren See in der Nähe, bekannt als der See des Begtse. Sogar die 1933 mit der Suche nach der Reinkarnation des 13. Dalai Lama beauftragte Delegation entsandte eine Mission an die beiden Seen, in der Hoffnung, dort Hinweise auf das Kind zu erhalten, das als der 14. Dalai Lama erkannt würde. Diese beiden Seen symbolisieren in der traditionellen heiligen

216 Orakelfahne für Begtse. 94 × 79 cm, Völkerkundemuseum der Universität Zürich, Inv. Nr.: 14910. >>>

Geografie die besondere Beziehung zwischen Begtse und Lhamo, da diese beiden Schutzgottheiten ehemals zu den persönlichen Beschützern der Dalai Lama-Linie bestimmt worden waren.
Der Schutzgott Begtse ist ein wilder Krieger mit drei Augen. Rot ist die charakteristische Farbe seiner Haut und seiner Kleidung. Er ist von Kopf bis Fuß in eine Rüstung aus Kupfer eingekleidet. Diese Rüstung heißt *begtse* und hat der Gottheit ihren Hauptnamen gegeben. Sein Helm mit einem Diadem von fünf Schädeln ist am vorderen Rand mit Seidenquasten verziert. In seiner Rechten schwingt Begtse ein Schwert mit einem Skorpiongriff. Mit seiner Linken drückt er Herz und Lunge eines Feindes gegen seine Brust. In der Armbeuge trägt er die Siegeslanze und einen Bogen. Er steht auf zwei Leichen, Pferd und Mensch (Abb. 217, 218).
Diese Beschreibung des Begtse entspricht ziemlich genau einem Ritual, das der zweite Dalai Lama geschrieben hat. Es ist heute eines der frühesten bekannten Rituale für Begtse. Laut Gendün Gyatso wurde Begtse in Indien schon vor seiner Ankunft in Tibet im 11. Jahrhundert verehrt. Für Begtses Einführung in Tibet war in erster Linie ein als »Nyan der Übersetzer« bekannter, tibetisch-buddhistischer Meister und Spezialist für die Lehren des »viergesichtigen Mahākāla« verantwortlich. Die beiden Assistenten dieser Erscheinungsform des »viergesichtigen Mahākāla« waren Begtse als roter Krieger und Mahākāla als Yogi (als schwarze Gottheit). »Nyan der Übersetzer« lehrte diese Rituale seinen Schülern, bei denen es sich in erster Linie um Studenten und Lehrer aus dem Sakya-Kloster im südlichen Tsang handelte. Begtses Stellung in der Sakya-Tradition wird weiter unten noch diskutiert. Eine weitere Reihe von Ritualen wurde von Ācārya Marpo übermittelt, dem Roten Ācārya, der als Lehrer den Lhamo-Kult nach Lhasa brachte. Im Ritual des Ācārya Marpo wird Begtse völlig anders dargestellt: hier hat er drei Köpfe, sechs Arme und umarmt stehend eine weibliche Gottheit. Die Weitergabe dieser esoterischen Lehre war auf einige wenige Eingeweihte beschränkt.
Die von Gendün Gyatso weitergegebene rituelle Tradition war zuerst von den Mönchen von Sakya erarbeitet worden, aber auch von einem Mahāsiddha, d.h. einem umherziehenden Heiligen und Wundertäter. Dieser Mahāsiddha hatte Visionen von Pad-

217 Begtse. Kupfer(?)blech, polychrom bemalt, Innere Mongolei, H: 43 cm, B: 34 cm, T: 13 cm, Folkens Museum Etnografiska, Stockholm, Inv. Nr.: 1935.50.2378.   **218** Begtse, umgeben von erhabenen Gelugpa-Meistern, u.a. dem zweiten und dritten Dalai Lama (rechts oben neben dem in der Mitte sitzenden Buddha Amitābha), weiteren zornvollen Gottheiten (u.a. seine Schwester Rigpe Lhamo) und der Gruppe der »Acht Messer-Träger«. Thangka, Tibet, 84,5 x 57,5 cm, Museum der Kulturen Basel, Inv. Nr.: IId 13667. >>>

masambhava in Begleitung von Schutzgöttern, mit denen Begtse verbunden war, und lehrte die Rituale für Begtse verschiedenen Sakyapa-Lamas. Unter ihnen befand sich auch der Lehrer des Urgroßvaters von Gendün Gyatso. Dieser Vorfahre des zweiten Dalai Lama war ein Anhänger der mystischen Lehren der Shang-Tradition der Kagyüpa-Schule. Er hatte das Tanag (schwarzes Pferd) Kloster in Tsang gegründet, das sich auf die Shangpa-Tradition spezialisierte und auch die Begtse gewidmeten Rituale durchführte. Diese Lehren wurden vom Vater dem Sohn und schließlich Gendün Gyatso, der ein klösterliches Keuschheitsgelübde ablegte, vermittelt. Gendün Gyatso wiederum übermittelte die Lehren seinen Klosterschülern. War die dem Begtse gewidmete Tradition bis dahin ein Familienkult gewesen, so entwickelte sie sich unter Gendün Gyatso zu einem institutionellen Kult innerhalb der Gelugpa-Schule. Hier wurde Begtse ebenso wie Lhamo als eine der Hauptschutzgottheiten verehrt.[25]

DAS STAATLICHE ORAKEL: DORJE DRAGDEN

Noch heute hat die Gottheit Dorje Dragden, die den Titel Nechung Chögyel trägt, eine besondere Stellung in der Regierung des Dalai Lama inne. Diese Gottheit manifestiert sich durch ein Medium, welches als das Nechung-Orakel bekannt ist und dessen Name sich vom Kloster Nechung herleitet. Es dient der tibetischen Exilregierung als staatliches Orakel. In Tibet scheint die Tradition solcher Phänomene eine lange Geschichte zu haben. Schon in der Autobiografie des ersten Dalai Lama, verfasst im Jahr 1474, wird das Orakel Lama Donyod von Tanag erwähnt.[26] Doch die ältesten Berichte über Medien, von denen Nechung Besitz ergriff, stammen aus den Schriften des fünften Dalai Lama aus dem 17. Jahrhundert. Im Laufe der Jahrhunderte sind verschiedene Gottheiten durch Medien in Erscheinung getreten, so z. B. der bereits erwähnte Dorje Öden Karpo. Gegenwärtig allerdings ist das Nechung-Orakel das offizielle Orakel und es spricht in erster Linie für die Gottheit Dorje Dragden.

Diese Gottheit ist männlich und wird als Krieger in einer Rüstung dargestellt (Abb. 219). Mitten auf seiner Brust befindet sich eine Brustplatte mit einem Buchstaben. Diese Brustplatte ist in Wirklichkeit ein Spiegel, der in der Séance gebraucht wird, und der Buchstabe ist eine »Keimsilbe«, aus der die Gottheit auftaucht, um während der Trance in das Medium einzudringen. Die Gottheit trägt außerdem einen Helm mit einer Krone aus fünf Schädeln und verschiedenen dreieckigen Wimpeln über der Stirn. In seiner Rechten schwingt er eine Lanze mit Seidenwimpeln und in der Linken die Schlaufen eines Lassos oder eine Steinschleuder, um die Feinde der buddhistischen Doktrin zu bezwingen. Rechts hinten trägt er einen Köcher mit einigen Pfeilen, links einen

219 Dorje Dragden, mit (wahrscheinlich) dem fünften Dalai Lama (links oben), einer sehr esoterischen Form des Hayagriva (Mitte oben) und Pehar (Mitte unten). Thangka, Tibet, 17. Jh., 63 x 41,5 cm, Nyingjei Lam collection. >>>

220 Kostüm des Nechung-Orakels. H: ca. 210 cm, Museum Rietberg, Zürich, Inv. Nr.: RTI.   **221** Krone eines Orakels. Metall, teilweise vergoldet, Korallen, Türkise, Dm: 30 cm, H: 15 cm, Völkerkundemuseum der Universität Zürich, Inv. Nr.: 19826. Spiegel eines Orakels mit den Buchstaben HRI. Dm: 20 cm, H: 18 cm, T: 8 cm, Völkerkundemuseum der Universität Zürich, Inv. Nr.: 17007.

Bogen. An der Schürze, die er über der Rüstung trägt, ist ein langes Schwert befestigt. Ein menschlicher Körper liegt zerquetscht unter den Füßen dieses stämmigen Kriegers. Was die Ikonographie betrifft, gibt es große Ähnlichkeiten zwischen Nechung und Begtse, was möglicherweise damit zu tun hat, dass nach einer bestimmten Tradition Nechung als eine Erscheinungsform von Begtse gilt.

Heute ist allgemein anerkannt, dass Nechung Chögyel eine Emanation der Gottheit Pehar ist, ein Schutzgott, der ab dem 12. Jahrhundert seinen Sitz in Samye hatte (Abb. 222, 223, 225). Verschiedene Legenden befassen sich mit der Ankunft von Pehar in Lhasa. Während der Herrschaft des fünften Dalai Lama soll Pehar Nechung nach Norden gesandt haben, um nahe der Hauptstadt zu sein. Nechung ließ sich in einem Kloster nieder, doch er wurde dort nicht geschätzt und die Mönche führten Rituale durch, um ihn zur Abreise zu zwingen. Die Gottheit wählte darauf einen Baum bei Drepung als Wohnsitz. Später wurde um diesen Baum ein Kloster gebaut, das zum Heiligtum von Pehars Emanation wurde, und schließlich kam Pehar selbst dorthin. Der Name des Klosters – Nechung heißt wörtlich »kleiner Ort« oder »kleine Präsenz« – bezeichnete später auch die Gottheit und das Medium, durch das sie sich zu erkennen gibt.

Die Tradition, die Nechung als eine Emanation von Begtse betrachtet, ist heute weniger anerkannt. Als eine der möglichen Quellen dieser Tradition gilt eine Vision, die der fünfte Dalai Lama 1672 hatte. Als der Dalai Lama eines Tages Rituale für Padmasambhava durchführte, erschien ihm dieser in einer Vision und bezeichnete Begtse einmal mehr als Schutzgott des Dalai Lama. Die Vision dauerte an und Nechung tauchte als Gefolgsmann des Begtse auf. Betrachtet man Nechung und Begtse unter rein ikonographischen Gesichtspunkten, ergeben sich viele Ähnlichkeiten. So zertrampeln beide Leichen, während Pehar und seine übrigen Emanationen alle hoch zu Ross daherkommen. Doch Nechung und Begtse unterscheiden sich hinsichtlich ihrer offiziellen Rollen. Schon 1658 nahm der fünfte Dalai Lama an einem speziellen Ritual für Begtse teil, während dessen viele Torma-Kuchen geopfert wurden. Unter den Augen des Dalai Lama brachen diese kunstvoll aufgeschichteten Tormas plötzlich in sich zusammen. Der Anblick dieser Opfergaben löste beim Dalai Lama einen höchst ungewöhnlichen Moment der Vorausschau aus. Plötzlich hatte er den Eindruck, vor seinen Augen sämtliche Ereignisse der kommenden Jahre zu sehen – und formulierte prompt eine Reihe von politischen Maßnahmen für die nächsten zwei Jahre. Dabei hatte sich Begtse, wie den Berichten des fünften Dalai Lamas zu entnehmen ist, nie in einem Medium manifestiert, um die Zukunft vorauszusagen. Da der Dalai Lama Begtse ein Leben lang sehr verehrt hatte, wurde dieser zusammen mit Lhamo zum Beschützer seiner Begräbnis-Stūpa bestimmt. Die besonderen Bildnisse der beiden Schutzgötter, die zusammen mit der Mumie des »Großen Fünften« in dessen Stūpa liegen, sicherten dem Denkmal und dem Verstorbenen postum den Schutz der Götter. Nach dem Tod des fünften Dalai Lama verdrängte Nechung Begtse allmählich als persönlicher, männlicher Beschützer des jeweiligen Vertreters der Abstammungsreihe der Dalai Lamas. Diese Beschützerfunktion hat Nechung noch heute inne. Lhamo hingegen ist durch all die Jahrhunderte seit der Zeit des ersten Dalai Lama die wichtigste weibliche Beschützerin geblieben.

Zusammenfassend lässt sich sagen, dass die Rollen der verschiedenen Gottheiten im Laufe der Zeit gewissen Schwankungen unterworfen waren. Doch die anhaltende Verehrung und die große Zahl der ihnen gewidmeten Rituale lassen die Bedeutung erkennen, die diesen Schutzgöttern beigemessen wird. In einer abstrakteren Interpretation könnte man vielleicht auch sagen, dass die verschiedenen Erscheinungsformen alle die gleiche Essenz ausdrücken und letztlich alle den erwünschten Schutz gewähren, sofern man sie angemessen verehrt. Die Rangordnung unter den Schutzgöttern ist in erster Linie eine Sache der persönlichen Vorliebe des Dalai Lama als oberste religiöse Instanz – er entscheidet, welche Gottheiten verehrt werden. Dennoch scheint Palden Lhamo für die Abstammungsreihe der Dalai Lamas sicherlich die wichtigste Gottheit zu sein. Ihr Einfluss hat sich im Lauf der Jahrhunderte kaum verändert. Und je mehr sich die Dalai Lamas seit dem »Großen Fünften« auf das Nechung-Orakel verließen, stieg auch Nechung Dorje Dragden zu großer Bedeutung auf. Heute sind diese beiden, wie der 14. Dalai Lama selbst bemerkt hat, die zwei wichtigsten Gottheiten der Abstammungsreihe.

222 Pehar. Kupfer(?)blech, polychrom bemalt, Innere Mongolei, H: 37 cm, B: 30 cm, T: 16 cm, Folkens Museum Etnografiska, Stockholm, Inv. Nr.: 1935.50.2385.   **223** Pehar. Thangka, Tibet, 44,5 x 32 cm, Völkerkundemuseum der Universität Zürich, Inv. Nr.: 14445. >>>   **224** Ein mit vielen Wimpeln dekoriertes Orakel, wahrscheinlich das Nechung-Orakel, empfängt den jungen fünften Dalai Lama (auf weißem Pferd unter dem Ehrenschirm), als dieser nach Lhasa gebracht wird. Detail aus dem Rollbild des fünften Dalai Lama (Abb. 46).   **225** Minister von Pehar. Thangka, Tibet, 67 x 47 cm, Musées Royaux d'Art et d'Histoire, Brüssel, Inv. Nr.: Ver. 278. >>>   **226 (Seite 228/229)** Details aus Thangka (siehe Abb. 19 in diesem Buch): die wichtigsten Schutzgottheiten der Dalai Lamas, von links nach rechts: Dharmarāja Yama, Begtse, Dorje Dragden und Palden Lhamo. >>>

DIE SCHUTZGOTTHEITEN DER DALAI LAMAS 227

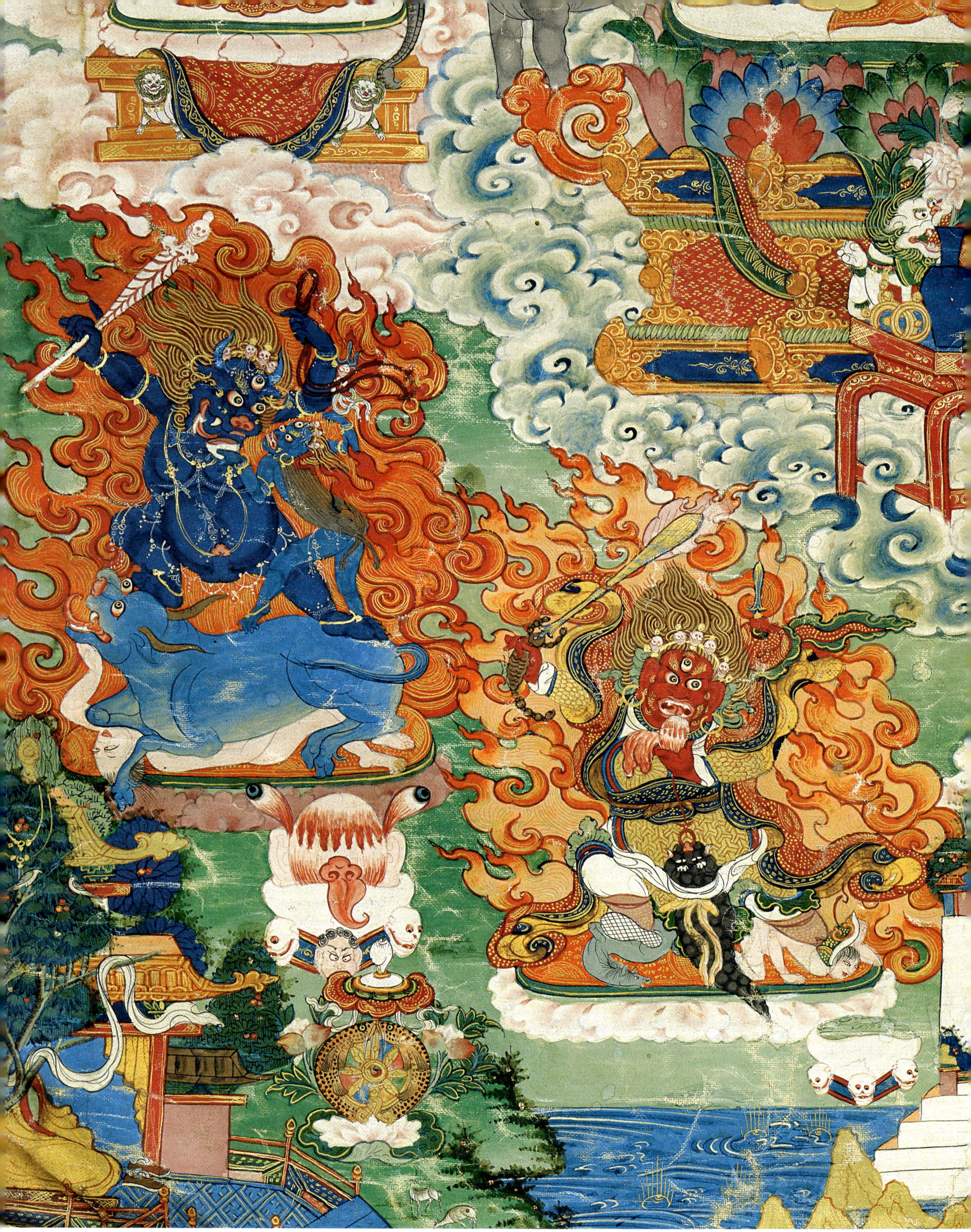

DIE SCHUTZGOTTHEITEN DER DALAI LAMAS 229

DER WESTLICHE BLICK AUF DIE DALAI LAMAS

Martin Brauen

DIE ARMSELIGE GOTTHEIT, DER GROSSE LAMA EINE LIST DES TEUFELS

Der wohl älteste veröffentlichte westliche Bericht über die Dalai Lamas findet sich in *China Illustrata*, ein Kompendium, das Athanasius Kircher 1667 publizierte.[1] Er stützte sich bei seinen Darstellungen auf Berichte der Patres Albert d'Orville und Johannes Grueber, die im Jahr 1661 einige wenige Wochen in Lhasa weilten, den fünften Dalai Lama jedoch nicht trafen. Die Schilderung Tibets beginnt mit einem für Tibet und die Institution der Dalai Lamas ausgesprochen zentralen Symbol, das Kircher den wichtigsten »Götzen Tibets« nennt, nämlich »Menipe«, womit er zweifellos den Bodhisattva Avalokiteśvara meint, als dessen Reinkarnationen die Dalai Lamas gelten. Er sei, so heißt es, ungewöhnlich hoch und habe neun Köpfe, die in Form eines Kegels angeordnet seien (Abb. 229): »Die dummen Leute beten diesen Götzen an. Sie vollführen dabei ungewöhnliche Gebärden und wiederholen pausenlos die Worte ›O Manipe mi hum, Om Manipe mi hum‹.« Damit ist zweifellos das Mantra des Avalokiteśvara – om mani padme hum – gemeint. Einige Zeilen später schreibt Kircher: »Es gibt zwei Könige in diesem Land. Dem einen obliegt es, die eigentlichen Geschäfte des Königreiches zu leiten. Er heißt *deva*.[2] Der andere König ist von allen äußeren Einflüssen abgeschirmt und führt ein Leben der Muße in der Abgeschiedenheit seines Palastes. Nicht nur von den Einheimischen wird er wie eine Gottheit verehrt, sondern von allen ihm untertanen Königen im Lande der Tataren, die aus freien Stücken zu ihm her pilgern. Sie beten ihn wie den wahren und lebendigen Gott an. Sie nennen ihn sogar den Ewigen und Himmlischen Vater und unterstreichen ihre Ergebenheit mit den vielen Geschenken, die sie ihm gewöhnlich mitbringen. Er sitzt in den dunklen, geschlossenen Gemächern seines Palastes, … wie in Abbildung XIX dargestellt (Abb. 230), geschmückt mit Gold und Silber und beleuchtet von vielen brennenden Lampen. Er sitzt erhöht auf einem Kissen, darunter kostbare Teppiche ausgelegt sind. Die Besucher werfen sich demütig vor ihm nieder und berühren mit ihren Köpfen den Boden. Sie küssen seine Füße mit so unglaublicher Ehrfurcht, als wäre er der Papst. Es offenbart sich hier in geradezu fabelhafter Weise die ganze Verschlagenheit des bösen Geistes, denn eine Verehrung wie sie nur dem Stellvertreter Christi auf Erden, also dem Papst in Rom, zusteht, wird auf die heidnischen Gottheiten primitiver Nationen übertragen, so wie im Übrigen auch alle anderen Mysterien des Christentums. Der Teufel vollbringt dies mit der ihm eigenen Boshaftigkeit. So wie die Christen den Römischen Pontifex als Vater aller Väter bezeichnen, nennen diese Barbaren ihre armselige Gottheit den Großen Lama, was soviel heißt wie Hohepriester. Sie nennen ihn auch den Lama aller Lamas, das heißt, den Priester aller Priester. … Um keine Zweifel an seiner Unsterblichkeit aufkommen zu lassen, suchen die Lamas nach seinem Tod im ganzen Königreich einen Mann, der dem Verstorbenen in jeder Hinsicht ähnlich ist. Wenn sie diesen gefunden haben, setzen sie ihn auf den Thron des ehemaligen Großen Lama. Auf diese Weise überzeugen sie die Leute im ganzen Königreich, die von solcherlei Betrug und Täuschung nichts wissen, vom ewigen Überleben des Ewigen Vaters, der allein in diesem Jahrhundert schon siebenmal aus der Hölle wiederauferstanden ist …«

Kircher nimmt hier etwas vorweg, was man in späteren Schriften immer wieder antrifft, nämlich den Vergleich der Institution der Dalai Lamas mit derjenigen des Papstes. Die Ähnlichkeiten sind nach Ansicht mancher so verblüffend, dass für einen überzeugten Christen nur eine Schlussfolgerung möglich ist: hier muss der Teufel seine Hand im Spiel haben.

Ippolito Desideri erreiche Lhasa 1716, also zu einer Zeit, als der junge siebte Dalai Lama noch in Osttibet weilte. Seine Schilderungen des Dalai Lama, die rund 150 Jahre lang unentdeckt in einer Bibliothek archiviert waren, sind aber dennoch von einigem Interesse.

Desideri nennt den Dalai Lama »Groß-Lama von Thibet«, Chef aller anderen Lamas, Herr, Beschützer und Pontifex aller abergläubischen Tibeter, Nepali, Tartaren und Chinesen. Er beschreibt den Dalai Lama korrekt als Inkarnation von Chenresi (Avalokiteśvara) und räumt mit einigen Vorurteilen auf, nach denen die Tibeter glaubten, ihr Groß-Lama sei unsterblich, unsichtbar und zeige sich nie jemandem. Ganz im Gegenteil, schreibt Desideri: Er präsentiere sich nicht nur seinen geliebten tibetischen Landsleuten, sondern auch Ausländern.

Besonders bemerkenswert ist Desideris Einschätzung des Reinkarnationssystems. Er stellt die – seltsam anmutende – Behauptung auf, die Tibeter seien überzeugt davon, beim Auffinden eines Dalai Lama handle es sich um einen Schwindel, ausgehandelt zwischen den Verwandten des Kindes und einigen Lamas und Mönchen, mit dem Ziel, die gläubigen Tibeter irrezuführen. Im Geheimen werde das Kind instruiert, was es genau zu sagen und zu tun habe. Desideri schließt sich interessanterweise dieser »Verschwörungstheorie« nicht an, offensichtlich, weil er von der Besonderheit der reinkarnierten Mönche beeindruckt ist. Ein junges Kind sei, so meint er, nicht in der Lage, alle diese »Geschichten« auszuhecken. Desideri stellt somit nicht die besonderen

227–230 Bilder vom Potala und Dalai Lama, die im 17. Jh. in Europa in Kompendien über fremde Länder veröffentlicht wurden. Diese Bilder stammten in der Regel nicht von Tibetreisenden, sondern basierten auf ihren Notizen und Skizzen und wurden auch oftmals kopiert. **227** »Bietala« (Potala), kolorierter Kupferstich, bei dem ein Stich aus *China Illustrata* von Athanasius Kircher Pate gestanden haben muss. Sammlung Jean Lassale, Paris. **228** Auch die Darstellung »Grand Lama«, womit der Dalai Lama gemeint ist, ist eine Kopie eines früheren Stichs aus *China Illustrata* (siehe Abb. 230). Sammlung Jean Lassale, Paris. **229** Der Stich zeigt, wie man sich die Verehrung des »Menipe« (Bodhisattva Avalokiteśvara) vorstellte, der interessanterweise wie eine europäische Büste (ohne Unterleib) dargestellt wurde. Archiv Völkerkundemuseum der Universität Zürich. **230** Stich aus *China Illustrata*, welcher der Darstellung »Grand Lama« (siehe Abb. 228) als Vorlage diente. Neben dem Dalai Lama ist die Büste des verstorbenen Königs der »Tanguthen«, Gushri Khan, zu sehen. Archiv Völkerkundemuseum der Universität Zürich.

DER WESTLICHE BLICK AUF DIE DALAI LAMAS 231

231 Dalai Lama-Darstellung, als deren Vorlage sicherlich einer der auf Seite 231 abgebildeten Stiche gedient hat. Archiv Völkerkundemuseum der Universität Zürich.

Fähigkeiten der als Reinkarnationen geltenden Kinder in Frage, im Gegenteil, diese scheinen ihm gegeben, sondern sucht eine aus katholischer Sicht plausible Erklärung dafür: Teufelswerk![3] Zwischen 1707 und 1745 weilten verschiedentlich Kapuzinermissionare in Lhasa[4], doch kam es lediglich zu drei längeren Treffen und zwei kurzen Zusammenkünften mit dem damals lebenden siebten Dalai Lama.[5] Pater Gioacchino Da S. Anatolia beschreibt die erste Audienz beim Dalai Lama, die im Jahre 1724 stattfand. Dabei geht er auf die Art der Segnung ein, der sich die Kapuziner nicht unterziehen mussten, erwähnt die Geschenke, die dem Dalai Lama von anderen und den Kapuzinern dargereicht wurden, sowie die Art der Platzzuweisung und die Getränke und Speisen, die ihnen angeboten wurden. Diese genaue, beinahe pingelige Aufzählung des »Rituellen« und des Rahmens, in dem der Empfang ablief, fällt auch in späteren Berichten immer wieder auf. Nicht der Inhalt der Gespräche mit dem Dalai Lama, sondern der »Szenenaufbau« und – um bei der Theatersprache zu bleiben – die Handlungen scheinen in erster Linie zu interessieren.[6]

Orazio della Penna und einige weitere Kapuziner, die nach einer zwölfjährigen Unterbrechung ein drittes und letztes Mal in Lhasa wohnten, hatten 1741 eine weitere Audienz beim siebten Dalai Lama. Dabei wurden sie entgegen aller Erwartungen familiär empfangen: Der Dalai Lama lud sie ein, sich zu setzen, und richtete das Wort direkt an die Kapuziner, eine Ehre, die – nach Aussage der Kapuziner – normalerweise nur hochrangigen Personen zuteil wurde. Es war eine zwanglose Unterhaltung, bei der sich der Dalai Lama nach dem Wohlbefinden der europäischen Mönche erkundigte und nach ihrer Reise nach Tibet. Auch bei einer der letzten Audienzen im November 1742 kam es zu keinen inhaltlich tiefen Gesprächen, obschon es Grund dazu gegeben hätte, da ein Jahr zuvor tibetische Konvertiten ausgepeitscht worden waren. Die Kapuziner konnten dem Dalai Lama lediglich ein in tibetischer Sprache verfasstes Buch über den christlichen Glauben überreichen, es wurde über Belanglosigkeiten gesprochen, und dann wurden die Missionare bereits wieder mit einigen Geschenken entlassen.[7]

Wenn bei den persönlichen Treffen mit dem Dalai Lama nicht vertieft über Religion gesprochen wurde, so gab es aber doch einen Schriftverkehr und vertraute Gespräche mit einem Lehrer des Dalai Lama. Der siebte Dalai Lama unterschrieb gar 1741 einen Erlass, in dem er den Kapuzinern, den »weißköpfigen Lamas«, erlaubte, ihre Lehre zu verkünden (Abb. 73).[8]

Erst rund 60 Jahre später begegnete der nächste westliche Mensch einem Dalai Lama. Es war dies der exzentrische Thomas Manning, der auf eigene Faust 1811 Lhasa erreicht hatte. Am 17.12. ging er in den Potala, um den etwa sechsjährigen »Groß-Lama«, den damaligen neunten Dalai Lama, zu grüßen, ihm Geschenke zu überreichen und gesegnet zu werden – ein Treffen, das ihn stark bewegte: »Des Lama schönes und interessantes Gesicht und Betragen nahmen beinahe meine ganze Aufmerksamkeit in Anspruch. Er war damals ungefähr sieben Jahre alt und hatte die einfachen und unaffektierten Manieren eines wohlerzogenen fürstlichen Kindes. Sein Gesicht war, wie mir vorkam, poetisch und rührend schön. Er war heiter und munter veranlagt; sein schöner Mund ließ sich fortwährend in anmutigem Lächeln gehen, das sein ganzes Gesicht erleuchtete. Manchmal, besonders wenn er mich ansah, wurde sein Lächeln beinahe ein leichtes Lachen. Mein grimmiger Bart und meine Brille erregten unzweifelhaft seine Lachlust. ...

Ich war äußerst gerührt durch die Zusammenkunft mit dem Lama, und ich hätte weinen können wegen der Eigentümlichkeit des Gefühls. Ich war ganz aufgegangen in Nachdenken, als ich nach Hause kam. Ich schrieb das folgende Memorandum in

232 / 233 Der 14. Dalai Lama im Alter von etwa fünf Jahren anlässlich der Inthronisation, bei der offenbar keine Fotos gemacht werden durften. Der britischen Delegation, die den Zeremonien beiwohnte, gehörte der Inder Kanwal Krishna an, der vom damals Fünfjährigen mehrere Porträts malte. Öl auf Leinwand, Tibet, Lhasa, 1940. **232** Sammlung Lady Gould. **233** Sammlung R.J. und E. Gould, Maße: 78 x 74 cm.

mein großes Buch: ›1. Dezember 17. Tag des 10. Monats. Heute begrüßte ich den Groß-Lama. Wunderschöner Jüngling. Gesicht poetisch rührend; hätte weinen können. Sehr glücklich, ihn und sein gesegnetes Lächeln gesehen zu haben. Hoffe, ihn oft wieder zu sehen.‹«[9]

Bis Weiße erneut einen Dalai Lama zu Gesicht bekamen, vergingen beinahe 100 Jahre. Zwar weilten 1846 Régis Évariste Huc und Joseph Gabet in Lhasa, doch konnten sie zu ihrem großen Bedauern den damaligen, erst neunjährigen, im Potala wohnenden 11. Dalai Lama nicht sehen, offenbar, weil man befürchtete, sie könnten den jungen Herrscher mit den Pocken anstecken.[10]

DAS ZEREMONIELL

Wie bereits erwähnt, handeln viele Berichte von zeremoniellen Abläufen, die oft als Beweis für die besondere Ehrerbietung dem betreffenden Besucher gegenüber interpretiert werden. Was seit den ersten Missionaren alle Besucher faszinierte, war der Austausch von Glücksschleifen *(kata)* mit dem Dalai Lama.[11] Ein gutes Beispiel für diese Beschreibung des zeremoniellen Schleifentausches ist im Buch von Macdonald enthalten, der wohl der erste Europäer war, der nach Thomas Manning einen Dalai Lama in seinem eigenen Land – in Tibet – traf. Dies geschah 1910 in Yatung, als der 13. Dalai Lama vor den Chinesen nach Indien floh.[12]

Der besonderen Situation entsprechend spielte bei diesem Treffen die höfische Etikette keine Rolle: Macdonald teilte sein Zimmer, seinen Tisch und sein Essen mit dem Dalai Lama, er lässt den Leser aber weitgehend im Dunkeln, worüber er mit dem Dalai Lama sprach.[13] Und auch als Macdonald den Dalai Lama ein weiteres Mal traf, diesmal in Lhasa, erfahren wir nichts über den Inhalt der Gespräche, aber einiges über den zeremoniellen Ablauf, nämlich die Übergabe von Glücksschleifen und Geschenken. Macdonald stellte mit fühlbarer Genugtuung fest, dass beim Empfang Besonderes vorfiel, was nicht jedem Besucher zuteil wurde. So erhielt er eine ähnliche Glücksschleife, wie er eine dem Dalai Lama überreicht hatte.[14] Generell wurde die Art der Behandlung durch den Dalai Lama von allen westlichen Besuchern mit Akribie beobachtet und beschrieben – wohl, weil man meinte, daraus den eigenen Status ablesen zu können.

Ein äußerst seltenes Zeremoniell stieß verständlicherweise auf besonderes Interesse westlicher Besucher: Die Inthronisation des 14. Dalai Lama im Jahr 1940, eine Zeremonie, die zuvor noch nie von westlichen Besuchern beobachtet worden war. Die ausführlichste Schilderung stammt von Sir Basil Gould[15], der den Dalai Lama folgendermaßen charakterisiert: »Ein kräftiger, ernster, aber hellwacher Junge, rotwangig und kurz geschoren, warm eingewickelt in eine rotbraune Mönchsrobe und zugedeckt mit einem Überwurf, saß hoch oben auf seinem einfachen Thron, die Beine gekreuzt in der Haltung des Buddha. … Mir fiel die Beständigkeit seines Blicks, die Schönheit seiner Hände sowie die Hingabe und Liebe der Mönche auf, die ihn umsorgten. … Seine Heiligkeit scheint einen starken Willen zu haben und weiß sich bereits gut der Privilegien seiner Stellung zu bedienen.«

DAS MYSTERIUM

Manche Dalai Lama-Schilderungen westlicher Besucher sind wohlwollend bis überschwänglich. Bei einigen verspürt man eine tiefe Sympathie und eine große Nähe, und man könnte meinen, einige Autoren glaubten gar an die Übermenschlichkeit der Dalai Lamas. Ein Beispiel haben wir bereits kennen gelernt: Ippolito Desideri, der den siebten Dalai Lama für so besonders hielt, dass nach ihm der Teufel bei der Auswahl des Kandidaten seine Hand im Spiel gehabt haben musste. Auch in späteren Texten finden

sich Andeutungen auf außerordentliche, wenn nicht sogar übermenschliche Qualitäten des Dalai Lama. Zwar bleibt letztlich offen, ob es sich um die Meinung des betreffenden Autors oder gläubiger Tibeter handelt, aus einigen Zitaten jedoch ist das Staunen über die Fähigkeiten des jungen Dalai Lama deutlich spürbar, z.B. wenn Hugh Richardson schreibt: »Heute gab sich der Dalai Lama würdig wie immer, doch er schien weniger ernst und lächelte verschiedentlich seinen Begleitern zu, als sei er froh, endlich wieder zu Hause angekommen zu sein. ...
Sein Verhalten während der anstrengenden zwei Tage seines Einzuges in Lhasa hat die Tibeter erstaunt und beglückt und hat ihr Vertrauen in die Wiedergeburt bestätigt. Eine solch ruhige Selbstsicherheit in einem so jungen Kind scheint in der Tat mehr als bloß die Folge guter Erziehung zu sein.
Er lächelte nie, sondern schaute mit unveränderlich friedlichem und ruhigem Blick. Seine Aufmerksamkeit galt in erster Linie den Mitgliedern der britischen Mission, die er betrachtete, als versuchte er sich zu erinnern, wo er solche Leute früher schon einmal gesehen habe.«[16]
Auch folgende Passage aus einem Brief an seine Eltern gibt etwas von Richardsons beinahe pietistischer Hochachtung wieder: »Als wir ihn sahen, war er wirklich außergewöhnlich, und man glaubt beinahe an Reinkarnation. Die Zeremonien schienen ihm völlig vertraut zu sein und auch das, was er zu tun hatte, und die Grandeur beeindruckten ihn überhaupt nicht. Es gibt keinen Zweifel daran, dass er außergewöhnlich ist ... Jedermann sagt, er verhalte sich wie der verstorbene Dalai Lama.«[17]
Ähnlich beeindruckt von der Ausstrahlung des jungen 14. Dalai Lama war auch Sir Basil Gould: »Der wichtigste Eindruck war wiederum geprägt vom außerordentlichen Interesse, mit dem der Knabe verfolgte, was um ihn herum vorging, von seiner Präsenz und seinem unfehlbaren Geschick, zur richtigen Zeit gegenüber der richtigen Person das Richtige zu tun. Er war vielleicht der Einzige unter den Hunderten von Anwesenden, der kein Zeichen von Unruhe zeigte und in seiner Aufmerksamkeit nie nachließ. Es war offensichtlich, dass das Ser-Thri-Nga-Sol [die Aufforderung zum Besteigen des Goldenen Throns] in der Tat die Rückkehr – als Antwort auf ein Gebet – des Dalai Lama auf einen Thron war, der aufgrund einer ihm innewohnenden Autorität bereits der seine war.«[18]
Leicht mystifizierend schrieb auch Amaury Comte de Riencourt über sein Treffen mit dem jungen 14. Dalai Lama im Jahr 1947: »Ich musste mich in die Lippen beißen, um mich zu vergewissern, dass ich nicht träumte, dass ich wirklich in der Audienzhalle des Dalai Lama von Tibet saß, dass ich in diesem streng verbotenen, heiligen Bezirk weilte. ... Duftende Nebel von Sandelholz-Weihrauch umschwebten den Thron des Dalai Lama, als ob sie den Gott-König von Tibet auf einer magischen Wolke davontragen wollten.«[19]
Beim Lesen dieser Zitate fühlt man sich unweigerlich an Mannings Beschreibung des jungen neunten Dalai Lama erinnert.

KRITISCHE DISTANZ

Während alle männlichen Besucher fast ausnahmslos von der Sakralität des ihnen gegenübersitzenden Dalai Lama überwältigt schienen[20], schildern die wenigen europäischen Frauen, die den 13. Dalai Lama sahen und sprachen, diesen viel weniger mystifizierend.
Besonders distanziert und manchmal gar sarkastisch und abfällig schreibt die gegen die »Hofbeamtenclique« um den Dalai Lama eingestellte Alexandra David-Néel, deren Sympathien eindeutig dem Panchen Lama und den Chinesen galten und die am 14.4.1912 dem 13. Dalai Lama zum ersten Mal begegnete: »Morgen werde ich dem Dalai Lama vorgestellt; das ist natürlich ein Ereignis für mich, denn vom ›Papst‹ Asiens empfangen zu werden, ist für eine Europäerin noch viel weniger alltäglich, als im Vatikan empfangen zu werden. Auch für ihn ist es ein Ereignis, denn ich bin die erste Frau aus dem Abendland, die zu empfangen er eingewilligt hat. ... Ich habe eine Reihe von Fragen vorbereitet, die ich an ihn richten will. Was für einen Menschen werde ich vorfinden? ... Ich bin entzückt, so viel Glück zu haben. Mit einer beim Dalai Lama selbst angefertigten Studie über den Lamaismus zurückzukehren – das wäre doch wirklich eine tolle orientalistische Arbeit! Leider ist jedoch Seine gelbe Heiligkeit von politischen Sorgen sehr in Anspruch genommen und hat wahrscheinlich für philosophische Diskussionen wenig Zeit übrig. Wir werden ja sehen.
... plötzlich stehe ich vor dem Großen Manitu ... . Laden La flüstert mir ängstlich zu: ›Wollen Sie sich nicht segnen lassen?‹ Ich spürte, dass ich die Leute kränken würde, falls ich sagte, mir läge nichts daran. Ich neigte also meinen Kopf, denn der Lama sitzt und ist nicht groß. Ziemlich kräftig – wirklich! – legt er mir die Hand auf die Haare. Doch nun bin ich gesegnet und seine Eigenliebe ist zufrieden gestellt. Unterdessen beginnen wir, oder beginnt er, zu reden. Er stellt mir natürlich die unvermeidliche Frage, seit wann ich Buddhistin bin und wie ich es geworden sei. Aber sein tibetisches Gehirn dürfte schwerlich verstehen, dass man auf europäischen Universitätsbänken, als Studentin orien-

234 Der 13. Dalai Lama in einer typischen Frontalaufnahme, aber – abweichend von der Norm – nicht auf einem Thron, sondern in »westlicher« Art sitzend. Fotograf: David Macdonald, 1912, Sir Charles Alfred Bell Collection, © The British Library.

talischer Philosophie, Buddhistin werden kann. Dass ich keinen Guru, keinen Lehrer gehabt habe, übersteigt seine Begriffe. … Wir plaudern über dieses und jenes. Er scheint recht fröhlich veranlagt zu sein. Natürlich ist er kein Trottel, aber nach unseren Maßstäben eben doch kein Intellektueller.«[21]

David-Néel trifft den Dalai Lama noch ein weiteres Mal Ende Juni 1912: »Der Dalai Lama will mich in Privataudienz empfangen. Eine ganz besondere Ehre! … Ich spreche mit dem Dalai Lama über das Manuskript, das er mir geschickt hat, über ein paar Unklarheiten, die es enthält. … Trotzdem ist mir dieser Mann nicht sympathisch, ist mir höchstens im allgemeinsten Sinne von Menschlichkeit ein Bruder. Ich schätze die Päpste nicht, und mir missfällt die Art von buddhistischem Katholizismus, dessen Oberhaupt dieser hier ist. Alles ist gekünstelt an ihm, er kennt weder Herzlichkeit noch Freundlichkeit … Nun ja, der Dalai Lama scheint nicht so veranlagt zu sein wie der, den er seinen Lehrer nennt [gemeint ist Buddha]. Er ist allerdings viel gebildeter und in philosophischen Dingen beschlagener als man im Abendland annimmt; in dieser Hinsicht ist man ihm bisher nicht gerecht geworden.«[22]

In einem Artikel im *Mercure de France* (1912) beschreibt David-Néel dieselbe Zusammenkunft mit dem Dalai Lama – interessanterweise ohne negativen Unterton. Im gleichen Artikel erwähnt sie zudem ein kurzes Treffen, bei dem ihr der Dalai Lama ganz anders als sonst erscheint: Als David-Néel ihren Mantel im Bungalow holt, in dem der Dalai Lama wohnt, begegnet sie dem »gelben Papst« ganz unverhofft. Er steht vor der Türe seines Zimmers und betrachtet die Landschaft. David-Néel bedauert es, dass sie in diesem Moment, wo sie ganz allein dem Dalai Lama gegenübersteht, nicht mit ihm auf Tibetisch sprechen kann – jetzt, »ohne geschwätzigen Kammerherr, der seinen Herrn am Gängelband zu halten scheint. Er hat keineswegs sein offizielles Aussehen, wie er so dem Regen zuschaut, er gleicht immer weniger seiner Fotografie, und er gefällt mir immer besser, seine Miene ist entschlossener und offener. … In dieser Minute scheint er mir ›jemand‹ zu sein. Dieses Gesicht sah ich in Kalimpong nicht. Mysterium des Hofstaats! Wer weiß, wie viel Freiheit ihm seine Umgebung lässt? … Die Versammlung der Lamas, die hohen Würdenträger des Reichs finden sich besser zurecht mit einem kindlichen Dalai Lama und richten sich's so ein, dass ihr fast-göttlicher Zögling nicht mündig wird. Wir müssen uns damit begnügen, uns anzuschauen, … danach geht der Dalai Lama in sein Zimmer, und ich gehe meinen Weg. Das Bedauern ist wohl nicht nur einseitig.«

Thyra Weir, die erste Engländerin, die Lhasa besuchte, traf den 13. Dalai Lama am 17. August 1930. Sie begleitete ihren Mann, Colonel Leslie Weir, der in offizieller britischer Mission in Tibet weilte und mehrere sehr gute Porträtaufnahmen des 13. Dalai Lama gemacht hat. Die Schilderung Thyra Weirs ist von besonderem Interesse, weil sie nicht für eine Veröffentlichung gedacht war, sondern in ihrem Tagebuch steht – was den spontanen, unverstellten Ton erklären mag: »Um acht Uhr morgens trafen wir in Norbulingka – kein besonders beeindruckendes Gebäude –, der privaten Residenz des Dalai Lama, ein. Die Aufregung über meinen Besuch war groß – die erste europäische Frau, die zu einer Audienz geladen war.

Wir betraten das Throngemach, und dort saß er, auf einem wundervollen Thron. Wir tauschten Glücksschleifen aus, wie es sich gehörte, und setzten uns auf Stühle – unsere Begleiter und alle anderen blieben im Raum verteilt stehen. Ich war von der Erscheinung des Dalai Lama angenehm überrascht. Auf 20 Jahre alten Fotos hatte es den Anschein gemacht, als gehöre er zur kränklichen ›Ghandi‹-Sorte, doch vor mir saß ein leicht fetter Mann mit einem kahl geschorenen Kugelkopf (alpin?), hellen, aber leicht wässerigen Augen, ziemlich schadhaften Zähnen, da die meisten fehlten und ihm vorne bloß ein langer verblieb – doch alles in allem ein gesund aussehender Mann mit guter Farbe (er war etwa 57 Jahre alt). Er empfing uns sehr herzlich, und es gelang mir, ihm mit der Beschreibung meines Empfangs durch die Menschenmenge in der Stadt ein Lächeln zu entlocken. Meine offensichtliche Heiterkeit schien bei den im Raum Versammelten Erstaunen und Besorgnis hervorzurufen. Sie nahmen durchweg eine äußerst unterwürfige Haltung ein, tief vorüber gebeugt, mit leicht herausgestreckter Zunge und gut hörbaren, nur vom Speichel gedämpften Atemzügen!

Er war in unbezahlbaren, gelben Seidenbrokat gehüllt und trug bemerkenswerte Schuhe mit nach oben gebogenen Zehen und bestickter Oberseite – wunderschön. Neben ihm stand die schöne Teetasse aus Jade in ihrem goldenen Halter mit goldenem Deckel. Das Gold hier in Lhasa ... hat einen rötlichen Schimmer. Sie schätzen unser blasses Gold überhaupt nicht.

Wir erhielten mit Milch überschwemmten, englischen Tee und knusprige Kekse. Unsere Begleiter – nichts. Wir redeten über Blumen, seine Art der Gastfreundschaft, Bilder. Er fragte, ob meine Bilder so gut sein könnten wie Fotografien – was ich verneinte.

Die Angestellten betrachteten den Besuch als überwältigenden Erfolg, weil er so heiter verlaufen war und S. H. so guter Laune schien. Es nähme mich wunder, was er von der seltsamen, englischen Frau hielt! Wir werden ihn wieder sehen ... .«[23]

WESTLICHE »HAGIOGRAPHIE« EINES DALAI LAMA

Der beste westliche Kenner eines Dalai Lama – in diesem Fall auch des 13. – war Sir Charles Bell, der langjährige, in Sikkim stationierte britische politische Offizier. Nach einer 23 Jahre andauernden Freundschaft mit dem Dalai Lama, die erst mit dem Tod des tibetischen Herrschers endete, schrieb Bell das Buch *A Portrait of The Dalai Lama*. Darin schildert er den Dalai Lama sehr differenziert, nicht mystifizierend, aber auch nicht so skeptisch und distanziert wie Alexandra David Néel. Seine Beschreibung ist auch insofern von besonderem Interesse, als es sich hierbei um die erste umfangreiche Schilderung eines Dalai Lama durch einen Nicht-Tibeter handelt.

Bell beschreibt den Dalai Lama als enorm offen und ehrlich, sehr an Politik interessiert, mutig, impulsiv und humorvoll, heiter und freundlich. Er sei mit einer robusten körperlichen Verfassung, einer Liebe zur Arbeit und einem starken Willen gesegnet gewesen. Er habe die Arbeit und die Macht, welche ihm die Arbeit verlieh, geliebt. Darüber hinaus habe er, so Bell, stets das letzte Wort gehabt und keine Kompetenzen abgegeben. Er sei – in staatlichen, aber auch in religiösen Angelegenheiten – ein Autokrat gewesen, »vielleicht der autokratischste Herrscher in der gegenwärtigen Welt«, »ein absoluter Diktator«, Züge, die sich offensichtlich gegen Ende seines Lebens verstärkten. Immer wieder finden sich in Bells Buch Hinweise darauf, dass der Dalai Lama impulsiv und aufbrausend war, Eigenschaften, die sich ebenfalls im fortgeschrittenen Alter verstärkten, was ihm manchmal Schwierigkeiten einbrachte. Doch Bell schildert auch die weichherzigeren Züge des Herrschers. So habe er es geliebt, im Garten zu arbeiten, und sei an Blumen und Tieren, vor allem Hunden und Vögeln, interessiert gewesen.

Die Disziplin, so Bell, die er sich selbst auferlegte, erwartete er auch von den anderen. Er erhöhte Niveau und Anforderungen der religiösen Ausbildung, vor allem auch diejenige der Geshes, prüfte neue Äbte sehr genau, schritt gegen die Repression der Bevölkerung durch gewisse Klöster ein, verbesserte die Hygiene in den Klöstern, alles Maßnahmen, die ihm wie gesagt nicht nur Sympathien eintrugen.

Mit seiner Beschreibung des 13. Dalai Lama, den Bell abwechselnd »den kostbaren Beschützer«, den »wertvollen Herrscher« oder »den Innigsten« nennt[24], liefert er gleichzeitig eine Beschreibung der politischen Kräfteverhältnisse im damaligen Tibet. Der Dalai Lama hatte gegen zahlreiche Feinde, Andersdenkende und Oppositionelle zu kämpfen und konnte nur mit Geschick und Beharrlichkeit Rebellionen abwehren, die leicht zu Bürgerkriegen hätten ausufern können. Akteure in diesem Machtspiel waren beispielsweise das Loseling Dratsang, eine »Fakultät« innerhalb des Drepung-Klosters, das mit China sympathisierte, Mönche, die gegen die Aufwertung des Militärs und der Laienbeamtenschaft eingestellt waren, die Entourage des Panchen Lama, Fraktionen innerhalb der eigenen Beamtenschaft sowie nächste Mitarbeiter, die zum Teil gegen den Dalai Lama zu agieren begannen, weil er nicht nur die Klöster, sondern auch die Justiz und die Administration umzukrempeln begann.

Sieht man von ganz wenigen undifferenzierten »Verrissen« des 14. Dalai Lama und von Alexandra David-Néels Schilderungen des 13. Dalai Lama ab[25], beschreiben fast alle westlichen Darstellungen die Dalai Lamas als unfehlbar, beinahe übermenschlich – und stehen diesbezüglich tibetischen Hagiographien kaum nach. Das Buch von Charles Bell über den 13. Dalai Lama bildet eine aufschlussreiche Ausnahme.

235 Der 13. Dalai Lama, aufgenommen gemäß traditioneller, tibetischer »Ikonen«-Art, d.h. auf einem Thron sitzend und mit streng symmetrischem Bildaufbau. Fotograf: Leslie Weir, Sammlung Maybe Jehu, London. **236** Westliche Entlehnung: Sammel-Bildchen (Liebig-Libox-Oxo), bei dessen Herstellung die Fotografie von Leslie Weir Pate gestanden hat. Sammlung Jean Lassale, Paris. **237** Abweichung von tibetisch-konventionellen Bildgestaltungsregeln: Der 13. Dalai Lama sitzt nicht im Zentrum, er sowie Sir Charles Bell sind weder frontal noch von der Seite abgebildet, sondern halb-seitlich, schauen jedoch gegen den Bildbetrachter. Abweichend von der Norm ist auch die mittlere, leicht nach hinten versetzte, stehende Person, der Maharadscha von Sikkim. Fotografen: Johnston and Hoffmann, 1910, Sir Charles Alfred Bell Collection, British Library, London.

VON DER BILDIKONE ZUM FOTOSTAR

Auch wenn die Tiefe der Freundschaft zwischen dem jungen 14. Dalai Lama und Heinrich Harrer umstritten ist, bestand zweifellos zwischen den beiden ein enges Vertrauensverhältnis. Hier soll nicht analysiert werden, wie und was Heinrich Harrer über den Dalai Lama schrieb.[26] Vielmehr wollen wir kurz auf eine andere Ausdrucksart eingehen, die zu der Zeit, als Harrer in Tibet war, sich durchzusetzen begann: das fotografische Bild. Wir haben gesehen, dass schon die frühen Missionare versuchten, Bilder von Dalai Lamas zu machen, und andere taten es ihnen nach. Mit der Popularisierung der Fotografie wurde eine systematischere Bild-Dokumentation der Realität möglich. Heinrich Harrer und Peter Aufschnaiter gehörten zu den Ersten, die Tibet (bzw. Zentraltibet) intensiv fotografisch dokumentierten. Auffallend ist nun, dass beide den Dalai Lama überhaupt nicht (Peter Aufschnaiter) oder äußerst selten (Heinrich Harrer) fotografierten. Es existiert in den Fotonachlässen beider keine einzige Porträtaufnahme des Dalai Lama. Fotos des Dalai Lama machte Harrer lediglich 1950, als dieser floh – ausnahmslos Aufnahmen aus einiger Distanz. Die einzige Serie von Fotos, auf denen der Dalai Lama relativ zentral dargestellt ist, stammt aus dem Dromo-Kloster, aufgenommen in den letzten Tagen von Harrers Tibetaufenthalt (Abb. 155). Eines der ersten überhaupt gemachten Fotos des etwa vierjährigen Dalai Lama wurde in Nordost-Tibet von einem Chinesen aufgenommen, der behauptet, er hätte die Kamera im weiten Ärmel seines Kleids versteckt gehabt (Abb. 242).[27] Unweigerlich stellt sich die Frage nach den Gründen. Harrer lernte den Dalai Lama erst gegen Ende seines Tibet-Aufenthalts besser kennen. Doch das Fehlen von Porträtaufnahmen muss noch einen anderen Grund haben. Auch in anderen Fotokollektionen sind nur sehr wenige in Tibet aufgenommene Porträtaufnahmen des 13. oder des 14. Dalai Lama zu finden. Weder Gould noch ein anderer Brite, welche der Inthronisation des fünfjährigen Dalai Lama beiwohnten, scheinen den Dalai Lama fotografiert zu haben. Aus jener Zeit existieren lediglich einige gemalte Porträts von Kanwal Krishna, der die Briten nach Lhasa begleitete (Abb. 232, 233).[28] Aus den Jahren danach sind einzig von A. de Riencourt (1947) oder Archibald Steele, Vater und Sohn Lowell Thomas (1949) (Abb. 144, 145, 241) und Josef Vaniš (1954) (Abb. 244) Nahaufnahmen des jungen, in Lhasa lebenden Dalai Lama bekannt. Auch offizielle tibetische Fotos des jungen Dalai Lama sind rar. Das weitgehende Fehlen von

DER WESTLICHE BLICK AUF DIE DALAI LAMAS

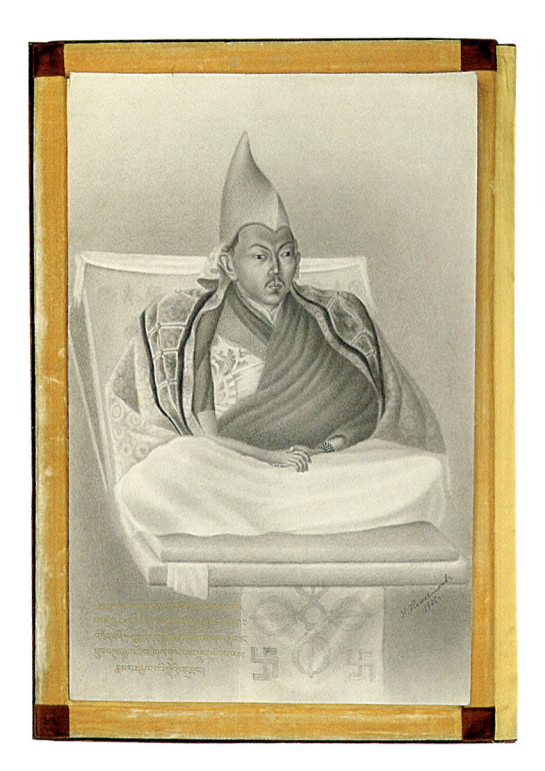

238 / 239 Bleistiftzeichnung statt Fotografie, die damals – 1905 – noch nicht erlaubt war. Die zwei Zeichnungen machte N. Kozhevnikov vom 13. Dalai Lama in Urga (Mongolei). Sie wurden auf Bitte des 13. Dalai Lama durch den russischen Abenteurer und Forscher P. Kozlov an Zar Nikolaus II. übergeben (Lit.: Leonov 1991). 53 x 35 cm, The State Hermitage Museum, St. Petersburg, Inv. Nr.: ZK-V-740 / ZK-V-739.

Fotos des Dalai Lama hat wohl vor allem einen Grund: Man war gegen die moderne, unbekannte Form der bildlichen Darstellung eingestellt, über die man keine Kontrolle hatte und bei der die Gefahr bestand, dass traditionelle ikonographische und ikonometrische Regeln unbeachtet blieben. Doch wer verbreitete diese Skepsis? Einerseits wohl die klerikalen Hofbeamten und die Mönche im Umfeld des Dalai Lama. Vom 13. Dalai Lama wissen wir jedoch, dass auch er, der als offen und experimentierfreudig galt, zumindest vor 1910 dem Fotoporträt gegenüber höchst skeptisch war. Dies belegen mindestens zwei westliche Autoren. So schreibt der finnische Feldmarschall C.G. Mannerheim, der den 13. Dalai Lama Ende Juni 1908 im nahe der chinesischen Stadt Taiyuan gelegenen Kloster Wutai Shan (Yutai Shan) traf: »Aber er erlaubte mir nicht, ihn zu fotografieren. Er sagte, ihm sei diese Bitte oft vorgetragen worden, er habe sie jedoch stets zurückgewiesen. Beim nächsten Treffen jedoch könne ich es tun, da er mich jetzt als guten Bekannten betrachten werde, nachdem ich ihn nun einmal getroffen habe.«[29]

Und auch der russische Forscher Koslov berichtet, es sei ihm erlaubt gewesen, vom Wohnort des Dalai Lama und von denjenigen, die ihn nach Urga begleiteten, Fotos aufzunehmen, doch hätte er keine Fotos vom Dalai Lama selbst machen dürfen.[30] Stattdessen hatte der 13. Dalai Lama dem Russen N. Ya. Kozhevnikov gestattet, ihn zu zeichnen – in Abweichung von der Tradition mit Bleistift, d.h. ohne Farbe (Abb. 238, 239).[31]

Erst ab 1954, als der 14. Dalai Lama nach Peking reiste, und vor allem ab 1956, als der Dalai Lama in Indien an den Gedenkfeiern zu Ehren des Buddha teilnahm, beginnt eine neue Phase der Foto-Ikonographie (Abb. 163–166). Die Anzahl der Fotos des Dalai Lama nimmt nun stark zu und auch der Blickwinkel auf den Dalai Lama verschiebt sich. So lässt die Zahl der Frontalaufnahmen, die in ihrem starren Aufbau an denjenigen vieler traditioneller Rollbilder erinnern, nach. Statt dessen häufen sich jetzt Situationsaufnahmen, aufgenommen durch Pressefotografen und Besucher des Dalai Lama. Die beiden Auslandsreisen des Dalai Lama in den fünfziger Jahren markieren den Beginn einer Bilderflut, deren Ausmaß heute nicht mehr erfasst werden kann, durch die aber das Bild des Dalai Lama geprägt wird. Zu den herkömmlichen Kurzberichten von Zufallsbesuchern, die bis 1959 die Regel waren, sind neue Arten der Darstellung gekommen – schriftliche wie auch bildliche, so z.B. Biografien, Wandmalereien (z.T. mit fotorealistischen Elementen, siehe Abb. 122, 130), Pressefotos, Dokumentarfilme, Spielfilme, Marken, Münzen und fotografische Porträts.[32]

Durch die historischen Ereignisse in Tibet haben Dalai Lama-Bilder neben der religiösen eine neue Bedeutung erhalten. Sie sind Symbole für Tibet als Ganzes und damit für das Streben nach Unabhängigkeit bzw. echter Autonomie. Ironischerweise haben die chinesischen Besatzer maßgeblich zu dieser »Politisierung« des Dalai Lama-Bildes beigetragen, indem sie während der Kulturrevolution (1966–1976) Heiligenbilder durch solche Maos ersetzten[33] und später Bilder des Dalai Lama verboten.

DER WESTLICHE BLICK AUF DIE DALAI LAMAS

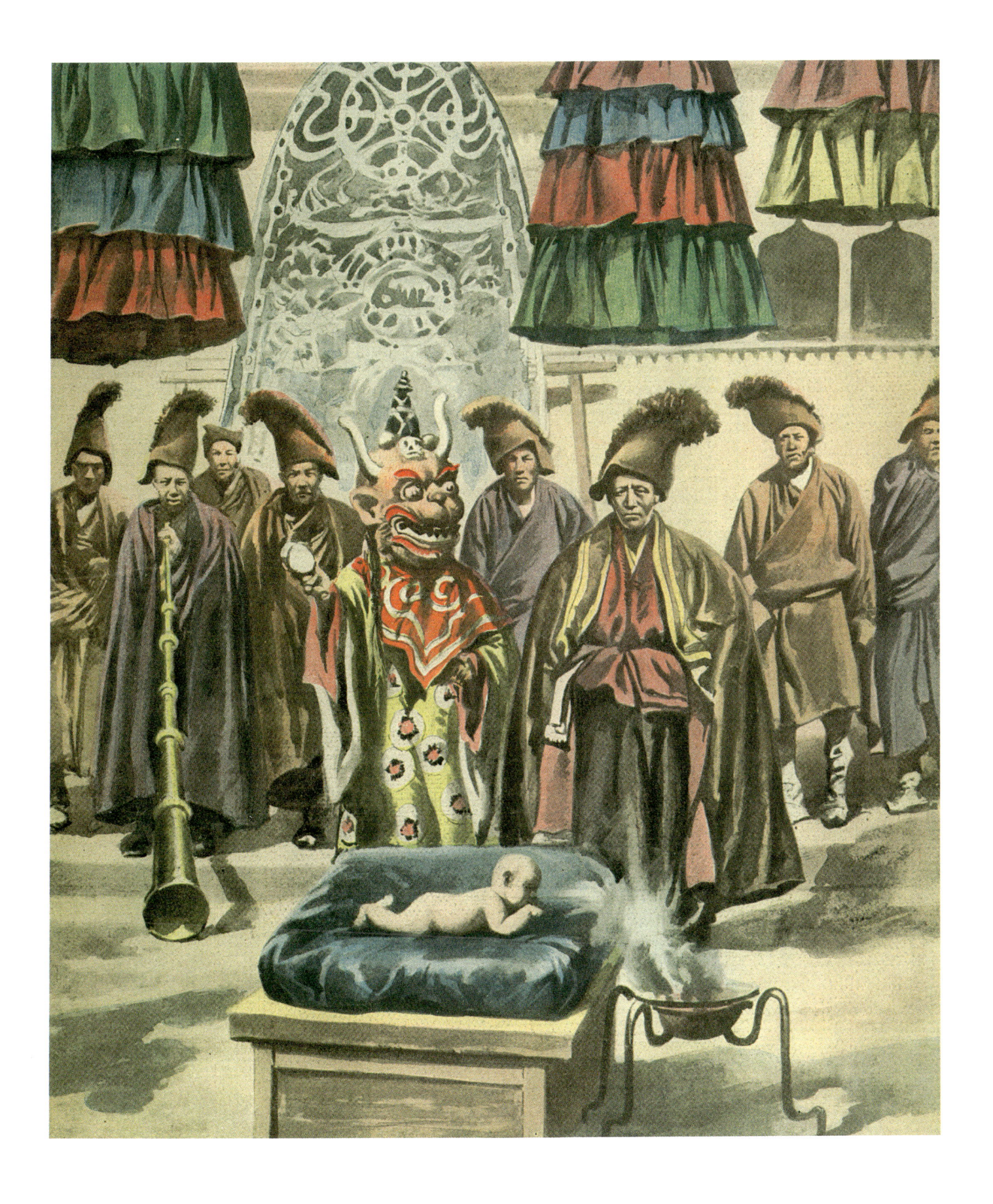

240 Westliches Phantasiebild: Die Geburt und Erkennung des neuen Dalai Lama. Originaltext dazu: »Im buddhistischen Tempel von Lhasa wurde eine sonderbare Zeremonie abgehalten, in der nach uraltem Brauch ein Kind als neuer Dalai Lama oder Großer Priester anerkannt wurde, da es zur selben Stunde geboren wurde, in der der vorherige Dalai Lama starb: was bedeutet, dass für jene Gläubigen der Geist des Verstorbenen in den Körper des Kindes übergegangen ist.« Sammlung Roger Denis, Bagnéres de Bigorre, aus: Illustration del Popolo, 28.1.1934 (Kommentar des Autors: Der 14. Dalai Lama kam erst am 6.7.1935 zur Welt!).

DER WESTLICHE BLICK AUF DIE DALAI LAMAS

241–244 Bei der Aufnahme oben links und derjenigen unten links sind die traditionellen Bildregeln durchbrochen worden: Der Dalai Lama ist nicht frontal von vorne aufgenommen und steht bzw. sitzt nicht in der Mitte des Bildes, zudem ist er teilweise durch andere »Akteure« zugedeckt bzw. durch den Bildrand »abgeschnitten«. Einen sehr traditionellen Aufbau weist jedoch noch die Fotografie rechts oben auf, die wohl zu den frühesten Fotografien des 14. Dalai Lama zählt (1939?). **241** Fotograf: Lowell Thomas, Anchorage. **242** Fotograf: Xing Suzhi. **243** Fotograf: Dadul Namgyal Tsarong, Dehradun. **244** Fotograf: Josef Vaniš, Prag.

240 DER WESTLICHE BLICK AUF DIE DALAI LAMAS

245 Ikonen- oder Thangka-ähnliches Foto des 14. Dalai Lama, bei der die traditionelle Bildgestaltung nur noch teilweise gewahrt ist: Das Bild hat zwar einen symmetrischen Aufbau, ist aber insofern ungewöhnlich, als es nicht den gesamten Körper des Dalai Lama zeigt. Kolorierte Fotografie, Völkerkundemuseum der Universität Zürich.   **246–248** Alle drei Bilder zeichnen sich durch eine unkonventionelle Bildgestaltung aus: **246** Die Bildsymmetrie wird hier durchbrochen und westlich-wissenschaftliche Inhalte (Erde als Globus) einbezogen. © Brian Beresford / Nomad Pictures.   **247** Bild des Potala und des 13. Dalai Lama, bei dem zwar die traditionelle Bildsymmetrie berücksichtigt wird, bei der jedoch eine neue Technik (Fotografie), ein neues Bildformat und ein ungewöhnlicher Bildaufbau Anwendung finden. So ist das Bild querformatig und die Architektur, die auf traditionellen Thangkas stets eine Nebenrolle spielt, dominiert. Postkarte, wohl um 1920, Sammlung Harald Bechteler, Tutzing.   **248** Ähnliches Bild wie 247, aber mit dem 14. Dalai Lama als Schutzherr des Potala. Poster, Ende 20. Jh.

DER WESTLICHE BLICK AUF DIE DALAI LAMAS

EINE SIEBEN THANGKA SUKZESSIONS-SERIE DES NEUNTEN DALAI LAMA

Per K. Sørensen

EINFÜHRUNG

Individuelle Ikonen und Gemäldereihen einer ganzen Genealogie erfüllen das Bedürfnis nach einer Bestätigung der geistlichen und göttlichen Herkunft des Thronhalters und seiner Linie. Solche wurden als Quelle spiritueller Kraft am Hauptsitz des Dalai Lama aufbewahrt, andere wiederum als prestigeträchtiges, die Wände schmückendes Erbstück liebevoll in der Residenz seiner Familie gehütet. Oft von Leuten hohen Ranges in Auftrag gegeben oder als wertvolle, von Meisterkünstlern angefertigte Gaben hoch geschätzt, sind sie nicht selten von beträchtlicher künstlerischer und historischer Bedeutung. Vor kurzem ist im Westen eine einzigartige Serie von sieben Thangka-Gemälden mit Darstellungen von wichtigen Präexistenzen aus der Abstammungslinie der Dalai Lamas, die mit dem wenig bekannten neunten Dalai Lama Lungtok Gyatso (1805–1815) assoziiert werden, aufgetaucht. Es handelt sich um eine der wenigen kompletten Bildgruppen dieser Art außerhalb Tibets. Ihre außerordentliche historische Bedeutung, ihre einmalige Komposition und ihr hoher künstlerischer Rang rechtfertigen eine ausführliche Beschreibung dieser Bildzyklen.[1]

Die Beweggründe für die Anfertigung von Gemälden zur Dalai Lama-Genealogie erfordern einige einführende Worte. Das heute weit verbreitete System der bewussten Wiedergeburten (*yang srid, punarbhāva*) in ununterbrochenen Reihen von physischen Verkörperungen (*tülku*, d. h. *sprul sku*) zur Regelung des Zugangs zu religiösen Ämtern und der Erbfolge von Äbten und Hierarchen in Tibet setzte sich im 16. Jahrhundert allmählich als das bevorzugte System durch. Dieses System der bewussten Wiedergeburten ersetzte bzw. absorbierte die familiäre Erbfolge für klösterliche Ämter, welche in Tibet bis dahin üblicherweise vom Onkel auf den Neffen oder vom Vater auf den Sohn übertragen worden waren. Diese unilaterale Familienerbfolge war sehr anfällig für Rivalitäten und Korruption zwischen Verwandtschaftsgruppen, welche regelmäßig um das Vorrecht auf prestigeträchtige Ämter wetteiferten. Das führte nicht selten zu endlosen Auseinandersetzungen, welche die weitere Existenz der betroffenen Ämter oft gefährdeten. Der Aufstieg zu einem religiösen Amt durch das neutrale Modell der Bodhisattva- oder Buddha-Wiedergeburt schien darum eine attraktive Alternative. Es ist allgemein bekannt, dass diese Neuausrichtung in der Nachfolgefrage durch die bewusste Wiedergeburt des jeweiligen Amtsvorgängers in Tibet seit dem 13. Jahrhundert angewandt wurde. Es war jedoch nicht zuletzt der beträchtliche politische Erfolg der Gelugpa bei ihrer mit missionarischem Eifer vorangetriebenen Suche nach weltlichen Schutzherren unter den mächtigen Mongolen Ende des 16. Jahrhunderts, welche die auf Wiedergeburtsreihen beruhende Nachfolgeregelung zunehmend beförderte. Dies führte bald zu einer wahren Inflation von auf dem Wiedergeburtssystem beruhenden Sukzessionslinien – und zwar nicht nur bei den Gelugpa, sondern auch bei anderen Schulen.

Obwohl Gemälde, welche die Übertragung esoterischer Lehren oder die Abstammungslinien von Äbten darstellen, in Tibet schon vorher wohlbekannt waren, wurden vor allem seit dem späten 17. Jahrhundert größere Anstrengungen zur Herstellung von ganzen Serien von Thangkas und im 18. Jh. von Blockdrucken systematisch unternommen (so z. B. die berühmten Narthang-Blockdrucke, oft auf Papier oder Seide). Sie bildeten nicht nur die früheren Meister der Kadampa- und Gelugpa-Schule – insbesondere Tsongkhapa und seine Linie –, sondern zunehmend auch die Inkarnationsreihe oder Wiedergeburtsfolge der Dalai Lamas (*'khrungs rabs*) ab. Später wurden auch Darstellungen der Abstammungslinien anderer Hierarchen immer beliebter.

Die Serien mit den Darstellungen der Dalai Lama-Genealogien waren im Zuge des Aufstieges des Dalai Lama zur führenden politischen Institution entstanden und passten vortrefflich in eine Epoche, in der die Herrschaft des Dalai Lama staatstragend wurde. Die Reproduktionen waren in ihrer Ikonographie meist sehr stereotyp und wurden bald in alle Zentren der lamaistischen Welt vertrieben. Der Aufbau dieses Herrschaftsgefüges war von mehreren Gelugpa-Staatsmännern, nicht zuletzt vom fünften Dalai Lama selbst, bewusst vorangetrieben worden. Er wurde dabei von einigen seiner Regenten tatkräftig unterstützt, insbesondere vom ersten Regenten Sonam Chöphel und später vom einflussreichen und ehrgeizigen Sangye Gyatso, der als der ultimative Kodifizierer dieser Herrschaft in die Geschichte einging. Bei der ideologischen Förderung künstlerischer Reproduktionen ging es nicht zuletzt darum, eine starke Symbolik zu vermitteln. Diese sollte die ungebrochene Linie der obersten religiös-politischen Institution legitimieren, indem sie auf alterwürdige Verbindungen zu einer Reihe von früheren Inkarnationen verwies und diese mit einem mythischen bzw. religiösen, aber auch historischen Hintergrund versah. Die indischen, nepalischen und tibetischen Inkarnationen, die den Dalai Lamas in direkter Linie vorausgegangen waren, hatten in der Vergangenheit unter anderem eine wichtige Rolle als mythische Figuren der Avalokiteśvara-Abstammungsreihe gespielt, in Tibet dem rituellen und physischen Schutz des Jokhang, dem wichtigsten Tempel Lhasas, gedient oder den Avalokiteśvara-Kult gefördert.

249–252 Details aus dem ersten Thangka.   **249** Der esoterische Meister und Schatzfinder Nyangrel Nyima Wöser, eine besonders wichtige Inkarnation in der Genealogie der Dalai Lamas.   **250** Rituelle Geräte zur Durchführung esoterischer und apotropäischer Rituale.   **251** Zu Nyangrel Nyima Wösers Füßen einer seiner Schüler, wohl sein Sohn Namkhapel, der sich um Lhasa verdient machte, indem er flutabwehrende Rituale durchführte.   **252** Zwei Tiger, die den wunderbaren Malstil dieser Serie belegen.

253–256 Details aus dem zweiten Thangka: Naturszenen und ein Mönch, der dem hier nicht zu sehenden ersten Dalai Lama ein Mandalaopfer darreicht.

Die Auswahl von Kandidaten zur Aufnahme in die Inkarnationslinie des Dalai Lama spielte bei der Bildung des neuen Regimes durch ihre Brückenfunktion zu einer glorreichen Vergangenheit keine unwesentliche Rolle. Der aufstrebende Gelugpa-Hof, begierig nach Symbolen der Legitimität, erwies sich im Verlauf dieser historischen Rekonstruktion als äußerst geschickt. Er adelte und ehrte eine Anzahl dieser historischen und religiösen Figuren aus der Vergangenheit als eine zusammenhängende, offizielle Linie von Präexistenzen, die in der Person des Staatsoberhauptes, dem Dalai Lama, gipfelte.

Bei der Beurteilung der gezielten Anstrengungen des Potala-Hofes gilt es zu berücksichtigen, dass das Land vorher Jahrhunderte lang ohne zentrale Staatsgewalt auskommen musste und dass die politische Neuausrichtung unter den Dalai Lamas eine ungewöhnliche Mischung aus Zwang und Versöhnung erforderte. Es darf auch nicht unerwähnt bleiben, dass lebende Buddha-Manifestationen oder Verkörperungen von Avalokiteśvara nicht etwa eine Erfindung der Gelugpa waren. Der fünfte Dalai Lama holte seine Inspiration dazu vielmehr bei den Drugpa und Karmapa, deren religiöse Oberhäupter schon viel früher gleichartige Verkörperungen für sich beanspruchten. Die universelle Symbolkraft und Allgegenwart dieses Beschützers aller Lebewesen erklären die Vielzahl von personifizierten Manifestationen in der religiösen Welt der Tibeter.

DIE DALAI LAMA-GENEALOGIE

Die endgültige, nachträgliche Fixierung und Gestaltung der Dalai Lama-Inkarnationsreihe geht auf den fünften Dalai Lama Ngawang Lobsang Gyatso (1617–1682) zurück, der in dieser Angelegenheit von seinem bedeutenden Regenten Sangye Gyatso, für den später übrigens ein ähnlicher Stammbaum oder 'khrungs rabs aufgezeichnet wurde, tatkräftig unterstützt wurde. Erfreulicherweise haben die Gelugpa-Herrscher der Nachwelt verschiedene aufschlussreiche Quellen hinterlassen. Das erleichtert uns die genauere Identifizierung von Namen und Anzahl früherer Wiedergeburten, welche vom Hof im Potala allmählich kodifiziert und in eine Reihe von Haupt- und Nebenlinien aufgenommen wurden. Diese galten für die Darstellung der Inkarnationslinie in verschiedenem Maße als »offiziell« oder »supplementär.« Die vom fünften Dalai Lama und seinem Regenten gebilligten Listen der Wiedergeburt weichen jedoch gelegentlich leicht voneinander ab. Fragen der Legitimität und der Inkonsistenz der Sukzessionslinie im Hinblick auf ihre innere Chronologie wurden von den beiden allerdings nie wirklich als störend empfunden. Das Auswahlverfahren und die allmähliche Forcierung dieses Sukzessionsmodells durchschritten offensichtlich verschiedene Entwicklungsstadien.

Das unmittelbare Bild ist jedoch klar. Bei ihrer Suche nach geeigneten Kandidaten aus der glorreichen Vergangenheit ihrer eigenen Schule, die es verdienten, durch Aufnahme in die Abstammungslinie der mittlerweile wichtigsten politischen Hierarchie von Tibet geadelt zu werden, griffen die erwähnten führenden Staatsmänner offenbar auf sorgfältig gewählte autoritative Quellen, die Hinweise auf mythische und historische Figuren innerhalb der frühen Kadampa- und der späteren Gelugpa-Schule enthielten, zurück. Als besonders hilfreiche Quelle erwies sich die beliebte Sammlung von Wiedergeburtsgeschichten, die auf dem tibetischen Gründer der Kadampa-Schule, dem Laienmeister Dromtön ('*Brom ston*, 1004/5–1064, Schüler des indischen Mentors und Meisters Atiśa, 982–1054) beruhte. Dromtön hatte den Grundstein für die Vorherrschaft der Kadampa-Schule – die Vorgängerin der Gelugpa-Schule, die wiederum auch »neue« Kadampa genannt wird – gelegt, als er 1057 deren erstes Kloster Reting erbauen ließ. Dromtöns populäre Sammlung von 22 Wiedergeburtsgeschichten spielte in diesem Legitimierungsprozess eine wichtige Rolle, sollte die Abstammungslinie doch ganz bewusst Avalokiteśvara, den nationalen Schutzherrn Tibets, mit der Gründerfigur der Kadampa vereinen. Enthalten sind die Geschichten im zweiten Band (*Bu chos*) des *Kadam Legbam*[2], einer äußerst populären und autoritativen Sammlung von Legenden und religiösen Belehrungen, die in Narthang, einem weiteren bedeutenden Kadampa-Kloster, im frühen 14. Jahrhundert zusammengestellt worden war.[3] Diese Sammlung enthält eine Reihe von besonders aufschlussreichen Wiedergeburtsgeschichten, namentlich die lange Dromtön-Wiedergeburtsgeschichte vom »Indischen Prinzen oder Dharmarāja Könchog Bang«[4] aus dem Königreich von Deden.[5] Wie die meisten anderen erzählt auch diese Geschichte ausführlich, wie ein indischer Prinz, der aus der Heimat des Buddha stammte und als Manifestation des universellen Gottes des Mitgefühls galt, sich durch eine Anzahl prophezeiter Wiedergeburten in verschiedene tibetische Könige und Heilige verwandelte. Es waren die vorbildliche Lebensgeschichte und die diese Legende begleitenden, als schicksalhaft empfundenen assoziativen Analogien und Parabeln, die in dieser rein tibetischen Geschichte das legitimierende Bindeglied zwischen Indien und Tibet und damit zwischen Avalokiteśvara und dem Dalai Lama darstellten. Die in der Geschichte enthaltenen Prophezeiungen kündigten an, wie der indische Idealprinz mit der klaren Mission, dem Buddhismus in Tibet zum Durchbruch zu verhelfen, erst als Songtsen Gampo, der als Gründer des imperialen Tibet geltende historische König, wiedergeboren und sich danach als Dromtön manifestieren würde. Diese lebhafte Erzählung, die ihre Wurzeln zweifelsohne im Kadampa-Milieu des 11. Jahrhunderts hat, fand am tibetischen Hof des 17. Jahrhunderts, wo man einer ideologisch verbindlichen Abstammungslinie bedurfte, großen Anklang. Indische Szenarien und Anspielungen wie in dieser Narthang-Tradition waren als normative Erzählstrategien aus der tibetisch-buddhistischen Hermeneutik sehr wohl bekannt. Populäre Gleichnisse wie z.B. von den »sieben aufeinander folgenden Schichten der Wacholder-Rinde« von Reting[6] fanden symbolische Verwendung als erbauliche Erzählung zur Einführung der Dalai Lama-Wiedergeburten in Tibet. Es ist anzunehmen, dass dieses Bild als Erzählrahmen oder als Frühmodell für die Rekonstruktion der Abstammungsfolge gebraucht wurde. In diesem narrativen Gleichnis werden die noch heute bestehenden, üppigen Wacholder-Haine beim Kloster Reting gepriesen. Die sprichwörtlichen sieben Rinden der Wacholdersträucher gelten hier als Sinnbild für die Verbreitung der Kadampa-Lehren und werden letztendlich als glücksverheißendes Vorzeichen (*rten 'brel*) für das Erscheinen der Kadampa und Avalokiteśvaras in Tibet gedeutet. Der fünfte Dalai Lama und sein Hof spielen hier geschickt mit dem Ursprungsmythos des tibetischen Volkes, das aus der Vereinigung einer weiblichen Felsdämonin und eines Affen als Verkörperung des Bodhisattva Avalokiteśvara hervorgegangen sein soll. Die Wurzeln dieser Legende sind wahrscheinlich ebenfalls im frühen 11. Jahrhun-

257–260 Details aus dem dritten Thangka.   **257** Naturszenen.   **258** Kopf des Königs Songtsen Gampo (deutlich sichtbar auf dem Scheitel ist Buddha Amitābha).   **259** Songtsen Gampos Minister Thonmi Sambhota, der das tibetische Alphabet erfand.   **260** Zwei Männer, die den Thron des mythischen Königs Nyatritsenpo (der »auf dem Nacken thronende König«) auf ihren Schultern tragen.

246 EINE SIEBEN THANGKA SUKZESSIONS-SERIE

dert zu suchen, obschon die mythische Verknüpfung zwischen Avalokiteśvara und der Gründerfigur des tibetischen Königreichs von Tibet schon in der späten imperialen Periode, also im 9. Jahrhundert, dokumentiert ist. Dieser Mythos bildet noch immer den Kern der kulturellen und nationalen Identität von Tibet und des kollektiven Selbstverständnisses der Tibeter.[7]

Im Zuge der retrospektiven Rekonstruktion seiner Sukzessionslinie bediente sich der fünfte Dalai Lama in einem kleinen, undatierten Werk über die bildliche Darstellung der Abfolge der Wiedergeburten von Avalokiteśvara in Indien und Tibet unter anderem dieser und ähnlicher Geschichten. In diesem Werk bezieht er sich auf den mythischen Ursprung der Gottheit und verweist wieder auf die Erzähltradition von Narthang, welche die oben erwähnte Legende des indischen Prinzen Könchog Bang (Nr. VI) und dessen späterer Wiedergeburt als Songtsen Gampo (Nr. III) beinhaltet. Dabei ergänzte bzw. erweiterte er die vorhandene Liste um einige wichtige Figuren wie die der tibetischen Ahnen-Könige Trisong Detsen (742–797) (Nr. II) und Tri Ralpacan (805–836) (Nr. VI). Dann folgten Dromtön (Nr. V) und schließlich eine Reihe von Persönlichkeiten, von denen einige der Nachwelt durch ihren Beitrag zum Schutz des von Songtsen Gampo erbauten Jokhang-Tempels in Lhasa im Gedächtnis geblieben waren oder schon als Verkörperung von Avalokiteśvara galten: Khache Gönpapa[8] (Nr. VI), Sachen (1092–1158) (Nr. I), Lama Zhang Yudrakpa[9] (1123–1193) (Nr. VII), Nyangrel Nyima Wöser[10] (1136–1204) (Nr. I), Lhaje Gewabum[11] (ca. 1200–1250) (Nr. VII). Dann folgten der erste bis vierte Dalai Lama.[12] Interessanterweise verrät der fünfte Dalai Lama dabei auch, warum er die einzelnen Kandidaten in die Liste aufgenommen hatte.[13] Wir werden bei der Beschreibung des vorliegenden Thangka-Sets wieder auf diese früheren Wiedergeburten des Dalai Lama treffen. Dem scheinbaren Widerspruch der chronologischen Gleichzeitigkeit – in der Tat überschneiden sich zum Teil die Lebensdaten verschiedener Figuren – begegnet der Dalai Lama mit dem Hinweis auf die Fähigkeit des Mondes, in Wasser gleichzeitig mehrfach gespiegelt zu werden. Es handelt sich hierbei um das bekannte *udakacandropamā*-Gleichnis über die Darstellung von Illusion.[14] Warum bei der Auswahl geeigneter Kandidaten aus der tibetischen Geschichte vereinzelt verschiedene Nicht-Gelugpa-Meister eine besonders prominente Stellung einnehmen, wird später aus der Beschreibung der sieben Thangkas ersichtlich.

Auf solche Quellen[15] stützte sich der Regent Sangye Gyatso, als er in den abschließenden Teilen seiner umfangreichen Biografie des fünften Dalai Lama eine längere Übersicht bzw. eine »erweiterte Liste« der Wiedergeburten von Avalokiteśvara in Indien und Tibet einführte.[16] Diese »erweiterte Liste«, zusammengewürfelt aus einer ganzen Reihe von Quellen und stark ideologisch geprägt, kann zweifelsohne als »offiziell« betrachtet werden, trotz des Umstandes, dass Dalai Lama-Sets gelegentlich Persönlichkeiten als Präexistenzen aufführen, die sich nicht auf der Liste des Regenten wieder finden. Das lässt vermuten, dass zu dieser Zeit noch andere Listen im Umlauf waren. Die traditionelle Liste umfasste insgesamt 36 indische Präexistenzen. Dann folgten die drei Ahnenkönige des Yarlung Königreiches *(mes dbon rnam gsum)* (Nr. 37–39), Dromtön (Nr. 40), gefolgt von Nyangrel (1136–1204), Chökyi Wangchuk[17] (1212–1270), *mNga' ris Pan chen* (1487–1542), Tashi Tobgye[18] (1551–1602) (Nr. 41–44). Bei Letzteren handelt es sich ausnahmslos um Nyingmapa-Schatzfinder der einflussreichen Schule der so genannten »Nördlichen Schatz Tradition« – ein Hinweis auf die eklektische Vorliebe des »Großen Fünften« für die »alte Schule« und deren rituelle Esoterika. Aufgeführt wird anschließend *'Phags pa* (1235–1280) (Nr. 45), wenn auch zweifellos bloß wegen der Rolle, die dieser Sakya-Meister als Geistlicher am Yüan-Hof spielte. Diese Rolle wurde von der späteren Administration des fünften Dalai Lama als Muster ihrer eigenen Gabenherr-Geistlicher-Beziehungen – zuerst mit Altan Khan (1578, unter dem dritten Dalai Lama) und später, unter dem fünften Dalai Lama, mit den Qōshot-Mongolen (1642) – betrachtet. Es folgt der Nepali Padmavarja (Nr. 46). Von Sangye Gyatso wurden ferner bereits oben erwähnte Figuren auf die Liste gesetzt, die dem fünften Dalai Lama persönlich am Herz lagen, wie aus zahlreichen Quellen hervorgeht: Khache Gönpapa, Sachen, Lama Zhang, Yamzangpa Chökyi Mönlam[19] (1169–1233), Sum ston (ein Medizinmeister), Lhaje Gewabum, Lodrö Gyaltsen[20] (1366–1415), Rinchen Khyenrab[21] (1436–97) (Nr. 47–53). Dann folgen der erste bis fünfte Dalai Lama (Nr. 54–58). Das vorangehende indische Segment der Dalai Lama-Genealogie darf nicht vergessen werden. Eine indische Verbindung war für fast alle buddhistischen Würdenträger in Tibet von großer Wichtigkeit, galt doch in Tibet nur als wirklich authentisch, wer seine realen oder fiktiven Beziehungen zum buddhistischen Indien nachweisen konnte. Das trifft für Fragen der Abstammungslinie in ganz besonderem Maße zu. Wenn keine dokumentierte genealogische Beziehung zu Avalokiteśvara vorlag, dann musste sie rekonstruiert werden. Das ist zum Beispiel bei der Abstammungslinie von Dromtön ganz eindeutig der Fall, wo erst

261–264 Details aus dem vierten Thangka.   **261** In den Wolken der schwebende sechste und siebte Dalai Lama.   **262** Detail aus der Mandorla, welche die zentrale Figur des »Großen Fünften« umgibt: eine weiße Tārā.

nachträglich eine mythische Verbindung in die entfernte Vergangenheit hergestellt wurde. Bei seinen Wiedergeburtsgeschichten handelt es sich also um ein rein tibetisches Konstrukt.

Wenn wir die Reinkarnationslinie genauer betrachten, wird sofort ersichtlich, dass die Chronologie bei der Rekonstruktion von Wiedergeburten keine bedeutende Rolle spielte. Zahlreiche Unstimmigkeiten wurden stillschweigend in Kauf genommen, wobei sicherlich auch das bereits oben erwähnte Argument des fünften Dalai Lama angeführt wurde. Die weitere Diskussion um die früheren Dalai Lama-Inkarnationen wurde später vom Historiker und Doyen der Gelugpa, Longdol Lama[22] (1719–1795), in seinem Bericht über den Kult und die ununterbrochene Sukzession der Avalokiteśvara-Linie in Tibet wieder aufgenommen. Er zählte vom göttlichen Ursprung der Linie bei Avalokiteśvara bis zum achten Dalai Lama insgesamt 58 Inkarnationen.[23] Somit wäre diese »erweiterte Liste« der Höhepunkt der Anstrengungen zur Schaffung einer Genealogie der Dalai Lamas, doch ihr Dreh- und Angelpunkt bleibt nach wie vor die alles überragende Figur des fünften Dalai Lama.

Die meisten Bildzyklen und Serien idealisierten die Schlüsselfigur des »Großen Fünften« als zentrales Objekt ihrer Verehrung. Er galt ohnehin als der Erfinder der Abstammungslinie und war so verantwortlich für die Schaffung dieser Genealogie. Was die Ausführung ganzer Inkarnationsreihen-Sets betrifft – von Thangkas und Statuen, die einen einzelnen Dalai Lama darstellen, einmal abgesehen –, so wurden alle späteren Dalai Lamas, mit der möglichen Ausnahme des siebten, gegenüber dem fünften Dalai Lama bloß als »zusätzliche« oder »erweiternde« Glieder in der großen Inkarnationskette behandelt. Die meisten Hersteller und Auftraggeber solcher Serien wählten aus Frömmigkeit oder symbolischem Respekt für die überragende Rolle und Position des »Großen Fünften« gewöhnlich das auf ihn ausgerichtete Standardmodell für ihre Reproduktion. Als Prototyp dieser Thangka Serien gelten die um die Mitte des 17. Jahrhunderts im Potala-Palast gefertigten Wandgemälde.

AUSRICHTUNG, STIL UND KOMPOSITION DER SIEBEN THANGKA SUKZESSIONS-SERIE

Die zentrale Figur dieser imposanten Serie ist der fünfte Dalai Lama. Die sekundären Bilder mit seinen früheren und auch späteren Inkarnationen sind auf einer Linie zur Rechten und Linken des Hauptbildes angeordnet und zwar in einer Reihenfolge – von innen nach außen, rechts stets vor links –[24], die von Künstler und Auftraggeber sorgfältig geplant wurde, wie den Texten auf der Rückseite der Bildrahmen zu entnehmen ist. Das mittlere Bild auf dem Rahmen ist als *rGyal dbang lnga ba* oder zentrales *(gtso)* Thangka des fünften Dalai Lama identifiziert, was unterstreicht, dass dieser Hierarch als zentrale Gestalt des Sets gelten darf. Alle abgebildeten 26 Hierarchen oder Heilige, seien es Haupt- oder Nebenfiguren, gehören zur erweiterten Inkarnationsreihe der Dalai Lamas.

Die vorliegende Thangka-Serie ist, sowohl aus der Nähe wie aus einer gewissen Distanz betrachtet, ein ausnehmend schönes Kunstwerk. Das Set, das im idiosynkratischen Menri- *(sman bris)* oder auch Neu-Menri *(sman gsar)*-Malerstil angefertigt ist und sich zudem durch einen kunstvoll-realistischen, fast modernen Stil auszeichnet, ist leicht als spätes Werk osttibeti-

263 Der »Große Fünfte«.   **264** Vor dem Thron stehender Altartisch mit Kultgerät und Juwelen.

scher Herkunft zu erkennen. Es handelt sich wohl um das Werk eines noch unbekannten Hofmalers des Potala, möglicherweise eines Malers aus Kham in Ost-Tibet. Dank des reduzierten kompositorischen Grundmusters kommen die abgebildeten Hierarchen und Heiligen vorzüglich zur Geltung und ziehen die volle Aufmerksamkeit des Betrachters auf sich. Die hellen Farben des Hintergrunds wirken sehr zurückhaltend, wodurch die Porträts – von denen sich einige durch eigenwillige, lebendige Gesichtszüge auszeichnen, während andere eher den stilisierten ikonographischen Konventionen folgen – umso lebhafter den Vordergrund dominieren und den Eindruck vermitteln, als würden sie sich von der Bildfläche abheben. Die Standardkomposition zeigt den jeweiligen Haupthierarchen – abgesehen vom fünften Dalai Lama – umgeben von zwei oder drei sekundären Figuren unter einem Baum sitzend, zweifellos eine Anspielung auf die Erleuchtung des historischen Buddhas unter einem Feigenbaum. Die dominierenden Porträts und deren lebhafte Umgebung ziehen den Betrachter sofort in ihren Bann. Der anonyme Künstler erweist sich als empfindsamer und detailbesessener Porträtist mit einer Vorliebe für minutiös ausgeführte Verfeinerungen. Zu diesen gehören neben den unterschiedlichsten, vielfarbigen Kleidungsstücken, wallenden Brokatstoffen und Zubehör aller Art auch eine reich variierte Galerie von geometrischen Mustern, Blumenmotiven und ein Patchwork von verschiedensten Strukturen. Die charakteristischen Szenerien verraten zudem starke stilistische Einflüsse aus China, die sich durch ihre traditionellen und aufwändigen Figuren-, Pflanzen- und Tiermotive sowie die Verwendung einer üppigen Palette von Farben in den verschiedensten Tonalitätsgraden auszeichnen. Diese mineralen und polychromen Farben leuchten noch immer ungewöhnlich frisch und lassen die Gemälde lebendig erscheinen. Die dargestellten Persönlichkeiten sind jeweils unterhalb der Figur mit ihrem Namen beschrieben.

Die Gemälde-Serie ist mit großer Wahrscheinlichkeit nach seiner Herstellung vor fast 200 Jahren nach den Regeln der Tradition gesegnet worden. Auf der Rückseite sind Handabdrücke zu sehen. Nur mit einer detaillierten Analyse ließe sich vermutlich klären, ob die relativ großen Handabdrücke tatsächlich von einem neun oder 10 Jahre alten Dalai Lama stammen können, was eher unwahrscheinlich ist. Ebenfalls auf der Rückseite finden sich heilige Silben, oft in drei Spalten, wobei die Konsekrationssilben OṀ ĀḤ HŪṂ von einer jungen und ungeübten Hand ausgeführt scheinen – womöglich der Hand des neunten Dalai Lama. Wir wissen, dass er unter der Anleitung des kompetenten Major Domo Dechen Gyatso schon früh lesen und schreiben lernte. Es ist deshalb nicht sehr wahrscheinlich, dass die doch ziemlich unbeholfenen kalligrafischen Zeichen von ihm stammen. Die Rückseite ist außerdem mit einem Siegelabdruck versehen. Die exquisite Gemäldereihe wird, wenn sie für zeremonielle Zwecke zur Schau gestellt wird, mit einem riesigen, 10 Meter langen, roten Schal aus Seidenstoff *(kathag)* geschmückt, der komplett mit Randmuster und eingewobenen Glückszeichen ausgestattet ist.

| Nr. I | Nr. II | Nr. III |

265 Erster bis neunter Dalai Lama; von links nach rechts sind folgende Hauptpersonen zu erkennen: dritter Dalai Lama, erster Dalai Lama, Songtsen Gampo, fünfter Dalai Lama, Dromtön, zweiter Dalai Lama, vierter Dalai Lama (siehe auch eingelegter Leporello am Ende dieses Buches). Set von sieben Thangkas, je 60 x 128 cm, Sammlung Veena und Peter Schnell, Zürich.

Im Folgenden die von der Zentralfigur nach rechts und links ausgehende Anordnung:
Um den Bildzyklus chronologisch und nach interner Prominenz der Hauptfiguren zu lesen, geht man von der zentralen Figur (Nr. IV), dem fünften Dalai Lama, aus und folgt dann, zwischen (von der Hauptfigur aus gesehen) rechts und links alternierend, der Abstammungslinie: zuerst nach rechts (Nr. III), dann nach links (Nr. V), dann wieder rechts (Nr. II), links (Nr. VI), dann nach ganz rechts außen (Nr. I) und schließlich an den linken Rand (Nr. VII). Die sieben Thangkas sind in ihrer Gesamtheit im beiliegenden Faltblatt abgebildet.
Aus Gründen der Leserfreundlichkeit beschreiben wir hier die verschiedenen Thangkas – unserer provisorischen Nummerierung folgend – von links nach rechts, also aus Sicht des Betrachters:

NR. I
Die vier Figuren auf diesem Thangka werden von der zentralen Gestalt des allwissenden dritten Dalai Lama Sonam Gyatso (1543–1588) dominiert. Vor einer üppigen, naturalistischen Kulisse sitzt er in einem reichlich und fein gemusterten religiösen Gewand wie seine Vorgänger und Nachfolger auf einem eleganten Thron. Er hat einen breiten, roten Heiligenschein und seine Hände zeigen die Geste der Unterweisung. Sein Ausdruck ist ruhig und in sich gekehrt.[25]
Oben rechts sitzt eine weitere indische, königliche Präexistenz, Gyalpo Gebapel *(rGyal po dge ba dpal)*. Auch er trägt königliche Roben, und ein roter Heiligenschein umspielt seinen Kopf. Der tibetischen Maltradition zufolge werden alle indischen Präexistenzen bzw. Heilige stets im oberen Bereich einer Malerei abgebildet. Dieser indische König sitzt auf einem riesigen Thron unter einer felsigen Landschaft. Eine Verbindung zwischen Dharmarāja Gebapel und dem dritten Dalai Lama ist dokumentiert.[26]
Unten links thront ein wichtiger esoterischer Meister und Schatzfinder aus Tibet, »der Herr« *(mNga' bdag)* Nyangrel Nyima Wöser *(Myang ral Nyi ma 'od zer,* 1136–1204). Er trägt prachtvolle Innen- und Außengewänder und ist als esoterisch-asketischer Nyingmapa-Laie dargestellt. Sein Kopf wird von einem für ihn typischen Haarknoten, umgeben von einem blauen Heiligenschein, gekrönt. Er hält eine schwarze Gebetskette in seinen Händen. Zu seiner Rechten sind verschiedene rituelle Geräte erkennbar, die seine Fähigkeit andeuten, esoterische und apotropäische Rituale durchzuführen. Zu seinen Füßen, in einfacherer Asketenkleidung, können wir einen seiner Schüler ausmachen, wahrscheinlich seinen Sohn Namkhapel *(Nam mkha' dpal,* ca. 1182–1244), der sich, wie der weiter unten erwähnte Lhaje Gebabum, um Lhasa verdient machte, indem er »flutabwehrende« Rituale zum Schutz der Kathedrale von Jokhang durchführte. Nyangrel, der Schatzmeister-König und religiöse Meister, trug die Hauptverantwortung für die Auffindung und Verbreitung der Songtsen Gampo zugeschriebenen, testamentarischen Literatur. Aufgrund seiner zahlreichen Tätigkeiten könnte man ihn wohl in vielerlei Hinsicht als die wichtigste Figur in der gesamten Tradition des »Kults um den Großen Mitfühlenden« (Mahākāruṇikā) in Tibet bezeichnen. Und so wird Nyangrel in der Tat häufig als wichtige Inkarnation in der hierarchischen Genealogie der Dalai Lamas erwähnt.[27]

Nr. IV   Nr. V   Nr. VI   Nr. VII

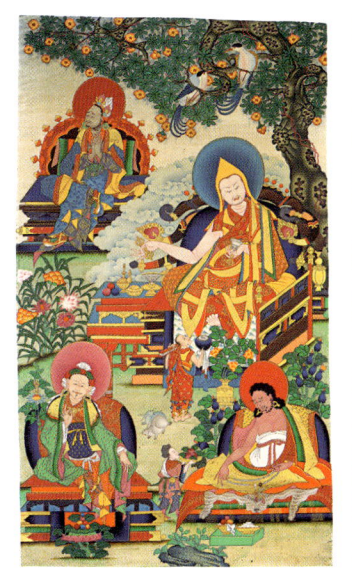

Der große tibetische Sakyapa-Meister Sachen Künga Nyingpo (*Sa chen Kun dga' snying po*, 1092–1158) thront unten rechts. Er sitzt mit untergeschlagenen Beinen auf einem Kissen, trägt kunstvolle Kleider und hält in seinen Händen einen Vajra und eine Glocke. Das Porträt im traditionellen Stil zeigt ihn als älteren, kahlköpfigen Mann.[28]

NR. II

Auf diesem Thangka sind drei Figuren dargestellt. Die zentrale Figur zeigt den ersten Dalai Lama, den allwissenden Gendün Drub (1391–1474). Er sitzt auf einem kunstvollen Thron und trägt Mönchskleidung. Seinen Kopf umgibt eine blaue Aureole, in seiner linken Hand hält er ein Buch und mit der rechten vollführt er die Geste der Unterweisung.[29]

Eine fast gleich große Figur oben rechts zeigt den indischen Prinzen »Fester Glaube« oder Gyebu Depatenpo (*rGyal bu Dad pa brtan po*). Kleidung und Pose sind seinem königlichen Status entsprechend. Auch bei diesem Prinzen handelt es sich um eine frühere Inkarnation des Dromtön. Die dazugehörige Erzählung findet sich in den *Wiedergeburtsgeschichten* und ist der Grund, warum er hier aufgeführt ist.[30]

Im unteren Register ist ein weiterer großer tibetischer König dargestellt, nämlich der zweite historische Dharma-König Trisong Detsen (742–797). Er ist majestätisch gekleidet, und seine Hände zeigen die Geste der Unterweisung und des Segnens. Sein gekrönter Kopf ist umgeben von einer azurblauen Aureole. Während seiner Herrschaft wurde der Buddhismus zur Staatsreligion. Er lud Padmasambhava nach Tibet ein und er war es auch, der Samye, das erste Kloster in Tibet, erbauen ließ. Er gehörte deshalb seit jeher zur Abstammungsreihe der Dalai Lamas.[31]

NR. III

Auf diesem Thangka sind wiederum nur drei Figuren zu sehen. Möglicherweise soll damit die Bedeutung der zentralen Figur unterstrichen werden. Es ist dies der erste historische Monarch von Tibet, Dharmarāja oder der Dharma-König Songtsen Gampo (581–649), der Gründer der tibetischen Dynastie. In einer von schroffen Felsformationen dominierten Landschaft sitzt er auf einem kunstvollen, mehrstufigen Thron, dessen reich verzierte Rückenlehne mit Drachenköpfen bestückt ist. Er trägt ein königliches Gewand aus erlesenen und fein gemusterten Stoffen, wie es einem wahren buddhistischen Dharmakönig zusteht. Sein Kopf ist von einer roten Aureole eingerahmt und wird, der traditionellen Ikonographie entsprechend, von einer kleinen Amitābha-Figur gekrönt. Er hält zwei Lotusblumen in seinen Händen, mit denen er jedoch gleichzeitig die Geste der Unterweisung bzw. des Segnens vollführt. Zu seinen Füßen erkennen wir seinen zuverlässigen Minister Thonmi, der das tibetische Alphabet erfand und es später seinem König beibrachte.

Bei der nur unwesentlich kleineren Figur oben rechts handelt es sich um Gyebu Jigten Wangchuk (*rGyal bu 'Jig rten dbang phyug* oder Prinz Lokeśvara).[32] Dieser »Herr der Welt«, ein für Avalokiteśvara häufig verwendetes Beiwort, ist eng mit der Hauptfigur verbunden. Auch er sitzt in der beliebten Lotus-Position (*ardhaparyanga*) mit Krone und Heiligenschein auf einem Thron mit einer stark geschwungenen Rückenlehne. Er trägt ein kunstvolles Gewand mit all den Insignien eines Monarchen. Mit der Rechten vollführt er die Geste des Segnens und in der Linken hält er eine Schale mit wunscherfüllenden Edelsteinen.

Unten links sehen wir den ersten König der tibetischen Dynastie, den Stammvater und ersten mythischen König *(rje)* Nyatritsenpo *(gNya' khri btsan po)*, der »auf dem Nacken thronende (König)«. In der Tat wird er von seinen neu gewonnenen Anhängern auf deren Nacken gleichsam einem Thron getragen.[33] Er ist außerdem wie ein König gekleidet und vollführt eine Schutz-Geste mit der Linken, während er in der Rechten eine Gebetskette hält. Speziell dieses Gemälde zeigt die Institution des Dalai Lama vor einem seinem königlichen Charakter gemäßen Hintergrund. Die dargestellten Figuren befinden sich in einer raffinierten, idyllischen Landschaft mit Bäumen, Felsen, Vögeln und Fischen, alles in allem eine bemerkenswert untibetische Szenerie, die an chinesische Landschaftsmalereien erinnert.

NR. IV

Dieses Gemälde ist das zentrale Thangka der ganzen Serie. Es zeigt den allwissenden fünften Dalai Lama Ngawang Lobsang Gyatso (1617–1682). Er trägt das prachtvolle traditionelle Ordensgewand des Gelugpa-Hierarchen aus feingemustertem, rot-gold-gelbem Stoff. Mit untergeschlagenen Beinen sitzt er majestätisch auf einem mehrstufigen Thronkissen, vor dem ein fein bemalter, ritueller Tischaltar steht. Sein Gesichtsausdruck ist ernst und hingebungsvoll zugleich. Seinen Kopf umgibt eine blaue Aureole. Mit der rechten Hand vollführt er die Geste der Unterweisung und in der linken hält er die Vase der Unsterblichkeit, gewöhnlich das Symbol von Amitayus, dem Buddha des Ewigen Lebens. Sein Thron ist umgeben von einer Mandorla aus Blumen, bestückt mit den Symbolen der acht glücksverheißenden Zeichen *(astamangala)*. Über seinem Kopf thront Tārā in der traditionellen Pose der Gelassenheit (das linke Bein untergeschlagen, das rechte ausgestreckt). Sie trägt ihre traditionelle Kleidung, hat eine blaue Aureole und ist umgeben von einer großen, roten Mandorla.

Im oberen Register, in einem Ozean von Wolken, sitzen – von links nach rechts – mehrere kleine Figuren: der sechste Dalai Lama Tshangyang Gyatso (1683–1706), der siebte Dalai Lama Kelsang Gyatso (1708–1757), dann der neunte Dalai Lama Lungtok Gyatso (1805–1815) und ganz rechts der achte Dalai Lama Jampel Gyatso (1758–1804). Die Position der letzten zwei Figuren wurde offensichtlich vertauscht, würde man doch erwarten, dass der neunte Dalai Lama auf den achten folgt. Sie sind alle viel kleiner dargestellt als die zentrale Figur, um ihre hierarchische Unterordnung bzw. ihre vergleichsweise untergeordnete Rolle gegenüber dem fünften Dalai Lama deutlich sichtbar zu machen.

NR. V

Der Bildhintergrund des fünften Thangka ist viel naturalistischer als der anderer Gemälde dieser Serie. Wieder sind nur drei Figuren abgebildet. Die zentrale Figur stellt den imposanten Dromtön Gyalwe Chungne (1005–1064) dar, den Laienmeister und Gründer des ersten Kadampa-Klosters von Reting und ein Eckpfeiler in der Dalai Lama Genealogie.[34] Ihm wird die Gründung der erfolgreichen Ordensbewegung der Kadampa zugeschrieben. Indem er den indischen Meister Atiśa nach Zentraltibet einlud, leitete er die Entwicklung ein, aus der schließlich die Gelugpa-Schule hervorgehen sollte. Seine Darstellung hier ist sehr konventionell und von anderen Bildnissen her hinlänglich bekannt: lange Mähne, lockiges Haar, üppiger Ohrschmuck, umgeben von einer roten Aureole. Er sitzt auf einem kunstvollen, mehrstufigen Thron mit riesiger Rückenlehne, umgeben von Blumen, trägt vornehme Kleidung – das reiche und vielfarbige Gewand eines Laien-Herrschers – und vollführt mit der linken Hand eine unterweisende, mit der rechten eine segnende Geste.

Der indische Dharmarāja-König *lHa'i rgyal po* (Devarāja), oben links, sitzt in der Pose eines Königs auf einem mehrstufigen Thron mit geschwungener Rückenlehne und zeigt die Geste der Unterweisung. Er ist ebenfalls üppig gekleidet und mit den passenden Insignien und Regalia geschmückt. Seine Krone wird von einem blauen Heiligenschein umgeben. Seinen Platz in der Wiedergeburtshierarchie verdankt er der Tatsache, dass er in der populären und maßgeblichen Narthang-Erzähltradition – der auf Dromtön zurückgehenden Sammlung von erbaulichen *Wiedergeburtsgeschichten* oder *Jātaka* – als eine von 36 traditionellen, indischen Avalokiteśvara-Inkarnationen aufgeführt wird. Dies ist sicherlich auch der Grund, warum er mit Dromtön auf dem gleichen Thangka dargestellt wird.[35]

Die letzte Figur, unten links, zeigt König Lha Thothori Nyenshel *(lHa tho tho ri snyan shel)*, den mythischen 27. König der prähistorischen Linie der königlichen tibetischen Dynastie. Auch er sitzt, vornehm gekleidet und mit einem religiösen Buch in der linken Hand, auf einem zweistufigen Thron mit geschwungener Rückenlehne. Auf einem Sockel zu seiner Rechten ist eine Stūpa. Diese beiden Objekte, die Stūpa und das Buch, verweisen auf die heiligen Objekte des Avalokiteśvara-Kultes, deren göttliche

266–269 Details aus dem fünften Thangka.   **266** Der indische Dharmakönig Lhai Gyalpo (Devarāja).   **267** Zwei Vögel.   **268** Zwei Gazellen, eine Stūpa sowie ein Schüler zu Füßen des Dromtön.   **269** Ein Mann mit Vase.

270/271 Details aus dem sechsten Thangka. **270** Ein Mönch, der dem hier nicht zu sehenden zweiten Dalai Lama eine Bettelschale hinhält und ein Buch auf den Schultern trägt. Rechts davon der Kopf des kashmirischen Yogi Khache Gönpapa. **271** Ein Vogelpaar.

Ankunft auf dem Dach des Königspalastes in der fernen Frühzeit der tibetischen Geschichte den Stoff einer bekannten Legende bildet und den ersten Kontakt zwischen Buddhismus und Tibet signalisiert. Seiner Rolle bei der Einführung des Buddhismus in Tibet verdankt er seinen Platz auf der Liste der früheren Inkarnationen des Avalokiteśvara.[36]

NR. VI

Die zentrale Figur dieses Bildes zeigt den allwissenden zweiten Dalai Lama Gendün Gyatso (1475–1542).[37] Er sitzt auf einem ausladenden, reich verzierten Thron mit einer gebogenen Rückenlehne und ist in eine kunstvolle, rot und gelb gemusterte Mönchsrobe gekleidet. Er hat einen blauen Heiligenschein. In seiner rechten Hand hält er einen Vajra und in seiner linken eine Glocke, ähnlich wie der vierte Dalai Lama.

Er wird oben links flankiert vom indisch-buddhistischen Prinzen Konchog Bang (dKon mchog 'bangs), dessen Lebensgeschichte der Narthang-Erzähltradition zufolge den Ausgangspunkt für die Legitimität eines entscheidenden Segments der späteren Dalai Lama-Inkarnationsreihe bildet. Er trägt ein reich verziertes, vielschichtiges Gewand von blauer, roter und gelber Farbe und sitzt auf einem kunstvollen Thron. Seine königliche Erscheinung ist von wahrhaft Dharmarāja-artiger Erhabenheit. Seine Hände zeigen die Geste der Unterweisung.[38]

Unten links findet sich König Ralpacan (805–836). Dieser fromme tibetische König war einer der drei buddhistischen Ahnen-Könige der tibetischen Yarlung-Dynastie. Er trägt ein üppiges und kunstvoll verziertes königliches Gewand und sitzt auf einem Thron in einer halben Lotusposition (ardhaparyanga).

Er hat eine rosarote Aureole und vollführt mit der linken Hand die Geste der Unterweisung.[39]

Die letzte Figur auf diesem Gemälde, unten rechts, stellt den großen kashmirischen Yogi Khache Gönpapa (Kha che dGon pa pa, geb. 1055) dar. Er sitzt auf einem breiten, mit einem Tigerfell unterlegten Kissen. Auch er ist kunstvoll gekleidet. Er hält eine Gebetskette in seinen Händen. Diese historisch nebulöse Figur soll dem westtibetischen Zangs dkar lotsāwa esoterische Vaiśravaṇa-Zyklen angeboten haben. Seine Aufnahme in die Abstammungsreihe verdankt er nicht zuletzt dem Umstand, dass er Zangs dkar in den achtziger Jahren des 11. Jahrhunderts dazu bewegen konnte, den heruntergekommenen Jokhang-Tempel zum ersten Mal im postimperialen Zeitalter gründlich zu renovieren.[40]

NR. VII

Die Hauptfigur auf diesem Gemälde stellt den vierten Dalai Lama, den allwissenden Yönten Gyatso (1589–1616), dar, den mongolischen Prinzen, dessen Epitheton in der Erzähltradition von Narthang gewöhnlich als Dharmarāja Dechen Chökyi Gyalpo (bDe chen chos kyi rgyal po) angegeben wird. Hier sitzt er würdevoll, in kunstvolle, prächtig gemusterte, gelbe und rote Roben gekleidet sowie mit einem blauen Heiligenschein als Symbol seiner Erleuchtung versehen, mit untergeschlagenen Beinen auf einem reich dekorierten Thronsessel. In seiner rechten Hand hält er einen Vajra und in der linken eine Glocke. Vor ihm sehen wir einen seiner Begleiter und mongolische Adlige, die ihm wertvolle Geschenke bringen. Oben links im Bild ist Zhang Yutrakpa (Zhang g.Yu brag pa brTson 'grus grags pa,

1123–1193). Er wird als Mönch auf einem Thron dargestellt, eingehüllt in ein fein gemustertes, rotes und gelbes Kleid. Er trägt einen Hut, dessen Ursprung nach traditioneller Überlieferung auf Daggom Tsultrim Nyingpo (*Dvags sgom Tshul khrims snying po,* 1116–1169), einen von Lama Zhangs wichtigsten Lehrern, zurückgeht. Zhangs Miene scheint den kämpferischen Charakter seiner Persönlichkeit widerzuspiegeln, der ihm in zeitgenössischen Quellen regelmäßig attestiert wird.[41] Seine untersetzte Gestalt und seine Korpulenz sind weitere charakteristische Züge, mit denen er in Bildnissen oft ausgestattet wird. Seine linke Hand ruht in der Geste der Besinnung und die rechte zeigt die Geste der Erdbezeugung, eine bekannte Haltung, die ihn als wahre Erscheinungsform des Buddha ausweist. Er gilt als der einflussreiche Gründer der Tshelpa Kargyüpa-Schule, eine der ersten postimperialen, politisch-religiösen Institutionen, die 1175 und 1187 in Tshel Gungthang gegenüber von Lhasa gegründet wurde.[42] Er und seine Nachfolger beherrschten das Tal von Lhasa im 12. und 13. Jahrhundert.

Auch sein jüngerer Zeitgenosse Lhaje Gewabum (*lha rje dGe ba 'bum,* ca. 1200–1250), unten links, sitzt, an ein grünes Kissen gelehnt, auf einem Thron. Er ist kunstvoll in ein feines Laiengewand gehüllt. In der Linken hält er eine schwarze Gebetskette und in der Rechten eine Blume. Seinen Kopf umgibt eine rote Aureole. Dieser Asket und Arzt spielte, ähnlich wie Lama Zhang, in der Gegend von Lhasa eine Pionierrolle: Er baute und reparierte die Deiche, die Jokhang vor Überschwemmungen schützen sollten.[43] Im Jokhang wurde ein Standbild errichtet, das an seine Leistungen zum Schutz Lhasas erinnerte. Seine Rolle beim Hochwasserschutz ebenso wie sein Einsatz zugunsten des Kults des »Großen Mitfühlenden« sicherten ihm einen Platz auf der offiziellen Liste der vom fünften Dalai Lama geweihten Präexistenzen.

Die letzte sekundäre Figur auf diesem Thangka, unten rechts, ist der ansonsten wenig bekannte nepalische Asket Panchen Padmavajra (13. Jh.). Man sieht ihn in sitzender Haltung in Roben gekleidet und mit dem roten Hut eines indischen Pandit auf seinem Haupt. Seine Aufnahme in die Abstammungsreihe ist durch eine Prophezeiung in den Narthang-Wiedergeburtsgeschichten des Dromtön schriftlich bestätigt.

Erwähnenswert ist schließlich noch, dass diese drei sekundären Figuren, die sonst keinen historischen Bezug zur Hauptfigur des vorliegenden Thangka haben, gewöhnlich gemeinsam aufgeführt werden, wahrscheinlich, weil sie ursprünglich zusammen einer anderen Abstammungslinie angehörten.[44]

SCHLUSSBEMERKUNGEN

Die Gemälde, die offensichtlich nach dem Vorbild einer ähnlichen Serie im Potala-Palast entstanden, sind in Malweise und Komposition kontrolliert und thematisch einfach gehalten, wodurch die Hauptfiguren in den Vordergrund rücken. Im Unterschied zu anderen Dalai Lama-Inkarnationsserien sind die einzelnen Bilder hier nicht als biografische Skizzen komponiert, die wie ein Buch gelesen werden können und gewöhnlich das vorbildliche oder heilige Leben des Meisters bzw. Hierarchen hervorheben. Vielmehr handelt es sich hier um weit kraftvollere Einzelporträts. Die zentrale Figur und Protagonist der gesamten Serie ist der große fünfte Dalai Lama, die alles dominierende und für die Heiligsprechung der Abstammungsreihe verantwortliche Gestalt. Er ist auch die zentrale geistliche und politische Figur, die das Erbe des Avalokiteśvara oder des »Kults des Großen Mitfühlenden« in Tibet verkörpert und dem dieser seine große Beliebtheit verdankt.

Das Set wird künstlerisch kommentiert, indem der Maler die aufeinander folgenden, aber der zentralen Figur klar untergeordneten Hierarchen der Linie anfügt. Diese dem fünften Dalai Lama untergeordneten, späteren Dalai Lamas hätten auf individuellen Thangkas problemlos ihre eigene prominente Stellung erhalten können. Die Hauptintention von Maler und Auftraggeber scheint gewesen zu sein, eine direkte und einleuchtende Verbindung zwischen dem fünften – und vor ihm die ganze Reihe der Avalokiteśvara-Wiedergeburten bis zur Gründerfigur des Landes und der Kadampa-Schule – und dem neunten Dalai Lama in einer ununterbrochenen Linie herzustellen, wie dies in der Anordnung der Nebenfiguren und -bilder und deren Ausrichtung auf das zentrale Thangka angedeutet wird. Der neunte Dalai Lama hatte in seinem kurzen Leben verschiedentlich Visionen des fünften Dalai Lama und behauptete, er sei mit ihm identisch. Auch dies mag bei den Diskussionen zwischen Auftraggeber und Künstler zur kompositorischen Struktur eine Rolle gespielt haben. Trotzdem dürften die Hauptmotive für die Ausführung letztlich vor allem die Legitimierung, die Repräsentation und zweifellos auch die Kommemoration gewesen sein. Wie wir gesehen haben, kann das Set sowohl als getreues Abbild wie auch als innovative Weiterentwicklung des Repertoires der Dalai Lama-Sukzessionsserien angesehen werden.

Der Künstler wurde in seiner Arbeit eindeutig von prototypischen Wandgemälden in den Räumen des Potala-Palastes inspiriert. Dies gilt nicht nur für die Porträts der Hauptfigur und des Dromtön, wie anhand der Potala-Wandmalereien – u. a. in der westlichen Sishi Phuntsog Halle – ersichtlich wird, die zwischen 1690 und 1694 im traditionellen *sman thang* Stil angefertigt wurden. Auch etliche Nebenfiguren hatten eindeutig ihre Vorlage in den Wandmalereien in der Kadam Khyilba-Kammer, welche die Dromtön-Wiedergeburtgeschichten darstellen und ebenfalls zwischen 1690 und 1694 ausgeführt wurden.[45]

Der Künstler bediente sich bei der Ausführung der Bildnisse konventioneller und idealisierter Züge, die er entweder von Einzelporträts der jeweiligen Figur oder von einer zu seiner Zeit besonders populären und möglicherweise identischen Bilderserie übernahm. Doch vermochte der Künstler offensichtlich nicht, den Verlockungen des Experimentierens mit den zahlreichen Möglichkeiten der Porträtmalerei zu widerstehen. Einige der Bildnisse scheinen in einer sehr persönlichen Manier gestaltet zu sein, lassen doch gewisse ikonographische Einzelheiten und Vorlieben bei der Farbgebung deutlich die persönliche Handschrift des Künstlers erkennen. Auch bei Fragen der Abstammungsreihe hat er sich möglicherweise einige Freiheiten erlaubt oder aber sein Unwissen offenbart. Betrachten wir zum Beispiel den Fall von Trisong Detsen und Nyangrel Nyima Wöser: Da Letztgenannter öfters als Wiederverkörperung Trisong Detsens galt, wäre zu erwarten gewesen, sie nebeneinander auf dem gleichen Bild zu finden.

Künstlerische Nachahmung ist bezeichnend für die tibetische Kunst, und trotzdem hat der Künstler ungeachtet des kompositorischen Vorbilds, das er vor Augen hatte, in dieser bezaubernden Serie seine persönliche Note hinterlassen. Diese wird in seinen Abweichungen von den traditionellen Darstellungen der Genealogie besonders offensichtlich. Weder das präzise Datum noch die genaueren Umstände der Entstehung der Bilder sind bekannt, ebenso wenig, wer der Künstler war und wo die Bilder entstanden sind. Aufgrund der bekannten Umstände lässt sich jedoch Folgendes vermuten: Die Thangka-Serie wurde um 1815 möglicherweise von einem aus dem Denma-Gebiet (der Region Kham) stammenden, lokalen Meister der späten, osttibetischen Menri-Tradition im Potala Palast angefertigt. Die Entstehung des Sets wird in der detaillierten Biografie des neunten Dalai Lama, geschrieben im Auftrag der Demo Regenten[46], nicht erwähnt, was äußerst erstaunlich ist. Es ist zu vermuten, dass das Set gegen Ende seines Lebens oder kurz nach seinem Tod in Auftrag gegeben wurde. Die Familie des neunten Dalai Lama wurde, im Gegensatz zu den meisten anderen Dalai Lama-Familien, nie als Yabzhi *(yab gzhis)*-Familie in den Adelsstand erhoben. Das mag damit zusammenhängen, dass das Familienoberhaupt, der Vater des neunten Dalai Lama, bereits gestorben war, und ihn möglicherweise nur seine Mutter und seine Schwestern sowie sein Onkel nach Lhasa begleiteten. Nach dem frühzeitigen Tod des neunten Dalai Lama kehrte die Familie mit den meisten Verwandten wieder nach Kham zurück und hinterließ daher keine sichtbaren Spuren in Zentraltibet. Dieser Umstand würde unsere Annahme bestärken, wonach die vorliegende Thangka-Reihe in einem lokalen Atelier in Lhasa von einem Maler aus Denma in Gedenken an den Verstorbenen angefertigt wurde. Denma war damals berühmt für seine starke Menri-Maltradition, die nicht zuletzt im 17. Jahrhundert ausreichend dokumentiert ist.[47]

Es besteht kein Zweifel, dass die vorliegende Serie mit ihrem bemerkenswerten persönlichen Stil und prominenten Thema ein ganz außerordentliches tibetisches Kunstwerk darstellt. Die Tatsache, dass einer der Hauptdarsteller der von einem frühen und vielleicht unnatürlichen Tod betroffene neunte Dalai Lama ist, von dem wir so wenig wissen, verleiht diesem Abstammungs-Set zusätzliche Bedeutung und historischen Wert.

272–275 Details aus dem siebten Thangka. **272** Kopf des Zhang Yutrakpa mit einem speziellen Hut, der auf einen der wichtigsten Lehrer von Lama Zhang zurückgeht. Zhangs Miene scheint den kämpferischen Charakter seiner Persönlichkeit widerzuspiegeln. **273** Felsformationen mit Pflanzen und Tieren. **274** Ein Begleiter des vierten Dalai Lama und mongolische Adlige, die Geschenke bringen. **275** Lhaje Gewabum, der in Lhasa Deiche baute und so den Jokhang-Tempel vor Überschwemmungen schützte.

EINE SIEBEN THANGKA SUKZESSIONS-SERIE 257

DER TIBETISCHE BRIEFSTIL
ZWISCHEN TRADITION UND MODERNE

Hanna Schneider

Hand in Hand mit der Entwicklung des Staatswesens vollzog sich im Orient wie im Okzident nach und nach eine den Erfordernissen der jeweiligen Verwaltungspraxis entsprechende Typologisierung des Brief- und Kanzleistils.

Außerhalb des europäischen Kulturkreises konnte sich in Anlehnung an antike Traditionen eine inhaltlich wie formal bedeutende Brieftradition besonders im mittleren und fernen Osten herausbilden.

Der von rhetorisch wie literarisch Gebildeten, nach den festen Regeln des Kanzleistils für die amtliche wie private Korrespondenz konzipierte Brief erfreute sich hier wie dort seit Alters her hohen Ansehens.

In Tibet selbst lassen sich hinsichtlich der strukturgeschichtlichen Entwicklung des offiziellen wie privaten Briefstils in mehreren Linien Parallelen zum abendländischen Raum aufzeigen. Hier wie dort erfolgt ungefähr im selben Zeitraum, d. h. zwischen dem 8. und 18. Jahrhundert, die stufenweise Entwicklung von losen Briefsammlungen über so genannte Formelbücher, in denen die einzelnen Formelteile[1] für den behördlichen Gebrauch nach Sparten angeordnet sind, bis zum Briefsteller, einem Lehrbuch mit theoretischen Anleitungen und Musterbeispielen für die nach äußeren wie inhaltlichen Gesichtspunkten korrekte und elegante Abfassung formvollendeter Briefe. Als signifikant erscheint hierbei die Tatsache, dass sowohl das Schreiben als auch das Sammeln von Briefen in Tibet just in einer Zeit strukturellen Wandels, in einer Zeit des Aufschwungs und der Festigung des Buddhismus tibetischer Prägung als Staatskirche, in einer Zeit intensiver Kontaktnahme des Landes zu seinen politischen Nachbarn, in Mode kommt.

Eigenständige Briefsammlungen haben Eingang in die Werksammlungen vieler berühmter Gelehrter gefunden: Die zu Lebzeiten der einzelnen Meister von diesen selbst verfassten Briefe wurden quasi als deren gesprochenes Wort bewahrt und auf diese Weise der Nachwelt überliefert, wobei alle Schulrichtungen des tibetischen Buddhismus gleichermaßen vertreten sind.

Für die Entwicklung des klassischen Kanzleistils war die bereits durch den fünften Dalai Lama Ngawang Lobsang Gyatso in der zweiten Hälfte des 17. Jahrhunderts initiierte Neu-Konsolidierung des tibetischen Staates von maßgeblichem Einfluss. In der Folge erscheint Tibet in der zweiten Hälfte des 18. Jahrhunderts als wohlorganisiertes Staatsgebilde.

Die Briefsteller, die gerade zu jener Zeit in Mode kommen, zeichnen ein genaues Abbild der nunmehr veränderten Gesellschaftsstrukturen. Die mit dem Aufbau eines zentral regierten Staatswesens einhergehende Erweiterung des Verwaltungsapparates, die Einführung der fünf Adelsränge[2] im Jahre 1792 und die dadurch bedingte feine Differenzierung der einzelnen Funktionsbereiche bilden gleichsam einen idealen Nährboden für die nun erforderliche, den aktuellen Gegebenheiten Rechnung tragende Typologisierung des Brief- und Kanzleistils. Die einzelnen, auf die jeweiligen Ränge zugeschnittenen Formelteile werden den neuen Erfordernissen entsprechend in einen theoretischen Rahmen eingefügt, der seinerseits das der jeweiligen Situation entsprechende Protokoll genau regelt; die fein abgestuften Möglichkeiten der tibetischen Sprache werden hierbei voll ausgenützt. Gerade in den tibetischen Briefstellern der Ganden Phodrang-Zeit wird bei den Anleitungen und Musterbeispielen für Briefe und Eingaben an den Dalai Lama besonderes Augenmerk auf die in jeder Hinsicht korrekte Abfassung derselben gelegt.

Auch dem äußeren Rahmen, d. h. den in den Briefen einzuhaltenden Respektsabständen, einer schönen Schrift, der sorgfältigen Faltung und Versiegelung des Schriftstücks musste genauestens Rechnung getragen werden. So heißt es in Norgye Nangpas offiziellem, 1888 verfassten Briefsteller für den behördlichen Schriftverkehr, der in den Kanzleien auslag und nach dessen Richtlinien offizielle Schreiben abzufassen waren:[3] »Bezüglich der Eingaben an den höchsten Ort, den Schutzherrn, den Herrn der Siegreichen gelten für alle Adressanten vom Rang eines Ministers *[kalön]* abwärts dieselben Richtlinien: Hinsichtlich der Abmessung der Breite des Briefblattes sind höchstens viereinhalb Handbreiten, wenigstens drei Handbreiten und acht Fingerbreiten anzunehmen. Die Inscriptio[4] ist eine Handbreite und acht Fingerbreiten unter den oberen Blattrand zu setzen, als Seitenabstände sind jeweils rechts und links sieben Fingerbreiten zu wahren.

Der Respektsraum zwischen Inscriptio und der güwang-Formel[5] beträgt eine Handbreite und vier Fingerbreiten. Einschübe, Abbreviaturen und Korrekturen sind zu vermeiden. Es ist sicher zu gehen, dass der Zeilenabstand eine Fingerkuppenbreite nicht überschreitet.

›Dies ist die mit einem Khatag
       in gläubiger Hingabe
              überreichte Eingabe‹

Solcherart ist die Dreierfolge der Respektsräume hinsichtlich der Schlussformel gegeben.

Der Abstand zwischen der Schlussformel und dem unteren Blattrand ist vom jeweiligen Status des Adressanten abhängig. Auch wenn das Schriftstück so abzuschneiden wäre, dass die unteren Enden der Buchstaben gerade nicht verloren gehen, so habe ich doch aus mündlicher Tradition erfahren, dass im Hinblick auf ein gutes Omen die Gepflogenheit besteht, nicht wie oben beschrieben abzuschneiden. Dementsprechend beträgt der Abstand zum unteren Blattrand eineinhalb Fingerbreiten. Indem man sicher geht, dass die Faltenlinie nach oben nicht verloren geht, ist das Schriftstück so schmal wie möglich zu falten.

Hinsichtlich der Gestaltung der Respektsräume auf dem Übergabevermerk der Außenaufschrift ist wie oben zu verfahren, wobei die Außenaufschrift ebenfalls in drei Stufen (s. o.) bis an den unteren Rand zu setzen ist.

Das *tagdam*-Befestigungssiegel ist mit der Hälfte seines Siegelfeldes anzubringen, nachdem man den Siegelkopf gerade ausgerichtet hat.

Die zum Verschließen des Schriftstücks benötigte Papierschleife ist von unten über die Vorderseite nach oben zu wickeln und unten wieder hineinzufügen.

Auf solcherart vorgenommene, neun Umwicklungen ist das vorderseitige Befestigungssiegel mit dem Siegelkopf nach der Außenaufschrift auszurichten. Das rückwärtige Siegel ist gerade anzubringen. Die vier Enden des zur Briefhülle bestimmten Papiers werden sauber abgeschnitten. … Das Siegelwachs für den Siegelabdruck soll für das Siegelfeld in etwa ausreichen, so dass die Wulst nicht sehr dick ist.

Was den Übergabevermerk angeht, so sind die Titulaturen wie in der Eingabe zu wiederholen.«

Hinsichtlich des hier beschriebenen äußeren Rahmens werden in den Richtlinien keine Unterschiede gemacht, ob es sich, im Gegensatz zu allen übrigen Adressaten, beim Adressaten um einen Dalai Lama oder um einen Panchen Rinpoche handelt. Dem Rangverhältnis entsprechend, das zwischen Adressant (Sender) und Adressat (Empfänger) besteht, ändern sich z. B. die Abmessungen des Briefbogens, die Respektsabstände – sie werden naturgemäß kleiner – und die Anzahl der Umwicklungen des fertig gefalteten Briefes mit der zum Verschluss bestimmten Papierschleife.

Auch bezüglich des inneren Rahmens, d. h. hinsichtlich der feststehenden Formelteile für die verschiedenen Eingangs- und Schlussteile, wird einer korrekten und eleganten Formulierung die größte Aufmerksamkeit geschenkt. Naturgemäß kommt auch hier dem für Schreiben an einen Dalai Lama reservierten Abschnitt die größte Aufmerksamkeit zu.

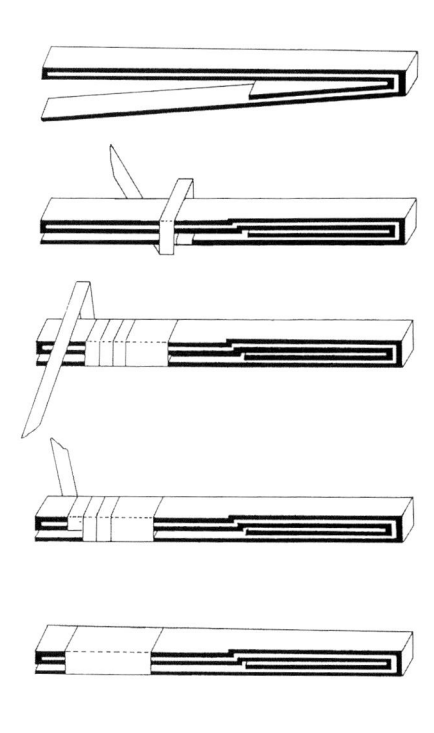

276 Die Art, wie ein Brief gefaltet und mit einer Papierschleife verschlossen wird (Zeichnung von Hanna Schneider, Bonn, zur Verfügung gestellt).

Die einzelnen Briefteile werden hierbei sukzessive abgehandelt: Zuerst werden verschiedene Formulierungen für die *Inscriptio* – die »Anrede« – besprochen, gefolgt von der schon erwähnten Devotionsformel, dem Eingangsteil und der feststehenden Überleitungsformel zur *Narratio* und zur *Petitio*, d. h. zum Hauptteil, der im tibetischen Kontext das »Herzstück« des Briefes darstellt. Dieser kann verständlicherweise von den »Briefstellern« nicht vorausschauend dargestellt werden, er ist vom Adressanten selbständig zu verfassen, da er hier seinem subjektiv Berichtenswerten bzw. seinem persönlichen Anliegen Gehör verschaffen möchte.

Was die Überleitungsformel zum Schlussteil und das so genannte »Schlussprotokoll« anbelangt, welches das Datum der Abfassung des Briefes, die – im tibetischen Kontext immer wichtige – Erwähnung der beigefügten Geschenke und die Devotionsformel am Ende des Briefes behandelt, kann der Schreibende wiederum zwischen verschiedenen Formulierungen auswählen:[6] »Hinsichtlich der an den Schutzherrn, den großen, alles wissenden und sehenden Herrn der Siegreichen[7] gerichteten Schreiben sind die Titulaturen für die Adressanten vom Range eines Ministers *(kalön)* abwärts ohne Unterschied dieselben:

(Inscriptio): Vor dem alle Wünsche für den Nutzen und das Wohlergehen erfüllenden Juwel der Fußstütze des Scheitelschmucks der im Saṃsāra sich befindlichen oder bereits ins Nirvāṇa einge-

gangenen Lebewesen einschließlich der Götter, des Schutzherrn, des großen, besten, alles wissenden und sehenden Herrn der Siegreichen ...
oder:
(Inscriptio): Vor dem von acht mächtigen Löwen getragenen Thron, der Fußstütze des Scheitelschmucks aller im Saṃsāra sich befindlichen oder bereits ins Nirvāṇa eingegangenen Lebewesen, der einen Majestät über das Schneeland, des Herrn der Siegreichen, des Padmapāṇi[8], des großen, alles Wissenden und Sehenden...
(Devotionsformel): ... lege ich mit der ungeteilten gläubigen Hingabe von Körper, Rede und Geist zusammen mit einer Niederwerfung, wobei die Glieder meines Körpers auf der Erde ausgestreckt sind, als Herzstück meines Ansuchens dar:
(Captatio benevolentiae): Dieser Tage, da das Wohlergehen und das Glück blendend erstrahlt im Glanz und in den Vorzügen eines vollendeten Zeitalters ...
oder:
Dieser Tage, zu einem Zeitpunkt, da der Glanz und die Vorzüge des Heils und des Guten hunderttausendfach sich ausgebreitet haben, da seid Ihr, Ihr als einziger Hort der Zufluchtnehmenden dieser Welt, bei dem die Anordnung der Merkmale und symmetrischen Proportionen der drei Verborgenheiten des Körpers, der Rede und des Geistes dessen, der das Gebaren eines jugendlichen Mönches zeigt, klar, fest umrissen und hell strahlend sind;
Ihr, der Ihr lebt und gedeiht, indem Ihr durch Euren tiefen und weiten Lebenswandel die gleich dem Firmament grenzenlose Zahl aller Lebewesen auf den Pfad zur offensichtlichen Erhöhung und zum vollkommenen Guten führt: In dieser Weise ist die Anhäufung Eurer unermesslichen Güte gleich dem milliardenfach aufgetürmten Herrn der Berge[9] groß – groß!
Darf auch ich, der in der Gewährung der Güte des großen Schutzherrn lebende Untertan kundtun, daß ich, der ich kaum von Beschwerlichkeiten berührt werde, im Betragen der Bemühung um meine Obliegenheiten lebe.
An dieser Stelle werfe ich mich nieder und trage als Herzstück meines Anliegens vor:
(Es folgt die Narratio und die Petitio)
(Schlussteil): Mögt Ihr auch in Zukunft in der Natur der 10 Kräfte und vier Furchtlosigkeiten in der Sphäre des mit den fünf Gewissheiten versehenen Körpers fest verweilen. Mögt Ihr kraft des Glanzes Eurer Unterweisung und Meditation, Eurer Aktivitäten des Studiums, der Versenkung und der ethischen Verhaltensweise Euren Werken des Hinwegnehmens allen Zwielichtes des Saṃsāra und des vorläufigen Nirvāṇa ohne Unterbrechung nachkommen; von da aus auch mir gegenüber, der Ihr Euch durch alle Abfolgen meiner Existenzen hindurch um mich gekümmert habt, Euer feierliches Versprechen, dass es mir erlaubt sei, je nach Verlangen vom Nektar Eurer tiefgründigen Unterweisung zu kosten, gleich Eurer vajra-haft festen Bindung ganz und gar niemals zu lockern. Nehmt zur Kenntnis, nehmt zur Kenntnis, nehmt zur Kenntnis. Nehmt zur Kenntnis, nehmt zur Kenntnis. Dies ist die solcherart zusammen mit der... Stütze[10] meines Anliegens mit der großen gläubigen Hingabe meines Körpers, meiner Rede und meines Geistes überreichte Eingabe.«

Abgesehen von der im folgenden skizzierten Tradition des Briefwechsels auf gekalkten Holztafeln schrieb ein Dalai Lama offizielle wie private Briefe in der Regel nicht mit seiner eigenen Hand. Hierfür standen der Tradition entsprechend speziell ausgebildete Sekretäre zur Verfügung.

Das Prozedere vollzog sich in der Regel so, dass der Dalai Lama den betreffenden Text seinem Sekretär diktierte, der hiervon zunächst ein Konzept erstellte, das nach erfolgter Vorlage und Befürwortung in Reinschrift zu Papier gebracht wurde. Das Original wurde nach seiner Fertigstellung in Anwesenheit des Dalai Lama untersiegelt, worauf von diesem Original eine beglaubigte Abschrift erstellt und zur Aufbewahrung in die zuständigen Archive übergeben wurde.

Neben der Übermittlung von Briefen auf beschriebenem Papier gab es in Tibet auch die Möglichkeit, über Kurierdienste schriftliche Nachrichten sowohl auf gekalkten Holztafeln[11] als auch durch so genannte Pfeilbriefe *(dayig)* zustellen zu lassen.[12] Während Pfeilbriefe, bei denen der Brieftext mit Tusche und Bambusfeder auf einen an einem Pfeil oder Holzstock befestigten Stoffstreifen aufgetragen wurde, in der Regel zur Beförderung eiliger behördlicher Nachrichten eingesetzt wurden, dienten die *samda*-Schreibtafeln vor allem dem persönlichen Briefverkehr über kürzere Distanzen. Hierbei wurde Kalkpuder auf kleine rechteckige Holztäfelchen aufgetragen. Auf diese so entstandene Schreibfläche wurde der Brieftext mit einer trockenen Bambusfeder – ohne Tinte oder Tusche zu verwenden – eingeritzt. Der Text konnte somit nach dem Lesen auf einfache Art und Weise, ähnlich der bei uns gebräuchlichen Schiefertafeln, wieder abgewischt und die Antwort postwendend auf demselben Weg zurückgeschickt werden.

Auch bei den Dalai Lamas erfreute sich das Schreiben auf gekalkte Holztafeln großer Beliebtheit. So berichtet z. B. Rinchen Dolma Taring über einen derartigen Briefwechsel zwi-

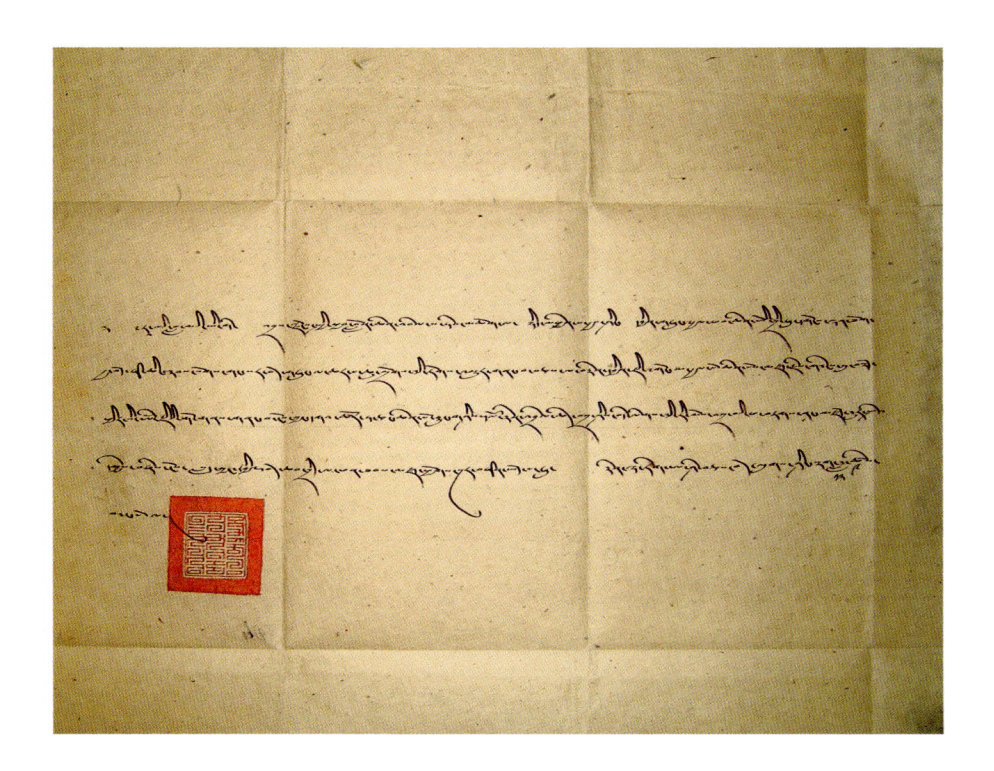

277 Brief des 13. Dalai Lama an Charles Bell, in dem er zur Verleihung des Titels eines C.M.G. (Commander of His Majesty's Government) gratuliert. Lhasa, 1915, British Library, London, Inv. Nr. Eur Mss F80-19. >>>

schen dem 13. Dalai Lama Ngawang Lobsang Thubten Gyatso (1876–1933) und ihrem Vater, dem berühmten Tsarong Shape Dasang Dadul.

Der »Große Dreizehnte«, Gelehrter und Staatsmann in bewegten Zeiten, war und ist bis heute für seinen außergewöhnlichen, rhetorisch nuancierten Schreibstil bekannt. Im historischen Zusammenhang geben seine Briefe, die Eingang in eine eigene Werksammlung gefunden haben, Auskunft über die vielschichtigen politisch-religiösen Ebenen, auf denen er mit weltlichen wie religiösen Amtsträgern und Staatsmännern inner- wie außerhalb Tibets kommunizierte. Seine Briefe zeichnen sich durch die Ausdruckskraft einer an Stilmitteln reichen Sprache aus, die Zeugnis über seinen individuellen Charakter ablegt und, gepaart mit den klaren Gedankengängen des erfahrenen Staatsmannes, noch ganz in der Tradition der *kavya*-Kunstdichtung in ihrer tibetischen Ausprägung steht.

Das Leben des 13. Dalai Lama wurde von westlicher Seite durch Sir Charles Bell (1870–1945) dargestellt, der seit dem Jahre 1901 in diplomatischer Mission zuerst in Kalimpong, später bis 1919 als Political Officer in Sikkim, Bhutan und Tibet, ab 1920 wiederum in diplomatischer Mission in Lhasa tätig war und in engem freundschaftlichem Verhältnis zum Dalai Lama stand.

Bell, ausgezeichneter Kenner der tibetischen Kultur und Sitten, beschreibt seinen Briefwechsel mit dem 13. Dalai Lama mit den folgenden Worten – vergleichen Sie den Wortlaut seines Schreibens mit dem im Eingangsteil aus dem Tibetischen zitierten Formelteil:[13] »Die Briefe und Berichte waren natürlich in einen zeremoniellen Schal aus weißer Seide gewickelt. Und das Ganze war in dickes Pergament verpackt und ausgiebig versiegelt. Auf den Briefen des Dalai Lama selbst fanden sich ab und zu auch Instruktionen an die Postboten: ›Halte unter keinen Umständen an, auch nicht zum Atem holen!‹ Der heiß geliebte Souverän verschwendete selbst keine Zeit und duldete solches darum auch bei anderen nicht.

Die typischen Floskeln, mit denen ich, gemäß tibetischem Brauch, jeweils meine Briefe an den Dalai Lama begann und schloss, dürften ebenfalls von einigem Interesse sein.

›An den goldenen Thron des exzellenten Dalai Lama, Beschützer und unfehlbare Zuflucht aller fühlenden Wesen, einschließlich der Götter.

Vielen Dank dafür, dass Eure Gesundheit gut ist wie der König des Berges aufgrund der angehäuften Verdienste zahlloser Zeitalter und Eurer guten Taten, die wie die Sterne am Himmel zunehmen. Auch ich bin bei guter Gesundheit und meine Angelegenheiten nehmen ihren gewohnten Lauf.‹ (Ende der Eröffnungskomplimente. Es folgt der geschäftliche Teil des Briefes. Der Schluss lautet dann wieder etwa folgendermaßen.)

›Dieser Brief wurde von mir selbst komponiert und aufgeschrieben, und also seid nicht verärgert über die Fehler, die er möglicherweise enthält. Nehmt, was gut ist und lasst fahren, was schlecht ist für Eure Gesundheit und sendet mir Briefe, wann immer erforderlich, wie ein göttlicher Fluss. Wisse. Wisse. Wisse. Wisse. Wisse.

Geschickt mit Magnolienblüten von C. A. Bell, Administrator und Minister, am achten Tag des neunten englischen Monats, ein Datum guten Vorzeichens.‹«

DER TIBETISCHE BRIEFSTIL

DIE IKONOGRAPHIE DER DALAI LAMAS

Michael Henss

Dieser erste Versuch einer Ikonographie und Typologie der Darstellungen aller 14 Dalai Lamas möchte im Wesentlichen eine Übersicht zu den individuellen Merkmalen der höchsten tibetischen Mönchspatriarchen aus der Gelugpa-Schule bieten, wie sie uns durch Rollbild- und Wandmalereien sowie Statuen vom 16. bis zum 20. Jahrhundert überliefert sind. Ferner soll die Bildgattung des Dalai Lama-Porträts in seiner historischen Entstehung und Entwicklung sowie im Zusammenhang einzelner Reinkarnationslinien, mittels derer sich die einzelnen Dalai Lamas als Wiedergeburten von göttlichen Vorgängern (Bodhisattva Avalokiteśvara) oder historischen Vorfahren (Könige, buddhistische Meister und Mönche) eine besondere sakrale und geschichtliche Legitimität verliehen haben, näher bestimmt werden.

Es sei hier bereits vorweggenommen, dass es einen verbindlichen Motivkanon nicht gibt, sieht man von den prototypischen Bildserien ab, innerhalb derer sich seit dem späten 17. Jahrhundert eine weitgehend fixierte Ikonographie der Dalai Lama-Darstellungen etablierte. Vor allem in der Zeit davor sind indes Attribute und Handhaltungen (*mudrās*) der tibetischen Lama-Hierarchen häufig austauschbar, und nur selten, insbesondere bei kleinformatigen Metallfiguren, geben Inschriften hier verlässliche Anhaltspunkte zur dargestellten Persönlichkeit.[1]

Die frühesten Porträts eines Dalai Lama sind von Sonam Gyatso, dem dritten Dalai Lama, bekannt, da dies bekanntlich der erste war, der den Titel »Dalai Lama« trug.[2] Außer einer angeblich 1585 ausgeführten, also noch zu Lebzeiten Sonam Gyatsos entstandenen Figur[3] kommt hier einem Thangka aus dem westtibetischen Kloster Luk mit zahlreichen Szenen aus dem Leben dieses Dalai Lama besondere Bedeutung zu, da es vermutlich schon bald nach seinem Besuch im Guge-Königreich 1572 und sehr wahrscheinlich noch vor seiner Mongoleireise 1578 von dem dortigen Herrscher einem lokalen Maleratelier in Auftrag gegeben worden war (Abb. 29, 278).[4]

Ikonographisch schließt das frühe Dalai Lama-Bildnis folgerichtig an das seit dem 12. Jahrhundert in Tibet existierende Mönchsporträt an: der Lama als Gelehrter und Lehrer mit Buch und Argumentationsgeste[5], als Meditierender[6] oder mit der Langlebensvase des Amitayus[7]. Entwickelte sich das Mönchsporträt in wesentlichen Merkmalen aus dem Bild des Buddha, so erscheint nunmehr das Dalai Lama-Bildnis als deifiziertes Lama-Porträt.

Hier stellt sich generell die Frage nach dem Porträt in der tibetischen Kunst, die kein profanes Bildnis kennt. Dargestellt werden nur heilige Personen: der Lama als Verkörperung des Buddha oder – wie auch ein historischer König oder ein Dalai Lama – als Manifestation eines Bodhisattva.[8] Schon seit den frühen Königen stehen in Tibet die Bilder religiöser Herrschaft an Stelle weltlicher Herrscherbildnisse. Der Inhalt bedingt die Form: das »Heilige« oder »Göttliche« erlaubt kein Realporträt. Konvention und Kanon bestimmen das Idealbildnis eines Dalai Lama, das nur gelegentlich wie beim fünften Dalai Lama und viel seltener als bei manchen anderen Mönchen und Meistern – wie z. B. dem ersten und zweiten Karmapa, Marpa – mit porträthafter Physiognomie gestaltet ist.[9] Nicht individuelle Ähnlichkeit mit der physischen Person ist angestrebt, sondern die Idealität der Heilsgestalt und die Vergegenwärtigung der Institution des Dalai Lama, »die Übermittlung des Geistes durch die Gestalt« (D. Seckel 1997). Bestimmte Attribute und Handgesten charakterisieren zwar in späterer Zeit die einzelnen Dalai Lamas, sie variieren jedoch vielfach oder sind untereinander austauschbar. Nicht selten sind insbesondere Metallskulpturen von »gewöhnlichen« Lamas der Gelugpa-Schule nicht zu unterscheiden von Dalai Lama-Metallskulpturen. Die Ausführung gewisser Bildwerke noch zu Lebzeiten eines Dalai Lama darf nicht von vornherein im Sinne größerer Poträttreue als »nach dem Leben« gemalt verstanden werden. So folgt die Hauptfigur auf einem Rotgrund-Thangka des fünften Dalai Lama des Rubin Museum of Art ganz dem konventionellen Figurenschema. Lediglich der für den »Großen Fünften« charakteristische Schnauzbart zeigt die genauere Identität an (Abb. 48). Die bekannte, nur 13 cm hohe Metallstatuette des fünften Dalai Lama Ngawang Lobsang Gyatso im Boston Museum of Fine Arts wurde zwar historischer Gründe wegen vermutlich um 1669/70 ausgeführt, ihre Inschrift gibt aber keine genauen Hinweise auf ein Entstehungsdatum (Abb. 59).[10] Dass jedoch noch andere Skulpturen des fünften Dalai Lama zu dessen Lebzeiten hergestellt wurden, ist in seiner Autobiografie beschrieben: »Ich verfasste eine Inschrift für eine Bildnisstatue von mir, die der Aufseher der Opfergaben aus vergoldetem Kupfer anfertigen ließ« (1679).[11] Auch ist hier auf die großartige Silberfigur des fünften Dalai Lama hinzuweisen, die jener bei seinem Besuch in Peking 1652/53 persönlich dem Shunzhi-Kaiser als Geschenk überreichte und die zweifellos für diesen Anlass kurz zuvor in Tibet hergestellt worden war (Abb. 52). Einige andere vergleichbare Figuren haben ähnlich porträthaften Charakter: der rundlich-massive, weitgehend unbehaarte Kopf mit den abstehenden Ohren scheint uns eine Vorstellung von der Physiognomie des fünften Dalai Lama zu geben. Für die Ähnlichkeit diverser Ebenbilder seiner Person aus Gold, Silber und anderen Metallen (von

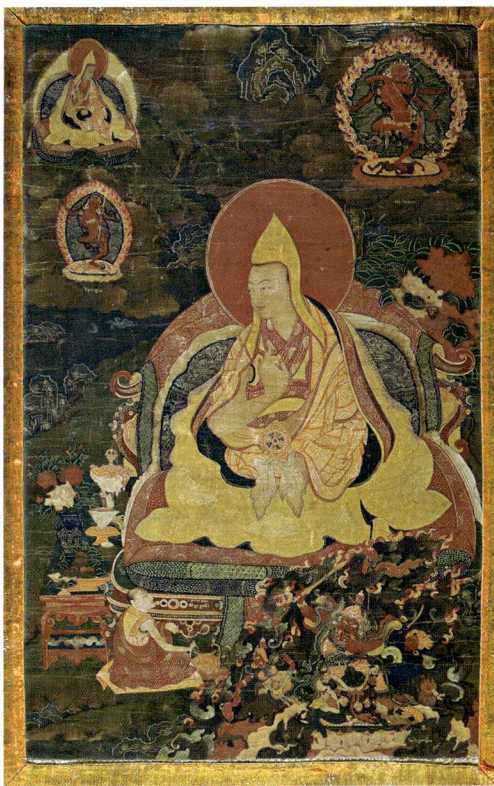

278 Eine der frühesten bekannten Darstellungen eines Dalai Lama. Ausschnitt aus einem Thangka des dritten Dalai Lama, Westtibet/Guge, 2. Hälfte 16. Jh., Privatsammlung (siehe Abb. 29). **279** Der sechste Dalai Lama. Ein Beispiel aus dem Stockholmer Thangka-Zyklus, angeblich aus der chinesisch-kaiserlichen Sommerresidenz Jehol (Chengde) stammend. Folkens Museum Etnografiska, Stockholm.

Malereien ist nicht die Rede) gebraucht der fünfte Dalai Lama in seiner Autobiografie den Begriff *'dra 'bag, nga'i 'dra 'bag* oder *nga 'dra ma*, übersetzt »nach dem Abbild [des Dargestellten]«, »ein Bild, das mir ähnlich ist« oder »genau so wie ich [aussehend]«.¹² Solche zu Lebzeiten des Porträtierten entstandenen *nga 'dra ma*-»Bildnisse« hatten also jeweils die Bestätigung des fünften Dalai Lama, d. h. sie waren dem tibetischen Wortlaut zufolge »als ihm gleichend anerkannt«. Die Texte des »Großen Fünften« belegen also, was die plastischen Bildwerke nach Art der Bostoner Statuette zeigen. Bemerkenswert und weitgehend aus historischen Gründen erklärbar ist, dass es mit Ausnahme einiger Darstellungen des 13. Dalai Lama porträtartige Figuren nur vom fünften Dalai Lama gibt. Keiner unter den anderen neun zu Lebzeiten als Dalai Lama geltenden Vorgänger und Nachfolger war eine vergleichbar geistig bewegende und religiös sowie politisch mächtige Persönlichkeit.

Eine derartige »Entpersönlichung« des tibetischen Mönchsbildnisses war Absicht und Ziel: es galt nicht so sehr, den Dalai Lama in seiner individuellen physischen Erscheinung wiederzugeben, sondern sein Abbild zum Sinnbild »des Dalai Lama« zu erhöhen. Vor diesem gedanklichen Hintergrund sind auch die meisten Dalai Lama-Darstellungen nicht Einzelbilder, sondern Teil einer Serie, die vorangehende und künftige Inkarnationen einschließt.

BILDTYPEN DER DALAI LAMA-DARSTELLUNG

DIE REINKARNATIONSREIHE DER DALAI LAMAS

Für die Beschreibung der verschiedenen Bildtypen der Dalai Lama-Darstellungen kommt den Bildserien der Präexistenzen *(sku phreng)* eines bestimmten Dalai Lama eine maßgebliche Bedeutung zu. Obgleich das Konzept einer Überlieferungslinie von Avalokiteśvara via König Songtsen Gampo schon in der 1494 verfassten Biografie des ersten Dalai Lama Gendün Drub auftaucht und zuvor auch schon Reinkarnationslinien der Sakya-Patriarchen bekannt waren, wurden monumentale Bilderzyklen offensichtlich erst während der Zeit des fünften Dalai Lama üblich, zumal auch von ihm die ersten Texte bekannt sind, in denen solche Wiedergeburtslinien von Avalokiteśvara fixiert wurden.¹³ Ausführlicher geht der fünfte Dalai Lama darauf in seinen Biografien des dritten und vierten Dalai Lama (1646 bzw. 1652) ein und 1644 ließ er die Versammlungshalle im Kloster Dzingji *(rDsing phyi*, Olkha-Distrikt, ca. 8 km vom ehemaligen Kloster *Olkha stag rtse* entfernt) mit der Übertragungslinie des ersten Dalai Lama ausmalen. Ähnliche, seine letzten Präexistenzen – die ersten vier Dalai Lamas – einschließende Malereien beschreibt der »Große Fünfte« auch in seiner Autobiografie für die frühe Ausstattung des Potala (1648), wo sie sich bis heute in der Großen Osthalle *(tshoms chen shar)* erhalten haben.¹⁴ Der fünfte Dalai Lama machte auf diese Art seine Überlieferungslinie und diejenige seiner Vorgänger erstmals durch eine bildliche Darstellung bekannt und begründete damit eine Tradition von Wandbild- und Statuenzyklen, die unter seinen Nachfolgern fortgesetzt wurde. In den *Gesammelten Werken* des fünften Dalai Lama findet sich ein kleiner Text über »die Grundrisse zur Wiedergeburtenfolge, die Anleitung, wie [sie] zu malen sind, nebst einer Erläuterung, [genannt] ›Klarer Spiegel‹«, der, wie es im Kolophon heißt, »die Wiedergeburtenfolge für die Mal-Schulen« enthält.[15] So wurden ebenfalls im Potala um oder kurz nach 1692 im »Schrein der heiligen Überlieferung« *('khrung rab lha khang)* Figuren der ersten vier Dalai Lamas neben der zentralen Statue des fünften Dalai Lama errichtet, dessen Übertragungslinie hier bis auf den neben ihm (!) sitzenden Jobo Śākyamuni (Kopie der Jokhang-Statue) zurückgeführt ist (Abb. 292).[16] In einem anderen Raum sind zu beiden Seiten eines zentralen Tsongkhapa die Statuen der sieben Nachfolger von Ngawang Lobsang Gyatso bis hin zum 12. Dalai Lama aufgestellt.[17]

Das unter dem »Großen Fünften« so intensiv propagierte und künstlerisch umgesetzte Konzept der Reinkarnations-Reihen des Dalai Lama fand nach seinem Tode 1682 noch eine reiche Nachfolge in der Thangka-Malerei. Vermutlich erst dann oder in den neunziger Jahren des 17. Jahrhunderts entstand die älteste der noch erhaltenen Rollbild-Serien, welche die fünf ersten Dalai Lamas und – in diesem Fall 14 – frühere, bis auf die legendären prähistorischen Könige zurückreichende Präexistenzen des fünften Dalai Lama illustriert. Von dieser künstlerisch hervorragenden, ursprünglich 19 Thangkas umfassenden Serie haben sich sieben Bilder erhalten (siehe z.B. Abb. 7, 21, 42).[18] Das eigentliche Thema dieses Bilderzyklus sind der fünfte Dalai Lama und dessen frühere Inkarnationen. Sein eigenes Bild, das chronologisch letzte und auch das figuren- und formenreichste der ganzen Serie, nahm einst den zentralen Platz ein. Diesem waren die übrigen Thangkas zu beiden Seiten symmetrisch zugeordnet.

Zwei weitere, vollständig erhaltene Serien zu je 13 Bildern der Präexistenzen des siebten Dalai Lama Lobsang Kelsang Gyatso zeichnen sich durch einen sehr unterschiedlichen Malstil aus und sind heute im Besitz des Ethnographischen Museums in Stockholm und des Palastmuseums Peking. Auch hier ist jeweils das im Hinblick auf die Chronologie der dargestellten Personen letzte – und das einzige mit frontaler Hauptfigur gemalte – Bild, also dasjenige des siebten Dalai Lama, das mittlere Thangka der ursprünglichen Anordnung der Serie. Beide Serien sind wichtig für die Ikonographie der Dalai Lama-Reinkarnationsreihen.

Der von dem schwedischen Forscher Sven Hedin 1930 in Peking erworbene, angeblich aus der kaiserlichen Sommerresidenz Jehol (Chengde) stammende Stockholmer Thangka-Zyklus zeigt einen etwas älteren Malstil und ist möglicherweise noch zu Lebzeiten des siebten Dalai Lama in Tibet entstanden (Abb. 3, 282, 283). Da für eine stilistisch ganz ähnliche Serie von Präexistenzen der Panchen Lamas 12 vor 1737 in der berühmten Druckerei des Narthang-Klosters bei Shigatse angefertigte Holzstöcke als Vorlagen für nachfolgend zu übermalende Abdrucke bekannt sind[19], dürften auch die 13 Stockholmer Thangkas einem solchen – nicht mehr erhaltenen – von Holzdruckstöcken stammenden Prototyp aus der ersten Hälfte des 18. Jahrhunderts folgen.[20] Offensichtlich wurde diese »Narthang-Serie« der Dalai Lama-Überlieferungslinie zum Vorbild für mehrere nachfolgende Thangka-Zyklen, deren einzelne Bilder in Ikonographie und Komposition nunmehr mehr oder weniger festen Mustern folgten. Diese Druckstöcke erlaubten eine Vervielfältigung der insbesondere unter dem siebten Dalai Lama propagierten Bildserien von Reinkarnationslinien, welche die »Genealogie« der Dalai Lamas bis auf Gelugpa-Vorfahren wie Dromtön und vor allem auf den Bodhisattva Avalokiteśvara zurückführten, als dessen Wiedergeburt sich die Dalai Lamas vor allem seit dem »Großen Fünften« verstanden haben. Derartige Holzschnittvorlagen haben einerseits – als Druckstock – zum direkten Abdruck für eine anschließend zu übermalende »Vorzeichnung« gedient, andererseits dürften sie – als Abdruck – eine musterbuchartige Ikonographie- und Kompositionsvorlage für gemalte »Kopien« gewesen sein. Wegen teilweise nicht zur Verfügung stehender Basisangaben zu den erhaltenen Reinkarnations-Zyklen kann die Frage nach dem Verhältnis von Vorlage und Kopie für diese weitgehend, aber nicht völlig standardisierten Serien hier nur angedeutet und eine genauere Untersuchung angeregt werden.[21]

Die erst kürzlich vollständig reproduzierte Serie in Peking, ein Werk feinster tibetischer Malkultur des 18. Jahrhunderts, wurde gemäß dem »Katalog«-Etikett 1761 vom zweiten Janggya Huthugtu Rölpe Dorje (1717–1786), dem seit 1734 obersten Repräsentanten des tibetischen Buddhismus in China, »Lehrer des Kaiserreichs« (Guoshi) und erster Kunstberater des Qianlong-Kaisers[22], in die kaiserlichen Bestände buddhistischer Ritualkunst eingereiht. Eine Datierung dieser Thangkas um 1760/61, also rund zwei Jahre nach dem Tod des siebten Dalai Lama, kann als gesichert gelten (Abb. 288, 289, 293–295).

Wie bei der Stockholm-Serie verbleiben in der numerischen »Symmetrie« zu den sechs früheren Dalai Lamas beiderseits

280 König Songtsen Gampo. Bronze, vergoldet, Tibet, ca. 15. Jh., H: 27 cm, Museum der Kulturen Basel, Sammlung Essen, Inv. Nr. IId 14045.   **281** Der achtarmige, elfköpfige Avalokiteśvara. Bronze, vergoldet, H: 25 cm, B: 15 cm, Völkerkundemuseum der Universität Zürich, Inv. Nr.: 9976.

des zentralen Bildes weitere sechs Thangkas für die vorangehenden Wiedergeburten, d.h. außer dem siebten Dalai Lama 11 Inkarnationen des Avalokiteśvara. Hierbei entsprechen fünf Präexistenzen der Dalai Lamas dem auch in der Stockholm-Serie illustrierten, hier angenommenen Prototyp der ursprünglichen Holzschnitt-Vorlagen aus der Narthang-Druckerei: Avalokiteśvara, König Songtsen Gampo, Lama Künga Nyingpo, Dromtön und Phagpa. Fünf teilkolorierte »Holzschnitt-Thangkas« aus einer Reinkarnationsserie der Dalai Lamas und deren Präexistenzen sind tatsächlich erhalten geblieben.[23]

DIE PRÄEXISTENZEN DER DALAI LAMAS

Das tibetische Konzept von der Reinkarnation bestimmter Gottheiten und Personen in späteren religiösen und weltlichen Persönlichkeiten, d.h. das Konzept einer Wiedergeburtsfolge zwischen früheren und kommenden Existenzen, wird zur Brücke zwischen Vergangenheit und Zukunft.

Die Schriften des fünften Dalai Lama enthalten eine detaillierte Liste der früheren Inkarnationen der Dalai Lamas, wie wir sie in den Stockholmer und Pekinger Thangka-Serien wieder finden.[24] Solche Texte sind zweifellos auch die Grundlage für diese Bilderzyklen gewesen.

Am Anfang steht der Bodhisattva Avalokiteśvara (Tib. Chenresi), dessen Kult insbesondere unter dem fünften Dalai Lama praktiziert und verbreitet wurde. »Ich bin selber eine Verkörperung von Avalokiteśvara geworden und existiere in allen seinen [anderen] Manifestationen«, sagt der »Große Fünfte« 1656 in einer Vision vor dem wunderbar geschaffenen Bild dieses Bodhisattva im Potala-Palast.[25] Nach tibetisch-buddhistischer Tradition verkörpert sich Avalokiteśvara als Dharmarāja (Tib. Chögyel, *chos rgyal*, »König der Lehre«) im ersten historischen König Tibets, Songtsen Gampo, dessen Darstellung ebenfalls zum Kanon aller Bildcrzyklen der Dalai Lama-Präexistenzen gehört.[26] Den tibetischen Texten zufolge ist Songtsen Gampo bereits die sechste der Avalokiteśvara-Reinkarnationen bzw. der 18 früheren Geburten des fünften Dalai Lama. Die Rückbesinnung Lobsang Gyatsos auf Songtsen Gampo äußert sich in mehreren seiner Visionen. So hat er ein Jahr nach seinem Besuch des Königsgrabes im Yarlung-Tal 1651 bei seiner Abreise zum chinesischen Kaiserhof eine Erscheinung des Bodhisattva-Herrschers (Songtsen Gampo), seiner Präexistenz vor tausend Jahren. Dieser weiht ihn in einer späteren Vision 1656 in ein Mandala ein, um Anweisungen für die Restaurierung von Tempeln und Bildwerken zu empfangen.[27] Auch andere tibetische Herrscher figurieren in den Bilderserien, so z.B. der mythische König Nyetri Tsenpo (dritte Wiedergeburt) oder Trisong Detsen, der, obwohl gewöhnlich als Inkarnation des Mañjuśrī geltend, offensichtlich wegen seines so intensiven Engagements für die Verbreitung des Buddhismus in Tibet von anderen Textquellen als siebte Wiedergeburt von Avalokiteśvara in die Präexistenzen des fünften Dalai Lama eingereiht wurde.[28]

DIE IKONOGRAPHIE DER DALAI LAMAS

282 Dromtön, links oben sein Lehrer Atiśa. Thangka, Tibet, 18. Jh., Folkens Museum Etnografiska, Stockholm, Inv. Nr.: 1935.50.966.   **283** Sangye Gömpa (nicht Phagpa, wie bisher angenommen). Thangka, Tibet, 18. Jh., Folkens Museum Etnografiska, Stockholm, Inv. Nr.: 1935.50.972.

In zahlreichen tibetischen Texten heißt es, dass Avalokiteśvara – zum neunten Mal – auch in Gestalt des Kadampa-Gründers Dromtön (1005–1064) nach Tibet kam, um das Reformwerk seines großen Lehrers Atiśa (982–1054) zu vollenden, der seinen kaum weniger gelehrten Schüler noch bei Lebzeiten zu einer Inkarnation dieses Bodhisattva erklärt haben soll und selbst die frühen tibetischen Religionskönige als dessen vorangehende Geburten beschrieb.[29] Im vom Regenten Sangye Gyatso 1681/83 verfassten Ergänzungsband zur Autobiografie des fünften Dalai Lama ist Dromtön im Kapitel über »Die Einführung des Mitgefühls durch Avalokiteśvara nach Tibet« nach den drei frühen tibetischen Religionskönigen an prominenter Stelle aufgeführt. Das Konzept einer Emanation Avalokiteśvaras machte Dromtön zu einer ganz wesentlichen Präfiguration der Dalai Lamas, war dieses Konzept doch schon auf den ersten Dalai Lama – eine Wiedergeburt des Kadampa-Gründers! – übertragen worden. Sein Bild fehlt in keiner Serie (Abb. 282). Im Epithet des Dromtön, »der Siegreiche« *(rgyal ba)*, hat man zudem eine ganz besondere Verbindung zu den Dalai Lamas erkannt, die alle diesen Beinamen übernommen haben.[30]

Die in den Stockholm- und Peking-Serien folgende Dalai Lama-Präexistenz ist Sachen Künga Nyingpo (1092–1158; Abb. 3), der ebenfalls als eine Inkarnation des Avalokiteśvara angesehen wird. Er ist der erste der fünf großen Sakya-Patriarchen und Sohn des Sakya-Gründers Khön Konchog Gyalpo. Wie wir in Sangye Gyatsos Folgeband zur Autobiografie des fünften Dalai Lama erfahren, reinkarnierte sich der berühmte Mönchsgelehrte nach seinem Eingang ins Nirvāṇa noch viermal, zuletzt in der Person des fünften Dalai Lama, wie dieser selbst erklärt haben soll: »Der Allwissende Sonam Gyatso behauptete von sich, eine Wiederverkörperung von Sakyapa Chenpo [Künga Nyingpo] zu sein.«[31] Künga Nyingpo dürfte aber nicht nur als Inkarnation von Avalokiteśvara in die Überlieferungslinie der Dalai Lamas aufgenommen worden sein, sondern auch als eigentlicher Begründer der Sakya-Hierarchie, die in der Zusammenlegung profaner und religiöser Macht im »Staate Sakya« und allein durch ihre weltlich-politische Bedeutung für die spätere Theokratie der Gelugpa vorbildhaft war. Insofern festigte der Einbezug des führenden Sakya-Repräsentanten die innenpolitische Stellung und Legitimität der Gelugpa-Schule und der Dalai Lamas.[32]

Die letzte der den Dalai Lamas vorausgehenden Präexistenzen in diesen Bildserien wurde mit dem Sakya-Hierarchen und seit 1269 Oberhaupt des ganzen buddhistischen Klerus in China (Chin. *Guoshi*, »Staats-Religionslehrer«) Phagpa Lodrö Gyaltsen (*'Phags pa blo gros rGyal mtshan*, 1235–1280) in Verbindung gebracht. Dieser reinkarnierte sich nach späterer tibetischer Auffassung zwar im dritten Dalai Lama Sonam Gyatso (1543–1588) und auch in dessen Nachfolger Yönten Gyatso (1589–1617), wird aber kaum in einem tibetischen Text über die geistigen Vorläufer der Dalai Lamas genannt. Eine Ausnahme bildet hier die von Sangye Gyatso ergänzte Autobiografie des fünften Dalai Lama, der von sich selber sagte: »Ich bin Phagpa«.³³ Hierfür gab zweifellos Phagpas Mongolenmission bzw. deren historisch und religionspolitisch so folgenreiche Neuauflage unter den Gelugpa im 16. und 17. Jahrhundert eine wesentliche Basis. Diese Bezüge sind auch in den Bildern des fünften Dalai Lama der Stockholm- und Peking-Serien illustriert, auf denen man unten rechts Phagpa neben Kublai Khan sitzend dargestellt sieht, dazu oben rechts vermutlich Sakya Paṇḍita und unten links den mit dem Hevajra-Tantra verbundenen Mahākāla Brāhmaṇarupa (Abb. 293).

Bei dem in den Reinkarnationsserien Stockholm (Abb. 283) und Peking (Qing Gong 2003: Nr. 13) unmittelbar den Dalai Lamas vorangehenden Mönch mit der gelben Spitzmütze dürfte es sich jedoch um den sechsten Narthang-Abt (ab 1241) Sangye Gömpa (*Sangs rgyas sGom pa*, 1179–1250) handeln, der in den Texten wiederholt mit Dromtön in Verbindung gebracht wird und als Repräsentant der Kadampa-Tradition in die Reihe der Präexistenzen der Gelugpa-Hierarchen aufgenommen wurde. Diese Identifizierung findet noch durch den inschriftlich auf dem Stockholm-Bild oben links bezeugten Palden Gromochepa (*dPal ldan Gro mo che pa*, auch *Gro mo che bdud rtsi grags* oder *Gro ston*, 1153–1232) eine Unterstützung, dem vierten Abt des für die Kadampa-Überlieferung so hochbedeutenden Klosters Narthang und Lehrer von Sangye Gömpa, der zudem auch namentlich in einer Inschrift unter dem Sitzkissen der Hauptfigur der Peking-Serie genannt wird (diesen Hinweis verdanke ich Luo Wenhua, Kurator am Palastmuseum in Peking). Ein weiteres Indiz ist die im Bild für die Identität des Dargestellten auffallende, für das Narthang-Kloster charakteristische große Umfassungsmauer. In ikonographisch genau gleicher Gestalt erkennt man Sangye Gömpa auch als Seitenfigur auf einem Thangka des achten Dalai Lama im Völkerkundemuseum Zürich (hier als *Sangs rgyas sGro pa* bezeichnet) und rechts oben neben dem zweiten und vierten Dalai Lama im Bild des sechsten Dalai Lama der Hahn Cultural Foundation (Tanaka 2003: Nr. 54; siehe auch Chandra 1986: 1584). Der Bezug zur Narthang Kadampa-Tradition hinsichtlich einer Legitimation der unter dem fünften Dalai Lama oder Sangye Gyatso etablierten Reinkarnationsfolge der Gelugpa-Hierarchen wird zudem in Narthang selber noch Jahrhunderte später eine Rolle gespielt haben, wo nach ca. 1710/1720 eine heute verlorene Serie von Holzschnitt-Bildern der Dalai Lamas und ihrer Präexistenzen entstanden sein dürfte (siehe z.B. Tucci 1949: Tafeln 225–229). Eine genauere Untersuchung des Kadam Legbam (*bKa' gdams gLegs bam)*, des »[kostbaren] Buches der Kadam[-Lehre]«, mag hierfür noch weitere Erkenntnisse bringen.

Von anderen Reinkarnationsserien sind nur einzelne Thangkas erhalten, so z.B. im Völkerkundemuseum der Universität Zürich – zweiter bis sechster Dalai Lama – (Abb. 26, 30, 35, 36, 66), die im Vergleich zu den Stockholm- und Peking-Serien einem etwas abgewandelten Ikonographie- und Kompositionsschema folgen.³⁴ Ferner gibt es Bilderzyklen, die nur die ersten acht Dalai Lamas als Hauptfiguren darstellen und ringsum deren Präexistenzen als kleinere Seitenfiguren, wie z.B. fünf (von ursprünglich acht) Thangkas im New Yorker American Museum of Natural History oder auch abgekürzte Serien wie das Triptychon des siebten Dalai Lama und seiner beiden Vorgänger (fünfter und sechster Dalai Lama) in der Hahn Cultural Foundation in Seoul.³⁵ Von besonderem Interesse ist eine ikonographisch und stilistisch sehr ungewöhnliche, künstlerisch stark chinesisch inspirierte Serie von sieben Thangkas aus der Zeit des neunten Dalai Lama (1806–1815) mit den Bildern der ersten vier Dalai Lamas und tibetischer Könige in symmetrischer Anordnung um das zentrale Thangka des frontalansichtigen »Großen Fünften«, auf das am oberen Bildrand die vier kleinen Figuren des sechsten bis neunten Dalai Lama gemalt sind (siehe S. 242 ff. und beiliegenden Leporello).

Statt mehrteiliger Serien kann auch ein einziges Bild verschiedene Präexistenzen eines Dalai Lama und dessen Vorgänger vereinen, wie z.B. das in Gold auf Rotgrund gemalte Thangka des fünften Dalai Lama im Rubin Museum of Art (New York; Abb. 48): die vier vorangehenden Dalai Lamas, Dromtön und Songtsen Gampo sowie der »uranfängliche« Bodhisattva zeigen hier die Überlieferungslinie an.³⁶ Mit dem schönen, großformatigen Thangka des achten Dalai Lama (1758–1804) und neun seiner Amtsvorgänger und Nachfolger im Völkerkundemuseum der Universität Zürich (Abb. 81) dürfte etwa in den späten dreißiger Jahren des 19. Jahrhunderts die Tradition dieser Reinkarnations-Bilder wegen historisch-biografischer Gründe zu Ende gegangen sein. Auch hier markieren die tibetischen Religionskönige, Dromtön, Künga Nyingpo und Sangye Gömpa, den Weg der Wiedergeburten. Einige Änderungen hat es im himmlischen Pantheon gegeben, wo über den drei personifizierten tantrischen Hauptsystemen der Gelugpa – Guhyasamāja, Yamāntaka und Cakrasaṃvara – Śākyamuni gegenüber Avalokiteśvara durch seinen geistigen Vater Amitābha ersetzt ist.

Zwei neuzeitliche Zyklen aller 14 Dalai Lamas schmücken die Wände des Kālacakra-Tempels im Namgyal Dratsang in Dharamsala und des Tempels im Norbulingka-Institut in Sidphur (Indien) (siehe S. 128).[37]

Für eine Typologie der Dalai Lama-Darstellungen kommt den vorangehend beschriebenen Reinkarnations-Serien und Einzelbildwerken in der Malerei und Skulptur eine zentrale, das eigentliche Wesen des Dalai Lama-Bildes illustrierende Bedeutung zu. Welche anderen Darstellungstypen für das religiöse und weltliche Oberhaupt im historischen Tibet können unterschieden werden?

DAS BIOGRAFISCHE DALAI LAMA-BILD

In den Wiedergeburtsserien ist das einzelne Dalai Lama-Bild als Teil einer größeren Einheit durch ein weitgehend kanonisches Motivvokabular charakterisiert: der eigene Lehrer, der Gründer der (Gelugpa-) Schule oder einer für den betreffenden Dalai Lama wesentlichen Lehrüberlieferung, spirituelle Vorgänger oder frühere Dalai Lamas, persönliche Initiations- und Schutzgottheiten und zornvolle, schul- und lehrbezogene Dharma-Wächter sind hier emblemhaft um die Hauptfigur gruppiert. Im biografischen Dalai Lama-Bild hingegen, mitunter zu einem Triptychon komponiert, illustrieren zahlreiche, häufig durch Inschriften erläuterte Kleinszenen rund um die zentrale Gestalt ausschnitthaft deren Lebensgeschichte nach Art hagiographischer Texte, die ja den Malereien meist zugrunde liegen.

So beschränkt sich das Narrative eines Thangkas des aus dem Guhyasamāja-Tantra rezitierenden zweiten Dalai Lama im Basler Museum der Kulturen in zweifacher szenischer »Ausfertigung« auf eine inschriftlich bezeugte Vision, die der Hierarch vor der Statue des Jobo Śākyamuni im Jokhang von Lhasa hatte und im Verlaufe derer ihm seine Wiedergeburt prophezeit wurde (Abb. 27).[38] Andere biografische Thangkas sind wesentlich erzählfreudiger.

Erst kürzlich bekannt wurde ein ikonographisch sehr interessantes Rollbild des fünften Dalai Lama im Rubin Museum of Art (Abb. 46), das aus der Zeit um 1700 oder bald danach stammen dürfte.[39] Wie auf einem Bild im Musée Guimet und auf einem wohl um 1686/88 entstandenen Thangka aus dem Potala[40] weisen außer dem rotgewandeten Nyingmapa-Lehrer Könchok Lhundrub (1561–1637) rechts oben der auf den Lotusblüten der Hauptfigur dargestellte Padmasambhava und der geniale Yogi-Heilige Thangtong Gyalpo (?) auf die in seinen jungen Jahren erfolgte Prägung durch die Lehren der Nyingmapa-Schule hin. Zahlreiche Einzelszenen illustrieren in chronologischer Abfolge von links oben im Bild ausgehend Leben und Leistungen des »Großen Fünften«: u.a. sein »vorbiografischer« Abstieg als wiedergeborener Avalokiteśvara von dessen Paradies auf dem mythischen Potalaka-Berg und seine Geburt im Chingwa Tagtse Dzong des Yarlung-Tals, seine Visionen von Atiśa und Tsongkhapa, die Ankunft im Ganden Phodrang, der Residenz der Gelugpa-Hierarchen von 1517 bis 1650 (unten links), die von ihm auf ihren späteren Umfang vergrößerten anderen zwei »Staatsklöster« Sera und Ganden, der Beginn des Potala-Baus und Unterweisungen im Jokhang-Tempel von Lhasa (unterer Bildrand), der Empfang von ihm huldigenden Mongolenfürsten im Verlaufe seiner Chinareise 1652 und sein Tod 1682 im noch nicht ganz vollendeten Potala-Palast, auf dessen weißer Fassade die Verdienste des »Großen Fünften« wie die Ausbildung und Weihung von 14000 Novizen und 20000 ordinierten Mönchen angeschrieben sind. Besonders interessant ist am rechten Bildrand die Szene mit der denkwürdigen Audienz beim vierzehnjährigen Kaiser Shunzhi in der Verbotenen Stadt im Januar 1653, bei welcher der tibetische Theokrat seine eigene – um 1651/52 datierbare und damit zu Lebzeiten entstandene – silberne Bildnisstatue als Gastgeschenk überreichte (Abb. 52).[41] Diese historisch so bedeutsame Begegnung im Kaiserpalast ist sonst nur auf den Wandmalereien der Großen Westhalle des Potala (*tshoms chen nub*, 1690–1694) dargestellt, die wahrscheinlich auch als Vorlage für das Thangka im Rubin Museum of Art dienten. Der Staatsbesuch in Peking war sonst in anderen biografischen Rollbildern des fünften Dalai Lama kein Thema.[42] Zu den im weiteren Sinne biografischen Dalai Lama-Bildern gehören auch solche, welche die »innere Biografie« rings um die Hauptfigur illustrieren, wie zum Beispiel die verschiedenen mystischen Erfahrungen des fünften Dalai Lama auf einem Potala-Thangka. (Abb. 4)[43] Und von ähnlicher Art mögen auch die 13 Thangkas einer Serie der Vita und Visionen gewesen sein, die der »Große Fünfte« seiner Autobiografie zufolge bereits zu Lebzeiten hatte malen lassen.[44]

Andere Rollbilder, meist aus einer Serie, zeigen den Dalai Lama von der »Biografie Tibets« umgeben, als den vorläufig letzten Repräsentanten einer historischen Überlieferung, die von Avalokiteśvara über die frühen tibetischen Könige und deren Wirken bis zum Potala-Palast reicht, ohne dass die einzelnen Szenen einen spezifischen Bezug zur Hauptfigur zeigen (Abb. 1, 72).[45]

DAS HAND- UND FUSSABDRUCK-THANGKA

Eine im doppelten Wortsinne einprägsame, emblematische Präsenz zeichnet eine kleine Gruppe von Dalai Lama-»Porträts« mit dem Hand- und Fußabdruck des Dargestellten aus. Dieser im 16. Jahrhundert entwickelte Bildtyp geht auf die viel ältere

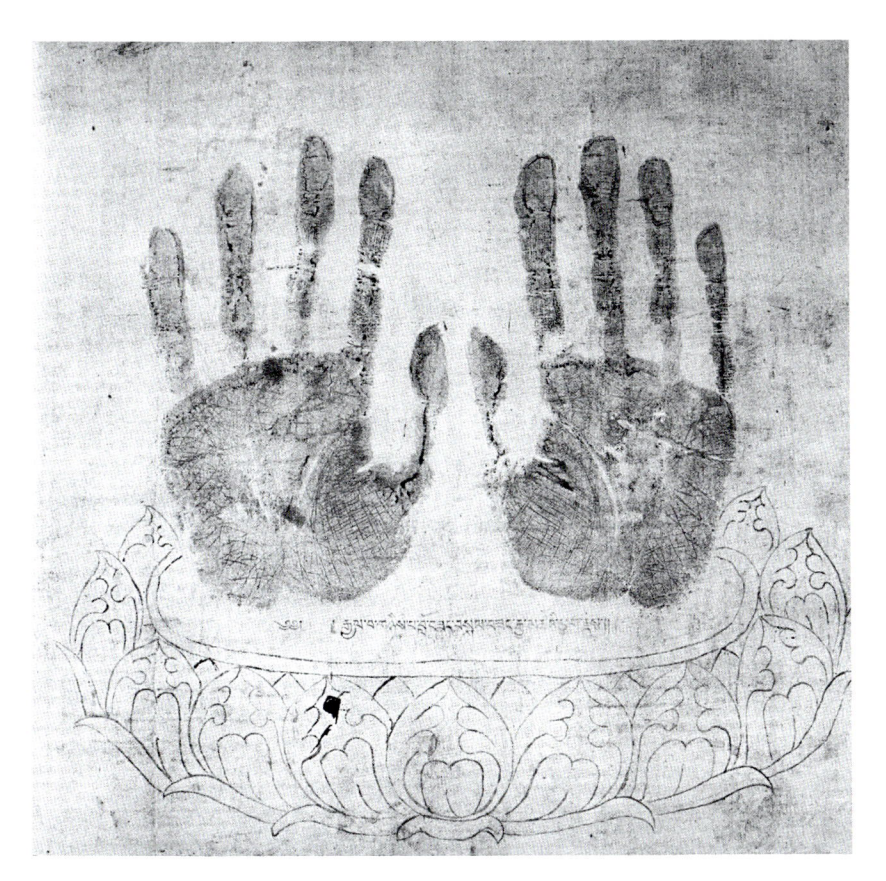

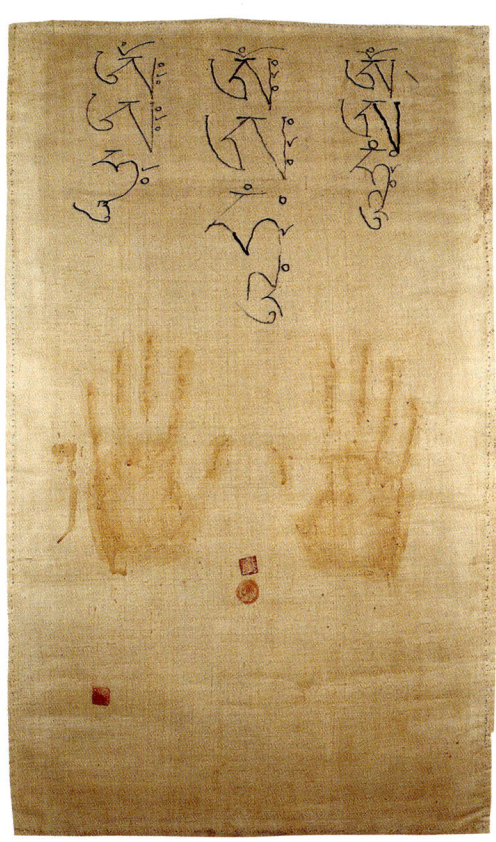

284 Handabdruck des siebten Dalai Lama und Schrift auf Rückseite eines Thangka, auf dessen Vorderseite Tsongkhapa abgebildet ist. Schoettle Katalog Nr. 32 (1976), Nr. 9265. **285** Handabdruck des neunten Dalai Lama auf einem der Thangkas des sieben Thangka Sukzessions-Sets (siehe Seiten 242 ff.). Sammlung Peter und Veena Schnell, Zürich.

Wiedergabe von Buddhas Fußabdruck (Sanskrit: *buddhapada*) zurück, der die Gegenwart des Erleuchteten reproduzierte und bereits in die früheste Malerei Tibets Eingang fand.⁴⁶ Mit dem im 12. und 13. Jahrhundert ausgebildeten Lama-Porträt, das in Haltung und Handgesten den lehrenden und meditierenden Mönch wie einen Buddha darstellte, wurde auch der *Buddhapada* zum *Lama-pada*, der als physischer Abdruck und als Substitut des Meisters dessen Gegenwart gleichsam hautnah verkörperte. Solcherart vom Lama direkt berührt wurde das Bild zu dessen Reliquie und erhielt eine außerordentliche segnende Kraft. Haben aber die betreffenden Dalai Lamas hier ihre echten, also lebensgetreuen Hand- und Fußabdrücke hinterlassen? Originalgroßes Format und gewisse auffallende Asymmetrien, aber auch andere auf eine zeitgenössische Entstehung der Bilder hinweisende ikonographische und stilistische Merkmale sprechen in mehreren Fällen dafür.⁴⁷ Trotz deutlich sichtbarer »Schablonisierung« könnten die ursprünglich ersten Hand- und Fußabdrücke der »Paris-Brüssel-Serie« – zumindest diejenigen auf dem letzten, eigenen Bild – vom fünften Dalai Lama selber stammen (Abb. 42).⁴⁸ Höchst selten nur lässt sich ein solcher, anlässlich der Konsekration eines Thangkas erfolgter, originaler Handabdruck »nach dem Leben« von einem der Dalai Lamas nachweisen. Ein Handabdruck des 13. Dalai Lama »nach dem Leben« (auf Papier, aufgezogen nach Art eines japanischen Rollbildes) befindet sich im Hanamaki Museum. Es handelt sich dabei um ein Geschenk des 13. Dalai Lama an den Japaner Tokan Tada (Abb. 99).⁴⁹ Bei einer aus sieben Thangkas bestehenden Serie setzte vermutlich der jugendliche neunte Dalai Lama auf jede Rückseite seinen doppelten Handabdruck (Abb. 285).⁵⁰

Ein erst kürzlich bekannt gewordenes, bisher unveröffentlichtes Thangka in Gold- und Rotgrundmalerei im Rubin Museum of Art (New York) stellt den sechsten Dalai Lama Tshangyang Gyatso mit dessen Fuß- und Handabdruck dar (Abb. 69). Lediglich eine Inschrift am Thronkissen identifiziert die Hauptfigur als den sechsten Dalai Lama: »Verehrung dem Sechsten Königlichen Herrscher Tshangyang Gyatso«.⁵¹ Besonders interessant sind die Ikonographie und Komposition des vermutlich zwischen 1697 und 1702 entstandenen Bildes, die beide ganz offensichtlich an einem ähnlichen Thangka des fünften Dalai Lama orientiert sind, wie es in der Sammlung Ford erhalten ist. Mit Ausnahme des dem fünften Dalai Lama in zahlreichen Darstellungen eigenen, bis auf den Knauf vom Gewand verdeckten Ritualdolches *(phur bu)* und abgesehen von seinem eher jugendlich wirkenden Gesicht gleicht hier der sechste Dalai Lama auffallend dem Bild seiner vorangehenden Wiedergeburt. Selbst der sonst nur noch den 13. Dalai Lama charakterisierende Schnauzbart weist auf den »Großen Fünften« hin. Eine ähnlich auffallende Angleichung des sechsten Dalai Lama an seinen berühmten Vorgänger lässt sich sonst nur noch bei einer vergoldeten tibetischen Metallstatuette in Peking nachweisen, die sogar den auf die Nyingmapa-Orientierung anspielenden Ritualdolch zeigt, jedoch durch eine Inschrift eindeutig als Tshangyang Gyatso identifizierbar ist (Abb. 70).[52]

DER DALAI LAMA IN ANDERER GESTALT

Als Dalai Lama zunächst nicht erkennbar sind einige wenige Darstellungen des siebten Dalai Lama als meditierender Mönch und als tantrische Rituale praktizierender Yogi. So können nur mit Hilfe einer auch als Vorlage für das Bild dienenden Textquelle die Hauptfigur auf zwei einander sehr gleichenden Thangkas im Völkerkundemuseum Zürich und im Museum der Kulturen Basel als Kelsang Gyatso identifiziert werden (Abb. 77).[53] Dieser sitzt in einer an Felshöhlen und einsamen Meditationsstätten reichen Landschaft, in mehreren kleineren Szenen tantrische Praktiken übend, umgeben von diversen Ritualobjekten und himmelswandelnden Wolkenfeen (Ḍākinīs), die ihm geheimes Wissen und Weisheit vermitteln. Schriften zufolge bemühte sich der siebte Dalai Lama, mit Hilfe solcher Yoga-Methoden Erleuchtung in diesem Leben zu erlangen, wobei ihm die Ḍākinīs Inspiration gaben und zum Ziel verhalfen. Sehr wahrscheinlich tragen diese visionären »Gedanken-Bilder« in Anspielung auf seine Erfahrungen als Einsiedler auch biografische Züge.[54]

Für die Beschreibung einer Typologie der Dalai Lama-Darstellungen wurden im Vorangehenden überwiegend Beispiele aus der Malerei herangezogen, die durch diverse ikonographische »Zutaten«, wie z. B. ein persönlicher Lehrer und Repräsentanten einer bestimmten Schultradition, Schutzgottheiten, Szenen aus dem Leben des betreffenden Dalai Lama oder aus der buddhistischen Historie Tibets, ein reichhaltiges und unterschiedliches Bildprogramm erlauben: die Serie und das Einzelbild von Reinkarnationslinien, das biografische Bild und das Historienbild im größeren narrativen Kontext, das eine physische Präsenz des »Porträtierten« andeutende Hand- und Fußabdruck-Thangka und die Wiedergabe des Dalai Lama in anderer Erscheinungsform.

EINZELNE KLEINFIGUREN VON DALAI LAMAS

Neben einigen monumentalen Statuenzyklen der Dalai Lama-Linie (Wiedergeburtsfolge) in den großen Gelugpa-Klöstern von Lhasa (Potala, Drepung, Sera) sind es vor allem zahlreiche einzelne Kleinfiguren, die einen wesentlichen Bildtyp der Dalai Lama-Darstellung ausmachen. Reinkarnations-Serien sind für diese meist zwischen ca. 10 und 30 cm hohen Statuetten nicht bekannt, da sie kaum wie großformatige Tempelskulpturen zur repräsentativen Ansicht und Verehrung von zahlreichen Pilgern konzipiert waren. Das »Bildprogramm« ist hier auf einige wenige Merkmale wie Attribute und Handgesten beschränkt, die zum Teil austauschbar sind und keineswegs immer eine genaue Identifizierung eines bestimmten Dalai Lama erlauben. Oft ist diese lediglich mit Hilfe einer der Figur eingravierten Inschrift möglich, die freilich nur in verhältnismäßig wenigen Fällen vorhanden ist.[55] Eine Typologie dieser Merkmale soll Thema des letzten Teils dieser Studie sein, der die große Anzahl dieser einzelnen Kleinfiguren einschließt.

DIE FOTOGRAFIE

Mit der Anwesenheit westlicher Besucher in Tibet um und nach 1900 kam ein neuer Darstellungstyp des Dalai Lama-Bildes auf: die Fotografie, und damit das echte individuelle Bildnis »nach dem Leben«. Das früheste bekannte fotografische Porträt des 34jährigen 13. Dalai Lama entstand beim Zusammentreffen der tibetischen Regierungsdelegation mit dem britischen Political Officer für Sikkim, Bhutan und Tibet, Sir Charles Bell, 1910 in Kalkutta (Abb. 113).[56] Diverse solcher bis in die zwanziger Jahre des 20. Jahrhunderts von Bell gemachten »offiziellen« Porträtfotos des 13. Dalai Lama gelangten an religiöse und weltliche Persönlichkeiten oder an Klöster und wurden später selbst als Postkarten vervielfältigt und sogar als Vorlagen für Porträtstatuetten verwendet. Auch das in Bells Büchern mehrfach publizierte Foto des thronenden Dalai Lama mit gelber Mütze geht auf die Begegnung in Kalkutta im Jahre 1910 zurück und war nach des Autors eigenen Worten die erste Aufnahme, die den Hierarchen auf tibetische Art sitzend wiedergibt, »seated on a throne Buddha-wise ... as he would sit in his own palace at Lhasa for blessing pilgrims and others« (Abb. 110).[57] Einige dieser Fotos wurden anschließend von einem tibetischen Maler koloriert, vom 13. Dalai Lama gesiegelt und mit einer handschriftlichen Widmung versehen, bevor sie dem britischen Diplomaten wieder übergeben wurden. Die durch den Dalai Lama verteilten Fotos setzten in anderer Form fort, was zuvor die Figuren und Malereien bewirkten: »Alle gebrauchten die Fotografie anstelle einer Statue mit derselben Ehrerbietung wie die Bilder der Buddhas und Gottheiten.« (Ch. Bell).

Das fotografische Bildnis als Augenzeuge stellte den Dalai Lama nunmehr nicht mehr allein in offizieller Pose auf einem Thron im Potala oder Sommer-Palast residierend dar, sondern auch dessen persönlich-privates Konterfei, das »wahre Abbild« des jugendlichen oder älteren Menschen Thubten Gyatso.

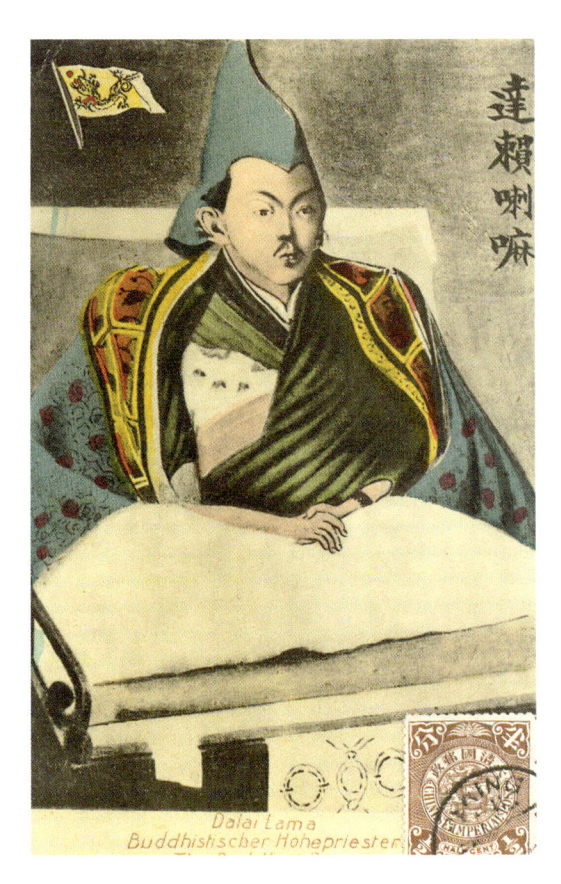

286 Bleistiftzeichnung des 13. Dalai Lama, von N. Kozhevnikov (Urga, 1905; siehe Abb. 238, 239) koloriert. Postkarte »Dalai Lama, Buddhistischer Hohepriester«, Sammlung Jean Lassale, Paris. **287** Der fünfzehnjährige Dalai Lama auf seinem Thron. Lhasa, 1950, Fotograf: Lowell Thomas, James A. Cannavino Library, Archives and Special Collections, Marist College, Poughkeepsie, New York.

Gleichsam als »Übergang« zur Fotografie, aber in diesem Fall als Ersatz derselben, entstanden schon im Jahr 1905 während eines Besuches russischer Geographen beim damals sich in Urga (Ulan Bator) aufhaltenden 13. Dalai Lama die ersten »westlichen« handgezeichneten Porträts des tibetischen Hierarchen, als dieser der Bitte, ihn zugleich ablichten zu dürfen, noch nicht entsprach. So gelangten zwei den thronenden Dalai Lama abbildende Bleistiftzeichnungen, die in Porträtcharakter und Ikonographie mit den Metallstatuetten und Fotografien des 13. Dalai Lama weitgehend übereinstimmen, auf dessen Wunsch an den russischen Zaren Nikolaus II. (Abb. 238, 239, 286).[58] Bemerkenswert ist auch der Hinweis aus russischer Quelle, dass der Dalai Lama bei dieser Reise ins kurzfristige mongolische Exil mehrere tibetische Maler im Gefolge hatte, die für ein geplantes, aber nie erschienenes Buch zum Leben des 13. Dalai Lama zahlreiche Illustrationen während der einzelnen Wegetappen machten.[59] Eine Fortsetzung fand das gemalte Dalai Lama-Bildnis westlichen Stils erst wieder um 1940, als der indische Künstler Kanwal Krishna (1909–1993) den fünfjährigen 14. Dalai Lama nach einem Foto, das während der Inthronisationszeremonie im Potala-Palast im Februar desselben Jahres gemacht wurde, in Öl für die Nachwelt porträtierte (Abb. 232, 233).[60]

Mit der Fotografie als neuem Darstellungsmedium hatte sich schon zur Zeit des 13. Dalai Lama auch der Darstellungstyp für das religiöse und weltliche Oberhaupt Tibets gewandelt, obgleich sie noch überwiegend mit anderen Mitteln das fortsetzte, was durch Kanon und Konvention weitgehend festgelegt war. Das Exil des 14. Dalai Lama nach 1959 hatte die religiösen, politischen und sozialen Grundlagen wesentlich verändert. Die Bildkonvention machte einem visuellen »Pluralismus« für das Bild des Dalai Lama Platz, der nur noch im Rahmen bestimmter, von der Überlieferung geprägter religiöser Rituale ikonographische Formeln bestehen ließ. Im bewegten Bild von Film und Video, im Ablauf einzelner Darstellungen, sind die Grenzen zwischen Realität und künstlerischer Reproduktion aufgehoben. Die Allgegenwart fotografischer Bilder des gegenwärtigen Dalai Lama hat neben den überlieferten Handgesten und Motiven eine variantenreiche Ikonographie geschaffen, in der das traditionelle Sinnbild der überpersönlichen Institution durch das Abbild der realen Person des Dalai Lama ersetzt ist.

DIE IKONOGRAPHIE DER DALAI LAMAS

TYPOLOGIE IKONOGRAPHISCHER MERKMALE DER 14 DALAI LAMAS

Obwohl im Laufe der Zeit einzelne Merkmale wie insbesondere Attribute und Handgesten *(mudrā)*, aber auch die mit einem bestimmten Dalai Lama verbundenen Lehrer und Gründer oder Repräsentanten spezifischer Schultraditionen und Schutzgottheiten für die bildliche Wiedergabe verbindlich und vorbildhaft wurden, finden sich für jeden Dalai Lama mehrere ikonographische Schemata mit einem häufig austauschbaren Motivvokabular. In einzelnen ikonographischen Typengruppen werden im Folgenden die in Tibet erhaltenen und in ausländische Obhut gelangten Bilder der Dalai Lamas aus Wand- und Thangka-Malerei sowie Monumental- und Kleinskulptur nach ihren charakteristischen Merkmalen mit Hilfe ausgewählter Beispiele beschrieben, als Hilfsmittel zur präziseren Bestimmung ihrer Inhalte.

Die Reihenfolge im Einzelnen ist vornehmlich an der Häufigkeit im Gebrauch des jeweiligen Bildprogramms orientiert. Wenn nicht ausdrücklich anders beschrieben, beziehen sich die Begriffe »rechts« oder »links« auf den Blickpunkt vom Betrachter aus. Immer zuerst genannt wird die Sanskritbezeichnung der betreffenden Handgeste *(mudrā)*, zusammen mit den Hauptattributen der zentralen Figur.

ABKÜRZUNGEN AMNH: American Museum of Natural History (New York); MG: Musée Guimet (Paris); MKB: Museum der Kulturen (Basel); NID: Norbulingka Institute Dharamsala; RMA: Rubin Museum of Art (New York); SO: Schoettle Ostasiatica (ehem. Stuttgart); TTC: Tamashige Tibet Collection (Tokyo); VKM: Völkerkundemuseum der Universität Zürich; Qing Gong: Qing Gong Zangchuan Fojiao Tangka; TST: Thubten Samphel and Tender.

ERSTER DALAI LAMA GENDÜN DRUB

TYP A *vitarka mudrā* (Geste der Lehrdarlegung oder Argumentation) und Almosenschale.[61] (Abb. 288)
TYP B *vitarka mudrā* und Buch (im traditionellen länglichen Format, tibetisch *Poti, spo ti*), Lotusblüte.[62]
TYP C *varada* (Geste der Wunschgewährung) und *vitarka mudrā*, Lotusblüte.[63]
TYP D *vitarka* und *dhyāna* (Meditations-)*mudrā*, Lotusblüte.[64]
TYP E *dharmacakra mudrā*, Lotusblüte. Die Geste (des Drehens) des Rades der Lehre kommt nur äußerst selten bei Dalai Lama-Darstellungen vor. Siehe auch fünfter Dalai Lama.[65] (Abb. 22)

ZWEITER DALAI LAMA GENDÜN GYATSO

TYP A *vitarka mudrā* und Buch (ähnlich erster Dalai Lama, Typ B). Der bei weitem häufigste Bildtyp für den zweiten Dalai Lama.[66] (Abb. 289)
TYP B *vitarka mudrā* und Buch (wie A).[67] (Abb. 26)
TYP C *vitarka mudrā* und Langlebensvase.[68] (Abb. 25)
TYP D beide Hände in der Gleichmutsgeste *(sems nyid ngal gso)*. »Sonnenschutz-Kappe« *(pan zha)* statt der sonst üblichen Panditmütze.[69]

DRITTER DALAI LAMA SONAM GYATSO

TYP A *Vajra* und Glocke.[70] (Abb. 290); Untertypus: gleiche Embleme, aber andere Nebenfiguren.[71] (Abb. 30); weiterer Untertypus mit anderen Nebenfiguren und narrativen Szenen.[72] (Abb. 1)
TYP B *Vajra* und Glocke. Der Dalai Lama hier in frontaler Ansicht.[73]
TYP C *bhūmisparśa mudrā* und Buch. »Sonnenschutz-Kappe« statt der sonst üblichen Pandit-Mütze.[74]
TYP D *bhūmisparśa mudrā* und Langlebensvase.[75] (Abb. 33)
TYP E *vitarka* und *dhyāna mudrā*.[76]
TYP F beide Hände in *dhyāna mudrā*.[77] (Abb. 32)

VIERTER DALAI LAMA YÖNTEN GYATSO

TYP A *abhaya* (Ermutigungs-)*mudrā* und *kapala* (Schädelschale).[78] (Abb. 291)
TYP B *vitarka mudrā* und *kapala*. Der Dalai Lama in frontaler Ansicht.[79]
TYP C *vitarka mudrā* und Buch.[80] (Abb. 35)
TYP D *vitarka mudrā* und Almosenschale. Der Dalai Lama in frontaler Ansicht.[81]
TYP E mit Fuß- und Handabdruck (des fünften Dalai Lama). *Bhūmisparśa mudrā* und *kapala*. Der Dalai Lama in Frontalansicht.[82]
TYP F *vitarka mudrā* und Lotusblüte, Langlebensvase mit Kristall.[83]

FÜNFTER DALAI LAMA NGAWANG LOBSANG GYATSO

TYP A *vitarka mudrā*, Lotusblüte (z.T. mit Figur drauf), *cakra*.[84] (Abb. 292, 293)
TYP B *vitarka mudrā*, Lotus und Poti-Buch.[85]
TYP C *bhūmisparśa mudrā* und Buch. Der aus dem gürtelartig drapierten Gewand nur mit dem Knauf noch hervorragende Phurbu, der die seit seinen frühen Jahren starken religiösen Einflüsse der Nyingmapa-Tradition veran-

288 Der erste Dalai Lama. Oben: Tsongkhapa, der Lehrer des ersten Dalai Lama und die Grüne Tārā. Unten: der menschenköpfige Yama Dharmarāja, »Herr über die inneren Praktiken« *(chos rgyal nang sgrub)*, d.h. Beschützer vor geistigen Trübungen und Fehlbarkeiten. Rechts das von Gendün Drub 1447 gegründete Kloster Tashilhünpo. **289** Der zweite Dalai Lama. Thangka, 76 x 50,5 cm, um 1761. Peking, Palastmuseum. >>> **290** Der dritte Dalai Lama. Thangka, 70,5 x 47 cm, 18./19. Jh., Sammlung Karl-Dieter Fuchsberger, Kempten. >>> **291** Der vierte Dalai Lama. Thangka, 72 x 44,5 cm, 18. Jh., Herr und Frau L. Solomon, Paris. >>>

DIE IKONOGRAPHIE DER DALAI LAMAS 273

292 Der fünfte Dalai Lama und Jobo Śākyamuni. Überlebensgroße Statuen aus vergoldetem Kupfer, um 1692, Potala, Roter Palast, Schrein der Heiligen Überlieferung (*'Khrungs rabs lha khang*).   **293** Der fünfte Dalai Lama. Thangka, 76 x 50,5 cm, um 1761, Peking, Palastmuseum. >>>   **294** Der sechste Dalai Lama. Thangka, 76 x 50,5 cm, um 1761, Peking, Palastmuseum. >>>   **295** Der siebte Dalai Lama. Thangka, 76 x 50,5 cm, um 1761, Peking, Palastmuseum. >>>

schaulicht, ist, wenngleich nicht ausschließlich, so doch vorwiegend für diesen Darstellungstyp – und zumeist bei Skulpturen – charakteristisch. Man hat das Fehlen dieses besonders auf Padmasambhava hinweisenden, tantrischen Ritualdolches bei diversen Figuren des fünften Dalai Lama chronologisch interpretiert und mit einer Art Anti-Nyingmapa-Zensur nach dessen Tod 1682 begründet, was heißen würde, dass alle Darstellungen mit Phurbu entweder vor 1682 entstanden sind oder nach 1750, als auch die weltliche Macht wieder vom siebten Dalai Lama übernommen wurde.[86] (Abb. 59)

TYP D *Vajra* und Glocke. Auf den beiden, vom Dalai Lama gehaltenen Lotusblüten die Kleinfiguren des Padmasambhava (links) und eines Nyingmapa-Yogi.[87]

TYP E *vitarka mudrā*, (meist) Lotusblüte und Langlebensvase.[88]

TYP F *vitarka* und *dhyāna mudrā*, (meist) Lotusblüte.[89]

TYP G *bhūmisparśa* und *dhyāna mudrā*. Diese Handgesten entsprechen genau der Haltung des fünften Dalai Lama bei seinem Hinscheiden: die rechte Hand in *bhūmisparśa* und die linke Hand in *dhyāna*, in aufrechter Haltung mit den Beinen überkreuzt sitzend, das rechte Auge geschlossen und das linke bewegungslos geradeaus gerichtet.[90]

TYP H *dharmacakra mudrā*. Diese bei Dalai Lama-Bildern ohnehin sehr seltene Handgeste kommt für den fünften Dalai Lama nur einmal in dem von ihm selbst verfassten »Goldmanuskript« der Donation Lionel Fournier vor.[91] (Abb. 43)

TYP I *abhaya mudrā* und Almosenschale.[92]

Der für nahezu alle Darstellungen des fünften Dalai Lama charakteristische Schnauzbart fehlt mitunter bei Statuen (z. B. Silberfigur in Peking von 1651/52) und natürlich bei solchen, deren mit der ursprünglichen Kaltvergoldung aufgemalte Physiognomie heute verloren ist. Für den fünften Dalai Lama dabei typisch ist – in aller Regel – der abwärts gebogen gezeichnete Bart, während dieser bei den Malereien und Skulpturen des 13. Dalai Lama in aufwärts gekrümmter Form endet. In Ausnahmefällen ist auch der sechste Dalai Lama (hier in bewusstem Bezug zu seinem Vorgänger) oder der siebte Dalai Lama mit einem Schnauzbart dargestellt.

SECHSTER DALAI LAMA TSHANGYANG GYATSO

TYP A *vitarka mudrā* und *cakra*.[93] (Abb. 294)

TYP B *bhūmisparśa mudrā* und *cakra*.[94] (Abb. 66)

TYP C *vitarka mudrā*, Lotus und Poti-Buch.[95] (Abb. 69)

TYP D *vitarka* und *dhyāna mudrā*.[96]

TYP E *vitarka mudrā*, Lotus und Langlebensvase. Als »fünfter Dalai Lama« dargestellt mit Schnauzbart und Ritualdolch im Gewand.[97]

SIEBTER DALAI LAMA LOBSANG KELSANG GYATSO

TYP A *vitarka mudrā*, Lotusblüte mit Buch und Schwert, Buch.[98] (Abb. 295); Untertypus: Variationen im Umfeld.[99]

TYP C *vitarka mudrā*, Lotusblüte mit Buch und Schwert, *cakra*.[100] (Abb. 72)

TYP D *vitarka mudrā*, Langlebensvase.[101]

TYP E *vitarka mudrā*, Lotusblüte (z. T. ohne Schwert und Buch) und *dhyāna mudrā*.[102] (Abb. 76)

TYP F als meditierender Mönch oder Yogi. Eine solche Darstellung eines Dalai Lama in anderer Gestalt ist bisher nur für den siebten Dalai Lama bekannt.[103] (Abb. 77)

ACHTER DALAI LAMA JAMPEL GYATSO

TYP A *vitarka mudrā*, Lotusblüte (allein oder mit Buch, dieses mit oder ohne Schwert) und *cakra*. Vom achten Dalai Lama (wie auch von den nachfolgenden Dalai Lamas) sind keine »Musterbuch-Kompositionen« nach Art der Reinkarnations-Serien Stockholm, VKM, Peking oder TTC bekannt.[104] (Abb. 296)

TYP B *vitarka mudrā*, Lotusblüte mit *cakra*, Buch.[105] (Abb. 81)

TYP C *varada* und *dhyāna mudrā*, Langlebensvase und zweifache Lotusblüte mit kleinen Figuren der Weißen Tārā und Uṣṇīṣavijayā.[106]

NEUNTER DALAI LAMA LUNGTOK GYATSO

Von den nur wenige Jahre lebenden Dalai Lamas neun bis 12 sind als historische Darstellungen fast ausschließlich nur Wandbilder im Potala-Palast bekannt. Die modernen Bildserien in Dharamsala sowie die ebenfalls aus dem 20. Jahrhundert stammenden Illustrationen in Lokesh Chandras *Buddhist Iconography of Tibet* wurden für diese Studie nur in Ausnahmefällen berücksichtigt. Da die Großskulpturen der Dalai Lamas im Potala und z. B. in den Klöstern Drepung und Sera meist teilweise von ihren Gewändern bedeckt sind, waren sie für diese ikonographische Untersuchung nur gelegentlich nützlich.[107]

296 Der achte Dalai Lama, Detail aus Abb. 80.

297 Der neunte Dalai Lama. Bronze, mit Inschrift: »Ehrerbietung dem verehrten [neunten Dalai Lama] Lungtok Gyatso; Herr der Rede und Quelle der Belehrungen des Lobsang [Dragpa, Je Tsongkhapa]«. Tibet, um/nach 1815, H: 17,5 cm, B: 17 cm, T: 11,5 cm, Sammlung Markus O. Speidel, Birmenstorf. **298** Der 13. Dalai Lama. Überlebensgroße Statue aus vergoldetem Kupfer. Lhasa, um 1934/36, Potala-Palast, Mausoleum des 13. Dalai Lama. **299** Der 14. Dalai Lama, hier mit »moderner« Mudrā, d.h. Hände nach vorne gelegt, Beispiel einer nicht mehr von der Tradition geprägten, neuzeitlichen Ikonographie. Fotorealistische Malerei von Amdo Jampa.

TYP A *vitarka mudrā*, Lotusblüte und *cakra*.[108] (Abb. 297)
TYP B *vitarka mudrā*, Lotusblüte und Buch.[109] (Abb. 88)

10. DALAI LAMA TSULTRIM GYATSO

TYP A *vitarka mudrā*, Lotusblüte (mit oder ohne Schwert) und *cakra*.[110] (Abb. 89)
TYP B *vitarka mudrā*, Almosenschale.[111]

11. DALAI LAMA KHEDUB GYATSO

TYP A *vitarka mudrā*, Lotusblüte und *cakra*.[112]
TYP B *bhūmisparśa mudrā*, Almosenschale.[113]

12. DALAI LAMA TINLE GYATSO

TYP A *vitarka mudrā*, Lotusblüte und *cakra*.[114]
TYP B *vitarka mudrā*, Lotusblüte und Poti-Buch.[115]

13. DALAI LAMA THUBTEN GYATSO

TYP A *vitarka mudrā*, Lotusblüte mit Buch und Schwert, *cakra*. Der nach oben gezeichnete Schnauzbart unterscheidet den 13. Dalai Lama vom »Großen Fünften«, dessen Bartenden in aller Regel abwärts gekrümmt dargestellt werden. Die meisten Malereien und Statuen dieses Dalai Lama haben porträtartigen Charakter.[116] (Abb. 298)
TYP B *vitarka mudrā*, Buch.
TYP C *vitarka mudrā*, Langlebensvase.
TYP D *bhūmisparśa* und *dhyāna mudrā*, Lotusblüte mit Buch und Schwert. Mit der von Fotografien des 13. Dalai Lama bekannten Gebetskette am linken Handgelenk (Abb. 101).[117]
TYP E beide Hände in moderner *mudrā* nach vorne gelegt, der auf zahlreichen, hier zweifellos vorbildhaften Fotos von diesem Dalai Lama charakteristischen Haltung. Beispiel einer nicht mehr von der Tradition geprägten neuzeitlichen Ikonographie (Abb. 110).[118]

14. DALAI LAMA TENZIN GYATSO

Die wenigen gemalten Darstellungen des 14. Dalai Lama gehen ikonographisch übereinstimmend auf das früheste, um 1955/56 entstandene Wandbild im Norbulingka-Palast von Lhasa zurück, das seinerseits den repräsentativen Wandmalereien des 13. Dalai Lama aus den dreißiger Jahren des 20. Jahrhunderts (Potala, Samye, Gyantse) folgt.[119] (Abb. 130)

HAUPTSÄCHLICHER TYP *vitarka mudrā*, Lotusblüte mit Buch und Schwert, *cakra*, aber auch der Rasselstab des Mahāyāna-Mönchs *(khakkhara)* und das Szepter der tantrischen Traditionen Tibets *(khaṭvāṅga)*, sowie die üblichen Ritualgeräte auf dem Throntisch.

DIE IKONOGRAPHIE DER DALAI LAMAS

ANHANG

Anmerkungen

Ausführliche Bildlegenden

Bibliografie

Autoren

Dank des Herausgebers

Landkarte

Index

ANMERKUNGEN

**EINLEITUNG UND INTERVIEW
MIT SEINER HEILIGKEIT DEM 14. DALAI LAMA**
Martin Brauen

1 Die genaue Begründung Per Sørensens kann hier aus Platzgründen nicht wiedergegeben werden.
2 *Byang chub sems dpa'*: einer, der *Bodhicitta* (Erleuchtungsgeist) entwickelt hat und dessen einziges Ziel darin besteht, anderen zum Nutzen zu sein.
3 Was der Dalai Lama hier zu sagen scheint, ist, dass alle Dalai Lamas vom ersten bis zum siebten zweifellos Reinkarnationen ihrer selbst waren, also eigentlich eine einzige Person. Was den achten Dalai Lama und seine Nachfolger anbelangt, besteht hingegen nicht die gleiche Gewissheit.

**DIE DALAI LAMAS VON TIBET
UND DIE URSPRÜNGE DER LAMA-WIEDERGEBURTEN**
Leonard W.J. van der Kuijp

1 *Mi pham chos kyi rgya mtsho.*
2 *Don grub rgyal mtshan*, 1527–1587.
3 *Sarmai* alias *Uran Tangghrarigh Dayun Kiya*.
4 *ghayiqamsigh vcir-a dar-a sayin cogh-tu buyan-tu dalai (vajradhara dpal bzang po bsod nams rgya mtsho)*, wobei *cogh-tu buyan-tu dalai (dpal bzang po bsod nams rgya mtsho)* in umgekehrter Reihenfolge den religiösen Namen Sonam Gyatsos widerspiegelt. Dieser lautete Sonam Gyatso Palzangpo *(dpal bzang po)* und er erhielt ihn 1547 als vierjähriges Kind von Sonam Dagpa *(Bsod nams grags pa*, 1478–1554). Der Ausdruck *ghayiqamsigh vcir-a dar-a* bedeutet »wundersamer Vajradhara«, wobei Vajradhara, »Träger des Blitzstrahls«, sich nicht nur auf seine Fachkenntnis tantrischer Theorie und Praxis beziehen, sondern, wichtiger noch, auf sein Buddha-Sein.
5 Ngawang Tashi *Ngag dbang bkra shis*, reg. 1499–1564.
6 Dieses Kloster wurde vom späten 16. Jahrhundert an der Sitz der Panchen Lamas.
7 *Zhwa dmar dkon mchog yan lag*, 1525–1583.
8 *Zhwa nag dbang phyug rdo rje*, 1556–1603.
9 *'Phags pa Blo gros rgyal mtshan*, 1235–1280.
10 D.h. Palgidechen *(Dpal gyi sde chen)* in Shing kun (= Lintao).
11 *rDorje mkhar nag lo tsa ba 'jam dpal rdo rje.*
12 *Sa chen Kun dga' snying po*, 1092–1158.
13 *Rgyal ba kun dga' bkra shis*, 1536–1605.
14 *dKon mchog rin chen*, 1590–1655, der Sohn von Chögyel Phuntsog Tashi *(Chos rgyal phun tshogs bkra shis*, 1547–1602), dem 22. Abt des Klosters Drigung.
15 Ö *Byang chub 'od*, 984–1078.
16 *Nag tsho Lo tsa ba Tshul khrims rgyal ba*, 1011–ca.1068.
17 *'Brom rgyal ba'i 'byung gnas kyi skyes rabs.*
18
   1. Avalokiteśvara   Dromtön
   2. Mañjuśrī   Ngog Legpe Sherab
      (rNgog Legs pa'i shes rab)
   3. Vajrapāṇi   Kutön Tsöndrü Yungdrung
      (Khu ston Brston 'grus g.yung drung, 1011–1075)
19 *Nam mkha' rin chen*, 1214–1286.
20 *gZhon nu blo gros*, 1271–?.
21 *Nyi ma rgyal mtshan*, 1225–1305.
22 *sprul sku* – Nirmāṇakāya »Emanations«-Körper, Ausstrahlungskörper, der erscheinende Formkörper eines Buddha, Form magischer Erscheinung, das dritte der drei Kāyas neben dem Wahrheits-Körper (Dharmakāya, *chos sku*) und dem Körper des vollkommenen Erfreuens (Saṃbhogakāya, *longs sku*).
23 *Dus gsum mkhyen pa*, 1110–1193.
24 *g.Ya' bzang chos kyi smon lam*, 1169–1233.
25 *Mtho mthing ma.*
26 *Dol po pa Shes rab rgyal mtshan*, 1291–1362.
27 *rje btsun gyi sprul pa'i sku.*
28 *Khro phu Lo tsa ba Byams pa'i dpal*, 1172–1236.
29 *Chos kyi rgyal po*, 1069–1144.
30 *sGyer Gzhon nu 'byung gnas.*
31 *Bya yul pa chen po.*
32 *gZhon nu 'od*, 1075–1138.
33 *rGod tshang pa mgon po rdo rje*, 1182–1258.
34 *Kun ldan ras ma*, 1260–nach 1339.
35 Zur weiteren Lektüre empfohlen: Kollmar-Paulenz 2001, Mullin 1988, Sørensen 1990, Weirong 2002, Tenzin Gyatso 1991, Hanzhang 1991.

DER ERSTE DALAI LAMA GENDÜN DRUBPA
Shen Weirong

1 Aus: Die Biografie des allwissenden Lamas, genannt »Die zwölf wunderbaren Taten«, siehe Shen Weirong 2002: 310.
2 *mkhas pa.*
3 *btsun pa.*
4 *bzang po.*
5 *thams cad mkhyen pa.*
6 *upāsaka* (Laienanhänger).
7 *Grub pa shes rab.*
8 *thams cad mkhyen pa.* Dieser Titel wurde ihm bereits von *Bo dong Phyogs las rnam rgyal* 1431 verliehen.
9 Wie *gSang phu, Gro sa, 'Chad kha* und *Thang po che.*
10 *So Rong ston sMra ba'i seng ge* (1367–1449), *Bodong Chogle Namgyal (Bo dong Phyogs las rnam rgyal)* und andere.
11 *Grub pa shes rab.*
12 *Shes rab seng ge.*
13 Alle Schriften Maitreyas, der sechs Juwelen von Jambuvīpa, d.h. Nāgārjuna, Āryadeva, Asaṅga, Vasubandhu, Dignāga und Dharmakīrti, und der zwei Erhabenen, d.h. Śākyaprabha und Guṇaprabha. Die Tantra-Lehre studierte er vor allem bei Sherab Senge. Der vollständige Zyklus des Guhyasamāja wurde ihm durch Sherab Senge vermittelt. Die Dharma-Zyklen des Cakrasaṃvara studierte er bei Tsongkhapa. Die Kālacakra-Lehre wollte Gendün Drub ursprünglich bei *mKhas grub rje dGe legs dpal bzang po* (1385–1438) studieren. Jedoch konnte er sie nur bei *'Jam dbyangs rin chen rgyal mtshan* im Sakyapa-Kloster Grog E vaṃ studieren, weil *mKhas grub rje* bereits im Jahre 1438 im Kloster Ganden verstorben war.
14 Er wurde zuerst im Jahre 1416 im Kloster Ganden von Vinayadhara *Grags pa rgyal mtshan* (1374–1434), einem der Hauptschüler des Tsongkhapa, in den *Vinaya* eingeführt. Kurz darauf setzte er sein *Vinaya*-Studium für zwei Jahre im Kloster Gro sa, Herkunftsort des *Vinaya* in Tibet, bei *dMar ston dPal ldan rin chen pa* und *rGya mtsho rin cen pa* – bekannten *Vinaya*-Lehrern ihrer Zeit in Zentraltibet – systematisch fort. Die beiden Sakyapa-Lehrer bezeichneten ihn neben *gZhon nu rgyal mchog* als einen der zwei besten Schüler des *Vinaya* in Tsang und forderten ihn auf, die *Vinaya*-Lehre in Tsang zu verbreiten.
15 *rGyal tshab rje.*
16 Atiśa versuchte, die »umfassende Handlung« *(rgya chen spyod)* und die »tiefgründige Anschauung« *(zab mo lta)* zu einem Bestandteil des Weges *(lam)* zu vereinen. Eine weitere *lam rim*-Tradition ist die »Belehrung über die Geistesübung des Mahāyāna« *(theg chen blo sbyong gi gdams pa).* Das wesentliche Anliegen dieser Belehrung besteht darin, die Erleuchtungsgesinnung durch Austausch zwischen sich selbst und den anderen zu üben. Gendün Drub studierte diese Belehrung zuerst bei *lHa zung khang pa bSod nams lhun grub pa* im Kadampa-Kloster *'Chad kha* während seines zweiten Studienaufenthaltes in Ü (1438–1440). Zuvor studierte er Tsongkhapas Werke *sKyes bu gsum gyi lam gyi rim pa chen mo* und *Lam rim chung ngu*, die Summa der *lam rim*-Lehre, direkt bei Tsongkhapa selbst sowie bei *rGyal tshab rje* und *mKhas grub rje.*
17 *gSang phu.*
18 *Gling stod mthong smon.*
19 *Shangs pa bKa' brgyud pa-Lama Don yod pa.*
20 *dka' chen bzhi:* Pramāṇavārttika, Prajñāpāramitā, Vinayasūtra und Abhidharmakośa.
21 *dbu ma rigs tshogs drug.*
22 *bKa' gdams glegs bam.*
23 *rGyal tshab rje.*
24 *mKhas grub rje.*
25 Das erste Werk, *Legs par gsungs pa'i chos 'dul ba'i gleng gzhi dang rtogs pa brjod pa lung sde bzhi kun las btus pa rin po che'i mdzod*, ein Kommentar zum *'Dul ba'i gleng 'bum chen mo*, gilt zusammen mit dem von Vinayadhara *Grags pa rgyal mtshan* verfassten Kommentar *'Dul ba'i gleng 'bum blang dor gsal byed* als der bekannteste tibetische Kommentar zum *'Dul ba'i gleng 'bum chen mo*. Das zweite Werk ist ein Kommentar zum Vinayasūtra des Guṇaprabha, das *Legs par gsungs pa'i dam pa'i chos 'dul ba mtha' dag gi snying po'i don legs par bshad pa rin po che'i phreng ba.*
26 *Theg pa chen po'i blo sbyong gi gdams pa* und *Theg chen blo sbyong cung zad bsdus pa.* Beide Werke sind Kommentare zum *Blo sbyong don bdun ma* des *'Chad kha pa.*
27 *Las chen Kun dga' rgyal mtshan.*
28 *Phu chung ba gZhon nu rgyal mtshan* (1031–1106), *sPyan snga ba Tshul khrims 'bar* (1038–1103), *Po to ba Rin chen gsal* (1027/1031?–1105).
29 *smon lam chen mo.*
30 *chu lho kha'i grva tshang chen po.*

ANMERKUNGEN   279

31 Wie z.B. der *'Phyong rgyas rtse pa, Dar rgyas pa bSod nams dpal bzang po* und andere lokale Adlige *rGya bar ba*, *rDo rings pa* und *Drang tshal pa*.
32 *Brag dmar bla brang*.
33 *bSam grub rtse*.
34 Der große Schatztempel mit sechs Säulen in der Mitte, die Versammlungshalle *('du khang)* mit 48 Säulen, der Tempel des Maitreya mit 12 Säulen auf der linken Seite, der Tempel der Tārā mit sechs Säulen auf der rechten Seite, der Tempel der Schutzgottheiten mit zwei Säulen, der *bla brang rGyal mtshan mthon po* mit 24 Säulen sowie das einstöckige Wohnhaus der Mönche und der Tempel der vier Großkönige.
35 Z.B. *sMan thang ba Don grub rgya mtsho* und *Sle'u chung pa*.
36 *Shar rtse grva tshang, dKyil khang grva tshang* und *Thos bsam gling gi grva tshang*.
37 *bLa brang rGyal mtshan mthon po*.

DER ZWEITE DALAI LAMA GENDÜN GYATSO
Amy Heller

1 Dieser Essay über Gendün Gyatso basiert auf bisher unveröffentlichten Forschungsergebnissen im Zusammenhang mit meiner 1992 eingereichten Dissertation. Ich setze mich hier nicht mit der ganzen Biografie des zweiten Dalai Lama auseinander, sondern in erster Linie mit der Wahrnehmung seiner selbst und seiner Rolle. Originaltitel des Aufsatzes: »The life of the Second Dalai Lama (1476–1542), his perception of his childhood and his birth« (Das Leben des zweiten Dalai (1476–1542) und wie er seine Geburt und Kindheit erlebte). Als primäre Quellen dienten mir dabei seine Autobiografie sowie die Biografie des Vaters, die er 1509 verfasste. Zusätzliche Informationen finden sich in Glenn Mullins Übersetzung der biografischen Darstellung des *Vaidurya Serpo*, verfasst im 17. Jahrhundert durch den *Sde srid Sangs rgyas rgya mtsho* (*The Tibet Journal*, Bd. 11, Nr. 3, 1986, S. 3–16). In *The Fourteen Dalai Lamas* (2001) verweist Mullin auf diese Biografie und auch auf die Autobiografie. Ich danke in diesem Zusammenhang dem Ehrwürdigen Tsenshab Rinpoche für die erneute Überprüfung meiner Übersetzungen aus der Autobiografie im Jahr 2004. Vor 1959 hatte sich Rinpoches Familiensitz in Tanag befunden, dem Geburtsort des Zweiten Dalai Lama. Dadurch war er in der Lage, die von Gendün Gyatso in seinen Schriften verwendeten Ausdrücke aus der lokalen Umgangssprache der Tanag-Region genau zu verstehen.
2 *Chos 'khor rgyal me tog thang*.
3 *mNga' ris grva tshang*.
4 *Blo bzang rab brtan*.
5 *Don grub ma*.
6 Die Autobiografie, Fol. 22a, beschreibt das Patronat von Führern des Olkha Distrikts, das zur Gründung des Klosters Chökhorgyel führte.
7 Siehe Autobiografie, Fol. 35a, für die Spenden von Gönnern in Ngari, Guge und Mustang, Fol. 36a für Spenden von Kham.
8 *'Brom ston*.
9 Die Autobiografie, Fol. 2a, und die Biografie des Vaters, Fol. 2a, lassen an dieser Familienabstammung und an der Rolle des Vorfahren als Geistlicher in Samye während der Regentschaft von Trisong Detsen keinen Zweifel aufkommen. Glenn Mullin nennt Trisong Detsen einen Vorfahren von Gendün Gyatso, was insofern richtig ist, als dieser als eine der frühen Reinkarnationen von Dromtön gilt – doch das ist es nicht, was Gendün Gyatso in seiner Autobiografie beschreibt. Dort geht es ihm vielmehr um seine persönliche biologische und spirituelle Abstammung.
10 *Nam mkha' rnal 'byor*.
11 *Kun dga' rgyal mtshan*, 1432–1506.
12 Siehe seine Biografie, Fol. 17a.
13 Laut Luciano Petech war sein genaues Geburtsdatum der 30. Dezember 1475. Siehe *The Dalai Lamas and Regents of Tibet*, T'oung Pao 1959, S. 368–394. Abgedruckt in L. Petech, *Ausgewählte Papiere zur asiatischen Geschichte*, Rom 1988, S. 125–148.
14 *Kun dga' dpal mo*.
15 *rGod gtsang pa*, 1189–1258.
16 *Sangs rgyas 'phel* heißt wörtlich »Entwicklung des Buddha« und bedeutet, dass der Junge, der diesen Namen trägt, eine wesenhafte Verbindung zu Buddha hat.
17 Autobiografie, Fol. 2–5; die Geschichte vom Mahākāla der Weisheit befindet sich in Fol. 4b.
18 Siehe Biografie des Künga Gyatsen, Fol. 25b, für die Passage, wo dieser Mahākāla als Beschützer der Lehren seiner Vorfahren beschrieben wird und Fol. 3–4b für die Anrufung des Mahākāla anlässlich des Begräbnisses zur Absicherung der Wiedergeburt.
19 *Chos rje chos 'byor*.
20 Gemeint ist eine Yogaposition, bei welcher der Ausführende im Sitzen die Knie an die Brust zieht und mit beiden Armen umfasst.
21 Siehe Autobiografie, Fol. 5–6; für die Vorbereitungen vor dem Besuch in Tashilhünpo im Alter von acht Jahren, Fol. 6b, für seine Heimkehr, Fol. 7a–b.
22 *Blo bzang rab brtan*.
23 Siehe Autobiografie, Fol. 8b, für den Besuch des Guge-Herrschers.
24 Siehe Biografie des Vaters, Fol. 26b.
25 Siehe Autobiografie, Fol. 9a, für das Datum und die Beschreibung seines Gelübdes. *Vaidurya Serpo* gibt sein Alter mit 13 an, was historisch falsch ist.
26 *gNas rnying*.
27 Siehe Autobiografie, Fol. 11a, für eine Diskussion der Abneigung, die Narthang lama gegenüber Gendün Gyatsos Vater empfand.
28 Für eine Diskussion der Lhamo-Visionen von Gendün Gyatso und anderen Dalai Lamas, siehe Kapitel über die Schutzgottheiten der Dalai Lama-Inkarnationsreihe S. 212 ff.

DER DRITTE DALAI LAMA SONAM GYATSO UND DER VIERTE DALAI LAMA YÖNTEN GYATSO
Karénina Kollmar-Paulenz

1 Dieses Zitat illustriert die Bedeutung, die der dritte Dalai Lama der Missionierung und Bekehrung der Mongolen zum tibetischen Buddhismus einräumte, sowie die Ideologie der spirituellen Verbundenheit der beiden Völker, die seit dem späten 16. Jh. die kulturellen und politischen Beziehungen der Tibeter und Mongolen prägte. Quelle: *Erdeni tunumal neretü sudur* (»Sūtra namens edelstein[gleiche] Klarheit«). Mongolische Chronik, nach 1607 von einem unbekannten südostmongolischen Autor verfasst.
2 Sämtliche Datenangaben folgen, wenn nicht anders vermerkt, der vom fünften Dalai Lama verfassten Biografie des dritten Dalai Lama, siehe Anm. 4. Die Umrechnung der tibetischen Jahreszyklen erfolgt nach K.-H. Everding, »Die 60er-Zyklen. Eine Konkordanztafel«, in *Zentralasiatische Studien*, Bd. 16, 1982, S. 475–476.
3 Die Transliteration des Tibetischen erfolgt nach Wylie (unter Auslassung der Bindestriche zwischen den einzelnen Silben). Im Mongolischen wird das hintervokalische Y als gh umschrieben.
4 Als Quelle stand mir die vom fünften Dalai Lama *Ngag dbang blo bzang rgya mtsho* im Jahr 1646 verfasste Biografie des dritten Dalai Lama zur Verfügung, siehe *rJe btsun thams cad mkhyen pa bsod nams rgya mtsho'i rnam thar dngos grub rgya mtsho'i shing rta*, in *'Phags pa 'jig rten dbang phyug gi rnam sprul rim byon gyi khrungs rabs deb ther nor bu'i 'phreng ba*, Bd. 2, S. 1–171. Zum Vergleich habe ich die von *Tshe mchog gling ye shes rgyal mtshan* im 18. Jahrhundert verfasste Kurzbiografie des dritten Dalai Lama herangezogen, die mir jedoch nur in englischer Übersetzung vorlag, siehe G. Mullin, »Tse-Chok-Ling's Biography of the Third Dalai Lama«, in *The Tibet Journal*, Bd. 11, Nr. 3, 1986, S. 23–39.
5 *rNam rgyal grags pa*.
6 *dPal 'dzom bu khrid*.
7 *dBang phyug rin po che*.
8 *Ra nu sri chod dpal bzang po*.
9 *dNgos grub rgya mtsho'i shing rta*, S. 18.
10 Op. cit., S. 36.
11 Der 15. Thronhalter von *dGa'-ldan*. Er lebte von 1478–1554, siehe A. I. Vostrikov, *Tibetskaja istori eskaja literatura*, Moskau 1962, Anm. 510. Vostrikov stützt sich auf das *Re'u-mig des Sum-pa-mkhan-po-ye-shes-dpal-'byor*, das mir zur Zeit der Abfassung dieses Beitrags nicht zur Verfügung stand.
12 Kurz für: *bSod nams rgya mtsho dpal bzang po bstan pa'i nyi ma phyogs thams cad las rnam par rgyal ba*, ebd.
13 *mgon po phyag drug pa*.
14 Die Biografie des dritten Dalai Lama enthält eine minutiöse Aufzählung der ihm von verschiedenen Lamas gegebenen Belehrungen, siehe z.B. *dNgos grub rgya mtsho'i shing rta*, S. 47–48. Auf S. 64f. werden weitere Initiationen und Belehrungen aufgezählt.
15 *'Jig rten dbang phyug pad dkar lde*.
16 *dNgos grub rgya mtsho'i shing rta*, S. 60.
17 *mKhas grub dge legs dpal bzang po*.
18 *dGe 'dun bstan pa dar rgyas*.
19 *Shangs dge 'phel chos rje* bzw. *bSod nams dpal bzang*, gemäß: *dNgos grub rgya mtsho'i shing rta*, S. 109. Zur Ordination nach den Vinaya-Regeln siehe G. Tucci, »Die Religionen Tibets«, in: G. Tucci/W. Heissig, *Die Religionen Tibets und der Mongolei*, Stuttgart 1970, S. 31–32.
20 *Grva tshang phan bde legs bshad gling* genannt.
21 Siehe M. Henss, *Tibet. Die Kulturdenkmäler*, Zürich 1981, S. 89.
22 Sie wurden erst endgültig im frühen 19. Jahrhundert bekehrt.
23 Unter dem Begriff »hor« werden nicht nur die Mongolen verstanden, sondern allgemein nomadische Gruppen und Völker, die in den nördlichen Regionen Tibets sowie im Nordosten des Kökenor leben, siehe P. Kessler, *Laufende Arbeiten zu einem Ethnohistorischen Atlas Tibets (EAT), Lieferung 41.1.: Die historische Landschaft TEHOR (tre hor) unter besonderer Berücksichtigung der frühen Geschichte Südosttibets (Khams)*, Rikon 1984, S. 15f.
24 *dNgos sgrub rgya mtsho'i shing rta*, S. 83.
25 *Rin chen brtson 'grus rgyal mtshan*.
26 *Erdeni tunumal neretü sudur*, Fol. 21r10–11. Die Passage ist übersetzt in K. Kollmar-Paulenz, *Erdeni tunumal neretü sudur. Die Biographie des Altan qa an der Tümed-Mongolen. Ein Beitrag zur Geschichte der religionspolitischen Beziehungen zwischen der Mongolei und Tibet im ausgehenden 16. Jahrhundert*, Wiesbaden 2001, S. 279.
27 Hier weichen mongolische und tibetische Berichterstattung voneinander ab: nach dem *Erdeni tunumal*, Fol. 21r18–23, wurde dieser Tempel, dessen vollständiger Name auf Tibetisch *Theg chen chos 'khor gling* lautete, schon 1574 gegründet. Auch *Sanang Secen* teilt uns in seiner Chronik *Erdeni yin tobci* aus dem Jahr 1662 mit, dass der Tempel vor der Ankunft des *bSod nams rgya mtsho* erbaut wurde, siehe die Urga-Handschrift der Chronik, Fol. 74v14/15. In der tibetischen Biografie heißt es hingegen, der Tempel sei erst nach dem Treffen von 1578 erbaut worden, siehe die ausführliche Beschreibung im *dNgos grub rgya mtsho'i shing rta*, S. 149.
28 Diese stellt wohl eine spätere ideologische Ausdeutung der bilateralen Beziehungen zwischen Tibet und der Mongolei im 13. Jahrhundert durch die tibetisch-buddhistische Geschichtsschreibung dar.

29 Eine Abkürzung für tib. *yon bdag*, »Gabenherr«, und *mchod gnas*, wörtl. »Opferort«.
30 *ghaiqamsigh vcir-a dar-a sayin cogh-tu buyan-tu dalai*. In der tibetischen Biografie kurz *ta la'i bla ma badzra dha ra*, »Dalai Lama Vajradhara«, genannt. Tib. *ta-la'i* ist aus mong. *dalai* abgeleitet.
31 *Chos kyi rgyal po lha'i tshangs pa chen po*.
32 Nach dem *Erdeni tunumal*; die tibetische Biografie gibt 1585 an.
33 *Erdeni tunumal*, Fol. 45v13; diese Angabe wird bestätigt im Kolophon der mongolischen Übersetzung des *Mahāmantrānudāri-sūtra*, das nach 1587 auf Weisung des dritten Dalai Lama von dem berühmten mongolischen Übersetzer Ayusi güsi ins Mongolische übertragen wurde.
34 *Erdeni tunumal*, Fol. 45v15–18.
35 Aus: Altan Tobci, *Goldene Chronik*, von einem anonymen mongolischen Autor nach 1655 verfasst. Dieses Zitat wurde ausgewählt, weil es die doppelte Legitimation des vierten Dalai Lama für die Mongolen zeigt: Zum einen entstammt er in direkter Linie dem Geschlecht der mongolischen Herrscher, den Chinggisiden, zum anderen ist er die Wiedergeburt des dritten Dalai Lama. Damit ist *Yon tan rgya mtsho* in den Augen der Mongolen dazu befähigt, sowohl die weltliche als auch die spirituelle Herrschaft über sein Volk, die Mongolen, auszuüben. Die unter dem fünften Dalai Lama etablierte Ideologie ist damit wahrscheinlich schon früher bei den Mongolen präsent bzw. angedacht worden. Dafür spricht ja auch, dass der fünfte Dalai Lama von Gushri Khan die weltliche Herrschaft übertragen bekam.
36 Ich stütze mich im Folgenden auf die in der mongolischen Chronik *Erdeni tunumal* enthaltenen biografischen Angaben zu *Yon tan rgya mtsho* sowie auf seine tibetische Biografie *'Jig rten dbang phyug thams cad mkhyen pa yon tan rgya mtsho dpal bzang po'i rnam par thar pa nor bu'i 'phreng ba*, ebenfalls von dem fünften Dalai Lama verfasst. Ich habe die Ausgabe im *'Phags pa 'jig rten dbang phyug gi rnam sprul rim byon gyi 'khrungs rabs deb ther nor bu'i 'phreng ba*, Bd. 2, S. 173–238, benutzt.
37 Wahrscheinlich an einem Ort namens Caghan naghur/naqui im Ulanjab-Ayimagh in der Inneren Mongolei. Der Ortsname korrespondiert wahrscheinlich mit dem in der tibetischen Biografie genannten *mChod-rten-dkar-po*, siehe *Nor bu'i 'phreng ba*, S. 189.
38 *dPal 'byor rgya mtsho*.
39 *Gu shri dpal ldan rgya mtsho*.
40 *Zur pa sangs rygas rin chen*.
41 *Nor bu'i 'phreng ba*, S. 207.
42 Eine detaillierte Darstellung anhand der Daten der tibetischen Biografie des vierten Dalai Lama und anderer tibetischer Quellen gibt G. Tucci, *Tibetan Painted Scrolls*, Rom 1949, Bd. 1, S. 51–56.
43 *Sangs rgyas rin chen*.

DER FÜNFTE DALAI LAMA NGAWANG LOBSANG GYATSO
Kurtis R. Schaeffer

1 Ich habe zur Abfassung dieses Artikels verschiedene Studien zu Rate gezogen. Zwei ältere Berichte, die mittlerweile als Standardwerke zur politischen Karriere des fünften Dalai Lama gelten: Tucci 1949: 57–66 und Ahmad 1970: 108–145. In den letzten Jahrzehnten sind verschiedene, dem fünften Dalai Lama gewidmete Studien erschienen: Petech 1988 liefert Daten zu allen Dalai Lamas und ihren Regenten, während Petech 1950 die letzten Jahre der Ära des fünften Dalai Lama unter die Lupe nimmt. Karmay 1988 führt den Korpus der visionären Autobiografie ein. Macdonald 1977 befasst sich ausführlich mit einer Statue des Dalai Lama. Karmay 2002 setzt seine frühere Arbeit fort. Uspenski 1966 beschreibt eine verwandte Sammlung von visionären autobiografischen Schriften. Ishiama 1992 trägt Belege für die vom Dalai Lama vorgenommenen Amtseinsetzungen zusammen. Ishihama 1993 bietet eine aufschlussreiche Interpretation der Autobiografie des fünften Dalai Lama und ähnlicher Werke, die sich auf den Kult von Avalokiteśvara beziehen. Richardson 1993 liefert Augenzeugenberichte der alljährlichen Rituale, die in und um Lhasa durchgeführt wurden und von denen viele auf die Zeit des fünften Dalai Lama zurückgehen. Tuttle widmet sich in einem bisher unveröffentlichten Band eingehend der wichtigen diplomatischen Reise des fünften Dalai Lama nach China. Ebenda diskutiert Kurtis R. Schaeffer die von Sangye Gyatso betriebene Ausrichtung des rituellen Lebens von Lhasa auf die Figur des fünften Dalai Lama. Die vollständige Geschichte des fünften Dalai Lama wurde von Ahmad 1995 ins Englische übersetzt. Ahmad 1999 übersetzte auch die erste Hälfte des ersten Bandes von Sangye Gyatsos dreibändiger Fortsetzung der Autobiografie des Dalai Lama. Alle Essays in Pommaret 2003 betreffen bis zu einem gewissen Grad den fünften Dalai Lama. Bazin 2002 befasst sich mit den rituellen Geräten, die in den visionären Autobiografien des Dalai Lama beschrieben werden. Meyer 1987 widmet seine Aufmerksamkeit den künstlerischen Aspekten des Potala. Richardson 1998 übersetzt eine wichtige Quelle zur Geschichte der Regenten der Dalai Lama. Cüppers 2001 beleuchtet Form und Inhalt der zahlreichen diplomatischen Briefe des Dalai Lama. Lange 1976 liefert eine vorläufige Bibliografie der Schriften Sangye Gyatsos. Aris 1989 beschreibt den Übergang vom fünften zum sechsten Dalai Lama.
2 *sMon 'gro ba 'Jam dbyangs dbang rgyal rdo rje, Rgyal dbang thams cad mkhyen pa ngag dbang blo bzang rgya mtsho'i mtshan thos pa'i yid la bdud rtsir byed pa'i rnam thar mthong ba don ldan mchog tu dga' ba'i sgra dbyangs sarga gsum pa*, 128 Folios (Kulturpalast der Nationalitäten, Peking, Katalognummer 002555). Die Lebensgeschichte des fünften Dalai Lama bis zum Jahr 1646, wie sie hier dargestellt wird, ist dem wichtigen Werk von Mondrowa entnommen. Ich möchte an dieser Stelle Leonard W. J. van der Kuijp meinen Dank aussprechen für die Fotokopie von Mondrowas *Leben des Dalai Lama*, die er mir verschafft hat. Ebenfalls danken möchte ich Christoph Cüppers vom Internationalen Lumbini Forschungs-Institut (LIRI), der mir einen äußerst nützlichen digitalen Text von Mondrowas Leben zur Verfügung gestellt hat.
3 *Ngag dbang blo bzang rgya mtsho, Za hor gyi ban de ngag dbang blo bzang rgya mtsho'i 'di snang 'khrul ba'i rol rtsed rtogs brjod kyi tshul du bkod pa du ku'u la'i gos bzang*, Lhasa 1989.
4 *Ngag dbang blo bzang rgya mtsho* (1617–1682). *Lha ldan smon lam chen mo'i gral 'dzin bca' yig*, in: *Bod kyi snga rabs khrims srol yig cha bdams bsgrigs*, Lhasa 1989, S. 324–345.
5 *Ngag dbang blo bzang rgya mtsho, Za hor gyi ban de ngag dbang blo bzang rgya mtsho'i 'di snang 'khrul ba'i rol rtsed rtogs brjod kyi tshul du bkod pa du ku'u la'i gos bzang*, Lhasa 1989.
6 Das Folgende wurde großenteils übernommen aus *Sangs rgyas rgya mtsho, mChod sdong 'dzam gling rgyan gcig rten gtsug lag khang dang bcas pa'i dkar chag thar gling rgya mtshor bgrod ba'i gru rdzings byin rlabs kyi bang mdzod*, Peking 1990; *Sangs rgyas rgya mtsho, Thams cad mkhyen pa drug ba blo bzang rin chen tshangs dbyangs rgya mtsho'i thun mong phyi'i rnam par thar pa du ku la'i 'phro 'thud rab gsal gser gyi snye ma* (Tshe ring phun tshogs (Hrsg.), Lhasa 1989); und *Sangs rgyas rgya mtsho, Pur tshwa me 'dzin ma'i dkar chag dad pa'i sa bon gyis bskyed pa'i byin rlabs ro bda'*. Unveröffentlichter Blockdruck.

DER SECHSTE DALAI LAMA TSHANGYANG GYATSO
Erberto Lo Bue

1 Per K. Sørensen, *Divinity Secularized. An Inquiry into the Nature and Form of the Songs Ascribed to the Sixth Dalai Lama*, Wien 1990.

DER SIEBTE DALAI LAMA KELSANG GYATSO
Matthew T. Kapstein

1 *bSod nams dar rgyas*.
2 *bSod nams chos mtsho*.
3 *bsTan pa tshe ring*.
4 *Chu bzang No min han*.
5 *dGon lung byams pa gling*.
6 *Nga phod*.
7 *Lum pa ba*.
8 *Sbyar ra ba*.
9 *Pho lha nas bsod nams stobs rgyal*.
10 *'Gyur med rNam rgyal*.
11 *rDo ring paṇḍita*.
12 *mDo mkhar zhabs drung*.
13 *De mo Ho thog thu 'Jam dpal bde legs rgya mtsho*, 1723–1777.

DER ACHTE DALAI LAMA JAMPEL GYATSO
Derek F. Maher

1 Sofern nicht ausdrücklich anders vermerkt, beruht dieser Artikel auf Tsepön Shakabpa, »The Eighth Dalai Lama and the Gurkha Wars«, in: *bod kyi srid don rgyal rabs (Political History of Tibet)*, Band 1, Kalimpong 1976, S. 584–667 (englische Fassung *One Hundred Thousand Moons: An Advanced Political History of Tibet*, übersetzt von Derek F. Maher, in Bearbeitung), im Folgenden genannt Shakabpa 1976, und Demo Ngawang Lobsang Tubten Jigme Gyatso, »An Ornament for the Entire World, Biography of the Powerful Conqueror, the Omniscient Lobsang Tenpe Wangchuk Jampel Gyatso«, in: *'Phags pa 'Jig rten dbang phyug gi rnam sprul rim byon gyi 'khrungs rabs deb ther nor bu'i 'phreng ba (Garland of Jewels, the Birth Stories of the Series of Incarnations of (Avalokiteśvara), the Superior Lord of the World)*, Dharamsala 1977, S. 477–626, im Folgenden genannt Demo.
2 Shakabpa 1976: 609.
3 Ya Hanzhang 1991: 87.
4 Mullin: 325–327.
5 Demo: 500.
6 David M. Farquhar, »Emperor as Bodhisattva in the Governance of the Ch'ing Empire«, in: *Harvard Journal of Asiatic Studies*, Bd. 38, Nr. 1, 1978, S. 8.
7 Alastair Lamb, *Britain and Chinese Central Asia: The Road to Lhasa 1767 to 1905*, London 1960, S. 14–15.
8 Shakabpa 1976: 642–643.
9 Ya Hanzhang 1991: 72–83.

NEUNTER BIS 12. DALAI LAMA
Derek F. Maher

1 Soweit nicht anders vermerkt, beruht dieser Artikel auf folgenden Quellen: Tsepön Shakabpa, »The Ninth and Tenth Dalai Lamas«, in: *bod kyi srid don rgyal rabs (Political History of Tibet)*, Band 1, Kalimpong 1976, S. 668–685 und Tsepön Shakabpa, »The Eleventh and Twelfth Dalai Lamas«, in: *bod kyi srid don rgyal rabs (Political History of Tibet)*, Band 2, Kalimpong 1976, S. 1–58 (englische Fassung *One Hundred Thousand Moons: An Advanced Political History of Tibet*, übers. von Derek F. Maher, in Bearbeitung), im Folgenden Shakabpa 1976; eine weitere Quelle ist die in fünf Bänden erschienene Serie längerer Biografien aller Dalai Lamas: *'Phags pa 'Jig rten dbang*

phyug gi rnam sprul rim byon gyi 'khrungs rabs deb ther nor bu'i 'phreng ba (Garland of Jewels, the Birth Stories of the Series of Incarnations of (Avalokiteśvara), the Superior Lord of the World), Dharamsala 1977. Bände 3 and 4 enthalten die Biografien des neunten bis 12. Dalai Lama.
2 *rTa tshag bstan pa'i mgon po* (1760–1810).
3 Ya 1991: 87.
4 Für eine ausführliche Analyse dieses Erlasses siehe Isabelle Charleux 2004b. Ich danke Amy Heller und Isabelle Charleux dafür, dass sie mir den Artikel und Frau Charleux' französische Übersetzung des mongolischen Dekrets, ebenfalls unveröffentlicht, zum Gebrauch überlassen haben.
5 Shakabpa 1976: 672–673.
6 *De mo Ngag dbang blo bzang thub bstan 'jigs med rgya mtsho* (1778–1819).
7 Siehe Mannings Beschreibung dieses Treffens im Artikel von Martin Brauen auf Seite 232f.
8 Ya 1991: 88.
9 *Byang chub chos 'phel* (1756–1838).
10 *Ngag dbang 'jam dpal tshul khrims rgya mtsho.*
11 Shakabpa 1976: 678–679.
12 *Blo bzang phrin las rgya mtsho.*
13 *Ngag dbang chos 'phel* (1760–1839).
14 Lobsang Tinle Gyaltsen, *Garland of Jewel Wonders*, 320-ba-5.
15 *lCang skya ye shes bstan pa'i rgyal mtshan* (1795–1864).
16 *'Jam dpal rgya mtsho.*
17 *Ngag dbang blo bzang bstan pa'i rgyal mtshan* (1811–1848).
18 *Ye shes rgya mtsho* (1789–1856).
19 *Rwa sgreng ngag dbang ye shes tshul khrims rgyal mtshan* (1816–1863).
20 Shakabpa 1976, Band 2: 22–28; Rishikesh Shaha, *Modern Nepal: A Political History 1769–1955*, Band 1, Riverdale/Maryland 1990, S. 244–245; Michael C. van Walt van Praag, *The Status of Tibet: History, Rights, and Prospects in International Law*, Boulder/Col. 1987, S. 291–295.
21 Lobsang Khenrab Wangchuk *(Blo bzang mkhyen rab dbang phyug).*
22 Shakabpa 1976, Band 2: 33–42. Der Titel »Desi« war im 18. Jahrhundert durch »Gyeltsab« ersetzt worden – ein Hinweis auf die schwindende Macht des Amtes. Sein erneuter Gebrauch im Zusammenhang mit Shedra soll andeuten, dass dieser ein mächtiger Regent war.
23 *dPal ldan don grub.*
24 *Phur bu lcog Blo bzang byams pa rgya mtsho* (1825–1901).

DER 13. DALAI LAMA THUBTEN GYATSO
Tsering Shakya

1 Bell, 1946: 91.
2 *Phur lcog Thub bstan byams pa tshul khrims* 1984: 14.
3 *Phur lcog Thub bstan byams pa tshul khrims* 1984: 26.
4 *Phur lcog Thub bstan byams pa tshul khrims* 1984: 13.
5 *Phur lcog Thub bstan byams pa tshul khrims* 1984: 8.
6 *Blo bzang thub bstan rgya mtsho 'jigs bral dbang phyug phyogs le rnams gyal dpal bzang po.*
7 *Phur lcog byams pa rgya mtsho* 1824–1894.
8 *Phur lcog Thub bstan byams pa tshul khrims* 1984: 170.
9 *De mo ngag dbang blo bzang 'phrin las rab rgyas.*
10 *Phur lcog Thub bstan byams pa tshul khrims* 1984: 142.
11 Terton Sonam Gyalpo ist heute allgemein besser bekannt unter seinem Kurznamen Sogyal *(bsod rgyal).*
12 *Phur lcog Thub bstan byams pa tshul khrims* 1984: 240–242.
13 Ein anderer Burjate, der Lhasa besuchte, war Tsybikoff. Über seinen Besuch wurde in der russischen Presse ausführlich berichtet. Tsybikoffs Reise nach Lhasa war von der Russischen Geografischen Gesellschaft arrangiert worden.

14 Kuleshov 1996: 7.
15 Kuleshov 1996: 38.
16 Damdinsüren 1997: 37.
17 Rockhill Papers, Rockhill to Roosevelt, 8.11.1908.
18 Rockhill 1910.
19 *Phur lcog Thub bstan byams pa tshul khrims* 1984.
20 *Zha skab pa dBang phyug bde ldan* 1976: 221.
21 Bell 1946: 93.
22 Bell 1946: 101.
23 *Zha skab pa dbang phyug bde ldan* 1976: 221
24 Inneres Tibet: tibetische Gebiete östlich des Drichu-Flusses; äußeres Tibet: Gebiete westlich des Flusses.
25 Die Beziehung zwischen dem Dalai Lama und dem Panchen Rinpoche wird in *Phur lcog Thub bstan byams pa tshul khrims* 1984: 541–547 abgehandelt.
26 Zum Konflikt um die Verehrung Dorje Shugdens, siehe auch Dreyfus-Aufsatz, S. 172.
27 *Dus politische Testament des 13. Dalai Lama*, Kalimpong 1958, S. 7–8.

DER 14. DALAI LAMA TENZIN GYATSO
Alexander Norman

1 Der 14. Dalai Lama in einem Interview mit Martin Brauen, S. 11.

ZWISCHEN SCHUTZGÖTTERN UND INTERNATIONALEM STARRUHM:
EINE ANALYSE DER HALTUNG DES 14. DALAI LAMA ZU MODERNITÄT UND BUDDHISMUS
Georges Dreyfus

1 Der Begriff geht auf H. Bechert zurück, siehe H. Bechert, »Buddhist Revival in East and West«, in: H. Bechert und R. Gombrich, *The World of Buddhism*, London 1984, S. 275–276.
2 Dieser kurze Bericht folgt Lopez' Zusammenfassung in *Prisoners of Shangri-La*, Chicago 1998, S. 185 sowie H. Bechert, »Buddhist Revival in East and West«, in: H. Bechert und R. Gombrich, *The World of Buddhism*, London 1984, S. 275–276.
3 Der Dalai Lama, *Answers: Discussions with Western Buddhists*, Ithaca 2001, S. 24.
4 D. Lopez, *Prisoners of Shangri-La*, Chicago 1998, S. 185.
5 Der Dalai Lama, *A Policy of Kindness*, Ithaca 1990, S. 85.
6 G. Dreyfus, »The Shuk-den Affair: History and Nature of a Quarrel«, *Journal of the International Association of Buddhist Studies*, Bd. 21, Nr. 2, 1999, S. 227–270.
7 Siehe die gesammelten Reden des Dalai Lama von 1978 bis 1996 zu diesem Thema: *Gong sa skyabs mgon chen po mchog nas chos skyong bsten phyogs skor btsal ba'i bka' slob*, Dharamsala 1996, S. 17–19.
8 *Sa skyabs mgon chen po mchog nas chos skyong bsten phyogs skor btsal ba'i bka' slob*, S. 36–41.
9 Interview mit dem Dalai Lama, Oktober 2000.
10 Der Dalai Lama, *A Policy of Kindness*, Ithaca 1990, S. 85.
11 Der Dalai Lama tritt auch bei einigen seiner politischen Aktionen in der tibetischen Gemeinschaft als buddhistischer Modernist in Erscheinung; dort vertritt er oft demokratische Ideen und Praktiken und argumentiert, diese ließen sich mit den buddhistischen Ideen durchaus vereinbaren
12 Der Dalai Lama, *Freedom in Exile*, New York 1990, S. 25.

PANCHEN LAMA UND DALAI LAMA:
EINE UMSTRITTENE LEHRER-SCHÜLER-BEZIEHUNG
Fabienne Jagou

1 *dBen sa pa blo bzang don grub* (1505–1566).
2 *bSod nams phyogs kyi glang po* (1439–1504).

3 *mKkhas grub dge legs dpal bzang* (1385–1438).
4 Die Geschichte des Klosters von Tashilhünpo, dem vierten Sitz der Gelugpa-Schule (neben den Klöstern Ganden, Sera und Drepung und zukünftigen Sitz des Panchen Lama, ist eng mit den Dalai Lamas verbunden. Der zweite Dalai Lama, Gendün Gyatso *(dGe 'dun rgya mtsho)*, legte den ersten Teil seines Mönchsgelübdes *(dge tshul)* und sein abschließendes Gelübde bei *Lung rigs rgya mtsho* (Abt von Tashilhünpo von 1478 bis 1487) ab. Er studierte in Tashilhünpo und wechselte dann ins Kloster Drepung, wo er seine buddhistische Ausbildung abschloss. Auf Einladung von *Ye shes rTse mo* (Abt von 1487 bis 1510) wurde er Abt von Tashilhünpo (1510–1517). Später kehrte Gendün Gyatso als Abt ans Kloster Drepung zurück. Der dritte Dalai Lama, Sonam Gyatso *(bSod nams rgya mtsho, 1543–1588)*, anerkannt als Inkarnation von Gendün Gyatso, studierte zwar ebenfalls in Tashilhünpo, lehnte jedoch das Amt des Abts ab, da er als solcher bereits für Sera und Drepung zuständig war.
5 *mKhas grub dge legs rnam rgyal dpal bzang*, 1385–1438.
6 In diesem Durchschnitt enthalten sind u.a. der erste Panchen Lama (90 Jahre) und der fünfte Panchen Lama (27 Jahre). Nicht einbezogen wurde der achte Panchen Lama.
7 Der erste Dalai Lama wurde 83 Jahre alt, der neunte Dalai Lama hingegen starb schon im Alter von 10 Jahren. Das lange Leben des gegenwärtigen 14. Dalai Lama wurde nicht in die Berechnung einbezogen.
8 Beide sechste Dalai Lamas wurden vom zweiten (fünften) Panchen Lama anerkannt.
9 Die Gurkhas wollten den Panchen Lama durch Shamarpa Chödup Gyatso ersetzen; für kurze Zeit wohnte dieser sogar in Tashilhünpo
10 Bisweilen heißt es auch, die Namen seien auf Papier aufgeschrieben und in Teig eingerollt worden. Manche tibetische Intellektuelle meinen, die Lotterie der Mandschu habe ihren Ursprung in diesem tibetischen Brauch, der zum Beispiel in Amdo praktiziert wurde.
11 Beide stammten aus der Provinz Dagpo in Südtibet. Da sie sich auffallend ähnlich sahen, kam bald das Gerücht auf, der sechste Panchen Lama und der 13. Dalai Lama gehörten der gleichen Familie an.
12 Einige Regierungsvertreter fürchteten, der Panchen Lama könnte bei seiner Rückkehr aus China chinesische Soldaten ins Land bringen, um die tibetische Regierung zu stürzen.
13 Als China Tibet in drei Regionen aufteilte, wurde der siebte Panchen Lama zum Oberhaupt der Region Tsang ernannt, der 14. Dalai Lama erhielt die Verantwortung für Zentraltibet und die Provinz Amdo sollte von einem Komitee verwaltet werden.

DIE SCHUTZGOTTHEITEN DER DALAI LAMAS
Amy Heller

1 Der vorliegende Essay beruht auf der Lektüre der Biografien und Autobiografien der Abstammungsreihe der Dalai Lamas. Die Passagen zum fünften Dalai Lama und seinen Schutzgottheiten beruhen auf meinem Essay »The Great Protector Deities of the Dalai Lamas« in F. Pommaret (Hrsg.), *Lhasa in the 17th Century*, Leiden 2002, S. 81–98. Der vollständige tibetische Wortlaut der zitierten Passagen zu den Schutzgöttern in den Biografien des Dalai Lama sind in meinem Essay »Historic and Iconographic Aspects of the Protective Deities srung ma dmar nag«, in: S. Ihara (Hrsg.), *Tibetan Studies*, Narita 1992, S. 479–492 enthalten.
2 Aussage des Dalai Lama in einem Interview mit Martin Brauen, Dharamsala, Oktober 2004.
3 Biografie Dalai Lama 11, Bd. 4, Dharamsala 1984, S. 299; Biografie Dalai Lama 9, Bd. 3, Dharamsala 1984, S. 656.

4 A. Macdonald, *Annuaire de la 4e Section, l'Ecole Pratique des Hautes Etudes*, Paris 1975/1976, S. 981.

5 Biografie Dalai Lama 1, Bd. 1, Dharamsala 1984, S. 214.

6 Ebd. Visionen von Lhamo: S. 222 (Vision von 1410), S. 230 (Vision eines reich geschmückten Mädchens nach einem *gtor ma* Opfer für Lhamo Magzorma, S. 236, 244 (Vision im Jahr 1444), S. 234 (Visionen von Mahākāla), S. 243 (Traum von Mahākāla und Yama sowie Vision von Mahākāla, wiederum ca. 1443).

7 Biografie Dalai Lama 2, Bd.1, Dharamsala 1984, S. 386–388. (= Tibetische Ausgabe, Fol. 28–29a). Ich möchte an dieser Stelle Samten Karmay für seine kritischen Kommentare zu meiner Übersetzung danken.

8 Dalai Lama 2, *Gesammelte Werke*, Bd. Ma, 28a–30b und Ma, Fol. 6a–26b für Begtse als Hilfswächter von Hayagriva, und Ma, Fol. 65a–66a für das einzig dem Begtse als Dharmapāla gewidmete Initiationsritual.

9 Biografie Dalai Lama 3, fol. 15b.

10 Biografie Dalai Lama 3, fol. 60 b.

11 Biografie Dalai Lama 3, fol. 77b.

12 Biografie Dalai Lama 3, fol. 19b–20a.

13 14. Dalai Lama, *Gong sa skyabs mgon chen po mchog nas Bod skyong lha srung gi 'phrin bcos dam ldan myur bskul ma'i dgos don dang 'brel ba'i bka' slob* (Essay on Protective deities), Dharamsala 1980, S. 1–24.

14 Biografie Dalai Lama 3, fol. 23b.

15 Biografie Dalai Lama 3, fol. 39b.

16 Biografie Dalai Lama 3, fol. 78b–79b.

17 Biografie Dalai Lama 3, fol. 43b.

18 Biografie Dalai Lama 3, fol. 84a.

19 Dalai Lama 5, Dukula Bd. Ka 305a, 312a, 335a-b; Bd. Kha. 154a, 174a, 194a, 220a–b, 232a–b, 257b, 263b.

20 *Sde srid Sangs rgyas rgya mtsho, Mchod sdong 'dzam gling rgyan cig gi dkar chag* (Die Begräbnis-Stūpa des fünften Dalai Lama), Bd. 2, Tibet 1990 (Nachdruck), S. 80–82.

21 Dalai Lama 5, *Chos rgyal chen po'i gsol kha*, in der offiziellen Nechung-Kloster-Anthologie der Rituale, Gangtok 1969, S. 73–76, mit der Jahreszahl 1651 auf S. 76.

22 Dalai Lama 5, Bd. Da, 64b–67a, Torma-Ritual für Nechung, ebenfalls in der offiziellen Nechung Kloster-Anthologie der Rituale, Gangtok 1969, S. 84–87.

23 Für eine Zusammenfassung dieses Buches von Visionen siehe Samten Karmay, *Secret Visions of the Fifth Dalai Lama*, London 1988.

24 Siehe Nebesky-Wojkowitz, S. 25 f.

25 Laut der Biografie des ersten Dalai Lama, die von seinem persönlichen Schüler drei Jahre nach seinem Tod im Jahr 1471 verfasst wurde. Zusätzlich zur Familien-Lehre war der Vater des zweiten Dalai Lama vom ersten Dalai Lama in die Lehren des Begtse eingeweiht worden. Dem ersten Dalai Lama waren sie von den Sakya-Lehrern vermittelt worden. Daher war der Vater des zweiten Dalai Lama der Bewahrer zweier Traditionen der Begtse-Verehrung, die er an seinen Sohn übertrug.

26 Lama Donyod war der Großvater des zweiten Dalai Lama und wurde schon nach dem Tode des ersten Dalai Lama nach dessen Wiedergeburt befragt; Biografie Dalai Lama 1, 1984, S.235.

DER WESTLICHE BLICK AUF DIE DALAI LAMAS
Martin Brauen

1 Wegen der Kürze des Artikels kann hier nur auf ausgewählte westliche Darstellungen eingegangen werden. Ausgelassen werden vor allem oberflächliche und/oder unglaubwürdige Schilderungen oder solche, die, verglichen mit den hier präsentierten, keine wesentlichen zusätzlichen Informationen enthalten. Ich danke Renate Koller für das Zusammentragen der vielen Artikel und Bücher und Isrun Engelhardt für das kritische Lesen des Artikels und ihre Anregungen.

2 Eine Bezeichnung für den Regenten. Offenbar wurde der Regent zu Zeiten des fünften Dalai Lama nicht *desi (sde srid)*, sondern *deva (sde pa)* genannt. Siehe Richardson 1998b: 448 ff.

3 de Filippi 1932: 202 ff.

4 Erste Phase: 1707–1711; zweite Phase: 1716–1733; dritte Phase: 1741–1745.

5 1724, 1741 und 1742; in der ersten Phase war der 1708 geborene Dalai Lama noch sehr jung und wohnte noch nicht in Lhasa, von 1728 bis 1735 weilte der Dalai Lama im Exil. 1743 kam es offensichtlich noch zu zwei kurzen Treffen (nach Auskunft von Isrun Engelhardt).

6 Bei diesem ersten Treffen der Kapuziner mit dem siebten Dalai Lama kam es zu keinem Gespräch mit dem Dalai Lama.

7 Über die beiden Audienzen 1743 liegen nur ganz kurze Nachrichten vor. Bei der allerletzten, der Übergabe des Briefes des Kardinal Belluga, wurde die Annahme der Geschenke der Kapuziner verweigert (nach Isrun Engelhardt).

8 Teile der Berichte der Kapuziner, vor allem diejenigen von Orazio della Penna di Billi, benutzte Agostino Antonio Giorgi, der selbst nie in Tibet war, in seinem *Alphabetum Tibetanum*. Er verfasste damit eine Art erste Geschichte der Dalai Lamas, die beim siebten Dalai Lama endet. Für eine ausführliche Berichterstattung, siehe Petech 1952–53.

9 Manning 1909: 436.

10 Huc 1966: 266 ff. Interessant ist jedoch Hucs Hinweis auf den »Nomekhan« (No-min-han), den »geistlichen Kaiser«, welchen die Chinesen Tsan-wang, König von Tibet, nannten, der den Dalai Lama ermordet haben soll. Die Chinesen würden, so Huc, seit Jahren die Minderjährigkeit des »Tale«-Lama dazu benutzen, um sich unerhörte Rechte anzumaßen. Der Nomekhan sei nicht nur für den Tod eines Dalai Lama verantwortlich, sondern für denjenigen dreier Dalai Lamas. Der erste sei erwürgt, der zweite durch die herunterstürzende Decke seines Zimmers erschlagen und der dritte zusammen mit vielen Verwandten vergiftet worden. Historisch gesehen kann kaum eine Person für den Tod dreier Dalai Lamas verantwortlich sein, zudem hätte Huc zum Zeitpunkt des Erscheinens seines Buches (1850) erst von zwei frühzeitig aus dem Leben geschiedenen Dalai Lamas berichten können (neunter und 10. Dalai Lama), da der 11. Dalai Lama erst sechs Jahre nach Erscheinen des Buches mit 18 Jahren verstarb. Eventuell verwendet Huc den Begriff »Nomekhan« als Synonym für »Regent«, vertrat mit anderen Worten die Ansicht, drei Dalai Lamas seien von Regenten ermordet worden, wobei noch immer offen bliebe, wie er auf die Zahl drei kam.

11 Siehe hierzu auch Engelhardt 1999: 191 ff.

12 Macdonald 1932: 65.

13 Dass das Zeremonielle häufig detaillierter beschrieben wurde als die Gesprächsinhalte, stellt auch Isrun Engelhardt in ihrem Artikel über die Art der Begegnung von Kapuzinern und Tibetern im 18. Jh. fest. Siehe Engelhardt 1999: 188.

14 »Das war in der Tat eine große Ehre, denn in Tibet tauschen nur Gleichgestellte oder die besten Freunde Glücksschleifen aus. ... Der Dronyer Chhenmo informierte mich, der Dalai Lama habe mir eine sehr große Ehre erwiesen, als er mich und meine Begleiter in Durbar Hall gesegnet habe... .« Siehe Macdonald 1932: 235. Solche Schilderungen von Glücksschleifenübergaben finden sich in fast allen Berichten über Treffen mit Dalai Lamas. Siehe z.B. auch Tolstoy 1946.

15 Siehe Gould 2000 (1941): 218 ff.

16 Richardson 1998: 674, 676, 677.

17 Bodleian Library, Oxford, MS. Or Rich. 3, datiert October 11, 1939, fol. 173. Dankenswerterweise hat mich Isrun Engelhardt auf diese Briefpassage aufmerksam gemacht.

18 Gould 1957: 229, auch in Richardson 1998: 567 und in Gould 2000 (1941): 95.

19 de Riencourt 1951: 109.

20 So beispielsweise Manning, Riencourt, Gould, Richardson und Bell.

21 David-Néel 1979: 72 ff.

22 David-Néel 1979: 104.

23 Dankenswerterweise wurde mir dieser Text von der Enkelin von Thyra Weir, Maybe Jehu, London, zur Verfügung gestellt.

24 »The Precious Protector«, »The Precious Sovereign«, »The Inmost One«.

25 Trimondi 1999. Für eine Lobhudelei des Dalai Lama, die später in eine Verwünschung ausartete, siehe Brauen 2000: 91 (Antonin Artaud).

26 Harrer 1952.

27 Xing Suzhi (Xing Buyou), *Seeking for Buddhism in the Snow Land – A Han Chinese Lama's Oral History*, 2003.

28 Solche Porträtmalereien des jungen 14. Dalai Lama befinden sich im Besitz des Newark Museums, New Jersey (Inv. Nr. 88.579), der Witwe und des Sohns von Sir Basil Gould und des Sohns von Kanwal Krishna, Ashis Krishna.

29 Mannerheim 1940: 694; siehe auch Beranek 1942: 72–74.

30 Kozlov gemäß Leonov 1991: 119.

31 Siehe Leonov 1991: 119.

32 Siehe z.B. den Fotoband von Bauer 2005.

33 Siehe Harris 1999: 82 ff.

EINE SIEBEN THANGKA SUKZESSIONS-SERIE DES NEUNTEN DALAI LAMA
Per K. Sørensen

1 Der Essay in diesem Band stellt lediglich einen ersten, vorläufigen Versuch dar; eine vollständige Untersuchung würde den Zugang zu weiteren schriftlichen zeitgenössischen Quellen sowie deren sorgfältige Analyse erfordern, die wahrscheinlich Aufschluss geben könnte über Herkunft und Schöpfer der Gemäldegruppe, über ihren vermutlichen Auftraggeber und dessen Motive. Eine gründliche Analyse wird auch eine detailliertere künstlerische Einschätzung in einem größeren Zusammenhang zulassen und damit in Zukunft Vergleiche mit weiteren, ähnlichen Bildgruppen erlauben. Herrn David Jackson und Herrn E. Gene Smith bin ich für Hinweise und die Überlassung von Büchermaterial zu Dank verpflichtet.

2 *bKa' gdams glegs bam*.

3 Die heterogene Sammlung von biografischen, narrativen und doktrinären Materialien im *bKa' gdams glegs bam rin po che* (d.h. *Das kostbare Buch der Kadampa*) wurde 1302 in *sNar thang* unter der Regie von *mKhan chen Nyi ma rgyal mtshan* zusammengestellt. Er bezog sich auf die Belehrungen seines Lehrers *'Brom ston gZhon nu blo gros* (geb. 1271), der sich als Wiedergeburt des *'Brom ston* verstand. Insbesondere der so genannte *Katechismus: Der Edelsteinbesetzte Rosenkranz (Zhus lan nor bu'i phreng ba)* ist eine wahre Fundgrube von hagiographischen Skizzen, die vom fünften Dalai Lama als maßgebliche Quelle und Autorität geschätzt wurde.

4 *dKon mchog 'bangs*, Ratnadāsa und Königreich *bDe ldan*.

5 Die Wiedergeburtsgeschichten *(skyes rabs)* oder Buddha-Legenden waren nach dem Vorbild des buddhistischen kanonischen *jātaka*-Genre geschaffen und erfreuten sich einer beträchtlichen Autorität und Popularität als Vehikel für moralische Werte und für Geschichten vom idealen Lebenswandel. Zur *'Brom ston*-Wiedergeburtsgeschichte, siehe *bKa' gdam glegs bam* Bd. 2: 97–205; siehe auch *'Dzam gling rgyan gcig*, S. 139. Sie wird in vielen Schriften, die sich auf den Dalai Lama beziehen, wiedererzählt, so insbesondere auch im Zusatz oder vierten

Band der Biografie des fünften Dalai Lama; siehe übers. Z. Ahmad 1999: 57 ff.
6 Tib. *shun pa / lkog pa rim pa bdun yod*.
7 Unzählige Quellen befassen sich mit der populären Legende von der Herkunft der Tibeter aus dieser Vereinigung. Dahinter steht die überragende Rolle von *Srong btsan sgam po* als Vater des tibetischen Staates und als Manifestation von Avalokiteśvara. Für weitere Aspekte des tibetischen Nationalismus, siehe G. Dreyfus 2003.
8 *Kha che dGon pa pa*.
9 *g.Yu brag pa*.
10 *Myang ral Nyi ma 'od zer*.
11 *lHa rje dGe ba 'bum*.
12 *'Dzam gling rgyan gcig*: 622, 634: *'khrung rabs gras: Srong btsan sgam po, Khri srong lde'u btsan, Myang ral, Sa chen, Bla ma Zhang, Kha che dGon pa pa, dGe ba 'bum, Padma-vajra*, 1.–4. Dalai Lama (alle Statuen).
13 Siehe sein *'Khrung rabs* 6a4f.
14 *zla ba gcig la chu zla grangs med 'byung ba ltar*. Siehe z.B. *DL5 IV* (= übers. Z. Ahmad 1999: 182–183). In seinem *Bla ma'i bstod tshogs*, ebd., 117b5–118a4, 161a2–62a6, zusammengestellt 1681 vom fünften Dalai Lama, antwortet er nach einer Aufzählung früherer Wiedergeburten, bei der er sich für den prähistorischen, d.h. indischen Teil der Linie, auf die *'Brom ston*-Wiedergeburtsgeschichten als Abstammungsbasis beruft, auf den Vorwurf, die Inkarnationslinie enthalte innere Unstimmigkeiten: der indische Teil der Inkarnationslinie – bis zum tibetischen Stammvater *gNya' khri btsan po* – lasse keine eindeutigen Rückschlüsse auf die Reihenfolge zu. Da jedoch die Natur der sukzessiven Wiedergeburten die »eines Geistes« ist, d.h., da sie grundsätzlich identisch seien, seien chronologische Unstimmigkeiten mit rein logischen Argumenten schwer zu klären.
15 Siehe auch Ishihama 1993. Neben vielen anderen kanonischen und apokryphen Texten, wie z.B. das einflussreiche *bKa' chems Ka Khol ma* und *Ma ni bka' 'bum*.
16 Siehe *DL5 IV* (= übers. Z. Ahmad 1999: 41–274).
17 *Chos kyi dbang phyug*.
18 *bKra shis stobs rgyas*.
19 *g.Ya'bzang pa Chos kyi smon lam*. Er betrachtete sich als Erscheinungsform von Avalokiteśvara und *Srong btsan sgam po*; siehe Tsering Gyalbo u.a., Wien 2000 (App. I).
20 *Blo gros rgyal mtshan*.
21 *Rin chen mkhyen rab*.
22 *Klong rdol bla ma*.
23 *Klong rdol* korrigiert oder ergänzt dort die von Sangye Gyatso eingeführte Liste, wobei die Abweichungen bei gewissen Namen einfach auf Schreibfehler zurückzuführen sind, die in tibetischen Schriften leider sehr oft vorkommen. Siehe *Klong rdol bla ma* Band *Za* 390–93 (*gSung 'bum*), Mod. Ed. Lhasa 1991: seine Liste enthält indische Präexistenzen (Nr. 1–37) und tibetische (Nr. 38–58). Von einiger Bedeutung für das vorliegende Set von Thangkas: Lokeśvara wird als Nr. 2 geführt, der indische König *dKon mchog 'bangs* (Nr. 8), der indische Devarāja (Nr. 23), König *dGe ba dpal* (Nr. 37), der königliche tibetische Stammvater *gNya' khri btsan po* (Nr. 38; fehlt auf Sangye Gyatshos Liste), *Srong btsan sgam po* (Nr. 40), Dharmarāja *dGe ba dpal* (sic! nochmals), *Kha che dGon pa pa* (Nr. 44), *'Brom ston* (Nr. 45), *Kun dga' snying po* (Nr. 46), *Bla ma Zhang* (Nr. 47), *dGe ba 'bum* (Nr. 49), Padmavajra (aktiv 13. Jh.) (Nr. 50), dann nacheinander der spätere erste Dalai Lama *dGe 'dun grub* (Nr. 51) bis zum achten Dalai Lama (Nr. 58). Wenn man die Liste *Klong rdols* aktualisiert, dann wäre der neunte Dalai Lama (nach *Klong rdol* geboren) die Nr. 58 und der gegenwärtige 14. Dalai Lama die 64. Inkarnation. Diese Methode zur Berechnung der Position des gegenwärtigen Dalai Lama, obschon von den Gelugpa-Autoritäten akzeptiert, ist jedoch nur sehr wenigen Leuten geläufig, auch den meisten Gelehrten nicht.

24 Von rechts zur Mitte als *rgyal dbang g.yas dang po, g.yas gnyis pa* und *g.yas gsum pa* und von links zur Mitte als *rgyal dbang g.yon dang po, g.yon gnyis pa* und *g.yon gsum pa* beschriftet.
25 Siehe *'Khrungs rabs* 9b5–10a4; *5DL IV* (= übers. Z. Ahmad 1999: 214–221).
26 Dieser mythische bengalische König wird oft als 36. oder 37. indische Präexistenz aufgeführt, siehe *5DL IV* (= übers. Z. Ahmad 1999: 125–127).
27 Siehe *'Khrungs rabs* 8a6–b4; *5DL IV* (= übers. Z. Ahmad 1999: 154–159). Für seine Pionierrolle bei der Zusammenstellung und Verbreitung der Avalokiteśvara- und Padmasambhava-Lehrzyklen und der König Songtsen Gampo zugeschriebenen, testamentarischen Literatur, siehe Per K. Sørensen, »Lhasa Diluvium«, in: *Lungta (Cosmonogy and the Origins)*, Nr. 16, 2003, S. 85–134.
28 Seine Zugehörigkeit zur Abstammungsreihe der Dalai Lamas wird in vielen Quellen bestätigt. Siehe *'Khrungs rabs* 7b4–8a3; *5DL IV* (= übers. Z. Ahmad 1999: 184–185).
29 Siehe *'Khrungs rabs* 9a3–b1; *5DL IV* (= übers. Z. Ahmad 1999: 197–202). Für den ersten Dalai Lama siehe Shen Weirong im vorliegenden Band.
30 Der sechste *jātaka* von *'Brom ston*; siehe *bKa' gdams glegs bam* Bd. 206–303; *5DL IV* (= übers. Z. Ahmad 1999: 65–71).
31 Siehe *bKa' gdam glegs bam* Bd. 2: 492; *'Khrungs rabs* 6a6–b4; *5DL IV* (= übers. Z. Ahmad 1999: 142–146).
32 Jinaputra Lokeśvara, Sohn des Amitābha; siehe *'Khrungs rabs* 2b5–3a6; *5DL IV* (= übers. Z. Ahmad 1999: 43–47).
33 Siehe *bKa' gdams glegs bam* Bd. 2: 491.
34 Siehe *'Khrungs rabs* 7a2–6, siehe *5DL IV* (= übers. Z. Ahmad 1999: 148–153).
35 Siehe *bKa' gdam glegs bam* Bd. 2: 479–536. Der 19. *jātaka* in der Sammlung; *5DL IV* (= übers. Z. Ahmad 1999: 100–102).
36 Siehe 19. *jātaka* von Dromtön (Bd. 2: 481).
37 Z.B. *'Khrungs rabs* 9b1–5; *5DL IV* (= übers. Z. Ahmad 1999: 202–210).
38 Die Verbindung zwischen dieser Figur und dem zweiten Dalai Lama wird von der Narthang-Erzähltradition bestätigt. Siehe *5DL IV* (= übers. Z. Ahmad 1999: 202–210).
39 Seine Zugehörigkeit zur Inkarnationsreihe wird von den einschlägigen Quellen bestätigt. Siehe *'Khrungs rabs* 6b4–7a1, siehe *5DL IV* (= übers. Z. Ahmad 1999: 146–148).
40 Siehe *'Khrungs rabs* 7a6–b3, siehe *5DL IV* (= übers. Z. Ahmad 1999: 184). *Kha che dgon pa pa*, der Einsiedler von Kashmir, war ein Schüler der *'Brog mi*. Siehe ein anderes Thangka in Essen/Thingo 1989, Abb. 72.
41 In der Biografie des neunten Dalai Lama heißt es, er habe schon während seiner Kindheit eine spezielle spirituelle Nähe zu Lama Zhang entwickelt, siehe *DL9*: 22a6–24a1, 61a5–62a6.
42 Siehe auch *'Khrungs rabs*: 8a3–6; *5DL IV* (= übers. Z. Ahmad 1999: 185–188). Das von Lama Zhang gegründete Klosterzentrum Tshal Gung thang wurde später in das monastische Establishment der Gelugpa integriert. Politisch gilt *Zhang g.Yu brag pa*, der Herrscher über das enge Lhasa-Tal, als Vorläufer der späteren Gelugpa-Herrschaft. Es gehörte zur integrativen Politik des Gelugpa-Hofes als sein Nachfolger, sich dieses hegemonische Erbe einzuverleiben, indem man ihn in die Abstammungslinie des Dalai Lama aufnahm. Zur Geschichte und zum Wandel dieser außergewöhnlichen Person und seiner religiösen Gründung, siehe die in Kürze erscheinende Publikation Per K. Sørensen und G. Hazod, *Rulers on the Celestial Plain. Ecclesiastic and Secular Hegemony in Medieval Tibet*, Wien 2006.
43 *'Khrungs rabs*: 8b4–a4; *5DL IV* (= übers. Z. Ahmad 1999: 190–192). Zu *dGe ba 'bums* Rolle als Pionier, siehe Per K. Sørensen, »Lhasa Diluvium«, in: *Lungta (Cosmonogy and the Origins)*, Nr. 16, 2003, S. 105–107.

44 Siehe *5DL IV* (= übers. Z. Ahmad 1999: 182–183).
45 Siehe Rezin Dorje, Chaogui Ou, Wangchu Yishi (Hrsg.), *Tibetan Thangkas/Xizang Tangjia*, Peking 1985, Lading (Hrsg.) 2000: 85, 86, 321, 262. Die *'Brom ston*-Wiedergeburtsgeschichten sind auf Wände in der östlichen Sishi Phuntshog-Halle und in der Kadam Khyilba-Kammer dargestellt.
46 Die Biografie schweigt zu diesem Punkt überraschenderweise. Hinweise auf den Ursprung des Sets und seine Herstellung ließen sich möglicherweise in einigen seltenen und bisher uneingesehenen Quellen finden, z.B. dem Bericht über das goldene Ossuarium des neunten Dalai Lama (*gSer gdung dkar chag*, ein 108 fols. umfassender Ganden-Blockdruck soll existieren) oder der Biografie des *Rva sgreng Khri chen bsTan pa rab rgyas* (1759–1815), verfasst vom Gelugpa-Historiker *rGyal dbang chos rje Blo bzang 'phrin las rnam rgyal*, oder auch den Schriften des achten Demo Regenten *Ngag dbang lhub bstun 'jigs med rgya mtsho* (1778–1819), seines Zeichens Lehrer des neunten Dalai Lama und Regent von Tibet. Schließlich könnte die sorgfältige Prüfung der lokalen klösterlichen und politischen Geschichtsschreibung sowie von Dokumenten zur *lDan ma*-Gegend in Kham auch einige Hinweise auf das Schicksal der Familie enthalten, die sicher nach dem Tod ihres berühmten Sohnes noch lange in der Gegend anwesend war. Eine seiner Schwestern soll einen Mann aus der noblen Zur khang-Familie in Lhasa geheiratet haben. Falls ein Teil des offiziellen und traditionell zugeteilten väterlichen Erbes (*yab gzhis*) durch diesen Zusammenschluss in die Hände der Zur khang-Familie (*pha gzhis*) überging, so könnte dies das Fehlen jeglicher Hinweise auf die Güter der Familie dieses Dalai Lama erklären. Die Unruhen nach seinem tragischen Tod und die Furcht vor Racheakten mögen mit eine Rolle gespielt haben, dass die verbliebenen Familienmitglieder (d.h. seine Mutter und sein Onkel) Lhasa überstürzt verließen und nach Kham zurückkehrten. Siehe auch *Blo bzang rgya mtsho* 1997: 539.
47 Siehe D. Jackson, *A History of Tibetan Painting*, Wien 1996, S. 244, 301f. Kah thog Situ in seinem zentraltibetischen Reisetagebuch *dBus gtsang gnas yig* 257 berichtet von der Existenz eines schönen Thangka-Sets zu Beginn des letzten Jahrhunderts auf dem *Phun tshogs rab brtan* Landgut von Grva phyi (südliches Zentraltibet), bestehend aus 10 Bildern im so genannten neuen *sman bris*-Stil, welche die Verkörperung des Dalai Lama darstellen und der Meisterhand des *sMan gsar pa Chos dbyings rgya mtsho*, des großen Hofmalers des fünften Dalai Lama und des Panchen Lama in Tashilhünpo, zugeschrieben werden.

DER TIBETISCHE BRIEFSTIL ZWISCHEN TRADITION UND MODERNE
Hanna Schneider

1 Unter Formeln versteht man hier die dem Wortlaut nach festgelegten Teile in der Inscriptio (»Anrede«) sowie im Eingangs- und Schlussteil von Briefen, die je nachdem zwischen Adressant (»Sender«) und Adressat (»Empfänger«) genau und unverändert anzuwenden sind. Siehe hierzu die Diplomatik, d.h. Urkunden- und Gesetzessprache, die sich auch in den abendländischen Traditionen feststehender Phrasen und Formelteile bedient.
2 Es sind dies die fünf der neun chinesischen Adelsränge, die 1792 eingeführt wurden. Siehe Petech 1972: 8f., Tharchin 1954: 164–166.
3 Nornang 1888, fol. 3 r/4–4 v/1.
4 D.h. die Anrede, der erste Teil des Briefes.
5 Die *güwang*-Formel ist die so genannte Devotionsformel, die unterhalb der Inscriptio anzubringen ist und in

welcher der Adressant seinen Respekt gegenüber dem Adressaten zum Ausdruck bringt. Bei Schreiben an einen Dalai Lama ist diese Formel in drei Stufen zu setzen.

6 Nornang 1888, Fol. 7r/4–7v/6.
7 Der genaue tibetische Titel lautet: *skyabs mgon rgyal dbang thams cad mkhyen gzigs chen po*.
8 Padmapāṇi ist ein Beiname des Bodhisattva Avalokiteśvara, als dessen Verkörperung der Dalai Lama gilt.
9 »Herr der Berge« metaphorisch für den Berg Sumeru, nach dem tibetischen Weltbild das Zentrum ihrer Kosmographie, der Nabel der Welt.
10 Hier werden das dem Schreiben beigefügte Geschenk bzw. die Geschenke und die weiße Glücksschleife *(khatag)* guter Qualität, die nie fehlen darf, der Reihe nach aufgeführt.
11 Siehe Nebesky-Wojkowitz 1949: 77; Taring 1986(2): 94; Grönbold 1982: 378.
12 Siehe Gassner, Jansen, Stehrenberger 1991: 86 f.; die Abbildung des *dayig* findet sich auf S. 87.
13 Siehe Bell 1987(2): 156 f.

DIE IKONOGRAPHIE DER DALAI LAMAS
Michael Henss

1 Für die Lebensdaten der einzelnen Dalai Lamas sei auf die grundlegende Studie von Luciano Petech 1959 verwiesen.
2 Das schließt aber nicht aus, dass es frühere Bildnisse von Sonam Gyatso gibt und dass sein bedeutender Vorgänger, der postum zum zweiten Dalai Lama ernannte Gendün Gyatso, noch zu Lebzeiten oder bald nach dem Tode als eminenter Gelugpa-Lama bildlich dargestellt wurde.
3 Stoddard 2003: 34, ohne genaue Referenz.
4 London, Privatsammlung, siehe Rhie/Thurman 1991: Nr. 97; Tucci 1949: 392–399. Da die so bedeutsame Mongoleireise des dritten Dalai Lama nicht auf diesem Thangka abgebildet ist, dürfte letzteres noch vor 1578, also demnach zwischen 1572 und 1577, entstanden sein (für diesen Hinweis danke ich Prof. Karénina Kollmar-Paulenz). In seiner Biografie des dritten Dalai Lama beschreibt der fünfte Dalai Lama ein (nicht mehr erhaltenes) ganz ähnliches Thangka mit biografischen Szenen, das der spätere dritte Dalai Lama dem König von Westtibet als Gegengabe für eine im Jahr 1546 erhaltene Stiftung zugesandt hatte. Eine weitere Stiftung des Guge-Königs von 1555 wurde offensichtlich auch mit Rücksicht auf politische Erwägungen wiederum mit einem biografischen Bild Sonam Gyatsos verdankt.
5 Siehe Dindiwiddie 2003: 309 (Nr. 84; 16. Jh.).
6 Siehe auch Dindiwiddie 2003: 44 (Nr. 28a), 342, 346.
7 Siehe auch Dindiwiddie 2003: 175, 265.
8 Siehe z. B. Dindiwiddie 2003: Nrn. 38, 39, 42–44, oder Weldon/Casey Singer 1999: Abb. 51, 53, 55, 56, Tafeln 34, 35, 36, 39, 40, 41.
9 Siehe Selig Brown 2004: Tafel 12.
10 Die Annahme Heather Stoddards, die Figur sei »nach dem Leben« geschaffen worden, stimmt nicht. Siehe Stoddard 2003: 34: »Inscribed as being made from life in 1669/70«, was in der Inschrift keineswegs gesagt ist (falsch ist auch die Materialangabe »stucco«); siehe Macdonald 1977: 121–123.
11 Macdonald 1977: 126.
12 Siehe Stoddard 2003: 18.
13 Siehe zu den frühen Textreferenzen hinsichtlich der Inkarnationslinien Ishihama Yumiko 2003 (1993): 543 f. Als Text des fünften Dalai Lama solcher mit Avalokiteśvara beginnender Überlieferungslinien sei hier genannt: *Khrungs rabs kyi zhing bskod 'dri tshul gyi rtogs brjod kha byang dang bcas pa gsal ba'i me long* (Tucci 1949: 213); Siehe auch Artikel von Per Sørensen in diesem Band, S. 242–257.

14 Fünfter Dalai Lama 1989/91 (siehe Ishihama Yumiko 2003: 546 [1993: 48 f.], nach Delhi Ausgabe 1985: fol. 142a). Für Abbildungen siehe *Mirror of the murals in the Potala* 2000: 227–230; *The Potala* 1996: 134–135. Siehe fünfter Dalai Lama 1989/91, Bd. 1, S. 286.
15 Siehe Lange 1969: 209 ff.
16 Namgyal 2002: Abb. 137–149.
17 *Budalagong* 1994 (»Hall of the Superior Masters«, *Pho brang dmar po*), Tafel S. 104–107; *Budalagong* 1994: Tafeln 279, 280; *The Potala* 1996: Abb. S. 56–59.
18 Dies sind: MG: König Nyetri Tsenpo *(gNya 'khri btsan po)*, König Trisong Detsen *(Khri srong lde btsan)*, Dromtön *('Brom ston)*, Fünfter Dalai Lama; Brüssel, Musées Royaux d'Art et d'Histoire: König Songtsen Gampo *(Srong btsan sgam po)*, erster Dalai Lama; Arnold Lieberman, New York: vierter Dalai Lama.
19 Siehe Tucci 1949: 410–436.
20 Ein direkter Abdruck vom Holzstock konnte jedoch auf den Stockholm-Thangkas nicht nachgewiesen werden (Auskunft von Håkan Wahlquist, Feb. 2005). Auch Schmid 1961 gibt keinen Hinweis auf eine bei diesen Malereien vorhandene xylographierte »Vorzeichnung«. Ein angeblich (Kreijger 2001: Nr. 28) über dem Abdruck von einer Holzschnitt-Komposition gemaltes Thangka des ersten Dalai Lama in der Slg. Jucker müsste hinsichtlich dieser Aussage nochmals überprüft werden. Schmid 1961: 11–12 vermutet, die Stockholm-Serie habe wegen der seiner Meinung nach heute ästhetisch unbefriedigenden Anordnung und geringeren Qualität der chronologisch letzten zwei Bilder des sechsten und siebten Dalai Lama ursprünglich nur 11 Thangkas umfasst (mit Avalokiteśvara in der Mitte) und sei erst später unter dem siebten Dalai Lama durch dessen Bild und dasjenige seines Vorgängers ergänzt worden. Die ungenügende Qualität der Tafeln bei Schmid erlaubt hier jedoch keine Beurteilung dieser Hypothese.
21 Immerhin sind die einzelnen Bildformate aus mindestens sechs in Ikonographie und Komposition einander sehr gleichenden Reinkarnationsserien so übereinstimmend (ca. 72 x 46 cm), dass man dafür eine gemeinsame Vorlage bzw. eine als Prototyp benützte Holzschnitt-Musterserie annehmen kann. Diese zumeist nur fragmentarisch erhaltenen sechs Serien mit den etwa gleichen publizierten Formatangaben (72/73 x 44/48 cm) sind: Palastmuseum Peking, Tamashige Collection Tokyo, Christie's 21.11.2001 (Nr. 95), Emil Mirzakhanian/Mailand 1998, Sotheby's 24.9.1997 (Nr. 71), MG (Béguin 1995, Nrn. 324–326). Ähnliche Formate haben auch die Serien Völkerkundemuseum Zürich und Sotheby's 21.9.2001, Nr. 37 (57/58 x 40 cm). Leider sind für die Stockholm-Serie weder Größenangaben in Schmid 1961 publiziert noch beim Ethnographischen Museum in Stockholm verfügbar.
22 *Qing Gong Zang Chuan Fo Jiao Tangka* 2003: 10–23. Bildformat je 72 x 46 cm. Zu Rölpe Dorje *(Rol pa'i rDo rje)*, »Vajra-Wiedergeburt«, und den chinesisch-tibetischen Beziehungen in Kunst und Religion unter dem Qianlong-Kaiser (reg. 1736–1795), siehe Henss 2001. Im Palastmuseum befinden sich laut Auskunft von Kurator Luo Wenhua weitere 10 »lineage«-Thangkas von Dalai Lamas, davon mindestens drei aus dem Jahre 1782.
23 Der westtibetische Lama königlicher Herkunft Yeshe Ö *(Lha Bla ma Ye shes 'Od* oder *Lha rgyal bla ma,* »Gott-König Lama«, 959–1036) in der Peking-Serie könnte auf ikonographische Anweisungen von Rölpe Dorje und damit auch auf einen kaiserlichen Auftrag hinweisen, da jener so hochgelehrte und einflussreiche Janggya Huthugtu bereits für den nach seinen Plänen 1755 errichteten Privattempel Qianlongs im Pekinger Kaiserpalast, Yuhuage (»Pavillon der vom Himmel Regnenden Blumen«), den ebenfalls dreigeschossigen Mandala-Tempel *(gSer khang)* im westlichen Tholing zum Vorbild genommen hatte, wo Yeshe Ö um die Jahrtausend-

wende über Reich und Religion herrschte. Zwar verhalf dieser tibetische »Fürst-Bischof« dem Buddhismus in Westtibet zu einer höchst bedeutsamen Renaissance, als Wiedergeburt Avalokiteśvaras scheint er jedoch sonst in der tibetischen Überlieferung nicht genannt worden zu sein. Für die fünf der gleichen Serie angehörenden »Holzschnitt-Thangkas« (König Songtsen Gampo, Dromtön, fünfter Dalai Lama, siebter (?) Dalai Lama, und eine nicht identifizierbare Person, siehe Tucci 1949: Tafeln 225–229).
24 Z. B. in Sangye Gyatsos viertem Band zur Autobiografie des fünften Dalai Lama (1681–1683), siehe *Sangs rGyas rGya mTsho* 1999: 136 ff. zur Konstruktion.
25 Siehe V.L. Uspensky, »Le texte des Visions secrètes du 5e Dalaï Lama et sa diffusion dans l'espace du bouddhisme tibétain«, in Bazin 2002: 27.
26 Die Vorstellung des in König Songtsen Gampo wiedergeborenen Avalokiteśvara muss in Tibet bereits im 8. Jh. existiert haben, siehe dazu Henss 2004: 129–137.
27 Karmay 1988: 54 f.; A. Heller, »Les nagthang (peintures sur fond noir) et les divinités protectrices«, in Bazin 2002: 61.
28 Z. B. *Klong rdol bla ma ngag dbang bzang lo* (1719–1794), Schmid 1961: 20.
29 Z. B. Biografie des zweiten Dalai Lama, Mullin 2004: 37 f.; auch nach *Sum pa mkhan po* (1702–1788), Schmid 1961, S. 22 oder nach Sangye Gyatsos viertem Band zur Autobiografie des fünften Dalai Lama, op. cit., S. 148–153. Siehe zu Dromtön auch Ishihama Yumiko 2003 (1993): 552 (Anm. 6).
30 Der in *Sangs rGyas rGya mtsho* 1999: 153 zitierte Beiname *rGyal ba rGya mtsho* für Dromtön enthält den Namensbestandteil *rGya mtsho,* der später ein Titelbestandteil der Dalai Lamas wurde, als Altan Khan 1578 den Titel »Dalai« (Lama), tibetisch *rgya mtsho,* dem dritten Dalai Lama verlieh.
31 *Sangs rGyas rGya mtsho* 1999: 184.
32 Siehe hierzu auch Lange 1969: 224. In einem Einzelbild des fünften Dalai Lama ist Künga Nyingpo als einzige Lama-Präexistenz unter den Begleitfiguren am oberen Bildrand dargestellt (Tanaka 2003: Nr. 53).
33 Ishihama Yumiko 2003 (1993): 545; *Sangs rGyas rGya mtsho* 1999: 179 f. Inwieweit die fünften Dalai Lama Bemerkung, er selber sei auch eine Wiedergeburt Phagpas, ihm von Sangye Gyatso in den Mund gelegt worden ist, kann hier nicht geklärt werden.
34 Das Bild des ersten Dalai Lama der wohl in die erste Hälfte des 18. Jh. datierbaren Zürich-Serie ist nicht erhalten. Falls keine Dalai Lama-Präexistenzen (zumindest ein Avalokiteśvara) von diesem Zyklus existiert haben, wäre auch allein aus Gründen der symmetrischen Anordnung ein frontal komponiertes Thangka des siebten Dalai Lama zu vermuten. Einige weitere nur lückenhaft erhaltene Serien: Sotheby's New York, 21.9.2001, Nr. 37: Künga Nyingpo, zweiter, vierter, fünfter und sechster (?) Dalai Lama (18. Jh.); Christie's Amsterdam, 21.11.2001, Nr. 95: Avalokiteśvara, Songtsen Gampo, Trisong Detsen, Künga Nyingpo, zweiter und vierter Dalai Lama (um 1800); Tamashige Tibet Collection, Tokyo: Sangye Gömpa, erster, fünfter, sechster und (zentrales Bild) siebter Dalai Lama (18. Jh.); siehe Tanaka 2004: 36, 37, 59.
35 Siehe Tanaka 2003: Nrn. 52–54. Interessanterweise ist hier der zentrale siebte Dalai Lama nicht der chronologisch letzte, sondern die beiden kleineren Seitenfiguren auf dem Bild des fünften bzw. sechsten Dalai Lama, bei denen es sich um den achten bzw. neunten Dalai Lama handeln dürfte, was eine Datierung dieser drei Thangkas nach 1815 wahrscheinlich macht.
36 Ein weiteres Thangka des »Großen Fünften« im Leipziger Völkerkundemuseum bildet zugleich 22 seiner früheren Erscheinungen von Avalokiteśvara bis zum vierten Dalai Lama ab. Als Listen abgedruckte Inkarnationsreihen des siebten bzw. achten Dalai Lama enthalten nicht weni-

ger als 57 fortlaufend nummerierte Präexistenzen, wie zum Beispiel in einem Text des Longdol Lama Ngawang Lobsang (1719–1794) *Klong rdol bLa ma Ngag dbang blo bzang:* »Bstan 'dzin gyi skyes rgya bod du byon pa'i ming gi grangs«, in: *The Collected Works of Longdol Lama*, hrsg. v. L. Chandra, Delhi 1973, S. 1150–1214. Schon Lange 1969: S. 216 ff. weist darauf hin, dass es sich aber nicht um Wiedergeburten innerhalb einer bestimmten Überlieferungslinie handelt, da die einzelnen Personen weder erst nach dem Tod ihrer Vorgänger geboren sind, noch sukzessive deren Lehren übernommen haben. Diese Inkarnationslinien hätten sich aber als im politischen Interesse der Gelugpa stehend dennoch durchsetzen können.

37 Für Abbildungen der Serie im Norbulingka-Institut siehe Samphel/Tendar 2000: 13–14.

38 Siehe Essen/Thingo 1989: I-92.

39 RMA, C.2003.9.2. Da weder das Original noch gute Detailfotos des Bildes für diese Studie zur Verfügung standen, konnten nur wenige der Inschriften bisher gelesen werden.

40 *Bod kyi thang ka* 1985: Tafel 77.

41 Höhe: 50,5 cm. Für Abbildungen siehe: *Priceless Treasures*, Nr. 22, 1999; *Precious Deposits*, Bd. 4, Nr. 3, 2000. Bei der kleinen Mönchsfigur auf dem Lotus dürfte es sich – sonst ohne Beispiel bei den Darstellungen des fünften Dalai Lama – um dessen Lehrer, den ersten Panchen Lama Lobsang Chökyi Gyaltsen (*Blo bzang Chos Kyi rGyal mtshan*, 1570–1662), handeln, mit Spitzmütze sowie Schwert und Triratna als Attribute.

42 Siehe z.B. *Tibetica* 34, Schoettle Ostasiatica, Stuttgart 1976, Nr. 9604.

43 Siehe *Bod kyi thang ka* 1985: Tafel 77. Nach H. Stoddard (in Karmay 1988: 24) vermutlich aus einer Serie von 23 Thangkas zu Leben und Visionen des fünften Dalai Lama, die der Regent Sangye Gyatso (*Sangs rgyas rGya mtsho*, 1653–1705) 1686 (und ein weiteres Mal 1688) in Auftrag gegeben hatte.

44 Stoddard in Karmay 1988: 17 (nach Fünfter Dalai Lama 1989/91, Ausgabe Dolanji 1983, Bd. III, fol. 128a).

45 Thangka des dritten Dalai Lama, siehe *Tibetica* 32, Schoettle Ostasiatica, Stuttgart 1976, Nr. 9267; siehe auch H. Uhlig, *Buddhistische Kunst aus dem Himalaya*, Berlin 1976, S. 94. Siehe ferner die Thangkas des dritten und siebten Dalai Lama (aus einer Serie von ehemals sieben) der Sammlung Schleiper, Belgien; siehe Neven 1978: Nrn. 19, 20. Die nicht mehr vollständig erhaltenen Inschriften auf diesen beiden Bildern konnten leider für diese Studie noch nicht gelesen und ausgewertet werden. In den unteren Szenen sind im Kontext diverser »Dharma-Geschichten« u.a. Könige, bedeutende Mahāyāna-Denker wie z.B. Nāgārjuna und berühmte buddhistische Stätten des frühen Indien dargestellt und inschriftlich genannt. Als mögliche Textquelle solcher Szenen sei auch auf die 36 Reinkarnationen Avalokiteśvaras in Indien hingewiesen (siehe z.B. *Sangs rGyas rGya mTsho* 1999: 43 ff.).

46 Siehe zu diesem ganzen Themenbereich Selig Brown 2004.

47 So zum Beispiel beim schon in anderem Zusammenhang erwähnten Gold- und Rotgrund-Thangka des fünften Dalai Lama der Sammlung Ford oder bei dem ebenfalls wohl noch zu Lebzeiten gemalten Bild des dritten Dalai Lama in der Hahn Cultural Foundation (Seoul, Korea). Größe: ca. 58 x 46 cm. Siehe Tanaka 1999: Nr. 54; Selig Brown 2004: Abb. 18. Mit Bezug auf einen Text des fünften Dalai Lama erwähnt Macdonald 1977: 142 f. ein zu Lebzeiten des fünften Dalai Lama gemaltes, dessen frühere Inkarnationen darstellendes Bild mit Hand- und Fußabdrücken von Lobsang Gyatso.

48 Ein solcher originaler (und als solcher kaum mehr erkennbarer) Handabdruck des siebten Dalai Lama Lobsang Kelsang Gyatso (1708–1757) findet sich – inschriftlich bezeugt – auf der Rückseite eines Dorje Dragden-Thangkas im Rubin Museum of Art, New York, hier aber nicht wie auf der Bildvorderseite zur das imago figurae noch intensivierenden heiligen Präsenz des Dalai Lama, sondern zur Weihung und zum anhaltenden Segen der Ikone. Selig Brown 2004: 62. Ein Handabdruck auf einem im Musée Guimet Paris aufbewahrten Thangka des siebten Dalai Lama (MG 16494) dürfte nach Béguin 1995: Nr. 364 vom Dargestellten selber stammen.

49 Auf die Rückseite des zentralen Bildes eines mehrteiligen Tsongkhapa-Zyklus setzte der siebte Dalai Lama sein doppeltes Handsiegel als Weihung. Eine Inschrift darunter bezeugt die Identität: »Der Handabdruck des Siegreichen [Weltmeer-Priesters] Lobsang [Kelsang] Gyatso, des Zweiten Buddha«. Das gleiche Epithet, »Zweiter Buddha«, wurde auch vom Janggya Huthugtu Rölpe Dorje, dem engen Freund des siebten Dalai Lama, für Lobsang Kelsang Gyatso gebraucht (Mullin 2001: 313). Für eine Abbildung: *Tibetica* 32, Schoettle Ostasiatica, Stuttgart 1976, Nr. 9265 (Abb. 284). Der heutige Verbleib des Thangkas ist unbekannt. Andere, nicht näher durch eine Inschrift gekennzeichnete Handabdrücke wie z.B. beim Gold-auf-Rotgrund Thangka der Ford Collection (Baltimore) bleiben meist anonym.

50 Auf ein den siebten Dalai Lama abbildendes Thangka in Newark Museum setzte der 12. Dalai Lama Tinle Gyatso (1857–1875) offensichtlich in den letzten Lebensjahren seinen doppelten Handabdruck samt Siegel und Inschrift. Reynolds/Heller/Gyatso 1986: 200.

51 Eine weitere, möglicherweise auf einen Text des indischen Mahāyāna-Mönchsgelehrten Śāntideva (7./8. Jh.) anspielende und vermutlich auf den sechsten Dalai Lama selbst zurückgehende Inschrift ist am unteren Bildrand erkennbar: »Mögen durch die Tugend meiner Bemühungen auf dem Weg zur Erleuchtung alle Wesen im Kreislauf der Wiedergeburten den Pfad der Erleuchtung betreten!«

52 Inschrift: »Verehrung dem allwissenden Dalai Lama Lobsang Tshangyang Gyatso«, siehe Zhongguo Zangchuan Fojiao Jintong Zaoxiang Yishu 2001: Nr. 251. So ließ z.B. auch der sechste Dalai Lama seine selbst verfasste Inschrift einer Figur des fünften Dalai Lama gravieren (siehe Olson 1974: Nr. 25, S. 29). Siehe auch Anm. 97.

53 Für das Bild in Basel siehe Essen/Thingo 1989: II-269. Die für diese Darstellung höchstwahrscheinlich vorauszusetzende Textquelle in der geheimen Biografie des siebten Dalai Lama stand leider für diese Studie nicht zur Verfügung.

54 Noch ungewöhnlicher erscheint die Darstellung des siebten Dalai Lama als tantrischer Yogi. Wie ein Mahāsiddha nur mit Tigerfell und Knochenschmuck bekleidet, sieht man Kelsang Gyatso auf einem Thangka der Sammlung Van der Wee (Belgien). Van der Wee 1995: Abb. 35 und S. 81. Ein nahezu identisches Thangka befindet sich im MKB, das seinerseits auf Grund einer Inschrift auf einem dritten Bild dieser Art der Galerie Joachim Baader, München (heutiger Standort unbekannt) ikonographisch bestimmt wurde, siehe Essen/Thingo 1989: II-268.

55 Von 50 ausgesuchten Figuren des hier bearbeiteten Materials haben 11 eine Inschrift, welche die Identifizierung eines bestimmten Dalai Lama ermöglicht.

56 Siehe Lhalungpa 1983 mit dem Foto von Bell (nicht von »G.N. Roerich«) auf dem Schutzumschlag. Nach dieser Vorlage entstand als zeichnerisch überarbeitete Fotomontage das Bild des 13. Dalai Lama, das sich heute im Eremitage-Museum von St. Petersburg befindet und irrig mit der Begegnung von Mitgliedern der Russischen Geographischen Gesellschaft und des Dalai Lama 1905 in Urga (Ulan Bator) in Zusammenhang gebracht wurde (siehe M. Piotrovsky, *Die Schwarze Stadt an der Seidenstrasse*, Lugano 1993, S. 34).

57 Bell 1946: 114 f., 214 und Frontispiz. Ebenfalls als Farbtafel abgebildet in Ch. Bell, *Tibet einst und jetzt*, Leipzig 1925 (englische Erstausgabe: *Tibet – Past and Present*, Oxford 1924, Frontispiz, S. 55) und zuvor bereits in: Francis Younghusband, *From India to Tibet*, London 1910. Eines dieser »zwei« oder »drei« kolorierten und signierten Fotos wurde Bell zufolge bereits in Lhasa gerahmt und dürfte mit dem in beiden Büchern Bells abgebildeten und der heute im Ashmolean Museum Oxford aufbewahrten Original-Fotografie identisch sein. Übersetzung der Widmung des 13. Dalai Lama nach Bell 1946: 115.

58 Heute befinden sich diese von N. Kozhevnikov stammenden Zeichnungen im Eremitage Museum, St. Petersburg. Siehe Leonov 1991: Abb. 1, 2.

59 Leonov 1991: 117. Über den Verbleib dieser tibetischen Zeichnungen ist nichts bekannt.

60 Format: 87,6 x 63,5 cm, Inv. Nr.: 88.579; siehe Reynolds 1999, Tafel 3. Von diesem Gemälde existieren noch zwei weitere Versionen im Besitz der Nachkommen von Basil J. Gould (Abb. 232/233) bzw. des Sohnes von Kanwal Krishna. Für das als Vorlage dienende Foto von Ilya Tolstoy, siehe Gould 1941 (2000): 50 und ferner auch Normanton 1988: 131.

61 Z.B. Thangka-Serien Stockholm (Schmid 1961: Tafel VII) und Peking (Qing Gong 2003: Tafel 14), TTC (Tanaka 2004: Nr. 22); ferner Slg. Jucker (Kreijger 2001: Nr. 28); Sotheby's 14.11.1988, Nr. 23; Seitenfigur auf dem Thangka des achten Dalai Lama im VKM.

62 Z.B. Thangka-Serie Paris-Brüssel (Selig Brown 2004: Tafel 18); Thangka ehem. Potala-Palast (*Bod kyi thang ka* 1985: Tafel 74); Metallstatue Slg. Macieri Goralski, Warschau).

63 Z.B. Wandmalerei im Potala-Palast, Große Osthalle, 1648 (*Mirror of the murals in the Potala* 2000: 227).

64 Z.B. Holzschnitt, Pantheon des Rölpai Dorje, Peking, um 1800 (Lohia 1994: 92).

65 Z.B. Holz-Statuette bemalt, Höhe: 14,5 cm, ca.16. Jh., Peking (genauer Standort nicht bekannt). Inschrift auf Rückseite: *chos kun thams chad mkhyen pa dGe 'dun grub pa la na mo*, »Verehrung dem allwissenden Gendün Drub pa« (*Precious Deposits*, Bd. 3, Nr. 64, 2000).

66 Z.B. Thangka-Serien Stockholm und Peking (Schmid 1961: Tafel VIII; Qing Gong 2003: Tafel 15); Thangka des achten Dalai Lama im VKM (Abb. 25); Slg. M.Driesch, Köln (F. Meyer (Hrsg.), *Tibet. Civilisation et Société*, Paris 1990, Umschlagbild); Ford Collection, Baltimore (D. I. Lauf, *Verborgene Botschaft tibetischer Thangkas*, Freiburg 1976, Tafel 42); E. Mirzakhanian Gallery (E. Lo Bue, *A Tibetan Journey*, Mailand 1998, Nr. 11); SO (*Tibetica* 38, 1980, Nr. 3499); Sotheby's 24.9.1997, Nr. 71; Christie's Amsterdam 21.11.2001, Nr. 95.5; MKB (Essen/Thingo 1989: I-92). Für zwei Metallstatuen, siehe Abb. 3 (Christie's 22.3.2000, Nr. 77, jetzt Tibet House, New York) und Dindiwiddie 2003: Tafel 84.

67 Z.B. Thangka-Serie VKM; Sotheby's 24.9.1997, Nr. 85 (ohne Vajradhara) und 21.9.2001, Nr. 37.4.

68 Z.B. Vergoldete Kupferfigur im Rietbergmuseum Zürich (H. Uhlig, *Auf dem Pfad zur Erleuchtung. Die Tibet-Sammlung der Berti Aschmann-Stiftung im Museum Rietberg*, Zürich 1995, Nr. 141, mit Inschrift).

69 Z.B. Wandbild im Potala-Palast, Große Osthalle, 1648 (*Mirror of the murals in the Potala* 2000: S. 228).

70 Z.B. Thangka-Serien Stockholm und Peking (Schmid 1961: Tafel IX; Qing Gong 2003: Tafel 16); Slg. K.D. Fuchsberger; E. Mirzakhanian Gallery (E. Lo Bue, *Tibet. Arte e Spiritualita*, Mailand 1988, Nr. 38); Thangka des achten Dalai Lama im VKM.

71 Z.B. Thangka-Serie VKM.

72 Z.B. *Tibetica* 32, Schoettle Ostasiatica, Stuttgart 1976, Nr. 9267 (der Dalai Lama hier in frontaler Ansicht); Slg. Schleiper, Belgien (Neven 1978: Nr. 20).

73 Z.B. AMNH, Inv. Nr.: 70.2/872.

74 Z.B. Wandbild im Potala-Palast, Große Osthalle, 1648 (*Mirror of the murals in the Potala* 2000: 229).

75 Z.B. Thangka Privatsammlung London; vergoldete Metallstatue, Musées Royaux des Arts et d'Histoire in Brüssel.

76 Zum Beispiel eine laut kaiserlichem Etikett 32,7 cm hohe »Silberfigur der dritten Wiedergeburt des Dalai Lama«, die »der Janggya Huthugtu im 44. Jahr der Regierung [des Qianlong Kaisers]« zur Neuaufstellung in einem 1779 gefertigten Schrein bestimmte (»identifizierte«). Siehe auch Qing Gong Zangchuan Fojiao Zaoxiang 2003: Nr. 192). Ferner eine 15 cm hohe, vergoldete Metallstatuette der Slg. Xia Jingchun, China (Ende 16. Jh.?), die allein durch eine Inschrift am Sockel identifiziert werden kann: bSod nams rGya mtsho'i sde'i zhabs la na mo, »Verehrung dem hochwürdigen [Dalai Lama] Sonam Gyatso!« (Xia Jingchun 2000: Abb. 52).

77 Z.B. Metallstatuette im Eremitage Museum, St. Petersburg (A. Grünwedel, *Mythologie des Buddhismus in Tibet und in der Mongolei*, Leipzig 1900, S.68).

78 Z.B. Thangka-Serien Stockholm und Peking (Schmid 1961: Tafel X; Qing Gong 2003: Tafel 17; Slg. R.R.E. (*Tibetica* 3, Schoettle Ostasiatica, Stuttgart 1969, Nr. 4216); Christie's Amsterdam 21.11.2001, Nr. 95.6; Slg. Solomon, Paris; Thangka des achten Dalai Lama im VKM.

79 Z.B. AMNH, Inv. Nr.: 70.2/873.

80 Z.B. Thangka-Serie VKM; Sotheby's 21.9.2001, Nr. 37.3. (ohne Sitātapatrā).

81 Wandbild im Potala-Palast, Große Osthalle, 1648 (*Mirror of the murals in the Potala* 2000: 230).

82 Slg. Arnold Lieberman, New York. Die Mönche und Meister am oberen und seitlichen Bildrand konnten wegen unzulänglicher Fotografien bisher nicht identifiziert werden.

83 RMA (Rhie/Thurman 1999: Nr. 128).

84 In einem tibetischen Text von 1653/55 heißt es zur Frage der Beziehungen zwischen den Dalai Lamas und den weltlichen Königen: »So wie einst in Indien für jeden Buddha ein das Rad [der Lehre] bewegender König existierte, so trifft dies genauso für die Dalai Lamas zu« (nach Ishihama Yumiko 2003: 540). Beispiele für diesen Typ: Potala-Palast, Statue im 'Khrung rab Lha khang (Namgyal 2002: S. 135, Abb.12 und Wandbild in der Großen Westhalle (*Mirror of the murals in the Potala* 2000: 231); Lhasa, Jokhang (Tsering 2000: 30); Thangka-Serien Stockholm, Peking und VKM (Schmid 1961: Tafel »VI«; Qing Gong 2003: Nr. 18); Hahn Cultural Foundation (Tanaka 2003: Nr. 53); Sotheby's New York 24.9.1997, Nr. 85; AMNH 70.2/867; Rom, Museo Nazionale dell'Arte Orientale (Tucci 1949: Tafel 80).

85 Z.B.Thangkas Galerie Koller 65/1987, Nr.19 und 109/1998, Nr.67; Slg. Ford (Selig Brown 2004: Tafel 13); MG (Béguin 1995: Nr. 318); Rom Museo Nazionale dell' Arte Orientale (Tucci 1949: Tafel 227); Seidenbrokat-Thangka z. Z. im Tibet House New York (Christie's 20.3.2002, Nr. 74). Ein gutes Beispiel für die mitunter schwierige Zuschreibung dieses ikonographischen Typs ist z.B. der »Gelug Master« in der O. Hoare Collection, London (zweiter Dalai Lama (?) spätes 16. Jh.? Siehe Dindiwiddie 2003: 308/309).

86 (nur Statuen) Z.B. im Besitz des 14. Dalai Lama (R. Steffan, *Tibetische Kunstschätze im Exil*, St. Gallen 1989, Nr.17); Boston, Museum of Fine Arts, Inv. Nr.: 50.3606, um 1669/ 70 (Macdonald 1977: 119f.); Slg. Estournel, Paris, um 1682/83 (Macdonald 1977: 150ff.; Bazin 2002: Nr. 3, siehe hier ferner Nrn. 2 und 4); Köln, Museum für Ostasiatische Kunst (Thingo 1974: Nr. 36). Zum *phur bu*-Kult des fünften Dalai Lama, siehe Macdonald 1977: 139ff. und zu seinen Visionen der *phur bu*-Gottheit Karmay 1988: 67f.

87 Z.B. RMA (Jeff Watt zufolge ist der Yogi auf der Lotusblüte rechts als Thangtong Gyalpo zu identifizieren. Siehe aber den Yogi – ohne des Brückenbauers charakteristisches Attribut! – auf einem Thangka im Potala, *Budalagong* 1994: 234); Potala-Palast Lhasa (jetzt Tibet Museum, Lhasa? *Bod kyi thang ka* 1985: Tafel 77). Ferner Paris-Brüssel Serie, hier in einem kombinierten Kompositionstyp von emblematischen (Hand- und Fußabdruck) und narrativen (Szene unterhalb des Throns) Bildelementen und den sonst üblichen Abstammungslinien-Figuren und Schutzgottheiten (Bazin 2002: Nr. 5; Selig Brown 2004: Tafel 19) .

88 RMA (Rhie/Thurman 1999: Nr. 129); Thangka im Potala-Palast (*Budalagong* 1994: 234); Seidenbrokat-Thangka im Potala-Palast (*Bod kyi thang ka* 1985: Tafel 76).

89 (nur Statuen) Z.B. Peking, Museum der Chinesischen Geschichte (*Precious Deposits*, Bd.3, Nr.3, 2000); Potala-Palast, Lhasa (Zhongguo Zangchuan Fojiao Diaosu Quanji, *A Collection of Tibetan Buddhist Sculpture*, Bd. 3, Peking 2001, S. 178); New York, Tibet House, ehem. Rose Art Museum (Rhie/Thurman 1991: Nr. 98).

90 Macdonald 1977: 137, 153, nach einem Text des Regenten Sangye Gyatso. – Als Beispiel für den ikonographischen Typ G: Metallfigur im Jaques Marchais Museum of Tibetan Art, New York (Lipton 1996: Nr. 27).

91 Als Beispiel nur Donation L. Fournier im MG (Karmay 1988: Abb. 7; Bazin 2002: Abb. 4). – Für zwei weitere Beispiele dieser Dalai Lama-Ikonographie siehe hier unter dem ersten Dalai Lama (Holzstatuette in Peking, Abb.4) und dem siebten Dalai Lama im modernen Wandmalerei-Zyklus im NID (Samphel/Tendar 2000: 13).

92 Als Beispiel nur eine vergoldete Kupferstatue im Pelkhor Chöde-Kloster von Gyantse bekannt (U. von Schroeder, *Buddhist Sculpture in Tibet*, Bd. II, Hongkong 2001, 280E).

93 Z.B. Stockholm und Peking Thangka-Serien (Schmid 1961: Tafel XII; Qing Gong 2003: Nr. 19; TTC (Tanaka 2004: Nr. 22.4); Thangka im Jokhang, Lhasa (Tsering 2000: 49); Wandbildzyklus im NID (Samphel/Tendar 2000: 14); Thangka des achten Dalai Lama im VKM (Seitenfigur); Wandbild im Potala-Palast (Seitenfigur; *Mirror of the murals in the Potala* 2000: 232); Statue im Potala-Palast mit Lotusblüte samt Buch und Schwert (*Potala Palace*, hrsg. v. Shen Baichang, Peking 1988, Tafel 79).

94 Thangka-Serie VKM: Sotheby's 21.9.2001, Nr. 37.5.

95 RMA.

96 Silberstatue im Potala-Palast (Namgyal 2002: 80).

97 Vergoldete Metallstatue in Peking, genauer Standort unbekannt (Zhongguo Zangchuan 2001, Bd. II, Nr. 251). Siehe Anm. 52.

98 Z.B. die Thangka-Serien Peking (Qing Gong 2003: Nr. 7) und die in der Detailzeichnung identische Serie der TTC (Tanaka 2004: Nr. 22.5), und Stockholm (Schmid 1961: Tafel XIII), wobei das Bild der letzteren Serie kleinere ikonographische Abweichungen zeigt.

99 AMNH, Inv. Nr.: 70.2/863; Hahn Cultural Foundation, Seoul (Tanaka 2003: Nr. 52); MG (Béguin 1995: Nr. 364); Newark Museum (Reynolds et al. 1986: Seite 199–200; Rölpe Dorje-Pantheon (Lohia 1994: 96); Metallstatue in Peking (genauer Standort unbekannt; Zhongguo Zangchuan 2001: Tafel 253).

100 Z.B. Wandbild im Potala-Palast, um 1757/58 (*Mirror of the murals in the Potala* 2000: 233); Thangka Slg. Schleiper, Belgien (Neven 1978: Nr. 19).

101 Z.B. Wandbild in Samye, Vorhalle (*sGo khang*) im ersten Obergeschoss, um 1770? Metallfigur in China (Standort nicht bekannt; *China's Tibet*, 4/2004: 44).

102 Z.B. Statue im Potala-Palast (*Budalagong* 1994: 106); Metallstatuette in Peking (genauer Standort nicht bekannt; Zhongguo Zangchuan 2001, Bd. II, Nr. 252); Jacques Marchais Museum of Tibetan Art, New York (Lipton 1996: Nr. 28).

103 Thangkas im VKM und im MKB (als Mönch; Essen/Thingo 1989: II-269; als Yogi, desgl.: II-268); Slg. Van der Wee, Belgien (als Yogi; Van der Wee 1995: Abb. 35, S. 81). Siehe Anmerkungen 53 und 54.

104 Z.B. im MKB (Essen/Thingo 1989: II-270; Beispiel für den »emblematischen« Bildtyp solcher Reinkarnationsserien wie z.B. ein Bild im AMNH, hier unter Typ B); Slg. R.R.E., Winterthur (Beispiel für den narrativen Bildtyp); AMNH, Inv. Nr.: 70.2/871 (letztes Bild der Serie, da nur hier Avalokiteśvara über dem Dalai Lama dargestellt ist, folglich um oder nach 1804 datierbar?); Statue im Potala-Palast, Mausoleum des achten Dalai Lama (Namgyal 2002: 92).

105 Hier am Beispiel im VKM; siehe ferner das Thangka im AMNH (Mullin 2001: 322) und die Seitenfigur des Maitreya Seidenbrokat Thangka im Norton Simon Museum, Los Angeles, M.1975. 1.T (P. Pal, *Art from the Himalayas and China. Asian Art at the Norton Simon Museum*, Bd. 2, New Haven 2003, Nr. 135).

106 Wandbild im Potala-Palast, um 1804/05 ? (*Mirror of the murals in the Potala* 2000: 234).

107 Siehe die Thangka-Serie in Fujita 1984 und der Wandmalerei-Zyklus im NID (Samphel/Tendar 2000: 13/14). Vom Wandbild-Zyklus im Kālacakra Tempel in Dharamsala standen für diese Studie keine Abbildungen zur Verfügung. Siehe auch Chandra 1986: Abb. 1899–1912. Hier sind in der neuzeitlichen Illustration der neunte bis 12. Dalai Lama einander völlig gleichend mit *vitarka mudrā*, Lotusblüte und Poti-Buch wiedergegeben.

108 Seitenfigur im Thangka des achten Dalai Lama, VKM; Wandbildzyklus im NID (Samphel/Tendar 2000: 13). Siehe auch Chandra 1986: Nr. 1907. Bei der durch ihre Inschrift mit dem neunten Dalai Lama identifizierbaren Metallstatuette der Slg. Speidel ist vermutlich das ursprüngliche Poti-Buch verlorengegangen.

109 Wandbild im Potala-Palast (*Mirror of the murals in the Potala* 2000: 235).

110 Wandbild im Potala-Palast (Lotusblüte mit Schwert; *Mirror of the murals in the Potala* 2000: 236); Seitenfigur im Thangka des achten Dalai Lama, VKM.

111 Wandbild im NID (Samphel/Tendar 2000: 14).

112 Wandbild im Potala-Palast (*Mirror of the murals in the Potala* 2000: 237).

113 Wandbild im NID (Samphel/Tendar 2000: 14).

114 Wandbild im Potala-Palast (*Mirror of the murals in the Potala* 2000: 238).

115 Wandbild im NID (Samphel/Tendar 2000: 14).

116 Z.B. Wandbilder im Potala-Palast (*Mirror of the murals in the Potala* 2000, S. 239), Gyantse Tsuglagkhang *(Zhal ras khang)*, Khamsun Sangak Ling Tempel von Samye (1936 gemalt), Samye Utse (viertes Stockwerk, 1989), und NID (ohne Lotusblüte, Samphel/Tendar 2000: 13); die großen Metallstatuen im Lhasa Jokhang (Tsering 2000: 30) und im Kloster Sera (Sera Thekchen Ling, Peking 1995: 49). Für die deutlich verschieden gezeichnete Bartform des fünften und 13. Dalai Lama siehe *Budalagong* 1994: 105, 107; Tsering 2000: 30, 42; Sera Thekchen Ling 1995: 49; das Wandbild des 14. Dalai Lama mit fünften und 13. Dalai Lama in Samye (oberstes Stockwerk) oder auch die Fotografien des 13. Dalai Lama.

117 Silberstatuette im Museum für Ostasiatische Kunst, Köln (Thingo 1974: Nr. 37).

118 Silberstatuette mit kaltvergoldetem und bemaltem Gesicht, Höhe 12,2 cm, Privatsammlung Belgien (Jan van Alphen: *Cast for Eternity. Bronze Masterworks from India and the Himalayas*, Antwerpen 2005, Nr. 74). Siehe z.B. das bekannte Foto des 13. Dalai Lama von Charles Bell (1910), worin auch die Gebetskette und die spezifische Kragenform des Untergewandes erkennbar ist.

119 Darstellungen des 14. Dalai Lama in der Nachfolge des Norbulingka-Wandbildes von 1955/56: zwei Wandmalereien im Kloster Sera, 1980er Jahre? (eines davon den 14. Dalai Lama mit Brille porträtierend; Quelle: Tibet and Himalayan Digital Library); Wandmalerei im Kloster Samye (oberstes Stockwerk), 1989, ungewöhnlicherweise mit Padmasambhava-Mütze der mit Samye so eng verbundenen Nyingmapa-Tradition; Wandbildzyklus im NID (Samphel/Tendar 2000: 13); Thangka im Musée d'Ethnographie, Genf, MEG 53946 (von einem Tibeter in Nepal gemalt).

AUSFÜHRLICHE BILDLEGENDEN

Wenn nicht anders vermerkt, stammen die Bildlegenden von Martin Brauen.

6
Inschrift:
Höchste aller Quellen von Bedürfnissen und Wünschen
und die Hoffnungen von lebendigen Wesen erfüllend
Herr der Zweibeinigen, Tiefe aller guten Qualitäten,
Führer von Göttern und Menschen,
Vor dem Śākya-König werfe ich mich respektvoll nieder
mit Körper, Sprache und Geist.

In der tiefen schwarzen Dunkelheit
im entfernten Land Tibet
Wurde die große Lampe des heiligen Dharma angezündet,
Wurden alle lebendigen Wesen von Tibet
glücklich gemacht.
Vor den Königen und Ministern falle ich respektvoll
auf die Knie

Einziger Beschützer für uns wandernde Wesen
aus dem Land des Schnees,
Der höchste Ngawang Lobsang Tenzin Gyatso,
Der die drei geheimen Kräfte besitzt,
Möge [sein Leben] unzerstörbar, ewig und ohne Ende sein,
Und, unverändert auf dem Thron des *vajra*-Wesens
sitzend,
Möge Er hundert Aeonen überleben,
Möge Er gesegnet sein
Und Sein Streben sich erfüllen.

Alle Geschwister und Verwandten der drei Provinzen
gehören zur gleichen Familie und zur gleichen
Abstammung,
[Bei der großen Welle] aus der Tiefe unserer Herzen mit
Diesem goldenen Rad des Dharma und der Regierung
zugleich
Unternehme Er alles [was Er kann], um die volle
Unabhängigkeit [für Tibet] zu erreichen.

Tibetisches Jahr 2103 (1976) Feuerdrachen.

15
Karma Pakṣi hielt sich längere Zeit am Hofe der Mongolenherrscher auf und traf dort auch mit Phagpa (siehe Abb. 2) und Kublai Khan zusammen, der 1279 Kaiser von China wurde. Rechts oben ist eine rote Gottheit erkennbar, eine seltene Form des vierarmigen Ṣaḍakṣarī Avalokiteśvara. Vorne in der Mitte reitet auf einem Ziegenbock der Dharmapāla Damchen Garwa Nagpo, der schwarze Schmied mit einem Vajra-Hammer und einem Blasebalg in den Händen, ein ursprünglich schamanistischer Gott.
Lit. Essen/Thingo 1989: I-88; II-249.

18
Eine fast identische Statue befindet sich im Jaques Marchais Museum, Staten Island/NY, und im Ivolginsky-Kloster, Burjatien, Russland. Dieser Stil von Tsongkhapa-Statuen wird Je Tsong Pon Geleg genannt. Eine Geschichte erzählt nämlich davon, dass im 14. Jh. ein reicher Händler namens Pon Geleg, ein Schüler Tsongkhapas, eine Statue seines Meisters in Auftrag gab, ohne Hut und mit den Händen in der Gestik der Belehrung. Es wurde in der Folge eine Form hergestellt, die von Tsongkhapa persönlich geweiht wurde. Alle Tonstatuen, die mit Hilfe dieses Models gemacht wurden, trugen Tsongkhapas Segen und wurden deshalb sehr geschätzt. Bei der vorliegenden Tonstatue handelt es sich mit größter Wahrscheinlichkeit um einen Abdruck dieses auf die Zeit Tsongkhapas zurückgehenden Models (Informationen von Joachim Baader, München). Bei Drucklegung dieses Buches teilte der Besitzer mit, die Statue dem 14. Dalai Lama anlässlich der Ausstellung »Die Dalai Lamas« im Völkerkundemuseum der Universität Zürich als Geschenk zu übergeben.

21
Inschrift unterhalb der zentralen Figur: »Panchen dGe 'dun, Herr über den Tod, der Allwissende, derjenige, der mit seinen tausend Augen behütet ... auf dem Thron, eine Erscheinung von Erhabenheit und Mitleiden.«

27
In den beiden Darstellungen des Jokhang (links und rechts) sind deutlich die Kapelle des stehenden 11-gesichtigen Avalokiteśvara sowie diejenige des gekrönten goldenen Buddha, Jobo, zu sehen. Die Legende weiß zu berichten, dass die Buddha-Statue zu sprechen begann, als einst der zweite Dalai Lama und einige Mönche dort Opfergaben darreichten. Sie sagte dabei seine kommende Wiedergeburt voraus. Die Inschrift auf dem Thangka berichtet, dass sich dieses Phänomen noch ein zweites Mal zugetragen haben soll.
Lit. Essen/Thingo 1989: I-92; I-265.

29
Giuseppe Tucci, der dieses Rollbild in Luk, Westtibet, erwarb, vermutet, dass auf dem Stoff, der vorne am Thron herunterhängt, Mitglieder der Guge-Familie abgebildet sind, die damals, als der dritte Dalai Lama Westtibet besuchte, herrschte. Da der Dalai Lama Westtibet zweimal besuchte, 1555 und 1577, ist eine genaue Datierung nicht möglich. Die meisten abgebildeten Szenen betreffen Ereignisse, die mit Visionen, Träumen und Belehrungen des Dalai Lama zu tun haben.
Oben links wird gezeigt, wie der dritte Dalai Lama im Zwischenzustand (zwischen dem Tod der zweiten Inkarnation und der Wiedergeburt als dritte Inkarnation) in den Tusita-Himmel gelangte, dort den Buddha Maitreya sah und von dort in weitere paradiesähnliche Gegenden geriet. Ferner sind bekannte Klöster zu erkennen, die der Dalai Lama besuchte, links wahrscheinlich der Haupttempel Lhasas, der Jokhang, mit dem goldenen Jobo und einem 1000-armigen Avalokiteśvara, davor auf einem Wagen eine Statue des Buddha Maitreya, die einmal jährlich in einer Prozession durch die Stadt Lhasa getragen wurde.
Lit. Rhie/Thurman 1991: 268–271, Nr. 97; Tucci 1949: 392–399.

34
Diese exquisite und wertvolle Ikone – ein Porträt von außerordentlicher handwerklicher Qualität, zusammengesetzt aus mehreren gegossenen Teilen – stellt einen hohen Hierarchen dar, der in reichen Mönchsroben mit einem delikaten Blumenmuster auf einem traditionellen, aber sehr opulenten Lotus-Sitz thront. Seine rechte Hand zeigt die Geste der Erdbezeugung, seine linke die der Kontemplation und hält gleichzeitig ein türkis-besetztes *Triratna*-Emblem. Zusammen mit der fein geschnittenen Blume, die hinter der rechten Schulter des Hierarchen aufragt, sind die erwähnten Attribute und Gesten überzeugender Ausdruck seines Status als ein Buddha. Seine Physiognomie strahlt die Majestät und natürliche Würde eines hohen Hierarchen aus, der gleichzeitig als eindrücklicher Heiliger und Meister erscheint. Das einfache, aber bewegende ikonographische Repertoire dieser Statue mit dem Lotus-Stängel über der rechten Schulter ist von ähnlichen Dalai Lama-Darstellungen her bekannt. Die Inschrift auf dem Sockel heißt: »Die elfte [Statue] von rechts gezählt. Der ruhmreiche Dharmakönig [von] Dechen (Mahāsukha)«. Mit einigem Zögern kann der Hierarch als der aus der Mongolei stammende vierte Dalai Lama identifiziert werden, dessen vollständige alternative Benennung (gemäß einer gut tradierten Erzählung aus der *Kadam Legbam*-Tradition, die ursprünglich in den Kreisen der Kadampa im Kloster Narthang weitergegeben und später vom Hof der Gelugpa übernommen wurde) Yönten Gyatso Dechen Chökyi Gyalpo (*Yon tan rgya mtsho bde chen chos kyi rgyal po dpal bzang po*, oft auch *bDe chen Chos kyi rgyal po Yon tan rgya mtsho* genannt) lautet. Diese Versuche, jeden nachfolgenden Dalai Lama mit einem prähistorischen und prestigeträchtigen Hintergrund als indisch-buddhistischer König zu versehen und in Beziehung zu bringen, gehören zum gängigen Prozess der Legitimierung. In den führenden Gelugpa-Kreisen war es nicht zuletzt dieser königliche Beiname, mit dem der Einzelne in der allgemeinen Dalai Lama-Genealogie identifiziert wurde.
Statt des vierten Dalai Lama könnte es sich jedoch möglicherweise um einen gewissen Shar sKal ldan Ngag dbang 'phrin las rgya mtsho (1678–1739) aus dem Reb khong Distrikt in Nordosttibet handeln, der 1734 von einem lokalen mongolischen Häuptling in der Gegend von Kokonor den Titel und die Auszeichnung bDe chen Chos kyi rgyal po erhalten hatte. Siehe *Gling rgya ba Tshe ring, Reb gong gSer mo ljongs*, 2002, S. 29–32. Allerdings deutet die zusätzliche Benennung – *dpal bzang po* –, die seinem Namen angehängt und bereits vom ersten Dalai Lama und danach auch von weiteren Dalai Lamas (als von den Sakyapa übernommene Bezeichnung) bevorzugt und verwendet wurde, auf den vierten Dalai Lama hin. Zudem ist die Statue ganz klar tibetischen und nicht mongolischen Ursprungs.
Text (leicht gekürzt) Per K. Sørensen

41
Die Mitte dieses als Pilgerkarte *(dkar chag)* gemalten Rollbildes nimmt der Potala-Palast mit dem unterhalb gelegenen, gleichzeitig entstandenen Wohn- und Arbeitsquartier Shöl *(zhol)* ein, der zwischen 1645 und 1695 auf dem Roten Hügel

(dmar po ri) in Lhasa gebaut wurde. Gemäß der Überlieferung war hier schon seit der frühesten Königszeit im 7. und 8. Jahrhundert am heiligen Potalaka-Berg die Wohnstätte des Bodhisattva Avalokiteśvara, der jeweils von den hier bis 1959 residierenden Dalai Lamas wiederverkörpert wurde. Rechts oberhalb dieses »tibetischen Vatikans« erkennt man inmitten eines kleinen Sees den unter dem sechsten Dalai Lama errichteten Tempel der Nāgā-Könige *(klu khang)*, links zwischen Potala-Hügel *(dmar po ri)* und Eisenberg *(lcags po ri)* den großen Tor-Chörten *(bar sgo bka gling)*, die westliche Eingangspforte zum alten Lhasa. Vor der Umfassungsmauer des Shöl-Bezirks ist topographisch korrekt der noch heute existierende Steinobelisk *(rdo ring)* von 763 eingezeichnet, dessen Inschrift über die tibetische Eroberung der chinesischen Tang-Hauptstadt Chang'an (Xian) berichtet. Beiderseits die Pavillons für die Schriftstelen zum Sieg der chinesischen Truppen in Tibet über die mongolischen Dsungaren (1721) und über die nepalesischen Gurkhas (1792). Der große Baukomplex rechts unten bildet den von der Barkor-Ringstraße umgebenen Haupttempel von Lhasa ab *(Tsug lag khang* bzw. *Jo khang)*, einschließlich der Schriftstele *(rdo ring)* mit dem doppelsprachig eingravierten Friedensvertrag zwischen Tibet und China von 821/822 und des der Legende nach von König Songtsen Gampos chinesischer Braut gepflanzten Weidenbaumes. Der Schrein darüber der Ramoche-Tempel, der für die ursprünglich hier und später im Jokhang aufgestellte Statue des Jobo Śākyamuni bestimmt war. Links davon das von Lhasa weit entfernte tibetische Gründungskloster Samye mit seinem charakteristischen dreigeschossigen Mittelbau, der quadratischen Umfassungsmauer und den vier verschiedenfarbigen Eckstūpas. Am oberen Bildrand sind die bei solchen visuellen Pilgerführern zur heiligen Stadt Lhasa üblichen »Staatsklöster« der tibetischen Gelugpa-Theokratie erkennbar: Drepung (1416, links) und davor das kleine Orakelkloster Nechung, Sera (1418) und Ganden (1409) sowie wahrscheinlich Tashilhünpo bei Shigatse. Die anderen kleineren Bauten können wegen ihrer schematischen Darstellungsweise nicht identifiziert werden.

Die den einzelnen Monumenten beigefügten Aufschriften in *devanagari* weisen auf einen vermutlich der Newari-Gemeinde in Lhasa angehörenden nepalischen Künstler oder Auftragsgeber dieses visuellen Pilgerführers hin. Da die vier Golddächer des Potala dem fünften, siebten, achten und neunten Dalai Lama zuzuordnen wären, muss dieses um 1912 in den Westen gelangte Bild nach 1815 entstanden sein.

Text Michael Henss

45

Dieses Bild zeigt die Ritualobjekte, die für die Initiation eines speziellen Ritualzyklus Verwendung finden, in deren Zentrum die Gottheit Lokeśvara/Avalokiteśvara steht. 1656 erhielt der fünfte Dalai Lama von der Gottheit Lokeśvara die Ermächtigungs-Initiation, als er – auf Geheiß des Nechung-Orakels – vor dem Abbild der Gottheit meditierte. Zu sehen sind u.a. der Thron des Ritualmeisters (oben Mitte), mehrere Vajras, Ritual-Vasen *(bum pa)*, ein Mandala (in der Bildmitte), ein für die Zeremonie verwendeter Hut (links), Schädelschalen mit besonderen Ingredienzen, Torma-Opfergaben, etc.
Lit. Karmay 1988.

46

Die über dem Potala fliegende Krähe hat einen direkten Bezug zum sechsarmigen Mahākāla: Als der »Große Fünfte« 1663 darüber nachdachte, wie er den Mahākāla verehren sollte, setzte sich eine Krähe auf das Fenstersims, was der Dalai Lama als Aufforderung der Schutzgottheit interpretierte, ein neues Ritual niederzuschreiben. Dies tat er dann auch. Auf diese Legende nimmt die Inschrift Bezug, die besagt: »Als er meditierte, kam – durch karmisches Geschick – die Krähe als Emanation (von Mahākāla).«

47

Die Datierung basiert auf Rhie/Thurman 1999. Bemerkenswert an diesem Bild ist, dass der Titel »Demo Tülku« hier schon fast 100 Jahre früher bezeugt ist als bisher angenommen. Von ihrem Wortlaut her scheint die Aufschrift am linken und rechten Bildrand vom fünften Dalai Lama persönlich als Langlebensgebet für den Demo Tülku verfasst worden zu sein. Der fünfte Dalai Lama ist selber als Miniaturikone wie ein Herz-Cakra der Hauptfigur hinzugemalt. Die kleinen Darstellungen von Atiśa und Padmasambhava beiderseits des zentralen Urbuddha Vajradhara am oberen Bildrand weisen auf die vom fünften Dalai Lama gleichermaßen vertretenen und praktizierten Gelugpa- und Nyingmapa-Traditionen hin.

Gleichsam zum Amtsantritt Glück und langes Leben verheißend sind am Thron die Acht Glückszeichen, die Sinneswahrnehmungen symbolisierenden 10 Opfergöttinnen und sechs der Sieben Juwelen des Erleuchteten Herrschers dargestellt. Wie genau dieses vom fünften Dalai Lama autorisierte Porträt mit dem üppigen, sonst nur einem Buddha oder höchsten Hierarchen zukommenden Nimbus durchdacht ist, illustriert auch das gegen den äußeren Bildrand platzierte Rad der Sieben Juwelen. Dieses würde in seiner universalen Bedeutung eher den in Zeit und Raum unendlich gegenwärtigen *dharmarāja*-Dalai Lama charakterisieren, als die nur vorübergehende profane Macht des Regenten.

Text Michael Henss
Lit. Rhie/Thurman 1999: Nr. 133.

51

Diese monumentale Figur wurde von Sven Hedin in den dreißiger Jahren des 20. Jh. nach Schweden gebracht. Sie stammt aus einem Tempel in Chahar, Innere Mongolei. Chahar wurde durch den Besuch des dritten Dalai Lama im Jahr 1578 berühmt.
Lit. Rhie/Thurman 1991: 144–145.

56

Bisher galt diese Statue als solche des Regenten Sangye Gyatso, eine Zuschreibung, die heute von Julia Elikhina, Ermitage Museum, angezweifelt wird. Sie verweist auf die porträtähnlichen Züge, die auf den fünften Dalai Lama hinweisen sollen.

59

»Mögen Padmasambhavas Strahlen der Sonne des Mitleidens die 1000-blättrige Lotosblume dessen, was Ngawang Sherab nützlich und hilfreich ist, aufblühen lassen. Und möge diese Quelle des Lichtes stets ohne ihn zu verlassen leuchten, inmitten seines Herzens, zu seinem Vorteil in diesem Leben und in allen weiteren. Dies wurde vom Mönch von Zahor [eine der vielen Bezeichnungen für den fünften Dalai Lama] verfasst.«

»Diese Statue des *Zil gnon bzad pa rtsal*, meines Haupt-Lama, der hervorragendste unter allen Jinas [häufiger Beiname des Buddha], enthält der Inventarliste entsprechend anstelle von internen Reliquien Haare und einen Zahn von ihm selbst etc. Diese Statue, welche die Wünsche und Bedürfnisse befriedigt, wurde hergestellt als Symbol für die Inbrunst des Opfer-Meisters Ngawang Sherab.«

Die Figur wurde zu Lebzeiten des »Großen Fünften« in Auftrag gegeben und zwar vom für die Opferzeremonien zuständigen Ngawang Sherab, der die Figur offensichtlich als persönliche Reliquie oder zumindest als Verehrungsgegenstand verwendete – wohl auf seinem eigenen Altar – und auf Reisen als »Reise-Ikone«. Bezeichnend ist die Tatsache, dass im Gürtel des Dalai Lama ein Ritualdolch *(phurbu)* steckt, ein für Nyingmapa-Mönche typischer Ritualgegenstand, was die Nähe des fünften Dalai Lama zur Lehre der Nyingmapa belegt.
Lit. MacDonald 1977.

60

Inschrift: »Ngagi Wangchuk (Kurzname des fünften Dalai Lama). Mögen die Familie und die Nachkommen des Donators Ngödrup ... ihre erwünschten Ziele erreichen und letztendlich in den höchsten Zustand gelangen«
Lit. Rhie/Thurman 1991: 272–273.

61

In diesem Dekret beschreibt der fünfte Dalai Lama detailliert, wie das Amt des Regenten eingeführt wurde und wer die ersten Regenten waren. Auch schildert er, dass er lange Zeit versucht habe, Sangye Gyatso von der Notwendigkeit zu überzeugen, das Amt des Regenten zu übernehmen, was dieser jedoch stets ablehnte. Nun aber sei eindeutig die Zeit gekommen, wo er das Amt zu übernehmen habe. Jeder habe Befehle des Regenten zu befolgen ohne zu zögern und ohne zu widersprechen. Was immer er tue, sei so, als ob er, der fünfte Dalai Lama, es tue.
Lit. Richardson 1980a.

63

Verhaltensregeln zu Händen der Mönche des Gaden Rabgyeling-Klosters. Bei diesem Kloster handelt es sich um eines der 30 Klöster, die der fünfte Dalai Lama gründen ließ. Inhaltliche Zusammenfassung: Diese Regeln wurden auf Ersuchen der Mönche des Klosters verfasst. Nach einer allgemeinen Einführung in grundsätzliche buddhistische Lehren und der Erwähnung des engen Zusammenwirkens zwischen dem fünften Dalai Lama und dem mongolischen Herrscher Gushri Khan, der als Emanation des Vajrapāṇi (!) bezeichnet wird, regelt der Text die klösterliche Disziplin: Bedingungen der Aufnahme von Mönchen, die Aktivitäten eines Mönchs (Studien und Riten), die Disziplin bei der Teilnahme an Zeremonien (nicht zu spät kommen, keinen Lärm machen, richtige Kleidung tragen, nicht schlafen, nicht anlehnen), das Verhalten in der Küche und beim Essen, in der Freizeit, die Arbeit in den Feldern, allgemeines richtiges Verhalten (keinen Unsinn erzählen, nicht mit Pfeilen und Steinen spielen, nicht herumspringen, kämpfen oder disputieren, keinen Alkohol trinken etc.). Das Edikt enthält auch einige wenige Regeln, welche die umliegenden Gebiete und die darin lebende Bevölkerung betreffen (niemand darf zu Arbeit im oder für das Kloster gezwungen werden; doch hat das Kloster Rechte auf das Holz und das Weidegras der Umgebung). In der näheren Umgebung dürfen keine Tiere gejagt werden, während eines wichtigen Festes *(gutor)* dürfen die Leute – Laien und Mönche – nicht streiten, etc. Der Text schließt mit der Aufforderung: »Befolge diese Regeln, die besagen, was man tun und was man lassen soll.«

64

In seiner geheimen Autobiografie (es gibt daneben eine offizielle Biografie) schildert der fünfte Dalai Lama seine mystischen Erfahrungen und Visionen, die er zwischen seinem sechsten Lebensjahr und 1680 hatte. Diesen Text gibt es nicht gedruckt, sondern nur in Handschrift. Auf 43 Seiten findet sich der rote Daumenabdruck des Dalai Lama, womit er den Text autorisierte. Teilweise sind Textkorrekturen auf kleinen Zettelchen eingeklebt bzw. mit roter Tinte eingefügt worden. Es sind mehrere Abschriften des Textes bekannt (z.B. in der Bibliothèque Nationale in Paris; Inv. Nr.: Tibétain 538) sowie eine Prachthandschrift mit zahlreichen Miniaturen (im Musée Guimet, Paris, siehe Abb. 45).
Lit. Grönbold 2005.

65

Das Manuskript, dem diese Seiten entstammen, steht mit dem Tsog dag-Ritual in Beziehung. Tsog dag (Herr des Ansammelns von Verdienst) ist dem hinduistischen Gott Gaṇeśa ähnlich und steht dem Reichtum gewährenden Vaiśravana nahe, mit dem er auf den ersten beiden Seiten zu sehen ist. Auf den nächsten Seiten sind Cakras bzw. ein einfaches Mandala abgebildet, darunter unterschiedlichste

Formen von Tormas und am Schluss zwei Juwel speiende Mangusten.

Lit. Himalayas: 266–268, 295.

68

Übersetzung:

[Intitulatio]: Rede des sechsten derer, die auf Geheiß des Altan Khan in dem großen Königreich der Mongolen Dalai Lama Vajradhara genannt werden:

[Publicatio]: Gesandt an die Lebewesen aller vier Himmelsrichtungen der Welt im Allgemeinen; im Besonderen an alle Distriktsbeauftragten von Nari Korsum *[mNga'ris kor gsum]*, insbesondere an diejenigen von Taglakkar, ferner an die Verwaltungsbeamten der Klöster, die zivilen und militärischen Führungskräfte von Hor und Sog und die Ältesten und die Damsa der Dorf- und Nomadengemeinschaften.

[Narratio]: Gestützt auf die Tatsache, dass der namentlich aufgeführte Paldzin zusammen mit seinem Sohn seiner Untertanenpflicht stets treu und unverändert nachgekommen ist, wurden ihnen hinsichtlich ihrer Besitzansprüche über ihre Ländereien, ihre Gehöfte und ihr Gefolge sukzessive mit dem Herrschersiegel des Dalai Lama versehene Konfirmationsurkunden ausgestellt, gemäß derer sie bis zum heutigen Tage [in ihren Rechten und Ansprüchen] unangefochten gelebt haben.

Diese [Rechte und Privilegien] habe ich hiermit konfirmiert.

[Dispositio]: Demgemäß sollen auch in Zukunft Forderungen wie z.B. unrechtmäßiger Zwangskauf und Zwangstausch, Pferdetransportleistungen, unrechtmäßige Nötigungen und Behinderungen hinsichtlich ihrer Weide- und Wasserrechte sowie ihrer Weidegrenzen und Neubelastungen durch Steuern nicht erhoben werden.

Veranlasst, dass sie in angenehmer Weise über ihre Urkunden verfügen!

[Schlussprotokoll]: Gegeben, aus dem großen Potala-Palast, am .. Tag des .. Monats des Holz-Affe-Jahres 1704/1705.

Übersetzung Hanna Schneider

73

Als die italienischen Kapuziner-Missionare im Jahr 1741 zum dritten Mal nach einer Unterbrechung von acht Jahren nach Lhasa zurückkehrten, brachten sie zwei Briefe des Papstes Klemens XII. aus dem Jahr 1738 an den siebten Dalai Lama und den Regenten Pho lha nas mit, in denen der Papst eine uneingeschränkte Genehmigung der Missionstätigkeit der Kapuziner forderte. So weit es aus den Texten rekonstruierbar erscheint, haben die Kapuziner für den Regenten wie für den Dalai Lama die gleichen Vorlagen in Tibetisch erarbeitet. Der Regent kommt in seinem Dokument (hier nicht abgebildet) den Forderungen des Papstes nach und gestattet nicht nur die Verkündung und Verbreitung ihres wahren Gesetzes, sondern sagt sogar die Unterstützung einer freien Ausübung der Missionstätigkeit der Kapuziner zu. Die Urkunde des Dalai Lama unterscheidet sich davon erheblich, nicht nur, was den Umfang anbelangt, der nur ein Drittel des Textes des Dokuments von Pho lha nas umfasst, sondern vor allem auch inhaltlich.

Während der vorliegende Text gleichlautend mit der Anrede der Adressaten und der Beschreibung der »weißköpfigen Lamas« beginnt, weicht er anschließend erheblich von der Vorlage ab und geht über allgemeine Formulierungen nicht hinaus. Es wird nur erwähnt, der Papst habe die Kapuziner geschickt, um allen Menschen Gutes zu tun, und dass man sie darin nicht behindern solle. Die Forderung des Papstes wird konsequent übergangen und nicht erwähnt und enthält somit inhaltlich eine implizite Ablehnung der geforderten Religionsfreiheit. Offensichtlich hat der Dalai Lama sehr viel schärfer und genauer als der Regent erkannt, wie unabsehbar die Forderungen der Kapuziner und des Papstes nach Religions- und Missionsfreiheit sind.

Text Isrun Engelhardt

Folgend die wichtigste Stelle aus dem Dekret in der Übersetzung von Peter Lindegger:

»Die Padri Europas ... gehorchen von Herzen ihrem eigentlichen königlichen Repräsentanten, dem Lama genannt Summo Pontifice; dieser [der Papst] hat sie ausgesandt, um aus Liebe allen Menschen Gutes zu erweisen. Da es sich so verhält, mögen sie – jeder Einzelne von ihnen –, wohin sie auch gehen und stehen, ziehen, um tunlichst Hilfe zu bringen, wo es von Nutzen ist, ohne dabei auf irgendwelche Form feindseliger Haltung oder hinderlichen Widerstands zu stoßen, und ihr Wirken möge ihnen Segen bringen.«

Lit. [Petech, Luciano], »Two Privileges of Religious Freedom Granted by the Dalai Lama on Yellow Silk,« in: Sotheby's London: *The Library of Philip Robinson*, Part II, The Chinese Collection, November 22, 1988, Nr. 140, S.126–128; Peter Lindegger (Hrsg.), *Dokumente zur sogenannten Christenverfolgung vom Mai 1742 in Lhasa*, Rikon 2001, S. 11–12.

77

Ein fast identisches Thangka befindet sich im Victoria and Albert Museum, London (R.L. 484), und im Museum der Kulturen, Basel (S. Essen/Thingo 1989: II-269). Hauptinschrift auf dem Gegenstück im Victoria and Albert Museum: »Verblüffendes Geheimnis, sich nach sieben Monaten tantrischen Verhaltens als illusorischer Körper (vereint mit) klarem Licht zu manifestieren.« Essen/Thingo meinen, es handle sich vermutlich hier um Schilderungen aus der geheimen Biografie des siebten Dalai Lama, d.h. um Ereignisse, die auf ein früheres Einsiedlerdasein und auch das Erlangen der Siddhaschaft hinweisen.

78

Die Symbole auf den Lotosblüten links und rechts seiner Schultern tragen ein Schwert bzw. ein Buch, was Qianlong als Reinkarnation des Bodhisattva Mañjuśrī ausweist. Bilder wie dieses sollten – so vermutet Michael Henss – die kaiserliche Protektion über den tibetischen Buddhismus und damit auch über die Gebiete, in dem er heimisch war, darstellen.

Lit. Henss 2001.

79

Lama Janggya Huthugtu Rölpe Dorje *(lCangs skya rol pa'i rdo rje)* war der zweite »Großlama« von Peking. Er war eine sehr wichtige Persönlichkeit am chinesischen Hof in der Mitte des 18. Jh. Für ihn ließ der Kaiser Qianlong die alte Residenz seines Vaters in den berühmten buddhistischen Tempel Yonghe gong umwandeln und baute ihm später eine Einsiedlerei, den Pule yuan auf dem Berg Wutai shan, der dem Bodhisattva Mañjuśrī gewidmet ist. Rölpe Dorje war nicht nur ein fähiger Diplomat, der zwischen dem Kaiserhof, Tibet und der Mongolei geschickt vermittelte, sondern auch ein großer Gelehrter und Übersetzer.

Lit. Béguin 1995: 443ff.

81

Links von der zentralen Figur des achten Dalai Lama (vom Betrachter aus gesehen) befindet sich auf etwa gleicher Höhe der erste Dalai Lama, auf der anderen Seite der zweite Dalai Lama. Reihe darunter: links der dritte Dalai Lama, gegenüber der vierte Dalai Lama; unterste Reihe: links der fünfte Dalai Lama, ihm gegenüber ganz rechts der sechste Dalai Lama, in der Mitte dieser Reihe der siebte Dalai Lama, zwischen ihm und dem fünften der neunte Dalai Lama, zwischen dem siebten und sechsten der 10. Dalai Lama.

Inschrift auf der Rückseite: »Im großen Ort der glücklichen Lehre des großen Lobsang Dragpa (Tsongkhapa); der alle Wesen, die im Saṃsāra herumwandern, transformiert – mit den ›sieben wertvollen Artikeln‹, Methode und Weisheit. Und der ihnen ermöglicht, die ›acht Kräfte‹ (eines voll erleuchteten Wesens) zu erlangen: Vor Jampel Gyatso (dem achten Dalai Lama) werfe ich mich respektvoll nieder. ... In Auftrag gegeben von Larong Ngaram Tinle Legzang, (Ser) Je Tsa (wa) Ngaram Lobsang Jinpa und Serkong Ngaram Tsultrim Dragpa; durch den tugendhaften Auftrag und die Darreichung mögen alle drei schnell Buddhaschaft erlangen, zum Nutzen aller lebenden Wesen.«

83

Im ersten Artikel wird die bisherige Art der Bestätigung von reinkarnierten Mönchen, die lediglich »aufgrund persönlicher Interessen« erfolgt sein soll, kritisiert. Stattdessen müsse, so das Dekret, die richtige Reinkarnation durch Losentscheid gefunden werden. Nachdem die (möglichen) reinkarnierten Knaben nach sorgfältiger Suche gefunden und ihre Identitäten durch die Divination der vier Hüter der buddhistischen Lehre bestätigt worden seien, müssten ihre Namen und Geburtsdaten auf Elfenbeinlose geschrieben und diese in eine vom Kaiser gestiftete Urne gelegt werden, worauf nach einem längeren Prozedere das Los entscheiden müsse.

Des Weiteren wurde den chinesischen Ambanen für wichtige Entscheide dieselbe politische Autorität wie dem Dalai Lama zugestanden und Top-Positionen in der tibetischen Regierung sollten – so das Dekret – dem chinesischen Kaiser zur Annahme vorgelegt werden. Ferner wurde die Ausbeutung von Bauern verboten und Angehörige der Familien von Dalai Lamas und Panchen Lamas durften während deren Lebenszeit keine öffentlichen Ämter innehaben.

93

Dieses Rad der Lehre wurde durch Agvan Dorjiev dem Zar Nikolaus II. überreicht, als er 1900 und 1901 tibetische Missionen in Russland leitete. Im Dezember 1901 wurde das Cakra aus dem Zarskoje Selo ins Winterpalais gebracht und dort an sehr prominenter Stelle aufgestellt, was die Wertschätzung durch den Zaren belegt. Um das Cakra war eine Glücksschleife gebunden, die nicht mehr erhalten ist.

98

Ohne Datierung, ohne genaue Angabe des Adressaten. In Frage kämen die Könige Prithvi Bir Bikram (reg. Mai/Juni 1881–Dezember 1911), Tribhuvan Bir Bikram (reg. Dezember 1911–März 1955) bzw. der die Regierungsgeschäfte führende Rana-Minister Chandra Shamsher (im Amt: Juni 1901–November 1929) (Die Regierungszeiten sind zitiert nach M.C. Regmi: *Land Tenure and Taxation in Nepal*, Kathmandu 1978, S. 447).

Übersetzung:

»Auch zum gegenwärtigen Zeitpunkt wiederum befinden sich die durch die Ansammlungen der Tugenden im Schoß der Erde zur Reife gelangten Elemente Eures jugendlichen Goldkörpers bei guter Gesundheit, und Ihr verweilt, indem Ihr im Glanz Eurer guten Werke erstrahlt, die Ihr zum Nutzen und Wohlergehen Eurer Staatsführung und Eurer Untertanen vollbringt: Das ist gut!

Hier befinde auch ich, der Dalai Lama, mich bei guter Gesundheit, und ich lebe in der aufrichtigen Bemühung, die buddhistische Lehre zu fördern und das Wohlergehen aller Lebewesen zu bewirken.

Schon neuerdings habe ich, wie schon früher üblich, auf dass die zwischen Nepal und Tibet bestehenden aufrichtigen und guten Beziehungen nicht abreißen mögen, Briefe und offizielle Geschenke an den König und die Minister [bzw. die Rana-Regenten] entsandt und durch die beiden großen Chörten [Svayambhunath und Bodhnath] Pujamedha-Opfer für den in deren Mitte gelegenen besten [Regierungs]-Sitz durchführen lassen.

In Ergänzung hierzu habe ich extra beauftragte [Arzneimittelkundige] entsandt, zum Wohle der Lebewesen Arzneien [und Heilkräuter] herzustellen [bzw. zu finden] und zu verschenken.

Im Hinblick auf unsere Aktivitäten sollten wir unser Augenmerk auf all das richten, was auch immer zur größtmöglichen Harmonie und zum gegenseitig größtmöglichen Nutzen gereicht.

Mögt Ihr auch in Zukunft auf Euren jugendlichen Körper achten, ebenso darauf, dass unsere aufrichtigen Beziehungen ohne Behinderungen sind.
Es wäre recht, wenn Ihr mir aus dieser Konstitution heraus kontinuierlich Briefe zukommen ließet.
Gegeben, zusammen mit einem Khatag, einem chinesischen Sycee-[hsi-yin?]-Silberbarren, einem Seidenstoff mit vier verschiedenen Ornamenten, einem dPyad-ldan-Stoff, einem Set Teeziegel, einem Set Eßstäbchen sowie einer Schatulle aus dem Holz des Mangobaumes als Beigabe [wtl. »Stütze«] [dieses Schreibens], am .. Tag des .. Monats.« [Siegelabdruck]
Übersetzung Hanna Schneider

103 a–c
Der heutige Besitzer, Joachim Baader, ist der Meinung, es handle sich hierbei um eine Statue des 13. Dalai Lama. Mehrmalige Nachfragen in der Mongolei, woher dieses Stück stammt, hätten ergeben, es handle sich um diesen Dalai Lama. Verschiedene Details sprechen jedoch dagegen: die Beule am Kopf (die auf Rölpe Dorje hinweist), die Form des Schnurrbartes und der feine, spitze Kinnbart.

105
Grund für dieses Dekret waren gewisse Missstände, die der 13. Dalai Lama nicht tolerieren wollte. Das Dekret richtet sich ganz allgemein gegen »abartiges« Verhalten von Leuten, die das gemeinsame Wohl ignorieren und die Politik der spirituellen und säkularen Regierung des 13. Dalai Lama untergraben. Konkret wird ein Katalog ganz unterschiedlicher Vergehen aufgezählt: die ungerechte, über das übliche Maß hinausgehende Besteuerung; die kostenlose Inanspruchnahme von Transportleistungen durch Unbefugte; selbstsüchtige Führer, die illegalen Tätigkeiten nachgehen, das Gesetz brechen und menschliches Leben nehmen; das Einschmelzen religiöser Objekte aus Gold; das ausbeuterische Geldeintreiben; das Töten wilder Tiere, etc. Zudem fordert der 13. Dalai Lama alle auf, religiöse Taten zu vollbringen wie beispielsweise das Fasten an bestimmten Tagen einzuhalten, das Lesen der heiligen Schriften, die Restaurierung alter Tempel etc.
Lit. Richardson 1980a/1998c.

123
Bei dieser Statue handelt es sich um eine der ganz wenigen Statuen des 14. Dalai Lama. Sie wurde vom Völkerkundemuseum der Universität Zürich bei Basu Shresta, Kathmandu, in Auftrag gegeben, von Rajesh Awale, Hangrib Handicrafts Nepal hergestellt und von der Gesellschaft Schweizerisch-Tibetische Freundschaft dem Museum geschenkt.

130
Diese Wandmalerei des Künstlers Amdo Jampa (1911–2002) aus den Jahren 1955/56 ist ein gutes Beispiel für eine so genannte *khams gsum zil gnon*-Darstellung: die komplette »Eroberung« der drei Gegenden Kham, Amdo und Zentraltibet. Die Malerei zeigt in der Mitte den fünfzehnjährigen Dalai Lama und vor ihm stehend Thubten Phala, seinen Ober-Kämmerer. Links vom Betrachter aus gesehen sind in der obersten Reihe acht Minister (in oberster Reihe von rechts nach links: Tenpa Jamyang, Ngabö Ngawang Jigme, Lehu Shar (*sNe'u shar*) Thubten Tharpa, Surkhang Wangchen Delek, Gadang (*dGa brang*); in zweiter Reihe von links nach rechts: Shasur (*bShad zur*) Gyurme Tobgye, unbekannte Person (Samdup Phodrang ?), Rakhashar Phüntsog Rabgye und der Mönchs-Minister Rampa Thubten Künkhen sowie (mit langem Bart) der Vorsteher der Mönchsdiener des Dalai Lama (Zimpön khenpo, *gzims dpon*). Darunter (links) drei höhere, für die Finanzen zuständige Beamte (links: Namseling, rechts: Shukhupda und – davor – Tsokodpa), unter denen Vertreter verschiedener Länder zu erkennen sind (aus Sikkim, Nepal, Bhutan, Großbritannien) sowie zwei bekannte muslimische Händler (mit weißem Turban und schwarzer Kappe). Auf der rechten Seite stehen in der obersten Reihe Familienmitglieder: die Mutter des Dalai Lama (Sonam Tshomo), die Brüder Thubten Jigme Norbu (Taktser Rinpoche) und Gyalo Thondup, darunter drei höhere Mönchsbeamte und zuvorderst in der Mitte ebenfalls in Mönchskleidung Lobsang Samten, ein weiterer Bruder des Dalai Lama. Zuunterst (rechts von Thubten Phala) stehen mehrere Mönchsbeamte. Die abgebildeten Personen haben nicht alle zur gleichen Zeit gelebt, und mehrere waren bereits verstorben, als die Malerei gemalt wurde, so z.B. die beiden ehemaligen Regenten Tatrag-Rinpoche (ganz oben links) und Reting Rinpoche (ganz oben rechts). Darunter sind die beiden späteren Hauptlehrer Ling Rinpoche (links) und Trijang Rinpoche (rechts) abgebildet, die zu der Zeit, als die Malerei entstand, noch lebten.
Der Dalai Lama selbst zum Tag der Machtübernahme: »Es wurde ein besonders feierliches Ereignis, an dem die gesamte Regierung teilnahm, jeder in seinem besten und farbenprächtigsten Gewand sowie die verschiedenen ausländischen Vertreter, die in Lhasa wohnten. ... Während der Feier übergab man mir das Goldene Rad, das die Übergabe der weltlichen Macht symbolisiert. ... Als die Feier endlich vorüber war, war ich das unbestrittene Oberhaupt von sechs Millionen wehrlosen Tibetern.« (Dalai Lama 1990: 66 ff.) (Fotomontage durch Andreas Brodbeck aus mehreren Aufnahmen, u.a. Michael Henss und Martin Brauen; die Informationen zu den einzelnen Personen verdanken wir weitgehend Corneille Jest, Boulogne, und Hugh Richardson).

200
Die um den ersten Panchen Lama angeordneten Persönlichkeiten sind: die drei '*khri chen*' des Klosters Ganden (links oben); die Dreiergruppe (rechts oben) Atiśa (Mitte), ein Schüler Tsongkhapas (links) und der 10. Dalai Lama; vier Heilige in den vier Ecken, nämlich Go Lotsawa (links oben), Abhayākaragupta (mit Schlange), der berühmte Sakya Paṇḍita (links unten) und Yuntön Dorjepel, ein Nyingmapa, bekannt vor allem durch seine Vision des Mahākāla und seine Meisterschaft im Kālacakra-System. Im untersten Register drei Aspekte der wichtigen Gelugpa-Schutzgottheit Dharmarāja Yama (äußerer, innerer und geheimer Aspekt).

210
Dieses Gemälde zeigt – wie das Porträt des siebten Dalai Lama umgeben von zwei Gelugpa-Mönchen im oberen Register andeutet – einen Aspekt von Mahākāla als Beschützer der Gelugpa-Schule. Im Zentrum thront der schwarze Mahākāla, in Tibet »Mahākāla der Weisheit mit sechs Armen« (Yeshe Gonpo chadrug; *Ye shes mgon po phyag drug*) genannt, über seinen vier Ministern. Yeshe gonpo hat drei Augen und einen wilden Gesichtsausdruck. Auf dem Kopf trägt er ein Diadem aus fünf Schädeln. Diese Ikonographie entstammt der Vision eines indischen Eremiten auf einem Friedhof, welche dann Khyungpo Naljor (*Khyung po rnal 'byor*), einem der wichtigsten Lehrer der Vorfahren des zweiten Dalai Lama, übermittelt wurde. Der sechsarmige Mahākāla gilt als Beschützer der Familie des zweiten Dalai Lama, der schließlich seine Lehren innerhalb der Gelugpa-Schule weitergab.
Yeshe Gonpo hat einen kleinen Vajra im Haar, da er den zornigen Aspekt des Buddha Akṣobhya darstellt. Seine Hände auf der rechten Seite halten das Vajra-Beil (*gri gug*), die ḍamaru-Trommel und die Schädelkrone, in seiner linken Hand hält er eine Schlinge (Lasso, Fallstrick) und einen kleinen Dreizack. Er trägt eine Tigerhaut (*dhoti*) um die Hüften und eine Elefantenhaut um die Schultern. Anstelle der üblichen Girlande aus 50 menschlichen Schädeln trägt er hier Goldketten um den Hals. Sein Herumtrampeln auf der Hindu-Gottheit Gaṇeśa soll den Triumph des Buddhismus über die indischen Gottheiten symbolisieren.
Oben links befindet sich Ṭakkirāja. Dunkelrot, eine ḍamaru-Trommel in seiner erhobenen Hand und einen Schädelbecher mit Opfergaben auf seinem Herz gibt er sich wildem Tanz hin. Oben rechts ist Jinamitra, schwarz, auch er mit Trommel und Schädelbecher. Unten links Kṣetrapāla (tibetischer Name: Zhing skyong, »Beschützer des Friedhofsackers«), die schwarze Gottheit mit dem rotem Haar, die auf einem schwarzen Bären reitet und einen Schädelbecher zu Mahākāla emporhebt. Unten rechts schließlich, hoch zu Ross, Trakse *(Tra kshad)*, auch bekannt als Dud gon chen po, der große Beschützer gegen die *bdud*-Dämonen. Er trägt fließende Seidengewänder und hält eine Lanze, mit der er einen Dämon unter sich zu durchstechen scheint.
Text Amy Heller

211
Vaiśravaṇa fungiert im buddhistischen Pantheon als Gott von Reichtum und Wohlstand, aber er ist auch der Wächter der Nordrichtung und trägt als Verteidiger des Buddhismus eine Rüstung. Hier ist er als der »Große Gelbe Vaiśravaṇa« dargestellt, »er ist gelb wie reines Gold und strahlt mit dem Glanz von 100 000 aufgehenden Sonnen«. Er trägt deshalb eine goldene Krone, goldenen Halsschmuck und reiche Seidenbrokatstoffe. In Tibet heißt er Namse serchen *(rNam sras ser chen)*. Unter einer Ansammlung von bekannten Gelugpa-Mönchen und Lamas sitzt er hier auf dem Löwen der Gletscher, der eine dunkle, türkisfarbene Mähne trägt und über und über mit Edelsteinen geschmückt ist, wie es dem Reittier des Herrn über den Reichtum ansteht. Vaiśravaṇa hält einen Sonnenschirm aus vielfarbigen Fahnen in seiner rechten Hand und in seiner linken einen Edelsteine speiendes Mungo. Die Edelsteine fallen unter das Lotus-Podest und in die davor stehende Schale für Opfergaben. Zum Gefolge von Vaiśravaṇa als Wächter der Nordrichtung gehören acht Reiter in Rüstung, die »acht Meister der Pferde«. Vaiśravaṇa wird hier von seiner besten und einnehmendsten Seite dargestellt; betont werden der Reichtum und die anderen Vorteile, die einem bei ausreichender Anbetung zustehen.
Text Amy Heller

213
Zweifellos bezieht sich das Thangka auf Lhamo: Da ist das Pferd im Zentrum mit den typischen Würfeln, der Satteldecke aus Menschenhäuten und dem Auge in der Flanke – ein Auge, das allen Reittieren von Lhamo, seien es nun Pferde oder Maultiere, gemein ist. Das Pferd ist von zahlreichen Phantasiegeschöpfen umgeben, z.B. einem Vierfüßer mit nicht weniger als 20 Köpfen auf einem sehr dicken Hals, von Löwen, Tigern, Leoparden, Elefanten, Wildschweinen, Schakalen – kurz, einer ganzen Menagerie zu Ehren von Lhamo. Daneben gibt es Opferschalen aller Art mit Blutopfern, kunstvollen Tormas, rituellen Kuchen in Silberschalen, sowie Schädelbecher gefüllt mit den Opfergaben der fünf Sinne.
Lhamo selbst ist oberhalb des Pferdes auszumachen, erkennbar an ihrem Schädeldiadem, den Halsketten und dem Gürtel aus Knochenteilen. In ihrer Nähe befinden sich die Häute verschiedener Tiere und Menschen, auch ein Schwert mit Skorpiongriff zur Rechten ihres »Phantomkörpers«. Das zeigt uns, dass Palden Lhamo in ihrer rechten Hand ein Skorpion-Schwert hält, was den Schluss nahe legt, dass es sich hier um den Kāma-Rūpā-Aspekt der Lhamo handelt, um die »mächtige Lhamo aus dem Land des Begehrens« (auf tibetisch: *dud sol ma 'dod khams dbang phyug ma*). Das Skorpion-Schwert trägt Lhamo auch in ihrer Eigenschaft als Begleiterin des Mahākāla, Herr des Zeltes, wobei wahrscheinlich ist, dass sie hier nicht als Begleiterin, sondern als Hauptgöttin dargestellt wird. Die Anwesenheit ihrer zwei wichtigsten Assistenten stützt diese Vermutung. Ihre Phantomkörper sind im Wesentlichen genauso dargestellt wie derjenige der Lhamo, d.h. mit Schädelkrone und Halsketten. Die beiden Assistenten sind Siṃhavaktra (»die mit dem Löwenkopf«) und Makaravaktra (»die mit dem Kopf des Makara-Seeungeheuers«). Im obersten Register sind viele Häute und Girlanden zu erken-

nen. Vögel aller Art sowie Menschen- und Tierhäute tragen das ihre zur Atmosphäre des Bildes bei.
Text Amy Heller

214

Dieses Rollbild wurde als Spende für die Grab-Stūpa von Pagsam Wangpo (*dPag bsam dbang po*, 1593–1641), einem Vetter des fünften Dalai Lama, angefertigt, wahrscheinlich zum ersten Jahrestag der Begräbniszeremonie 1642. Der Dalai Lama übernahm damals die Herrschaft über Tibet, und da das Bild Lhamo, eine wichtige Beschützerin des fünften Dalai Lama, darstellt und Pagsam Wangpo ein wichtiges Mitglied seiner Familie war, ist eine Verbindung zwischen der Herstellung des Thangka und dem fünften Dalai Lama durchaus möglich. Der fünfte Dalai Lama wurde 1617 als Sohn des Gouverneurs von Phyong rgyas geboren. Auch sein Vetter war der Spross einer einflussreichen Familie in dieser Region und seines Zeichens ein anerkannter Hierarch des Drugpa Kargyupa. Leider fehlt bei den beiden Lamas im oberen Register jegliche Namensangabe. Bei der in der Mitte des oberen Registers dargestellten Gestalt handelt es sich wahrscheinlich um den als Nyima Wöser (*Nyi ma 'od zer*, der Lichtstrahl) bekannten *mahāsiddha*-Aspekt des Padmasambhava.

In der Mitte des Bildes sehen wir die schwarze Göttin Lhamo auf dem Rücken ihres Maultiers sitzend, mitten in einem stürmischen Meer von dunkelrotem Blut. Sie hat vier Arme und hält ein flammendes Schwert mit einem Griff in der Form eines Skorpions und einen Dreizack, einen Schädelbecher gefüllt mit Blut in ihrer rechten Haupthand und einen *phurbu*-Dolch mit einem Federschmuck aus Pfauenfedern in ihrer linken. Ihr dreiäugiges Gesicht ist furchterregend und aus ihrem verzerrten Mund baumeln die Glieder einer kleinen Leiche. Sie hat verschiedene Tierhäute umgehängt und trägt einen Schmuck aus Knochen. Die Sonnen- und Mondscheibe sind ihr Nabel. Sie ist von 20 wild aussehenden Begleitern umgeben, von denen einige Vogelköpfe, andere wiederum Köpfe von Löwen oder Bären haben und die auf Pferden, Yaks oder Tigern daher reiten und in ihren Händen ein Menschenherz oder einen Schädelbecher halten. Während Lhamo durch ein Meer von Blut reitet, vermittelt die Szene im Flammenmeer um sie herum ein Bild der ungehemmten Raserei.
Text Amy Heller
Lit. Essen/Thingo 1989.

216

In der Mitte dieser Fahne stehen die Buchstaben KYE. Damit fordert man in tibetischen Ritualen die Gottheit Begtse auf, dem Ritual Beachtung zu schenken und ihr Schutzversprechen zugunsten des Buddhismus zu halten. Die Buchstaben gelten hier als Zeichen für den Körper der Gottheit, umgeben von verschiedenen, ganz typischen Attributen. Als der zweite Dalai Lama ursprünglich die Rituale für Begtse kreierte, sagte er bloß, Begtse halte ein flammendes Schwert sowie Herz und Lunge eines besiegten Feindes in seinen Händen. Beide sind sichtbar im Zentrum des Bildes, innerhalb der Buchstaben. Links ist ein Schwert mit einem skorpionförmigen Griff zu erkennen. 1672 hatte der fünfte Dalai Lama eine Vision von Padmasambhava, wie er Begtse den Auftrag gab, den Dalai Lama zu beschützen. Der Skorpion ist das Emblem Padmasambhavas in seiner zornigen Form. Begtse ist sein Botschafter und darum gehört der Skorpion – als visuelle Erinnerung an Padmasambhava – zu seiner Ikonographie. Daneben sehen wir Nashorn-Hörner, stilisierte Ohrringe, runde Juwelen und Goldbarren. Diese vielversprechenden Symbole weisen darauf hin, wie vorteilhaft sich Begtses Schutz auswirken wird.
Text Amy Heller

218

Dieses Rollbild stellt den Schutzgott Begtse als roten Wächter in seiner Spezialrüstung dar.

Die Rüstung, genannt *begtse*, gibt dem Schutzgott seinen geläufigsten Namen; er ist aber auch als der »große rote Meister der Vitalität« (*Sogdag mar po, Srog bdag dmar po*) bekannt. Die illustren Gelugpa-Lehrer im oberen Register weisen darauf hin, dass er hier als Beschützer der Gelugpa-Schule dargestellt wird. Es sind dies Je tsun pa (*rJe btsun pa chos kyi rgyal mtshan*) und ein Sera-Mönch (*Sera Kun mkhyen legs pa'i blo gros*) zur Linken des Buddha sowie der zweite Dalai Lama Gendün Gyatso und der dritte Dalai Lama Sonam Gyatso zu seiner Rechten.

Der zweite Dalai Lama hatte verschiedene Rituale für Begtse kreiert, die genau diese Ikonographie beschreiben: in voller Rüstung, ein Schwert in der Rechten, vor seiner Brust ein Herz und eine Lunge, die er zu seinem Mund führt, und in der Armbeuge eine Lanze, mit welcher er hinderliche Gottheiten aus dem Weg räumt. Der Griff von Begtses Schwert hat die Form eines Skorpions, ein Detail, das in den Ritualen des zweiten Dalai Lama, entstanden zwischen 1485 und 1490, nicht erwähnt wird, das jedoch später – nach Visionen des fünften Dalai Lama – zu einem typischen Kennzeichen Begtses wurde.

Auf diesem Thankga befindet sich links von Begtse sein dunkler, roter Begleiter, der ebenfalls eine Rüstung trägt, eine Lanze und eine blaue Schlinge (Lasso) hält und auf einem schwarzen Schakal reitet. Rechts von Begtse sehen wir seine Schwester Rigpe Lhamo, die schwarze Göttin des Wissens mit dem roten Gesicht (Tib. *Rig pa'i lha mo gdong dmar ma*), die in ihrer Rechten ein langes Messer hält und in der Linken einen *phurbu*. Sie reitet nackt auf einem Braunbären-Weibchen, das hier eine kleine menschliche Leiche zwischen den Zähnen hält. Am rechten Rand ist außerdem ein seltsamer Palast aus Schädeln, angeblich Begtses Residenz, sichtbar. Linkerhand quellen aus einer Wolke mit grausigem Gesicht Regentropfen, die sich zu Wasserfällen und Flüssen sammeln. Der zweite Dalai Lama und seine Vorfahren waren einst bekannt als rituelle Regenmacher und Begtse soll zu Lebzeiten des zweiten Dalai Lama herbeigerufen worden sein, um die Gegend von einer besonders schlimmen Dürre zu erlösen.

Vor Begtse befindet sich ein großer Schädel gefüllt mit den Gaben der fünf Sinne und einer schwarzen Flagge. Ferner sieht man acht in wildem Tanz herumwirbelnde, schwarze Männer, die in Knochenornamente, Menschenhäute und Tierpelze gekleidet sind und in ihrer Rechten Schwerte oder Messer halten. Diese untergeordneten Assistenten von Begtse sind bekannt als Gruppe der »Acht Messer-Träger«.
Text Amy Heller

219

Laut der Inschrift am unteren Bildrand stellt dieses Rollbild den Minister Dorje Dragden dar, den großen Wächter des Dharma. Nach diesem Text handelte es sich einst um das wichtigste Rollbild in dessen Kapelle im osttibetischen Kloster Kumbum.

Im Zentrum des Bildes steht der Beschützer Dorje Dragden, dargestellt als wilde Gottheit mit der Orakel-Brustplatte auf dem Bauch. Eine langstielige Vajra-Keule und eine Schlinge (Lasso) in seiner Rechten und mit seiner Linken ein Herz und eine Lunge in seinen Mund führend, reitet er auf seinem schwarzen Pferd durch ein Meer von Flammen. Diese Ikonographie ist insofern ungewöhnlich, als Dorje Dragden andernorts als junger Mönch (Abb. 225) und als reitender Krieger mit Lasso dargestellt wird. Gewöhnlich wird er mit einer Schlinge (Lasso, Fallstrick) und einer roten Fahne, mit Helm und in voller Rüstung gezeigt. Besonders auffallend am vorliegenden Gemälde sind jedoch das Herz und die Lunge, die er zum Mund führt, denn diese Geste ist gewöhnlich Begtse vorbehalten.

In der Mitte des unteren Registers sehen wir Pehar in seiner herkömmlichen ikonographischen Form als sechsarmige Gestalt auf einem Löwen und flankiert von zwei zusätzlichen Erscheinungen, deren genaue Identität im Ungewissen bleibt.

Im Zentrum des oberen Registers sieht man eine sehr esoterische Hayagriva-Form, dargestellt als zornerfüllter Tamdin Yangsang (*rTa mgrin g.yang gsang*). An seiner Seite befinden sich zwei Lamas: zu seiner Rechten eine Figur, die wahrscheinlich den fünften Dalai Lama darstellt, die Hände zur unterweisenden Geste *dharmacakra mudrā* geformt; der Lama mit Schädelschale und Vajra zu seiner Linken stellt vermutlich einen Aspekt des Padmasambhava dar. Diese vorläufige Identifizierung der beiden Gestalten beruht auf der Annahme, dass es sich hier um die Darstellung einer besonderen Vision handelt, die der fünfte Dalai Lama 1672 hatte. In dieser Vision sah er sich selbst in diesem Aspekt des Hayagriva, wie er mit Padmasambhava diskutiert. Letzterer sandte den Schutzgott Begtse aus und teilte ihn dem fünfte Dala Lama als Beschützer zu, wobei auch Dorje Dragdan zu seinen Emanationen gehörte. In der hier dargestellten Version verschmelzen die ikonographischen Charakteristika von Begtse mit der Ikonographie der Schutzgottheit Dorje Dragden.

Für eine Zusammenfassung dieser Vision siehe S. Karmay 1988: 62. Eine detaillierte Analyse dieser Vision findet sich in Heller (o.J.).
Text Amy Heller

223

Der dreiköpfige Pehar trägt einen breitkrempigen, gelben Hut mit einem kleinen Schädel darauf. Sein weißer Hauptkopf wird von einem blauen und einem roten Kopf flankiert. Der Ausdruck auf allen drei Gesichtern ist grimmig, eine Haltung, die auch in den Waffen zum Ausdruck kommt, die er zum Kampf gegen die Feinde des Dharma bereithält. In seiner oberen rechten Hand hält er einen Elefanten-Treibstock, in der unteren ein schwarzes Schwert mit einem goldenen Vajra-Griff und einer goldenen Spitze und in der mittleren eine Pfeilspitze. In seiner oberen Linken hält er einen kleinen, dünnen Stock. Er ist in lose Kleidung gehüllt – ein tiefblaues Hemd mit einem breiten Kragen sowie weiße und grüne Schale – und mitten auf der Brust trägt er ein rundes Emblem, die Brustplatte seiner Rüstung. Rituelle Beschreibungen von Pehar lassen diesen gewöhnlich in einer Rüstung auftreten, aber eine solche ist, abgesehen von der bereits erwähnten Brustplatte, auf diesem Bild nicht auszumachen. Er trägt außerdem eine grüne Hose, die mit einem Band am Schaft seiner wadenhohen Stiefel festgemacht ist. Er reitet auf einem weißen Löwen mit einer türkisfarbenen Mähne. Dieser Löwe gilt als übernatürliche Gestalt, als heiliger »Löwe der Gletscher«.

Pehar ist umgeben von seinen vier wichtigsten Emanationen, von denen jede für eine Himmelsrichtung verantwortlich ist. Pehar selbst ist der Wächter des Nordens. Der »Minister des Südens« heißt Shing bya can (großer, hölzerner Vogel), sein blauer Körper ist in Tigerfelle gekleidet und mit Schlangen- und Knochenschmuck verziert. Er reitet auf einem Pferd und trägt eine Axt mit langem Griff und ein Lasso. Der »Minister des Westens«, Dralha (*dGra lha*, der Gott, der vor Feinden schützt), hat einen roten Körper und ähnliche Kleider wie Pehar selbst. Er reitet auf einem Maultier mit langen Ohren und trägt einen Stock und eine Lanze. Der »Minister des Zentrums«, Gyajin (*brGya byin*, große Helligkeit), in der oberen linken Bildecke, reitet auf einem weißen Elefanten, sein dunkelbrauner Körper steckt in einer Rüstung und in seinen Händen trägt er ein Messer und eine Schlinge. In der oberen rechten Bildecke ist der »Minister des Ostens«, Mon bu put ra (Knabe des östlichen Himalaja, der Mon-Gegend). Er hat einen schwarzen Körper und hält einen goldenen Vajra sowie eine Lanze. In der rituellen Beschreibung reitet er gewöhnlich auf einem Bären; hier kommt er jedoch auf einem weißen Löwen daher, der jenem von Pehar ähnlich sieht.

In der Mitte des oberen Registers erkennt man eine menschliche Gestalt, die Paṇḍitas Hut und Mönchskleidung trägt. Sie hält eine Schädelschale in ihrem Schoß und in ihrer erhobenen Rechten einen goldene Vajra. Dabei handelt es sich wahrscheinlich um Padmasambhava, den heiligen Lehrer, der den tantrischen Buddhismus in Tibet eingeführt haben soll. Von ihm sagt die Tradition auch, er habe Pehar gezähmt und von ihm die Verantwortung für den Schutz der buddhistischen Lehren übertragen. Padmasambhava hat verschiedene ikonographische Erscheinungsformen. Hier ist er als indischer Lehrer dargestellt.
Text Amy Heller

225

Im Zentrum befindet sich Gyajin (brGya byin, große Helligkeit), der Minister von Pehar, »König des Geistes« genannt. Er reitet auf einem Elefanten, hält in der einen Hand ein Lasso und in der anderen ein Messer und ist in Seidentücher, Tierhäute und einen weiten Brokatmantel gehüllt. Er ist umgeben von seinem Gefolge: zwei Krieger in voller Rüstung, der eine auf einem Tiger, der andere hoch zu Ross, daneben eine junge Frau, die eine Schneckenmuschel und eine langstielige Axt hält. Pehar und seine Minister wurden von Padmasambhava beauftragt, das Kloster Samye (bSam yas) zu beschützen; Padmasambhava ist darum in der Mitte des oberen Registers abgebildet und zwar in seiner typischsten ikonographischen Form. Pehar reitet neben Padmasambhava auf einem weißen Löwen. Auf der anderen Seite Padmasambhavas reitet Minister Dralha (dGra lha, der Gott, der vor Feinden schützt) auf einem Pferd. Er ist begleitet von einer jungen Frau, einem Krieger in voller Rüstung, einem Lama, dessen Haar zu Berge steht und seinem bekanntesten Begleiter, Dorje Dragden (rDo rje grags ldan), der eine Priesterrobe aus roter Seide trägt und aussieht wie ein junger Mönch auf einem Kamel (siehe Abb. 219 für eine andere Darstellung des Dorje Dragden).

Im unteren Register sollte es sich bei der Gottheit auf der linken Seite gemäß rituellen Darstellungen um Shing bya can handeln, schwarz gefärbt und hoch zu Ross. In Abweichung von den herkömmlichen Darstellungen hat sich der Maler hier allerdings entschieden, die Gottheit auf einer phantastischen Kreatur abzubilden, die einer langgezogenen Riesenschnecke gleicht. Das mag damit zusammenhängen, dass Shing bya cans alternativer Name Lu wang (klu dbang), großer Nāgā oder Wasserschlange, lautet. Auch in der rechten unteren Bildecke findet sich eine leichte Abweichung. Mon bu pu tra (der Knabe aus dem Mon-Land), schwarz gefärbt und auf einem Löwen reitend, wird begleitet von einer jungen Frau, einem jungen Mönch, der alle Leidenschaften überwunden hat, und seinem eigenen »Minister«, der gewöhnlich als nackter, einäugiger Reiter mit einem Schlangenturban auf einem Pferd dargestellt wird. Hier hat ihm der Maler allerdings zwei Augen zugestanden!
Text Amy Heller

226

Von links nach rechts sind abgebildet: Yama in seinem Dharmarāja-Aspekt zusammen mit seiner Schwester Yami, vor ihm eine Schädelschale mit den Opfern der fünf Sinne; Begtse in Kupfer-Rüstung, auf seinem Kopf trägt er statt eines Helms eine Krone mit fünf Schädeln, in seiner Rechten wie üblich ein Schwert mit Skorpiongriff, seine Linke hält Herz und Lunge, zwischen Ober- und Unterarm eine Siegeslanze; Dorje Dragden wird hier als zornvoller Krieger gezeigt, der eine Rüstung und einen reich mit Wimpeln verzierten Helm trägt. In seiner Rechten hält er eine Lanze mit Siegesbannern und ein Lasso in seiner ausgestreckten Linken. In diesem Aspekt ist Dorje Dragden die Orakelgottheit der Dalai Lama-Linie; Palden Lhamo reitet auf einem Maultier. In ihrer rechten Hand hält sie eine Keule, in der linken eine Schädelschale, während sie an einem kleinen, menschlichen Leichnam kaut. Ihre Kleidung besteht aus Tüchern und Knochenteilen, und sie trägt eine Krone aus fünf Totenköpfen. In der Mitte unten eine Darstellung des Universums, mit dem sich aus dem Ozean erhebenden Weltenberg Meru in der Mitte. Links und rechts davon verschiedene Glückssymbole, so die »Sieben Kostbarkeiten der Königsherrschaft« (rechts), eine Schale mit den »Sieben Juwelen« und (links) die »Acht Glückssymbole«.
Text teilweise nach Amy Heller

277

Übersetzung:
»Ein Brief des Dalai Lama: An den besten Lönchen Bell, Political Officer in Sikkim.

Ihr, der Ihr reich an Wissen seid, habt, ausgestattet mit der Wertschätzung der britischen Regierung – des großen Empire – der tibetischen Regierung zum Zeitpunkt des Abschlusses des Friedensvertrages und auch sonst in allen Angelegenheiten gemäß dem Sprichwort: »Das Wasser ist der Freund des Regens« stets Eure Unterstützung angedeihen lassen.

Aufgrund dieser Tatsache wurde Euch nun vom britischen König [»Emperor«] in Anerkennung Eurer Verdienste der Titel eines C.M.G. [Commander of His Majesty's Government] verliehen.

Darüber habe auch ich mich außerordentlich gefreut! Ebenso habe ich dieser Tage Euren zum Zwecke eines guten Omens extra zugesandten, mit den glückverheißenden Symbolen [bkra shis rtags brgyad] geschmückten Khatag als Zeremonialschleife mit Freuden entgegengenommen. Mögen wir auch in Zukunft unsere politische Linie im Hinblick darauf, was den diplomatischen Beziehungen zwischen England und Tibet zum Wohle gereicht, wie bisher beibehalten.

[Gesandt], zusammen mit einem Khatag (Glücksschleife) bester Qualität, am glückverheißenden neunten Tag des 12. Monats des Holz-Tiger-Jahres [= Anfang 1915] nach tibetischer Zeitrechnung.«

289

Oben links der Lehrer von Gendün Gyatso und Abt des Tashilhünpo Klosters, der Panchen Lama Sonam Chökyi Langpo (bSod nams phyogs kyi glang po, 1439–1504) und darunter eine kleinere Figur Tsongkhapas. Oben rechts die Gottheit Cakrasaṃvara. Unten: Palden Lhamo, hier als mit den Visionen des zweiten Dalai Lama am Orakelsee Chökhorgyel besonders verbundene Lhamo Magzorma (Lha mo dmag zor ma). Ferner der rote Begtse und Dorje Drolöd, eine zornvolle Erscheinungsweise Padmasambhavas. Links als Teil von Kloster Drepung der Ganden Phodrang, die vom zweiten Dalai Lama 1517 eingerichtete Residenz der Gelugpa-Hierarchen bis zum Umzug in den Potala-Palast.
Text Michael Henss

290

Oben links Panchen Sonam Dragpa (Pan chen bsod nams grags pa, 1478–1554), der bedeutendste Schüler des zweiten Dalai Lama, der 15. Ganden-Thronhalter und Hauptlehrer von Sonam Gyatso, den er in das Tantra der Gottheit Guhyasamāja einweihte, von der vermutlich eine auf einem Löwen ruhende sechsarmige Form in yab yum rechts oben dargestellt ist. Darunter der seit Tsongkhapa für die Gelugpa-Schule besonders wichtige »Gesetzeskönig« Yama (gShin rje chos kyi rgyal po) mit seiner tantrischen Gefährtin Yami (oder Cāmuṇḍi). Unten: links der auf einem Maultier reitende »große wilde« bSe khrab can, eine Form der zentralen nationalen Schutzgottheit Pehar und der spezielle Protektor von einer der beiden hochrangigen Gelugpa-Akademien des Ganden-Klosters; in der Mitte die rote Guhyasādhana Yamaraja (Chos rgyal gshin rje gsang sgrub) auf dem Stier, und rechts der Mongolenfürst Altan Khan, der Sonam Gyatso 1578 den Titel eines ta la'i (Mongol. dalai) bLa ma verliehen hatte. Die wie meist auf solchen Bildern sehr schematisch gezeichneten Klosterbauten rechts könnten das während Sonam Gyatsos Mongoleireise errichtete Kloster Kumbum in Amdo darstellen. Die tibetische Inschrift am unteren Bildrand bezeugt die Verehrung für den dritte Dalai Lama und enthält die Wünsche für ein langes Leben des Lama Gendün Tashi, dem vermutlichen Stifter dieses Thangka.
Text Michael Henss

291

Oben links der tibetische Lehrer des aus fürstlichem Mongolengeschlecht stammenden, 1602 nach Lhasa gekommenen Yönten Gyatso, der erste Panchen Lama Lobsang Chökyi Gyaltsen (Blo bzang chos kyi rygal mtshan, 1570–1662). Darunter der sechsarmige Shadbhuja Mahākāla. Oben rechts der büffelköpfige Yidam Bhairava yab yum. Unten die häufigste Form des Dharmapāla Yama, »Herr über die äußeren Praktiken«, d.h. Beschützer vor äußeren Gefahren, zugleich Herr des Todes und Seelenrichter am Tor zur Hölle, mit Yami auf einem Stier stehend und die schädelköpfige Knochenkeule hochhaltend. Am linken Bildrand ist das Kloster Sera dargestellt, gut erkennbar an den getrennten Gebäudegruppen von Sera Je (links) und der Tsogchen-Hauptversammlungshalle (rechts).
Text Michael Henss

293

Oben links die rote Vajrayoginī (rDo rje rnal 'byor ma), rechts vermutlich der erste (bzw. vierte) Panchen Lama und Lehrer des »Großen Fünften«, Lobsang Chökyi Gyaltsen (1570–1662). Im runden Nimbus Phagpa Lokeśvara, der im fünften Dalai Lama wiedergeboren ist und dessen Statue bis heute als das heiligste Bild im Potala Palast (rechts im Bild) verehrt wird. Unten links die eingesichtige, schreckensvolle Śiva-Manifestation 'Jigs med zhal gcig, rechts wahrscheinlich Kublai Khan (der wie der Dalai Lama als Reinkarnation eines Bodhisattva galt) und sein religiöser Mentor Phagpa, deren Konzept von den »Zwei Lehren« vorwegnahm, was der fünfte Dalai Lama als Theokratie in Tibet etablierte. Deshalb auch ist erst der fünfte Dalai Lama, mit dem zugleich auf den Buddha anspielenden Cakra-Rad in der Hand dargestellt, als Cakra-vartin (»Rad-Herrscher«) ein Universalherrscher im religiösen und weltlichen Bereich.
Text Michael Henss

294

Oben links der zweite Panchen Lama Lobsang Yeshe (Blo bzang Ye shes, 1663–1737), der 1697 Tshangyang Gyatso unterrichtete und ihm in Jahre seiner Inthronisation zum Dalai Lama die Ordination erteilte, darunter die rote Vajrayoginī rDo rje rnal 'byor ma, oben rechts die rote Ḍākinī Rig byed ma. Unten die Schutzgottheit Begtse (lCam sring). Auffallend und vermutlich biografisch begründet ist im Vergleich mit den gemalten Darstellungen anderer Dalai Lamas für diesen bei weitem üblichsten Bildtyp des sechsten Dalai Lama das Fehlen einer Kloster-Abbildung.
Text Michael Henss

295

Oben im Zentrum Tsongkhapa und seine zwei Hauptschüler. Links Vajrabhairava yab yum, eine für die Gelugpa besonders wichtige Gottheit, in die Kelsang Gyatso mehrfach die volle Einweihung gab, und rechts die Weiße Tārā. Unten: der Gesetzeskönig und -hüter Yama, Palden Lhamo, Vaiśravana. Anders als bei den Rollbildern der vorangehenden Dalai Lamas zeigen alle bekannten Thangkamalereien des siebten Dalai Lama die Hauptfigur in Frontalansicht, d.h. dieses chronologisch letzte Thangka war das zentrale Bild der ganzen noch zu Lebzeiten oder bald nach dem Tode des siebten Dalai Lama gemalten Serie.
Text Michael Henss

BIBLIOGRAFIE

Ahmad, Zahiruddin, 1970: *Sino-Tibetan relations in the Seventeenth Century*, Rom, S. 108–145.

Ahmad, Zahiruddin, 1995: *A history of Tibet by the Fifth Dalai Lama of Tibet*, Bloomington.

Ahmad, Zahiruddin (übers.), 1999: *Life of the Fifth Dalai Lama*, Bd. IV, Teil I, Neu Delhi.

Akester, Matthew, 2001: »The ›Vajra temple‹ of gTer ston Zhig po gling pa and the politics of flood control in 16th century lHa sa«, in: *The Tibet Journal*, Bd. XXVI, Nr. 1, Frühling 2001, S. 3–24.

Alphabetum Tibetanum: siehe Giorgi, Antonio Agostino.

Archives of the Tibet Autonomous Region, 1995: *A collection of historical archives of Tibet, compiled by the Archives of the Tibet Autonomous Region*, Peking.

Aris, Michael, 1989: *Hidden treasures and secret lives, a study of Pemalingpa (1450–1521) and the Sixth Dalai Lama (1683–1706)*, London.

Art of Tibet, selected articles from Orientations 1981–1997, Hongkong 1998.

Baker, Ian A., 2000: *Der geheime Tempel von Tibet, eine mystische Reise in die Welt des Tantra*, München.

Barks, Coleman (übers.), 1992: *Stallion on a frozen lake, love songs of the Sixth Dalai Lama*, Athens (USA).

Barraux, Roland, 1995: *Die Geschichte der Dalai Lamas*, Frechen.

Bauer, Manuel, 2005: *Unterwegs für den Frieden*, München.

Bazin, Nathalie (Hrsg.), 2002: *Rituels Tibétains: visions secrètes du Ve Dalaï Lama*, Paris.

Béguin, Gilles, 1990: *Catalogue de la donation Lionel Fournier*, Paris.

Béguin, Gilles, 1995: *Les peintures du Bouddhisme Tibétain*, Paris.

Bell, Charles, 1924: »The Dalai Lama: Lhasa, 1921«, in: *The Journal of the Central Asian Society*, XI (1), 1924, S. 36–50.

Bell, Charles, 1987 (1946): *Portrait of the Dalai Lama*, London.

Bell, Charles, 1992 (1928): *Religion of Tibet*, Neu Delhi.

Beranek, August, 1942: *Mannerheim*, Berlin.

Berger, Patricia, 2003a: »Lineages of form, Buddhist portraiture in the Manchu Court«, in: *The Tibet Journal*, Bd. 28, Nr. 1/2, S. 109–146.

Berger, Patricia, 2003b: *Empire of emptiness*, Honolulu.

Bernard, Theos, 1939: *Penthouse of the gods, a pilgrimage into the heart of Tibet and the sacred city of Lhasa*, New York.

Bhadra Ratna Bajracharya, (1992): *Bahadur Shah, the regent of Nepal (1785–1794 A.D.)*, Neu Delhi.

Bod kyi thang ka [Tibetan Thangkas], Peking 1985.

Bogle, George, 1984: *Im Land der lebenden Buddhas, Entdeckungsreise in das verschlossene Tibet 1774–1775*, Stuttgart.

Boulnois, Lucette, (1989): »Chinese maps and prints on the Tibet-Gorkha war of 1788–92«, in: *Kailash*, XV, 1–2, 1989, S. 85–112.

Brauen, Martin, 2000: *Traumwelt Tibet, westliche Trugbilder*, Bern.

Budalagong mibao/Gems of the Potala palace, Peking 1994.

Chandler, Edmund, 1905: *The unveiling of Lhasa*, London.

Chandra, Lokesh, 1986: *Buddhist iconography of Tibet*, 2 Bde., Kyoto.

Chapman, F. Spencer, 1940: *Lhasa, the Holy City*, London.

Charleux, Isabelle u.a., 2004a: »L'intronisation du IXe Dalaï Lama vue par un prince mongol, un rouleau peint concervé à la bibliothèque de l'Institut des Hautes Etudes Chinoises«, in: *Arts Asiatiques*, Bd. 59, 2004, S. 30–57.

Charleux, Isabelle, Marie-Dominique Even und Gaëlle Lacaze, 2004b: »Un document mongol sur l'intronisation du IXe Dalaï lama«, in: *Journal Asiatique*, 292 (1–2), 2004, S. 151–222.

CPC: *Calendar of Persian Correspondance*, Bd. X, 1792–93, Delhi 1959.

Craig, Mary, 1998: *Kundun, une biographie du Dalaï Lama et de sa famille*, Paris.

Cüppers, Christoph, 2001: »A letter written by the Fifth Dalai Lama to the King of Bhaktapur«, in: *Journal of the Nepal Research Center*, 12, 2001, S. 39–42.

Cutting, Suydam, 1940: *The fire ox and other Years*, New York.

Dalai Lama XIV.: siehe auch Tenzin Gyatso.

Dalai Lama XIV., 1982: *Mein Leben und mein Volk, die Tragödie Tibets*, München.

Dalai Lama XIV., 1987: *Das Auge einer neuen Achtsamkeit*, München.

Dalai Lama XIV., 1989: *Logik der Liebe, aus den Lehren des Tibetischen Buddhismus*, München.

Dalai Lama XIV., 1990: *Das Buch der Freiheit*, Bergisch Gladbach.

Dalai Lama XIV., 1991a: *Der Schlüssel zum Mittleren Weg*, Hamburg.

Dalai Lama XIV., 1991b: *Die Vorträge in Harvard*, Grafing.

Dalai Lama XIV., 1991c: *Yoga des Geistes*, Hamburg.

Dalai Lama XIV. (und Glenn Mullin), 1993: *Gesang der inneren Erfahrung: die Stufen auf dem Pfad zur Erleuchtung*, Hamburg.

Damdinsüren, Ts., 1981: »The Sixth Dalai Lama: Tsangs-Dbyangs Rgya-Mtso«, in: *The Tibet Journal*, Bd. 6, Nr. 4, Winter 1981, S. 32–36.

Damdinsüren, Ts., 1997: *Tales of An Old Lama*, Tring.

Dargye, Ngawang Lhungdrub, 1999: *La biografia segreta del Sesto Dalai Lama (1683–1706 [1746])*, Mailand.

Das, Sarat Chandra, 1904a: *Journey to Lhasa and Central Tibet*, hrsg. von W.W. Rockhill, London.

Das, Sarat Chandra, 1904b: »The hierarchy of the Dalai Lama (1406–1745)«, in: *Tibetan studies*, hrsg. und mit Einleitung von Alaka Chattopadhyaya, Kalkutta, 1984, S. 247–261.

Das, Sarat Chandra, 1970 (1881): »The Lives of the Panchen-Rinpoches or Tas'i Lamas«, in: Sarat Chandra Das: *Contributions on the Religion and History of Tibet*, Neu Delhi, S. 81–144.

David, Alexandra, 1912: »Auprès du Dalaï-Lama«, in: *Mercure de France*, I-X-1912, S. 466–476.

David-Néel, Alexandra, 1928: *Arjopa, die erste Pilgerfahrt einer weißen Frau nach der verbotenen Stadt des Dalai Lama*, Leipzig.

David-Néel, Alexandra, 2000: *Wanderer mit dem Wind, Reisetagebücher in Briefen 1904–1917*, Stuttgart.

De Filippi, Filippo (Hrsg.), 1932: *An account of Tibet, the travels of Ippolito Desideri of Pistoia S.J., 1712–1727*, London.

Department of Information and International Relations, Central Tibetan Administration, 1996 (1995): *The Panchen Lama lineage, how reincarnation is being reinvented as a political tool*, Dharamsala.

Desideri, Ippolito: siehe de Filippi, Filippo 1932.

Désiré-Marchand, Joelle, 1997: *Alexandra David-Néel, de Paris à Lhassa, de l'aventure à la sagesse*, Paris.

Dhondup, K., 1984: »The Thirteenth Dalai Lama's experiment in modern education«, in: *The Tibet Journal*, Bd. IX, Nr. 3, Herbst 1984, S. 38–58.

Dindiwiddie, Donald (Hrsg.), 2003: *Portraits of the masters, Bronze sculptures of the Tibetan Buddhist Lineages*, hrsg. von Donald Dinwiddie, Chicago.

Diskalkar, D.B., (1933): »Tibeto-Nepalese War, 1788–1793«, in: *Journal of the Bihar and Orissa Research Society*, Bd. XIX (1933), S. 355–398.

Dreyfus, Georges, 2003: »Cherished memories, cherished communities: proto-nationalism in Tibet«, in: *The history of Tibet*, Bd. 2, hrsg. von Alex McKay, London, S. 492–522.

Engelhardt, Isrun, 1999: »Zur Ent-Fremdung des Europäers, Gastfreundschaft und Abbau von Fremdheit in den Beziehungen von Tibetern zu Europäern im 18. Jahrhundert«, in: *Aneignung und Selbstbehauptung, Antworten auf die europäische Expansion*, hrsg. von Dietmar Rothermund, München, S. 184–202.

Engelhardt, Isrun, (2002): »The closing of the gates: Tibetan-European relations at the end of the eighteenth century«, in: *Tibet, Past and Present. Tibetan Studies I*, hrsg. von Henk Blezer, Leiden, S. 229–245.

Essen, Gerd Wolfgang und Tsering T. Thingo, 1989: *Die Götter des Himalaya, Buddhistische Kunst Tibets*, 2 Bde., München.

Eternal presence, handprints and footprints in Buddhist art, New York 2004.

Farrer-Halls, Gill, 1998: *Die Welt des Dalai Lama, eine Innenansicht seines Lebens, seines Volkes und seiner Visionen*, Neuhausen am Rheinfall.

Foster, Barbara und Michael Foster, 1999: *Alexandra David-Néel – die Frau, die das verbotene Tibet entdeckte. Die Biographie*, Freiburg.

Fujita, Hiroki, 1984: *Tibetan Buddhist art*, Tokyo.

Giorgi (Georgii), Antonio Agostino, 1987 (1762/63): *Alphabetum Tibetanum missionum apostolicarum commodo editum*; unveränderter Nachdruck d. Ausg. Rom 1762/63, hrsg. von Una Voce, Köln (deutsche Ausgabe: Georgi, Antonio, 2001: *Alphabetum Tibetanum, zum Nutzen der apostolischen Missionen im Druck erschienen bei der Heiligen Kongregation zur Verbreitung des Glaubens in Rom 1732*, aus dem Lateinischen übers. und mit Anmerkungen versehen von Peter Lindegger, 2 Teile, Rikon).

Goldstein, Melvyn C., 1989: »The Dalai Lama, the army, and the monastic segment«, in: *A History of modern*

Tibet, 1913–1951, the demise of the Lamaist state, Berkeley, S. 89–138.

Gould, Sir Basil J., 1957: *The jewel in the lotus*, London.

Gould, Sir Basil J., 2000 (1941): »Discovery, recognition and installation of the Fourteenth Dalai Lama«, in: *Discovery, recognition and enthronement of the 14th Dalai Lama, a collection of accounts by Khemey Sonam Wangdu, Sir Basil J. Gould and Hugh Richardson*, Dharamsala.

Grönbold, Günter, 1982: »Die Schrift- und Buchkultur Tibets«, in: *Der Weg zum Dach der Welt*, hrsg. von C.C. Müller und W. Raunig, Innsbruck, 1982, S. 363–380.

Grönbold, Günter, 2005: *Die Worte des Buddha in den Sprachen der Welt, The words of Buddha in the languages of the world*, Ausstellungskatalog, München.

Gruschke, Andreas, 2003: *Dalai Lama*, Kreuzlingen.

Hanzhang, Ya, 1991: *The biographies of the Dalai Lamas*, Peking.

Harrer, Heinrich, 1952: *Sieben Jahre in Tibet*, Wien.

Harrer, Heinrich, 1953: *Meine Tibet-Bilder*, mit Text von Heinz Woltereck, Zürich.

Harrer, Heinrich, 1983: *Wiedersehen mit Tibet*, Innsbruck.

Harrington, Laura (Hrsg.), 1999: *Kalacakra*, Text geschrieben von Namgyal Mönchen, Rom.

Harris, Clare, 1999: *In the image of Tibet, Tibetan painting after 1959*, London.

Harris, Clare und Tsering Shakya (Hrsg.) 2003: *Seeing Lhasa, British depictions of the Tibetan capital 1936–1947*, Chicago.

Hayden, Henry und César Cosson, 1927: *Sport and travel in the highlands of Tibet*, London.

Heller, Amy, 1992: »Historic and iconographic aspects of the protective deities Srung-ma dmar-nag«, in: *Tibetan Studies*, Bd. 2, hrsg. von Ihara Shoren und Yamaguchi Zuiho, Narita.

Heller, Amy, 1992: *On the development of the iconography and the cult of Begtse, a Tibetan protective deity, by translation of the Fifth Dalai Lama's vision* (unveröffentlicht).

Heller, Amy, 1999: *Tibetan art, tracing the development of spiritual ideals and art in Tibet 600–2000 a.D.*, Woodbridge.

Henss, Michael, 2001: »The Bodhisattva-emperor: Tibeto-Chinese portraits of sacred and secular rule in the Qing Dynasty« in: *Oriental Art*, Bd. XL, Nr. 3, S. 2–16, Bd. VIII, Nr. 5, S. 71–83.

Henss, Michael, 2004: »King Srong btsan sGam po revisited, the royal statues in the Potala Palace and in the Jokhang at Lhasa, problems of historical and stylistic evidence«, in: *Essays on the International Conference on Tibetan Archaeology and Art*, Peking, S. 128–169.

Hofmann, Reik Alexander, 2002: *Zur Tibetpolitik der Qing-Regierung am Ende des 18. Jahrhunderts, das »29-Punkte-Dekret zur Reorganisation in Tibet« (1793)*, Magisterarbeit, vorgelegt am Ostasiatischen Institut der Universität Leipzig.

Huc, Régis Evariste, 1850: *Reise durch die Mongolei nach Tibet und China 1844–1846*, Frankfurt am Main.

Hucker, Charles O., 1985: *A dictionary of official titles in Imperial China*, Taipei.

Hummel, Arthur W. (Hrsg.), 1991: *Eminent chinese of the Ch'ing Period (1644–1912)*, Bd. 1, Nachdruck, Taipei (Washington DC 1943).

Hyer, Paul, 1981: »The Dalai Lamas and the Mongols«, in: *The Tibet Journal*, Bd. 6, Nr. 4, Winter 1981, S. 3–12.

Ishihama, Yumiko, 1992: »A study of the seals and titles conferred by the Dalai Lamas«, in: *Tibetan studies, proceedings of the 5th Seminar of the International Association for Tibetan Studies, Narita 1989*, Narita, Bd. 2, S. 501–514, auch in: *The history of Tibet*, Bd. 1, hrsg. von Alex McKay, London 2003, S. 90–98.

Ishihama, Yumiko, 1993: »On the dissemination of the belief in the Dalai Lama as a manifestation of the Bodhisattva Avalokiteśvara«, in: *Acta Asiatica*, Bd. 64, 1993, S. 38–56.

Jackson, David, 1996: *A history of Tibetan painting, the great Tibetan painters and their traditions*, Wien.

Kämpfe, Hans-Rainer, 1982: *Ni-ma'i od-zer/Naran-U Gerel: die Biographie des 2. Pekinger Lcan-skya Qutuqtu Rol-pa'i rdo-rje 1717–1786*, St. Augustin.

Kapstein, Matthew, 1992: »Remarks on the Mani bka'-bum and the cult of Avalokiteśvara in Tibet«, in: *Tibetan Buddhism, reason and revelation*, hrsg. von S. M. Goodman und R. M. Davidson, Albany, S. 79–94, 163–169.

Karmay, Samten, 1988: *Secret visions of the Fifth Dalai Lama, the gold manuscript in the Fournier Collection*, London.

Karmay, Samten, 2002: »The Rituals and their origins in the visionary accounts of the 5th Dalai Lama«, in: *Religion and secular culture. Tibetan Studies II*, Leiden, S. 21–40.

Kaschewsky, Rudolf, 1971: *Das Leben des lamaistischen Heiligen Tsongkhapa Blo-Bzang-Grags-Pa (1357–1419)*, Wiesbaden.

Khemey Sonam Wangdu, Sir Basil J. Gould und Hugh E. Richardson, 2000: *Discovery, recognition and enthronement of the 14th Dalai Lama, a collection of accounts*, Dharamsala.

Khetsun Sagpo Rinpoche, 1982: »Life and times of the Eighth to Twelfth Dalai Lama«, in: *The Tibet Journal*, Bd. VII, Nr. 1–2, Frühling/Sommer 1982, S. 47–55.

Kirkpatrick, William J., (1969): *An account of the Kingdom of Nepaul, being the substance of observations made during a mission to that country in the year 1793*, Nachdruck, Neu Delhi (London 1811).

Klieger, P. Christiaan, 1991: »The Institution of the Dalai Lama as a symbolic matrix«, in: *The Tibet Journal*, Bd. XVI, Nr. 1, 1991, S. 96–107.

Kollmar-Paulenz, Karénina, 2001: *Erdeni tunumal neretü sudur, die Biographie des Altan qaghan der Tümed-Mongolen, ein Beitrag zur Geschichte der religionspolitischen Beziehungen zwischen der Mongolei und Tibet im ausgehenden 16. Jahrhundert*, Wiesbaden.

Kolmas, Josef 1994: »The ambans and assistant ambans of Tibet (1727–1912), some statistical observations«, in: *Tibetan studies, proceedings of the 6th International Seminar of the International Association for Tibetan studies, Fagernes 1992*, Bd. 1, Oslo, S. 454–467.

Kossak, Steven M. und Jane Casey Singer,1999: *Geheime Visionen, frühe Malerei aus Zentraltibet*, Zürich.

Kreijger, H., 2001: *Tibetan painting, The Jucker Collection*, London.

Kuleshov, Nikolai S., 1992: »Agavan Dorjev, the Dalai Lama's ambassador«, in: *The history of Tibet*, Bd. 3, hrsg. von Alex McKay, London 2003, S. 57–68.

Kuleshov, Nikolai S., 1996: *Russia's Tibet File*, Dharamsala.

Lange, Kristina, 1969: »Über die Präexistenzen der Dalai-Lamas, Versuch einer kritischen Analyse tibetisch-buddhistischer Quellen«, in: *Jahrbuch des Museums für Völkerkunde zu Leipzig*, Bd. XXVI, Berlin, S. 205–228.

Lange, Kristina, 1976: *Die Werke des Regenten Sangs rgyas rgya mc'o (1653–1705), eine philologisch-historische Studie zum tibetischsprachigen Schrifttum*, Berlin.

Leonov, Gennady, 1991: »Two portraits of the Thirteenth Dalai Lama«, in: *Arts of Asia*, Juli–August 1991, S. 108–121.

Levenson, Claude B., 1991: *Dalai Lama, die autorisierte Biographie des Nobelpreisträgers*, 2. Aufl., Zürich.

Lhalungpa, Lobsang P., 1983: *Tibet, the sacred realm, photographs 1880–1950*, Philadelphia (deutsche Ausgabe: *Tibet, Heiliger Raum, Fotografien 1880–1950*, Frankfurt a.M. 1990).

Li, Ruohong (2002): *A Tibetan aristocratic family in eighteenth-century Tibet, a Study of Qing-Tibetan contact*, Cambridge/Massachusetts.

Lipton, Barbara und Nima Dorjee Ragnubs, 1996: *Treasures of Tibetan art, collections of the Jacques Marchais Museum of Tibetan Art*, New York/Oxford.

Lohia, Sushama, 1994: *Lalitavajra's manual of Buddhist iconography*, Neu Delhi.

Macdonald, Ariane, 1977: »Un portrait du cinquième Dalaï-Lama«, in: *Essais sur l'art du Tibet*, hrsg. von Ariane Macdonald und Yoshiro Imaeda, Paris, S. 120–156.

Macdonald, David, 1929: *The land of the Lama, a description of a country of contrasts and of its cheerful happy-go lucky people of hardy nature and curious customs, their religion, ways of living, trade and social life*, London (Neuauflage: Neu Delhi: 1978).

Macdonald, David, 1996: *Twenty years in Tibet*, Delhi (London 1932).

MacGregor, John (1970): *Tibet, a chronicle of exploration*, London.

Mannerheim, C.G., 1940: *Across Asia from West to East in 1906–1908*, Helsinki.

Manning 1909: siehe Markham.

Markham, Clements R., 1909: *Aus dem Lande der lebenden Buddhas, die Erzählungen von der Mission George Bogle's nach Tibet und Thomas Manning's Reise nach Lhasa (1774 und 1812)*, aus dem Englischen des Mr. Clements R. Markham übersetzt und bearbeitet von M. v. Brandt, Bd. 3, Hamburg.

Martynov, A.S., 1978: »On the status of the Fifth Dalai Lama«, in: *Proceedings of the Csoma de Körös Memorial Symposium*, hrsg. von Louis Ligeti, Budapest.

Mathews, R.H., (1969): *Chinese English dictionary*, Nachdruck, Cambridge/Massachusetts (Shanghai, 1931).

McGovern, William Montgomery, 1926: *Als Kuli nach Lhasa, eine heimliche Reise nach Tibet*, Berlin.

McKay, Alex, (Hrsg.), 2003: *The history of Tibet*, 3 Bde., London.

Meyer, Fernand, 1987: »The Potala palace of the Dalai Lamas in Lhasa«, in: *Orientations*, 18/7, 1987, S. 14–33

Michael, Franz, 1982: *Rule by incarnation, Tibetan Buddhism and its role in society and state*, Boulder/Colorado.

Mirror of the murals in the Potala: siehe *Pho brang pot a la.*

Mullin, Glenn H. und Andy Weber, 1996: *The mystical arts of Tibet, featuring personal sacred objects of H.H. the Dalai Lama*, Atlanta.

Mullin, Glenn H. (übers.), 1985: *Selected works of the Dalai Lama VII: songs of spiritual change*, Ithaca/NY.

Mullin, Glenn H., 1985: »Kun-ga Gyal-Tsen's ›life of the Dalai Lama I, the twelve wondrous deeds of omniscient Gen-Dun Drub‹«, in: *The Tibet Journal*, Bd. X, Nr. 4, Winter 1985, S. 3–42.

Mullin, Glenn H., 1986a: »De-Si Sang-Gye Gya-Tso's the life of the second Dalai Lama«, in: *The Tibet journal*, Bd. XI, Nr. 3, Herbst 1986, S. 3–16.

Mullin, Glenn H., 1986b: »Tse-Chok-Ling's biography of the Third Dalai Lama«, in: *The Tibet Journal*, Bd. XI, Nr. 3, Herbst 1986, S. 23–39.

Mullin, Glenn H., 1988: *Path of the Bodhisattva warrior, the life and teaching of the Thirteenth Dalai Lama*, Ithaca/NY.

Mullin, Glenn H. (übers.), 1999a: *Gems of wisdom from the Seventh Dalai Lama*, Ithaca/NY.

Mullin, Glenn H. (übers.), 1999b: *Meditations to transform the mind, by the Seventh Dalai Lama*, Ithaca/NY.

Mullin, Glenn H., 2001: *The Fourteen Dalai Lamas, a sacred legacy of reincarnation*, Santa Fe.

Mullin, Glenn H., 2004: *Der »verrückte« Weise auf Tibets Königsthron, mystische Verse und Visionen des Zweiten Dalai Lama*, Frankfurt.

Namgyal, Phuntsok (Hrsg.), 2002: *The Potala palace, splendour of Tibet*, Peking.

National Museum of History (Organisator), 1994: *The catalogue of Tibetan artifacts exhibition*, Taipei.

National Palace Museum Taipei, Taiwan, 1971: *Masterpieces of Chinese Tibetan Buddhist altar fittings in the National Palace Museum*, Taipei.

Nebesky-Wojkowitz, René de, 1949: *Schriftwesen, Papierherstellung und Buchdruck bei den Tibetern*, Wien (unveröffentlichtes Dissertationsmanuskript).

Nebesky-Wojkowitz, René de, 1975 (1956): *Oracles and demons of Tibet, the cult and iconography of the Tibetan protective deities*, Graz.

Neven, Armand, 1978, *Etudes d'art lamaïque de l'Himalaya*, Brüssel.

Normanton, Simon, 1988: *Tibet, the lost civilisation*, London.

OIOC British Library, *Oriental and India Office Collections, proceedings and consultations of the Government of India*.

Olson, Eleanor, 1974: *Tantric Buddhist art*, New York.

Pal, Pratapaditya, 2003: *Himalayas, an aesthetic adventure*, Chicago.

Pardee, Thomas, 1999: *Karmapa, the sacred prophecy*, Wappingers Fall/NY.

Pereira, George, 1925: *Peking to Lhasa, the narrative of journeys in the Chinese empire made by the late brigadier-general George Pereira*, zusammengestellt von Sir Francis Younghusband aus Notizen und Tagebüchern des Generalmajors Pereira, London.

Petech, Luciano, 1950: *China and Tibet in the early 18th Century, history of the establishment of Chinese protectorate in Tibet*, Leiden.

Petech, Luciano (Hrsg.), 1952–56: *I missionari Italiani nel Tibet e nel Nepal, i cappuccini Marchigiani*, Bde. I–VII, Rom.

Petech, Luciano, 1959: »The Dalai-Lamas and regents of Tibet, a chronological study«, in: *T'oung Pao*, Bd. 47, 1949, Leiden, S. 368–394.

Petech, Luciano, 1972: »Lajang Khan, the last Qôśot ruler of Tibet (1705–1717)«, in: *The history of Tibet*, Bd. 2, hrsg. von Alex McKay, London, 2003, S. 362–370.

Petech, Luciano, 1973: *Aristocracy and government in Tibet 1728–1959*, Rom.

Petech, Luciano, 1988: »The Dalai Lamas, a chronological study«, in: *Selected papers on Asian history*, Rom, S. 125–148.

Petech, Luciano, 1990: »The establishment of the Yünan-Sa-skya partnership«, in: *The history of Tibet*, Bd. 2, hrsg. von Alex McKay, London 2003, S. 338–361.

Pho brang pot a la 'ildebs bris ri mo'l byung kungs lo rgyus gsal ba'ime long: A mirror of the murals in the Potala, Peking 2000.

Pommaret, Françoise (Hrsg.), 1997: *Lhasa, lieu du divin*, Genf.

Pommaret, Françoise (Hrsg.), 2003: *Lhasa in the seventeenth century, the Capital of the Dalai Lamas*, Leiden.

Precious deposits, historical relics of Tibet, China, hrsg. von Zhen Wenlei, 5 Bde., Peking 2000.

Priceless treasures, cultural relics and historical materials about the conferment of honorific titles upon the Dalai Lamas and Panchen Lamas of successive generations by the Central Governments through the ages, collections from gifts presented to the Central Governments by the Dalai Lamas and Panchen Lamas of successive generations, Peking 1999.

Qing Gong Zang Chuan Fojiao Tangka, 2003a: *Thangkas Buddhist paintings of Tibet*, Hongkong.

Qing Gong Zang Chuan Fojiao Tangka, 2003b: *Buddhist statues of Tibet*, Hongkong.

Ray, Reginald A., 1986: »Some aspects of the Tülku tradition in Tibet«, in: *The Tibet Journal*, Bd. XI, Nr. 4, 1986, S. 35–69.

Regmi, Delli R., 1975: *Modern Nepal*, Bd. I, Kalkutta.

Riencourt, Amaury de, 1951: *Tibet im Wandel Asiens*, Wiesbaden.

Reynolds, Valrae, 1978: *Tibet a lost world, the Newark Museum collection of Tibetan art and ethnography*, New York.

Reynolds, Valrae, 1999: *From the sacred realm, treasures of Tibetan art from the Newark Museum*, München.

Reynolds, V., A. Heller und J. Gyatso, 1986: *Catalogue of the Newark Museum, Tibetan collection*, Bd. III: Sculpture and Painting, Newark/NY.

Rhie, Marylin M. und Robert A. F. Thurman, 1991: *Wisdom and compassion, the sacred art of Tibet*, San Francisco.

Rhie, Marilyn M. und Robert A. F. Thurman, 1999: *Worlds of transformation, Tibetan art of wisdom and compassion*, New York.

Richardson, Hugh, 1958: »The Karma-pa sect, a historical note, part 1«, in: *Journal of the Royal Asiatic Society of Great Britain and Ireland*, Oktober, 1958, S. 139–164.

Richardson, Hugh, 1959: »The Karma-pa sect, a historical note, part 2«, in: *Journal of the Royal Asiatic Society of Great Britain and Ireland*, April, 1959, S. 1–18.

Richardson, Hugh, 1971: »The Dalai Lamas«, in: *Shambhala* 1, 1971, S. 19–30.

Richardson, Hugh, 1976: »The political role of the four sects in Tibetan history«, in: *Tibetan Review*, 11/9, 1976, S. 18–23, Nachdruck in: H.E. Richardson, *High peaks, pure earth, collected writings on Tibetan history and culture*, hrsg. von Michael Aris, London 1998, S. 420–430.

Richardson, Hugh, 1980a: »The Fifth Dalai Lama's decree appointing Sangs-rgyas rgya-mtsho as regent«, in: *Bulletin of the School of Oriental and African Studies*, 43, 1980, S. 329–344.

Richardson, Hugh, 1980b: »The Rwa-Sreng conspiracy of 1947«, in: *Tibetan Studies in Honour of Hugh Richardson, proceedings of the International Association of Tibetan Studies*, hrsg. von M. Aris und Aung San Suu Kyi, Warminster, S. xvi–xx.

Richardson, Hugh, 1993: *Ceremonies of the Lhasa year*, London.

Richardson, Hugh, 1998a: *High peaks, pure earth, collected writings on Tibetan history and culture*, hrsg. von Michael Aris, London.

Richardson, Hugh, 1998b: »Report on the arrival in Lhasa of the New Dalai Lama«, in: *High Peaks, Pure Earth, Collected Writings on Tibetan History and Culture*, hrsg. von Michael Aris, London, S. 673–678.

Richardson, Hugh, 1998c: The Fifth Dalai Lama's decree appointing Sangs-rgyas-rgya-mtsho as regent, in: *High Peaks, Pure Earth, collected writings on Tibetan history and culture*, hrsg. von Michael Aris, London, S. 440–461.

Rituels tibétains, visions secrètes du 5e Dalaï Lama, Paris 2002.

Rockhill, William W., (1910): »The Dalai Lamas of Lhasa and their relations with the Manchi Emperors of China 1644–1908«, in: *T'oung Pao* II, ser. 2, S. 1–104.

Rose, Leo E., 1971: *Nepal, strategy for survival*, Bombay.

Rossi, Anna Maria und Fabio Rossi, 2003: *Homage to the holy, portraits of Tibet's spiritual teachers*, London.

Ruegg, Seyfort D., 1991: »Mcod yon, yon mchod and mchod gnas/yon gnas, on the historiography and semantics of a Tibetan religio-social and religio-political concept«, in: *The history of Tibet*, Bd. 2, hrsg. von Alex McKay, London 2003, S. 362–370.

Samphel, Thubten und Tendar, 2000: *The Dalai Lamas of Tibet*, Torrance/CA.

Sangs rGyas rGya mtsho 1999: siehe Ahmad 1999.

Schaeffer, Kurtis R., [200?]: »Ritual, Festival, and Authority under the 5th Dalai Lama«, in: *Power, Politics, and the Reinvention of Tradition in Tibet, 1600–1800. Proceedings of the 10th Seminar of the International Association for Tibetan Studies, Oxford University 2003*, hrsg. von Bryan J. Cuevas und Kurtis R. Schaeffer, Leiden, noch unveröffentlicht.

Schmid, Toni, 1961: *Saviours of mankind, Dalai Lamas and former incarnations of Avalokiteśvara*, 2 Bde., Stockholm.

Schneider, Hanna, 2003: »The Formation of the Tibetan official style of administrative correspondence (17th–19th century)«, in: *Tibet and her neighbours, a history*, hrsg. von Alex McKay, London, S. 117–125.

Schuh, Dieter, 1981: *Grundlagen tibetischer Siegelkunde, eine Untersuchung über tibetische Siegelaufschriften in 'Phags-pa-Schrift*, Sankt Augustin.

Schuh, Dieter und Loden Sherap Dagyab, 1978: *Urkunden, Erlasse und Sendschreiben aus dem Besitz sikkimesischer Adelshäuser und des Klosters Phodang*, Sankt Augustin.

Schulemann, Günther, 1958: *Geschichte der Dalai Lamas*, Leipzig.

Seckel, Dietrich, 1997: *Das Portrait in Ostasien*, Teil 1, Heidelberg.

Selig Brown, Kathryn, 2004: *Eternal presence, handprints and footprints in Buddhist art*, Katonah Museum of Art.

Shakabpa, Tsepon W.D., (o.J.): Political history of Tibet, erscheint demnächst in Englisch unter dem Titel *One hundred thousand moons, an advanced political history of Tibet*, übers. von Derek F. Maher.

Shakabpa, Tsepon W.D., 1967: *Tibet, a political history*, New Haven.

Shakya, Tsering, 1984: »A biography of His Holiness the 16th Karmapa entitled ›A droplet from the infinite Ocean-like outer Biography of Lokeshvara, the Great Sixteenth holder of the black crown‹«, in: *Tibet Journal*, Bd. IX, Nr. 3, Herbst 1984, S. 3–20.

Shakya, Tsering, 1986: »Making of the great game players, Tibetan students in Britain between 1913 and 1917«, in: *Tibetan Review*, Bd. XXI, Nr. 1, Januar 1986, S. 9–14.

Shakya, Tsering, 1996: »The 7th Panchen Lama: the man who wasn't allowed to tell the truth«, in: *Lungta* 10: *The lives of the Panchen Lamas*, 1996, S. 24–29.

Shen Weirong, 2002: *Leben und historische Bedeutung des ersten Dalai Lama dGe 'dun grub pa dpal bzang po (1391–1474), ein Beitrag zur Geschichte der dGe lugs pa-Schule und der Institution der Dalai Lamas*, Sankt Augustin.

Shiromany, A.A. (Hrsg.), 1998: *The political philosophy of His Holiness the XIV Dalai Lama, selected speeches and writings*, Neu Delhi.

Sinha, Nirmal C., 1968: »The Skyabs-mgon«, in: *Bulletin of Tibetology*, Bd. V, Nr. 2, S. 29–51.

Sís, Vladimir und Josef Vaniš, 1956: *Der Weg nach Lhasa*, Prag.

Sørensen, P.K., 1990: *Divinity secularized, an inquiry into the nature and form of the songs ascribed to the Sixth Dalai Lama*, Wien.

Sørensen, P.K., 2003: »Lhasa Diluvium«, in *Lungta* 16: *Cosmonogy and the Origins*, S. 85–134.

Spencer Chapman, Frederic, 1940: *Lhasa, the holy city*, London.

Stoddard, Heather, 1993: »The death of the Thirteenth Dalai Lama«, in: *Lungta* 7: *The institution of the Dalai Lamas*, 1993, S. 2–7.

Stoddard, Heather, 2003: »Fourteen centuries of Tibetan portraiture«, in: *Portraits of the masters, bronze sculptures of the Tibetan Buddhist lineages*, hrsg. von D. Dinwiddie, Chicago, S. 16–61.

Surkhang, Wangchen Gelek, 1982: »The Thirteenth Dalai Lama, Tibet the critical years, part 1«, in: *The Tibet Journal*, Bd. VII, Nr. 4, Winter 1982, S. 11–19.

Surkhang, Wangchen Gelek, 1983: »The discovery of the XIVth Dalai Lama, Tibet the critical years, part IV«, in: *The Tibet Journal*, Bd. VIII, Nr. 3, Herbst 1983, S. 37–45.

Tada, Tokan, 1965: *The Thirteenth Dalai Lama*, Tokyo.

Tanaka, Kimiaki, 1999: *Art of Thangka from the Hahn Kwang-ho collection*, Bd. 2, Seoul.

Tanaka, Kimiaki, 2003: *Art of Thangka from the Hahn Kwang-ho collection*, Bd. 4, Seoul.

Tanaka, Kimiaki, 2004: *Gems of Thangka art from the Tamashige Tibet collection*, Tokyo.

Tangka-Buddhist painting of Tibet, the complete collections of treasures of the Potala palace, Hongkong 2003.

Taring, R.D., 1986 (1970): *Daughter of Tibet, the autobiography of Rinchen Dolma Taring*, London.

Tatz, Mark, 1981: »Songs of the Sixth Dalai Lama«, in: *The Tibet journal*, Bd. 6, Nr. 4, Winter 1981, S. 13–31.

Tenzin Gyatso, 1991: *Freedom in exile, the autobiography of the Dalai Lama*, New York.

Tenzin Gyatso: siehe auch Dalai Lama.

Thingo, Tsering Tashi, 1974: *Buddhistische Kunst aus dem Himalaya, Sammlung Werner Schulemann Bonn*, Köln.

Thomas, Lowell, Jr., 1951: *Tibet im Gewitter*, Berlin.

Thomas, Lowell, Jr., 1959: *The silent war in Tibet*, New York.

Thomas, Lowell, Jr., 1961: *The Dalai Lama*, New York.

Thurman, Robert A.F., 1983: »The Dalai Lama of Tibet, living icons of a six-hundred-year millenium«, in: *The Tibet Journal*, Bd. VIII, Nr. 4, Winter 1983, S. 10–19.

Tibet Museum, zusammengestellt vom Tibet Museum, Peking 2001.

Tibetan Administrative Office of the Potala, 1996: *The Potala, holy palace in the snow land*, Peking.

Tibetan thangkas, Potala collection, [s. I], [198.].

Tolstoy, Ilja, 1946: »Across Tibet from India to China«, in: *National Geographic Magazine*, Juli 1946 , S. 169–222.

Trimondi, Victor und Victoria, 1999: *Der Schatten des Dalai Lama*, Düsseldorf.

Tsai, Mei-fen, 1994: »Art between Tibet and the Ch'ing court, Tibetan religious objects in the collection of the National Palace Museum (Taipei)«, in: *Tibetan Studies, Proceedings of the 6th Seminar of the International Association for Tibetan Studies*, Oslo.

Tse-chok-ling, 1983: »Life of the Seventh Dalai Lama, from the Lam-rim-bla-brgyud«, in: *The Tibet Journal*, Bd. VIII, Nr. 1, Frühling 1983, S. 3–19.

Tsering, 2000: *Jokhang temple*, Peking.

Tucci, Giuseppe, 1999 (1949): *Tibetan painted scrolls*, Rom.

Tung Jones, Rosemary, 1980: *A portrait of lost Tibet*, London.

Turner, Samuel, 1971: *An account of an embassy to the court of the Teshoo Lama in Tibet, containing a narrative of a journey through Bootan and part of Tibet*, Nachdruck, Neu Delhi (London, 1800).

Tuttle, Gray, 200?: »A Tibetan Buddhist mission to the east, The 5th Dalai Lama's journey to Beijing, 1652–1653«, in: *Power, Politics, and the Reinvention of Tradition in Tibet, 1600–1800, Proceedings of the 10th Seminar of the International Association for Tibetan Studies, Oxford University 2003*, hrsg. von Bryan J. Cuevas und Kurtis R. Schaeffer, Leiden, noch unveröffentlicht.

Uhlig, Helmut (Katalogredaktion), 1976: *Buddhistische Kunst aus dem Himalaya, Kaschmir – Ladakh – Tibet – Nepal – Bhutan*, Berlin.

Uhlig, Helmut, 1995: *Auf dem Pfad zur Erleuchtung, die Tibet-Sammlung der Berti Aschmann Stiftung*, Zürich.

Uspensky, Vladimir L., 1996: »The illustrated manuscripts of the 5th Dalai Lama's ›The Secret Visionary Autobiography‹ preserved in the St. Petersburg Branch of the Institute of Oriental Studies«, in *Manuscripta Orientalia* 2/1, 1996, S. 54–65.

Van der Wee, Pia und Louis, 1988: *Symbolisme de l'art lamaique*, Brüssel.

Van der Wee, Pia und Louis, 1995: *A tale of thangkas, living with a collection*, Gent.

Van Grassdorff, Gilles, 2003: *Le Dalaï-Lama, la biographie non autorisée*, Paris.

Vitali, Roberto, 2001: »A note on the Third Dalai Lama bSod names rgya mtsho and his visionary thang ka of lHa mo'I bla mtsho«, in: *The Tibet Journal*, Bd. XXVI, Nr. 3–4, Herbst-Winter 2001, S. 91–102.

Waller, Derek, 1990: *The pundits, British exploration of Tibet and Central Asia*, Lexington.

Wang, Xiangyun, 2000: »The Qing Court's Tibet Connections: Lcang skya Rol pa'i rdo rje and the Qianlong emperor«, in: *Harvard Journal of Asiatic Studies*, 60/1, 2000, S.125–163.

Weldon, D. und J. Casey Singer, 1999: *The sculptural heritage of Tibet, Buddhist art in the Nyingjei Lam Collection*, London.

Wilson, H.H., 1997: *A glossary of judicial and revenue terms and of useful words occurring in Official Documents relating to the Administration of the Government of British India from the Arabic, Persian, Hindustáni, Sanskrit, Hindi, Bengáli, Uṛiya, Maráthi, Guzaráthi, Teluga, Karnáta, Tamil, Malayálam, and other languages*, Neu Delhi.

Winnington, Alan, 1957: *Tibet, record of a journey*, London.

Wylie, Turrell V., 1978: »Reincarnation, a political innovation in Tibetan Buddhism«, in: *Proceedings of the Csoma de Körös Memorial Symposium*, hrsg. von Louis Ligeti, Budapest.

Wylie, Turrell V., 1980: »Lama tribute in the Ming dynasty«, in: *The history of Tibet*, Bd. 2, hrsg. von Alex McKay, London, 2003, S. 467–472.

Xia Jingchun, 2000: *Zang Jintong Faxiang* (Buddhistische Metallstatuen aus Tibet in der Sammlung Xia Jingchun), Shenyang.

Yang, He-chin, 1992: »Autobiography of the Fifth Dalai Lama, quoted by Yang, he-chin, a study of the account of Dalai Lama's visit to Peking«, in: *Proceedings of International Conference of Tibet in the Historical China Proper*, Taipei.

Younghusband, Francis Edward, 1910: *India and Tibet: a history of the relations which have subsisted between the two countries from the time of Warren Hastings to 1910*, London.

Zhongguo gudai jianju xizang budala gong, 1996: *Chinese ancient constructions Potala Palace*, 2 Bde., Peking.

Zhongguo Zangchuan (Hrsg.), 2001: *Zhongguo Zangchuan Fojiao Jintong Zaoxiang Yishu,* [Vergoldete Metallstatuen des tibetischen Buddhismus in China], 2 Bde., Peking.

Zuihō, Yamaguchi, 1995: »The sovereign power of the Fifth Dalai Lama: sPrul sku gZims-khang-gong-ma and the removal of governor Nor-bu«, in: *Memoirs of the research department of the Toyo Bunko*, Nr. 53, S. 1–27.

TIBETISCHE LITERATUR

ZUM KAPITEL ÜBER DEN 7. DALAI LAMA

Archives of the Tibet Autonomous Region: *Bod-kyi yig-tshags gces-btus*, Peking 1995.

Blo-bzang-chos-grags und Bsod-nams-rtse-mo (Hrsg.): *Gangs ljongs mkhas dbang rim byon gyi rtsom yig gser gyi sbram bu*, 3 Bde., Xining 1988.

The Collected Works (Gsung 'bum) of the Seventh Dalai Lama Blo-bzang-bskal-bzang-rgya-mtsho, Gangtok 1975–1983.

'Phags pa 'Jig rten dbang phyug gi rnam sprul rim byon gyi 'khrungs rabs deb ther nor bu'i 'phreng ba, Bd. 3., Dharamsala 1977.

Thu'u-bkwan Chos-kyi nyi-ma, Lcang skya Rol pa'i rdo rje'i rnam thar, Lanzhou 1989.

ZUM KAPITEL ÜBER DEN 13. DALAI LAMA

Phur-lcog thub-bstan byams-pa tshul-khrims: *lhar bcas srid zhi'i gtsug rgyan gong sa rgyal-ba'i dbang-po kha' drin mtshungs-med sku- phring bcu gsum pa chen-po'i rnam-par thar pa rgya mtsho lta-bu las-mdo tsam brjod pa ngo-mtshar rin-po che'i phreng-ba* [eine Biografie des 13. Dalai Lama], Dharamsala 1984.

Gon sa skyab mgon gyal ba'I dbang po sku phring bcu gsum pa chen po mtshog gis bod rigs ser skya mi dmangs rnams la chu sprul lor bstsal bo'I ma 'ongs lung bstan gyi zhal gtams slobs rnying gi nor bu zhes bya ba bzhugs so [Das politische Vermächtnis des 13. Dalai Lama], Kalimpong 1958.

Zha skab pa dBang phyug bde ldan: *Bod kyi srid don rgyal rabs*, glengs bam gnyis pa, Neu Delhi 1976.

ZUM KAPITEL ÜBER DIE IKONOGRAPHIE

Fünfter Dalai Lama (1989/91): *Za hor gyi ban de ngag dbang blo bzang rgya mtsho'i 'di snang 'khrul pa'i rol rtsed rtogs brjod kyi tshul du bskod pa du ku la'i gos bzang* [Autobiografie des fünften Dalai Lama], 3 Bde., Lhasa (indische Ausgabe Dolanji 1983).

ZUM KAPITEL ÜBER DEN TIBETISCHEN BRIEFSTIL

Nornang, W.T., 1888: bKa' drung Nor rgyas nang pa dBang 'dus Tshe ring gis phyogs bsdebs zhu 'phrin yig bskur sogs kyi rnam gzhag nyer mkho smyug 'dzin dbang po'i yid gsos dpyid kyi pho nya'i glu dbyangs zhes bya ba bzhugs so.

Tharchin, G., (Hrsg.), 1954: *Yig bskur rnam gzhag rgyas pa*, Kalimpong.

ZUM KAPITEL ÜBER DIE SIEBEN THANKGA SUKZESSIONS-SERIE

Primärliteratur

bKa' gdams glegs bam

Jo rje dpal ldan a ti sha'i rnam thar bka' gdams pha chos/ 'Brom ston rgyal ba'i 'byung gnas kyi skyes rabs bka gdams bu chos, Bd. 2, Xining 1993.

'Khrungs rabs

rGyal-ba lNga-pa Ngag-dbang blo-bzang rgya-mtsho [1617–1682], *'Khrungs rabs kyi zhing bkod 'dri* [= 'bri] *tshul kyi rtogs brjod kha byang dang bcas pa gSal ba'i me long*, Xyl. 1b1–13a5 [= 577–601], in: Bd. BA der *Gesammelten Werke des fünften Dalai Lama*. Lhasa.

DL5 = Ngag dbang blo bzang rgya mtsho rnam thar

sDe-srid Sangs-rgyas rgya-mtsho: *Za hor gyi ban de ngag dbang blo bzang rgya mtsho'i 'di snang 'khrul pa'i rol brtsed rtogs brjod kyi tshul du bkod pa du kū la'i gos bzang*, drei Bände [DL5 I, II, III] und vierter Band (*kha skong*) des *gSung 'bum*, Lhasa.

DL9 =Lung rtogs rgya mtsho rnam thar

De-mo Hu-thog-tu *dge slong* Blo-bzang thub-bstan 'jigs-med rgya-mtsho'i sde: *rGyal ba'i dbang po thams cad mkhyen pa Blo bzang bstan pa'i 'byung gnas ngag dbang Lung rtogs rgya mtsho dpal bzang po'i zhal snga nas kyi rnam par thar pa mdor mtshon Dad pa'i yid 'Ōphrog.* [A]: Ed. 1.1–405.3 basierend auf einem dGa'-ldan pho-brang Blockdruck. Ed. Dharamsala 1979 [B] in: *'Khrungs rabs deb ther nor bu'i phreng ba* III: 627–759. [gekürzte Biografie, Ed. Dharamsala 1984]. [A hier benutzt].

Bla ma bstod tshogs

Ngag-dbang blo-bzang rgya-mtsho: *mKhas shing grub pa'i dbang phyug pa rnams gtso bor gyur ba'i bla ma'i bstod tshogs kyi rim pa*, 1b1–18o24 [217–575.4], Bd. BA der Gesammelte Werke des fünften Dalai Lama, Lhasa.

'Dzam gling rgyan gcig

sDe-srid Sangs-rgyas rgya-mtsho: *mChod sdong 'dzam gling rgyan gcig rten gtsug lag khang dang bcas pa'i dkar chag Thar gling rgya mtshor bgrod pa'i gru rdzings byin rlabs kyi bang mdzod*, 1–1068, Lhasa.

Sekundärliteratur

Reb gong pa 'Jigs med bsam grub: *Gong sa Tā la'i bla ma sku phreng rim byon gyi chos srid mdzad rnam*, Peking 2000.

Blo bzang rgya mtsho: *Bod kyi lo rgyus gZhon nu dga' ba'i gtam phreng*, Ganzu 1997.

lHun grub chos 'phel: *Rva sgreng dkar chag = dPal gyi 'byung gnas rva sgreng rgyal ba'i dben gnas dang gtsug lag khang gi rten dang brten par bcas pa'i dkar chag mThong ba don ldan dge legs nor bu'i bang mdzod*] 1–209, Chengdu 1994.

AUTOREN

Martin Brauen, promovierter Anthropologe, ist Dozent und Leiter der Abteilung Tibet, Himalaja und Ferner Osten im Völkerkundemuseum der Universität Zürich. Er ist Autor verschiedener Bücher über Tibet, Bhutan, Nepal, Ladakh und Japan. Sein bekanntestes Werk ist *The Mandala: The sacred circle in Tibetan Buddhism*. Zuletzt veröffentlichte er *Traumwelt Tibet – Westliche Trugbilder / Dreamworld Tibet: Western Illusions*. Er ist zudem Kurator vieler Ausstellungen, u.a. der Ausstellung »Die Dalai Lamas« im Völkerkundemuseum der Universität Zürich (August 2005–April 2006).

Georges Dreyfus war mehr als 15 Jahre lang tibetisch-buddhistischer Mönch und erhielt als erster westlicher Mensch den Grad des Geshe, den höchsten Grad der tibetischen Klosteruniversitäten. 1991 promovierte er an der Universität von Virginia und lehrt seitdem Buddhismus am religionswissenschaftlichen Institut des Williams College in Massachusetts. Er veröffentlichte u.a. *The Svatantrika-Prasangika Distinction: What Difference does a Difference make?* (in Zusammenarbeit mit Sara McClintock), *The Sound of Two Hands Clapping: the Education of a Tibetan Buddhist Monk* und *Recognizing Reality: Dharmakirti's Philosophy and its Tibetan Interpretations*.

Amy Heller, promovierte in tibetischer Geschichte und Philologie an der Sorbonne, École Pratique des Hautes Etudes in Paris. Tibetologin und Kunsthistorikerin, seit 1986 Mitarbeiterin des CNRS-Paris-Forschungsteams auf dem Gebiet der Tibetstudien. Sie reiste zwölfmal nach Tibet und Dolpo. Ihr Buch *Tibetan Art* (1999), das in Englisch, Französisch, Italienisch und Spanisch veröffentlicht wurde, ist das Ergebnis einer Reise nach Tibet im Jahre 1995 als Teil eines Teams zur Evaluation der Restauration der Klöster Grathang und Zha lu sowie nachfolgender Forschungen. Im Moment arbeitet sie an einer Kulturgeschichte Dolpos. Außerdem ist sie als Expertin für die Restaurierung von Bauwerken in Tibet für die Schweizer Regierung tätig. Sie ist Co-Kuratorin der Ausstellung »Die Dalai Lamas« im Völkerkundemuseum der Universität Zürich (August 2005–April 2006).

Michael Henss, Studium der europäischen Kunstgeschichte und Archäologie. Seit 1978 Beschäftigung mit dem tibetischen Kulturkreis, insbesondere Kunst und Denkmälerkunde, zunächst in Ladakh, danach in Zentral-, Süd- und Westtibet. Buchpublikationen: *Tibet – Die Kulturdenkmäler* (1981), *Mustang* (1993), *Kalacakra* (4. Aufl. 1996), *The Cultural Monuments of Tibet – The Central Regions* (2006); Co-Kurator der Ausstellung »Die Dalai Lamas« im Völkerkundemuseum der Universität Zürich (August 2005–April 2006).

Fabienne Jagou ist Lehrbeauftragte an der École française d'Extrême-Orient. Ihr Forschungsschwerpunkt sind die politischen Beziehungen zwischen China und Tibet in der ersten Hälfte des 20. Jahrhunderts und insbesondere der Austausch zwischen den im Grenzgebiet lebenden Tibetern und den republikanischen Chinesen. Sie veröffentlichte *Le 9ᵉ Panchen Lama (1883–1937), enjeu des relations sino-tibétaines* (2004).

Matthew T. Kapstein ist Numata-Gastprofessor für Buddhismus-Studien an der Universität von Chicago und Direktor des Fachbereichs Tibetisch-religiöse Studien an der École Pratique des Hautes Études, Paris. Zuletzt veröffentlichte er u.a. *The Tibetan Assimilation of Buddhism: Conversion, Contestation, and Memory*, *Reason's Traces: Identity and Interpretation in Indian and Tibetan Buddhism Thought* und *The Presence of Light: Divine Radiance and Religious Experience*.

Karénina Kollmar-Paulenz, Studium der Tibetologie, Mongolistik, Religionswissenschaft und Indologie in Bonn und Neu Delhi. Seit 1999 Professorin und Direktorin am Institut für Religionswissenschaft der Universität Bern; Forschungsschwerpunkte: tibetische und mongolische Religions- und Kulturgeschichte; tibetisch-mongolische Beziehungen im 16./17. Jahrhundert; Publ.: *Erdeni tunumal neretü sudur. Die Biographie des Altan Khan der Tümed-Mongolen. Ein Beitrag zur Geschichte der religionspolitischen Beziehungen zwischen der Mongolei und Tibet im ausgehenden 16. Jahrhundert*, Wiesbaden 2001; *Die Mythologie des tibetischen und mongolischen Buddhismus* (2002).

Leonard W. J. van der Kuijp ist Professor für Tibetologie und Himalaja-Studien sowie Leiter des Department of Sanskrit and Indian Studies an der Universität Harvard. Seine Forschungsschwerpunkte sind die Geistesgeschichte des indo-tibetischen Buddhismus sowie die frühen Beziehungen zwischen Chinesen, Mongolen und Tibetern. Zuletzt veröffentlichte er u.a. »A Treatise on Buddhist Epistemology and Logic Attributed to Klong chen Rab 'byams pa (1308–1364) and Its Place in Indo-Tibetan Intellectual History«, in: *Journal of Indian Philosophy*, 31 (2003), S. 381–437.

Erberto Lo Bue promovierte 1981 in Tibetologie an der School of Oriental and African Studies / Universität London und ist heute außerordentlicher Professor an der Universität von Bologna. Die meisten seiner Publikationen beschäftigen sich mit tibetischer, newarischer und indischer Kunstgeschichte, zwei jedoch zeigen sein besonderes Interesse für den sechsten Dalai Lama: *Vita e canti del VI Dalai Lama* (1993) und *Tsän-yan-ghia-tsò, VI Dalai Lama, Canti d'amore* (1993).

Derek F. Maher promovierte in Tibetologie an der Universität von Virginia unter Jeffrey Hopkins. Seine Forschungsschwerpunkte sind tibetische Geschichte, Biografien tibetischer Persönlichkeiten und die Philosophie der Gelugpas. In Kürze erscheint seine kommentierte Übersetzung von W. D. Shakabpas *One Hundred Thousand Moons: An Advanced Political History of Tibet*. Er lehrt am Philosophischen Institut der Universität East Carolina in Greenville, North Carolina.

Alexander Norman kennt den 14. Dalai Lama seit 1988 und arbeitet seitdem mit ihm zusammen. Momentan arbeitet er an einer ausführlichen Geschichte der Dalai Lamas, die 2006 bei Lübbe erscheinen soll.

Kurtis R. Schaeffer ist außerordentlicher Professor am religionswissenschaftlichen Institut der Universität von Virginia. Er ist Autor von *Himalayan Hermitess: The Life of a Tibetan Buddhist Nun* (2004) und *Dreaming the Great Brahmin: Tibetan Traditions of the Buddhist Poet-Saint Saraha* (2005).

Hanna Schneider ist Tibetologin mit Spezialisierung in den Fachgebieten der Vergleichenden Rechtsgeschichte und der tibetischen Urkundenforschung. Seit April 2000 Vorsitzende der Deutsch-Tibetischen Kulturgesellschaft. Weitere Arbeits- und Interessensgebiete sind die Traditionen der Sakya-Schule und der Ris-med-Bewegung in ihrem historischen, religionswissenschaftlichen und ideengeschichtlichen Kontext sowie die Geschichte Tibets vornehmlich im 19. und in der ersten Hälfte des 20. Jahrhunderts.

Tsering Shakya hat viel über Tibet veröffentlicht, u.a. auch 1999 seine Geschichte des modernen Tibets: *The Dragon in the Land of Snows, A History of Modern Tibet Since 1947*. Zu seinen Veröffentlichungen zählt fernerhin *Fire Under the Snow, The Testimony of a Tibetan Prisoner*, das in neun Sprachen übersetzt wurde. Shakya ist Mitherausgeber der ersten Anthologie moderner tibetischer Kurzgeschichten und Gedichte *The Songs of Snow Lion, New Writings from Tibet*. Derzeit arbeitet Tsering Shakya im Pitt Rivers Museum der Universität Oxford.

Shen Weirong, Gaststipendiat am Research Institute for Humanity and Nature in Kyoto, Japan. Forschungsschwerpunkte: tibetische Geschichte, Religion und die Beziehungen zwischen Tibet, China, den Mongolen und Tanguten. Publikation: *Leben und historische Bedeutung des ersten Dalai Lama dGe dun grub pa dpal bzang po* (2002).

Per K. Sørensen ist Professor der Tibetologie am Institut für Zentralasienwissenschaften der Universität Leipzig. Autor zahlreicher Bücher und Abhandlungen über die Literatur, Geschichte und Kultur Tibets und Bhutans. Zu seinen Werken zählen u.a. *Divinity Secularized* (1990), *The Mirror Illuminating the Royal Genealogies* (1994) und *Civilization at the Foot of Mount Sham-po* (2000). In seinem zuletzt veröffentlichten Werk *Thundering Falcon* (2005) setzt Sørensen sich mit der Geschichte des ältesten Klosters Tibets, Tanduk, auseinander.

DANK DES HERAUSGEBERS

Wir danken den zahlreichen Personen und Institutionen, die uns finanziell, ideell, durch ihre Mitarbeit und durch die Zurverfügungstellung von Objekten und Fotografien geholfen haben.

GÖNNER

Mit namhaften finanziellen Beträgen haben uns unterstützt (in der Reihenfolge der Beitragshöhe):

Veena und Peter Schnell, Zürich
Volkart Stiftung, Winterthur
Stiftung für wissenschaftliche Forschung an der Universität Zürich
Dr. Johannes Schindler (Gründer der Sambhota Educational Society, Zürich)
Rosmarie Schwarzenbach, Muri bei Bern
Rahn & Bodmer Banquiers, Zürich
René Henri Bodmer, Zürich
Silvia und Roland Nyffeler, Dietlikon
Gesellschaft Schweizerisch-Tibetische Freundschaft, Zürich
Dr. Branco Weiss, Zürich
Dr. med. Peter Schafroth, Thun
Theres Riedweg, Männedorf
Lisina und Frank W. Hoch, New York
Harriet Széchényi, Zürich
Zürcher Universitätsverein
Jubiläumsstiftung der Zürich-Versicherungs-Gruppe, Zürich
Zürcher Kantonalbank
Richard Dähler, Zürich
Otto Gamma-Stiftung, Zürich
Ruth Gonseth, Liestal
Prof. Dr. K.H. Henking, Winterthur
Doris und Thomas Hahnloser, Küsnach
Dr. Siegfried Fischer, Innsbruck
Sigrid Joss, Muri bei Bern
Gudrun Mathys, Bern
Prof. Christian Scharfetter, Zürich

Weitere finanzielle Unterstützung erhielten wir von (in alphabetischer Reihenfolge):
David Ackermann, Zürich; Dr. Michael Ensslin, Marbach; Jeannette Gubler, Horgen; Mary Gubser, Davos-Platz; Kurt und Ritzi Heinzelmann, Zürich; Dr. Martin A. Keller, Bad Ragaz; Hans und Christa Läng, Zürich; David Mück, Zürich; Marlene Nutt, Zürich; Doris Pfeiffer, Salzburg; Rotary Club, Zug; Astrid Schoch, Teufen; Peter Schwalm, Basel; Khando und Roland Siegrist, Suhr; Parfümerie Steinmann, Zürich; Dr. Robert Stupp, Küsnacht; Tibetischer Frauenverein, Verein Tibeter Jugend in Europa und Tibeter Gemeinschaft in der Schweiz; Helene Vlasak, Zürich; Eugen Wehrli, Zürich; Konrad und Regina Witzig, Hombrechtikon; Tsezom Zatul, Volkertswil; Horst Zbinden, Hettlingen; Monika Zeindler, Spreitenbach

LEIHGEBER

Folgende Personen/Institutionen stellten uns dankenswerterweise für Ausstellung und Publikation ihre Werke zur Verfügung:

S.H. der 14. Dalai Lama, Dharamsala; Ashmolean Museum (Andrew Topsfield), Oxford; Joachim Baader, München; Claus-Peter Bach, Memmingen; Bayerische Staatsbibliothek (Günter Grönbold), München; Harald Bechteler, Tutzing; Bibliothèque de l'institut des hautes études chinoises du Collège de France (Mme Delphine Spicq/Isabelle Charleux), Paris; Enrico Bonfanti, Locarno; The British Library (Burkhard Quessel), London; Roger Denis, Bagnéres de Bigorre; The State Hermitage Museum (Olga Ilmenkova/Julia Elikhina), St. Petersburg; Richard R. Ernst, Winterthur; Museum of Ethnography (Mr. Lars-Erik Barkman, Håkan Wahlquist), Stockholm; Karl-Dieter Fuchsberger, Kempten; Sandor P. Fuss, Denver; Maciej Góralski, Warschau; Hanamaki City Museum (Hisashi Terasawa), Hanamaki; Wolfgang Hellrigl, Bozen; Oliver Hoare, London; Thomas Isenberg, New York; Koninklijke Musea voor Kunst en Geschiedenis (M. Lambrecht), Brüssel; Dick and Erica Gould, Lymington; Musée Guimet (Jean-François Jarrige/Nathalie Bazin/Hélène Vassale), Paris; Jean Lassale, Paris; Christian Lequindre, Paris; Jacques Marchais Museum of Tibetan Art (Sarah Johnson), Staten Island/NY; Aldo Mignucci, London; Musée d'Ethnographie (Jérôme Ducor), Genf; Museum der Kulturen (Clara Wilpert), Basel; Museum für Ostasiatische Kunst (Adele Schlombs/Christa Waschkau), Köln; Museum für Völkerkunde (Christian Schicklgruber), Wien; Museum of Fine Arts, Boston; Museum Rietberg (Albert Lutz), Zürich; Newark Museum (Valrae Reynolds/Amber W. Germano), Newark/NJ; Hanna und Dieter Paulmann, Darmstadt; Anna Maria und Fabio Rossi, London; Rijksmuseum voor Volkenkunde (S. Engelsman/Birgit Maas), Leiden; M. und Mme Eric Schleiper, Brüssel; Mr. and Mrs. Speelman, London; Rubin Museum of Art (Lisa Arcomano/Jeff Watt), New York; Veena und Peter Schnell, Zürich; Mrs. und Mr. Laurent Solomon, Paris; Carl Sommer, John Dimond und Hans Zogg, Zürich; Markus O. Speidel, Birmensdorf; Lambert Verhoeven, Gouda; Wereldmuseum (Sandra van den Broek, Stanley Bremer, Hugo Kreijger, Kees van den Meiracker), Rotterdam; The Royal Collection Trust (Mrs. Caroline de Guitaut), London; Victoria & Albert Museum (John Clarke), London; Aye Tulku und Jane Werner-Aye, New York; Jean-Pierre und Helga Yvergneaux, Sint-Martens-Latem

FOTOGRAFEN/ARCHIVE

Historische Fotografien wurden uns freundlicherweise zur Verfügung gestellt von:

The Academy of Natural Sciences (Earle Spamer), Philadelphia; Bodleian Library, University of Oxford (Doris Nicholson), Oxford; British Library (Burkhard Quessel, John Falconer), London; British Museum (Richard Blurton, Lindsey Belcher), London; Cambridge University Museum of Archaeology and Anthropology (Wendy Brown), Cambridge; Roger Croston, Chester; Dick und Erica Gould, Lymington; Michael Henss, Zürich; James A. Cannavino Library, Archives and Special Collections, Marist College, Poughkeepsie, New York; Maybe Jehu, London; Thomas Laird, New Orleans; Library of Tibetan Works and Archives, Dharamsala (Pema Yeschi, Tenzing Lhawang); Lowell Thomas, Anchorage; Michael Marchant, Zürich; The Newark Museum (Amber W. Germano), Newark/NJ; The New York Times Photo Archives (Barbara Cox), New York; Nomad Picture Library (Dolma Beresford), London; Norbulingka Institute (Kim Yeshi, Thubten Tsewang, Ngawang Tharpa), Sidhpur/Dharamsala; Pitt Rivers Museum (Jocelyne Dudding/Clare Harris), Oxford; Rose Art Museum, Brandeis University (Ben Thopson), Waltham, Massachusetts; Hansjörg Sahli, Solothurn; Sarah Central Archive (Ven. Lhakdor), Sarah/Dharamsala; Anne Elisabeth Suter, Kilchberg; The Tibetan & Himalayan Digital Library (David Newman), Charlottesville, Virginia; Tibet Images (Ian Cumming), London; The Tibet Museum, DIIR (Dickyi, Thubten Samphel), Dharamsala; Paljor Tsarong, Dharamsala und Dadul Namgyal Tsarong, Dehradun; Josef Vaniš, Prag; Guido Vogliotti, Turin

WEITERE UNTERSTÜTZUNG

Bei der Realisierung dieses Projektes halfen des Weiteren: das Private Office of H.H. the Dalai Lama in Dharamsala (Tenzin Geyche, Khuntsog Gyaltsen, Tenzing Takla); Dieter Kuhn, der die englischen Artikel ins Deutsche übersetzte; Amy Heller, Nyon; Michael Henss, Zürich; Per K. Sørensen, Leipzig; Hanna Schneider, Bonn; Isrun Engelhardt, Icking; die externe Restauratorin Ute Griesser, Köln; Manuel Bauer, Winterthur; der Ausstellungsdienst der Zürcher Universitätsmuseen (Martin Kämpf, Andreas Brodbeck und Frank Lenz); von Verlagsseite: Dirk Allgaier, Julia Vogt, Karina Moschke und Silke Nalbach; vom Völkerkundemuseum der Universität Zürich in erster Linie: Dario Donati, Renate Koller, Kathrin Leuenberger, Silvia Luckner, Ina von Woyski Niedermann, Kathrin Kocher, Urs Wohlgemuth. Es ist nicht möglich, alle, die mich bei diesem Projekt unterstützt haben, namentlich zu erwähnen, so bleibt denn die Liste leider unvollständig. Erwähnen möchte ich aber noch folgende Personen: Knud Larsen, Oslo; Simon Bosshart, Zürich; Martin Dällenbach, Zürich; Daniel Scheidegger, Bern; Peter König, Zürich; Herbert Schwabl, Zürich; Heather Stoddard, Paris; Susi Greuter, Binningen; Urs Haller, Bern; David Jackson, Hamburg; Christian Wehrlin, Bern und Dolma Roder.

Allen Gönnern, Sponsoren, Leihgebern und den Mitarbeitenden – insbesondere auch den Autoren – danke ich von Herzen für die gute Zusammenarbeit.

Martin Brauen,
Völkerkundemuseum der Universität Zürich

LANDKARTE

LADAKH

• Rudok

• Dharamsala

NGARI

▲ Tise (Kailas)

INDIEN

NEPAL

• Kyeron

Kathmandu ●

TIBET   Land

AMDO   Provinz

Dvagpo   Region

• ● Gyantse   Ortschaft / Stadt

•   Tashilhünpo   Kloster

▲   Tise (Kailas)   Berg

◌   Lhamo Latso   See

✱   DL 14   Geburtsort des jeweiligen Dalai Lama

Landkarte

MONGOLEI
*DL 4

KANSU

*DL 14
• Kumbum

TIBET

AMDO

• Labrang

CHINA

*DL 9

KHAM

Chamdo ●

DL 11*

Lithang
DL 7* *DL 10

Reting   DL 12
TSANG   DL 2   DL 3   • Drigung   Kongpo
Thobgyal *   Tanag   Tshurphu *   Sera
         *   *   LHASA ●   Ganden   *   *Lhamo Latso*
   Tashilhünpo   Shigatse ●   Samye   Ü
   Narthang   Tsethang   *   Dvagpo
DL 8   Sakya *   Zhalu   Lhokha   *DL 13
Dingri   Gyantse ●
DL 1   DL 5   Mon
         Chumbi
            Thimphu ●   *DL 6
         BHUTAN

INDEX

Acala 23
Altan Khan 15–18, 33, 54, 58–60, 217, 247, 285, 290, 293
Ambane 7, 109, 110, 114, 117, 123, 126, 127, 129–133, 135, 138, 146, 290
Amitābha 20, 72, 202, 222, 246, 251, 267, 284
Amitāyus 66, 72, 252, 262
Atiśa 7, 20–24, 34, 37, 38, 48, 165, 252, 266, 268, 279, 289, 291
Aufschnaiter, Peter 237
Avalokiteśvara 8, 11, 15–18, 20, 21, 24, 25, 27–29, 31, 33, 41, 44, 50, 65, 68, 69, 72, 74, 76, 81–83, 88, 94, 202, 230, 231, 242, 244, 245, 247, 248, 251, 252, 254, 255, 262–268, 279, 281, 282, 284–289
Begtse 46, 50, 66, 203, 216, 217, 220–222, 225, 226, 283, 292, 293
Bell, Charles Sir 7, 88, 136, 137, 146, 156, 161, 235–237, 261, 270, 282, 283, 285–287, 293
Bensa pa Lobsang Dondrup (*dBen sa pa blo bzang don grub*, 1505–1566; inoffizieller 3. Panchen Lama) 210
Bodong Chogle Namgyal (*Bo dong phyogs las rnam rgyal*, 1367–1451) 279
Bogle, George 122, 123
Cakrasaṃvara 42, 44, 49, 112, 267, 279, 293
Chenresi (*sPyan ras gzigs*, → siehe Avalokiteśvara) 136, 202, 230, 265
Chökhorgyel (Kloster) 12, 43, 46, 50, 53, 54, 213, 216, 280, 293
Chökhorling (*Chos 'khor gling*; Kloster) 17, 59
Chökyi Wangchuk 247
chos sku (relig. Körper des Buddha) 202, 279
chos srid gnyis ldan (tibetische Regierungsform) 115
Cixi (Kaiserwitwe) 145
Ḍākinīs (tantrische Yogini) 44, 50, 66, 112, 270, 293
Daggom Tsultrim Nyingpo 255
Dalai Lama 1 → siehe Gendün Drubpa
Dalai Lama 2 → siehe Gendün Gyatso
Dalai Lama 3 → siehe Sonam Gyatso
Dalai Lama 4 → siehe Yönten Gyatso
Dalai Lama 5 → siehe Ngawang Lobsang Gyatso
Dalai Lama 6 → siehe Tshangyang Gyatso
Dalai Lama 7 → siehe Kelsang Gyatso
Dalai Lama 8 → siehe Jampel Gyatso
Dalai Lama 9 → siehe Lungtok Gyatso
Dalai Lama 10 → siehe Tsultrim Gyatso
Dalai Lama 11 → siehe Khedup Gyatso
Dalai Lama 12 → siehe Tinle Gyatso
Dalai Lama 13 → siehe Thubten Gyatso
Dalai Lama 14 → siehe Tenzin Gyatso
Daoguang (Kaiser) 133
David-Néel, Alexandra 234–236, 283
De Riencourt, Amaury 234, 237, 283
Della Penna, Orazio 98, 232, 283
Demo Huthugtu Jampel Delek Gyatso (*De mo ho thog thu 'Jam dpal bde legs rgya mtsho*, 1723–1777; Regent) 116
Demo Lobsang Thubten Jigme (Regent) 130
Demo Ngawang Lobsang Tinle Rabgye (Regent) 138
Desi Shedra (Regent) 135
Desideri, Ippolito 230, 233
Dharamsala 19, 179, 268, 273, 275, 281, 287

Dharmarāja Yama 165, 204, 212, 226, 273, 291, 293
Döpal (Künstlerwerkstatt) 115
Dorje Dragden (staatliches Orakel) 212, 217, 222, 223, 225, 226, 286, 292, 293
Dorje Phagmo 9, 146
Dorje Shugden 149, 167, 172, 174–179, 282
Dorjiev, Agvan 143, 144, 290
Drepung (*'Bras spungs*; Kloster) 9, 11, 16, 38, 43, 50, 53, 54, 58, 61, 65, 68–70, 74, 82, 98, 134, 135, 143, 204, 216, 225, 236, 270, 275, 282, 289, 293
Dromtön (*'Brom ston*, 1004/5–1064/5) 7, 16, 17, 21, 22–24, 28, 31, 33, 37, 41, 43, 48, 81, 124, 245, 247, 250–253, 255, 256, 264–267, 278, 280, 284, 285
Drowa Sangmo (weibl. Inkarnation) 31
Drukpa (buddhistische Schule innerhalb der Kagyüpa) 68
Dsungar-Mongolen 7, 19, 108, 109, 114, 289
Dzingji (Kloster) 263
Erdeni juu (Kloster) 59, 60
Gampo pa (*sGam po pa*, 1079–1153) 137, 138
Ganden (*dGa' ldan*; Kloster) 33, 37, 38, 54, 60, 65, 70, 82, 132–135, 182, 204, 268, 279, 282, 289, 291, 293
Ganden Phodrang (*dGa' ldan pho brang*; Palast der ersten Dalai Lamas in Drepung, später Bezeichnung für die tibetische Regierung unter der Leitung der Dalai Lamas) 16, 19, 53, 61, 258, 268, 293
Ganden Tripa Lobsang Gyaltsen (Regent) 143
Gartar (Kloster) 133
gelong (*dge slong*; voll ordinierter Mönch) 146
Gelugpa (*dGe lugs pa*; buddhistische Schule) 12, 16–18, 33, 34, 37, 38, 40, 41, 43, 44, 49, 50, 54, 58–60, 65, 68, 70, 89, 93, 97, 98, 108, 111, 117, 122, 130, 132, 134, 144, 149, 164, 167, 169, 174, 175, 178, 179, 202, 204, 209, 212–214, 219, 222, 242, 244, 245, 247, 248, 252, 262, 264, 266–268, 270, 282, 284–286, 288, 289, 291–293
Gendün Chökyi Nyima (*dGe 'dun chos kyi nyi ma*, 1989–; 8. Panchen Lama) 135, 209–211, 282
Gendün Drubpa (*dGe 'dun grub pa*, 1391–1474; 1. Dalai Lama) 9, 11, 15, 16, 28, **32–41**, 43–45, 48–50, 81, 122, 123, 202, 212, 213, 216, 220, 222, 225, 244, 248, 251, 263, 266, 272, 273, 279, 280, 283–288
Gendün Gyatso (*dGe 'dun rgya mtsho*, 1475–1542; 2. Dalai Lama) 11, 12, 16, 33, 53, **42–51**, 53, 81, 122, 212, 213, 216, 217, 220–222, 250, 254, 268, 272, 273, 280, 282–285, 287, 288, 290–294
Geshe (Mönchstitel) 7, 12, 33, 142, 166, 236
getsul (*dge tshul*; Novize) 50, 138, 163
Goldene Urne 130, 132, 135, 205
Gönlung (Kloster) 109
Gould, Basil 233, 234, 237, 283, 286
Großes Wunschgebet-Fest → siehe *Mönlam Chenmo*
Grueber, Johannes 230
Guge 20, 43, 50, 54, 262, 280, 285, 288
Gurkhas 117, 123, 126, 127, 129, 131, 134, 135, 282, 289
Gushri Khan 65, 68, 69, 72, 80, 93, 103, 108, 231, 281, 289
Gyalpo Gebapel 250
Gyalwa Kunga Tashi (Abt des Klosters Taglung) 18
Gyalwa Künga Tashi 18
Gyebu Depatenpo 251

Gyebu Jigten Wangchuk 251
Gyurme Namgyal 114
Harrer, Heinrich 164, 184, 194, 237
Hayagrīva 101, 223, 283, 292
Jampel Gyatso (*'jam dpal rgya mtsho*, 1758–1804; 8. Dalai Lama) 12, **116–127**, 129, 133, 134, 205, 206, 210, 212, 248, 252, 267, 275, 276, 279, 281, 284–287, 290
Jangchen (Kloster) 38
Janggya Huthugtu Rölpe Dorje (*Lcang skya hu thug thu Rol pa'i rdo rje*, 1717–1786) 111, 115, 122, 264, 290
Janggya Ngawang Chöden (*Lcang skya Ngag dbang chos ldan*, 1642–1714) 109
Janggya Rölpe Dorje (Biograf des 7. Dala Lama) 109, 111, 114
Jetsün Dampa (Mongolischer Herrscher) 144, 150
Jetsün Dolma 137
Jiaqing (Kaiser) 129
Jobo Śākyamuni 40, 59, 68, 142, 166, 264, 267, 268, 274, 288, 289
Jokhang (Tempel) 50, 60, 70, 126, 134, 135, 140, 142, 147, 242, 247, 250, 254, 255, 257, 264, 268, 287–289
Ka Khol ma-Vermächtnis 24, 28, 29, 284
Kabinett → siehe *kashag*
Kadampa (*bKa' gdams pa*; buddhistische Schule) 7, 21, 23, 24, 28, 31, 33, 34, 37, 38, 65, 69, 242, 244, 245, 252, 255, 266, 267, 279, 288
Kagyüpa (*bKa' brgyud pa*; buddhistische Schule) 18, 24, 28, 40, 44, 48, 50, 68, 220, 222
Kālacakra 28, 45, 80, 202, 267, 279, 287, 291
Kangxi (Qing-Kaiser) 19, 96, 98, 103, 108, 109, 111
Kangyur (*bKa' 'gyur*) 40
Karma Pakṣi (Karmapa Hierarch) 29, 30, 288
Kashag (Kabinett) 7, 19, 115, 122, 129, 130, 132–135, 137, 138, 140, 143, 145, 152, 206
Kelsang Gyatso (*bsKal bzang rgya mtsho*, 1708–1757; 7. Dalai Lama) 7, 10–12, 16, 19, **102–115**, 117, 122, 152, 202, 205, 206, 210, 230, 232, 233, 248, 252, 264, 265, 267, 269, 270, 274, 275, 281, 283, 285–287, 290, 291, 293
Khache Gönpapa 247, 254
Kham (*Khams*) 11, 12, 17, 33, 38, 43, 103, 108, 111, 129, 133, 135, 140, 145, 148, 163, 212, 249, 256, 280, 284, 291
Khangchen-ne 109, 110
Khedup Geleg Namgyal Pelzang (*mKhas grub dge legs rnam rgyal dpal bzang*, 1385–1438; inoffizieller 1. Panchen Lama) 202, 210
Khedup Gyatso (*mKhas grup rgya mtsho*, 1838–1855; 11. Dalai Lama) 12, **133–134**, 210, 276
Kircher, Athanasius 230, 231
Könchog Bang 245, 247
Konchog Rinchen 19
Kozhevnikov, N. 238, 271, 286
Kublai Khan 16, 17, 58, 267, 288, 293
Kumbum (*sKu 'bum*; Kloster) 54, 58, 59, 103, 108, 122, 144, 163, 205, 208, 292, 293
Kundeling (Kloster) 131
Kundeling (Regent) 137, 138
Künga Gyaltsen 44, 50, 280
Künga Palmo (weibliche Reinkarnation) 44
Künga Sangpo (*Kun dga' bzang po*) 37

Lakshmi (Nonne) 24
Lam rim 34, 179, 279
Lama Zhang Yudrakpa 247
Langdün Künga Wangchuk 152
Lha Thothori Nyenshel 252
Lhaje Gewabum 247, 255, 257
Lhamo Latso (See) 11, 46, 137, 138, 163, 216, 217
Lharampa → siehe Geshe
Lhasa 7, 11, 24, 31, 37, 40, 41, 43, 50, 60, 61, 65, 66, 68–70, 81, 82, 88, 93, 96–98, 101, 108, 109, 111, 114, 116, 122, 123, 126, 128, 130–132, 134, 137, 138, 140, 142–149, 152, 160, 163, 164, 166–168, 180, 182, 190, 194, 204–206, 208, 212, 217, 221, 225, 226, 230, 232–237, 239, 242, 243, 247, 250, 255–257, 261, 268, 270, 277, 281–284, 286–291, 293
Lhasang Khan 96, 97, 98, 103, 108
Lobsang Chökyi Gyaltsen (*Blo bzang chos kyi rgyal tshan*, 1567/1570–1662; 1. Panchen Lama) 65, 84, 202, 203, 210, 214, 282, 286, 291, 293
Lobsang Chökyi Nyima Geleg Namgyal (*Blo bzang chos kyi nyi ma dge legs rnam rgyal*, 1883–1937; 6. Panchen Lama) 140, 149, 206–208, 210, 282
Lobsang Khenrab Wangchuk (Regent) 135, 282
Lobsang Palden Chökyi Dragpa Tenpe Wangchuk (*Blo bzang dpal ldan chos kyi grags pa bstan pa'i dbang phyug*, 1855–1882; 5. Panchen Lama) 209, 210, 282
Lobsang Palden Yeshe (*Blo bzang dpal ldan ye shes*, 1738–1780; 3. Panchen Lama) 116, 118, 122, 123, 127, 205, 206, 210
Lobsang Rabten (König des westtibetischen Guge) 43, 50
Lobsang Samten (Bruder des 14. Dalai Lama) 163, 192, 291
Lobsang Tenpe Nyima (*Blo bzang bstan pa'i nyi ma*, 1782–1853; 4. Panchen Lama) 123, 129, 133, 206, 210
Lobsang Tinle Lhudup Chökyi Gyaltsen (*Blo bzang 'phrin las lhu grub chos kyi rgyal mtshan*, 1938–1989; 7. Panchen Lama) 208–210, 282
Lobsang Yeshe (*Blo bzang ye shes*, 1663–1737; 2. Panchen Lama) 94, 108, 111, 112, 122, 205, 210, 293
Lochen Shatra 143, 148
Longdol Lama 248, 286
Lord Curzon 143
Ludlow, Frank 147
Lungtok Gyatso (*lung rtogs rgya mtsho*, 1805–1815; 9. Dalai Lama) **129–132**, 210, 242, 250, 252, 255, 256, 269, 275, 277, 282, 284, 290
Macauly, Colman (Verantwortlicher der britischen Mission) 138, 140
Macdonald, David 233, 235, 283
Mahākāla 22, 23, 33, 44, 48–50, 53, 56, 62, 72, 89, 165, 212, 213, 216, 217, 220, 221, 267, 280, 283, 289, 291, 293
Mahāyāna 37, 53, 65, 277, 279, 286
Maitreya 37, 40, 48, 49, 203, 279, 280, 287, 288
Maitri Dondrub (Biograf) 15, 16
Mandschu 7, 69, 96, 103, 108–111, 114, 117, 129, 130, 138, 140, 204–206, 209, 282
Mañjuśrī 11, 18, 24–26, 28, 56, 104, 115, 123, 265, 279, 290
Mannerheim, C. G. 238
Manning, Thomas 131, 232–234, 282, 283
Mao Tse-tung 164, 168, 178, 186, 188, 238
Marpa 262
Menri-Malstil 248, 256
Milarepa (*Mi la ras pa*, 11.–12. Jh.) 31, 137
Mondrowa (Biograf) 64, 65, 68, 69, 82, 83, 88, 281
Mönlam (*sMon lam*)-Fest → siehe Mönlam Chenmo
Mönlam Chenmo 38, 40, 41, 60, 70, 132, 142
Mudrā (Handhaltung) 262, 272, 275, 277, 287, 292
Namgyal [Dratsang] (Kloster) 54, 103, 177, 267
Namkhapel 243, 250
Namthar (tibetische Biografie) 53, 137
Narthang (*sNar thang*; Kloster) 33, 34, 37, 38, 50, 242, 245, 247, 252, 254, 255, 264, 265, 267, 288
Nechung (Kloster) 152, 216, 225, 283, 289
Nechung-Orakel 137, 138, 140, 142, 163, 175, 176, 212, 216, 217, 222, 224–226

Nehru, Pandit 166, 167, 178, 189, 208
Nenying (Kloster) 50
Ngari (*mNga' ris*) 38, 54, 204, 280
Ngari Dratsang (Kloster) 11, 43, 46
Ngawag Jampel Tsultrim Gyatso (Regent) 132
Ngawang Jampel Deleg Gyatso (Regent) 117, 122
Ngawang Lobsang Gyatso (*Ngag dbang blo bzang rgya mtsho*, 1617–1682; 5. Dalai Lama) 7, 11, 12, 15, 16, 19, 20, 28, 31, 53, 54, **64–91,** 93, 96, 98, 100, 103, 109, 110, 115, 122, 130, 149, 152, 167, 169, 174, 202, 203, 205, 212, 216, 217, 222, 223, 225, 226, 230, 242, 244, 247–250, 252, 255, 258, 262–269, 272, 275, 280–287, 285, 289, 290, 292, 293
Ngawang Lobsang Tsomoling (Regent) 145
Ngawang Rinchen (Regent) 97
Ngawang Tsultrim (Regent) 122, 123, 126
Ngawang Yeshe Tsultrim (Regent) 134
Norbulingka (Palast) 123, 132, 134, 135, 138, 158, 167, 168, 217, 235, 277, 286, 287
Nyangrel Nyima Wöser 243, 247, 250, 256, 292
Nyarong 140, 142
Nyatritsenpo 248, 252
Nyingmapa (*rNying ma pa*; buddhistische Schule) 38, 44, 93, 108, 122, 142, 149, 167, 175, 220, 247, 250, 268, 270, 272, 274
Olkha 50, 53, 134, 263, 280
Öpame → siehe Amitābha
Ordos-Mongolen 59
Padmasambhava 93, 175, 216, 217, 221, 225, 251, 268, 275, 284, 287, 289, 292, 293
Palden Döndrup 135
Palden Lhamo (*dPal ldan lha mo*) 48, 50, 53, 89, 126, 141, 163, 167, 176, 177, 212, 213, 216, 218–220, 225, 226, 291, 293
Palden Magzorma 38, 49, 213, 219, 283, 293
Palti-See 96
Panchen Lama 1 → siehe Lobsang Chökyi Gyaltsen
Panchen Lama 2 → siehe Lobsang Yeshe
Panchen Lama 3 → siehe Lobsang Palden Yeshe
Panchen Lama 4 → siehe Lobsang Tenpe Nyima
Panchen Lama 5 → siehe Lobsang Palden Chökyi Dragpa Tenpe Wangchuk
Panchen Lama 6 → siehe Lobsang Chökyi Nyima Geleg Namgyal
Panchen Lama 7 → siehe Lobsang Tinle Lhudup Chökyi Gyaltsen
Panchen Lama 8 → siehe Gendün Ghökyi Nymia
Panchen Padmavarja 247
Pehar 217, 223, 225, 226, 292, 293
Phagmodru (*Phag mo gru*) 16, 80
Phagpa Lodrö Gyaltsen (*'Phags pa blo gros rgyal mtshan*, 1235–1280; Hierarch) 16–18, 58, 247, 265–267, 285, 288, 293
Pholha-ne 110, 111, 114, 115
Phurchog Jampa Gyatso (Lehrer des 13. Dalai Lama) 137
Potala (Palast) 19, 31, 54, 65, 66, 68–70, 80–83, 88, 96–98, 101, 108, 109, 115, 117, 123, 131–134, 137, 138, 140, 142, 145, 152, 194, 231–233, 241, 244, 248, 249, 255, 256, 263–265, 268, 270, 271, 275, 277, 281, 285, 287–290, 293
Potalaka (heiliger Berg) 31, 49, 268, 289
Qianlong (Mandschu-Kaiser) 58, 82, 114, 122, 123, 126, 127, 129, 135, 264, 285, 287, 290
Qing 7, 15, 19, 103, 108–111, 117, 122, 123, 126, 127, 129–135, 146, 205, 206, 208, 209
Qōshot-Mongolen 7, 202, 205, 247
Ralpacan (*Ral pa can*, reg. 815–838/41) 24, 29, 247, 254
Reting (*Rva sgreng*; Kloster) 23, 31, 143, 149, 245, 252
Reting Rinpoche (Regent) 161, 163, 167, 291
Richardson, Hugh 234, 283, 291
Rinchen Khyenrab 247
Rockhill, William 144, 145
Roosevelt, Theodore 144
Sachen Künga Nyingpo (*Sa chen kun dga' snying po*, 1092–1158) 18, 29, 124, 247, 251, 266

Sakya (Kloster) 17, 33, 220, 221, 279
Sakya Paṇḍita 267, 291
Sakyapa (*Sa skya pa*; buddhistische Schule) 12, 16–18, 24, 29, 33, 38, 40, 44, 53, 58, 68, 80, 220–222, 247, 251, 263, 266, 279, 283, 288
Samding (Kloster) 146
Samye (*bSam yas*; Kloster) 43, 44, 53, 61, 62, 68, 93, 134, 142, 163, 225, 251, 277, 280, 287, 289, 293
Sangphu (Kloster) 34
Sangye Gömpa 266, 267, 285
Sangye Gyatso (*Sangs rgyas rgya mtsho*, 1653–1705; Regent und Biograf des 5. Dalai Lama) 7, 19, 20, 28, 74, 80–83, 88, 93, 96–98, 101, 242, 244, 247, 266, 267, 281, 284–287, 289
Sera (Kloster) 11, 38, 43, 44, 54, 68, 70, 74, 82, 132–134, 138, 146, 161, 165, 268, 270, 275, 282, 287, 289, 292, 293
Shambhala 28, 72, 202, 210
Shangpa (*Shangs pa*) 40, 44, 48, 50, 222
Sherab Senge 33, 34, 37, 38, 214, 279
Shigatse (*gZhis kha rtse*) 40, 43, 44, 49, 68, 96, 110, 111, 117, 122, 123, 202, 264, 289
Shunzhi (Kaiser) 15, 68, 76, 82, 84, 262, 268
Sikkim 96, 117, 123, 138, 140, 143, 146, 184, 189, 236, 237, 261, 270, 291, 293
Sonam Chökyi Langpo (*bSod nams phyogs kyi glang po*, 1439–1504; inoffizieller 2. Panchen Lama) 202, 210, 293
Sonam Chöphel (Regent) 19, 242
Sonam Dargye (Vater des 7. Dalai Lama) 103, 109, 110
Sonam Gyatso (*bSod nams rgya mtsho*, 1543–1588; 3. Dalai Lama) 9, 11, 15–19, 21, 33, **52–60,** 61, 81, 144, 202, 212, 214, 216, 217, 222, 247, 250, 262, 263, 266, 272, 273, 279, 280–282, 285–287, 288–290, 292, 293
Songtsen Gampo (*Srong btsan sgam po*, 605?–649) 24, 28, 29, 31, 36, 41, 81, 245–247, 250, 251, 263, 265, 267, 284, 285, 289
Sum ston 247
Taksak Tenpe Gönpo (Regent) 126, 129, 131, 133
Tārā 38, 44, 45, 48, 167, 248, 252, 273, 275, 280, 293
Tashi Tobgye 247
Tashilhünpo (*bKra shis lhun po*; Kloster) 11, 16, 33, 37, 38, 40–45, 48–50, 60, 69, 82, 96, 111, 117, 122, 123, 126, 148, 202, 204–206, 209, 216, 217, 220, 273, 280, 282, 284, 289, 293
Tatrag Rinpoche (Regent) 161, 163, 164, 182
Tatsak Tenpe Gönpo (Regent) 126, 129, 131, 133
Tenzin Gendün Yeshe Tinle Phuntshog (*bsTan 'dzin dge 'dun ye shes 'phrin las phun tshogs*) → siehe Gendün Chökyi Nyima
Tenzin Gyatso (*bsTan 'dzin rgya mtsho*, geb. 1935; 14. Dalai Lama) 8–13, 15, 20, 161, **162–201,** 208, 233, 234, 238–241, 271, 277, 282–284, 287, 288, 291
Tertön Sonam Gyalpo 142
Thangtong Gyalpo (*Thang stong rgyal po*, 1385?–1464?) 40, 268, 287
Thomas, Lowell 182, 237, 240, 271
Thubten Gyatso (*Thub bstan rgya mtsho*, 1876–1933; 13. Dalai Lama) 12, 16, 19, 20, 104, **136–161,** 168, 235, 237, 238, 241, 261, 269–271, 277, 282, 286, 287, 291
Tinle Gyatso (*Phrin las rgya mtsho*, 1856–1875; 12. Dalai Lama) 12, 19, **134–135,** 277, 281, 286
Tokan Tada 147, 269
Tri Ralpacan (*Khri Ral pa can*, 805–836) → siehe Ralpacan
Trisong Detsen (*Khri srong lde'u btsan*; reg. ca. 755–797) 24, 28, 29, 44, 247, 251, 256, 265, 280, 285
Tsang (*gTsang*) 11, 33, 34, 37, 39–41, 43, 50, 60, 61, 68, 69, 80, 82, 93, 110, 117, 123, 126, 202, 204, 206, 212, 221, 222, 279, 282
Tsarong Shape 152, 261
Tshangyang Gyatso (*Tshangs dbyangs rgya mtsho*, 1683–1706; 6. Dalai Lama) 12, 19, 81, 82, **92–101,** 102, 202, 205, 210, 252, 263, 267, 269, 270, 274, 275, 281, 282, 285, 286, 289, 290, 293
Tshe Gungtang (Kloster) 138

Tsongkhapa Lobsang Dragpa (*Tsong kha pa blo bzang grags pa*, 1357–1419; Reformator und Begründer der Gelugpa-Schule) 11, 16, 33, 34, 37, 38, 40, 41, 43, 48, 52, 54, 65, 68, 70, 89, 93, 103, 130, 144, 164, 165, 202, 204, 210, 212, 214, 242, 264, 268, 269, 272, 277, 279, 286, 288, 290, 291, 293
Tsultrim Gyatso (*Thsul khrims rgya mtsho*, 1816–1837; 10. Dalai Lama) 12, 124, **132–133,** 277, 283, 290, 291
Tülku *(sprul sku)* 10, 12, 29, 31, 202, 242
Tümed-Mongolen 7, 15, 17, 54, 60
Ü *(dBus)* 33, 34, 37, 38, 41, 43, 50, 68, 80, 279
Vaiśravaṇa 46, 49, 89, 141, 165, 203, 214, 216, 254, 289, 291, 293
Vajrapāṇi 24, 25, 28, 278, 289
Vasubandhu 8, 22, 165, 279
Wan-Li (Ming Kaiser) 59
Weir, Leslie 157–159, 235, 237
Weir, Thyra 235
Yamdrok-See → siehe Palti-See
Yamzangpa Chökyi Mönlam 247
Yeshe Gyaltsen (Lehrer des 8. Dalai Laam) 118, 122, 127
Yeshe Gyatso (zweiter, inoffizieller 6. Dalai Lama) 99, 103, 108
yon mchod-Beziehung 6, 58–60, 68, 122, 123, 147
Yongzhen (Mandschu-Kaiser) 108, 110, 111, 114
Yönten Gyatso (*Yon tan rgya mtsho*, 1589–1616; 4. Dalai Lama) 15, 19, 52, **60–63,** 210, 254, 266, 272, 273, 280, 281, 288, 293
Younghusband, Francis 143
Zhang Yutrakpa 254, 257
Zhao Erfeng 145, 146

BILDNACHWEIS / COPYRIGHT

Für die Abdruckgenehmigungen wurden die jeweiligen Rechteinhaber kontaktiert, einige konnten jedoch nicht ermittelt werden. Der Verlag bittet in solchen Fällen um Kontaktaufnahme. Die nachfolgenden Nummern beziehen sich auf die Abbildungen.

Archiv des Völkerkundemuseums der Universität Zürich 162, 229, 230, 231
Archives of the Norbulingka Institute, Sidhpur, Indien 129, 132, 134, 140, 142, 143, 147, 157, 159, 160, 161, 163, 164, 165, 166, 167, 168, 169, 170, 171, 172, 176, 177, 181, 182, 183, 184, 185, 186, 187, 188, 190, 191, 192, 193, 194, 195, 196, 197, 206, 207
© Daniel Arnaudet, © Photo RMN 7, 42
© Manuel Bauer, AGENTUR FOCUS, Hamburg, 2005 135, 136, 137, 138, 139
Sir Charles Alfred Bell, in: Charles Bell, *Tibet – Einst und Jetzt,* Leipzig 1925, Frontispiz 110
© Brian Beresford / Nomad Pictures 126, 127, 246
John Bigelow Taylor Frontispiz
Gérard Blot, © Photo RMN 199
Martin Brauen, Völkerkundemuseum der Universität Zürich 189
© The British Museum 109
Andreas Brodbeck 105 (Fotomontage aus zwei Bildern des Seminars für Sprach- und Kulturwissenschaft Zentralasiens der Universität Bonn), 130 (Fotomontage aus Dias von Michael Henss und Martin Brauen), Beileger (Chronologie)
Christopher Bruckner, London 78
Frederick Spencer Chapman, © Pitt Rivers Museum, University of Oxford, 2005 117, 119
Ian Cumming, © Tibet Images 122
D. James Dee 65
Brooke Dolan, The Academy of Natural Sciences of Philadelphia, Ewell Sale Stewart Library 146
Bernhard Drenowatz, Zürich 14a–c, 265
Sammlung R.J. und E. Gould 107, 233
Sammlung Lady Gould 232
Markus Gruber, Museum der Kulturen Basel, Sammlung Essen 15, 27, 218
Heinrich Harrer, Völkerkundemuseum der Universität Zürich 149, 150, 151, 152, 154, 155, 178, 179
Michael Henss, Zürich 91
Erik Hesmerg, Sneek, Wereldmuseum Rotterdam © 2005 11, 20
Hopkinson Archive © The British Museum 180
Johnston and Hoffmann, 1910, Sir Charles Alfred Bell Collection © The British Library 237
Iza Kowalczyk, Warschau 23
Thomas Laird, New Orleans (Foto und ©) 125, 158, 212
Jean Lassale, Paris 227, 228
Kathrin Leuenberger, Völkerkundemuseum der Universität Zürich 2, 5, 6, 8, 10, 12, 13, 19, 26, 30, 35, 36, 50, 53, 66, 77, 81, 88, 89, 92, 102, 123, 211, 215, 216, 221, 223, 281, 291, 297
Library of Tibetan Works and Archives, Dharamsala 203
Francisco Little, Archives of the Norbulingka Institute, Sidhpur, Indien 131
Silvia Luckner, Völkerkundemuseum der Universität Zürich 98
David Macdonald, 1912, Sir Charles Alfred Bell Collection © The British Library 234
© Michael Marchant (Foto und ©), Zürich 198
Hans Meyer-Veden, Museum der Kulturen Basel, Sammlung Essen 280
Musée national des arts asiatiques Guimet, Paris 43, 44, 45, 79
Musées Royaux d'Art et d'Histoire, Brüssel 21, 33, 225
Museum für Ostasiatische Kunst, Foto: Rheinisches Bildarchiv, Köln 101
Museum für Völkerkunde Wien 68
© Pitt Rivers Museum, University of Oxford, 2005 (Fotograf vermutlich Archibald Steele) 141a–c
© Pitt Rivers Museum, University of Oxford, 2005 175
© Ravaux, Photo RMN 210
Hugh Richardson, © Pitt Rivers Museum, University of Oxford, 2005 118
The Royal Collection © 2005, Her Majesty Queen Elizabeth II, RCIN: 74476. Cat. No.: V & A loan 485 71
Hansjörg Sahli, Solothurn Seite 10
Sarah Central Archive 113, 133, 202, 204, 205
© Jean Schormans, © Photo RMN 41
Delphine Spicq, Bibliotèque de l'Institut des hautes études chinoises du Collège de Franc 84, 85, 86, 87
The State Hermitage Museum, St. Petersburg, 2005 32, 56, 58, 93, 94, 238, 239
Lowell Thomas (Foto und ©) 241
Lowell Thomas, James A. Cannavino Library, Archives and Special Collections, Marist College, Poughkeepsie, New York 144, 145, 287
The Tibet Museum / DIIR, Dharamsala (Fotograf vermutlich Archibald Steele) 148
The Tibet Museum / DIIR, Dharamsala 153, 173, 174
Ilya Tolstoy, © Sammlung R.J. und E. Gould 120
Dadul Namgyal Tsarong, Dehradun 243
© Josef Vaniš, Prag 244
Völkerkundemuseum der Universität Zürich 156, 245
Guido Vogliotti, Turin 67
Leslie Weir, Sammlung Maybe Jehu, London 114, 115, 235
Sir Frederick Williamson, Sir Charles Alfred Bell Collection © The British Library 116
Sir Frederick Williamson, Cambridge University Museum of Archaeology and Anthropology (P.97071.WIL) 108
Xing Suzhi, © The New York Times Photo Archives 242

ABBILDUNGEN VORSCHALTSEITEN:

Die Dalai Lamas von Tibet und die Ursprünge der Lama Wiedergeburten: Ausschnitte aus 3, 7 und 21.
Der erste Dalai Lama Gendün Drubpa: Ausschnitt aus 81.
Der zweite Dalai Lama Gendün Gyatso: Ausschnitt aus 81.
Der dritte Dalai Lama Sonam Gyatso und der vierte Dalai Lama Yönten Gyatso: Ausschnitte aus 81.
Der fünfte Dalai Lama Ngawang Lobsang Gyatso: Ausschnitt aus 81.
Der sechste Dalai Lama Tshangyang Gyatso: Ausschnitt aus 81.
Der siebte Dalai Lama Kelsang Gyatso: Ausschnitt aus 81.
Der achte Dalai Lama Jampel Gyatso: Ausschnitt aus 81.
Neunter bis 12. Dalai Lama: Wandmalereien aus dem Tempel im Norbulingka-Institut in Sidhpur/Dharamsala, Indien.
Der 13. Dalai Lama Thubten Gyatso: Wandmalerei aus dem Tempel im Norbulingka-Institut in Sidhpur/Dharamsala, Indien.
Der 14. Dalai Lama Tenzin Gyatso: Wandmalerei aus dem Tempel im Norbulingka-Institut in Sidhpur/Dharamsala, Indien.